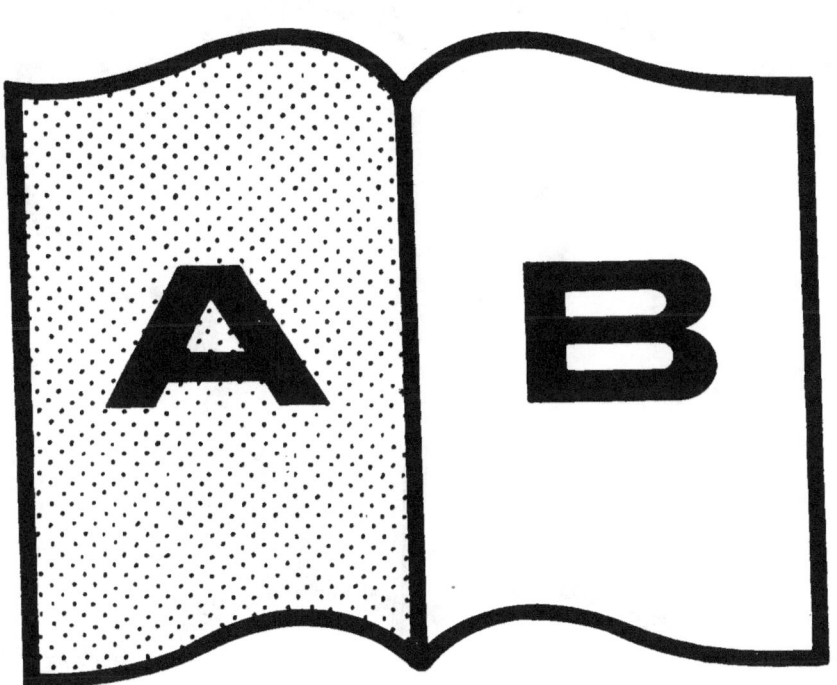

Contraste insuffisant

NF Z 43-120-14

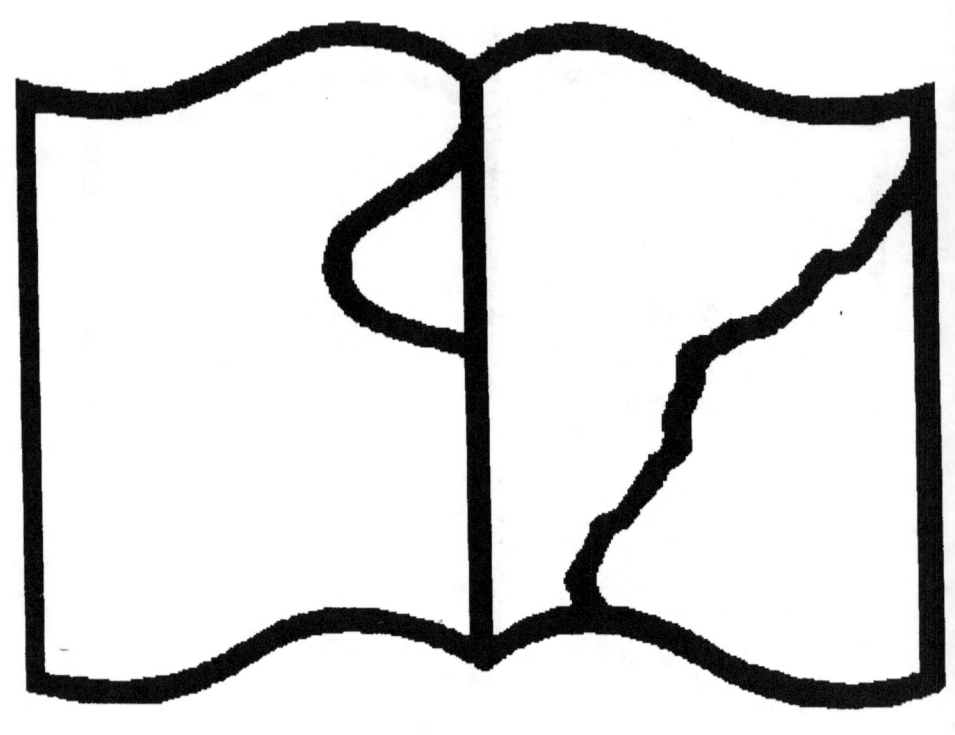

Texte détérioré - reliure défectueuse

NF Z 43-120-11

HISTOIRE DE LA COMMUNAUTÉ

DES

MARCHANDS FRÉQUENTANT

LA RIVIÈRE DE LOIRE.

(Extrait des Mémoires de la Société archéologique de l'Orléanais.)

(C.)

HISTOIRE

DE LA COMMUNAUTÉ

DES

MARCHANDS FRÉQUENTANT

LA RIVIÈRE DE LOIRE

ET FLEUVES DESCENDANT EN ICELLE,

Par P. MANTELLIER,

PRÉSIDENT A LA COUR IMPÉRIALE D'ORLÉANS.

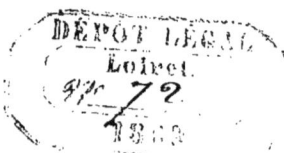

TOME TROISIÈME.

DOCUMENTS ET GLOSSAIRE.

ORLÉANS,

TYPOGRAPHIE DE GEORGES JACOB,

Cloître Saint-Étienne, 4.

1869

DOCUMENTS.

DOCUMENTS GÉNÉRAUX SUR LES PÉAGES DE LA LOIRE ET DE SES AFFLUENTS.

XI.

LETTRES-PATENTES, ARRÊTS ET ACTES DIVERS CONCERNANT LES PÉAGES QUI SE LEVAIENT SUR LA LOIRE ET SES AFFLUENTS.

424.

1430, 15 mars. — Lettres-patentes (Charles VII) données à Saumur, par lesquelles est prononcée la révocation de tous péages mis depuis soixante ans en çà sur les denrées et marchandises passant par la Loire et ses affluents.

Sur les clameurs et plaintes venues, tant de la part de plusieurs Marchands fréquentant le fleuve de Loire que d'autres, des aides,

péages, subsides, travers et impositions, que tous les jours les seigneurs, capitaines, châtelains, bourgeois et habitants des villes, châteaux et places étant sur la rivière de Loire et fleuves descendant
en icelle, mettent et exigent, par impression ou autrement, sur
toutes manières de denrées et marchandises passant par lesdites
rivières; desquels travers, aides et subsides, les uns mis par
congé du Roi pour les réfections et réparations des villes, les autres
mis de fait par les seigneurs, capitaines et châtelains, sans congé,
tellement qu'à cette cause la marchandise est détruite et inutile sur
lesdites rivières.

De l'avis de la reine de Jérusalem et de Sicile, des seigneurs
du sang du Roi, des gens du Grand Conseil et des trois états des
pays obéissant au Roi environ la rivière de Loire, assemblés à Saumur, est ordonné: que tous aides, péages, travers, subsides,
truages, impositions, mis, imposés ou accrus depuis soixante
ans en çà, sous quelque couleur ou occasion que ce soit, sur denrées et marchandises passant par la rivière de Loire et par les autres
fleuves descendant en icelle, sont nuls, abolis et révoqués; que
tout ce qui a été levé et exigé, à cause desdits nouveaux péages,
sera restitué, et que contre ceux qui s'en trouveraient chargés le Procureur Général du Roi s'y fasse partie, afin qu'ils en soient punis
par la Cour de Parlement; défense expresse faite à tous de mettre
nouveaux aides ou impôts sur les vaisseaux, bateaux, denrées ou
marchandises quelconques, et d'exiger autre chose outre les anciens
péages, travers et coutumes qui, à bon et juste titre, avaient accoutumé être cueillis et levés, sous peine de confiscation des terres
et biens, exception faite en faveur de la traite de vingt sols, mise sus,
tant pour le fait de la guerre que pour autres nécessités sur chaque
pipe de vin, menée de quelque pays que ce soit, par la rivière de
Loire ès pays non contribuables aux aides.

Mandement aux gens du Parlement, aux maîtres des requêtes
de l'Hôtel, aux baillis de Touraine et des ressorts et exemptions
d'Anjou et du Maine, exemption d'Orléans, et à tous autres justiciers,
que ladite ordonnance ils fassent entretenir et accomplir de point
en point et à ce contraindre ceux qu'il appartiendra, sommairement,
et de plain, sous long procès ou figure de jugement, en punissant

par les gens de la Cour de Parlement, selon l'exigence des cas, tous les transgresseurs et ceux qui, pour le temps passé, ont commis les abus dessusdits.

(Lettres-patentes imp., Orléans, Fabian Hotot, 1598; Fᵒⁱˢ Hotot, 1678.)

425.

1430, 15 mars. — Commission royale, pour l'exécution des lettres-patentes qui précèdent, à Jean Mauloue, conseiller du Roi en sa Cour de Parlement, contenant injonction :

De faire publier lesdites lettres en toutes les villes riveraines de la Loire et de ses affluents, « esquelles on a aucune fois pris et exigé quelconques péages. ».

D'informer sur la perception de ces péages, de contraindre tous ceux qu'il appartiendra de montrer et exhiber les titres en vertu desquels ils les lèvent, et dans le cas où ils auraient agi sans « titre raisonnable ou de date plus nouvelle que soixante ans, » les faire restituer.

En cas d'opposition les ajourner à la Cour de Parlement, « tant pour dire les causes de leur opposition comme pour répondre à nostre procureur général, pour Nous, à tels fins et conclusions qu'il voudra eslire contre eux et chacun d'eux proposer et requérir ausd. Marchands ou leur procureur pour eux, si partie se veulent faire à fins civiles sur les offenses et entreprises dessusdites. »

(Commission imp., Orléans, Fᵒⁱˢ Hotot, 1678.)

426.

1431, 20 avril. — Commission donnée (Poitiers) par Jean Mauloue, commissaire du Roi, pour l'exécution des lettres-patentes du 15 mars 1430.

Au premier huissier ou sergent royal sur ce requis, de notifier lesd. lettres à tous ceux qui lèvent péage sur la rivière de Loire, dont il sera requis par le Procureur du Roi ou le procureur des Marchands Fréq...

(Commission imp., Orléans, F^{ois} Hotot, 1678.)

427.

1432, 21 mars. — Lettres-patentes (Charles VII) données à Amboise, portant commission aux baillis de Touraine, Anjou, Maine, Chartres, Montargis et duché d'Orléans, d'informer secrètement sur les exactions des seigneurs péagers.

Sur ce que nonobstant les précédentes ordonnances, et « depuis icelles, aucuns seigneurs ayans villes, forteresses, terres et seigneuries sur la rivière de Loire, ou ayans le gouvernement d'icelles, ont de fait et de leurs volontez mis sus les denrées et marchandises passans par ladite rivière de Loire, levez et cueillis certains tributs, travers et péages, c'est à scavoir : le dixième d'icelles denrées et marchandises, ou autres grands tributs, pour lesquels exiger ils ont commis certaines personnes et entr'autres Maistre Jean le Fuzelier, Jean d'Espagne et autres, lesquels ont donné et fait ausdits Marchands plusieurs rigueurs, et ont levé sur leurs denrées et marchandises plusieurs grandes sommes de deniers montant à mil écus d'or et plus. »

(Lett.-pat. imp., Orléans, F^{ois} Hotot, 1678.)

428.

1432, 28 mars. — Publication en la ville d'Orléans des lettres-patentes qui précèdent.

(Voir ci-dessous, à sa date, péage de Meung.)

429.

1436, 18 juin. — Lettres-patentes (Charles VII) données à Bourges, par lesquelles sont renouvelées les prohibitions et défenses prononcées par les lettres antérieures.

Lesdites lettres données sur la supplique des Marchands Fréq., exposant que depuis l'ordonnance rendue en l'année 1430, et « nonobstant icelle, sous couleur et occasion de la guerre, qui toujours a depuis eu cours es pays de dessus lesdites rivières, au moins jusques au traité de paix naguères conclud entre Nous et nostre très-cher et très-amé frère et cousin le duc de Bourgogne, lesdits aydes, péages et nouveaux impôts autres que les anciens ayant esté continuez, et tellement que en aucuns lieux a esté pris et levé la diziesme partie de toutes marchandises, et en aucuns autres au plaisir et volonté des seigneurs, capitaines, chastelains et habitans des villes.

« Lesquelles choses lesdits Marchands, durant ledit temps de la guerre, ont esté contraints de soustenir et porter contre leur gré et volonté, et ne le pourroient plus soustenir et continuer; mais jà s'en est ensuivy la destruction de plusieurs Marchands, et pourra généralement ensuir la totale destruction du fait de la marchandise desdites rivières. »

(Lett.-pat. imp., Orléans, F^{ois} Hotot, 1678.)

430.

1438, 30 juin. — Lettres-patentes données à Bourges (Charles VII), confirmatives des lettres antérieures, par lesquelles, de l'avis du Grand Conseil :

Sur la supplication des Marchands. .. exposant, que bien que les lettres de 1430 eussent été bien et dûment publiées, et que les suppliants eussent obtenu d'autres lettres narratives et confirmatoires, néanmoins, sous diverses couleurs, et par vertu de lettres royales sur ce octroyées et autrement, les mêmes aides, péages, travers, etc., et autres que les anciens, ont par plusieurs été continués, accrus et augmentés, notamment à Langès, Colombiers, Maillé, Rochecorbon, la cloison d'Angers, le trépas de Loire, la cloison de Saumur, l'entrée et l'issue de Tours, à Beaugency, au port de Meung, à Châteauneuf, pour le sire de Guyery, à Sully, Gien, la Charité et autres lieux, où les uns prennent le dixième, les autres le vingtième, et les autres à volonté, et le plus souvent par dessus les anciens péages. Et quand aucuns desdits Marchands oublient de déclarer aucune chose de leurs denrées, aucuns des péageurs les prennent et arrêtent comme confisqués.

Que sous ombre de ce se font les réfections desdites villes et places, et que ceux qui ont leurs rentes et font leurs marchandises en icelles places sont exempts de ces impôts. Que plusieurs même trouvent manière de s'arranger avec les grands seigneurs et leurs officiers, lesquels leurs prêtent leurs noms et leurs denrées et marchandises, sont de cette façon quittes de truages et impôts. Par suite ils ont en leurs mains le plus grand fait des marchandises, que les autres marchands communs achètent plus qu'elles ne valent.

Que de plus sur les rivières se trouvent nombre de moulins, écluses, brayes, combes, pêcheries, bois, haies empêchant le cours de l'eau, tellement que les vaisseaux et bateaux ne peuvent passer, et que plusieurs ont péri et souvent périssent.

Sont confirmées les ordonnances précédentes, est ordonné de nouveau que tous les péages établis depuis soixante ans en arrière des lettres de 1430, autres que les péages anciens, par quiconque et en vertu de quelque titre que ce soit, sont abolis et révoqués. Défense faite à tous seigneurs, capitaines, châtelains, receveurs, péageurs, bourgeois et habitants desd. villes, lesquels ont ainsi imposé péages depuis soixante ans, cessent dorénavant de les lever, sur quelques marchandises que ce soit passant par les rivières traversant ou issant par les villes et lieux, sous peine de confiscation de leurs seigneuries et priviléges.

Est ordonné que par tous ceux qu'il appartiendra les écluses, combres, bois, haies et autres choses encombrant les rivières soient ôtés à leurs dépens.

Défense faite à ceux des seigneurs, capitaines, bourgeois, habitants ou autres qu'il appartiendra, de ne plus avouer aucuns desdits marchands ni leur marchandises, et à iceux de ne plus se faire avouer ni soutenir au préjudice des autres marchands et du fait commun de la marchandise.

Ordonne qu'en cas de débat ou opposition, aucune chose puisse être levée jusques à ce que par la Cour de Parlement en soit ordonné, et considéré que la connaissance des édits est attribuée à la Cour de Parlement en laquelle cette matière, qui est de grande chose, et aussi plusieurs seigneurs et autres pourront mieux être traités que ailleurs, ordonne qu'en ladite cour seront ajournés tous ceux qui seront trouvés chargés ou coupables d'avoir enfreint lesd. statuts.

(Lett.-pat. insérées au préambule de celles du 27 mai 1448, ci-dessous rapportées, à leur date.)

431.

1439, novembre. — Article de dépense, transport de sels d'Orléans à Blois, acquit des péages.

« A lui (Jaquet de Thou, procureur de la ville d'Orléans), pour la voiture de dix muys de sel qu'il fist venir (de Blois à Orléans, novembre 1439) avecques lui par plusieurs nottonniers et à petites santines, pour la glace et eaue qui estoit petite, et dont il fut payé pour chacun muy vj l. viiij s. p..

« A lui, pour l'achat de quarante huit tonneaux vuides achatez pour mettre ledit sel, renduz enfoncez, qui coustèrent chacun tonneau vj s. viij d., pour ce xvj l. iij s. iiij d. p..

« A lui, pour donner à deux compaignons qui ont foulé ledit sel dedans les tonneaux, pour ce ij s. viij d. p..

« A lui, pour le péage de Blois, pour dix muys de sel, pour cha-muy ij s. viij d. p., vallent xxvj s. viij d. p..

« A lui, pour baillier pour le péage ancien de Baugency, pour lesdiz dix muys, pour ce xij s. iiij d. p..

« A lui, pour baillier au pont de Meung, pour une nouvelleté mise sus pour ledit pont baillié à Maistre Fleurant Bourgoin, pour ce xl s. p..

« A lui, pour baillier les nouvelletez mises sur la rivière de Loire, depuis le pont d'Amboize jusques à Décize, par composition faicte, pour ce xlviij s. p..

« A lui, pour baillier à Jehan Troifilon, pour le péage d'Orléans, pour chacun muy quatre deniers parisis, vallent iij s. iiij d. p..

« A lui, pour baillier aux deschargeurs qui ont deschargé les tonneaux du challan aux charretes et des charretes au grenier, pour ce xl s. p..

« A lui, pour baillier aux chartiers qui ont mené quarante huit tonneaux et un traversin de la rivière au grenier, dont ils ont eu pour chacun tonneau viij d. p., vallent xxxij s. iiij d. p..

« A lui, pour baillier à deux compaignons qui desfoncèrent et viddèrent lesdiz tonneaux au grenier, pour ce v s. iiij d. p..

« A lui, pour baillier pour le mesurage dudit sel, xxxij s. p..

« *Item,* aux porteurs qui portèrent ledit sel, viij s. p..

« A ceulx qui entassèrent ledit sel, ij s. viij d. p..

« Aux grenetier et controlleur d'Orléans, pour leur resception desdiz dix muis envoiés aux grenetier et conterolleur de Blois, pour ce viij s. p..

« A lui, pour baillier à Maistre Jehan le Fuzelier, pour l'achat de x muids de sel achaté de lui par ledit Jaquet, au pris de xxxij royaulx d'or le muy, qui vallent, à xxiiij s. p. le réal, xxxviij l. viij s. p., ainsi vallent lesd. x muys iij° lxxiiij l..

« A luj, pour avoir baillé pour le mesurage des dix muys de sel et pour la despense faicte en mesurant jcellui, vj l. p..

« A luj, pour avoir baillié aux porteurs qui ont porté ledit sel dud. grenier où il estoit à la rivière, pour chacun muy iiij s. p., vallent xl s. p..

« A lui, pour une lettre et pour avoir la rescription de dix muys de sel, d'ung notaire, pour ce ij s. p.. »

(Comptes de recettes et de dépenses de la ville d'Orléans, compte commune, 1439-40, ms . Arch. de la ville d'Orléans.)

432.

1444, 31 décembre. — Lettres-patentes (Charles VII) données à Saumur, dans les mêmes termes que celles qui précèdent.

(Lett.-pat. transcrites en l'arrêt du 27 mai 1448, ci-dessous rapporté, à sa date.)

433.

1443, 26 mai. — Procès-verbal de l'exécution, par Jean Mauloue, de la commission à lui donnée par les lettres du 15 mars 1430. (*V. ci-dessus, n° 425.*)

« A nos très honorés et doutez seigneurs, Messeigneurs tenans la Cour de Parlement à Paris, Jean Mauloue, conseiller du Roy nostre Sire, en ladite cour, honneur et révérence...

« Plaise Vous scavoir que le premier jour du mois d'aoust l'an mil quatre cent trente, me furent présentez en la ville de Poitiers, de la partie du Procureur Général du Roy nostre Sire et du procureur des Marchands Fréq... les lettres desquelles la teneur s'ensuit. (*Voir ci-dessus, n° 425.*)

« Et après je me transportay es villes de Saumur, Angers et Tours et aucuns autres lieux, et en icelles ay fait adjourner et comparoir pardevant moy, à divers jours, les seigneurs qui se disent avoir péage, travers et autres devoirs, les receveurs et fermiers desdits seigneurs, et mesmement depuis le lieu de Trézé assis près de la ville de Nantes jusques à la ville d'Orléans.

« Je besongné, à la requeste desdits Procureurs du Roi et desdits Marchands, et en la présence de leurs substituts, par plusieurs et diverses journées, et ay fait plusieurs appointemens, modérations et exécutions, ausquels aucuns desd. fermiers et receveurs ont obtemperé, et aucuns d'eux se sont opposez et ont esté adjournez en lad. Cour de Parlement.

« Et pareillement j'ay besongné sur les rivières du Maine, Certe (1) et le Loyr, depuis Angers, en amont; sur la rivière de Loire, depuis Saumur, en amont jusques à Montreuil-Bellay; et sur la rivière de Vienne depuis Candé, en amont jusques à Chastellerault; sur la rivière du Cher, depuis le Bec d'icelle près de Tours, en amont jusques près de Bourges.

« Et pour ce que audessus de lad. ville d'Orléans n'ay aucunement besongné en fait de ma dite commission, et que ladite ville

(1) Sarthe.

et le païs de audessus sont plus près de la ville de Paris que de lad. ville de Tours, et qu'il n'y a plus guères de péages à expédier au regard de ceux qui sont audessous d'Orléans, et aussi audessus d'icelle ville n'a guères de péages sur lesd. rivières, et aussi qu'en lad. ville de Paris y a tant en la Chambre des comptes du Roy qu'en plusieurs autres lieux estans en icelle ville, lettres, comptes, écritures et autres enseignemens desd. péages, par quoy les procès, débats meus et à mouvoir, à cause d'iceux péages, pourront mieux et plus seurement et à moindres frais estre jugez par Vous, Messieurs de ladite Cour de Parlement, à laquelle il appartient de la connoissance desd. causes, procez et débats.

« Le commissaire dessus nommé, tous iceux procès meus et pendans pardevant moy, à cause desdits péages, ay renvoyé en l'estat qu'ils sont, pardevant Vous en ladite Cour.

« En témoin desquelles choses j'ay mis mon scel et seing manuel à ces présentes... »

(Procès-verbal imp., Orléans, Fᵒⁱˢ Hotot, 1678.)

434.

1443, 5 juin. — Arrêt de la Cour de Parlement sur les poursuites dirigées contre les seigneurs péagers, par lequel :

A la requête du Procureur Général du Roi et du procureur général des Marchands Fréq., la connaissance des procès devant elle renvoyés par le conseiller Maulouc, et de toutes les causes concernant la communauté des Marchands Fréq., est renvoyée à une commission composée de deux présidents, du conseiller Maulouc et des autres conseillers que lesdits présidents jugeront à propos de s'adjoindre.

(Arrêt imp., Orléans, Fᵒⁱˢ Hotot, 1678.)

435.

1445, 9 novembre. — Lettres-patentes données à Tours (Charles VII), confirmatives des lettres antérieures, par lesquelles, après conseil tenu en la ville d'Orléans :

Sur la plainte des Marchands Fréq., contenant que nonobstant la publication des lettres de 1438, plusieurs seigneurs, capitaines, gardes des ponts et passages, bourgeois et habitants des villes et cités situées sur les rivières, s'efforcent de jour en jour de prendre sur les denrées et marchandises, sous divers couleurs, tant de leur volonté indue que par vertu de lettres qu'ils veulent douter avoir été octroyées, et qui par importunité auraient été obtenues, nouveaux aides, péages, travers, subsides, truages, impôts et novalités de droit, en espécial les péages de Rochefort, la cloison d'Angers, le trépas de Loire, la cloison de Saumur, l'entrée et issue de Tours, le dixième qu'on lève à Baugency, la novalité mise sur le pont d'Orléans, le péage à Jargeau, le droit que fait prendre à Châteauneuf le sire de Guiery, les péages de Sully, de Gien, le quarantième qu'on lève de nouvel à La Charité, à Nantes, le péage nouvellement mis à la Nauderis-sur-Allier, celui qu'on lève à Moulins en Bourbonnais pour le duc de Bourbonnais et d'Auvergne. Que d'autres, ayant péages sur lesdites rivières, augmentent les droits de jour en jour, à leur plaisir et volonté, notamment à Chantosseaux, à Champtocé, au Port-de-Vallée, à Langeais, Colombier, Maillé, Rochecorbon ; que plusieurs prennent les marchandises et denrées lorsqu'elles passent, que des griefs et dommages par là occasionnés résulte enchérissement des marchandises de la moitié et plus ; que plusieurs marchands en sont détruits et déserts de leurs chevances.

Par lequel est ordonné qu'exprès commandement soit fait à tous seigneurs, capitaines, châtelains, procureurs des villes, péageurs, bourgeois et habitants qui ont levé nouveaux péages depuis soixante ans, et à ceux qui les ont accrus d'avoir à cesser de les lever, sous peine d'encourir l'indignation perpétuelle du Roi et de confiscation de leurs terres, seigneuries et priviléges.

(Lettres-patentes imp., Orléans, F^ois Hotot, 1678.)

436.

1445, 5 janvier. — Lettres-patentes (Charles VII) donnés à Chinon, confirmatives des lettres précédentes :

« Charles, par la grâce de Dieu, Roy de France. Aux baillifz de Touraine, de Chartres, Montargis, Berry et Sainct Pierre le Moustier et à tous noz autres justiciers ou à leurs lieuxtenans, à nostre bien aimé sergent d'armes servant en notre ordonnance, Robert de Guienes, et au premier autre sergent d'armes huissier de nostre parlement ou noustre sergent sur ce requis, salut.

« Pour ce qu'il est venu à nostre congnoissance que en plusieurs villes et lieux estans sur les rivières de Loire, Alier, le Chier et Vienne, se lièvent et sont faictes chacun jour lever sur les denrées et marchandises passans par les passaiges estant sur icelles rivières et lieux, plusieurs grandes, énormes et indeues exactions oultre et par dessus les péaiges et devoirs anciens, et contraignent les seigneurs desdictz lieux ou leurs commis à lever lesd. péaiges les marchans passans par lesdictes rivières à paier chacun an son destroict tout ce qu'ilz leur demandent ; autrement ilz ne passeroient point, mesmement es lieux de Moulins sur l'Alier, la Ferté Chauderon, Givry, Aubigny sur Loire, Nevers, la Charité, Cosne, Sainct Gondon, Sully, Orléans, Baugency, Bloys, Mailly, Columbiers, Langez et ailleurs, à toutes manières de gens supposé ilz se dient à Nous et qu'ilz enseignent ausd. péaigers de noz lectres de certificats et de celle de noz officiers et serviteurs qui ont charge de Nous faire amener des choses par lesdictes rivières, et mesmement y ont faict ou voulu faire contribuer ceulx qui menoient depuis naguères nostre artillerie et autres mesnues choses que nostre apoticaire faisoit venir pour nostre personne, monstrant sur ce lectres patentes de Nous, et usent iceulx péaigeurs, à l'encontre de Nous et de nosdictz officiers et serviteurs, de langaiges et parolles oultrageuses et mal sonnans, et ont faict et font chacun jour les dessusdictz et leurs complices plusieurs grans exactions à la très grant charge de pouvres marchans ou préjudice de la chose publicque et la rompteur et discontinuacion de la marchandise, et plus seroit ce pourveu n'y estoit par Nous.

Pour ce... avons cassez, abatuz et aboliz, abattons, cassons et abolissons par ces présentes tous les dixiesmes, vingtiesmes, péaiges, trouaiges et acquitz estans, et que on liève aujourd'hui sur lesdictes rivières quelz qu'ilz soient, exceptez seullement ceulx qui ont acoustumé estre levez d'ancienneté paravant soixante ans en remontant, et mectant au néant toutes lectres et octroys que par cy devant porrions avoir octroyées à aucuns des seigneurs de nostre sang ou autre de quelque estat qu'ilz soient ou à aucuns d'eulx par importunité, inadvertance ou aultrement...

« Vous mandons... que vous faictes, vous juges, faictes faire inhibition et deffense par Nous à tous lesditz péaigeurs... que doresnavant ilz ne soient si hardiz de plus lever... ne à ceste cause donner aucuns empeschement, arrest ou d'estourbier ausd. marchans, ne à leurs danrées ou marchandises, mais voullons et vous mandons à chacun de vous que s'ilz ou aucuns d'eulx sont trouvez faisans ou avoir faict le contraire, que incontinant vous, réaument et de faict, oster ou faictes oster lesdicts empeschemens... et néant moins adjourner ou faictes adjourner ceulx que trouverez ainsi avoir mespris et désobéy à comparoir en personne et de main mise, si mestier est ou autrement, selon l'exigence des cas à certain et compétant jour, par devant Nous et les gens de nostre grant conseil. »

(Vidimus du 6 avril 1445, inséré dans un acte de production au Parlement de Paris, du 7 avril après Pâques 1556, ms. s. papier. Arch. de la ville d'Orléans.)

437.

1448. — Lettres-patentes (Charles VII) données à Tours, 27 mai; à Angers, 27 décembre, conformes aux lettres précédentes.

(Lettres-patentes imp., Orléans, Eloy Gibier, 1573; Fᶜⁱˢ Hotot, 1678.)

438.

1461, 31 mai. — Lettres-patentes (Charles VII) données à Mehun-sur-Yèvre, par lesquelles sont renouvelées les prescriptions et injonctions des lettres précédentes.

(Lettres-patentes imp., Orléans, Fᵒⁱˢ Hotot, 1678.)

439.

1461, 12 janvier. — Lettres-patentes données à Tours (Louis XI), confirmatives des lettres du 15 mars 1430 (*V. ci-dessus, nᵒ 424*), par lesquelles :

Est ordonné que les Marchands Fréq. en jouissent et usent, qu'elles ressortissent leur plein et entier effet, sans déroger toutefois, ni préjudicier au fait de la crue de soixante sols tournois qui se lève par le Pont-de-Cé.

(Édit imp., Orléans, Éloy Gibier, 1575; Fᵒⁱˢ Hotot, 1678.)

440.

1483, 26 mars. — Lettres-patentes données à Tours (Charles VIII), confirmatives des lettres antérieures.

Sur la requête du procureur des Marchands Fréq., exposant : que nonobstant l'édit donné à Saumur en 1430, et lettres subséquentes, plusieurs seigneurs, péageurs et autres, de leur autorité indue, ou autrement, s'ingèrent chaque jour à lever nouveaux péages, travers, truages, crues et augmentations, contemnant et vilipendant les ordonnances royales.

(Lettres-patentes imp., Orléans, Éloy Gibier, 1575; Fᵒⁱˢ Hotot, 1678.)

441.

1498, 16 juillet. — Lettres-patentes données à Paris (Louis XII), confirmatives des lettres antérieures, par lesquelles :

Sur la requête des Marchands Fréq., exposant : que nonobstant les édits royaux précédemment publiés, plusieurs seigneurs, péagers et autres, de leur autorité indue ou autrement, s'ingèrent chaque jour de lever nouveaux péages, travers, truages, crues et augmentations, et font grands abus et extorsions.

Injonction est donnée aux officiers de justice de faire commandement aux seigneurs, péageurs et autres les transgressant, de se conformer aux édits antérieurs et de veiller à leur exécution.

(Lettres imp., Orléans, Éloy Gibier, 1573 ; F^{ois} Hotot, 1678.)

442.

1498, 20 juillet. — Lettres-patentes données à Paris (Louis XII), confirmatives des lettres antérieures, par lesquelles :

Sur la requête des Marchands Fréq., exposant « que quant jceulx Marchans demandent ou font demander exhibicion et obstencion de leurs lettres et enseignemens et bonnes usances où précède le temps dessusdict, ilz les arrestent ou faict arrester de leur puissance et auctorité indeue et désordonnée, et les contraignent à payer ce qu'ilz ne doivent pas et font plusieurs autres exactions indeues, en quoy lesd. Marchans et toute la chose publique de nostre royaume, ensemble l'entrecours de la marchandise, sont grandement intéressez et endommagez... »

Injonction est donnée aux officiers de justice de faire commandement aux « seigneurs péagiers et autres ayans droit de péages sur lad. rivière de Loire et fleuves chéans en jcelle, qu'ilz et chacun d'eulx ayent à monstrer et faire apparoir souffisamment de leursd. droiz, tiltres, usances et bonnes coustumes où précède le temps

dessusdict, ausd. Marchans ou à leur procureur pour eulx, pour
en faire actes et extraictz qui seront mis et apposez en chacun des
lieux où se lièvent les péages et travers, en manière que nulz n'en
puisse ou doye prétendre juste cause d'ignorance, et ce dedans ung
an prochain venu ou dedans tel autre temps que adviseront et verront être à faire lesdits officiers de justice. »

(Vidimus de la même année, copie sur papier, écriture du
XVIᵉ siècle, ms.. Arch. de la ville d'Orléans.)

443.

1505, 27 mai. — Lettres-patentes données à Blois
(Louis XII), portant révocation de tous péages mis depuis
cent ans en çà, par lesquelles :

Sur la supplique du Procureur Général du Roi et du procureur
général des Marchands fréquentant et marchandant sur la rivière
de Loire et autres fleuves navigables descendant en icelle, depuis le
commencement que lesdites rivières sont navigables jusques à la
mer, contenant : qu'au fur et au long desdites rivières, plusieurs
châteaux, villes, frontières, terres, seigneuries et ports appartenant
tant au Roi qu'à autres, et combien qu'il ne soit loisible aux seigneurs, capitaines, châtelains, gouverneurs et receveurs desdites
terres et seigneuries, ni à aucun autre sujet, vassal ou enclavé ès
fins et metes du Royaume, de quelque état ou condition que ce soit,
prendre, imposer, augmenter ou accroître esdites terres et seigneuries aucuns péages, tributs, subsides, ni autres impôts ou branlages sur les marchandises de sel, blés, vins, drap d'or, de soies et
de laines, épiceries, fer, acier ou autres marchandises et denrées,
s'il n'en appert par octrois royaux ou par jouissance de tel, et si
longtemps qu'il ne soit mémoire de commencement ni contraires.

Que néanmoins plusieurs desdits seigneurs, barons, vassaux et
sujets, tant ecclésiastiques que séculiers, et aussi aucuns capitaines
des places du Roi, de leur propre volonté et autorité privée, les uns
de fait et de force, les autres par raisonnement, abus et tyrannies,
ont depuis cent ans en çà, mis, accru, exigé et augmenté les

péages, subsides, branlages et impositions, font payer aux marchands, à leur taux et volonté, non seulement pour les marchandises, mais aussi à cause de leurs personnes et des vivres qu'ils mènent pour leur usage, les contraignent à déclarer leur marchandises, et en cas d'oubli les prennent comme confisqués, et même emprisonnent les personnes, s'emparent sans les payer des marchandises à leur convenance.

Est dit que toutes crues et augmentations, tous nouveaux impôts, truages, péages, branlages et subsides, faits, cautionnés et imposés sur lesdits marchands et marchandises depuis cent ans en çà, sans octrois royaulx, sont abattus, révoqués, cassés et annulés; que commandement exprès sera fait à tous les prétendant droit aux péages, d'avoir, dans six semaines, à apporter ou envoyer par devers les conseillers de S. M. tenant sa cour de parlement à Paris, leurs titres, enseignements, lesquelles six semaines passées, défenses sont faites de lever aucun péage jusqu'à ce que par la Cour de Parlement en ait été autrement ordonné.

(Lettres-patentes imp., Orléans, Fois Hotot, 1678.)

444.

1505, 8-12 mars. — Publication, à la requête des Marchands Fréq., dans les lieux et villes de Gien, Saint-Gondon, Sully, Laiz et Jargeau, des lettres du 27 mai, relatées en l'article précédent.

« L'an mil cinq cens et cinq, le huitme de mars, à moy Aignan Cormereau, huissier, sergent du Roy nostre Sire, es requestes de son hostel, furent de la partie de Monsr le Procureur Général du Roy nostred. Sire et du procureur général des Marchands Fréq... présentées en la ville d'Orléans, certaines lectres royaulx de édict, donné à Blois le vingt septme jour de mai derrenier passé, auxquelles à présent mon procès verbal est attaché, pour jcelles mectre à exécution.

« Et le lendemain me suis, avec Guillaume Chenu, procureur général desd. Marchans, et de Barthélemy Sevin, notaire royal de

Chastellet d'Orléans, transporté de ceste ville d'Orléans en la ville de Gien, auquel lieu le lendemain, dix^me jour dud. mois, me suis transporté en l'ostel et domicille de honnorable homme et saige Maistre Estienne Barbelade, lieutenant général de Monsr le Bailly dud. Gien, lequel n'estoit pas en sa maison, ains estoit allé au champ du Cours où se tenoit la foire dudit Cours.

« A ceste cause, me transporté aud. champ, ouquel ay trouvé led. lieutenant, auquel je présente lesd. lectres de édit, en lui demandant assistance d'icelles mectre à exécution. Lequel m'a mené avec les dessusd. en la maison de Monsr Maistre Jehan Pelou, procureur de ma Dame la Comtesse de Gien, auquel vint et fut présenté l'advocat de mad. Dame, et illec présent ledit notaire et autres, ay de rechef présenté lesd. lectres de édit en le requérant assistance.

« Lesquelz, après lecture faicte d'icelles, m'ont donné lad. assistance, après laquelle ay aud. lieutenant, advocat et procureur, signiffié et fait assavoir le contenu esd. lectres.

« Et ce fait, me suis transporté au champ dudit Cours, auquel lieu ay trouvé et appréhendé en sa personne honnorable homme et saige Maistre Guillaume Moignet, juge dudit lieu de Gien, auquel ay présenté lesd. lectres royaulx, en lui déclairant que je avois esté en son logis pour avoir assistance, et en son absence pardevers mond. S^r le Lieutenant, lequel la m'avait donnée, et de rechef luy ay demandé lad. assistance.

« Lequel m'a dit et respondu que c'estoit raison et qu'il vouloit estre présent à la publication.

« Et jncontinent, présent lesd. juges, notaire et autres, ay fait publier à son de trompe et cry publicque, oud. champ du Cours, lesd. lettres royaulx de édit...

« Ce fait, me suis transporté pardevers et aux personnes de Pierre Belleville et Guillot Gorre, fermiers dudit péaige de Gien, ausquelz ay fait semblables inhibition et défenses et commandemens, lesquelz m'ont respondu qu'il souffiroit assés de ce que j'en avois fait aux officiers de mad. Dame.

« Ce fait, me suis transporté pardevers et à la personne de Robert d'Anjou, fermier et receveur du péaige de Saint-Gondon, que je trouvé oud. champ auquel j'ai signiffié...

« Et led. jour me suis pareillement transporté en lad. ville de Gien, pardevers et à la personne de Jehan le Tort, fermier et péaigeur du péaige de Laiz, que je trouve en lad. ville, auquel jay signiffié....

« Et le jeudi, douz^me jour dud. mois, me suis transporté en l'ostel et domicille dudit le Tort, là où ce fait la recepte dud. péaige, et illec, en parlant à sa femme, ay fait de rechef les inhibitions et deffenses...

« Et le unz^me jour dud. mois, me suis transporté en la ville de Sully, pardevers et à la personne de honnorable homme et saige Maistre Pierre Foubert, lieutenant général de Monsr le Bailly dud. lieu, auquel ay présenté lesd. lectres royaulx, en lui demandant assistance d'icelles exécuter, lequel la m'a donnée. Et ce fait, me suis transporté, présent Jehan Beauvoirs, sergent et crieur des bans et proclamations au grant carrefour d'icelle ville et jllec à son de trompe... Et après led. cry me suis transporté pardevers Pierre Coulons, dit Passetemps, fermier et péageur dud. péaige dud. lieu, auquel...

« Et le douz^me jour dud. mois, me suis transporté en la ville de Jargeau, et illec ay présenté lesd. lectres à Jehan Lambert, lieutenant du bailly dud. lieu, auquel ay signiffié le contenu esd. lectres, et après le cry et publication d'icelles fait, me suis présenté pardevers et à la personne de Macé Argis, auquel tant pour lui que pour Laurens Sédillon, Jehan Lesturmy, fermiers, et autres leurs compaignons, ay signiffié... lequel m'a fait responce qu'il n'en avoit aucune pancarte ne enseignement et qui se garderoit de mesprandre.

« Desquelles choses ledit Guillaume Chenu a requis et demandé aud. notaire lectres et instrument, pour servir et valloir en temps et lieu ausd. Marchans ce que de raison. Et tout ce je certiffie estre vray et avoir fait par ce présent mon procès verbal signé et scellé de mes seing et seel, et du seing dudit notaire qui à tout ce faire a esté présent, cy mis les an et jours dessusdits. *Signé* : Cormereau. Pour avoir esté à tout ce présent et appelé. *Signé* : Sevin. »

(Orig. ms.. Arch. de la ville d'Orléans.)

445.

1508, 6 juin. — Arrêt de la Cour de Parlement de Paris, par lequel inhibition et défense sont faites à plusieurs seigneurs riverains de la Loire et des rivières d'Anjou de lever péage sur lesdits fleuve et rivières, sous peine de cent livres d'amende.

(Rapporté en un arrêt du 7 septembre 1523, et en un autre arrêt du 8 mars 1528. — Voir ci-dessous, péages de Rochecorbon, de Maillé, de la Maréchaussée, à leurs dates.)

446.

1514, 29 mars, avant Pâques. — Lettres-patentes données à Paris (François Iᵉʳ), dans les mêmes termes que les lettres du 27 mai 1505. (*V. ci-dessus, nᵒ 443*).

447.

1546, 9 mars. — Édit donné à Rambouillet (François Iᵉʳ), par lequel sont évalués en argent les droits de péage sur le sel, prétendus en nature.

« Édit fait par manière de provision, sur l'évaluation des péages prétenduz en sel réduicts à prix d'argent.

« François... Comme sur les remonstrances qui nous ont été faites par aulcuns marchands voicturans sel le long des rivières de Loire, Seine, Somme et fleuves descendans en icelles rivières, pour la fourniture de nos magasins à sel des généralitez de Languedoil, Normandie, Outre-Seine, Yonne et Picardie, contenant l'incommodité qu'il leur est de payer les péages prétendus en essence de sel, tant pour le retardement et séjour qu'il leur convient faire pour attendre les fermiers desdits péages, lesquelz font ordinairement découvrir en plusieurs endroits leur dit sel, estant esdits batteaux pour en prendre de tel costé et endroit que bon leur semble, disans qu'ils veulent avoir du meilleur et du plus essuyé, que aussi lesdits marchands sont contraints d'attendre, tant qu'il plaist auxdits fermiers, les batteaux que iceux fermiers font venir pour mettre leur sel de péage. Et, cependant, estant lesdicts batteaux ainsi descouverts, surviennent plusieurs orages et grosses pluyes, par le moyen desquelles ledit sel est grandement diminué, qui est cause qu'il y advient de grands déchets extraordinaires. Aussi que les voitures coûtent deux fois davantage pour le séjour qu'ils sont tenus faire en acquittant les péages, ce qu'ils ne feraient si lesdits péages se payoient à prix d'argent. Vous supplions que vostre plaisir et vouloir fust ordonner que doresnavant iceux marchands ne payassent lesdits péages que à prix d'argent et non en essence de sel.

« Sur lesquelles remonstrances, et après avoir icelles entendues, aurions adressé nos lettres de commission à certains notables personnages, nos officiers de nos cours de parlement, chambre de nos comptes généraux, tant sur le fait de nos finances que de la justice de nos aydes à Paris, pour procéder à l'évalution desdits péages prétenduz en essence de sel à prix d'argent, pour icelle nous être envoyé ce qu'ils auroient fait. Et après icelle avaluation avoir esté entendue par Nous, veue en nostre Conseil privé, et eu sur ce l'avis des Princes et Seigneurs de notre sang et autres grands et notables personnages.

« Nous aurions advisé qu'il est très nécessaire pour le soulagement de nos sujets, réglemens desdits Marchans à l'advenir, et pour obvier aux larcins, abus et déchets extraordinaires qui en peuvent arriver, et à ce que doresnavant le sel puisse plus facilement et à meilleur marché estre voituré et conduit en nosdits magasins, d'ordonner et statuer que doresnavant les Marchands voicturans sel pour le fournissement de nos magasins, payeront les péages prétendus en essence de sel, par lesdits seigneurs, en argent et non en essence de sel. A ces causes :

« Déclarons, statuons et ordonnons par cés présentes que doresnavant les seigneurs prétendans droits de péages ne pourront exiger ne prendre aucun droit de péage en essence de sel, mais seront payez par lesdits marchands voicturans sel à prix d'argent, selon ladite évaluation et en la manière qui s'ensuit :

« Premièrement.

« En la généralité de Languedoil.

(*V. ci-dessous* les évaluations données pour les péages de Decize, Nevers, Germigny, La Charité, Mesves, Sancerre, Cosne, Saint-Gondon, Sully, Jargeau, d'Orléans, de Saint-Mesmin, Meung, Baugency, Blois, Chaumont, Savonnières, Chouzay, Montsoreau, Rozebourg, Moulins, Saint-Pierre-le-Moustier, d'Azay-sur-Cher, de Chinon, du Lude, de la Flèche, de Durestal, Mathefelon, Malicorne, Sablé, Chasteauneuf, Gévardel, Cheffes, Briolay, Chasteau-Gontier.)

« Tous lesquels péages ci dessus specifiez ne se pourront exiger par les seigneurs péagers, que pour sentine mère seulement chargée au dessus de deux muids de sel, et non pour légement, et pour sentine mère chargée de deux muids et au dessous ne pourra estre exigé aucun droit de péage... »

(Édit imp., Orléans, Éloy Gibier, 1585; Fabian Hotot, 1626.)

448.

1547, 20 mars, avant Pâques. — Lettres-patentes données à Fontainebleau (Henri II), confirmatives des lettres-patentes antérieures, portant :

Que comme par l'édit perpétuel de 1514 (*V. ci-dessus, n° 446*), les usurpations, oppressions et molestations qui se faisaient ès personnes et biens des Marchands Fréq., ont quelque temps cessé; mais encore y en a en grand nombre, et recommencent de jour en jour, en sorte que s'il n'y est diligemment pourvu, la chose est en danger de retourner à son premier désordre et confusion.

Pourquoi sont de rechef cessés et abolis tous les péages mis sus depuis cent ans auparavant l'édit du feu Roi... Défense faite de les lever, sous peine d'être puni comme exacteur du peuple... Injonction d'envoyer les titres par devers la Cour de Parlement dans le délai de trois mois.

(Lett.-pat. imp., Orléans, Éloy Gibier, 1573.)

449.

1547, 20 mars, avant Pâques. — Lettres-patentes données à Fontainebleau (Henri II), par lesquelles est ordonné que dans chacun des lieux où se lèvent péages sera placé un tableau du droit à percevoir.

Quant à ceux des prétendus péages qui seront connus et approuvés par la Cour de Parlement, tableaux seront faits et élevés par les seigneurs desdits péages, ès lieux et endroits les plus éminents et commodes, afin que chacun sache ce qu'il devra. Défense faite à tous fermiers, receveurs et exacteurs desdits péages, de changer ni effacer lesdits tableaux, exiger et prendre outre ce qui s'y trouve contenu, sous peine du quadruple envers les Marchands et de punition corporelle.

(Lettres-patentes imp., Orléans, Éloy Gibier, 1573; F^{ois} Hotot, 1678.)

450.

1552, 20 août, 15 décembre. — Lettres-patentes données à Villers-Cotterets et à Fontainebleau (Henri II), portant jussion aux cours de parlement de Bretagne et de Bourgogne, de vérifier et enregistrer les lettres-patentes données au mois de mars 1547.

(Lettres-patentes imp., Orléans, F^{ois} Hotot, 1678.)

451.

1553, 23 septembre. — Lettres-patentes données à Saint-Germain-en-Laye (Henri II), portant que les livres sont exemptés pour l'avenir de tous droits de péage, par lesquelles :

« Pour le grand profit et émolument que l'art de l'imprimerie apporte au royaume et aux sujets de S. M., tant pour la grande quantité des livres qui s'impriment, vendent et débitent aux étrangers et en divers lieux, pays et provinces, d'où viennent gros deniers, que aussi pour le grand bien, commodité et profit que prennent de l'impression des livres tous gens de lettres et singulièrement les suppôts et écoliers des universités, aussi pour le grand et louable artifice qu'il y a au fait de l'imprimerie, par laquelle est perpétuée la mémoire de toutes choses. »

Est déclaré « que toute librairie, livres écrits ou imprimés, reliés et non reliés, sont exempts de traite, imposition foraine, domaine forain, haut passage et autres droits. »

(Édit imp., Orléans, Fabian Hotot, 1594.)

452.

1558, 15 mars. — Arrêt de la cour de parlement de Paris, pour l'exécution des édits et arrêts qui ordonnent aux péageurs d'exhiber et apposer en lieu éminent la pancarte de leurs droits, par lequel :

Sur requête des Marchands Fréq., le Procureur Général du Roi joint avec eux, exposant que nonobstant les édits et arrêts précédemment rendus, les péageurs, fermiers, receveurs ou commis, refusent d'exhiber leurs pancartes pour faire connaître leurs droits, mais au contraire en composent et contraignent les marchands et voituriers à accorder avec eux, étant cependant les bateaux et marchandises arrêtés, lesquels accords et compositions se font avec lesdits marchands, en la chambre des fermiers et receveurs, sans que rien n'en soit écrit, ni qu'ils donnent quittance; que bien que plusieurs péages aient été réglés par arrêts spéciaux, les receveurs en taisent le réglement.

Est ordonné que commandement sera fait à tous les prétendant péage sur la rivière de Loire et autres fleuves descendant en icelle, de mettre et apposer la pancarte contenant les droits par eux prétendus en lieu éminent, afin que les marchands et voituriers puissent connaître quelles marchandises doivent acquits ou dépry.

Que les fermiers ou receveurs seront tenus de bailler acquits et décharge de leurs mains, au-dessus de cinq sols t..

(Arrêt imp., Orléans, v^e Jean Boyer, XVIIe s..)

453.

1558, 15 mars. — Délibération de la cour de parlement de Paris, par laquelle permission est accordée aux M. F. de faire imprimer les arrêts et réglements donnés entre eux et les seigneurs prétendant péage.

« La Cour, après avoir veu la requeste à elle présentée par les Marchans fréquentans la rivière de Loire et autres fleuves descendans en icelle, a permis auxdicts Marchans de faire imprimer par Éloy Gibier, imprimeur à Orléans, les arrests et reiglement donnés entre eux et les seigneurs et dames prétendans péage sur ladicte rivière, ensemble ceux qui par ci après seront donnés es procès encores pendans et indécis pour raison des droicts desdicts péages, à ce qu'iceux droicts soyent leus, cognus et entendus d'un chacun. Donné à Paris en parlement, le quinziesme iour de mars, l'an de grâce mil cinq cent cinquante huict, par la chambre. — *Signé :* Camus. »

(Extrait imp., Orléans, Éloy Gibier, 1570 ; v^e F. Hotot, 1680.)

454.

1559, 31 décembre. — Lettres-patentes données à Blois (Henri II), dans les mêmes termes que celles du 20 mars 1547. (V. *ci-dessus,* n°s 448 et 449.)

(Lettres-patentes imp., Éloy Gibier, 1573 ; F^{ois} Hotot, 1678.)

455.

1561, 24 juillet. — Arrêt de la cour de parlement de Paris, portant que les droits divers de péage lévés en un même lieu seront perçus par un seul receveur, par lequel :

Sur requête du Procureur général du Roi et de celui des M. F., est dit : « que doresnavant chacun péage prétendu sur la rivière de Loire et autres fleuves descendans en icelle, sera levé par un seul receveur ou fermier et en un seul et même lieu, desquels lieu et receveurs seront tenus tous les sieurs péagiers convenir et accorder en la Cour, avec les Marchands, dans le délai de trois mois.

« Que les particuliers prétendant part et portion dans les péages appartenant au Roi seront tenus d'avoir et tenir un même et pareil bureau que le receveur ou fermier du Roi, le dépry fait à ce bureau étant suffisant. »

(Arrêt imp., Orléans, Éloy Gibier, 1587.)

456.

1567, 21 juillet. — Arrêt de la cour de parlement de Paris, contenant renouvellement des injonctions portées en l'arrêt du 15 mars 1558 (*V. ci-dessus, n° 453*), par lequel :

Sur requête du Procureur Général du Roi et des Marchands Fréq., exposant : que des ordonnances, édits et arrêts prescrivant l'établissement de poteaux et pancartes, les seigneurs prétendant péage, ou leurs gens, commis ou fermiers, tenaient si peu de compte, que de cent à six vingts péages qui se lèvent sur la Loire et rivières descendant en icelle, il ne s'en trouve que deux ou trois où il y ait pancarte.

Est dit : qu'itératif commandement sera fait à son de trompe et cri public, ès lieux où lesdits prétendus péages se lèvent, de mettre, dans quinzaine après publication, une pancarte attachée à un po-

teau, contenant icelle pancarte, par le menu, les droits prétendus
sur chaque espèce de marchandise ou bateau, faute de quoi défense est faite aux seigneurs prétendant péage de plus les lever, sous
peine de quadruple, et permission donnée aux voituriers par eau
de passer librement sans pouvoir être contraints de payer aucune
chose.

(Arrêt imp., Orléans, Éloy Gibier, 1577 ; Fabian Hotot, 1599,
1612.)

457.

1570, 9 octobre. — Lettres-patentes données à Paris
(Charles IX), confirmatives des lettres antérieures sur
l'abolition des péages, par lesquelles :

Sur remontrances des Marchands Fréq., portant que suivant les
édits antérieurs plusieurs péages « qui se souloient lever » avaient
quelque temps cessé, mais qu'à présent aucuns seigneurs et autres,
les uns par force et voie de fait, accroissent et augmentent les
péages, branlages, subsides et impositions étant sur le long et travers de la rivière de Loire et autres descendant en icelle.

Sont de nouveaux cassés et abolis tous les nouveaux péages, de
quelque nom et qualité qu'ils soient, mis sus depuis cent ans ; et
quant à ceux prétendus de paravant, est ordonné que dans le délai
de trois mois les titres seront apportés en la cour de parlement de
Paris pour être vérifiés.

(Édit imp., Orléans, Fabian Hotot, 1604.)

458.

1578, 17 novembre. — Arrêt de la cour de parlement
de Paris, portant injonction aux péageurs d'apposer pancarte et de donner quittance des droits perçus, par lequel :

Sur requête des Marchands. Fréq., le Procureur Général du Roi
joint avec eux, exposant que nonobstant les édits et arrêts précé-

demment rendus, aucuns des péagers, leurs fermiers ou commis, ne veulent exhiber leurs pancartes pour faire connaître leurs droits, mais qu'ils composent et contraignent les marchands « à chevir et accorder avec eux, » étant cependant les bateaux et marchandises arrêtés, lesquels accords sont faits en la chambre des fermiers et receveurs sans qu'il en soit aucune chose écrite, ni quittance donnée.

Est enjoint d'apposer pancarte, de donner acquit et décharge de tout ce qui dépassera cinq sols t., et acte du dépri.

(Arrêt imp., XVIIᵉ s.)

459.

1575, avril. — Lettres-patentes (Henri III), confirmatives des lettres-patentes données par les rois ses prédécesseurs, par lesquelles sont abolis tous les péages mis depuis cent ans auparavant.

(Lettres-patentes imp., Vignon, *Études hist. sur les voies publiq.*, t. Iᵉʳ, pièces justif , p. 22, nᵒ 35.)

460.

1577, 27 décembre. — Lettres-patentes données à Paris (Henri III), portant que les seigneurs péagers devront élever pancartes en lieux éminents, donner quittance des droits reçus, actes des dépris, et en tenir registre, par lesquelles :

Sur requête des Marchands Fréq., exposant que les seigneurs péagers ou leurs fermiers, ne tenant aucun compte des précédents édits, négligent d'établir poteaux où soient attachées les déclarations et pancartes des péages, et qu'ils refusent de donner acquit ni acte de dépri de ce qui leur est payé ou déprié au-dessous de cinq sols.

Est ordonné que pancartes et tableaux seront élevés par les seigneurs des péages, ès lieux les plus éminents et commodes, afin que chacun sache ce qu'il devra, et que lesdits seigneurs ou leurs fermiers sont tenus d'avoir papiers et registres, bailler acquit et acte de dépri de ce qu'ils recevront ou de ce qui sera déprié au-dessus de cinq sols t., sans prendre aucun salaire.

(Édit imp., Orléans, Éloy Gibier, 1578 ; Fabian Hotot, 1604.)

461.

1577, 27 décembre. — Lettres-patentes données à Paris (Henri III), ordonnant la restitution des sommes que les seigneurs péagers auraient, depuis moins de cent ans, perçues par exaction nouvelle, par lesquelles :

Sur requête des Marchands Fréq., exposant que de rechef aucuns seigneurs, étant près ou joignant la rivière de Loire et autres fleuves y descendant, ensemble leurs fermiers, et ceux des grands péages du Roi et coutumes du merrain et autres bois, par force et voie de fait, augmentent et accroissent les péages, branlages, subsides et impositions étant sur le long et travers desdites rivières.

Est dit : que ce qui aurait été perçu par exaction nouvelle, depuis moins de cent ans, soit rendu et restitué aux Marchands ou à leur procureur syndic, pour être employé au balisement et nettoiement des rivières ; que ceux qui prétendent droit de péage de paravant cent ans sont tenus d'apporter, dans le délai de trois mois, leurs titres devant la Cour de Parlement.

(Copie s. papier, écriture de la fin du XVIe siècle, arch. de la ville d'Orléans. — Imp., Orléans, Fabian Hotot, 1604 ; Fois Hotot, 1678.)

462.

1598, 8 mai. — Arrêt du Conseil qui ordonne la réduction ou abolition de plusieurs subsides se levant sur les rivières de Loire, Vienne, Maine et Sarthe, duquel arrêt extrait délivré aux Marchands Fréq. est en ces termes :

« Extrait des subsides et impositions nouvelles qui se lèvent et perçoivent le long de la rivière de Loyre, Maine et Laval, mentionnées en chacun article cy après, lesquelles impositions les maires et eschevins des villes des duchez d'Orléans et Anjou, conté de Thourayne, Blaisois, le Mayne, et procureur des Marchands fréq. lesd. rivières, supplient très-humblement le Roy et Nosseigneurs de son conseil vouloir abolir ou du moings modérer.

« Premièrement :

« Amboise.

« Se lève aud. Amboise, par le Sr du Gast, ung escu sur chacune pipe de vin et ce que bon lui semble sur toutes autres marchandises, et dont il n'a jamais permis estre baillé acquit aux Marchans.

« A Saumeur.

« Se lève audit Saumeur, par le Sr du Plessis, vingt cinq solz sur chacune pipe de vin, tant bessans à Saumur que autre sortant de la rivière du Tou.

« Et oultre en prend led. Sr, de chacun marchant, quinze solz pour chacun passeport.

« Se lève encor aud. Saumeur, par le Sr de Chavigny, vingt solz pour chacune pipe de vin.

« A Chinon, sur la rivière de Vienne.

« Se lève audit Chinon, par le Sr de Chavigny, vingt solz pour chacune pipe de vin.

« Au Pont de Sée.

« Se lève aud. Pont de Sée, par le sieur de la Bastide, quinze solz sur chacune pippe de vin et tribut sur toutes autres sortes de marchandises.

« Se lève aud. Pont de Sée, soubz le nom du Sr de Pichery, vingt six solz huict deniers pour chacune pippe de vin.

« Se lève aud. Pont de Sée, soubz le nom du Sr du Bois-Dauphin, trente solz sur chacune pipe de vin.

« Se lève audit Pont de Sée, sous le nom du Sr de la Rochepot, quinze solz sur chacune pipe de vin.

« Se lève encor aud. Pont de Sée, sous le nom du Sr de St-Offange, ung escu pour chacune pippe de vin.

Marginal notes:

...este imposition d'un escu ...ipe de vin est réduite à ...solz, et pour le surplus ...utres marchandises est ...ment abolie, avec déf- à toutes personnes de ...uer lad. exaction, sur de punition.

...este impozition de vingt ...solz est modérée à vingt

...effences sont faictes de ...tre plus aulcun droict de ...eport.

...Ceste levée est du tout ...e et estaincte.

Ceste levée et imposition ...bolie et estaincte entière-...t.

Ceste levée de quinze solz ...modérée à six solz, et pour ...urplus qui se levoict sur ...autres marchandises def-...es sont faictes de continuer ...s exactions.

Ceste levée de vingt six ...est modérée à quinze solz.

Ceste levée est modérée ...uinze solz.

Ceste levée est entièrement ...aincte et est ordonné que le ...de la Rochepot, et tous au-...s qui prétendent leur estre ...ib quelque chose, vériffie-...et leurs debtes par devant ... Sr s de Messe, Poncarré et ... Attichy, ensemble la recepte ... a esté faicte des impositions ...'ils ont fait lever, pour le-...el effect ils sont commis.

« Ceste imposition d'un escu ... modérée à xxx s..

« Audict Pont de Sée, sous le nom de Bourcany, cy devant gouverneur d'Ancenys, xxx solz pour chacune pipe de vin.

« Audict Pont de Sée, soubz le nom de Monsr le Duc d'Elbeuf, xxx solz sur chascune pippe de vin et autres grandz subsides sur toutes autres sortes de marchandises.

« Audict Pont de Sée, sous le nom des maire et eschevins de la ville d'Angiers, pour remboursement des frais du siége de Rochefort, xxv s. sur chacune pipe de vin.

« Audict Pont de Sée, soubz le nom des estats de Bretagne, xx s. sur chacune pipe de vin.

« Audict Pont de Sée, pour les fortifficacions dud. lieu, ij s. vj d. pour chacune pipe de vin.

« Se lève aud. Pont de Sée, par le Sr de la Bastide, sur chacun basteau qui besse ou monte par icelluy, xxv s. t., assavoir : xv s. pour chacun passeport et x s. pour baisser la chesne.

« Audict Pont de Sée, se prend par les soldatz des quatre corps de garde de chacun basteau chargé de vin, quatre seilles, sans ce qu'ilz boivent, qui peut revenir à vj s. pour pippe.

« Audict Pont de Sée, sous le nom du Sr Hurtault, x s. pour chacune pipe de vin, qui va dud. Pont de Sée en la ville d'Angiers.

« A Angers.

« Se lève aud. Angiers, soubz le nom du Sr de Pichery, ung escu vingt solz pour chacune pipe de vin, encore qu'elle ait acquicté soubz son mesme nom, au Pont de Sée, les sommes cy dessus.

« Audict Angers, soubz le nom du Sr de Bois-Dauphin, xl s. t. pour chacune pipe de vin.

« Audict Angers, soubz le nom des maire et eschevins de lad. ville, cinquante solz t. pour chacune pipe de vin venant du Pont de Sée à Angiers, dont le bureau dud. droit est estably au Pont de Sée.

« Au Plessis-Bourré.

« Se lève aud. Plessis-Bourré, soubz le nom du Sr de Rembouillet, trente solz pour chacune pipe de vin.

« A Nantes.

« Se lève en lad. ville de Nantes six escuz pour chacune pipe de vin.

« Ne se peult encor rien donner sur cest article jusq après la tenue des estats Bretagne.

« Cest article sera réglé vant ce qui fut traicté et c venu en une assemblée Ponts de Sée.

« Ceste levée est modéré xij s., et seront tenuz maire et eschevins vérif leurs prétendues debtes, aussy la recepte qui s'est fa de la présente imposition, devant les commissaires cy vant nommez.

« Ceste levée continuera ques à ce que les estats Bretaigne soient tenuz, et en sera ordonné.

« Attendu qu'il n'est besoing de fortifficacions, c levée est estaincte.

« Estaincte avec deffence continuer telles exaction peine de punition.

« Comme au précédent ticle.

« Cest article sera re suivant le traicté faict av Sr Hurtault.

« Ceste levée est modér xxx s., et ne pourra mesme pièce de vin payer d'une fois, et sera tenu de Pichery faire vérifier debtes et la recepte de la sente imposition, pardava commissaires nommez cy sus.

« Ceste levée est modér xx s., et ne pourra cha pippe de vin payer q seule fois la présente im tion.

« Ceste levée est du abolie et estaincte avec l'o nance de conter de la r qui s'en est faicte.

Cette levée est du estaincte, avec deffence d tinuer telles exactions.

« Ceste levée se resoulé l'assemblée des Estats. »

« Sur les remonstrances faictes au Roy, en son conseil, par les maires et eschevins des villes et provinces d'Orléans, Anjou, Touraine, Blaisois, le Mayne, et procureurs des Marchans traffiquans sur la rivière de Loire et autres rivières descendans et entrans en jcelles, ports et endroictz spéciffiez et déclarez par les articles cy dessus, à raison des grandes et excessives daces et impositions qui se lèvent sur le vin et autres marchandises voicturées et débitées sur lesdites rivières, requérans qu'il pleust à Sa Majesté abolir lesd. impositions et daces, ou du moings les modérer à des sommes plus supportables.

« Le Roy en son conseil, après avoir veu lesd. articles et jceux modérez en sommes contenuz aux apostilles mis en marge de chacun d'jceulx, a ordonné et ordonne que delffences seront faictes à toutes personnes, de quelque qualité et condition qu'ilz soient, de ne prendre et exiger aucune chose esd. ports et autres endroictz desd. rivières que les sommes portées par les apostilz desd. marges et articles du roolle cy dessus vériffié et modéré en son conseil et ce sur peine de punition, révocquant à ses fins toutes choses généralement quelconques qui pourroient estre à ce contraire, ausquelles Sa Majesté a desrogé et déroge par le présent arrest.

« Voullant que pour cest effest, chacun article et apostil d'iceulx, avecq coppie du présent arrest, soient signiffiez à tous qu'il appartiendra, à ce qu'ilz n'en puisse prétendre aucune cause d'ignorance par cy après. Enjoignant aux trésoriers généraulx de France tenir la main à l'exécution du présent arrest. Et pour la vériffication des debtes prétendues par les particuliers desnommez aud. rolle cy dessus, pour lesquelles lesd. levées et impositions avoient esté ordonnées, ensemble pour ce qu'ils ont receux sur jcelles, Sad. Majesté, a commis les Srs de Messe, de Pontcarré et d'Attichi, pour sur leur rapport estre fait droit ausd. particuliers, ainsy que Sad. Majesté verra estre à faire par raison. Faict au conseil tenu à Rennes, le xviij° jour de may mil cinq cens quatre vingts dix huict. — *Signé:* de Beaulieu. »

463.

1614. — Requête des habitants de la ville de Nantes au Roi Louis XIII, se trouvant dans leurs murs, tendant : 1° à ce que les droits de péage des seigneurs particuliers soient perçus dans les lieux où se lèvent les devoirs dus à S. M. ; 2° à ce que la voie navigable soit dégagée des pêcheries qui l'obstruent.

« Au Roi et à Nosseigneurs de son conseil.

« Sire, vos très humbles, fidelles et obeissantz subiectz les habitans de vostre ville de Nantes, ayant le bonheur et l'honneur de la présence de Vostre Majesté, luy font en toute submission tres humble requeste, disant que la situation de vostre dicte ville sur le fleuve de Loire qui traverse le milieu de vostre royaume, et la proximité de l'embouchure de la mer y ont produict un grand traficq de marchandises qui augmente les debvoirs deux à Vostre Majesté et apporte grands profictz et commodités à plusieurs de vos villes et subjectz de vos pays. Mais la liberté de ce commerce est beaucoup empeschée et le trafficq affoibly par la forme dont plusieurs seigneurs particuliers usent au fief et perception des debvoirs qu'ils prétendent leur estre deux sur les marchandises montantes et descendantes au long de ladicte rivière, par la contraincte qu'ils font à tous les marchands et voituriers par eau, de bransler et aborder avecq leurs bateaux en tous les lieux et endroictz où sont prétenduz lesdictz debvoirs, et les font séjourner et le plus souvent perdre la commodité du temps et de l'eau, voire les font desvoier du cours ordinayre avecq grand perte et incommodité.

« A quoy, toutesfoys, on peult aisément obvier sans perte ny diminution desdictz debvoirs, car si la récepte en estoit faicte, tant à Jngrande, Pont de Sé, qu'aux autres lieux où sont posez les tabliers des debvoirs deuz à Vostre Majesté, les marchands n'aresteroient que en deux ou trois endroictz où à présent ils sont contrainctz d'aborder et retarder en plus de cinquante lieux. Ce remède augmenteroit beaucoup la négociation ; vos debvoirs en scroient accreux et les marchands rédimez de vexation.

« Et seroit audict fleuve la négociation entièrement libre, s'il plaisoit à Vostre Majesté que les pescheries et rotereaux qui touchent aux arches du pont de Piremil et autres ponts de Nantes, fussent posez au dessoubz desdictz ponts sans y avoir attache, par laquelle lesdicts ponts sont tellement ébranlez que les réparations annuelles reviennent à plus de vingt mille livres, et la présente année à plus de quarante mil livres par la démolition de deux arches soutenues d'un pilier.

« Ce dommage est accreu par une entreprise faicte puis peu de temps auquel on a mis des rotereaux et pescheries aux cinq grandes voyes qui soubz les arches desdicts ponts de Piremil étoient de tout temps libres et ouvertes, et jaçoit que les rotereaux mis aux autres arches doibvent par nos réglements avoir pour le moins neuf pieds d'ouverture, toutesfoys les uns n'en ont que cinq, les autres six ou sept. A ces causes :

« Plaise à Vostre Majesté ordonner que à l'advenir les seigneurs levans droicts sur les marchandises et bateaux montans et descendans sur vostre rivière de Loire, depuis Orléans jusques en ceste ville, en feront faire les receptes par leurs fermiers et receveurs aux lieux et endroictz où se lèvent et reçoivent vosdicts debvoirs, sans que lesdits seigneurs puissent contraindre les marchands et voituriers par eau de bransler et aborder en autres lieux.

« Et outre plaise à Vostre dicte Majesté ordonner que les voyes desdictes arches seront entretenues libres et ouvertes et les pescheries posez plus bas en ladicte rivière, et en tout événement que les cinq grandes voyes seront ouvertes pour la descente des vaisseaux, et les rotereaux qui sont sous les autres arches reduictz aux termes des précédants réglements, pour chacun d'eux avoir pour le moins neufs pieds d'ouverture, et les supplians continueront leurs prières à Dieu pour vostre santé, heur et prospérité de vostre règne. — *Signé :* F. Tourayne, procureur syndic des bourgeois de Nantes. »

(Orig. sur papier, ms.. Arch. de la ville de Nantes.)

464.

1614, 26 août. — Arrêt du Conseil, rendu à Nantes, sur la requête qui précède, par lequel :

« Est dit que les seigneurs des péages, depuis Orléans jusques à Nantes, et Marchands fréquentant sur la rivière de Loire, seront assignés au Conseil du Roi, pour eulx ouis estre ordonné ce que de raison, et par provision est ordonné que lesd. péages seront payés au plus prochain bureau ou tablier où abordent les batteaux pour y payer les droits et debvoirs du Roi, après avoir passé les lieux et endroits où se lèvent lesdits péages desd. seigneurs, et que pour le regard des pêcheries est renvoyée la requête aux trésoriers généraux de France. »

(Orig. s. parchemin, ms.. Arch. de la ville de Nantes.)

465.

1618, 3 septembre. — Lettres des délégués à Orléans des Marchands Fréquentants, adressées aux maire et échevins de la ville de Nantes, par laquelle leur concours est demandé à l'effet d'obtenir du Roi et de son conseil que les péages soient réduits à argent.

« Messieurs, recongnoissans que la cessation de commerce de la rivière procedde spécialement à cause des péages qui s'acquittent en espèce, par la trop grande rigueur que les fermiers y tiennent, et que pour se libérer de telles vexations l'on est contrainct de quitter la rivière et de faire les voictures par terre, chose qui rapporte grandement à touttes les villes qui sont sur lad. rivière et aux marchans qui traffiquent; or, affin de pouvoir restablir cette liberté, nous avons esté persuadés par beaucoup de particuliers, mesmes par aulcunes villes de communautez, de présenter requeste au Roy et à Nosseigneurs de son conseil, affin de faire réduire à argent lesd. péages sellon la modération qui en sera faicte aud. conseil, dont noz vous avons bien voullu donner advis comme aux autres villes, affin que la communaulté de vostre ville qui y a notable intérest se joigne avec nous en une affaire si utile et nécessaire pour la liberté du commerce. De quoy nous vous prions affectueusement. Nous vous envoyons coppie, tant de la requeste que nous avons faict dresser que de l'extraict des poursuictes, affin que vous jugiez nostre intention. Priant le Créateur, Messieurs, vous augmenter ses grâces. A Orléans, le 3 septembre 1618. Vos affectueux serviteurs, les delléguez à Orléans des Marchans fréquentans la rivière de Loire. — *Signé :* Pothier.

« A Messsieurs, Messieurs les Maire et Eschevins de la ville de Nantes, à Nantes. »

(Orig. ms.. Arch. de la ville de Nantes.)

466.

1620, 6 décembre. — Délibération du bureau de la ville de Nantes, par laquelle M. Grandamy, sous-maire, est député pour aller en Cour, à l'effet de soutenir certaines propositions faites par quelques particuliers pour la liberté du commerce de la Loire.

« Extraict du registre du greffe de Messieurs les Maire et Eschevins de la ville de Nantes, du sixième jour de décembre mil six cent vingt.

« Sur ce que le sieur Nydellet, juge élu des Marchands assistés des deux consuls et grand nombre de marchands, tant de cette ville que de la Fosse, a représenté au bureau qu'il y a fort longtemps que les villes et communaultez qui sont situées sur la rivière de Loire, mesme les Marchands fréquentans lad. rivière et fleuves y descendans, sont à rechercher les moyens de restablir le trafficq et commerce sur jcelle qui y est à présent de tout ruyné, à cause des grands subsides qui se lèvent par plusieurs seigneurs, mesme que leurs fermiers et receveurs molestent telleman les marchandz qu'ilz ont meilleur compte faire achaptz de leurs marchandizes à la Rochelle et les faire conduire par charroyz jusques au hault de lad. rivière que les voicturer par eaue, ce que a apporté une grande dyminucion aux droictz de Sa Majesté et debvoirs en cette ville, mesme que la plus part des habitans d'icelle qui ne vivent que de leur labeur et jndustrie sont du tout.

« N'ayant aucun moyen de s'employer à cause de la stérilité dud. trafficq. Pour parvenir à l'entier rétablissement duquel ont répondu que quelques particuliers ont faict certaines propositions pour rendre libre le commerce, supplians Messieurs du Bureau de depputer pour se joindre avec les aultres villes et communaultez qui ont pareillement député à la suilte dud. Conseil, pour demander la liberté du trafficq, et à leur exemple ceste communauté auroit cy devant présenté au Roy et à Nosseigneurs de son Conseil requeste soubz le seing du procureur syndicq de lad. ville; l'affaire mise en délibération sera, en conséquence de lad. requeste, cy devant présentée au Roy de la part de ceste ville. A esté de commun advis du Bureau député Monsieur Grandamy, conseiller du Roy, secrétaire et auditeur de ses comptes en Bretagne, à présent soubz maire de cette ville, pour aller en Cour et requérir que pour l'exécution de l'arrest obtenu au Conseil, en l'année six cens quatorze, de la part de cette communaulté ou au moyen des propositions des particulliers qui entrent en offres à lad. fin, on obtienne le faict pour la liberté du commerce, sans toutteffoiz que cette communaulté devienne en aucune façon subjecte ou contribuable à l'effect desdictes propositions. Faict aud. bureau lesdictz jour et an. — *Signé :* Bodin, greffier. »

(Orig. ms.. Arch. de la ville de Nantes.)

467.

1631, 20 novembre. — Ordonnance « des sieurs de Bellejambe, maistre des requestes de l'Hostel, et René Sain, trésorier de France en la généralité de Tours, commissaires députez par Sa Majesté pour le remboursement des péages de la rivière de Loyre. »

« Nous, Louis le Maistre, sieur de Bellejambe, conseiller du Roy en ses conseils, maistre des requestes de son hostel, et René Sain, aussi conseiller du Roy, trésorier général de France à Tours, commissaires députez par Sa Majesté pour les remboursemens des péages de la rivière de Loire, par lettres patentes du treizième juin mil six cent trente et un :

« Savoir faisons que, sur les plaintes et remonstrances faittes au Roy, des incommoditez et empeschemens que les péages levez au profit des seigneurs particuliers le long de la rivière de Loire apportent à la liberté du commerce, au moyen de ce que les batteaux arrestés en plusieurs endroits, et les voituriers obligez de jeter l'ancre de trois en quatre lieues, pendant que les commis et préposez à la perception des devoirs, sous prétexte de visiter les marchandises, les exposent à l'injure du temps et les retenans en des contestations affectées sur le nombre et estimation des denrées, exigent, par le retardement qu'ils peuvent apporter, ce que bon leur semble, en sorte que pour éviter le dommage, les batteliers sont obligez de payer ce qu'on leur demande, contrains aussi par l'occasion du vent, dont la commodité perdue en a ruiné plusieurs, nécessitez de faire monter leurs batteaux à force d'hommes avec une extrême despense, ne se rendans en un longtemps où peu de vent les pouvoit avancer.

« Si bien que quelqu'uns, pour ne point s'arrester à faire le despry, espérans se cacher derrière les isles, ont souvent fait naufrage ; les autres descouverts et poursuivis sont condamnez en de grandes amendes envers les seigneurs et propriétaires desdits péages prétendans le droict, et estant en possession de faire demeurer et bransler les batteaux devant leur destroit pour en avoir la visite : toutes lesquelles difficultez ayans de longtemps éloigné le trafic par la rivière, ont esté cause que l'on se sert de charrois et voitures au préjudice du public surchargé de la charté des marchandises.

« A quoy Sa Majesté désirant pourvoir, après que plusieurs édits et réglemens ont esté faits par les rois ses prédécesseurs, non seulement pour les devoirs desdits péages, mais aussi pour le sujet des entreprises et usurpations des debvoirs non accoustumez, dont toutesfois le public n'auroit receu aucun soulagement, le seul remède estant en la suppression.

« Le Roy, pour secourir ses sujets en cette occasion et rétablir le commerce par la rivière de Loyre, en voulant oster lesdits péages, en a ordonné le remboursement aux seigneurs et propriétaires, à raison du denier vingt du revenu annuel et juste valeur, comme récompense très-légitime, eu égard à l'incertitude desdits droits, et que la pluspart estans sur les sels dont se fait le fournissement des greniers, le public en pourroit estre deschargé sans aucune dépense; et, par ses lettres patentes du treize juin dernier, députa des commissaires pour procéder à la vérification des titres et évaluations desdits péages.

« Ce qu'ayant esté par eux exécuté et adjugé le remboursement à ceux qui ont fait apparoir de la validité de leurs droits, dont ayans esté satisfaits et touché leur argent, et les deniers consignez de ceux ausquels s'est trouvé quelque opposition, et à l'esgard des autres qui n'ont obéy, fait les défenses de lever ci-après lesd. péages, sans préjudice de leur dédommagement, sous le bon plaisir de Sa Majesté, en sorte que la déclaration du Roi, entièrement exécutée, les jugemens rendus et deuement signifiez :

« Nous, commissaires susdits, en vertu du pouvoir à Nous donné par le Roy, avons déclaré et déclarons par ces présentes, tous les péages et droicts ci-devant perceuz par les particuliers sur la rivière de Loyre, depuis Orléans jusqu'à Nantes, estaints et supprimez à la descharge du public, savoir :

« Les péages de Saint-Mesmin, proche Orléans, perceus audit lieu de Saint-Mesmin ;

« Celuy de Meung, appartenant ci-devant au Sieur Esvêque d'Orléans, aux doyen, chanoines et chapitre de Saint-Liphard de ladite ville de Meung et autres particuliers ;

« Le péage de Chaumont ;

« Le péage de Rochecorbon ;

« Le péage et commandise de Tours, appartenant cy-devant au Seigneur Comte de Sancerre, au Sieur Archevesque de Tours et aux doyen, chanoines et chapitre de Saint-Martin de Tours ;

« Le péage de Maillé ;

« Ceux de Colombiers et Saint-Michau ;

« Le péage levé au lieu de Chouzé ;

« Celui de la Maumonnière, autrement le petit péage de Montsoreau, levé audit lieu de Montsoreau ;

« Celui de Montsoreau, à cause de ladite terre ;

« Celuy de Port-Vallée, à cause de la terre et seigneurie de Blaison ;

« Celuy de Ruzebourg, appartenant aux doyen, chanoines et cha pitre de Saint-Laud-lez-Angers ;

« Celuy de la Roche-au-Duc, autrement la Roche-Sereau ;

« Le péage de Tancré ;

« Celui de Montejan ;

« Les péages de Champtocé et Jngrande, levez audit lieu d'Jngrande ;

« Celuy de Saint-Florent-le-Vieil et de la Roche-Baraton, appartenant aux prieur et religieux de l'Evières et au Sieur de la Roche-Ferrière ;

« Le péage dit le Charonnage de Saint-Florent-le-Vieil, dépendant de ladite abbaye ;

« Le péage d'Ancenis, à cause de ladite terre ;

« Les péages de la Maille-d'Annet, la petite rivière, la Pierre-Boisdron et la Roche-Annortz ;

« Les péages d'Oudon, Champtoceaulx et les Crespins.

« En tous lesquels lieux faisons très expresses inhibitions et défenses aux propriétaires, commis, receveurs et préposez, de prendre ou recevoir aucune chose sous le prétexte desdits péages, et à toutes personnes de rien payer sous les peines portées par lesdites lettres et déclarations de Sa Majesté... Fait à Saumur, le vingtième jour de novembre mil six cent trente et ung. — *Signé :* le Maistre et Sain ; et plus bas : par mesdits Sieurs les Commissaires, Augier.

« Le trente-un jour de janvier mil six cens trente deux, dénoncé l'ordonnance cy-dessus à Maistre Michel Martin, procureur sindyc des Marchands d'Orléans, trafiquans sur la rivière de Loire, par moy, huissier général en France, sous-signé, résidant à Angers. — *Signé :* P. Haudet. »

(Ordonnance et notification imp., XVIIe s..)

468.

1652, 2 mars. — Arrêt de la cour de parlement de Paris, portant défense à Maître Toussaint de la Ruelle, fermier de cinq grosses fermes de France, de continuer la levée sur les M. F. de certains droits, à savoir :

Aucuns droits ou impositions, sinon en vertu d'édits bien et dûment vérifiés, même de continuer la levée des prétendus droits de quinze sols pour pipe de vin, celui de « massicaut » et d'entrée de France de 1644, et les trois fois deux sols pour livre, à peine de prison, de répétition du quadruple et 10,000 livres d'amende.

(Arrêt imp., XVIIᵉ s..)

469.

1663, 31 janvier. — Déclaration du Roi en forme de réglement pour la levée des droits de péages dans tout le Royaume, en laquelle sont reproduites plusieurs des prescriptions, injonctions et défenses portées dans les lettres-patentes et arrêts concernant les péages levés sur la Loire et ses affluents.

(Déclaration imp., Vignon, *Études sur les voies publ.*, t. Iᵉʳ, pièces justif., t. II, ch. I, n° 39.)

470.

1724, 29 août. — Arrêt du conseil, par lequel est établi un tribunal pour régler les droits légitimes de péage. (*Voir ci-dessous, n° 471.*)

471.

1735, 28 novembre. — Lettre du bureau de la compagnie des M. F. à M. Maboul, maître des requêtes, procureur général de la commission des péages, par laquelle est

exprimée la confiance des M. F. en son appui, pour la ré-
pression des exactions des fermiers des péages.

« Monsieur, permettez-nous de réclamer vostre puissante protection, dans la place que vous occupez avec autant de dignité qui
de distinction. La pénétration, l'intégrité et l'amour de la justice que
font le caractère d'un grand magistrat vous sont naturels, nous font
espérer que vous serés à l'appui du commerce et que vous repri-
merés les exactions des fermiers des péages établis sur la rivière
de Loire et autres y affluantes, en réformant les anciennes pancartes par des interprétations juridiques, à l'exemple de Monsieur
de Balorre, vostre illustre prédécesseur. Les nouveaux réglements
qu'il a fait rendre et les sages dispositions des arrest du conseil qui
en ont ordonné l'exécution soulagent infiniment les marchands et
voituriers.

« Comme il reste encore plusieurs péages à régler, nous vous
supplions, Monsieur, lorsque les arrest du Conseil seront rendus à
cet effet, de nous en faire adresser des exemplaires pour les rendre
publics et tenir la main à leur exécution. »

(Reg. de corresp. de la Cⁱᵉ, de 1735 à 1740, fᵒ 8, rᵒ, ms..
Arch. de la ville d'Orléans.)

472.

1736, 19 septembre. — Extrait d'une lettre du bureau
de la compagnie des Marchands Fréq. à M. le Contrôleur
Général des finances, contenant envoi d'un mémoire sur
la rivière de Loire.

« Monseigneur, vostre inclination pour le bien du commerce
nous fait prendre la liberté de vous envoyer un mémoire général
sur la rivière de Loire; Vostre Grandeur y connoistra la différence
des droits qui se perçoivent sur les marchandises qui se chargent
sur cette rivière d'avec ceux qui se lèvent sur la rivière de Seine, et
le préjudice que cette différence cause aux Marchands de la Loire. »

(Registre de corresp. de la Cⁱᵉ, de 1735 à 1740, fᵒ 25, vᵒ,
ms.. Arch. de la ville d'Orléans.)

DOCUMENTS SPÉCIAUX SUR LES PÉAGES DE LA LOIRE ET DE SES AFFLUENTS.

XII.

PÉAGES DE LA LOIRE.

ROANNE, département de la Loire (Roenna, Rodenna, Roenne).

473.

1220. — Hommage par Wilelme, veuve de Châtard de Roennais, au comte de Forez, de la moitié des ports et péages de Roanne.

« Rainaudus Dei gratia prime Lugdunensis ecclesie minister humilis omnibus in perpetuum. Ad notitiam tam presentium quam futurorum volumus pervenire quod Willelma quondam uxor Chatardi de Roenneis recognovit coram nobis se tenere et habere in fundum a comite Forensi medietatem portùs et pedagii de Roenna et inde ei hominium fecit. Et nos humiliter rogavit ut dicto comiti litteras nostras factum hujusmodi continentes concedere dignaremur. Nos igitur ejus justis precibus annuentes presentem cartam inde fieri et sigillo nostro fecimus in testimonium roborari. Actum anno Domini M° CC° XX°. Datum per manum Antelmi cancellarii nostri. »

(Orig., sceau détruit, Arch. de l'Empire, p. 492 [1], c. 654.)

474.

1254. — Legs par « Hugues de Roaneys » au monastère de Beaulieu, d'une rente de cinquante sols à prendre sur le péage de Roanne.

(GUILLIEN, Recherches historiques sur Roanne, publiées par
Alph. COSTE, p. 105.)

475.

1329. — Contrat de mariage, par lequel Dalmais, seigneur de l'Espinasse, donne à Alix, sa fille, fiancée à Guichard Buret, seigneur de la Forest, cinquante livres tournois à prendre sur le port de Roanne.

(Même ouvrage, p. 106.)

476.

1337, 31 mars. — Hommage par Simon de Ronchivoulx à Guy, comte de Forez, de sa part du péage de Roanne.

« Nos Girardus de Villanova tenentes sigillum commune regium in Matisconensi bayllivia constitutum, notum facimus universis presentes litteras inspecturis, quod dominus Simon de Ronchivoulx, miles, constitutus coram mandato nostro videlicet Arthaudo Magnini de Candiaco clerico auctoritate regia publico notario scienter et sponte confessus fuit et in veritate rocognovit se tenere et debere tenere et velle et predecessores suos ab antiquo in rem tenuisse in feudum et defendo et homagio ligio illustris et magnifici veri domini Guidonis comitis Forentis pre cunctis aliis dominis videlicet partem suam pedagii de Rodenna que sibi evenit ex legato Guillelmi de Ronchivoulx domicelli quondam excepta ligitate suorum priorum dominorum et pro predictis omnibus et singulis prefatus miles homagium ligium prefato domino comiti pro se et successoribus suis fecit et capitula fidelitatis servare promisit, promisitque predicto publico notario per juramentum suum super sancta Dei evangelia corporaliter prestitutum et sub obligatione omnium bonorum suorum quorumcumque mobilium et immobilium presentium et futurorum predictum feudum et homagium facere et recognoscere ipsi domino comiti et suis quotienscumque et ubicumque fuerit requisitus et facere et prestare super hoc quicquid natura dicti feudi et quecumque capitula in sacramento et forma fidelitatis contenta desiderant et requirunt. Renunciavit, etc. (*suivent les formules.*) In quorum omnium robur et testimonium predictum sigillum commune regium hiis presentibus ad requisitionem predicti notarii publici cui super hiis et aliis fidem plenariam adhibemus duximus apponendum. Datum apud Montembrisonem in hospitio quo dominus comes predictus inhabitare consuevit die penultima mensis martii anno Domini millesimo ccc° tricesimo septimo testibus presentibus ad hoc vocatis specialiter et rogatis domino Raynaudo de Forisio, Arthaudo de sancto Romano preceptore Chazaleti, domino Petro Muta Bayllivio Forensi milite, Guillelmo Fabri et Roberto Vernini. Et ego Arthaudus maign. de Candiaco clericus auctoritate regia publicus notarius premissis omnibus presens interfui et hoc publicum instrumentum signo meo solito signavi rogatus. — *Signum.*

(Orig. parch., jadis scellé, Archives de l'Empire, p. 490 [3], cote 265.)

477.

1478, 3 juillet. — Accord entre Jean, duc de Bourbonnais et d'Auvergne, et Gabrielle de Montmorin, femme de Jean de la Gardette, chevalier, touchant la quarte partie du port de Roanne.

« A tous ceulx qui ces présentes lettres verront, Jehan Boudereul, bourgeoys de Saint Pierre le Moustier et garde du scel aux contraulx de la prévosté dudit lieu pour le Roy nostre Sire, salut. Comme procès fust meu et pendant, tant en la Cour de Parlement que ailleurs, entre treexcellant et puissant Prince Monseigneur Jehan, duc de Bourbonnois et d'Auvergne, d'une part, et noble homme Messire Jehan de la Gardette, chevalier, seigneur dudit lieu, et Dame Gabrielle de Montmorin, sa femme, d'autre part, pour raison et à cause de la quarte partie et portion du port de Roenne partant par indivis avec Jehan Dupuy et Jehan de Populle, que lesdits mariés, à cause de ladite Dame Gabrielle, disoient à eulx devoir competter et appartenir aux causes et moyens déclairés esdit procès, et ledit Monseigneur le Duc disant au contraire et que à certains titres et moyens à déclairer ladite quarte partie et portion dudit port de Roenne lui compactoit et appartenoit et sur ce estoient lesdites parties en grande involution de procès. Savoir faisons que aujourd'huy, datte des présentes lettres, pardevant Antoine Gros, clerc et juré notaire du Roy nostre Sire, de la court de la dicte prévosté de Saint Pierre le Moustier, lequel Nous avons commis quant à ce, furent présens et establiz en leurs personnes ledit Messire Jehan de la Gardete et Dame Gabrielle de Montmorin, sa femme, ladite Dame procédant de l'auctorité, vouloir, congié, licence et exprès consentement dudit chevalier, son mari, quant à ce à elle donné, laquelle Dame Gabrielle de Montmorin et ledit chevalier, son mari, et ung chescun d'eulx en tant que chescun d'eulx et peut toucher de leurs bons grés et bonnes volentés et en ce fait non deceuz comme ilz disoient, ont vendu, cédé et transporté et délaissé, et par ces lettres vendent, cèdent et transportent du tout en tout, délaissent et désistent dès maintenant et à tousjours, mais perpétuellement et héréditablement, à mondit Seigneur le Duc de Bourbonnois et d'Auvergne, absent, ledit notaire stipulant et acceptant pour icellui seigneur et ses successeurs ducs de Bourbonnois et d'Auvergne, et ce pour le prix et somme de six cens quatre vingt dix livres tournois, ja pour ce baillées et paiées par ledit Monseigneur le Duc ausdits Messire Jehan de la Gardete, sa femme, comme ils disoient, et de laquelle somme de six cent quatre vingt dix livres tournois jcellui chevalier et ladicte Dame, à l'auctorité que dessus, se sont tenus pour contens et bien

payés et en ont quicté et quictent par ces présentes mondit Seigneur
le Duc et tous autres, c'est assavoir : ladite quarte partie et porcion
dudit port de Roenne, à eux appartenant, à cause de ladite Dame
Gabrielle, ensemble de tous autres droiz, prouffits et esmolumens
à eux appartenans à cause dudit port, et tout le droit, action, poursuite, propriété, saisine et possession que lesdits vendeurs y avoient
et pouvoient prétendre et demander à cause de ladite Dame Gabrielle et autrement, en quelque manière que ce soit, et par ce
moyen lesdits Chevalier et Dame, ladicte Dame à l'auctorité que
dessus, ont renoncé et se sont désistez et despartiz par ces présentes
de tous les procès pendans, tant en ladite Cour de Parlement que
autre part, pour raison et à cause de la dicte quarte partie et porcion dudit port de Roenne, pour et au prouffict et utilité de mondit
Seigneur le Duc et des successeurs Ducz de Bourbonnois et d'Auvergne, de laquelle quarte partie et porcion dudit port de Roenne et
de tout le droit et action que lesdits vendeurs et ung chescun d'eulx
y avoient, ils s'en sont desmis, devestuz et dessaisis, et en ont revestu et saisi, et mis en bonne possession et saisine mondit Seigneur
le Duc et les siens par la concession et octroi de ces présentes, à la
charge que ladicte quarte partie et porcion dudit port de Roenne
doit et peut devoir.

« Promectans, etc. (*Suivent les formules.*)

« Obligans, etc. (*Suivent les formules.*)

« En tesmoing de ce, Nous, garde dessusdit, à la relacion dudit
juré qui les choses dessus dites nous a rapportées estre vraies, le
seel dessus dit avons mis et apposé à ces présentes lettres. Fait au
chastel de Fontenilhes, tesmoings à ce présens et par ledit juré appellés Messire Pierre Girard, prestre, habitant de la paroisse d'Ou-
lhac, et Jehan Florent, de la ville de Cousoux, le vingt et troysiesme
jour de juilliet l'an mil quatre cens soixante dix huit. — *Signé :*
A. Gros. »

(Origin. sur parchemin, jadis scellé, Arch. de l'Empire,
p. 1359, c. vii° ix.)

478.

1499. — Échange par lequel Pierre, duc de Bourbonnais et Anne de France, sa femme, cèdent à Guichard d'Alban, seigneur de Saint-André, la quatrième partie du port de Roanne.

(GUILLIEN, ouvrage déjà cité, p. 106.)

LES FARGES, en la commune de Vougy, canton de Charlieu, département de la Loire.

479.

1492, 8 juin. — Transaction sur le péage des Farges (1).

« Acte passé par Arc Durant, clerc notaire juré du seel, à Saint-Pierre-le-Moustier, entre noble homme Loys de Tellis, escuier, seigneur des Farges et de Crévillon, d'une part, et honnorable homme Jehan Colombier, dit Loste, marchand demeurant à Ingrande, ou nom et comme procureur des Marchands fréq... souffizamment fondé de lettres de procuration. »

Par lequel ledit de Tellis, « se désiste et départ de certain droict

(1) Cette transaction a été imprimée deux fois au XVIIᵉ siècle, et chaque édition porte *Forges* au lieu de *Farges*.

C'est par erreur évidente. Louis de Tellis était seigneur *des Farges,* près Charlieu, que les imprimeurs de la com. des M. F. ont confondu avec *les Forges,* port sur la Loire, près Digoin. Confusion qui autorise à penser qu'au XVIIᵉ siècle le péage des Farges ne se levait plus; que la transaction de 1496 fut alors imprimée comme pièce appartenant à la collection des titres de la communauté, mais qu'à cette époque le tribut, objet de cette transaction, était depuis longtemps déjà délaissé, que le nom même du lieu où il avait été autrefois perçu était tombé dans l'oubli, et qu'on lui substitua le nom plus connu du port des Forges.

de péage de deux solz ung denier tournois, pour chacun chalan ou basteau passant par la rivière de Loire es fins et limittes du port et passage dudit lieu des Farges, qu'il disoit avoir droict de prandre, lever et percepvoir, pour et au proffit et utilité desdicts Marchans, de leurs successeurs et hoirs de la chose publicque.

« Et ce moyennant, ledit escuyer est et demeure quitte envers lesdictz Marchans des choses et sommes de deniers par lui prinses et faictes paier d'aucuns desdictz Marchans contre leur gré. »

(Transaction imp., XVIIe s..)

CHARLIEU, département de la Loire.

480.

1534. — Procès pendant au parlement de Paris :

Entre les Marchands Fréq., le Procureur général joint avec eux, d'une part, et Claude Courtoys, d'autre part ;

Pour raison du péage par eau de Charlieu (péage qui, probablement, se levait à Pouilly-sur-Loire, village situé à six kilomètres de Charlieu). (*V. ci-dessus, n° 276, t. II, p. 345.*)

ARTAIX, canton de Marcigny, département de Saône-et-Loire.
(Artais, Artays, Arthais.)

481.

1524, 2 septembre. — Arrêt au parlement de Paris :

Entre le Procureur général du Roi et les Marchands Fréq., et frère Nicole de Roza, prieur de Marcigny-les-Nonains, défendeurs, par lequel :

Ledit de Roza est debouté « du droict de péage de deux sols parisis, par luy prétendu au lieu d'Artays sur tous batteaux, grans et petis, chargez de marchandises, en la rivière de Loire, et lui faict défences, et à ses officiers et fermiers, de non plus lever ledict péage audict lieu d'Artays. »

(Arrêt imp., Orléans, Éloy Gibier, 1559.)

482.

1560, 20 juillet. — Arrêt du parlement de Paris : ·

Entre le Procureur général du Roi et les Marchans Fréq., demandeurs, et Jean Carré, soi-disant fermier du prétendu péage d'Artais, défendeur, par lequel :

Est ordonné que défenses seront faites audit Carré, défaillant, à peine de mille livres parisis d'amende, de plus lever et exiger par lui, ses serviteurs ou commis, « le prétendu droict de péage de deux solz parisis, ne aultres, sur les bateaux et chalans passans et repassans sur la rivière de Loyre, à l'endroict dudict lieu d'Arthais. »

(Arrêt imp., Orléans, Éloy Gibier, 1570.)

483.

1587, 19 août. — Arrêt du parlement de Paris :

Entre les Marchands Fréq., le Procureur général du Roi joint avec eux, demandeurs, d'une part ; François de Savary, écuyer, seigneur de Brèves, d'Artais, de Maulevrier et du péage et port de Marcigny sur la rivière de Loire, défendeur, d'autre part ; et les doyen, chantre, chanoine et chapitre de l'église de Saint-Hilaire de Semur en Brionnais, intervenants, d'autre part.

Par lequel François de Savary est maintenu en possession de percevoir droit de péage de deux sols six deniers tournois sur tous les bateaux chargés de marchandises montant « ou dévallant le long de la rivière de Loire, à prendre du bout du Sornin jusques au faux du Picart. » Fait défense audit Savary de lever aucun droit de boisselage sur les bateaux chargés de grains passant. Le maintient en possession de lever ledit droit de boisselage sur les bateaux qui chargent ou déchargent grains vendus dans l'étendue des ports d'Artais et de Marcigny. Maintient le chapitre de Saint-Hilaire de Semur « en Briennois » dans le droit de prélever rente annuelle de vingt livres tournois, assignée sur le revenu du péage.

(Arrêt imp., Orléans, Éloy Gibier, 1587.)

484.

1730, 28 février. — Arrêt du parlement de Paris :

Qui réduit le droit de bac et péage existant au profit du seigneur d'Artais à la somme de deux sols six deniers par bateau montant ou descendant, tous droits de péage par terre et de coponage supprimés.

(RAGUT, *Statist. de Saône-et-Loire*, t. II, p. 15.)

———

MARCIGNY, département de Saône-et-Loire. (Marcigny-les-Nonains, Marcuigny-les-Nonains, Marsigny.)

———

485.

1518, 6 juillet. — Arrêt du parlement de Paris :

Entre les Marchands Fréq., le Procureur général du Roi joint, et Nicole de Roza, prieur de Marcigny, par lequel :

Sur l'action intentée par les March. Fréq. en inhibitions et défenses de lever le péage que Nicole de Roza prétendait sur les bateaux chargés de blé passant par la Loire.

Est ordonné que le défendeur viendra à instance dire ce qu'il appartiendra.

(Extrait ms., Arch. de la ville d'Orléans.

486.

1524, 2 septembre. — Arrêt du parlement de Paris :

Entre les mêmes parties, par lequel :

Est ordonné que le défendeur sera tenu de commettre receveur sur le pont de Marcigny, « ès limites de sa jurisdiction en lieu certain et apparent, et y pendre et asseoir une billette pour voir de loing par lesd. Marchands le lieu où ils devront acquitter les droits de l'aide prétendu par ledit défendeur sur toutes personnes vendans et achetans bleds et autres grains passans au port de Marsigny, sur la rivière de Loire. »

(Arrêt imp., XVII⁰ s..)

487.

1534-1537. — Dépense, par la com. des M. F. :

De trente sept livres, au procès naguères pendant au Conseil tenant les grands jours à Moulins, entre lesd. Marchands, d'une part ; et les Religieuses, Prieure et couvent de Marcigny-les-Nonains, frère Jehan le Maistre, prieur, et frère Guillaume de la Franchise, religieux du couvent de Marcigny, d'autre part. Et remboursement de partie de cette somme par Jehan le Maistre. (*V. ci-dessus, n° 276, t. II, p. 341, 342.*)

488.

1587, 19 août. — Arrêt du parlement de Paris. (*V. ci-dessus, n° 483.*)

GIVARDON, *en la commune de Saint-Léger-des-Bruyères, canton du Donjon, département de l'Allier.*

489.

1579-1595. — Instance en remboursement de frais de balisages faits par la com. des M. F.

1579. — La communauté des Marchands Fréq. fait baliser et nettoyer le lit de la Loire au détroit de la seigneurie et du péage de Givardon. Les frais, s'élevant à soixante-neuf écus, sont payés par son procureur-syndic. A sa requête, le remboursement en est demandé au seigneur péager. Sur laquelle réclamation :

Instance à la Cour de Parlement, entre : le Procureur général du Roi et les Marchands Fréq., d'une part; et dame Françoise de la Baume, veuve de feu Messire Gaspart de Saulx, chevalier de l'ordre du Roi, sieur de Tavannes, maréchal de France, etc., dame de Givardon, d'autre part.

1582, 22 avril. — Lettres obtenues par la dame de Givardon, portant qu'elle n'est tenue des frais de balisement pour le passé, et qu'elle n'en sera tenue pour l'avenir que jusqu'à concurrence de la valeur du revenu du péage.

14 août. — Arrêt de débouté des Marchands. Opposition et défense par ceux-ci, tant aux lettres du 22 avril qu'à l'arrêt de débouté.

1583. — De l'ordre du procureur-syndic des Marchands Fréq., nouveaux travaux de balisement, nettoyage du lit de la rivière et hausserées, malgré la sommation faite par la dame de Givardon à l'entrepreneur des travaux de les suspendre et arrêter, les frais s'élevant à cinquante-six écus.

10 septembre. — Demande de remboursement, jointe à l'instance pendante.

1592, 2 septembre. — Arrêt par lequel la dame de Givardon est condamnée à rembourser aux Marchands Fréq. les sommes de soixante-neuf écus d'une part, et de cinquante-six écus d'autre part, par eux déboursées pour les nettoiement, balisage et hausserées opérés en 1579 et 1583.

(Arrêt imp.)

DIGOIN, département de Saône-et-Loire.

490.

1572, 9 janvier. — Arrêt du parlement de Paris :

Entre les Marchands Fréq., le Procureur général du Roi joint avec eux, d'une part ; et Amé Lourdin Marc de Saligny, chevalier, seigneur de la Mothe-Saint-Jean, d'autre part ; aux termes duquel :

Ledit seigneur de la Mothe-Saint-Jean a droit de prendre six blancs sur chaque bateau portant sel, et huit sols sur chaque bateau portant autre marchandise passant au port de Digoin.

(Arrêt imp., XVIIe s..)

LA MOTTE-SAINT-JEAN, canton de Digoin, département de Saône-et-Loire. (La Mothe-Saint-Jean.)

491-492.

1379. — Contrat :

Entre les Marchands Fréq. et le seigneur de la Motte-Saint-Jean, touchant l'exercice du droit de sallage que ledit seigneur levait au lieu de la Motte-Saint-Jean, sur les bateaux chargés de sel.

(Relaté en l'arrêt qui suit.)

1585, 19 janvier. — Arrêt du parlement de Paris:

Entre les Marchands Fréq., le Procureur général du Roi joint, d'une part ; et Messire Lourdin Marc de Saligny, chevalier, sieur et baron dudit lieu et de la Mothe-Saint-Jean, d'autre part ; par lequel :

Défense est faite audit de Saligny de lever le droit de sallage par lui prétendu, autrement qu'en argent, à raison de vingt-deux sols trois deniers t. pour chaque minot qu'il a coutume de lever, et ce seulement sur les bateaux et sentines mères.

(Arrêt imp., Orléans, Éloy Gibier, 1585 ; Fabian Hotot, 1606.)

———

LA CORNIÈRE, en la commune de Lesme, canton de Bourbon-Lancy, département de Saône-et-Loire.

———

493.

Déclaration des droits du péage de la Cornière et de Lesme, qui se levaient en la terre de Saint-Aubin. (*V. ci-dessous, n° 497.*)

494.

1438, 13 novembre. — Information sur les abus commis dans la perception du péage de la Cornière.

« Informacion faicte par moy, Colas Flamant, sergent du Roy nostre sire, commissaire en ceste partie ordonné de par honorable homme et saige maistre Guillaume Bourgoin, licencié en loys, lieutenant général de Monseigneur le Baillj de Saint-Père-le-Moustier, par vertu et comme il appert par ses lettres exéqutoires données en date le xxixᵉ jour de septembre mil cccc et trente-huit, ausquelles lettres exéqutoires estoient incorporées certaines lectres royaulx données à Bourges le xxixᵉ jour de juing l'an mil cccc et trente-huit, à la requeste des Marchands Fréq., contre Jehan Ploton, Fhelibert Naudet et Jehan Naudet son frère, eulx disanz fermiers ou péagiers du péage de la Cornière, appartenant à Henry Bescherat, escuier, et autres seigneurs dud. péage, sur certains abuz, excès, exacions, pilleries et autres tors et griefz. Desquelles exacions et autres choses est faicte plus à plain mencion esd. lectres, desquelles il apparoîtra. Lad. informacion faicte aux jours et en la manière qui s'ensuit :

« Et premièrement fait à Desise le xiijᵉ jour de novembre iiijᶜ et trente-huit.

« Huguenin Goujet, marchant demorant à Nevers, aagé de xxxv ans ou environ, tesmoing produit, interrogé et diligemment examiné sur le fait dessusd., en savoir ce qui s'ensuit : c'est assavoir qu'il est marchant et voicturier fréquentant et marchandant sur la rivière de Loire long temps, a dit qu'il n'y a que huit jours qu'il passa le péage de la Cornière et que les péagiers dud. lieu lui firent paier pour millier de fer dix bl., et aussi quant il a mené plusieurs foiz autre œuvre de poix, lesd. péagiers luj ont fait paier semblablement x bl. pour millier. Dit aussi que naguères qu'il a veu lesd. péagiers qui semblablement ont fait paier à Pelault de Nevers x bl. pour millier de œuvre de poix. Dit oultre, il qui parle, qu'il a oy par plusieurs foiz dire à son feu père qui estoit marchant sur lad. rivière, que aux péages de la Cornière, n'estoit deu pour millier de œuvre de poiz que troiz blans, et disoit oultre sond. père comme il qui parle dit, que onques les Marchans ne povoient savoir certainement ce qu'ilz doivent esd. péages. Dit aussi que aud. péage lesd. péagiers prennent pour muy de sel x bl., et toutes foiz on n'en doit que ob., comme il a oy dire à Jehan des Forneaulx, à sond. père et à plusieurs autres marchans. Dit oultre qu'il a veu lesd. péagiers sur autres denrées comme blé, vin et autres choses, prendre, ainsi que bon leur sembloit, aucunes foiz plus et autres fois moins. Dit que plusieurs foiz il leur a requis qu'ilz lui voulsissent montrer leurs

droiz qu'ilz demandent par escript, lesquelz péagiers en ont esté
refusans, en lui disant telles parolles ou semblables en substance,
vous paicrez comme qu'il soit, et plus n'en scet.

« Jehan Beauvoir, marchant voilturier par eaue, demorant à
Desise, aagé de xlv ans.... Dit que une foiz le moyz il fréquente
par eaue jusques à Marchigny-les-Nonains qui est au-dessus de la
Cornière, et qu'il faut qu'il retourne par led. lieu de la Cornière en
avalant aval lad. rivière de Loire, et que aud. péage de la Cornière
les péagiers lui ont fait paier pour millier de œuvre de poiz dix bl.,
ja sur ce que il qui parle ait autres foiz oy dire aux autres marchans
de lad. rivière que en n'y devoit que troiz bl., se péage y estoit deu.
Dit aussi que pour artillerie de guerre, comme lances, ars, trousses,
lesd. péagiers lui ont fait payer péage, combien que ung Maignen
marchant à qui estoient lesd. denrées leur disoit que artillerie de
guerre ne devoit point de péage ; et aussi, il qui parle dit que jusques Orléans il n'en paya point d'acquit, sinon audit lieu de la Cornière et de Lesme, qui sont à une lieue l'ung de l'autre, et que ainsi
appert qu'ils prennent des marchans ainsi que bon leur semble. Dit
oultre qu'il a veu prendre ausd. péagiers dix bl. pour muy de sel,
combien que iceulx péagiers disent que led. péage et celluy du
Chambon qui sont voysins sont par eulx et aud. Chambon on ne
prant pour muy de sel que ob., par quoy appert que lesd. péagiers
prennent à volunté, sanz savoir ce qu'ilz doivent prandre. Dit oultre
que ès autres danrées, comme blé et vin, suif et autres gresses, ilz
prennent ainsi qu'il leur plaist, et quant on leur requiert qu'ilz
monstrent par escript ce que ilz disent que on leur doit, ilz disent
qu'ilz n'en feront rien.

« Guillaume Pelaut, marchant demorant à Nevers, voilturier par
eaue, aagé de lx ans.... Dit que tout son temps il est entremis d'aler
amont et aval lad. rivière de Loyre, et mainteffoiz il a demandé à
feu Menyan et feu Jehan Ginard, jadis marchans de lad. rivière demorant à Nevers, se ilz savoient point quel péage on devoit aud. lieu
de la Cornière, lesquelz lui disoyent que ilz ne cuydoient point qu'il
y eust péage, mais n'estoit que larresin, ce que on y prenoit, car
aucunes foiz ilz prenoient hault, autres foiz bas sur lez marchans.
Dit oultre qu'il leur a veu prandre pour millier de fer et d'acier,

œuvre de poiz dix bl., autres foiz viij bl., et tout ainsi que bon leur sembloit. Dit oultre qu'il ne cuide point que le Roy donast oncques troiz acquits en une lieue de pais seulement, comme sont les acquits de lad. Cornière, Lesme et le Chambon, qui ne sont distans que d'une lieue. Dit aussi que pour plus travailler lesd. marchans, lesd. péagiers les veulent contraindre, et de fait les contraingnent à venir branler du côté des péagiers, sans que ce soit de l'essence du péage se péage y devoit, est ce qu'on dit que non. Dit oultre qu'il a maintes foiz oy dire aux anciens que les seigneurs dud. péage n'en n'ont ne lettres ne ensaignement, mais en ont ainsi usé par force. »

Suivent les déclarations de trois autres témoins qui déposent de faits analogues.

(Information sur papier, ms.. Arch. de la ville d'Orléans.)

495-496.

1466, 2 août. — Transaction (*rapportée ci-dessous, n° 497*).

1615. — Instance pendante au parlement de Paris. (*V. ci-dessus, n° 19, t. II, p. 85.*)

SAINT-AUBIN, canton de Bourbon-Lancy, département de Saône-et-Loire.

497-498.

1466, 2 août. — Réglement de péage :

Entre le seigneur « des droicts de péage de la Cornière et de Lesme, levez en la terre de Saint-Aubin, assis sur la rivière de

Loire, » et les Marchands Fréq., transaction par laquelle ledit péage est réglé comme suit :

« Premièrement :

« Pour chacun millier de fer, de plomb, d'acier, d'estain, de batterie, xx d. p., valant v petits blancs, monnoye à présent courant.

« *Item,* pour chacune espèce de marchandise contenant la charge d'un cheval, et quelconques denrées et marchandises que ce soit, œuvres de poix, mercerie, draperie, toilles, futaines, comme autrement des denrées dont l'on a accoustumé de payer le péage, iiij d. p., valant un petit blanc.

« Pour chacun tonneau de moison, iiij d. p..

« Pour chacun muid de quelque grain que ce soit, le muid contenant quarante-huit bichets, mesure de Bourbon, xij d. p..

« Pour chacun muid de sel de mer, ij s. p..

« Pour chacun mesnage, de celuy auquel aura trépied, iiij s. p.; et s'il n'est garny, il se payera en descendant raisonnablement.

« Pour un lit garny, iiij d. p..

« Pour chacun tonneau d'huile, de graisse ou de miel, ij s. p..

« Pour chacun caque de haranc, iiij d. p..

« Pour chacune balle de harancs sorets, contenant un millier, iiij d..

« Pour la douzaine de cuirs de bœuf et de vache tannés, vj d. p..

« Pour douzaine de cordouan, ij d. p..

« Cuirs à poil de bazanne ne payeront aucun péage.

« Pour bacon salé, iiij d. p..

« Pour chacun bateau neuf, iiij d. p..

« Pour sentine corbée neufve, pour une fois, iiij d. p..

« Pour sentine conduisant eschegeaux, iiij d. p..

« Pour chacun chalan de moulin garny de pertuise, xij d. p.; et s'il n'est pertuisé, iiij d. p..

« Et pour chacune meulle de moulin, en cas semblable.

« Et tout le surplus des autres denrées qui ne sont déclarées en ces présentes, lesdits Marchands seront tenuz de payer et acquiter ledit péage d'icelles envers les seigneurs qui ont ledit droit, et les lever toutes et quantes fois qu'ils passeront par les destroits dudit péage, en la forme et manière qu'il est accoustumé d'ancienneté ; et toutes autres choses touchant ledit péage et les droits et prérogatives d'iceluy, dont cy-dessus n'est faite aucune mention, sont et demeurent en la forme et manière qu'elles ont accoustumées estre tenues, régies et gouvernées d'ancienneté.

« Et ce suivant la transaction faite entre lesdits seigneurs dudit péage et les Marchands fréquentans la rivière de Loire et autres fleuves descendans en icelle, passées par devant Jean Cleppier, de Sainct-Haon, notaire royal, Adheurier Silvius, notaire juré dudit seel dudit Bourbon, et garde d'iceluy, le second iour d'aoust mil quatre cens soixante-six. »

(Déclaration imp., Orléans, Éloy Gibier, 1586.)

1610. — Même déclaration imprimée sous le titre de :

« Déclaration des droicts de péage de la Cornière et de Lesme, levez en la terre de Sainct-Aulbin, assis sur la rivière de Loire. »

(Déclaration imp., Orléans, Fabian Hotot, 1610.)

499.

1770. — Dépêche du bureau des M. F., concernant :

Le péage de six deniers sur chaque bateau, levé par Madame d'Aligre de la Tour, propriétaire de la terre de Saint-Aubin.

(Reg. de corresp. de 1766 à 1773, f° 82, v°, ms., Arch. de la
ville d'Orléans.)

LESME, canton de Bourbon-Lancy, département de Saône-et-Loire.

500-501.

1466, 2 août. — Transaction. (*V. ci-desus, n*os *493, 495, 497.*)

1560-1646. — Instance et transaction.

1560. — Instance en la cour de parlement de Paris, entre : le Procureur général du Roi et les M. F., d'une part ; et Messire Gaspard de Saulx Tavannes, chevalier de l'ordre du Roi, etc., seigneur de Tavannes ; Jean, comte de la Chambre ; Messire Louis de la Fayette, aussi chevalier de l'ordre du Roi, etc.; dame Anne de Vienne, sa femme ; Messire Antoine de Vienne, chevalier de Listenois ; Claude et Jean de Vaufremont, seigneurs de Sombernez, tous héritiers de la maison de Listenois, d'autre part.

1565, 2 juin. — Arrêt par lequel, au principal, est ordonné que les défendeurs feront plus ample preuve du droit de péage par eux prétendu, à cause de leur terre et seigneurie de Vitry. Par prévision, défense leur est faite de plus, à l'avenir, prendre et lever ledit droit de péage et sallage par eux prétendu.

1609, 5 décembre. — Arrêt en faveur du seigneur péager.

1610, 4 février. — Arrêt semblable.

1639, 11 février. — Lettres de commission, obtenues par Gaspard de Saulx, chevalier de Saint-Jean de Jérusalem, baron de Vitry, pour l'exécution des arrêts des années 1607 et 1610.

1643, 8 août. — Sur reprise d'instance, par Henri de Saulx, marquis de Tavannes, vicomte de Ligny, etc., baron de Vitry-sur-Loire, héritier de Gaspard de Saulx, son frère, décédé.

Arrêt par lequel est dit que les M. F. continueront à payer péage au port de Lesme-Vitry, à cause de la terre et seigneurie de Vitry.

1646, 25 juin. — Acte devant Jaquand, notaire royal à Bourbon-Lancy, entre : Michel Bourdeau, receveur général de la com. des M. F. pour et au nom de lad. communauté, et Antoine Desbois, marchand à Bourbon-Lancy, au nom et comme procureur de Henri de Saulx, marquis de Tavannes, etc., contenant transaction sur l'arrêt du 8 août 1643.

1646, 28 juillet. — Comparaissent au bureau de la com. des M. F., tenu en l'hôtel commun de la ville d'Orléans, devant Jacques Desfournieux, notaire au Châtelet d'Orléans, greffier de lad. communauté : Jacques Boitel, Toussaint Rousseau, bourgeois d'Orléans, délégués aux affaires de lad. communauté ; Michel Bourdeaux, receveur général ; Pasquier Toreau, Jacques Patas, Jacques Rousselet, bourgeois d'Orléans, nommés pour assister de conseil les délégués de lad. communauté, d'une part ; et honorable homme Antoine Desbois, marchand à Bourbon-Lanci, au nom et comme procureurs de Henri de Saulx, marquis de Tavannes, etc., d'autre part.

Lesquels, en exécution de la transaction du 25 juin 1646, « rè-glent, sous le bon plaisir du Roi et de Nosseigneurs du Parlement, que les droits du péage que ledit seigneur marquis de Tavannes a à prendre et lever en sa terre de Vitry-sur-Loire, au port de Lesme-Vitry, seront levez, pris et perçus comme ensuit :

« Premièrement.

« Pour chacune queue de vin, x d. t.. Croist on, devroist led. prix, selon que la mesure est grande ou petite, en telle manière que le poinson, qui contient demie queue, paye v d. t., et le vaisseau, qui contient une queue, paiera x d. t.. — Pour chacun muid de tous grains, faisant le muid quarante-huit bichets, xv d. t.. — Pour chacun muid de sel de mer, ij s. vij d. t.. — Pour ménage d'hostel, v s. t.. — Pour un lict seul, pour une couche seule, v d. t.. — Pour toutes sortes de draperies, marchandises de soye ouvrées et non ouvrées, fustaines, toilles ouvrées et non ; de drogueries et espiceries ; de fer, estain, quincaillerie, batterie ; laines, cottons, chanvres, lin ; garances, brésil, bois d'Inde, alluns et autres mar-chandises de teinture ; miel, cire, suif, huile ; figues, raisins, amendes, avelines, riz et autres fruits de carême ; mercerie grosse et menue, et toute autre œuvre de poids, pour chacun quintal, iiij d. t.. — Pour caisse d'oranges, citrons et grenades, iiij d. t.. — Pour chacun quintal pesant de marrons et chastaignes, ij d. t.. — Pour chacun baril de haran blanc, v d. t.. — Pour chacun millier de haran sor, v d. t.. — Pour chacun cent de mourue verte, au nombre que les marchands la livrent, qui est soixante-six poignées pour cent, v d. t.. — Pour chacun millier de poisson sec, et tout autre poisson de mer de lad. qualité, audit compte de soixante-six poignées pour cent, par millier, ij s. t.. — Pour chacune bascule de poisson, v s. t.. — Pour chacun poinson ou thonneau, sans y comprendre deux pièces pour une, de toutes sortes de cendres, charbon de pierre, charbon de bois, ij d. t.. — Pour chacun batteau chargé desdites cendres et charbons de pierre et bois, qui ne seront enfoncez, iij s. t.. — Pour chacun batteau chargé de traversin, grand bois, busserie, charnier, planches, latte et tout autre bois à bastir et à brusler ; pour chacun escheau de boïs carré, traversin, sappin, planches et autres bois, xv d. t.. — Pour chacun cuir pelu ou tanné de grosses bestes ; pour chacun quintal de bazanne, cordouans ou autre cuir de menue beste, iiij d. t.. — Pour un lard ou bascon, v d. t.. — Pour l'oingt dudit bascon, s'il est seul ou séparé dudit bascon, v d. t., et s'il est avec ledit bascon, il est includ et compris avec ledit bascon, et l'acquitte ledit bascon. — Pour le neufvage du chalan, v d. t.. — Pour un caillou de moulin, v d. t., et s'il est percé, xv d. t. ; et pour une meulle de moulin, en semblable manière que ledit caillou. — Pour chacune charge de beste d'ail ou oignons ; pour millier de cerches, v d. t.. — Pour chacun mouton, j d. t., et pour la brebis seule ou garnie de son agneau, ob. p.. — Pour la chevre, le bœuf, la vache seule ou garnie, j d. t.. — Et au regard de la librairie, pastel, sucres, cassonades, peaux de lapin, verreries et autres choses privilégiées par les arrêts et ordonnances du Roy, ne payeront aucune chose.

« Par le même acte, les Marchands s'engagent à le faire imprimer et adiouster en livre de pancartes ; de son côté, le marquis de Tavannes s'engage à appliquer la pancarte à un poteau, à faire établir loge et bureau pour recevoir les doits. Il s'engage, de plus, à faire faire les balisages et hausserées en son détroit. »

(Arrêt de 1565, imp., XVIIᵉ s.. — Arrêt de 1643 et transaction de 1646, imp., Orléans, Vᵉ Gilles Hotot, 1646.)

VITRY-SUR-LOIRE, canton de Bourbon-Lancy, département de Saône-et-Loire.

502-503.

1560-1646. — Instance et transaction. (*V. ci-dessus, n° 501.*)

1737. — Dépêche du bureau des M. F., concernant les droits levés au péage de Vitry.

(Reg. de corresp. de 1755 à 1740, f° 42, ms.. Arch. de la ville d'Orléans.)

LE CHAMBON, en la commune de Trizy, canton de Bourbon-Lancy, département de Saône-et-Loire. (Chambon, Chambon et Ambli, Chambom.)

504.

1438, 13 novembre. — Information sur les abus qui se commettent au péage du Chambon.

« Informacion faitte par moy, Colas Flamant, sergent du Roy nostre sire, commissaire en ceste partie, ordonné de par honorable homme et saige maistre Guillaume Bourgoing, licencié en lois, lieutenant général de Monseigneur le bailli de Sainct-Pierre-le-Moustier, comme il appert par ses lettres exéqutoires données de datte le xxixe jour de septembre mil iiij^c xxxviij, ausquelles lettres exéqutoires estoient incorporées certaines lettres royaulx données à Bourges le xxix° jour de juing l'an mil iiij° xxxviij, à la requeste des Marchands fréquentans la rivière de Loire et autres fleuves descendans en icelle, contre Martin Veullant et Guillaume Bolot, fermier ou paiage du paiage de Chambon et Ambli, appartenant à la dame de la Boce et au seigneur dud. Ambli, sur certains abus, excès, exaccions, pilleries et autres tors et griefz, desquelles exaccions et autres choses est faitte plus à plain mencion esd. lettres, il apperra lad. informacion faitte aus jours et en la manière qui s'ensuit :

« Et premierement fait à Desise, le xiij° jour de novembre mil iiij° xxxviij.

« Jehan Girard, dit Voiloisel, marchant demorant à Orliens, aagé de xxv ans ou environ, tesmoing produit, jurez et diligemment interrogé sur les choses dessus dictes, dit et dépose ce qui s'ensuit : Dit qu'il est marchant fréquantant la rivière de Loire ; dit qu'il a esté, puis deux mois en sa, et qu'il a passé par le paiage de Chambon, auquel lieu les paiagers ont fait paier aux marchans et à luy, pour millier d'œuvre de poix, x blans ; que sur mercerie, figues et telles denrées, combien que, il qui parle, a oy dire à ung anssien marchant de lad. rivière, qui demeure à Marchigny-les-Nonains, nommé Denison, que pour millier d'œuvre de poix on ne devoit que iij blans, encore s'ils y estoient dehus, combien qu'il n'en pot oucqunement voire enseignement. Dit oultre que il a dit aux paiagers que pour millier d'œuvre de pois on ne devoit que iij blans, se paiages y estoit dehu, les paiagers respondirent : « Nos maistres en « ainsi usu tout le temps passé et le temps durant de la guerre. — « Le ostera l'on de présent ? — Par Dieu nenny ! » Dit oultre qu'ilz prennent par millier de seel x blans, et il ne doit que obole, et aussi prennent de blé, de vin et d'autres danrrées, à leur plaisir, hault et bas, comme bon leur semble, et plus ne scet.

« Jehan Sirax, marchant de Tours, aagé de xxviij ans ou environ, tesmoing.... Dit qu'il est bien souvent sur la rivière de Loire, et en espécial en hault païs, et qu'il a veu les péagiers dudit lieu de Chambom, contraindre les marchans à paier pour millier de fer et autre œuvre de poix x blans, et touteffois, il qui parle, a par plusieurs fois oy dire aux autres marchans anciens, que se paiage y estoit, cy n'estoit-ce que iij blans pour millier d'œuvre de poix. Dit oultre que oud. paiage lesd. paiagiers, quant il passe blé, contraignent les marchans à acquitter leur dit blé au muy, c'est assavoir au petit muy de Saint-Pourçant, combien que ce led. blé se devoit acquitter au muy, si seroit se au grant muy de Sainct-Pourçant, qui vaudroit deux petis muis, mes le font lesd. paiagers pour plus prendre sur lesd. marchans, combien que, à la vérité, le blé ne doibt riens, mes doit ou devroit seulement ledit batelier que les marchans iiij d. Dit oultre qu'il les a veu lever pour muy de sel x blans, et toutes fois il n'en est dehu que obole, comme il qui parle a oy dire à ceulx de Chambon, et plus ne scet.

« Florent Rabillart, marchant demourant à Orliens, aagé de xxvj ans.... Dit que viij jours a, ou environ, qu'il estoit à Royne (Roanne), auquel lieu a maintes fois fréquenté pour avoir des blés, et en s'en retournant avec certaine quantité de vesseaux chargés de blés et autres marchans qui semblablement amenoient du blé, qui comme lui arrivèrent à Chambon et vindrent par devers les paiagers pour acquitter les vaisseaux, en leur disant : « Vécy quatre deniers « pour chacun vessel, comme raison est d'ancienneté ; s'il vous plest, « vous nous donnerez congié de nous en aler. » Lequel paiager, en usant de grosses paroles et en menassent, dit à il qui parle et es autres marchans que, par le sang Dieu, ilz paieroient v d. t. pour septier. A quoy il qui parle et autres marchans contredisoient en disant : « Nous avons tousiours oy dire aux autres marchans que à « ce paiage n'est deu que iiij d. pour chalan, et se pleu vous est « dehu, monstres-nous, et nous sommes pres de les paier. » A quoy fut répondu par ledit paiager que ainsi en avoit-il usé, et que, ribon ribanne, ilz paieroient, en leur disant oultre : « Refusez-vous « à paier, par le sang Dieu ! vous demourez ycj jusques que « j'aie mesuré tout vostre blé septier à autre, à mon beau loisir, « ou vous composerez à moy. » Que il qui parle composast à iiij roiaulx, lesquelz il qui parle paia comptent. Et après led. paiagier a dit telles ou semblables paroles : « Alez-vous-en quant vous vouldrez. » Dit oultre que led. paiagier est coustumier de ainsi exiger les marchans, et qu'ainsi sera trouvé estre ou pais, et plus ne scet.

« Fait à Bourbon-Lensis, le xx⁰ dud. mois.

« Jehan Grèves, de Fourneaulx sur lad. rivière, aagé de xxvij ans
ou environ.... Dit qu'il est homme qui se mêle de mener danreez
et marchandises pour marchans au long de la rivière de Loire, et
que semblablement ont esté ses prédécesseurs, et que plusieurs fois
il a acquité danreez et marchandises oud. lieu de Chambon. Dit
oultre qu'il a maintes fois veu prendre et acquiter lesd. paiages
x blans pour millier de fer et autres danrées et œuvre de pois. Dit
oultre qu'il a maintes fois oy dire aux ensiens marchans de la rivière
de Loire qu'on y devoit que xv d. t. pour millier de lad. œuvre de
poix, et mesmement dit, il qui parle, que maintes fois il a oy dire
à ung nommé Boulot, qui estoit dud. lieu de Chambon, et au curé
de Lesme, qui pour lors estoit compaignon dud. paiage de Lesme,
qui disoient à ung leur compaignon qui levoit le paiage de Lesme,
nommé Jehan le Bourguignon, les paroles qui s'ensuivent ou semblables : « En effait, Jehan le Bourguignon, vraiement nous levons
« trop sur les marchans, et par nous plus que nous ne devons, et
« faiz grant doubte que nous ne soions repris et qu'il ne le nous
« faille rendre. » Et lors led. Bourguignon respondit : « Par le
« sang Dieu! je levere tousiours, jusques ad ce que on le me def-
« fende, et quant on le me deffendra, je ne sce que je feray. » Dit
oultre que au Chambon on lève pour muy de sel que obole, et toutes
fois il a veu tous les jours lever à ceulx de Chambon vj blans pour
muy, qui est contre raison, comme dit est. Dit oultre, il qui parle,
que plusieurs fois il a veu et congneu ung nommé Guillaume Dai-
gnon de Monthigni, qui jadis avoit esté paiagier, et disoit, ou temps
que il tenoit le paiage de la Cornière : « Je ne levois que xv d. t. pour
muy de sel, et encores en prent l'on trop. » Par quoy appert que lesd.
paiagiers lièvent led. acquit à leur plaisir, hault et bas, comme bon
leur semble, sans y garder aucun ordre. Dit oultre qu'il a veu acquiter le blé ausd. paiages, une fois au muy, autres fois au batel,
tout selon le plaisir desd. acquiteurs. Dit oultre qu'il a veu lesd. ac-
quitteurs contraindre les marchans à venir et branler à leurs acquis,
pour plus traveller lesd. marchans, sans ce qu'il en soit besoing;
mes dit qu'il ne scet dont ce puet venir led. branlage, et plus n'en
scet.

« Jehan Godart, dud. lieu, voitturier par eau (déposition identique). *Signé* : C. Flamant. » (Sceau détaché.)

(Orig. sur rouleau de papier, mss.. Arch. de la ville d'Orléans.)

505-506.

XVIe siècle. — Instance au parlement de Paris :

Entre : le Procureur général du Roi et les demandeurs en inhibitions et défenses, d'une part ; et Loys et Emery le Tort, écuyers,
seigneurs de Chambon-sur-Loire, défendeurs, d'autre part.

1579, 29 août. — Arrêt par lequel est ordonné que les défendeurs produiront leurs aveux et dénombrements par eux ou leurs
prédécesseurs baillés de leur terre et seigneurie de Chambon, au
Roy, à cause de son duché de Bourgogne.

1585, 30 mars. — Arrêt définitif, portant que les défendeurs
« esliront un lieu en ladite terre, le plus convenable que faire se
pourra, pour le soulagement des marchans et voitturiers passans et
repassans, et se lèvera et acquittera ledit péage en la manière qui
s'ensuit :

« C'est assavoir : Pour : un tonneau de vin, iiij d. p.. — Une
pièce de drap, une pièce de fustaine, ij d. p.. — Un peiax de poix,
j d. p.. — Une pièce de toille de quinze aulnes, ij d. p.. — Un
millier de fer, de fer en œuvre, vj d. p.. — Un ballon d'acier fin,
un millier d'acier de barre, ij d. p.. — Un tonneau de miel, vj d. p..
— Un tonneau d'huile de noix, xij d. p.. — Un caque de beurre,
une chèvre d'huile d'olives, ij d. p.. — Un cuir tanné, iiij d. p.. —
Un cuir à poil, une caque de haran blanc, une caque de haran soret, un millier de seiches, un millier de merluz, autres poissons de
mer poisant un millier, ij d. p.. — Une couverture de lict, ob. p..
— Une chambre garnie de tapisserie ou de toille, vj d. p.. — Un
lard sallé ou non, avec l'oing, de quelque grosseur qu'il soit ; un
oing, une autre beste sallée ou non, un muid de sel, mesure de
Paris ; un cent de suif, un cent de cire, ij d. p.. — Un caque de
graisse à gresser, j d. p.. — Un neuvage de chalan, un cent de
pièces de bois appellé eschegeaux, avec une sentine qui conduit le-

dict bois, chalan ou autre chose ; une sentine de neuvage corbée,
une meule de moulin perfaite, un chaillou de moulin perfait, ij d. p..
— Un moulin passant, iiij d. p.. — Un bac de moulin, ij d. p.. —
Un millier de tuille, un millier de bricque, un millier d'essaune,
j d. p . — Une charge d'ardoise, l'honneur appartenant à icelle. —
Un cent de faucilles, une pièce de drap de soye, un cent de laine,
un cent de lin fillé ou non, une charge d'aux ou d'oignons, un cent
de cotton fillé ou non, ij d. p.. — Un cent d'estain ouvré ou non,
iiij d. p.. — Un cent de plomb, ij d. p.. — Un muid de bled, mesure dudit Chambon, vj d. p.. — Une balle de toile, ij d. p.. — Une
charge de balterie, iiij d. p.. — Un bast, un millier de marrons,
ij d. p.. — Un millier de chastaignes, j d. p.. — Une balle de mercerie meslée, une balle d'œuvres de pois, un millier d'orenges, un
millier de grenades, iiij d. p.. — Un millier d'autres fruictz, ij d. p..
— Un quintal de figues, de raisins, iiij d. p.. — Un quintal d'amendes, un quintal de toutes autres merceries, ij d. p.. — Un quintal
d'orfebverie, v s. p.. — Une botte de poisson de rivière, un cent de
poisson d'estang, ij d. p.. — Une charge de bois ouvré après le
premier prins. — Une charge de poterie de terre, une pièce.
— Un mesnage qui n'aura point de trepié, chacun bout carré
dudit mesnage, comme coffres, licts, arches et buffetz, j d. p..
— Un mesnage qui a un trepié et le trepié ait les pieds dessuz,
ij s. p.; et si ledit trepié n'a les pieds dessus, doit pour carré.
— Un cent de chappeaux de bois ou paille, j d. p.. — Un cent
de chappeaux de laine, ij d. p.. — Un cent de houseaux ou de
bottes, vj d. p.. — Une balle de cordage, j d. p.. — Une beste
sauvage, une beste privée, j d. p.. — Tous oyseaux, chacun
j d. p.; et s'il y a un esprevier, il acquitte tout pour lesdicts
oyseaux. »

Par le même arrêt est enjoint aux marchands de payer les péages
ci-dessus réglés, sous peine de soixante sols tournois d'amende au
profit du seigneur péager. Il est d'autre part enjoint auxdits seigneurs péagers de faire nettoyer et baliser au détroit de leur péage,
et d'afficher la pancarte à un pilier élevé sur le lieu où se perçoit led.
péage.

10 janvier. — Arrêt de la même cour, portant défense aux se-

gnéurs du péage de Chambon de le lever en la ville de Decise, mais seulement à Chambon.

(Arrêts imp., Orléans, Éloy Gibier, 1586.)

1694. — Déclaration du prétendu droit de péage levé au Chambon, sur la rivière de Loire, qui est la reproduction de la pancarte insérée en l'arrêt du 30 mars 1585, sauf les modifications suivantes :

Art. IV. — Supprimé.

Art. VI. — Un ballon d'acier fin, ij d. p.. — Une arballeste, j d. p.. — Une pièce de barrière, ij d. p.. — Un millier de fer, vj d. p.. — Un carnequin, j d. p.. — Un arc, j d. p.. — Une espée, j d. p.. — Une dague, j d. p.. — Un fust de lance, j d. p.. — Un autre ferrement de guerre, j d. p.. — Un millier de fer en œuvre, vj d. p.. — Un millier d'acier de barre, ij d. p..

Art. XVI. — Une meule de moulin percée, iiij d. p.; non percée, ij d. p.. — Un chaillou de moulin percé, iiij d. p.; non percé, ij d. p..

Art. XX. — Une charge d'ardoise, une pièce d'ardoise, une pierre de dard, ob. p..

Art. XXI. — Un cent de faucilles, une pièce de drap de soie, un cent de laine fine ou non, un cent de chanvre filé ou non, un cent de lin filé ou non, un cent de coton filé ou non, une marque d'aulx ou d'oignons, ij d. p..

Art. XXII. — Un cent d'estain ouvré, iiij d. p..

Art. XXIV. — Un muid de bled, vj d. p..

Art. XXVIII. — Un millier de chastaignes, ij d. p..

Art. XXX. — Supprimé.

Art. XXXII. — Ajouté : une pièce de toile, de chanvre ou de lin, contenant quinze aulnes, ij d. p..

Art. XXXV. — Une charge de bois ouvré, ij d. p..

Art. XXXVI. — Pour un chef-d'œuvre, après le premier pris, le seigneur aura le choix d'en prendre d'une charge de poterie un à son plaisir, soit de terre ou d'estaimmerie. Et semblablement d'un chef-d'œuvre.

Art. XXXVIII. — Un mesnage auquel est le trépied, et que le trépied ait les pieds dessus, v s. p..

Art. XLI. — Un cent de souliers de cuir, ij d. p.. — Un cent de houseaux et bottes, vj d. p..

Art. XLIII. — Une beste sauvage, j d. p.. — Un oiseau, si l'esprevier n'y est, j d. p. ; et s'il y a un esprevier, on est quitte.

(Déclaration imp., Orléans, Vᶜ Jean Boyer, 1714 pour 1674.)

507.

1737. — Dépêche du bureau des M. F., concernant les droits perçus au péage du Chambon.

(Reg. de corresp. de 1735 à 1740, fᵒ 42. Arch. de la ville d'Orléans.)

DECISE, département de la Nièvre. (Desise, Decize.)

508.

1546, 9 mars. — Édit portant :

« Que le péage prétendu à Desize d'un minot de sel pour chacun muid de sel, qui se doit certifier par les officiers du magazin de Decize, est évalué à la somme de xxij s. iij d. t.. » (*V. ci-dessus, nᵒ 447.*)

509.

Déclaration :

« Du prétendu droict de péage de Desise sur la rivière de Loyre.
« Pour muy de sel, viij d. t.. — Tonneau de vin, iiij d. t.. — Tonneau d'huile, de miel, iij s. iiij d. t.. — Cent poisant de toute

gresse, baril de haren blanc, millier de haren soret, iiij d. t.. — Cent de seiches, de mollues, de merluz, de hadoux, xx d. t.. — Millier de merreau à vin, viij d. t.. — Millier d'esseaune, ij d. t.. — Millier de lattes, iiij d. t.. — Cent de planches, viij d. t.. — Millier de fer, xv d. t.. — Cent de laine, iiij d. t.. — Cent toises de bois carré, viij d. t.. — Arbre de pressouer, ij d. t.. — Cent d'ais, iiij d. t.. — Poinsson vuyde, j d. t.. — Cent liasses de cercles, millier de perches de quartier, vj d. t.. — Quartaux de tous bledz, j d. t.. — Cent pesseaux de quartier, ij d. t.. — Cent de cire, ballon d'acier, iiij d. t.. — Pièce de cuir pelleux, ij d. t.. — Pièce de cordouan ouvré, peaux d'aigneaux, j d. t.. — Cent de cuivre, de plomb, d'estain, iiij d. t.. — Millier de clou, à compter, viij d. t.. — Tonneau de charbon de pierre, ij d. t.. — Challan chargé de bois, iiij d. t.. — Cloesque de botte à mener poisson, ij d. t.. — Mortier à saulce, mortier à buée, j d. t.. — Sentine chargée de tepins (aliàs repains), iiij d. t.. — Challan neuf, xx d. t.. — Cent de palles de bois, millier de tranchouers ou escuelles de bois, eschené, charge de sabotz de bois, ij d. t.. — Pièce de toille grande ou petite, coueste de lict, couverture de lict, linceux de lict, iiij d. t.. — Douzaine de serviettes, vj d. t.. — Pièce de fustaine, de drap, grande ou petite; de drap, de soye, comme de velours et autre soye, douzaine de sivières, iiij d. t.. — Cent de gentes à faire roues de charrettes, x d. t.. — Chacun chef de pourceau ou truye, j d. t.. — Balles de chastaignes, tonneau poisant de plastre, iiij d. t.. — Collier de cheval, ij d. t.. — Meulle de moulin percée, v s. t.. — Pierres poisant la pesanteur d'un tonneau de vin, coffre ou arche, cent de faucilles, bouillon de poix, cent de brésil, cent de fustel, cent de toute quinquallerye et autres marchandises qu'on vend au poix, comme figues, raisins, amandes et choses qui ne sont cy déclarées par le menu en ceste présente pancharte, douzaines de bonnetz, cent de pommeaux, iiij d. t.. — Librairie, verrerie, chef-d'œuvre. — Millier de carreau et tuille, iiij d. t.. — Quartau de chau, j d. t.. — Millier de fesseaux de saulle, iiij d. t.. — Millier de perches de saulle, charge de challan, charge d'oignon, ij d. t.. — Quesse d'orenges, iiij d. t.. — Millier de gros acier, xv d. t.. — Baril de saulmon sallé, de macquereaux, vj d. t.. — Cent de gluys et paille, sentine chargée

de paille ou foin, iiij d. t.. — Paste de noix, bast de cheval, ij d. t..
— Chaslit de lict, cent de dards, douzaine de chappeaux de laine,
iiij d. t.. — *Item,* que toutes manières de gens qui ne sont de la
bourgeoisie et demourans en la ville de Desise, et tenans feu et lieu,
doivent et seront tenus payer ledit péage par la manière que cy-
dessus est déclarée, exceptez gens nobles et vivant noblement, et
gens d'église. — *Item,* si aucun souloit demourer en ladite ville de
Desise, et demoure autre part, est tenu payer ledit péage comme
ung estranger. — *Item,* si aucun départ de la ville de Desise, pour
aller demourer autre part, il sera tenu payer le péage de ce qu'il
amènera par la rivière de Loyre. »

> (Déclaration imp., Orléans, Éloy Gibier, 1571, 1584 ; Fabian
> Hotot, 1608.)

510-512ᴬ.

XVIIᵉ siècle. — Arrêt et instances.

1604, 24 janvier. — Entre : les M. F., le Proc. gén. du Roi
joint avec eux, dem., d'une part ; et maistres Martin Pillon, Michel
Millot et André du Port, fermiers et receveurs du péage de Decise,
défendeurs, d'autre part, par lequel :

Défense est faite aux défendeurs « de lever pour droicts de péage
en la ville de Decize plus de :

« Deux deniers pour chacun cent de faisseaux de quartier, les
deux faisseaux faisant cent bastons.

« Quatre deniers pour cent de javelles, chacune desdites javelles
contenant deux faisseaux.

« Et quatre deniers pour cent de quinquaillerie et autres marchandises, comme figues, raisins, amandes et autres choses qui se
vendent au poids, non spécifiez par la déclaration des droicts de
péage de Decize. »

> (Arrêt imp., Fabian Hotot, 1604.)

1607, 21 mars. — Lettres obtenues par le duc de Nevers, contre l'arrêt de 1604.

1613, mars et avril. — Pierre Pisseau, voiturier par eau, demeurant à Orléans, refuse de payer le droit fixé par l'ancienne pancarte ; il offre le droit réglé par l'arrêt de 1604. — Instance au Parlement.

1619, 21 juillet. — Arrêt qui maintient l'arrêt de 1604 et en ordonne l'exécution.

(Arrêt imp., XVIIᵉ s..)

1610, 25 février. — Arrêt du Parlement : entre Julien Thouard le Creux et les M. F., d'une part ; et Charles de Gonzague de Clèves, duc de Nevers, d'autre part ; par lequel les livres et librairie sont déclarés exempts du péage et du prétendu droit de chef-d'œuvre qui se levaient à Decise.

(Arrêt imp., Orléans, Jean Boyer, 1682.)

1624, 18 juillet. — Arrêt du Parlement : entre les fermiers du péage de Decize et les March. Fréq. prenant fait et cause pour Étienne Drouin, Jean Chollet, Nicolas Camus, voituriers par eau, d'autre part, par lequel :

Défense est faite auxdits fermiers d'exiger des marchands passant et repassant sous les ponts de Decise aucun droit pour le vin de boisson des marchands et voituriers pendant qu'ils sont sur la rivière.

(Arrêt imp., XVIIᵉ s..)

513-516.

XVIᵉ-XVIIᵉ siècle. — Lettres-pat., instance et arrêts concernant certain péage levé par les habitants de Decise.

1592, 9 octobre. — Lettres-pat., par lesquelles est accordé aux manants et habitants de la ville de Decise droit de péage sur les bateaux, tonneaux et escheaulx de bois, à titre d'octroi et subside pour la réfection de leurs ponts.

1598, 26 décembre. — Lettres de confirmation.

1600, 31 mai. — Lettres de confirmation, portant prolongation pour six ans, à la charge que la plus grande partie des marchands sur lesquels se lèvent lesdits droits y consentiront.

1603, 5 mars. — Instance introduite en la cour de parlement, entre : le Procureur général du Roi et les M. F., d'une part ; et les échevins, manants et habitants de la ville de Decise, d'autre part.

23 décembre. — Lettres-patentes, contenant prolongation pour six ans de l'octroi précédemment accordé aux habitants, et défense à la cour de parlement d'en connaître.

1605, 30 août. — Instance introduite au conseil d'État, sur requête des habitants de la ville de Decise.

3 septembre. — Arrêt de la cour de parlement, qui fait défense aux habitants de la ville de Decise « de plus lever aucune chose pour les marchandises passans sous les ponts de laditte ville de Decize. »

1606, 21 mars. — Arrêt du conseil, qui fait défense aux habitants de la ville de Decise de lever à l'avenir les droits à eux octroyés par les lettres des 30 mai 1600 et 23 décembre 1604, « sans le consentement de la plus grande et saine partie des marchans sur lesquels ils se lèvent ; » les décharge envers lesdits marchands de la restitution de ce qu'ils en ont reçu par le passé, et les condamne « ès despens moderez à quarante livres. »

> (Arrêts imp., Fabian Hotot, 1606. — Id., sous la fausse date
> du 21 mars 1607.)

1651, 7 septembre. — Arrêt du Parlement de Paris.

« Nonobstant tous les arrests de la cour (du 7 septembre 1651 et autres, rendus pour son éxécution)... lesdits eschevins et procureur sindic (de la ville de Decize), et ledit Rousseau (fermier du droit de bord)... ont exigé le mesme droict de bort de bateau (cinq sols) et encores un autre droict de trente solz pour tonneau de vin, le tout en conséquence d'un pretendu arrest du Conseil qui n'a jamais esté veu ny signiffié... et cependant ilz continuent aveq impunité cette exaction... aveq des violences sans pareilles, prenant tout ce que bon leur semble, emprisonnant les voicturiers, les exédant et maltraictant jusques au péril de la vie, et faisant pour commettre les concussions préaléguées touttes les violences imaginables... Ce considéré, Nosseigneurs... vous plaise... ordonner... qu'ilz (les échevins, procureur sindic et fermier du droit de bord de Decize) seront constituez prisonniers ez prisons de la ville d'Orléans, pour pardevers le lieutenant général (au baillage) d'Orléans... estre ouis et interogez sur les charges... obéir et ester a droit, et, en cas qu'ilz ne puissent estre apréhendez, assignez à trois briefz jours, leurs biens saisis... en la manière accoustumée pour estre leur procès fait et parfait jusques à sentence diffinitifve... sauf l'appel ; et cependant ordonner que lesdits arrestz du vij⁰ septembre mil six cens cinquante-un et autres donnez en conséquence seront executez... »

> (Arrêt cité en l'art. qui suit, et réq. sur papier, ms.. Arch. de la ville d'Orléans.)

1651. — Arrêt, qui fait défense aux habitants de la ville de Decise de lever droit de cinq sols pour chacun bord de bateau.

1652, 19 mars. — Arrêt portant : que les procureur, syndic et échevins de la ville de Decise comparaîtront en personne, dans le délai de six semaines, devant le lieutenant général d'Orléans, pour être ouis et interrogés sur les informations contre eux faites, sinon seront pris et appréhendés au corps et menés ès prisons d'Orléans.

1652, 26 juin. — Arrêt confirmatif.

1653, 28 janvier. — Entre les M. F. et les échevins de la ville de Decise, transaction par laquelle ceux-ci promettent de ne pas contrevenir aux arrêts précités.

Ce nonobstant, lesd. échevins se pourvoient au conseil d'État du Roi, et obtiennent arrêt en vertu duquel ils commencent de rechef la levée dudit prétendu droit.

1655, 23 mars. — Arrêt de la cour de parlement.

1657, 9 août. — Nouvel arrêt de la cour de parlement, portant que les arrêts des 26 juin 1652 et 23 mars 1655 seront exécutés, défense faite aux échevins de Decise de se pourvoir ailleurs qu'en la cour.

> (Arrêts et transaction imp., XVIIᵉ s..)

1615. — Délibération des M. F., portant :
Que les échevins de Decise seront cités à la cour de parlement de

Paris, pour justifier du droit de dix sols tournois qu'ils lèvent sur tout bateau chargé ou à demi-chargé, bien que non mentionné en leur pancarte.

> (Procès-verbal de l'assemblée des March. Fréq. tenue en 1515, fᵒ 79, ms.. Arch. de la ville d'Orléans.)

517.

1737. — Dépêche du bureau des March. Fréq., concernant les droits perçus au péage de Decise.

> (Reg. de corresp. de 1735 à 1740, fᵒ 42, ms.. Arch. de la ville d'Orléans.)

DECISE à AMBOISE.

518.

1438, 10 décembre. — Lettres-pat. (Bourges), par lesquelles un péage à prendre de Decise à Amboise est accordé aux habitants d'Orléans pour la réfection de leurs ponts.

« Charles, par la grâce de Dieu, Roy de France.

« Aux gouverneur d'Orléans, juge et conservateur des previlleges par Nous et noz prédecesseurs donnez et octroiez à nostre amée fille l'Université dudit lieu d'Orléans ou à son lieutenant, salut :

« Noz bien amez les bourgois, manans et habitans de la ville et forsbours dudit lieu d'Orleans Nous ont humblement fait exposer :

« Que après les grans pertes, dommages, fraiz, missions par eulz faiz, euz et soustenuz pour et à l'occasion du siége derrenièrement tenu par noz anciens ennemis devant lad. ville et eulx, et la victoire par Nous obtenue à l'encontre d'iceulx nos ennemis à leur très grant confusion et à l'exultacion de Nous et de nostre seignorie,

jceulx exposans se feussent traiz devers Nous, et pour contemplacion
de ce, et autrement les remercier, et récompenser, et donner exemple à autres de estre bons et loyaulx envers Nous, et aussi pour leur
aidier à eulx acquitter de plusieurs grans sommes en quoy ilz estoient endebtez à l'occasion dudit siége, et supporter leurs communs
affaires qui sont grans, et autres causes à ce Nous mouvans, leur
avons octroiez par previllége que nostre vie durant ilz soient exemps,
quictes et francs, et les avons exempté, quictez et affranchis de
toutes tailles, jmposicions, quatriesmes, aides, subsides, fouages et
autres subvencions quelzconques à Nous octroiez et à octroier, imposez ou à jmposer esd. ville et forsbours pour Nous.

« Et aussi que, jusques à certain temps, lesdiz exposans peussent
lever aucuns aides sur aucunes denrées entrans, yssans, passans ou
traverssans en et par lad. ville ou forsbours d'icelle, lesquelz aides
jceulx exposans véans la desercion du pont de lad. ville fort acrollé
et atonné par les canons, bombardes et boulouars faiz et assortiz
durant ledit siége sur ledit pont et depuis en grant partie trébuché
par les grans glaces et gelées qui furent en l'an mil cccc trente et
quatre, ordonnèrent estre mis en la rédifficacion et réparacion dudit
pont et non ailleurs, et la réception des deniers desdiz aides ostèrent
dès lors des mains des douze procureurs et receveur des deniers
d'icelle ville et la misdrent et baillèrent ès mains d'autres gens notables qui ont esté chargiez et qui les ont emploiez et employent au
fait dudit pont, sans ce que un seul denier en soit mis ne convertiz
en autres usages, et soubz umbre dudit octroy ont lesdiz exposans
fait marchié de refaire et rédiffier à arches de pierre ledit pont trébuché à grans sommes montans à xij^m l. t. ou environ, oultre l'arche
et le pont de bois ja faiz et paiez, qui ont cousté autres grans sommes de deniers, sur lequel marchié ils ont jà paié et baillé ij^m l. t.
ou environ, et sont obligiez de paier le surplus, mais non obstant jà
çoit ce que pour les fait et délivrance des villes de Montargis, Dreux
et Chevreuse ils aient libéralement et par nostre ordonnance, puis
la Saint-Jehan mil cccc xxxvij baillé comptant la somme de iiij^m l. t..
Maistres Jehan le Fuzelier, nostre conseiller, et Estienne Froment,
nostre secrétaire, et Pierre Lesbay, receveur de l'eslection d'Orléans
des aides ordonnez pour la guerre, se sont, ou les aulcuns d'eulz,

transportez en lad. ville d'Orléans, et par vertu de noz lettres à eulz adreçans, et comme commis à ce avec autres de par Nous, se sont efforciez et efforcent, pour ung an entier et commençant au premier jour de novembre derrenier passé, mectre sus en lad. ville et forsbours d'Orléans, sur les denrées, biens et marchandises vendues ou non vendues entrans, yssans, passans ou traverssans par eaue ou par terre en et par lad. ville, les nouveaulx aides et subsides qui ensuyvent, c'est assavoir :

« Sur chascun muy de sel, mesure de Nantes, montant ou beyssant tant par eaue que par terre, ou qui sera descendu en l'une des villes des mectes dessus dictes, ou qui sera prins et chargié soit au port ou en l'une d'icelles villes pour mener dehors, soit gabellé ou non gabellé, sera prins de cellui à qui ledit sel sera et appartendra deux solz six deniers tournois.

« *Item*, sur chacun tonneau de vin pareillement montant ou baissant tant par eaue que par terre, vendu ou non vendu, qui sera deschargé en l'une d'icelles villes, ou qui y sera prins et chargié pour mener dehors, sera prins de cellui-là qui sera le vin deux solz six d. t.. — *Item*, sur chascun muy de blé ou d'autres grains, mesure des lieux où on les vouldra chargier ou deschargier pareillement comme dessus sera prins deux sols six d. t.. — Sur chascun cent de beurre ou de suif et gresses sera prins vint d. t.. — *Item*, sur chascun cent de cire, cinq s. t.. — *Item*, sur chascune balle de garence, cinq s. t.. — *Item*, sur chascun millier de plomb, d'acier, de fer et d'alun, dix s. t.. — *Item*, sur chascun beuf ou vache entrant en l'une d'icelles villes ou forsbours et qui y seront venduz ou menez pour vendre par marchans autre part, le beuf deux solz six deniers, et sur la vache quinze deniers t.. — *Item*, sur chascun pourceau ou truye, quinze d. t.. — *Item*, sur chascun mouton dix deniers, et sur chascune brebiz cinq d. t.. — *Item*, sur chascun cheval de marchant vendu ou mené pour vendre comme dit est, cinq solz t., et pour jument, deux solz six d. t.. — *Item*, sur chascune mule, mulet ou asne, deux solz six d. t.. — *Item*, sur chascun caque ou millier de harengs sor ou blanc, cinq s. t.. — *Item*, sur chascun quaque d'uille, cinq s. t.. — *Item*, sur chascune charge d'uille d'olive, deux s. six d. t.. — *Item*, sur chascun millier de seiche, cinq s. t.. — *Item*, sur chascun pinot de hadot, douze d. t.. — *Item*, sur chascune douzaine d'aloses fresche ou salées, dix d. t.. — *Item*, sur chascune douzaine de morues, quinze d. t.. — *Item*, sur chascun marsoyn, six d.. — *Item*, sur chascun lot de cuir montant à vint cuirs tannez ou à tant le poil, sept solz six d.. — *Item*, sur chascune douzaine de cuirs de vache courroyez, cinq s. t.. — *Item*, sur chascune douzaine de peaulx de veaulx ou moutons couroyez, douze d.. — *Item*, sur chascune douzaine de cordoen couroyé, douze d.. — *Item*, sur chascune douzaine de cordoen sec, dix d.. — *Item*, sur chascune balle de laine, cinq s.. — *Item*, sur chascune charge de fins draps, douze s. six deniers t.. — *Item*, sur chascune charge de gros, six s. trois d.. — *Item*, sur chascun cent d'espicerie, c'est assavoir : poivre, mesche, colombin, saffren, sucre, giroffle et graines, dix s.. — *Item*, sur chascun millier de poix, vint d.. — *Item*, sur chascune balle d'almendes, dix d.. — *Item*, sur chascune balle de fustaine ou de coton, dix s. t.. — *Item*, sur chascune balle de mercerie, dix s.. — *Item*, sur chascun cabaz de figues et de raisins, dix d.. — *Item*, sur chascun porc salé entier, douze deniers, et sur le demj porc, six d.. — *Item*, sur chascun cent de poisson, c'est assavoir : carpes, brochez et bresmes, deux solz six d. t.. — *Item*, sur chascun saulmon, douze d.. — *Item*, sur chascune douzaine de lamproyes, douze d.. — *Item*, sur chascun millier d'anguilles, dix solz, et de pimpeneaux, cinq s.. — *Item*, sur chascune douzaine de merluz ou rayes seiches, six d.. — *Item*, sur chascune charge de clous, deux sols six d.. — *Item*, sur chascune charge de pappier, dix s.. — *Item*, sur chascun millier d'ardoise, quinze d.. — *Item*, sur chascune charge de guesde, dix s.. — *Item*, sur chascun cent de chanvre, douze d.. — *Item*, sur chascun compte de toille qui contient soixante aulnes, vint deniers, et du demj compte, dix deniers, et au dessoubz, riens. — *Item*, sur chascun cent de pelles de bois, douze d.. — *Item*, sur cent d'estain ou de mitaille, deux solz six d.. — *Item*, sur chascun cent pesant de poesles d'arain entières, cinq s.. — *Item*, sur chascune douzaine de javelles, de charniers, de quartier, quatre d.. — *Item*, sur chascune douzaine de bois quarré, douze d.. — *Item*, sur chascun millier de late, six d.. — *Item*, sur chascun millier d'esseaune, s. d., — *Item*, sur chacun millier de

mesrein à faire tonneaux, cinq s., et pour faire traverssains, deux
s. six d. t..

« .... A paier d'icellui aide jceulx commissaires se sont efforciez
contraindre de paier en ladicte ville et forsbours d'Orléans lesdiz
exposans, pour convertir comme ilz dient les deniers venant d'iceulx
aides au recouvrement desdites places de Montargis, Dreux et Chevreuse. Et avecques ce et par lesd. noz lectres jceux commissaires
ladicte année durant ont de fait voulu assopper les aides et octroiz
par Nous faiz aud. exposans pour la réparacion et rediffication du
pont de ladicte ville, ce qui seroit se ainsi estoit que en lad. ville et
forsbours lesd. aides feussent ainsi par Nous levez et les autres
aides par Nous octroiez pour le fait dudit pont assopez l'infraction
du privilége d'exempcion, franchise et jmmunité ainsi par Nous
octroyé ausd. exposans, et aussi la totalle rompture et desercion du
fait dud. pont et la perdicion de lad. somme de ij^m l. t., jà par
jceulx exposans baillée pour la reddifficacion d'icelui, s'en pourroient aussi ensuir plusieurs autres graves jnconvénient et dommages
sur lesd. exposans et toute la chose publique de nostre royaume.
Sur ce ilz dient, requérans humblement jceulx exposans sur ce noz
grâce, remède et provision convenables.

« Pourquoy Nous ces choses considérées voulans ledit privillége
d'exempcion, franchise et immunité par Nous donné et octroyé
ausd. supplians conserver et garder sans aucunement l'enfraindre,
attendu les causes qui sont justes et raisonnables sur lesquelles led.
privilége est fondé et que l'infraction dud. privilége seroit de mal
exemple. Considérant aussi les grans biens que par le moyen de la
rediffication dudit pont peuent venir, et au contraire les grands jn-
convéniens et dommages qui se pourroient ensuir sur lesd. supplians
et toute la chose publique de nostre Royaume se ledit pont demou-
roit en telle désolacion, attendu que c'est le principal passage dessus
la rivière de Loire.

« Avons dit et déclaré, disons et déclarons de nostre propre
mouvement et certaine science que nostre voulenté et entencion ne
a esté, ne est de dérogier en aucune manière aux previlléges desdiz
supplians par le moyen desd. aides et subsides par Nous nouvellement ordonnez estre mis sur les denrées et marchandises vendues,

passans, ou traverssans par les villes, pons, ports et passages estans dessus lad. rivière de Loire, tant par eaue comme par terre. Ainsi a esté et est nostre voulenté et entencion, que desd. aides et subsides et tous autres par Nous ou de nostre auctorité imposez ou a imposer jceulx supplians, soient et demeurent francs et immunes selon la forme et teneur des previlleges par Nous à eulz donnez et octroyez, et en oultre avons octroié et octroyons ausd. supplians que esd. ville et forsbours et es destroiz d'iceulx pour la rediffication de leur dit pont ils puissent et leur loise lever, cueiller et recevoir par ung an entier, commençant audit premier jour de novembre derrenierement passé, sur toutes et chacunes les denrées, biens et marchandises entrans, yssans, passans ou traversans, vendues ou non vendues en et par ladicte ville et forsbours d'Orléans et par les destroiz d'iceulx, pareilz et semblables aides et subsides que nouvellement avons ordonnez estre cueilliz, levez et receuz es autres villes pour ports et passages de dessus lad. rivière de Loire depuis la ville d'Amboise jusques à Desise, et que dessus sont déclairiez et spécifiez pour les deniers qui en ystront estre converliz et emploiez en la rediffication dudit pont et non ailleurs. Et en ce faisant, avons ordonné et ordonnons que desd. aides par Nous nouvellement mis sus aucune chose pour Nous ne à nostre proffit ne sera cueilli, levé ne receu esd. ville et forsbours d'Orléans ni es destroiz d'iceulx sur marchans forains ne aultres. Ainsi sera tout cueilli et levé au nom et au proffit desd. supplians, pour convertir au fait dudit pont et non ailleurs; et que se aucune chose pour le moien desd. nouveaulx aides et subsides a ja esté cueilli ou receu esd. villes et forsbours d'Orleans, qui soit rendu et restitué royalment et de fait ausd. supplians ou à leur receveur et commis, pourveu que le temps pendant que lesdiz supplians joyront de ce présent octroi ils ne lèveront ou exigeront aucune chose des autres aides à eulx octroyez pour le fait dudit pont, toutes voies se durant ladicte année ce présent octroy leur estoit rompu et aussi après lad. année passée, Nous voulons qu'ilz joyssent des premiers octroiz par Nous à eulx fais pour ledit pont, et pour ce que lesd. supplians, à l'occasion de ce que on les vouloit troubler et empescher en leurd. privilèges et contraindre à contribuer aud. nouveaulx ou subsides, ont fait et intergeté aucunes opposicions

et appellacions en nostre court de parlement, avons de grâce
espécial mis et mestons au néant sans amende lesd. opposicions et
appellacions, et tout ce qui s'en seroit ensuy, sans que jceulx supplians soient aucunement tenuz relever ne poursuir à Orléans, ne
aussi que les bonnes gens qui amèneront leur bestial et biens en
lad. ville et forsbours d'Orléans par retrait en paient aucune chose,
sinon qu'ilz les y menassent ou passassent pour les vendre ; est
aussi nostre voulenté que les deniers, biens ou marchandises qui
auront esté amenées et passées par lad. ville et forsbours d'Orléans,
ou qui y auront esté prinses ou chargées, et pour lesquelles on aura
paié à Orléans l'aide pour led. pont, soient et demeurent quictes
desdiz aides par nous nouvellement mis sus par toutes lesd. autres
villes pour ports et passages de dessus lad. riviere de Loire ou jceulx
aides et subsides dessus déclairez auront cours tout par la forme
et manière comme se en lad. ville et forsbours d'Orléans led. aide
se levoit et cueilloit pour Nous, et que en ce on adjouste foy pleine
à la certifficacion ou cédule desd. commis ou commis à recevoir
les deniers dud. pont d'Orléans. — Et vous mandons...

« Donné à Bourges, le dix^{me} jour de décembre l'an de grâce mil
cccc trente et huit, et de notre règne le dix-septième.

« Par le Roy, en son conseil. — *Signé :* P⁰ Dijon, n. »

(Expéd. sur parch., ms.. Arch. de l'Hôtel-Dieu d'Orléans.)

IMPHY, canton de Nevers.

519.

1408, 22 février. — Abandon par Philippe, comte de
Nevers, moyennant la somme de six vingt écus d'or, du
droit qui se levait sur le sel naviguant du ryault du Munot
lès la Marche jusques au port d'Imphy.

« Phelippe, conte de Nevers et de Rethel et baron de Donzi, à

tous ceulx qui verront ces presentes lettres, salut. Comme nouvellement nostre amé et féal conseiller et chambellain, messire Hugue,
seigneur de Ternant, chevalier, nous ait vendu et transporté pour
nous et noz hoirs, pour certaine somme d'argent, tout le droit et
action qu'il avoit de exiger, prandre, percevoir, lever et recevoir
annuellement sur touz marchans forains de nostre païs de Niver-
noys, vendens sel sur la rivicre de Loyre, des le ryaul du Munot lez
nostre ville de La Marche jusques au port d'Ymphi, c'est assavoir de
chascun desdiz marchans, pour chascun muy de sel par lui vendu
ou eschangé es mettes dessus dictes, doze deniers tornois, toutes et
tant de foiz que le cas y avient ; lequel droit ledit seigneur de Ternant nagaires avoit acquis de Phelippe de Bernaul, escuier, si
comme tout ce peut apparoir par lettres sur ce fectes ; savoir faisons
que Nous, de nostre certaine science, par l'avis et delibération de
nostre grand conseil, ledit droit des maintenant, a tous jours mais,
perpetuelment avons cessié, delessié, transporté et de tout en tout
quictié et renoncié ; et encorres par la teneur de ces présentes
cessons, délaissons, transportons, quictons et renoncons ausdiz
marchans forains, pour, ou nom et au proffit de la chose publique
et du bien commun ; et voulons et consentons que lesdiz marchans
en soient et demourent de cy en avant deschargez, frans et quictes,
sans ce que jamais nous, ne noz successeurs, lesdiz marchans a
cause de ce présent transport, ne autres quelxconques personnes
puissent ne doyent exiger, prandre, lever, cuillir, demander ne recevoir desdiz marchans ledit droit, ne que nulz d'eulx en soit tenuz
d'en riens paier, tout ainsi que se ledit droit ne fust point deu ne
que oncques riens n'en eust este paié. Et pour ce, lesdiz marchans
nous ont paié la somme de six vins escuz d'or ; desquelx nous nous
tenons pour contens ; et en quictons lesdiz marchans et autres à qui
il appartient ; et promettons en bonne foy que contre ces choses
nous ne viendrons par nous ne ferons venir par autres en aucune manière ou temps advenir. En temoing de ce, Nous avons
fait mettre nostre scel à ces présentes. Donné en nostre ville de
Nevers le xxii° jour de février, l'an de grace mil quatre cens et
huit. »

Sur le repli : « Par Monseigneur le Conte, en son conseil, ouquel

messire Phelippe de Digoine, messire Jehan du Gué, messire Bureau
de la Rivière, maistres Jehan Le Clerc et Pierre Tachelin, et autres
estoient. — J. Oudrier, notaire, garde du scel. »

> (Orig. ms., Arch. de la ville d'Orléans. Sceau brisé en cire rouge
> sur bandelette en parchemin ; on distingue un écusson semé de
> fleurs de lis.)

NEVERS.

520.

1546, 9 mars. — Édit portant que :

« Le péage prétendu à Nevers, de deux minots de sel, sur chacun
Marchand descendant sel audict Nevers, qui se doit certifier par les
officiers du Magazin dudict Nevers (est), avaluez à la somme de
xlj s. x d. l.. (*V. ci-dessus, n° 447.*)

521-524ᴮ.

XVIIᵉ et XVIIIᵉ siècles. — Pancarte de péage, instances et
arrêts.

« 1601. — Déclaration des deniers et droicts que les eschevins
de la ville de Nevers prétendent avoir droict de prendre et parce-
voir sur les marchandises déclarées cy-après, passans sur la rivière
de Loire. »
Identique à la déclaration des droits levés au profit des habitants
de la ville de Decize. (*V. ci-dessus, n° 509.*)

> (Déclaration imp., Orléans, Éloy Gibier, 1573 ; Fabian
> Hotot, 1601.)

1604, 23 mars. — Instance au Parlement de Paris :
Entre les M. F. d'une part, et les eschevins, manants et habitants
de la ville de Nevers, d'autre part.

1605, 23 avril. — Arrêt par lequel défense est faite auxdits échevins et habitants, de plus lever et prendre à l'avenir pour droit de péage plus d'un denier par chaque cent de faisceaux, et deux deniers par chaque cent de javelles.

(Arrêt imp., XVIIe siècle.)

1616, 18 juin. — Arrêt du Parlement de Paris :

Entre : Gilbert Tardif et Anne Potier, et les M. F., demandeurs, d'une part; et les fermiers du péage par eau de la ville de Nevers, défendeurs, d'autre part.

Par lequel les défendeurs sont condamnés à restituer une somme de quatre livres trois sols quatre deniers, par eux indument perçue pour droit de péage sur « marchandise de vieils drapeaux. »

(Arrêt imp., Orléans, Fabian Hotot, 1616.)

1691. — Arrêt du Parlement de Paris, qui défend aux habitants de Nevers de faire aucune levée sur les M. F.

(Cité en l'arrêt de 1657, rapporté plus bas. V. *Anjou.*)

1637, 27 février. — Arrêt du conseil, qui défend aux maires et échevins de Nevers de lever aucune chose sur les marchandises passant sous les ponts de leur ville.

(Compte du Rec. gén. des M. F., 1640, f. 50, r°.)

1760, 25 avril. — Arrêt du Conseil, obtenu par les maire et échevins de la ville de Nevers, qui « confirme » les anciens tarifs du péage et augmente les droits.

Plusieurs marchands de Nevers se pourvoient contre « cette nouveauté » devant l'intendant de la province, qui les renvoie au Conseil.

La commission des péages, avant de statuer, demande la sanction de la compagnie des M. F..

(Reg. de corresp. de 1725 à 1740, f°s 30 et 31. Arch. de la ville d'Orléans.)

BERRI *(ancienne province de).*

525.

1537. — Procès pendant entre les Marchands Fréq. et Guillot Chauvet, fermier du « péage par eau de Béry. » (*V. ci-dessus, nᵒ 276, tome II, p. 345.*)

GIVRY, en la commune de Cours-les-Barres, canton de la Guerche, département du Cher.

526, 527.

XVIᵉ et XVIIᵉ siècles. — Déclaration, transaction.

« 1561, 3 mars. — Sur procès au Parlement de Paris, entre le procureur général du Roi et les Marchands Fréq., demandeurs en commandement et exhibition de titres, d'une part ; et Jacques Desbarres, dit le Barroy, escuyer, seigneur de Neufvy, Aspremont et Givry, Ambroise Mouchel et Jean Mouchel le jeune, son fils, seigneurs du péage de Givry-sur-Loire, défendeurs, d'autre part.

« Arrêt portant que les défendeurs continueront à prendre à l'endroit du port et péage de Givry les droits de péages spécifiés dans les titres par eux produits.

« C'est à sçavoir :

« Sur chacun chalan, sentine, aligement chargé de sel, à moitié ou à tiers, à quelque quantité qu'ils en meinent, arrivant ou trespassant par ledit péage, un boisseau de sel, mesure dudit Givry, et vj d. ob. t..

« Pour chacune fourniture de vin de Bourgogne, xxij s. vj d. t., au fur l'emplage, de plus, plus, et de moins, moins.

« Et pour chacune fourniture de vin de Saint-Pourcin ou d'Auvergne, xv s. t., et au fur l'emplage.

« Excepté les vins de l'évesque de Nevers, qui ne doibvent que deux solz parisis de péage seulement. Et peuvent, les commis et assenseurs dudict droict, percer et taster desdicts vins, jusques à trois tonneaux de chacun chalan.

« Pour chacun autre chalan chargé d'œuvre de poids, xiij d. ob..

« Et quand il y a fardeau dedans le chalan, de chacun fardeau bagué ou cordé, iiij d. ob. t..

« Et s'il y a mesnage, le trépied, xij d.. Et le surplus du mesnage ne doit rien, et acquitte ledit trépied tout l'autre mesnage.

« Pour chacun chalan neuf, pour le neufvage, xiij d. ob..

« Pour un cotheret d'huile et si plus y a, xiij d. ob..

« Pour chacun batteau ou sentine, chargé de toutes autres marchandises quelconques, vj d. ob.

« Pour un quartier de cuir tanné, et de plus si plus y a, xiij d. t..

« Et seront tenus les marchands et conducteurs desdites denrées, passant par ledit péage, branler et aborder, ou chevir au péageur. »

Le même arrêt impose aux seigneurs du péage obligation d'afficher pancartes, de baliser et nettoyer.

(Arrêt imp., Orléans, Éloy Gibier, 1577 ; Fabian Hotot, 1601, 1606.)

1600, 20 mai. — Contrat de transaction.

Passé devant Pasquaze Dubois, notaire du Chastelet d'Orléans, et greffier de la communauté des Marchands Fréq., entre : Pierre Sotty, marchand voiturier par eau, demeurant à Orléans, et la communauté desdits Marchands, jointe avec lui, d'une part ; et Jean-Paul de Guillemin, sieur de la Molle et de Givry-sur-Loire, et damoiselle Migé, sa femme, d'autre part.

Lequel contrat, entre autres clauses, porte :

« Que doresnavant, ne sera rien payé audit port et péage de Givry en deniers, ne pots de vin, ne autrement en quelque sorte que ce soit, pour le vin qui sera chargé en Bourbonnois, ains passera franc dudit péage, audit lieu et port de Givry, en dépriant toutefois et faisant apparoir le certificat comme il auroit esté vendu et chargé audit païs de Bourbonnois.

« Et quant à l'article portant le cotteret d'huile, sera corrigé, et au lieu d'iceluy sera mis et écrit pour chacun thonneau d'huile passant par le destroit, ledit tonneau revenant à cinq cinquins, en sera payé iiij s. ij d. t..

« Et pour chacun poinson, revenant à deux cinquins et demy, ij s. j d. t..

ᴊ Et pour chacun cinquin, quand l'huile sera en cinquin, x d. t..

« Et ce pour l'avenir, sans plus faire mention ne parler de cotterez. »

(Extrait de la transaction imp. XVIIe siècle.)

AUBIGNY, en la commune de Marseilles-lès-Aubigny, canton de Sancergues, département du Cher.

528.

1575, 7 février. — Déclaration du prétendu péage d'Aubigny, dressé par Jean Le Maire, notaire royal à La Charité, dans les termes qui suivent :

« C'est la déclaration et pancarte des droits du péage et sallage par eau, d'Aubigny, appartenant à Monseigneur le Révérend Evesque de Nevers, à cause de son Evesché dudit Nevers.

« Et premièrement :

« Chacun chalan ou sentine, tout ou toutes, à demy chargée de sel, arrivant ou trapassant par ledit péage et sallage, doivent à mondit seigneur un boisseau de sel, mesure dudit Aubigny, pour droit ancien, péage et sallage, et pour le péage x d. ob.. — *Item*, que si un chalan portoit cent ou deux cens muys de sel, ne payeroit qu'un boisseau de sel, et que si ledit chalan ou sentine n'estoient chargez que de dix minots de sel, autant en seroit payé à mondit Seigneur, à ses commis et açenseurs, desdits minots, comme desdits

deux cens muys de sel, ou autre plus grand nombre en un vaisseau.
Au cas toutesfois que les marchans ou conduiseurs desdits chalans
ou sentines n'auroient alligé dans les mettes dudit péage et sallage,
auquel cas ne seroit ou seroyent tenus payer que de grand chalan
ou sentine, un boisseau de sel, mesure que dessus. — *Item,* pour
fourniture de vin de Bourgogne, passant par ledit péage, xxv s. t.,
au fur l'emplage ; de plus, plus, et du moins, moins. — *Item,* pour
fourniture de vin de Saint-Poursain, des pays d'Auvergne, de Bourbonnois, d'autres pays, xxij s. vj d., au fur emplaige. — *Item,* pour
chacun chalan ou sentine chargée d'avoir de poix, c'est-à-dire
denrée qui se doivent ou ont accoustume de poiser à poix, comme
fer, espicerie, cire, suif, chanvre, laine et autres denrées qui se
poisent, comme dit est, excepté huilles, gresses, est deu xviij d. ob..
— *Item,* pour chacun fardel ou panier de mercerie meslée, comme
bourses, esguillettes, lacqs, ceintures, et toutes autres merceries,
est de iiij d. t.. — *Item,* pour neufvage de chalan, sentine ou fuste-
reaux à corbe et sans corbe, chargé ou non chargé, pour une et la
première fois qu'il entrera es mettes dudit péage, doit ij s. vj d..
Et s'il y a denrées dedans, elles payeront leur péage selon qu'elles
seront. — *Item,* pour chacun chalan ou sentine chargé d'huiles,
suif et autres gresses, doit xviij d. ob.. Et s'il advenoit que le chalan
ou sentine ne fussent chargez entièrement desdites gresses, et n'y
eust qu'un baril d'huille, de suif ou autres gresses, chacune desdites
gresses, en lad. quantité ou en plus grand nombre, doivent
xviij d. ob.. Et les autres denrées doivent chacune selon que cy-
dessus et cy-après est déclaré, et lesdites gresses n'acquitent point
lesdites denrées, ny lesdites denrées lesdites gresses. — *Item,* tous
chalans ou sentines chargés de toute mercerie de cuirs, soient
tannez, courroyez ou pelus, doivent xviij d. ob.. Et s'il advenoit que
led. chalan ou sentine ne fust entièrement chargé desdits cuirs, et
n'y eust qu'une peau de chevreau, de mouton, de vache, de bœuf
ou autre beste, telle qu'elle soit courroyée, tannée ou pelue, voire
d'une pièce de cuir, autant est deu comme desdits chalan ou sentine,
si entierement estoit chargé à moitié ou autrement. Et s'il advenoit qu'il y eust autres denrées esdits chalan ou sentine avec lesdits
cuirs ou cuir, ne les acquitteroit en rien. — *Item,* pour chacun

drap, quelqu'il soit, de couleur ou autre, est de iiij d., soit en fardeau cordelé ou non cordelé, et se payent point par fardeau, mais se payent par pièce, et chacune pièce doit iiij d., comme dit est. — *Item*, pour assejault de marrien à faire tonneaux, demis tonneaux, muids, demis muids et autres fustages, et aussi assejault de bois carré, assejault de tonneaux faits, et n'y eust-il qu'un fust, montans ou dévalans, chacun assejault, xviij d. ob.. — *Item*, pour cent de siage, pour arbre de pressouer, xij d.. — *Item*, pour millier de tranchouers de bois, de pelles de bois, x d. ob.. — *Item*, pour cent de mortiers à faire saulce, iij s.. — *Item*, pour chacune arche, iiij d.. — *Item*, pour chacun peiax de poix, j d.. — *Item*, pour chacun caque de haran blanc, pour chacun millier de haran soret, iiij d.. — *Item*, pour le cornaul au coing de chacun lict, iiij d.. — *Item*, pour chacune pièce d'autre mesnage, j d.. — *Item*, de toutes autres denrées, passans par led. péage, est deu moings pour chacun chalan ou sentine passant par ledit péage, x d. ob..

(Extrait de la déclaration imp., Orléans, Éloy Gibier, 1575, 1587.)

GERMIGNY, canton de Pougues, département de la Nièvre.

529.

1546, 9 mars. — Édit portant :

Que le « péage prétendu à Germigny, de demi minot de sel, sur chacune sentine mère, chargée de sel (est) avalué à la somme de x s. iiij d. t.. (*V. ci-dessus, n° 447.*)

LA CHARITÉ-SUR-LOIRE, département de la Nièvre.

530-535.

XVᵉ-XVIIᵉ siècle. — Édits de suppression, bail, édit d'évaluation, instances, arrêts.

1438, 30 juin. — Édit prononçant la suppression des novalités et accrues de péages anciens, au préambule duquel est mentionné le péage de La Charité.

1448, 27 mai. — Édit au préambule duquel est mentionné « le quarantiesme qu'on lève de nouvel à La Charité. » (*V. ci-dessus, nᵒ 430.*)

1456, 2 février. — Bail consenti par les prieurs, religieux et habitants du lieu de La Charité à Jehan de Viriffroy, bourgeois des péages par eau et par terre, se levant audit lieu de La Charité, pour une année, au prix de 140 livres.

> (Copie collat. s. papier, du 27 février 1553, ms.. Arch.
> de la ville d'Orléans.)

1546, 9 mars. — Édit portant que « le péage prétendu par le prieur de La Charité pour le droit de mesurage, qui est d'un minot pour chacun muid de sel descendu au Magazin dudit lieu de La Charité (est) avalué à la somme de xx s. vij d. t.. » (*V. ci-dessus, nᵒ 447.*)

Déclaration du simple péage prétendu en la ville de La Charité :

« Pour chacun chalan ou sentine chargée de quelque marchandise que ce soit, ij s. t.. — *Item*, et si lesdits chalans ou sentine sont neufs, doit chacune pour le neufvage, v d. t., outre lesd. ij s. t.. — *Item*, outre ce que dit est, doivent les marchandises cy-après déclarées, estant ausdits chalans ou sentines, ce qui s'ensuit :

« C'est assavoir :

« Pour chacun tonneau de vin, j d. t.. — *Item*, pour chacun millier d'œuvre de poix, comme huilles, gresses, remais, chanvre, fillet, laines, toilles, cire, fromages, plomb, acier, fer, estaing, potain, cuivre, leton, plume, coutilz, couvertures et toutes autres denrées de ladite œuvre de poix, iij s. iiij d.. — *Item*, pour chacune charge de mercerie et quinquaillerie, xij d. t., à trois cens lad. charge. — *Item*, pour chacun muy de sel, mesure de Paris, iiij d. t.. — *Item*, pour chacun baril de haren blanc, pour chacun millier de haren sorel, ij d. t.. — *Item*, pour chacune douzaine de cuirs tannez ou à tanner, de mouton ou de cordouan, iij d. t.. — *Item*, pour chacun millier de seiches ou de merlus, iij s. iiij d. t.. — *Item*, pour chacun muy de grain, ij d. t.. — *Item*, pour chacune meulle de moulin percée, ij s. vj d.. — *Item*, pour chacune pièce de drap, soient en fardeaux ou non fardelée, iiij d.. — *Item*, pour chacun assiegeau d'ais de siage, merreau, tonneaux vuydes, ou en assiégeau, ou bois carré, ij s. t.. — *Item*, pour chacun estz indeau de vivier, iiij d.. — *Item*, pour le vivier, ij s. t.. — *Item*, pour chacune meulle de pierre à esmoudre couteaux, congnées et autres tranchans, xij d.. — *Item*, pour douzaine de queux de pierre à esguiser les cousteaux, iij d.. — *Item*, pour chacun fardeau de pelleterie, ij s. t.. — *Item*, pour chacun mesnage, iij s.. Et s'il y a plusieurs mesnages en un chalan ou sentine, l'un n'acquite pas l'autre, et doit chacun iij s. t.. — *Item*, pour chacun peiax de poix, ob., qui est pour chacun boillon, ij s. j d. t.. — *Item*, pour chacune douzaine de lards, iij d.. — *Item*, pour chacun mortier de pierre, j d.. — *Item*, pour chacun cuir de bœuf, ij d.. — *Item*, pour chacun millier de tranchouers, pour cent de pelles de bois, pour balle de chastaignes, iiij d.. — *Item*, pour lit, coueste, couvertures, xvj d. t., qui est pour chacun coing dudit lit, iiij d. t.. — *Item*, pour un coffre non ferré, xij d.. — *Item*, pour un coffre ferré, ij s. t.. — *Item*, pour une tombe de pierre, xvj d.. — *Item*, pour douzaine de quartiers de pierre, iij d. t.. — *Item*, pour barillon d'anguiles salées, ij d.. — *Item*, pour tonneau de noir foncé, xij d.. — *Item*, qui charge ses denrées en ladite Ville, ou qui les décharge, il ne doit qu'un demi-péage. — *Item*, qui mal acquite ses denrées, ou qui s'en va sans acquiter, il doit soixante sols t. d'amende, avec les frais et dépens de la poursuite. »

XVIᵉ siècle. — Lettres d'octroi, accordant aux habitants de la ville de La Charité le droit de lever le double du péage qu'ils étoient en possession de prendre sur la rivière de Loire, audit lieu de La Charité.

1572, 3 février. — Instance en inhibition et défense de prélever le double droit sus mentionné, introduite en la cour du Parlement de Paris, à la requête des Marchands et du procureur général du Roi. — 1582, 1ᵉʳ septembre. Arrêt qui fait défense auxdits habitants, à peine de quatre mille écus applicables, moitié au Roi et moitié aux parties intéressées, « de plus lever ne exiger le péage mentionné esdites lettres d'octroy. »

(Déclaration et arrêt imp., Orléans, Éloy Gibier, 1582 ;
Fabian Hotot, 1600.)

1607, 15 décembre. — Sur procès entre les mêmes parties, à la cour de Parlement de Paris, arrêt dans les mêmes termes que celui de 1582. — 1617. Instance entre les mêmes parties, au conseil privé du Roi. — 20 octobre. Arrêt qui renvoie le litige au Parlement de Paris. — 1619, 6 mars. Arrêt du Parlement, qui maintient les dispositions des arrêts précédents, et renouvelle les défenses y portées de lever le double droit.

(Arrêt de 1619, imp. XVIIᵉ s.. Pr. verb. mss. de l'assemblée générale de mai 1615, fᵒ 75, rᵒ.)

MESVES, canton de Pouilly, département de la Nièvre.

FOURNEAUX, en la commune de Mesves. (Les Fourneaux).

536-539.

XVIᵉ et XVIIᵉ siècles. — Déclaration de péage, édit d'évaluation, instances, arrêts.

« Déclaration du prétendu péage de Mesves, autrement appelé le péage de Fourneaux, qui se lève sur la rivière de Loire.

« Premièrement, pour chacune sentine ou chalan ayant plus de deux muids de sel, la mine moins, soubs mère ou alleigement, cinq boisseaux, au dessoubs, ij s.. — Pour chacun muid de sel, mesure de Paris, xvj d. t.. — Chacun millier d'œuvre de poix, comme espicerie, mercerie, remez, gresses, huiles, fillets, acier, cuivre, plomb, esting, bresil, feu, arain, potin, mercerie meslée, draperie tant de soye que de laine, couverture, couetes, laine, plume, figues, raisins, olyves, la somme, iij s. iiij d.. — Pour baril harenc, millier harenc sor, millier seiche ou merlu, iiij d.. — Pour chacune sentine ou chalan de bled ou de vin, ij s. t.. — Meule de moulin, ij s. vj d. t.. — Chacun chalan ou sentine portant pierre, ij s. t.. — Escheiseaux de bois carré ou de siaige, merrean ou autres bois, sercles ou tonneaux vuides en essiegeau, ij s. t.. — Chacune sentine ou vivier, menant poisson, ij s. t.. — Chacun esclo d'eau, estant en chacune desdites sentines, iiij d. ou ladicte sentine. — Pour chacun mesnage, iij s.. — Pour chacun cuir de bœuf, ij d.. — Pour chacune douzaine de cuirs, comme moutons ou cordouan, iij d.. — Pour chacune sentine ou chalan chargez de marchandise quelles qu'elles soit, qui n'est point spécifié en ceste pancharte, ij s. t.. — Si led. chalan ou sentine est neufve, elle doibt ij s. v d. t.. »

1571, 24 février. — Extrait fait au bureau de la chambre des comptes à Nevers, et délivrance, au fermier du péage, de la déclaration qui précède.

(Déclaration imp , Éloy Gibier, 1587.)

1546, 9 mars. — Édit portant que « le péage prétendu à Mesves de trois minots de sel, sur chacune sentine-mère (est) avaluez à la somme de lxix s. ix d. t.. » (V. ci-dessus, n° 447.)

1598, 26 août. — Instance au Parlement de Paris, entre : Les M. F., dem., et maître Nicolas Girard, avocat, François de Clermont, écuyer, et damoiselle Catherine Girard, sa femme, déf., sur ce que les déf. levaient en la ville de La Charité le péage qu'ils prétendaient avoir droit de prendre, en qualité de seigneurs de Mesves, sur les denrées et marchandises passant par la rivière de Loire, audit lieu de Mesves. — 1602, 11 mai. Mise en cause de Charles de Gonzague, duc de Nevers, co-propriétaire, avec Girard et consors, du prétendu péage de Mesves, autrement dit Fourneaux. —

1603, 2 septembre. Arrêt portant que la levée du péage de
Mesves, sur la rivière de Loire, se fera audit lieu de Mesves, par ung
seul recepveur, fermier ou commis, tant pour ledit duc de Nevers
que lesd. Girard et consors.

(Arrêt imp., Orléans, Fabian Hotot, 1604.)

1631, 20 octobre. — Instance au Parlement de Paris, entre :
Jean Debrie, marchand à Orléans, et les M. F., dem., et Jean Maudiné, fermier du péage par eau de Mesves, déf.. Sur ce que Maudiné
avait exigé de Debrie la somme de 53 sols, pour marchandises de
sucres et cassonnades, passant en ses bateaux au péage de Mesves,
autrement appelé des Fourneaux. — 1632, 14 décembre. Intervention de Charles de Gonzague, duc de Nevers, prenant le fait et
cause de Maudiné, son fermier. — 1634, 22 avril. Arrêt par
lequel, sans s'arrêter à l'intervention du duc de Nevers et aux lettres
par lui obtenues, la Cour condamne Maudiné à restituer la somme
par lui indûment perçue; lui fait défense de rien percevoir à l'avenir
sur les sucres et cassonnades; le condamne aux dépens de l'instance,
« liquidez et modérez » à la somme de 52 l. p..

(Arrêt imp., XVIIe s..)

SAINT-THIBAUD, en la commune de Saint-Satur, canton de San-
cerre, département du Cher.

540-547.

XVe-XVIIe siècle. — Arrêts, édit d'évaluation.

1486, 12 juin. — Entre les M. Fréq., d'une part ; le comte de
Sancerre et le seigneur de Bangy d'autre part ; arrêt du Parlement,
pour l'exécution duquel sentence est rendue le 15 septembre dans
les termes qui suivent :

« Pierre Poignant, conseiller du Roy nostre sire et commissaire
en ceste partie, faisons assavoir à tous à qui il appartiendra de par

led. seigneur et lad. court, que en ensuyvant certain arrest donné
et prononcé en ycelle court le douzyesme jour de juing mille quatre
cens quatre vings et six au proulfit de Jehan Jarry, dit de La Varenne,
tant en son nom que comme procureur de la communaulé des M.
F., et ses consors, à l'encontre des conte de Sancerre, Robert de
Bar, seigneur de Bangy et autres, conduisans et menans sel le long
de lad. rivière et autres fleuves descendans en icelle, passeront franchement leurs bateaulx chargez de sel par les limites du péage prétendu par lesd. conte et de Bar en paiant le péage accoustumé et
droit de salage pour le bateau vulgairement appelé mère, et en
escripvant seulement pour les autres bateaulx nommez ligemens et
baillant caucion de la valeur de deux boisseaulx de sel pour chacun
ligement, et ce contenu en certaine sentence par Nous donnée, le
xiiije jour de septembre aud. an, en procédant à l'exécution dud.
arrest. — Avons fait et faisons inhibition et deffense, de par led.
seigneur en sad. court de Parlement, aud. conte de Sancerre, Robert
de Bar, péageurs dud. lieu et tous autres qu'il appartiendra, à
peine de.... Que dorénavant ils ne contraignent à paier aucune
chose desd. bateaulx appellés ligemens.... Fait à Sanxerre, soubs
nostre scing manuel cy mis, le xve jour de septembre aud. an mil
cccc quatre vingts et six. — Poignant. »

(Sentence orig. s. parchem. ms.. Arch. de la ville d'Orléans.)

1505, 26 mai. — Lettres royaux impétrées par les M. F., en
vertu desquelles instance est introduite au parlement, entre : le
Proc. gén. du Roi et les M. F. d'une part, et Messire François de
Bueil, archevêque de Bourges, et Messire Joachim Gillier, chevalier, seigneur de « Puy-Guerreau, » au nom et comme tuteurs de
Jean de Bueil, « mineurs d'ans, » comte de Sancerre, d'autre part.
— 1531, 16 avril, av. P. — Arrêt par lequel est déclaré que les
déf. « ont droict de péage sur la rivière de Loire, au lieu nommé
Sainct-Thibault-sous-Sancerre, lequel péage se payera et acquittera
en la manière qui s'ensuit :

« C'est assavoir : pour chacun batteau chargé de bled, vin, bois,
pierre, pois, febves, oignons, fustailles, ij s. t.. — Pour assiégeaux
de bois, ij s. t.. — Pour œuvre de poix, comme fer, acier, estain,

plomb, cuivre, airain et autre métal; huile d'olive et autre mercerie
meslée ; poix, peiax, cire, saffran, suif, remais, saing, oing, gresses,
fromages, espiceric, plumes, dumet, chanvre, lin et autres marchandises, pour chacun millier, iiij d. t., et au fur, l'empleige. — Pour
balle de toille, iiij d. t. — Pour grosse de chappeaux, xij d. t.. —
Pour batelée de cousteaux, un cousteau, et s'il n'y avait qu'une
balle de cousteaux, en sera aussi payé un cousteau. — Pour le
neufvage d'un batteau qui n'aura autres fois passé par les limites
dudict péage, iiij d. t. Et en défault de paiement, après qu'il aura
esté demandé et non aultrement, il y aura lx s. t. d'amende. —
Pour balle de fustaine, iiij d. t.. — Pour battelée de chavenis,
ij s. t.. — Pour tonneau d'huile autre que d'olive, pesant un millier, ij s. iiij d. t.. — Pour baril de haren, iiij d. t. — Pour tonneau de haren soret, xij d.; pour baril, iiij d. t.. — Pour cuir de
bœuf avec le poil, j d. t.. — Pour cuir de vache avec le poil, ob. t..
— Pour cuir de vache tanné, j d. t.. — Pour pièce de drap de
laine, iiij d. t.; pour balle, xlj d. t.. — Pour drap de soye pesant
un millier, ij s. iiij d. t.. — Pour muy de sel, mesure de Paris,
viij d. t.; et outre, pour droict de salage, pour le grand batteau,
qu'on appelle la mère, où il y aura deux muys et au-dessus,
vij boisseaux de sel ; et où il n'y aura que deux muys, une mine
moins deux boisseaux. Et ordonne la cour que, en payant ledit
droict de salage pour ledict grand batteau appelé la mère, les Marchands seront quittes des allegemens pour ledit droict de salage. —
Pour batteau chargé de planches ou autre pareil bois, ij s. t.. —
Pour mesnage à l'usage de ceux qui le mènent ou font mener, n'est
deu aucun péage. Et s'il est mené pour le vendre, pour chacun batteau sera payé ij s. t.. — Pour chacun huchet de poisson, iiij d. t..
— Pour batteau chargé de charniers ou pesseaux, ij s. t.. — Pour
balle cordée de quelque marchandise que ce soit, fors d'œuvre de
poix, xvj d. t.. — Pour batteau chargé de soufflets, lanternes, sab-
bots, pelles, platteaux de bois, fleustes, peignes et autres ouvrages
de bois creux, sera payé un seul chef d'œuvre, et l'une des espèces
d'iceluy ouvrage, des pires ne des meilleurs, lequel chef d'œuvre
acquittera ledict batteau. — Pour batteau chargé de meulles de
moulin, de mortiers et pierres à esguiser, ij s. t.. — Pour balle de

mercerie cordée, viij d. t.; non cordée, iiij d. t. — Balle de laine
cordée s'acquittera comme œuvre de poix, au pris de iij s. iiij d. t.
le millier. — Batteau chargé d'ardoise ne devra que dépry, qui se
fera en la manière qui s'ensuit : c'est assavoir, que celui qui mènera
ledict batteau criera à haute voix, à l'endroict dudict péage : Je
mène ardoise, et gettera une ardoise en l'eau. — Pour tonneau de
cendre, casses d'orrenges ; pour cent de torches d'ozier ; pour pommes, poires, prunes et autres fruicts ; pour papier et vieils drap-
peaux ; pour batteau chargé de terre, n'est deu que dépry seulement.
— Et en défaut de payer lesd. péages et de faire led. dépry ès
choses où il est deu dépry, aura lx s. t. d'amende. — Et touchant
le branlage, les voicturiers ou marchans ne seront tenus branler
leurs batteaux, si bon ne leur semble. Ainsi pourront envoyer à
celui qui sera ordonné à lever led. péage, ce qu'ils seront tenus
payer à cause de la marchandise qui sera esdits batteaux au lieu
destiné à lever led. péage sur led. port. — Et si led. péageur prétend le paiement et acquit n'être loyalement fait, pourra envoyer
arrêt en les bateaux sur la rivière et visiter les marchandises estant
en iceux. — Et s'il est trouvé le paiement et acquit avoir été loyalement fait, et que le péageur à cause d'icelle visitation ait tenu en
arrêt lesd. bateaux plus de deux heures, icelui péageur payera aux
marchands et voituriers leurs intérêts. »

(Arrêt imp., Orléans, Éloy Gibier, 1583, Fabian
Hotot, XVIIe s.)

1546, 9 mars. — Édit portant que « le péage prétendu à Sancerre, de trois minots de sel, sur chacune sentine mère chargée de
sel, est évalué à la somme de iiij l. viij d. t.. (V. ci-dessus, n° 447.)

1586, 26 juillet. — Entre les M. Fréq., le Proc. gén. du Roi,
joint avec eux, et Louis de Chêneverd, sieur de Trassy, déf.; arrêt
qui adjuge à Louis de Chêneverd, à cause de son fief de Bangy,
droit de prendre un boisseau de sel sur les sept boisseaux qui sont
prélevés par chaque chalan mère chargé de sel passant au détroit
de Saint-Thibaud. — 1597, 14 août. Arrêt qui, d'après les
bases d'évaluation posées dans l'édit de Rambouillet, évalue à 57 s.
9 d. t. les sept boisseaux de sel prélevés sur chaque chalan, et à

8 sols 3 d. celui de ces sept boisseaux qui revient au seigneur de Bangy.

(Texte de l'arrêt imp , XVIe s .)

1614, 8 novembre. — Entre : Jean Debrie, Mathieu Séjourné et Mathurin Camus, marchands voituriers par eau, demeurant à Orléans, et les M. F., dem., et Étienne Redde, fermier du péage par eau, au détroit de Saint-Thibault, déf.. — 1618, 2 mars. Arrêt qui ordonne la restitution des sommes perçues indûment sur « la mar-chandise de pastel. »

(Arrêt imp., Orléans, Fabian Hotot, 1618. — Pr.-v. de l'ass. de 1615) — (*V. ci-dessus, n° 19.*)

***

COSNE, département de la Nièvre (Cosnes).

***

1586. — Don de la moitié des profits dus à Monseigneur (le duc de Nevers) du péage, tant par eau que par terre, de la ville de Cosne.

(Inventaire des titres de Nevers, par l'abbé de Marolles, aux mss. de la Biblioth. impériale.)

***

COSNES et MIENNES-LÈS-COSNE (Mienne, Myenne).

***

547-563.

XVe-XVIIe siècle. — Déclarations de péages, actes de bail, donations, instances et arrêts, édit d'évaluation.

1438, 13 mai. — Déclaration de ce qui est dû sur les marchan-dises passant par le péage de Cosne et Myennes, tant par eau que par terre, appartenant aux religieuses et mère Ancelle de l'An-nonciade de Bourges.

(Citée en l'arrêt du 15 avril 1630, ci-dessous rapporté, n° 562.)

1483. — Bail à cens du péage de Miennes-les-Cosnes, par Jean et Jacques Trousseaux, sieurs dudit péage, à Pierre Escariel, marchand demeurant à Sancerre.

(Mentionné en l'arrêt du 9 février 1585, ci-dessous rapporté.)

1517, 26 novembre. — Donation aux religieuses du couvent et monastère de Notre-Dame-de-la-Nunciade de Bourges, fondé par Madame Jeanne de France, duchesse de Berry, par dame Jeanne de Graville, veuve de messire Charles d'Amboise, grand-maître et maréchal de France, du péage de Cosne sur la rivière de Loire, péage que ladite dame de Graville avait acheté des sieur et dame de Bois-Tramé, qui en jouissaient de temps immémorial à charge d'hommage, aux sieurs de Nevers et Saint-Jean Verin.

(Donation imprimée.)

1520, 4 février. — Donation aux religieuses et mère Ancelle de l'Annonciade de Bourges, par dame Françoise d'Albret, duchesse de Brabant, des droits seigneuriaux à elle appartenant, « à cause du péage de Cosne. »

(Citée en l'arrêt du 27 septembre 1618, ci-dessous mentionné.)

1520, 7 août. — Ordonnance d'appointement à la requête des M. F., à Jeanne de Graville, prenant la cause de son fermier au péage de « Myennes-lès-Cosne sur Loire, » défenderesse.

(Extrait des reg. du Parlement, sur parchemin, ms.. Arch. de la ville d'Orléans.)

1545, 25 janvier. — Lettres royaux données à Blois, qui font main-levée pendant cinq ans aux religieuses de l'Annonciade, de la saisie de leur péage de Cosne, opérée à la requête des M. F. et du Proc. Gén. du Roi, agissant à fin de production de titres. — 1549, 14 mars. Lettres de maintien pour trois ans.

(Arrêt imp..)

1546, 9 mars. — Édit portant que « le péage prétendu à Cosne, d'un minot de sel sur chacune sentine mère chargée de sel (est) avalué à la somme de xviij s. iij d. t.. »

(Édit imp., Paris, Roffet, 1547 ; Orléans, Éloy Gibier, 1575 ; Fabian Hotot, 1606, 1626 ; Gilles Hotot, XVII s..)

1577, 14 avril. — Assignation en réglement par les M. F. aux
religieuses et mère Ancelle de l'Annonciade de Bourges. — 1585,
9 février. Arrêt du Parl., qui fait main-levée auxd. religieuses
du péage de Myennes, pour en jouir suivant les anciens titres et la
copie du bail de 1483.

(Arrêt imp..)

1585, 9 février. — Arrêt du Parlement de Paris, contenant déclaration « des droicts du péage de Mienne-les-Cosne. »

« Et premièrement : De muyd de tous bledz, mesure de Saint-
Verain-des-Boys, x d. t.. — Pour pièce de toille, v d. t.. — Pour
grosse de chappeaux, soit de laine ou autres ; pour grosse de cousteaux, xij d. t.. — Pour millier de fleiches, ij d. ob. t.. — Pour
cent œuvre de poix, v d. t.. — Pour esseyau de tous bois, ij s. vj
d. t.. — Pour millier de merrean de bois ; pour cent de futs ; v d.
t.. — Pour tonneau de vin, vij d. ob. t.. — Pour chacun batteau,
où il y a plus de trois tonneaux et demy de vin, une jallaie toute
plaine de vin estant audict batteau, à choisir au chef devant ou
vernau et à la queue, sans taster. — Pour le nouage de chacun batteau
neuf ou santine, v d. t.. — Pour tonneau de cendres, x d. t.. —
Pour cent de liége, v d. t.. — Pour cent d'orenge, quatre. — Pour
pijatz de poix, ob. t.. — Pour pièce de futaine ; pour douzaine de
bonnets ; pour cent de chantes, de fillet ; pour poche de cheneveulx,
v d. t.. — Pour thonneau d'huille, iiij s. ij d. t.. — Pour baril de
haran blanc ; pour millier de haran soret, v d. t.. — Pour cuyr de
bœuf avec le poil, j d. t. ; de vache, ob. t.. — Pour chacun cuyr
tanné, vache que bœuf, j d. t.. — Pour cent de peaux d'aigneaux ;
pour douzaine de manteaux d'aigneaux, xij d. t.. — Pour balle de
peaulx, xvj d. t.. — Pour grosse de cordouan, ij s. t.. — Pour
pièce de drap de laine, v d. t.. — Pour pièce de drap de soye, iij s.
iiij d. t.. — Pour ballon d'acyer ; pour muy de sel Nantois, v d. t..
— Pour chacun batteau de sel, où il y a plus de quatre muidz
Nantoys, la mine moins, soit mère ou ligement, sallage de troys
boisseaux, mesure de Saint-Verain-des-Bois, lequel sel doit estre
mis au grenier à sel à Cosne, pour vendre et distribuer une foys l'an,
au pris du marchant. — Pour guesde d'Alby ou pastel, vieil dra-

peau, ardoize, dépry scullement. — Pour chascun mesnage, iij s. t..
— Pour chacun huisset de poisson, de la grandeur d'une toise,
v d. t.. — Pour douzaine de charniers, ij d. t.. — Pour millier de
cercles ; pour batteaux de pierre ; pour cent d'huille d'olive ; pour
cent de plume, de chanvre, v d. t.. — Pour dubet, x d. t.. —
Pour flustes et ouvrages creulx, pignes, platteaux, ung chef-d'œuvre.
— Pour meulle de moulin non percée, iij s. t.; percée, v s. t.. —
Pour mortiers de pierre que fer ; pour cueurs à éguiser, ung chef-
d'œuvre. — Pour chauderon de fer collé, pour cent, v s. t.. —
Pour fertz de lances et javelines ; pour fertz de javelines et autres
fertz, un chef-d'œuvre. — Pour cent de brésil, saffran, souldre, v
d. t.. — Pour verres, ung chef-d'œuvre de chacune sorte. — Pour
métailles, pour cent, v d. t.. — Pour lanternes et souffletz, pour
douzaine, ij d. t.. — Pour cent de feulletz, j d. t.. — Pour cent
de merluz, d'allouse, vj d. t.. — Pour cent de mollue, ij s. vj d. t..
— Pour balle de mercerie meslée, xvj d. t.. — Et générallement
sur toutes aultres choses et marchandises passant par lesdictz péages
de Cosne, et aussi tant par eaue que par terre. »

(Arrêt imp., Orléans, Fabian Hotot, 1598-1606.)

XVIIᵉ siècle. — Étienne Bouchenoire, Jean Robinet et Pierre
Sars, fermiers du péage sur la Loire au lieu de Cosnes, appartenant
aux religieuses et mère Ancelle de l'Annonciade de Bourges, prenant le droit sur provisions de bleds, vins et autres commodités
envoyés par Fransois de Cugnac, chevalier des ordres du Roi, conseiller en son conseil d'État, sieur de Dampierre, que ledit sieur
avait fait venir de ses maisons de Chastel-Mortaigues et autres lieux
en son château de Dampierre. — Assignation par celui-ci en restitution du droit perçu contrairement à ses priviléges, franchises et
exemptions comme chevalier de l'ordre du Saint-Esprit, et conseiller au conseil d'État privé. — 1602, 27 avril. Sentence des
conseillers tenant la chambre des requêtes, qui garde et maintient
le demandeur en ses droits et franchises. — 1604, 27 mars
Arrêt du Parlement, qui absout les fermiers du péage des demandes, fins et conclusions prises contre eux.

(Arrêt imp.)

1614, 13 février. — Instance au Parlement entre les M. F. d'une part; Pierre Theveneau, fermier pour un quart du péage de Mienne-lez-Cosnes; Pierre Jars, François Jauguet et Pierre Badin, fermiers pour les trois autres quarts, et les religieuses de l'Annonciade de Bourges, dames dudit péage, d'autre part. — 1627, 21 décembre. Arrêt portant que la recette du péage de Mienne, appartenant aux religieuses de l'Annonciade de Bourges, se fera par un seul receveur qui baillera acquit, sauf à lui de partager avec ses associés. Que lesd. religieuses, propriétaires du péage, seront tenues de baliser et nettoyer; que le lieutenant-général de Gien se transportera sur le péage de Mienne pour choisir un lieu éminent et commode où sera planté un poteau pour l'affiche de la pancarte, et établir le bureau auquel se paieront les droits.

(Arrêt imp., Orléans, Gilles Hotot, 1631. — Proc. verb. de
l'assemblée de 1615, fᵒ 58, rᵒ. Arch. de la ville d'Orl..)

1618, 17 mai. — Sentence du prévot de l'Hôtel, qui condamne les religieuses et mère Ancelle de l'Annonciade de Bourges, à restituer à Nicolas Gelée, marchand fruitier verdurier, privilégié, suivant la cour, la somme de 13 livres, par lui payée au fermier desdites dames pour droit de péage et passage. — 27 septembre. Arrêt du grand conseil, qui absout lesdites religieuses des fins, demandes et conclusions de Gelée.

(Arrêt imp..)

1626, 23 mai. — Entre les Marchands Fréq., d'une part; les fermiers du péage de Miennes-les-Cosnes, et les Religieuses, mère Ancelle et couvent de l'Annonciade de la ville de Bourges, d'autre part; arrêt du Parlement par lequel sont déclarées exemptes du droit de péage « les marchandises de sucre et marrons passans par ledit péage de Myenne-les-Cosnes. »

(Arrêt imp., XVIIᵉ s..)

1621, 6 septembre. — Entre les mêmes parties, arrêt portant que sauf l'exception mentionnée en l'arrêt du 23 mai 1626, les religieuses ont droit de 5 deniers pour cent sur toutes les marchandises d'œuvre de poids passant par les péages de Miennes et Cosne.

(Imp., XVIIᵉ s..)

1627, 20 février. — Lettres royaux, par lesquels est ordonné que les sucres et marrons soient compris sous le nom d'œuvre de poids, fruits et épiceries, et qu'il en soit pris et levé péage à Cosne, ainsi que des autres marchandises qui ne sont désignées en la pancarte que par ladite clause générale d'œuvre de poids. — 1630, 13 avril. Arrêt du Parlement, qui ordonne l'enregistrement des lettres ci-dessus, pour jouir, lesd. religieuses, du droit à elle appartenant à cause du péage de Cosne, sans néanmoins qu'elles ou leurs fermiers puissent prendre aucun droit sur les sucres et marrons, et avant faire droit pour les autres marchandises non spécifiées en la pancarte, les renvoie à articuler leurs faits plus amplement.

(Édit et arrêt imp..)

1685, 7 déc. — Entre Hiérôme Goutier, voiturier par eau, demeurant à Rouanne, et Hilaire et Paul Saujat, receveur des péages de la rivière de Loire, appartenant aux religieuses de l'Annonciade de Bourges, sentence du lieutenant-général de Gien, conforme aux arrêts des 9 février 1585 et 6 septembre 1631. — 1687, 7 septembre. Sur l'intervention des religieuses, arrêt confirmatif du Parlement.

(Arrêt imp..)

SAINT-FIRMIN, canton de Châtillon-sur-Loire, département
du Loiret.

564.

XIVᵉ-XVIᵉ siècle. — Instance en réglement de péage.

1380, 7 décembre. — Lettres royaux, par lesquelles le seigneur de Saint-Brisson est maintenu dans le droit de péage qu'il lève au lieu de Saint-Firmin, à cause de sa châtellenie de Saint-Brisson. — 1430, 15 mars; 1445, 5 janvier. Lettres de confirmation. — 1508. Instance au Parlement, entre le Proc. Gén. du Roi et les

M. F. dem., en production de titres ; et messire Philibert de Beaujeu, chevalier, seigneur de Saint-Brisson, Guillaume Quinquel,
Guillaume Paré, Jean d'Aussigny, écuyers, et Nicolas Oudry, marchand demeurant à Gien, prenant la cause de Jean Gourdin, leur
fermier du péage par eau de Saint-Firmin, déf. — 1532, 8 juillet.
Arrêt portant que le péage appartenant à Philibert de Beaujeu,
à cause de sa chatellenie de Saint-Brisson, sera perçu à Saint-Firmin
sur le bord et chantier de la rivière de Loire, et non à Gien. —
31 août. Autre arrêt portant que « led. de Beaujeu, défendeur, a
droit de péage sur lad. rivière de Loyre, au lieu de S. Firmin, à
cause de sa châtellenie de S. Brison, lequel péage se payera et acquittera en la forme et manière qui s'en suit: c'est à scavoir : Pour
chalan et sentine chargé de vin, iiij d. t.. — Pour poinson d'huile,
xx d. t.; pour quart, ij d. t.. — Pour bariole d'huille de galle ;
pour bouc d'huile d'olive, iiij d. t.. — Pour millier d'huille
d'olive, iij s. iiij d. t.. — Pour chacun cent de poix, appellé
pix, iiij d. t.. — Et du pignat à l'équipolent. — Pour chacun
chalant chargé de bois de moulle ou chauffage, de chantes, de
javelles ou charniers, iiij d. t.. — Pour chacun millier de cercles,
ij d. t.. — Pour chalan ou sentine chargé de merriens à faire vaisseaux, de bois carré, de chevrons, iiij d. t.. — Pour cent d'aisseaulx,
j d. t.. — Pour chacun bateau chargé de plateaux ou escuelles de
bois, un chef-d'œuvre de chacune espèce, ne des pires, ne des meilleurs. — Pour chacune huche pour vendre ; pour chacun huisset
où il y a poisson, iiij d. t.. — Pour chacune botte où il y a poisson,
ij d. t.. — Pour chacun chalan chargé de pierres, iiij d. t.. — Pour
cent de mortiers à saulce ; pour chalan chargé d'essif, iiij d. t.. —
Moulin à moutarde, j d. t.. — Meulle de moulin à bled, balle des-
cordée de pelleterie, iiij d. t.. — Chascune peau de bœuf ou vache
tannée, j d. t.. — Chascune peau de bœuf, à poil, j d. t.; de vache,
ob.. — Pour grosse bazanne, j d. t.. — Pour chascune bale de
chappeaux; bale cordée ou pennier de mercerie; bale cordée de
couteaux, quinqualerie, raisins, figues, amandes, iiij d. t.. — Millier d'espicerie, de sucre ou aultre œuvre de pois d'espicerie, iij s.
iiij d. t.. — Pour chaque balle de toile cordée, pour chascun cent
pesant d'avelines, de fillet, de plume, de remais, de graisses, de

cotton, d'alun, de chanvre, de laine ; pour chascune pièce de drap de layne passant dix aulnes et demye, iiij d. t.. — Pour cent de lanternes, un chef-d'œuvre. — Pour mesnage servant à usage, dépry ; et s'il est amené pour vendre, pour chascun bateau dudict mesnage, ij s. t.. — Pour chacun millier de fer ou acier, xij d. t.. — Pour millier d'archelaix, ij d. t.. — Pour les landiers et contre-foyers de fer, chacun cent pesant, iiij d. t.. — Pour cent de souf-flets, un chef-d'œuvre. — Pour chacun muy de sel, mesure de Paris, iiij d. t.. — Pour chacun muy de bled, d'avoine, febves, che-nevis ou d'autre grain, mesure de Saint-Brison, ij d. t.. — Pour balle de tainture, dépry. — Pour oranges, oygnons et pommes, dépry. — Pour somme de clou, au pris de cent pesant, pour chacun cent, iiij d. t.. — Pour millier de fromaiges, xvj d. t., et au fur l'emplaige. — Pour chacun assiegeau de boys de moulle, iiij d. t.. — Pour chacun baril ou caque de harenc blanc, ij d. t.. — Pour cent pesant d'oing, iiij d. t.. — Pour balle de fleuttes ou cuillières de boys, un chef-d'œuvre. — Pennier ou balle d'œuvre blanche, pour cent, iiij d. t.. — Pour quarteron de cire, j d. t.; pour cent, iiij d. t.. — Pour millier de haren sor, ij d. t.. — Pour pommes de Grenade, dépry. — Et touchant le branlage, les voituriers ou marchans ne seront tenus branler leurs bateaux. »

En cas d'infraction, l'arrêt soumet aux amendes habituelles, et il impose au seigneur péager les obligations inhérentes au droit de péage.

(Arrêt imp., Orléans, Éloy Gibier, 1559, 1582 ; Fabian Hotot, 1574, 1606.)

SAINT-BRISSON, canton de Gien, département du Loiret.

565-567.

XVᵉ et XVIᵉ siècles. — Informations, instance, arrêt.

Entre les M. F. la rivière de Loire et l'Alier, d'une part, et

Henry Boutevillain, dit Guilgot, et Jacques de Beaujeu, seigneur de
Saint-Brison et de Lynières, d'autre part, arrêt contenant commission à Pierre Nivart, licencié en loix, lieutenant général de Monseigneur le Bailly de Montargis, de Cepoy, des ressors et exempcions
du duché d'Orléans, de faire examen, information et enquête, auxquels il est procédé, savoir : 1496, 16 et 17 mai, à Orléans, en la
maison dudit lieutenant. Audition de Pierre Sarrazin, Jacquet Boyleave, Jehan Aulyvier, dit d'Avignon, témoins produits par les Marchans ; Colas Gallyault, Guillemin Salle, Jehan Hue, Simon Salle,
produits par les défendeurs. — 8, 9 et 10 juin, à Sully, en l'hôtellerie où pend pour enseigne « l'ymage Sainct-Jacques. » Audition
de Guillemin Goureau, Jehan Sireau, témoins produits par les défendeurs ; Pierre Asselin, Olivier Lambert, Jehan Chary, Girard
Bouyer, Jehan Granger, Pierre Gastellier, Jehan Bailly, Guillaume
Boucher, Simon la Bonne, Jean Boudier et Guillot Robin, témoins
produits par les M. F.. — 11 et 12 juin, à Gien, en l'hôtellerie où
pend pour enseigne « l'image de l'Escu de France qui est au bout
des pons. » Audition de Jehan Cheville, Clément Berthier, témoins
produits par les défendeurs ; de Gilot Cheville, Guillot Bourgeois,
Georges le Clerc, témoins produits par les M. F.. — 13 juin, à
Cosne, en l'hôtellerie où pend pour enseigne « l'ymage Nostre-
Dame. » Audition de Laurens Chevrier, Jehan Golu, dit Barentin,
Anthoine Roux, Estienne des Forsise, Jehan Gallier, Jehan Visaige,
Jehan Deforests, Jehan Morin, Jehan Maignan, Jehan Bourgoing,
Rolin Angevin, François Goureau, témoins produits par les M. F..
— 16 juin, ès faubourgs de la ville de Moulins sur Allier, en l'hô-
tellerie où pend pour enseigne « l'image de la Croix-de-Fer. » Audi-
tion de Durant Fereau, témoin produit par les M. F.. — 18-21 juin,
à Saint-Germain-des-Fossés. Audition de Jehan Boulangier, Colas
Thifault, Jehan du Pont, Hugues Choisi, Imbert Tardif, Guillaume
Michel, Pierre Benoist, Pierre Verron, Durant Jaloux, Michel Mos-
nier, Pierre Charot, témoins produits par les M. F.. — 22 juin, à
Vichy sur Allier, en l'hôtellerie où pend l'enseigne « le Lyon d'argent. » Audition de André Girault, Jean Michel, Henry d'Arbon,
Loys Chambon, Jehan Lambert, Jehan Brémon, Anthoine de So-
rennes, Simon Girault, Marsault Maruel, Jehan Flommet, Claude

Palissart, Jouste Bourbon, Christofle Binet, témoins produits par les M. F.. — 24 juin, à Maringues, en l'hôtellerie où pend pour enseigne « l'Escu de France. » Audition de Jehan Laurencin, Anthoine et Denis Bourteau, Huguet Montaigne, Anthoine Martin, Durant Chauvet, Guillaume Soclain, Guillaume Gauvert, Jehan Texier, Jacques Pin, dit de Lays, Pierre Carbis, Gervaise Taschon, Anthoine Bourguignon, Guillaume Resme, Pierre Benoiston, témoins produits par les M. F.. — 30 juin, au Bec-d'Allier, en l'hôtel de Guillaume Guiot, hôtelier. Audition de Jehan Corsart, Jehan Regnault, témoins produits par les M. F..

(Procès-verbal d'information, s. parchemin, ms.. Arch. du Loiret.)

1524, juin et juillet. — A la requête des M. F., commandements à Messire Philibert de Beaujeu, chevalier, seigneur de Saint-Brisson, de faire baliser et nettoyer la rivière de Loire « ès fins et limites du péage de Saint-Firmin, appartenant audit seigneur, oster les bois, pierres, paulx, faire faire les haulserées sur les bords et chantiers d'icelle rivière. » — Les commandements étant demeurés sans effet, la communauté des M. F. fait exécuter les travaux, et pour en avoir remboursement, elle assigne le seigneur de Saint-Brisson au Parlement. — 1528, 13 février. Arrêt qui condamne le seigneur de Saint-Brisson à rembourser les frais justes et raisonnables que les Marchands justifieront avoir faits.

(Arrêt imp., Orléans, Fabian Hotot, 1594.)

1532, 5 juillet. — Sur procès au Parlement de Paris, entre : les M. F. et messire Philibert de Beaujeu, chevalier, seigneur de « Saint-Brison, » arrêt par lequel est dit : qu'inhibitions et défenses sont faites audit seigneur de Saint-Brison, de ne plus recevoir ou faire recevoir en la ville de Gien le péage par lui prétendu au lieu de Sainct-Fremyes, mais audit lieu de Sainct-Fremyn, sur lé bord et chantier de la Loire, audict lieu de Saint-Fremyn et non ailleurs.

(Arrêt imp., XVIIe s..)

GIEN, département du Loiret.

567-572.

XIᵉ-XVIᵉ siècle. — Charte d'exemption, édits de suppression, réglement du péage, instances.

1087. — Abbaye de S.-Benoît affranchie du péage de Gien.

(Cartulaire de S.-Benoît.)

1438, 30 juin; 1448, 27 mai. — Édits prononçant la suppression des novalités et accrues de péages anciens, au préambule desquels est mentionné le péage de Gien. (*V. ci-dessus, nᵛˢ 430, 437*).

1512, 11 février. — Sur procès au Parlement de Paris, entre: le Procureur général du Roi et les M. F., d'une part, et la duchesse de Bourbonnois et d'Auvergne, comtesse de Gien, d'autre part, arrêt portant que la comtesse de Gien a droit de péage sur la rivière de Loire, audit lieu de Gien, et que « par maniere de provision, ledit péage se payera en la maniere qui s'ensuit: c'est assavoir :

« Pour chacun batteau ou sentine neufve ayant trois planches de large en fons et audessus, pour droit de neufvage, la premiere fois en le demandant, iiij d. p., et n'y a amende s'il passe sans payer quand n'est demandé. — Batteau chargé de bois de moulle ou à chauffer, assiégeau de bois de moulle, batteau chargé de bois carré, grosseurs d'un pied et audessus; assiégeau de bois carré ou batteau chargé de bois carré ; assiégeaux de chevrons ou batteau chargé de chevrons ; batteau de membrures, aix sciez ; batteau de fusts vuides ; batteau chargé d'aisseaulx, paulx, roues, chantes à faire roues, limons, raiz à faire roues, de roues ferrées et non ferrées, d'essil, sceaulnes ; millier de perches, javelles et charnier, eschallats ou pessaulx, iiij d. p.. — Millier de sercles, iij d. p.. — Batteau chargé de doubles fons à faire vaisseaux, de barres à fonssure, xij d. p.. — Muy de sel, mesure de Paris, ij s. p.. — Muy de bled, quelque bled que ce soit, ij d. p.. — Chacun cuir de

bœuf, vache ou pourceau creu, maille t.. — Cacque de harenc,
millier de moulues, cacque ou baril de macquereaux, millier de
sèches, batteau percé ayant poisson, botte de poisson fraiz, iiij d. p..
— Tonneau de vin de Bourgogne, de Riz, vij d. ob. p.. — Et tout
autre vin, vj d. p.. — Batteau chargé de souffletz, lanternes, sab-
botz, pelles, platteaux de bois et autre ouvrage de bois creux, doit
un seul chef d'œuvre de l'une des espèces d'iceluy ouvrage, lequel
chef d'œuvre acquittera tout le batteau. Et ce payera iceluy chef
d'œuvre au choix du marchand, qui ne sera tenu bailler iceluy chef
d'œuvre des meilleures espèces d'ouvrage, aussi ne pourra bailler
des pires, ains des médiocres. — Batteau chargé de verres, doibt
chef d'œuvre, comme dessus, au choix du marchant. — L'œuvre
de poix, comme fer, huile d'olive, estain, plomb et autre métal,
mercerie, acier, peiax, suif, remais, saing, oing, gresses, fromages,
espicerie, plume, laine, chanbvre, lin et autres marchandises qui
se vendent au poix, pour millier, xxj d. p.. — Pièce de drap entière, de quelque couleur que ce soit, non ballée ne cordée, passant
dix aulnes et demie et au-dessus, iiij d. p.. — Balle cordée, iiij d. p.
— Et si aucune marchandise à ouvrage de poix estoit emballée et
cordée, et si, à cause de l'acquit et payement dudit péage, avoit
différence entre les péageurs et le marchand, si celuy acquit ou
payement se doit faire à balle cordée ou à ouvrage de poix, le choix
sera au marchand, en affermant qu'il n'y a fraude. — Batteau chargé
de pierre, de charbon, meulle de moulin persée ou non persée,
chacun moulin montant ou baissant, chacun poisson de quinquallerie, iiij d. p.. — Thonneau d'huille, autre que d'olive, ij s. viij d. p..
— Batteau chargé d'ardoise ne doibt que dépry qui se fait en la
forme qui s'ensuit : c'est assavoir, que celui qui meine ledict bateau
doit se mettre à un genoil au bord d'icelluy, teste nue, et crier par
trois fois : « **Je meine ardoise,** » et à chacun cry doibt jetter une
ardoise en l'eaue. — Cuir tané ne doit que dépry. — Mesnage pour
l'usage de ceux qui le meinent, et non pour faire marchandise,
papier, soulde, guesde, foing, figues, raisins, lamproyes, charbon
de bois, fruict, fustel, liiage, bastial, comme pourceaux, vif ou
mort, oranges, langues de bœuf et aultres choses non comprises
cydessus ne payent péages. »

Le même arrêt porte que le marchand ou voiturier qui voudra décharger sa marchandise sera tenu de notifier au receveur du péage qu'un bateau est abordé et que la marchandise va être déchargée, puis d'attendre une heure, passé lequel temps il pourra descendre sa marchandise à terre.

En ce qui concerne « le branslage, » que les marchands et voituriers ne seront point tenus « de branler » leurs bateaux, et pourront envoyer le prix du péage sans s'arrêter, mais que le péageur, s'il croit que l'acquit n'est pas loyalement fait, pourra envoyer arrêter les bateaux sur la rivière et visiter leur contenu, à la charge d'indemniser le marchand, si l'acquit étant reconnu exact, la vérification a retenu les bateaux pendant plus de deux heures. — 1513, 24 mars. Arrêt interprétatif de celui du 11 février 1512, par lequel est dit « qu'il ne sera levé que iiij d. p. pour cent grands javelles, d'eschalats, pesseaux ou charniers. »

(Arrêt imp., Orléans, Fabian Hotot, 1599.)

1557, 11 mai. — Sentence du bailli de Gien entre François Fougeu, Proc. gén. des M. F., d'une part, et Jean Freté, prévôt de Gien, Jacques Gades, élu de Gien et autres, adjudicataires d'un quart du péage de Gien, appartenant au Roi, d'autre part ; laquelle porte que bail sera fait des trois quarts du péage restant au Roi, et laisse aux acquéreurs de l'autre quart le soin de l'affermer si bon leur semble ; condamne ces derniers à établir pour la perception dudit quart leur appartenant un seul et même bureau avec le fermier du Roi. — 1559, 7 septembre. Arrêt confirmatif du Parlement de Paris.

(Sentence imp., Orléans, Éloy Gibier, 1587 ; arrêt imp., XVIIe s..)

572^A.

1653, 23 août. — Arrêt du parlement portant défense aux échevins de Gien de contrevenir aux arrêts et édits antérieurs en levant péage sur la Loire.

« Louis, par la grâce de Dieu Roy de France et de Navarre, à nostre lieutenant-général d'Orléans, salut :

« Scavoir faisons que le jour en datte des présentes, vue par nostre Cour de Parlement la requeste présentée par les M. F. l. r. d. L. e. a. f. y. d., contenant que, par divers édicts et déclarations vériffiées en nostred. Cour, et confirmées de règne en règne, Nous et nos prédécesseurs, en faveur et considération de la liberté du commerce, avions aboly et supprimé les péages qui se levoient sur les marchandises passans sur les rivières, deffendu et prohibé la levée de tous droictz, qu'en conséquence de lettres et actes vériffiez en nostred. Cour, à laquelle la cognoissance est attribuée en première et dernière instance de tous les différends meus et à mouvoir concernans la prétention desd. péagers et autres choses touchant la navigation et commerce sur lesd. rivières, et, pour raison de lad. suppression de péages, les supplians, sur leurs marchandises, payoient de gros, au Roy, ès bureaux d'Jngrande et Pont de Cée, compris en l'article trente-deux du bail général des cinq grosses fermes de France, néantmoins les habitans des villes de Gien, Decize, Angiers, l'Isle Bouchard et autres lieux, gouverneurs des villes et chateaux estans sur lesd. rivières, auroient, depuis quelques temps, par violences ou autres voyes, levé des droits immenses et extraordinaires sur les marchandises qui ont passé et passent debout sur lesd. rivières, dont les supplians avoient esté obligés de se plaindre particullièrement contre lesd. habitans de Gien, Angiers, Decize, gouverneur de Pont de Cée et Saumur, et autres qui ont commis lesd. exactions et concussions qui vont à la ruine entière du commerce, et à la foule et oppression du public et de chacun en particulier, et ayans, en vertu d'arrest de nostred. Cour, faict informer contre les maire et eschevins de lad. ville de Gien, des concussions et exactions par eulx commises sur les marchandises desd. supplians, lesd. maire et eschevins auroient suby interrogatoire sur ces d. informations, pardevant nostred. lieutenant général d'Orléans, commis par nostred. Cour, et demeuré d'accord qu'ils levoient un droict de double péage sans aucunes lettres vérifiées, ce qu'ayant été rapporté en nostred. Cour, les supplians auroient obtenu arrest le quatorzième may dernier, portant que lesd. maire et eschevins

seroient assignez en nostred. Cour, pour apporter titres et exploicts
en vertu desquelz led. droict et double péage, cependant défenses
de continuer lad. levée, jusques à ce que autrement par nostred.
Cour en eut esté ordonné. — En conséquence de quoy, parlant à
Pierre Gournabe, Jacques Robert et Pierre Basly, eschevins, et
au lieu de comparoir à l'effet, non seulement de convenir, mais
encore de continuer leurs concussions, ils se seroient pourveus au
conseil ou sur requeste, ilz auroient obtenu arrest le seize juillet
dernier, qui les descharge de lad. assignation, ordonne qu'ilz pour-
suivroient incessamment la vériffication des lettres par eux obtenues, pour la levée dud. droit, en la chambre des comptes et cour
des aydes, et cependant qu'ils continueroient la levée dudict droict,
l'énoncé duquel arrest n'est autre, sinon la nécessité de leur ville
qui n'est point une considération particuliere, la nécessité estant
commune à touttes les autres du royaume, qui, dans la rencontre
du mauvais temps auroient autant souffert que la ville de Gien,
d'où se voyoit la dangereuse conséquence qui s'ensuivroit sy cette
levée estoit permise, parce que toutes les autres communautez qui
ne sont pas moins chargées de debtes et affligées que la ville de
Gien prétendroient la même chose, ce qu'adjoustant avec les autres
grosses impositions qui se prennent sur lesd. marchandises, il fau-
droit absolument habandonner le commerce à la ruyne des supplians
et de leurs familles, et au dommage notable du public auquel les
marchandises sont survendues de beaucoup par la levée desdictz
droictz, estant vray que les seuls habitans d'Angiers lèvent neuf
deniers pour livre de touttes marchandises sans tous les autres
droictz qui se payent au bureau des cinq grosses fermes et à d'autres
qui, comme la ville de Gien, veulent s'indemniser sur le peuple qui
ne leur doibt rien et qui n'a point intérest à leur subsistance, des
prétendues pertes qu'ilz disent avoir souffertes, et les fermiers des
cinq grosses fermes ne lèvent les droicts qu'ils prennent sur les
marchandises des supplians qu'à cause qu'on a supprimé et aboly
lesd. péages, ainsy qu'il est porté par led. article trente-deux du bail
desd. cinq grosses fermes, et mal à propos, sauf correction on
s'estoit pourveu au conseil pour raison de ce, nostred. Cour seule
devant cognoistre de ce qui concerne la navigation, commerce et

traffic sur lesd. rivières et marchandises qui se conduisent sur icelles, suivant plusieurs déclarations, édictz et ordonnances confirmées de règne en règne, au moyen desquelz et du droict commun, mal à propos et avecq impertinence et mespris, lesd. eschevins et habitans de Gien auroient, par l'énoncé de leur enquête, qualifié nostred. Cour incompétante et prétendu traicter ailleurs qu'en icelle le différend pour raison dud. prétendu droict de double péage, causes pour lesquelles lesd. supplians estoient obligez de se pourvoir.

A ces causes, requéroient les supplians qu'il fust ordonné que led. arrest de nostred. Cour du quatorze may aud. an, et autres arrest donnez, tant contre lesd. eschevins, manans et habitans de la ville de Gien, Decize et autres, tant gouverneurs de villes et chasteaux, que communautés et particulliers, fussent exécuttez selon leur forme et teneur, et conformément à jceux et aux anciennes déclarations, esdictz et ordonnances, défenses fussent faictes à touttes personnes, de quelques qualitez et conditions qu'elles soient, de faire aucunes levées ny exiger aucuns droicts sur les batteaux et marchandises passantes sur lesd. rivieres de Loire et autres y descendantes, sinon en vertu d'édictz bien et duement vériffiez en nostred. Cour, à peine de punition corporelle et d'amende arbitraire. enjoinct à nostred. lieutenant-général d'Orléans d'y tenir la main et d'informer contre les contrevenans ; pour ce faict estre proceddé en nostred. Cour contre les coulpables suivant la rigueur des ordonnances, sinon que les supplians demeureroient deschargez des droictz qu'ilz payent au fermier des cinq grosses fermes à cause de la suppression desd. péages.

Nostredicte Cour a ordonné et ordonne que lesdictz supplians auront commission pour faire assigner en jcelle qui bon leur semblera ; cependant, seront lesdictz arrestz de nostred. Cour exécuttez, faict itératives défenses d'y contrevenir, enjoinct à nostredict lieutenant-général d'Orléans de tenir la main à l'exécution d'jceux.

Donné à Paris, en nostredicte Cour, le vingt-troisième aoust, l'an de grâce mil six cens cinquante-trois, et de nostre règne le unzième.

(Expéd. s. parch., mss.. Arch. de la ville d'Orléans.)

ARCOLE, en la commune de Saint-Gondon, canton de Gien, département du Loiret. (Arcolle.)

573-575 ᴮ.

XVᵉ-XVIIᵉ siècle. — Arrêt, déclaration de péage, transaction, édit d'évaluation.

XVᵉ siècle. — Procès mû devant les grèneliers et contrôleurs du grenier à sel de Gien, entre Étienne de Coulons, dit Passe-Temps, voiturier par eau, et Jean de Sully, fermier du péage par eau de Saint-Gondon. Sentence au profit de Jean de Sully. Appel aux généraux conseillers du Roi, ordonnés sur le fait de la justice des aides, à Paris. — 1481, 30 juin. Arrêt par lequel « tous lègemens de sel seront déclarez exempts de droict de sallage au péage de S.-Gondon. »

(Arrêt imp., Orléans, Éloy Gibier, 1587.)

XVIᵉ siècle. — « Déclaration du prétendu péage d'Arcolle, autrement appelé Saint-Gondon, qui se lève sur la rivière de Loire, selon l'extrait fait par Amiot, notaire à Gien, le 5 octobre 1574.

« Premièrement : Du muy de blé, à la mesure de Gien, ij d. t.. — Du muy de vin, à ladite mesure, ij d. et une jallaye de vin. — Du muy de fruict, ij d. et une somme de poires et une somme de pommes. — De la charge d'une beste, de fruict, j d. et un cent de fruict. — De la somme de clou, iiij d. t.. — De la chartée de bois communément à une beste, j d.. — Un ballon d'acier, iiij d.. — Du bachon de chair sallée, de l'oing, ob.. — De la chaudière de remais, j d.. — De la paille, ob.. — De la somme d'huile, de miel, viij d.. — De la somme de cendres, ij d.. — De la somme de fer, iiij d.. — De la somme de cire à un cheval, viij d.; à un asne, iiij d.. — Fardeau de poivre à un cheval, viij d.; à un asne, iiij d.. — De la poix, piguat, ob.. — Du trousseau à l'asne de cordouan, iiij d.. — De la gibe à chevaux de cordouan, ij s.. — Du fardeau de draps, iiij d.. — Du fardeau de laines, ij d.. — Du fardeau à

col de poivre, de cire, de cordouan, j d.. — Des fardeaux d'autres
marchandises, chacun fardeau d'un millier de sèches, iiij d.. — Du
millier de harenc, ij d.. — Des aux, le glenon, ob.. — De la balle
de charnas, iiij d.. — Du pressouer fourny, xij d.. — Du tonneau
de vin, v d.. — Les tonneaux vuides, ob.. — De l'arbre à pressoir
seul, iiij d.. — De la jumelle, j d.. — Du moulin moulans, xij d..
— Du bac, iiij d.. — Du juif mort, iiij d.. — Du juif vif, xij d.. —
De la juifve grosse, ij s.. — Du chalan neuf, de la charrière du
travers de Loire, iiij d.. — De la sentine appareillée, ij d.. — De la
sentine à appareiller, de la sentine à moulin, de la botte, j d.. —
De la sentine à pescheur, ob.. — De la bascule, ij d.. — De la
gouttière, j d.. — La challenée de pierres, la table d'autel doit
iiij d.. — De la sépulture, j d.. — De la colombe, j d.. — De la
coueste et du coussin, iiij d.. — Le trousseau de peaux de conil et
d'aigneaux doit iiij d . — Le cent de cueilliers de bois, ou autres
ouvrages, un chef d'ouvrage. — De la huche, iiij d.. — De la cuve,
j d.. — De la somme de méteil, ij d.. — De la balle d'espicerie,
xvj d.. — Du pot de cuivre, de la pièce d'estain, ob.. — De quatre
muids de sel, sallage ; et s'il en faut des quatre muids une mine, il
ne doit que xvj d.. — Du chalan chargé de sel, ij mines combles de
sel. — Du trousseau de cornes de bestes, viij d.. — Le cent de
gors à charette, ij d.. — Le cent de fers à chevaux garnis, de
chantes à faire charettes, de rets à faire roues, d'esseaux à charettes, de moyaux à faire roues, iiij d.. — La paire de roues à
ferrer, la paire de roues à charrues, ij d.. — La paire de roues
ferrées, la charrue fournie, iiij d.. — La charretée de bois à quatre
chevaux, iiij d.; à trois chevaux, iij d.; à deux chevaux, ij d.; à un
cheval, j d.. — Pour millier d'essif, ij d.. — Pour millier d'esseaune, ob.. — Le caque de harenc moillé, ij d.. — Le millier de
cercles, iiij d.. — Le monceau d'escorce, xij d.. — Le cabas de
figues, ij d.. — Le cent d'œuvre de poix, viij d. p. livre. — De toutes
autres marchandises, iiij d. pour chacun cent. — Les milliers de
clous, chacun aigle, v d.. — La boule à un maignan, la balle de
mercerie, iiij d.. — Le millier de merrean à vin en eschezeaux,
xvj d.. — Le millier d'escuelles et de tailloirs, v d.. — Cuirs de
beufs, vaches, porcs, truyes crus, chacune pièce doit obole. — Le

cent de langues de beufs sallées, j d.. — Le millier de sambry,
iiij d.. — La pièce de toile, ob.. — La pièce de drap, ij d.. — La
douzaine de pommelle de lin, ob.. — Le poix de chanvre, j d.. —
Le mortier, ob.. — La chartée de paille, de foin, le cent de poirée
pour semer, iiij d.. — Le cent de pelles, ij d.. — La somme de
noix, j d. et un cent de noix. — La somme de chastaignes, j d. et
un cent de chastaignes. — Le quarteron de fromages, v d.. — Le
millier d'œufs, v d.. — Un mesnage d'hostel, v s. t.. »

(Extrait imp., XVIIe s..)

1546, 9 mars. — Édit portant que « le péage prétendu à Saint-
Gondon, de quatre minots et demy de sel, sur chacune sentine-
mère chargée de sel (est) avalué à la somme de lvij s. ix d. t.. »
(*V. ci-dessus, n° 447.*)

1575, 6 avril. — Acte devant Bruère, notaire à Orléans, entre
Claude Gohier, procureur syndic des M. F. d'une part, Jean Chenille et Chrysostôme Chartier, marchands demeurant à Gien, fermiers du prétendu péage d'Arcolle, autrement appelé Saint-Gondon,
d'autre part, par lequel, sous le bon plaisir de la cour de Parlement
et du Proc. Gén. du Roi, les parties, pour mettre fin aux différends
entr'elles survenus à l'occasion des droits du péage d'Arcole, tran-
sigent et décident, pour l'éclaircissement et interprétation de la déclaration desdits droits, entre autres points que :

« Pour muy de pommes et poires sera seulement pris iiij d. t.,
avec havée, laquelle avée est tant que l'on peut prendre du fruit à
deux mains. — Que la somme de clou sera entendue du poids de
trois cents; l'oing, du poids de cinquante livres ou plus; — que
es trois sommes d'huile feront le tonneau; — que le fardeau à un
cheval sera du poids de six cents; le fardeau à un âne du poids de
trois cents; — que le trousseau contiendra cent cuirs et plus; —
que la gibe sera du nombre de trois cents; — que le fardeau à col
sera du poids de cent cinquante; que l'article faisant mention de la
balle de charnas sera rayé, « parce que les parties ne sçavent quelle
marchandise c'est. »

(Transaction imp., Orléans, Fabian Hotot, 1605.)

1603, 26 décembre. — Entre le Proc. Gén. du Roi et les M. F., d'une part; et frère Robert Cortel, religieux profès en l'Abbaye de Saint-Florent-lès-Saumur, et prieur du prieuré de Saint-Gondon, déf., d'autre part. — Arrêt du Parl., par lequel inhibition et défenses sont faites, audit prieur et à ses successeurs, de faire lever le péage d'Arcole, dépendant du prieuré de Saint-Gondon, en la ville de Gien, ni ailleurs qu'audit lieu d'Arcole.

(Arrêt imp., Orléans, Fabian Hotot, 1604.)

SULLY, département du Loiret.

576-581.

XIIIᵉ-XVIIIᵉ siècle. — Donation, édits de suppression, déclaration de péage.

1235, février. — Donation par Henri, seigneur de Sully, à l'abbaye de la Cour-Dieu, en ces termes :

« Viginti solidos Parisienses annui redditus in pedagio nostro
« de Soliaco annuatim percipiendos ad pitanciam... volentes quod
« pedagiator Soliaci, nuntio supradicti conventus die dominica in
« media Quadragesima, sine dilatione et contradictione aliqua, per-
« solvat denarios supradictos. »

(Cartul. de la Cour-Dieu, publié par L. Jarry, p. 199.)

1438, 30 juin; 1448, 27 mai. — Édit prononçant la suppression des novalités et accrues de péages nouveaux, au préambule desquels est mentionné le péage de Sully. (V. ci-dessus, n°ˢ 430, 437.)

XVIᵉ siècle. — « Déclaration des prétenduz droicts et proffic[t]s deubz pour le péage de Sully, de toutes denrées montans et baissans au long de la rivière de Loire au droict dudict Sully.

« Premièrement : La chalenée de busches à feu, iiij d. p.. — Chalenée de pommes ou de poires, ij d. t.. — Chacune paire de fruict, un cent. — De fardeau cordelé futené, le fardeau de cordouan, d'aignelins, de bazenne, iiij d. p.. — De chacun bach ou

forine, iiij d. p.. — Le moulin tout garny, xij d. p.. — Le cent de
cire, de remais, de chanvre, la somme d'huille, le cent de laine,
la balle de chastaignes, de figues ou raisins, iiij d. t.. — Toison de
laine, maille. — Le lard ou bacon, le porc vif, j d. p.. — Chacun
pain d'oingt, ob.. — Ceintures de soyes, maille. — Guimple,
maille. — Une enseigne, ob.. — Un drapeau entier, xij d. ob.. —
Un chalan à sel, une sentine vergée, iiij d. p.. — Une sentine à
pescheur, ij d. p.. — Challenée de pierre, meulle de moulin, un
chaillou, challenée de paille ou foing, iiij d. p.. — Un tonneau de
vin, j d. p.. — Charretée de corne, ij d. p . — Un millier de
haren, ij d. p.. — Un millier de seiches, iiij d. p.. — Une huche,
un chaslit, une coueste et coussin, iiij d. p.. — Un mesnage,
v s. p.. — Le chalan chargé de sel doibt trois mines trois boisseaux.
— Et qui mène quatre muys de sel nantois, mine moins, doibt
xvij d. maille p.. — Le cent de pelles ou de besses, le lot de cuir à
poil, le fardeau à mercier, la charretée de cercles à faire vaisseaux,
iiij d. p.. — Le cent de chevrons, xij d. p.. — La charge à une
beste en une charrette de bois carré ou rond, ij d. p.. — Un
monceau d'escosse, viij d. p.. — Un mortier, maille. — Un pesaz
de poix, maille. — Une meulle à cousteaux, iiij d. p.. — Le millier
d'œufs, ij d. p.. — Le cent d'ais, viij d. p.. — La balle d'espicerie,
de saffran, xviij d. p.. — La paire de roues neufves; la somme de
fer, d'acier, iiij d. p.. — Le muyd de blé, j d. p.. — Une pièce de
toille, maille. — Le millier de cercle, ij d. p.. — Le carteron de
lamproyes, une lamproye. — Le sac de peaux de brebis, de
motye, ij d. p.. — Le cent de porées ou d'oignons, d'archeloy,
iiij d. p.. — Le millier de bardeau, ij d. p.. — Un autour, un
faulcon, ij d. p.. — Un espervier, un mouschet, j d. p.. — Un
esmérillon, maille. — Ce qui vaut plus de quatre deniers, maille
p.. — La challenée de haubers à maille, xij d. p.. — La douzaine
de hanats, actu, j d. p.. — Le tonneau vuyde, maille. — Le
millier de lattes, vj d. p.. — Une botte, ij d. p.. — Un bottet, j d.
p.. — La bascule, chalan percé, un cent de chantes ou d'aisseaulx,
iiij d. p.. — Un millier de pez ou perches, viij d. p.. — Le cent de
javelle de charnier, iiij d. p.. — Une javellée de graverauche d'ouzier, s'il n'est franc, maille p.. — Le millier de volets ou tran

chouers, iiij d. p.. — Le millier de merrien à vin, xij d. p.. —
Une goutière, maille p.. — Un moulin à moustarde, iiij d. p.. —
Pour une poisle d'airain, maille p.. — Le sac lié de corde, iiij d.
p.. — Un juif, v s. p.. — Une juifve grosse, x s. p.. — Somme
de clou, ferrement à une charrette, le cent de liége, iiij d. p.. —
Le millier de quenoilles de cane, ij d. p.. — Le collier à homme,
de sacs ou de cribles; le fardeau d'autres denrées, iiij d. p.. — Le
glenon d'ail, maille p.. — La charge à un homme, de queux,
iiij d. p.. — Le millier de traversin, vj d. p.. — La somme de
cendre gravellée, ij d. p.. — Le cent de gravelle, de métail, de
plomb; le fardeau de bourserie; le sac de moulue; le cent de
moyaux de charrette; un esvier, iiij d. p.. — La balle d'amendes,
xvj d. p.. »

(Déclar. imp., Orléans, Éloy Gibier, 1585; Fabian Hotot, 1608.)

1546, 9 mars. — Édit portant que « le péage prétendu à Sully
de quatre minots et demi de sel sur chaque sentine mère, chargée de
sel, est évalué à la somme de 4 l. 8 d. t.. » (*V. ci-dessus, n° 447.*)

1586, 30 août. — Entre les M. F. d'une part, et dame Jeanne
de Montmorency, veuve de messire Louis de La Trémouille, en son
vivant duc de Thouars, baron de Sully-sur-Loire, tutrice de ses
enfants mineurs, et messire François de Cugnac, chevalier, sieur de
Dampierre, sieur en partie du péage de Sully, déf., d'autre part,
arrêt du Parlement, qui condamne ladite veuve de La Trémouille
et François de Cugnac, chacun pour telle part qu'ils prennent du
péage de Sully, à payer et rembourser aux M. F. la somme de neuf
vingt trois écus un tiers pour frais, journées et salaires des baliseurs par eux employés au cours des années « cinq cens soixante
unze, douze, treize et dix-huict, » pour nettoyer la rivière de Loire
en l'étendue dudit péage de Sully.

(Arrêt imp., Orléans, Fabian Hotot, 1595.)

1735, 4 mars. — Arrêt du conseil, qui règle les droits à percevoir par les seigneurs du péage de Sully.

(Lettre du bureau de la Cie des M. F. au Proc. gén. de la
commission des péages, du 15 novembre 1735. — Reg.
de corresp. de 1735 à 1740, fo 8. Arch. de la ville d'Orl..)

SAINT-BENOIT-SUR-LOIRE, *canton d'Ouzouer-sur-Loire, département du Loiret.*

581ᴬ-581ᶜ.

XIᵉ-XVIIIᵉ siècle. — Donation, cartulaire, terrier.

1080. — Charte de Philippe Iᵉʳ, contenant donation aux religieux de Saint-Benoît de tous droits sur la Loire, depuis Saint-Benoît jusqu'à Châteauneuf.

> (Mentionnée dans l'inventaire général de la mense conventuelle de Saint-Benoît-sur-Loire, p. 3, nᵒˢ 5 et 96, nᵒ 1.)

Énonciations du cartulaire de l'abbaye de Saint-Benoît-sur-Loire.

« Dictus Hugo (Hugo Beraudi, serviens), debet habere receptionem censuum fluvii Ligeris et ventarum, qui census et quæ ventæ sunt cellerarii.

« Item illi, de terra sancti Benedicti qui habent naviculas in Ligeri, debent unam corveiam dicto cellerario ad combras de Botcilles faciendas..... et debet dictus cellerarius adducere palos et ramos ad dictas combras faciendas. »

> (Cart. de Saint-Benoît, fᵒ 182, rᵒ.)

1770, 7 juillet. — Déclaration, par les religieux de l'abbaye de Saint-Benoît-sur-Loire, « des droits de haute, moyenne et basse justice sur la rivière de Loire, à prendre depuis la ligne qui sépare la paroisse de Sully d'avec celle de Saint-Benoist-sur-Loire jusqu'à l'embouchure de la rivière de la Bonnée, proche la Ronce, paroisse de Châteauneuf, avec les droits de pêche, fonds et pallées, dans la distance cydessus marquée, et le droit de passage sur laditte rivière de Loire au détroit du port de Saint-Benoist, vis-à-vis la paroisse de Guilly. »

> (Déclaration au terrier, abbaye de Saint-Benoît-sur-Loire, fᵒ 110, vᵒ, art. 3. Arch. du Loiret.)

LAIZ et BICH, CHATEAUNEUF.

Laiz, ancien port de la commune de Châteauneuf-sur-Loire ; Bich,
ancien port en face Châteauneuf, en la commune de Sigloy, canton
de Jargeau, département du Loiret ; Châteauneuf-sur-Loire, même
département.

582-589.

XVᵉ-XVIIᵉ siècle. — Édit de suppression, déclaration,
arrêts, édit d'évaluation.

1438, 30 juin; 1445, 9 novembre. — Édits prononçant la suppression du péage levé à Châteauneuf « pour le sire de Guyery. »
(*V. ci-dessus, nᵒˢ* 430, 435.)

Déclaration du prétendu péage de Laiz et du Bich.

« C'est l'instruction du péage de Laiz et du Bich, ensemble, et
comment ilz doibvent estre receuz de toutes denrées que l'on mène
au long de Loire, et combien elles doibvent, de monter comme de
baisser, et par quelle manière ils doibvent payer.

« Le chalan qui meine plus de quatre muys de sel doibt deux
mynes de sel, et s'il ne meine que quatre muys une mine moins, il
ne doibt que xvj d., c'est assavoir chacun muy, xvj d. p.. — *Item,*
la somme de fer doibt iiij d. p.. — Celle d'acier doibt viij d. p..
— Le tonneau d'huille doibt en gros ij d. t.. — Celle d'acier
doibt viij d. p.. — La somme d'huille doibt viij d. p.. — *Item,* le
tonneau de vin doibt j d. p.. — Le muy de bled, à la mesure
d'Orléans, doibt j d.. — *Item,* le muy de Iargueau, j d. ob.. — Le
muy de Sully, ij d. p.. — Autant la farine et aussi tout autre grain.
— Le muy de bled de Decize fait à Orléans sept et demy; celuy de
Nantes faict à Orléans huict muys; celuy de La Charité faict à Orléans six muys; celuy de Cosne huict muys; celuy de Bonny quatre
muys; celuy de Gien trois muys et demy; celuy de Saint-Porcein
quatre muys, et celuy de Meung quatre muys et demy. — *Item,* la

charretée de bois à ardoir doibt ij d., à un cheval ou à deux bœufs.
— La charretée de bois coigné, ij d.. — Le cent de iavelles de
charnier, iiij d.. — *Item*, le millier d'asseaulne, ob.. — *Item*, ung
arbre à pressouer, iiij d.. — Et chascune iumelle, ij d.. — Le met
à pressouer, iiij d.. — La fourniture du pressouer, et pressouer
ensemble en un challan, ne doibt que x d.. — Le mas d'un
challan, la peautre, ij d.. — Ung grand challan, iiij d. p.. —
Une sentine à corbées, et celle qui n'est pas à corbées et est à
rielles, ij d.. — Le sceau d'un moulin, ij d.. — La fourniture d'un
moulin, ensemble en un challan, doibt xij d.. — Le bach, la forine,
iiij d.. — Le moulin tout fourny allant par eau doibt v s.. — Le
millier de merrean, xij d.. — Celuy de traversin, vj d.. — Le tonneau neuf, vuyde, ob.. — Le millier de sercle, iiij d.. — *Item*, le
fesseau de sercle de grant terrages, ob.. — Le millier de pe et de
perches, viij d.. — Le millier de latte à tuille, vj d.. — Le monceau d'escosse, viij d.. — Une gottière, ob.. — *Item*, le millier de
latte à joinct, viij d.. — Le cent d'ays à plancher; le cent de chevrons, xij d.. — *Item*, la douzaine de trousses de foing, iij d.. —
Et la charretée de foing, iiij d.. — *Item*, le cent de toises de bois
carré syé ou à syer doibt xx d.. — *Item*, la table à ung authier,
iiij d.. — Une tumbe, ij d.. — La challenée de pierre à ouvrer,
iiij d.. — Ung mortier, ob.. — La meulle d'un moulin, ij d.. —
Item, la sentine de pommes ou de poires doibt, soit d'un ou
d'autre, la charretée, ij d.. — Le challan, soit percé ou à percer ;
la meulle à cousteaux ou à forces, à meudre, iiij d.. — Le moullardeau, ij d.. — Un challan percé, chacun huisset, iiij d.. — *Item*,
ung porc vif, ung lart, j d.. — *Item*, ung cheval, ung mullet,
iiij d.. — Ung asne, un bœuf, ij d.. — Un mouton ou une brebis,
ob.. — Le cent de brebis, iij d.. — La douzaine de fourmages,
ij d.. — Le cent d'œufs, iij d.. — *Item*, ung pain d'oingt, ob.. —
Une bachelle de remais, viij d.. — *Item*, la poaslée, qui vault la
bacholée ou environ, viij d.. — La petite poasle, iiij d.. — La
somme d'auve, viij d.. — Le tonneau d'auve, ij s.. — Le cent de
remais, de cire, xij d.. — *Item*, ung chacun pigin de poix, ob.. —
La table à un mercier garnie doibt iiij d.. — La balle de chastaignes, d'amendes, iiij d.. — La balle de figues, de raisins, de

toute espicerie, viij d.. — *Item*, pouche plaine de quelque chose que ce soit, iiij d.. — *Item*, de drapperye : de drap entier, doibt iiij d.. — Le reteau, ij d.. — Le drap à ung chapperon, ob.. — *Item*, de mêmes choses : de fardeau à ung homme, de cuillers, dars, flesches, fuseaux, ob . — La charge à ung cheval, ij d.. — Le bouchon de chanvre, ob.. — Le cent de chanvre, viij d.. — Le cent de toison de laine, iiij d.. — La gibe de laine, d'aignellins, xij d.. — Tous faisseaux cordez, viij d.. — De bourre et de poil, la charge à ung homme et un cheval, ij d.. — *Item*, le fais de lin, à un homme, ob., à un cheval, ij d.. — Le cent de plomb, iij d.. — Le fais à ung homme de hanaps, ob.. — De tous métaux, le cent de livres doibvent iiij d.. — Le marc d'argent, iiij d.. — Le marc d'or, iij d.. — Une couëte, iiij d.. — *Item*, de poisson de mer et d'eau douce : la botte, ij d.. — Les bottes, j d.. — La bascule, iiij d.. — Saumon, j d.. — La botte d'anguilles, le pannier d'anguilles de mer, iij d.. — Le quarteron de lamproyes doit une lamproye. — La douzaine d'alouze, iiij d.. — La somme de poisson de mer, le millier de haran, ij d.. — Le millier de seiches, iiij d.. — *Item*, un chardonnereau, une linotte, ob.. — *Item*, une lampe pour une femme, ob.. — *Item*, de charpentage : une huche, iiij d.. — Une table, j d.. — Une cuve à vin, iiij d.. — Un cuau, j d.. — *Item* de cuirs : la somme de cordouan, iiij d.. — La somme de bazennes, ij d.. — Chascun cuir à poil, ob.. — Le lot de cuir à poil, ij d.. — Le fardeau de peaulx de mouton ou brebis, lié ou en faisseau ou mis en une pouche, doibt iiij d.. — *Item*, le cuir décoppé en une pouche, iiij d.. — Le cuir d'ung cheval, ij d.. — *Item* de miel, le tonneau, ij s.; le poinsson, xij d.. — *Item*, des oyseaulx : un autour, un faulcon, un émérillon, j d.. — *Item*, la douzaine de perdrix, ij d.. — *Item*, un souchet, chacun, maille, ob.. *Item*, si l'esprevier y est, il affranchit tout. — *Item*, de pelleterye : le fais à un homme, j d.; à un cheval, ij d.. — *Item*, un chat, ob.. — *Item*, un mesnage allant par eau en challan, une espousée et ses gens allant par eaue, un homme mort ou femme, v s.. — *Item*, les cendres de fouyer, le tonneau, xij d.; le traversin, vj d.. — *Item*, cendres de clavelée, le tonneau, ij s.; le traversin, xij d.. — *Item*, de livres qui sont couverts de soye, chacun doibt iiij d.. —

Item, un livre qui a ays doibt ij d.. — Le drap de soye, ung chezuble, une aulbe, iiij d.. — Une estolle, ung fanon, une enseigne, ob.. — *Item*, le mesnage d'un pauvre homme, xij d.. — Le fais à un homme, de ver ou de cureaux, ij d.. — *Item*, une selle à chevaucher, ob.. — *Item*, ung cerf, ob.. — *Item*, la marchandise d'un meignan et sa balle, iiij d.. — *Item*, s'il n'a sa balle, il ne doibt que ij d.. — *Item*, la glene d'aulx, j d.. — *Item*, un tonneau de gravellée, ij s.. — *Item*, le cent de trousse d'ougnons, iiij d.. — Toute la marchandise à un bourrellier, à ung cellier, à ung tourneur, à ung cordonnier, à un serrurier, à ung autre mestier semblable, ij d.. — *Item*, s'ilz n'ont que un chef de leurs œuvres, ilz ne doibvent que obole. — Et aussi à un coutellier, à ung fèvre. — *Item*, un pot de cuivre, ob.. — Une chaufferette de cuivre, ob.. — A laver les mains, ob.. — Chascune poesle de fer ou d'arain, ob.. — *Item*, une pièce de truelle, ij d.. — *Item*, un trépied tout seul, sans autre mesnage, iiij s.. — Le cent de gousde, de gaulde. — *Item*, un iuif seul doibt xij d.. — La iuifve grosse, ix d.. — Une simple iuifve, xj d.. — Un iuifveau, vj d.. — *Item*, un iuif mort, v s.. — Une iuifve morte, xxx d.. — *Item*, toutes les forfaictures, quelques soient, sont au péageur, sans que nulles personnes y preignent rien, ne ayent aucun droict, fors que eulx mesmes. Et celuy qui prent le plus au péage, prent aussi le plus en la forfaicture. Et doibvent tous contribuer par portion en la poursuitte des déclarez ès forfaictures. »

(Déclaration imp., Orléans, Éloy Gibier, 1570, 1583 ; Fabian Hotot, 1600 ; vᵉ Jean Boyer, XVIIᵉ s..)

1523. — Jean Belin, dit Gastellier, voiturier par eau, passe au péage de Laiz avec bateaux chargés de 488 balles de pastel, autrement dit guesde, sans payer droit de péage ni déprier. — Lettres du bailli d'Orléans, obtenues à la requête de Charlotte d'Argouges, veuve de messire Philippe du Moulin, chevalier, dame du péage « vulgairement appelé de Laiz, » en vertu desquelles il est procédé au port d'Orléans à la saisie des 488 balles de pastel, faute par Belin d'avoir déprié et payé le droit de péage, à raison de 4 deniers p. pour balle. — Opposition à la saisie de la part de Belin. — Sentence

du bailli d'Orléans, qui déclare que Charlotte d'Argouges a agi tor-
tionnairement, et donne main-levée de la saisie. — 1527, 14 août.
Arrêt confirmatif du Parlement.

(Arrêt imp., Orléans, Éloy Gibier, 1570 ; Fabian Hotot, 1600 ;
v^e Boyer, XVIIe s..)

1527, 11 décembre. — Arrêt portant qu'au péage et sallage de
Laiz, autrement appelé Chasteauneuf sur la rivière de Loire, « les
sentines ou grands batteaux appelez mères, chargez de sel, acquittent les allégements. »

(Arrêt imp., Orléans, Fabian Hotot, 1605 ; v^e Boyer, XVIIe s..)

1528, 26 janvier. — Arrêt par lequel Charlotte d'Argouges est
condamnée à rembourser aux M. F. la somme par eux dépensée
pour balisage ès fins et mettes du péage de Laiz, lui appartenant
pour portion.

1631, 15 avril. — Arrêt, entre Jean Nicas et Pierre Picasnon,
receveurs du péage de Laiz et Bich, qui se lève à Châteauneuf-sur-
Loire, d'une part ; Imbert Chevalier et Antoine Cosson, voituriers
par eau, demeurant au Puy-Guillaume, en Auvergne, et les M. F.,
joints avec eux, d'autre part, sur ce que led. Chevalier avait conduit
au port d'Orléans cent faisseaux ou ballots cordés de papier, sans
en avoir acquitté le droit au détroit de Laiz et Bic. — Par lequel
arrêt la marchandise de papier est déclarée franche audit détroit de
Laiz et du Bich.

(Arrêt imp., Orléans, Gilles Hottot, 1631.)

1546, 9 mars. — Édit portant : que le péage prétendu à Laiz,
de deux minots de sel sur chaque sentine mère, est évalué à la
somme de xxix s. x d. t.. (V. ci-dessus, n° 447.)

CHATEAUNEUF, TIGY, JARGEAU, MARDIÉ, BOU, CHÉCY, L'AULNE-BAULENT, ORLÉANS.

Châteauneuf-sur-Loire, département du Loiret; Tigy, canton de Jargeau, même département; Mardié, Bou. Chécy, canton nord-est d'Orléans; l'Aulne-Baulent, lieu inconnu.

590, 591.

XVI⁰ siècle. — Arrêt du parlement, instance.

1523, 16 mars. — Arrêt du Parlement : contenant défense au vicomte d'Orléans de lever à l'avenir dans les lieux susdits certain péage qui s'était établi à son profit pendant les guerres du XIV⁰ siècle.

« Franciscus Dei gratia Francorum Rex. — Notum facimus quod lite mota in Nostra Parlamenti curia, inter : Procuratorem Nostrum Generalem et Mercatores ripariam Ligeris et alia flumina in illam defluentia, seu descendentia frequentantes, in materia inhibitionum et defensionum Actores, ex unâ parte; et, Robertum de Fontanil scutiferum, loci de Corbenton Dominum, Defensorem, ex altera parte. Super eo quod dicti Actores dicebant ac proponebant, quod dicta Ligeris riparia ex grandibus et melioribus ripariis Regni Nostri, unâ cum fluminibus navigabilibus in illam defluentibus, ac suprà et prope illam et dicta flumina complures villæ et civitates, in quibus ingens numerus vectorum et mercatorum factum mercantis et signanter per dictam ripariam et flumina exercentium morabatur, ædificate et constructe extabant; quibus mercatoribus et vectoribus unum ex principalibus membris Reipublice existentibus, suas naves, seu batellas, mercimonia et mercentias, per ipsam ripariam Ligeris ac flumina sursùm et deorsùm ascendendo et descendendo publice absque aliquod pedagium acquictamentum, aut aliud subsidium solvendo nisi acquictamentum et pedagium antiquum per Nos aut predecessores Nostros Reges Francie concessum,

et tale quod memoria hominum excederet per illos qui dicta pedagia levarent, oneraque ipsi ferre et acquitare veluti ripariam et
flumina predicta mundare et balisare et alias res necessarias facere
tenebantur, supportando et acquictando conducere seu conduci
facere permittebatur, et eo quod, guerris et divisionibus in huius
modi Regno cursum habentibus, complures capitanei et gentes
guerre plura pedagia vectigalia acquictamenta et nova subsidia, quorum medio cursus et traffica mercantie, præsertim in dictis riparia
et fluminibus impediebatur, imposita extiterant, defunctus bone
memorie Rex Carolus sextus, predecessor noster, anno millesimo
trecentesimo octagesimo, per suum edictum et ordinationem perpe-
tuam, omnia pedagia, vectigalia, acquictamenta, subsidia, excrementa
et augmentationes, tam per eum quàm alios, super batellis, mer-
cimoniis et mercantiis per antedictas ripariam et flumina ascen-
dentibus et descendentibus ab initio defuncti etiam predecessoris
nostri Regis Philippi, quo, anno millesimo trecentesimo [vicesimo]
septimo fuerat de novo impositas et imposita, revocaverat, cas-
saverat et penitus adnullaverat.....

« Quarum quidem edicti litterarum, concessionum, complures
jus pedagii pretendentes, maxime dictus Defensor se opposuerant,
quominus dictus Defensor nullum jus pedagii ad causam dicti vicecomitatus Aurelianensis supra dictam Ligeris ripariam ante dictum
tempus millesimi trecentesimi vicesimi septimi aut ante dictos
centum annos haberet neque illo aliquomodo gavisus fuisset, dies-
que dicto Defensori in dicta Curia Nostra suas oppositionis causas
dicturo assignata extiterat. — Quare mediis et causis antedictis et
aliis latius in processu declaratis prelibati Actores per predicte Curie
Nostre arrestum antedictas edicti perpetui literas insequendo et illas
integrando dictum Defensorem nullum jus pedagii per dictam Ligeris
ripariam, in dicta nostra urbe Aurelianensi, suburbiis eiusdem et ad
unam leucam circiter ipsam urbem et circumcirca habere dici et
declarari, et consequenter inhibitiones et defensiones eidem defensori suisque gentibus, receptoribus, firmariis et famulis ne aliquod
pedagium aut aliud subsidium super batellis et mercantiis antedic-
torum mercatorum et vectorum per dictam Ligeris ripariam ductis et
conductis in antedicta nostra urbe Aurelianensi et suburbiis eiusdem

nec ad unam leucam circiter ipsam urbem, neque circumcirca, nec
in alio loco qualiscumque esset, supra dictam Ligeris ripariam, levarent, exigerent nec caperent, sub pena centum marcharum auri
aut alia rationabili, dictis Actoribus cuilibet medietate illius ap-
plicanda fieri et in eorum expensis, damnis et interesse dictum
Defensorem condemnari petebant et requirebant.

« Antedictus vero Robertus de Fontenil, scutifer, loci de Corbenton Dominus, Aurelianis Vicecomes, Defensor, in contrarium
dicebat et proponebat. — Quod dictus vicecomitatus Aurelianensis,
vita functo Nicolas Grosseteste, dum viveret, loci de Cormes Domino,
deinde Marie Lyne olim defuncti Johannis Marcilly uxori, exinde defuncto Guillermo de Bourg de Bar et pariter defuncto Ludovico de
Fontenil, dùm viveret dicti Defensoris patri, pertinuerat et spectave-
rat, quiquidem Ludovicus de Fontenil per eius decessum dictum
defensorem nunc dicti vicecomitatus vicecomitem reliquerat. Dictusque vicecomitatus in feudum et homagium à castro et castellania
de Puyseto jn Belcia et in retrofeudum à nobis, ad causam Castri
d'Yenville et Ducatus Aurelianensis, tenebatur. Dicto vero Defensori
ad causam dicti vicecomitatus jura que sequentur competebant et
pertinebant. — Videlicet.

« Pro pisce maris in dictam nostram urbem Aurelianensem et
extra ducto : pro conducta dicti vicecomitatus, ex quinquaginta pisci-
bus, unum piscis caput. — Ex quinquaginta marenis seu lampretis,
unum caput. — Ex quinquaginta lardis, gallice bacons, unum caput.
— Ex quolibet modio bladi aut vini, per dictam Ligerim ripariam in
dictam nostram urbem Aurelianensem et extra ducto, unus denarius. — Ex qualibet summâ pomorum aut pirorum, seu quorumcumque aliorum fructuum, per dictam Ligeris ripariam in dictam
nostram urbem et extraducta, unus denarius. — Ex quolibet batello, challan gallice, sel per dictam Ligeris ripariam ducente, una
mina salis. — Ex qualibet quadrigata sal, in dictam nostram urbem
vehente seu ducente, dimidia mina salis. — Ex uno milliari alocis,
viginti alocis capita. — Ex quolibet equo quadrigate sal extra
dictam nostram urbem ducentis, unus dena₊ius. — Ex qualibet
quadrigata bladum extra dictam nostram urbem vehente seu ducente, unus denarius. — Ex quadrigata fructuum acidorum, gallice

egrun, cuiusmodi sint, unus denarius. — Ex quolibet porco, quolibet
bove, qualibet vacca, quolibet equo et quolibet jumento transitum
perdictum conductum facientibus, unus denarius, et de asino,
obolus. — Ex coriis à dicta nostra urbe venientibus aut excuntibus,
ex loto viginti coria continente, duo denarii. — Ex quolibet centum
ferri, unus denarius. — Ex quadrigata pannos, canapem, linum aut
aliam mercantiam qualiscumque foret, à dicta urbe exeunte, pro
quolibet equo, unus denarius. — Ex quolibet equo quadrigate,
vinum, durantibus nundinis martii, ducentis, unus denarius et post
nundinas, ex qualibet quadrigata etiam vacua, unus denarius.

« Pariter, idem Defensor predictus consuetudines et jura, modo
premisso, in locis de Checiaco, Castronovo, Thigiaco, Jargolio,
Bou, Mardie et Ad ulnum Baulent, capere dicebat, omnes que illi
per antedictos conductus ingredientes et transeuntes antedictas
consuetudines debebant, demptis illis in episcopatu Aurelianensi
commorantibus, quibus juribus et consuetudinibus, dictus Defensor
ante dictus, eius pater et alii sui predecessores vicecomites dicti
vicecomitatus Aurelianensis, tam per se quam suos firmarios, non
solum à centum verum et ducentis annis, et tali tempore quod
nulla memoria in contrarium extabat, absque contradictione aut im-
pedimento, gavisi et usi fuerant. Ex quibus et aliis mediis, in dicto
processu declaratis, antedictus defensor per dicte Curie Nostre
arrestum, illum in perceptione et gaudentia jurium supra declara-
torum et ad causam dicti vicecomitatus Aurelianensis pertinentium
interteneri et in suis expensis, damnis et interesse eosdem defen-
sores condemnari petebat et requirebat. — Super quibus dictis
partibus auditis, prelibata curia nostra q. dictus Defensor de suis
titulis respectu dicti sui pedagii, si quos haberet justificaret et de
possessione immemoriali ipsum pedagium levandi, pariterque jura,
ipse ratione illius pedagii capere deberet, parte vocata informaret.
Dicti autem Actores in contrarium informare possent inter cetera
ordinasset. — Processu, exinde per Petrum de Vaulx, nunc vicecomitem dicti vicecomitatus Aurelianensis, loco Jacobi de Prunelle,
scutiferi, et Johanne de Fontenil domicelle eius uxoris, qui antea
ipsum processum, loco dicti Defensoris de medio sublati dum viveret dicte uxoris patris, resumpserant, resumpto, scripturisque dic-

tarum partium traditis, inquestis hinc jnde factis et ad judicandum
receptis literis, titulis ac monumentis ipsarum partium contradictis
et salvationibus eorumdem, reprobationibus testium dictorum defen-
sorum traditis, ipsa Curia Nostra, predictas partes post plures
processuras et q. dicti de Prunelli et eius uxor, cum dicto de Vaulx
defensore se junxerant in jure, appunctasset, — Tandem visis, per
eamdem Curiam Nostram, literis edicti per dictos Actores vicesimo
septimo die martii, anno millesimo quingentesimo quinto, impetratis, litigato in eadem Curia Nostra scuta die junii millesimo quingentesimo octavo, scripturis, inquestis, antedictarum partium ad
judicandum, receptis earum contradictis et salvationibus, reproba-
tionibusque testium ipsorum actorum, ceterisque per ipsas partes
penes antedictam Curiam Nostram, positis et productis atque consideratis considerandis et que curiam ipsam in hac parte movere
poterant aut debebant. — Prefata Curia Nostra per suum arrestum,
processum in diffinitiva absque veritatem factorum, antedictarum
reprobationum per ipsos Actores traditarum inquirendo, bene
judicari posse dixit ac dicit, et insuper quod inhibitiones et defensiones prelibatis defensori et adjunctis eorum receptoribus com-
missis et deputatis, ne ipsi levent aut compellant a cetero ad illis
mercatores forenses suas mercantias per ripariam Ligeris in dicta
Nostra urbe Aurelianensi suburbiisque illius et ad unam leucam
circiter illam neque circumcirca nec in alio loco qualiscumque sit
supradictam ripariam transeuntes, jus pedagii aut alterius subsidii
ad causam suarum mercantiarum et mercimoniorum seu denaria-
tarum, per districtus antedicte riparie Ligeris, meantium et remean-
tium, solvendum fient, eosdem defensorem et ajunctos in expensis
huius instantie condemnando taxatione illarum dicte Curie Nostre
reservata, ordinavit atque ordinat. In cuius rei testimonium, Nostrum presentibus literis jussimus apponi sigillum. Datum Parisius
in parlamento Nostro, decima sexta die martii, anno Domini millesimo quingentesimo tricesimo tertio et regni nostri vicesimo. Per
arrestum Curie, Dutillet. »

(Sceau, pendant sur double queue, du Parlement de Paris. —
Orig. sur parchemin, arch. de la ville d'Orléans.)

1534-1537. — Dépense par les M. F. de 140 livres 8 sols 10 deniers au procès contre Pierre de Vaulx, Jacques de Prunellé, écuyer, et sa femme, touchant le péage de la vicomté de la ville d'Orléans. (*V. ci-dessus, n° 242.*)

JARGEAU, département du Loiret. (*Jargueau.*)

592.

1570, 5 juin. — Sentence du bailli de Montargis :

Par laquelle les habitants de Jargeau sont exemptés du péage établi au pont de Jargeau, pour subvenir aux frais de la construction de la tour de Cépoy. Ladite sentence vidimée par le prévôt de Jargeau dans les termes qui suivent : « A tous ceulx qui ces présentes verront, Jehan Gauchier le jeune, prévost de Jargeau, salut. Scavoir faisons que l'an de Nostre-Seigneur mil cccc soixante-dix, le vingt-huitiesme jour de janvier, furent par Jehan Lambert, clerc, notaire tabellion juré du seel et escripture de ladite prévosté, veues, tenues et leues de mot à mot et diligemment visitées, unes lettres de sentence escriptes en parchemain seines et entières, en seel et escripture desquelles la teneur s'ensuit :

« A tous ceulx qui ces présentes lettres verront, Jehan Chartier, licencié en lois, lieutenant général de noble homme Jehan des Ulmes, escuier, seigneur de la Maison-Fort, conseiller du Roy nostre sire, et son bailly de Montargis, de Cépoy, des ressors et exempcions du duché d'Orléans, commissaire du Roy nostre sire en ceste partie, salut. Comme procès feust meu et pendant pardevant mond. seigneur le bailly de Montargis ou son lieutenant, à son siége dudit lieu de Montargis, entre : le Procureur des manans et habitans de la ville, fauxbourgs et chastellenie de Jargueau, demandeurs, et requerans l'entérinement de certaines lettres royaulx, d'une part ; et le procureur du Roy nostre Sire oudit bailliage, comme aiant pris la

cause pour Jehan Coillecte, fermier du péage dudit lieu de Jargueau, deffendeur, d'autre part. Pour raison de ce que led. demandeur disoit et maintenoit que despiéça et dès le vivant du Roy
Charles septiesme, derrenier trespassé, que Dieu absolve, fut mis
sus sur la rivière de Loyre, à l'endroit de ladite ville de Jargueau,
certain droit de péaige à prendre sur toutes les denrées et marchandises chargées ou deschargées par forins au dessus et au dessoubz
du pont de Jargueau, et sur la cause dudit péaige, pour les deniers
qui ystroient d'icelui faire et édiffier une tour audit lieu de Cépoy.
Duquel péaige les fermiers d'iceluy avoient joy et usé plainement et
paisiblement sur lesd. marchans forains seulement, chargeans ou
deschargeans denrées ou marchandises au dessus et au dessoubz
dud. pont, par bien longtemps, sans contredit ne difficulté, sans
ce que lesdits manants et habitants desd. ville, faulxbours et chastellenie feussent en riens tenuz et contrains à paier icelui péaige,
ne qui en eussent aucun péaige payé pour quelques marchandises
ou denrées qu'ils chargassent ou deschargassent au dessus ou au
dessoubz dud. pont. Ainsois avoient touiours esté jceulx manans et
habitans desd. ville, faulxbours et chastellenie, tenuz et réputez
frans, quictes et exemps dud. péaige, de laquelle exempcion et af-
franchissement lesd. manans et habitans disoient avoir joy et usé
tant par eulx que par leurs prédécesseurs, par tel et si longtemps
qu'il n'estoit mémoire du contraire, au veu et sceu dud. deffendeur, et jamais n'avoient eu aucun destourbier ou empeschement
des fermiers qui y ont esté d'iceluy péaige et de tous autres qui
l'avoient voulu voir et scavoir, sans aucun contredit ou empeschement, sauf que depuis six ou huit ans en ça que led. Coillecte, fermier dud. péaige, ou son prédécesseur, s'estoit efforcé contraindre
paier led. péaige à aucuns desd. manans et habitans, et par prinse
et exploictacion de leurs biens, et quantilez s'estoient voulu oppo-
ser à l'encontre, leur avoit fait donner jour à Montargis, qui est
loing de ladicte ville de Jargueau de quatorze ou quinze lieues. Pour
laquelle cause les aucuns d'eulx, doubtans ce travail et que la
somme de deniers qu'il leur demandoit n'estoit pas grande et qu'ilz
eussent peu despendre à aler aud. lieu de Montargis à alléguer l'ex-
cusacion que à paier ce qu'il leur demandoit, avoient paié led. droit

de péaige depuis led. temps de huit ans aud. fermier, ou grant préjudice et dommage desd. ville, faulxbours et chastellenie, et des habitans d'icelle. Pourquoy iceulx manans et habitans, ou leur procureur pour eulx, s'estoient tirez devers le Roy nostre sire, et de lui avoient obtenu ses lettres par lesquelles et pour les causes contenues en icelles estoit mandé à mondit seigneur le bailly ou son lieutenant, que s'il lui apparoissoit que lesdits manans et habitans eussent chargié ou deschargié leurd. denrées ou marchandises au dessus ou au dessoubz dud. pont sans paier aucun péaige... En ce cas feist iceulx marchans et habitans joir et user desd. franchises et libertez... Pour lesquelles lettres voir entériner avoit icelui demandeur fait convenir et appeller les deffendeurs à certain jour passé, auquel led. demandeur avoit propousé ce que dit est.... Et de ce que led. défendeur disoit et maintenoit au contraire que le Roy nostred. sire, à cause de son domaine, avoit de toute ancienneté droit d'avoir et prendre péaige sur toutes les denrées et marchandises qui sont chargées ou deschargées au dessus et au dessoubz dud. pont de Jargueau, lequel péaige avoit acoustumé de tout temps d'estre baillé par le Roy notre sire ou ses officiers aud. lieu de Montargis, pour lui aux plus offrant et derrenier enchérisseur, comme les aultres fermes de son domaine. Et les fermiers d'icelui péaige avoient acoustumé de tout temps icelui prandre et lever, tant sur les marchans forains que sur les habitans et demeurans esd. ville, faulxbourgs et chastellenie de Jargueau.

« Savoir faisons que veu par Nous les faiz, causes et raisons baillez tant d'un cousté que d'autres, enqueste faicte sur iceulx faiz d'une partie et d'autre les tesmoings passés sans contredit... Nous avons dit et disons par notre sentence, jugement et adroit, que led. demandeur a mieulx et plus suffisamment prouvé et enseigné de ses faiz que led. deffendeur, et partant avons entérinées et entérinons lesd. lettres royaulx, et en icelles entérinant avons dit et déclairé les manans et habitans de lad. ville et faulxbourgs de Jargueau et Saint-Denis lez led. Jargueau estre francs, quictes et exemps du droit de péaige du Roy nostre sire, dont dessus est faicte mencion, pour leurs denrées et marchandises par eulx admenées, conduites, chargées ou deschargées au dessuz et au dessoubz dud. pont de

Jargueau, et en oultre avons condempné et condempnons led. deffendeur à rendre et restituer ou faire rendre et restituer les biens et
gaiges par lui prins ou fait prendre à ceste cause sur aucuns particulliers desd. manans et habitans de lad. ville, faulxbourgs, Saint-
Denis près led. Jargeau, et sans despens, et pour cause. — En
tesmoing de ce, nous avons scellées ces présentes du seel dud. bailliage de Montargis. Ce fut et prononcié en jugement, en la présence
de Jehan Bernard, procureur dud. demandeur, Guillot Amenjon le
jeune, Jehan Cholet et Estienne Torchon, d'une part, et de l'autre
Jehan Prévost, soy disant substitut dud. deffendeur, d'autre part,
dont ledit soy disant substitut a appellé, le mardj cinquiesme jour
de juing, l'an mil cccc soixante et dix. Ainsi signé : Geuffronneau.
— En tesmoing de ce fut fait... Lambert. » (*Le sceau manque.*)

(Orig. sur parchemin, Arch. de la ville d'Orléans)

593, 594.

XVe et XVIe siècles. — **Édits.**

1445, 9 mars. — Édit prononçant : la suppression du péage de
Jargeau. (*Voir ci-dessus, n° 435.*)

1546, 9 mars. — Edit portant : que le péage prétendu à Jargeau
d'un minot et demy de sel sur chacune sentine mère est avaluez
à la somme de xxij s. v d. t.. (*Voir ci-dessus, n° 447.*)

ORLÉANS.

595-604.

Péage levé par le Duc. — XVIe et XVIIe siècles. —
Sentences, arrêts, édit réglant ledit péage.

XVIe siècle. — Incertitude et irrégularité dans la perception du
péage qui se lève à Orléans au profit du Duc, dit « le grand péage

d'Orléans. » Pour faire cesser les plaintes et abus qui chaque jour
« se meuvent » à ce sujet, messire Deponcher, trésorier de France,
visitant sa charge sous laquelle se trouve placé le domaine du duché
d'Orléans, appelle « plusieurs anciens du pays, connaissants au fait
dudit grand péage, » et en présence des officiers du duché, parmi
lesquels Jacques Groslot, procureur du Roi audit duché, il dresse
procès-verbal de leurs déclarations.

1518, 28 mai. — Lettres données à Amboise, à la requête des
M. F., lesquelles ordonnent que la déclaration du grand péage d'Orléans soit faite par devant le bailli du duché, et ladite déclaration
mise en un tableau. — 1527, 10 mai, 17 septembre. Entre le procureur des M. Fréq. d'une part ; et le Procureur du Roi et la veuve
de messire Artus de Gouffier, chevalier, seigneur de Boisy, grand-
maître de France, d'autre part. — Sentences interlocutoires du
bailli d'Orléans, qui entérinent les lettres de 1510, et pour leur
exécution, ordonnent que les parties comparaîtront et feront « des-
cription des taux » que doivent les marchands passant par les
détroits du grand péage d'Orléans. — 20 septembre. Devant
Jacques Groslot, chevalier, docteur en droit, seigneur de Champ-
baudouin, conseiller du Roi, bailli d'Orléans, et François de Saint-
Mesmin, écuyer, licencié en lois, seigneur de la Cloye, conseiller du
Roi, prévôt dudit lieu, commissaire du Roi en cette partie, comparaissent : honorables hommes, maître Pierre le Berruyer, licencié
en lois, Procureur général dudit seigneur au duché et bailliage
d'Orléans et anciens ressorts ; Étienne Martin, procureur des M. F.,
accompagné de Guillaume Aubry, Guy Roillard, François de Comtes,
Thibaud Garrault, bourgeois de la ville d'Orléans, marchands fréq.
la rivière de Loire, commis et députés par leurs compagnons, et
maître Pierre de Champeaux, procureur de la veuve de messire
Artus de Gouffier. — Production par les gens du Roi et le procureur des M. F. de l'enquête faite par messire Deponcher et de divers
lettres, registres et anciens papiers, après quoi le bailli mande *ex
officio* : Jean Tronchet, Jean Merlin, Nicolas Foucher, Colas Lau-
rent, anciens marchands de la ville d'Orléans ; Pierre Poictraz, Noël
Camuz, Bertrand Vignon, anciens voituriers par eau, prend leur
serment et reçoit leurs dépositions en présence de Michel Gabriel,

commis à la recette du domaine d'Orléans. Sur lesquelles productions de titres et enquêtes orales le bailli prononce en ces termes : « Avons trouvé les denrées, marchandises et choses qui ensuivent, voiturées et conduites par les destroicts dudit grand péage par la rivière de Loire, estre redevables au domaine du Roi nostre dit seigneur, à cause de son dit duché d'Orléans, ou à son fermier dudit grand péage, selon et en la manière qui ensuit :

« Premièrement : de chacun muy de bled froment et seigle, à la mesure de cette ville d'Orléans, ij d. p., et la farine autant. — De chacun muy de tout autre grain, j d. p., et la farine autant. — De chacun muy d'oignons, à compter dix-huit mines à lad. mesure d'Orléans ; de chacun tonneau de noix, à prendre deux poinçons à la iauge d'Orléans, iiij d. p.. — De chacun tonneau de vin, vij d. ob.. — De chacun tonneau d'huyle, iij s. iiij d. p.. — De chacun muid de sel, à la mesure de Paris, ij s. iiij d. p.. — De chacun millier de fer, poids d'Orléans, ij s. vj d. p.. — De chacun cent pesant d'espicerie, viij d. p.. — De chacun cent pesant de cire, de fer blanc, iiij d. p.. — De chacun baril de miel, x d. p.. — De chacune charge de tous draps de soye, laine, coton ou autre poil, estimée la charge à trois cens pesant, ij s. p.; pour fripperie est deu pareil prix. — De chacun cent pesant de chanvre et lin fillé et à filer, et de plumes et cordes ; de beurre, de remais ou suif ; de plomb, estain, baterie, mitraille, cuivre ouvré ou à ouvrer, métail, arçon, poisles de fer à queue et autre batterie ou dinanderie ; de chacun cent pesant de ballon d'acier, iiij d. p.. — De chacun cent pesant de fromage, ij d. p.. — De chacun cent pesant de peleterie, soit appareillée ou creue, viij d. p.. — De chacun baril d'aune, sain, oinct et autres gresses, x d. p.. — De chacun baril de maquereau, de haran, d'alouzes et saumon sallé, de moulue sallée, de chacun cent pieces de seiches, merluz, moulues et rayes seiche, et autres tels grands poissons secs ; de chacun millier de haran sor, iiij d. p.. — De chacun cent pièces de hadoux, papillon, solles et autres tel petit poisson sec, ij d. p.. — De chacun cent pièces de moulues, sallées, autrement dites vertes, iij s. iiij d. p.. — De chacun lict garny de coueste, coussin et couverture, de chacun coffre ferré ou cloué, de chacun chalan chargé de foing, de chacun cent pesant de toille, de chacun cent pesant d'huille d'olif, iiij d. p.. — De chacun porc, de chacun cuir de bœuf ou vache à tout le poil, j d. p.. — De chacun cent pesant de quinqualerie et autre œuvre de fer esmoulu ou blanchy; de mercerie meslée, viij d. p.. — De chacun cent pesant de laine blanche ou teinte, iiij d. p.; de laine fillée, teinte ou non, viij d. p.. — De chacun cent pesant de figues et raisins; de chacun cent pièces de peaux de mouton, brebis, chèvres et boucs, avec la laine ou poil, iiij d. p.. — De chacun veau de laict, j d. p.. — De chacun muid de fruict, non spécifié en ce tableau, à raison de dix-huict mines pour muid; de chacun cent pesant de poix noire et raisine, d'alun et couperose, de noix de Galle, d'amendes et de riz, iiij d. p.. — De chacun cent pesant de librairie vénale, viij d. p.. — De chacun cent pesant de garance, de chacun baril d'orseille, iiij d. p.. — De chacune meulle de moulin ou à esmoudre ferrements, percée, iiij d. p.; et si elles ne sont percez, n'en est deu que dépry. — De chacun cent pesant de cloud de fer, iiij d. p.. — Et tout autre fer ouvré ou de fonte, à la raison du pris du fer cy-dessus spécifié, qui est pour chacun millier, poids d'Orléans, ij s. vj d. p.. — De chacune charge de cordouan et de basanne, à la raison de trois cent pesant, ij s. p.. — De chacun costé et moitié de lard, ob. p.. — De chacun cent pesant de brésil, iiij d. p.. — Papier doit chef-d'œuvre, et se paye de deux mains par barreau. — Parchemin non escrit, pour cent de peaux, ij d. p.. — Pots, pichets, godets de terre, verres, pierres à esguiser, tasses de Beauvais, bouteilles et autres vaisseaux de terre cuite, doivent seulement chef-d'œuvre, qui est de chacune espèce une pièce de l'ouvrage. — De chacun cent pesant de mesches ou lumignon, et de coton filé ou à filer; de régalice, de colle et rongneure de parchemin à faire colle, d'huile de cade, rabette, tac, glue, iiij d. p.. — Pierres, tuffeaux, plastres, chaux, charbon de pierre, ardoise, soulde à faire verres, meulles de moulin et autres meules non percées, challemine, carreau, thuile, brique et toute pierre creüe ou cuitte, ne doit rien, fort dépry. — Le moust et vin nouvel creu dans l'évesché d'Orléans ne doit rien iusques à la Sainct-Martin d'hyver, le iour compris. — Chacune charge de bourre, iij d. p.. — Chacune douzaine de cuir de porc, iiij d. p.. — Chacune douzaine de cuir

de cheval, vj d. p.. — Chacune pair de grands soufflets de forge,
viij d. p. — Chacune casse d'oranges, citrons, lymons, grenades
et autres tels fruicts, iiij d. p.. — Chacune charge de guesde,
vj d. p.. — Chacun cent pesant de pruneaux cuits, de vieux drapeaux, de cendre gravelée, chacun poinçon d'autres cendres,
iiij d. p.. — Pour chacun cent de fallots, lanternes, soufflets,
crubles, pots à pressoir et hottes poissées ou à poisser, viij d. p..

« Aussi est assavoir, que au tableau dessus dit, n'est aucunement
compris le droict appellé la mine à sel ou sallage, qui est un droict
séparé, combien qu'il se lève et reçoive de longtemps par un mesme
fermier, et auquel l'Evesque d'Orléans prétend avoir la tierce partie
au moyen d'un droict appellé la Tolle. »

(Déclaration imp., Orléans, Fabian Hotot, 1590, 1597, 1599.)

1546, 9 mars. — Édit portant que le péage prétendu à Orléans
de trois minots de sel sur chaque sentine mère chargée de sel est
« avalué » à la somme de xliiij s. ix d. t.. (*V. ci-dessus, nᵒ 447.*)

1663, 29 mars. — Arrêt du Parlement de Paris entre Gilbert
Estienne et Jean Huguet, fermiers du grand péage et mine à sel de
la ville d'Orléans, d'une part, et Loys Guyonneau, voiturier par eau,
le Procureur général du Roi et les M. F., joints avec lui, d'autre
part, sur ce que lesdits fermiers avaient saisi, pour faute de
paiement des droits de péage, deux casses de sucre « estans ès bateaux » de Guyonneau, par lequel est déclarée la saisie des deux
casses de sucre nulle et tortionnaire.

(Arrêt imp., Orléans, Éloy Gibier, 1569 ; Fabian Hotot, 1597.)

1570, 1ᵉʳ août. — Arrêt du Parlement, entre Claude Couppé et
François Charpentier, marchands en la ville de Paris, et les M. F.,
le Proc. gén. du Roi joint avec eux, d'une part, et René Charpentier,
fermier du grand péage d'Orléans, d'autre part, sur certains ap-
pointements donnés par le bailli d'Orléans.

Par lequel est dit que, d'après le statut et privilége des marchands, qui ne fait distinction entre ceux d'Orléans et les forains,
le vin cru au-dedans de l'évêché d'Orléans, qui est enlevé entre
vendanges et la Saint-Martin d'hiver, par marchands orléanais ou
forains, ne doit aucun péage ; toutefois, les marchands le faisant

passer en la ville d'Orléans seront tenus de déprier. — Par le même arrêt, défense est faite au bailli d'Orléans « d'entreprendre aucusne cour, jurisdiction, ne cognoissance des causes où les M. F. sont parties principalles ou accessoires, pour la liberté et franchise des marchandises. »

(Arrêt imp., Orléans, Éloy Gibier, 1570 ; Fabian Hotot, 1597.)

1572, 4 juillet. — Entre les M. F. et Guillaume Lesgu et consorts, « fermiers de la coustume et péage par eau du bois mesrean et autres bois, passans et arrivans par la rivière de Loire au détroit d'Orléans, » sentence du bailli d'Orléans. — 1574, 31 juillet. Autre sentence rendue par maître François Brissonnet, conseiller du Roi en la Cour de Parlement, tenant le siége du bailli d'Orléans. — 1577, 16 septembre. Arrêt du Parlement par lequel est ordonné que ledit droit de péage et coutume par eau sera levé à l'avenir en la forme suivante : « c'est à sçavoir : que chacun cent de douelles de bois appellé mesrean, servant à faire poinçons et fusts neuf à enfuster vin, doict et payera quatre douelles des premières venues et sans choisir, et acquittera la douelle le fond. — Du cent de bois à bruler, quatre coches. — Du millier de cercles à relier poinçons, ij d. ob. p.. — Du cent de toises de gros bois carré à bastir, xx d. p.. — De la grosse de cercles à relier cuves, iiij d. p.. — Du cent d'échalats et charniers contenant huit chartées, et chacune chartée vingt-six faisseaux, viij faisseaux. — De la chartée de bois et serches, servans à faire boisseaux, seaux, seilles et tabours, viij d. p.. — Du batteau chargé de bois mis en œuvre de sabots, pelles et autres ouvrages, deux paires de sabots ou deux pelles ; et de chacun autre ouvrage, deux pièces, pourveu que du moins, audit batteau, il y ait une grosse de sabots, deux cents de pelles et autres ouvrages à l'équipolant. — Du cent d'ais, à compter cent quatre pour cent, à faire planches et cloisons, soit de sapin, chesne ou autres bois, quatre ais pour chacun cent et sans choisir. — De chacun cent de toises de membreuses ou autres bois de siage, x d. p.. — De chacun cent de torches d'ouzier, iiij torches. — De chacun cent de poinçons et fusts neufs à mettre vin, enfoncez, xx s. x d. t.. — Pour chacune chartée de bois gastis, viij d. p.. — De chacun écheau de grand

bois à faire pipes, où y aura la quantité de sept à huit milliers dudit
bois, contenant quatorze cents de douelles et sept cens de fonds,
chacun millier, iiij l. t.. — De gros mâts, de la pièce, v s. t.. —
Pour chacun cent de fagots, xvj d.. Et sera toujours compté et
pris cent quatre pour cent. — De chacun cent de bourrées, de
chacune charrée de latte commune et latte forte, viij d. p.. — De
la chartée d'archele's, pay et perche, xij d. p.. — De la chartée
de barres à barrer, de gentes, d'aisseaux de charette et rets,
xij d. p.. — De la chartée de bâtons de raquette, torches et flam-
beaux, viij d. p.. — De toutes autres espèces est deu pour chacune
chartée, xij d. p.. — Le payement desquelles espèces de bois sera
fait par les forains demeurans ailleurs que dedans l'évêché d'Orléans. Et quant aux habitans au-dedans l'évêché d'Orléans, n'en
payeront que la moitié; et seront tenus, les voituriers ou marchans,
soient forains ou dudit évêché, tenus mettre, rendre et porter le
bois qu'ilz sont tenus payer en espèce, sur le grand port à terre,
sur le haut chantier. »

Obligation est imposée aux fermiers d'afficher pancarte, de tenir
registre et papier de ce qu'ils recevront, et d'y mentionner les noms
et surnoms de ceux dont ils feront recette, de bailler acquit de ce
qu'ils recevront au-dessus de cinq sols tournois.

(Arrêts imp., Orléans, Éloy Gibier, 1570; Fabian Hotot, 1608;
François Hotot, 1676.)

1574, 25 mars. — Arrêt du Parlement de Paris entre le Proc.
gén. du Roi et les M. F. d'une part; les fermiers du grand péage
d'Orléans d'autre part. Par lequel inhibition et défense sont faites
de lever aucun droit sur les livres, librairie, pastel, guesde, sucres,
passant par les détroits du grand péage d'Orléans, qui sont marchandises franches et immunes.

(Arrêt imp., Orléans, Fabian Hotot, 1597.)

1600, 10 juillet. — Jean Daveau et André Boulacre, marchands
voituriers par eau, demeurant ès ponts d'Amboise, assistés de
Pasquaze Dubois, notaire au Châtelet d'Orléans et greffier de la
communauté des M. F., se transportent sur le pont de la rivière de
Loire en ladite ville d'Orléans, en la loge où se lève et acquitte le

péage et coutume du bois et merain, où, parlant à Nicolas Cartier, fermier dudit péage, ils déprient le passage de douze paulx de chêne chargés à Ouzouer-sur-Loire, pour les mener et conduire au pont d'Amboise, pour bâtir, réédifier et réparer les brayes qui sont en ladite rivière au détroit d'Amboise, appartenant au Roi. Lesdites brayes démolies par les crues et débordements de la rivière. En même temps ils offrent le prix du péage à raison de 20 d. p. par cent toises. Refus de cette offre par le fermier, qui prétend que le droit est dû, non pas à la toise, mais à la charretée. — Instance introduite au Parlement entre Nicolas Cartier, fermier de la coutume et péage du bois, en la ville d'Orléans, d'une part, et Jean Daveau, André Boulacre, ci-dessus nommés, et les M. F., joints avec eux, d'autre part. — 1601, 1ᵉʳ septembre. Arrêt qui déclare bonne et valable l'offre faite par Daveau et Boulacre.

(Arrêt imp., XVIIᵉ s..)

1602, 21 mars. — Sentence de l'élection d'Orléans entre Benoît Coulombier, marchand forain, d'une part; Louis Guignebart et Jacques Plisson, fermier de l'imposition du bois ouvré et à ouvrer, vendu ou échangé, par marchands forains, en la ville d'Orléans, d'autre part. Par laquelle est dit que les chalans et bateaux amenés neufs et vides et vendus en la ville d'Orléans, ne sont soumis au droit de péage établi sur les bois ouvrés.

(Sentence imp., XVIIᵉ s..)

1614, 11 mars. — Entre Aron du Plessis, fermier du péage d'Orléans, et Jean Boucault le jeune, voiturier par eau; sentence du lieutenant-général du bailliage et siége présidial d'Orléans, portant que le droit dû au péage d'Orléans sur le bois merain est seulement 5 sols t. pour chaque millier. — 1615, 22 décembre. Entre les mêmes parties, les M. F. joints; arrêt confirmatif du Parlement.

(Arrêt imp , Orléans, Fabian Hotot, XVIIᵉ s.. Pr.-v. de l'assemblée de 1615.) — (**V. ci-dessus, nᵒ 19**.)

1659, 6 juillet. — Arrêt du Parlement de Paris entre Jacques Boutheroue, Abraham le Roy, François Carpentier et Pierre Boislève, marchands de bois, appelants d'une sentence du bailli d'Orléans, et les fermiers du péage de la ville d'Orléans, intimés, les M. F. et Monsieur, fils de France, oncle du Roi, duc d'Orléans, intervenants, par lequel est dit « que les appelants et les M. F. pourront disposer, vendre et porter leurs marchandises hors la ville d'Orléans, soit par eau ou par terre, dans les limites du péage d'Orléans, après qu'ils auront payé le droict accoustumé pour l'entrée de lad. ville, sans que lesdits fermiers puissent exiger d'eux aucun péage pour la sortie desdites marchandises. »

(Arrêt imp., Orléans, Gilles Hotot, 1659.)

605.

Péage levé par l'hôpital général. — 1678, 18 juillet. — Bail.

« A tous ceulx qui ces présentes lettres verront, François de Paule le Rebours, chevallier, seigneur de Chaussy et de la Fontaine, conseiller du Roy et de Son Altesse Royale, prévost d'Orléans, juge de police des devemps et cas royaux, conservateur des priviléges royaux de l'université dudit lieu, salut. Scavoir faisons que aujourd'huy lundy dix-huit jour de juillet mil six cent soixante-dix-huit, heure de deux heures après midy, au bureau de l'hospital général establi à Orléans, par devant Jean Charron, notaire au Chastellet dudit lieu, soussigné, Messieurs les directeurs et administrateurs dud. hospital général, assemblez audit bureau tenu aud. hospital, es personnes des soussignés, ont, suivant les publications faites le jour d'hier aux prônes des grandes messes des pauvres de Nostre-Dame-de-Recouvrance, Saincte-Catherine, Saint-Benoist-du-Retour, Saint-Pierre-le-Puillier et Saint-Marceau de cette ville d'Orléans, ainsi qu'il est apparu par les certifficats desd. publications, signés desdits sieurs curez desd. parroisses, mis et exposés en bail pour le temps de trois ans commenceans le jour et feste de saint André prochain venant et finissant à pareil jour que l'on comptera mil six cent quatre-vingt-un, pour estre livrée au plus offrant et dernier enchérisseur, à la manière accoustumée, la ferme de lançage et

neufvage appartenant aud. hospital, au lieu de l'hospital Saint-An-
thoine, sis sur le pont d'Orléans, au moyen de la réunion qui en a
esté faite aud. hospital général, pour par icelluy à qui elle sera livrée et attroussée en jouir, la cuillir et lever sur les redevables
d'icelle, en la manière accoustumé faire, et ce durant lesd. trois
années, aux droits de qui en deppendent, desquels droicts estans au
martirologe dud. hospital, à cette fin rapporté par led. notaire, en
a esté présentement fait lecture, ensemble des charges auxquelles
led. bail se fait comme il ensuit. C'est assavoir que pour le droit de
lançage et neufvage est deub par chascun nouvel marchand qui
passe ou fait passer dessous les ponts, pour sa nouveauté, cinq sols
parisis pour une fois payé, et pour chascun challan neuf qui oncques
ne fut mis sur rivière pour la première fois, cinq sols parisis. A la
charge par le preneur ou preneurs de payer la ferme.... »

Adjudication tranchée au prix de cent cinq livres tournois par an.

(Arch. de l'hôpital d'Orléans.)

606-612.

**Péages levés par les habitants. — XVe-XVIIe siècle.
Édits, états de recettes, arrêts.**

1435, 24 décembre. — Édit par lequel un péage est octroyé aux
habitants pour la réfection de leurs ponts, détruits pendant le siége
tenu devant leur ville par les Anglais.

« Charles, par la grâce de Dieu Roy de France, au gouverneur du
duchié d'Orléans, juge et conservateur des previlleiges par Nous et
nos prédecesseurs donnez et ottroiez à l'université de l'estude d'Orléans ou à son lieutenant, salut. Exposé Nous ont le Procureur général de nostre très chier et très amé frère et cousin le duc d'Orléans, les gens de l'église et de ladicte université, et les bourgois,
manans et habitans de la ville d'Orléans, consors en ceste partie,
que, à la supplicacion et requeste desdiz manans et habitans, Nous,
pour plusieurs justes causes et considérations à ce Nous mouvans,
leur avons faiz les ottroiz contenuz en nos autres letres, desquelles
l'en dit la teneur estre tele.

« Charles, par la grâce de Dieu Roy de France, au gouverneur d'Orléans, juge et conservateur des previlleiges par Nous et nos prédecesseurs donnez et ottroiez à nostre amée fille l'université d'Orléans ou à son lieutenant, salut. Nos bien amez les bourgois, manans et habitans de la ville d'Orléans Nous ont fait exposer que, pour entretenir leurs loyaultez envers Nous et résister à la dampnable entreprinse des Anglois, noz anciens ennemis et adversaires, qui par huit mois ou environ ont tenu siége devant ladicte ville, aient, iceulx exposants, fait et porté plusieurs grans charges, mises, dommages et despenses, et aient leurs héritaiges et maisons abatu et démoli, et se soient obligez envers plusieurs et diverses personnes, colléges et chapitres, et ait esté le pont de ladicte ville, avec les tours d'icellui, en grant partie démoliz, lesquelz pont et tours réparer, et autres charges besoigner, es affaires de ladicte ville supporter, et les debtes paier n'eussent peu lesdiz exposans sans nostre aide et confort, et pour ce se feussent traiz pardevers Nous, et de ce Nous à plain advertiz leur eussions donné noz lectres faites à Mehun sur Evre, le xvjᵉ jour de janvier, l'an mil cccc vingt et neuf, par lesquelles leur ottroyasmes ung aide qui s'ensuit, durant jusques à six ans, à compter du jour de la Chandeleur ensuivant.

« C'est assavoir : sur chacun muy de sel, mesure de Paris, passant par dessoubz le pont de ladicte ville, montant contre mont ; sur chacun muy de sel qui sera descendu en icelle, et sur chacun muy de sel qui aussi y sera prins ou au port d'icelle, non gabelé, pour mener hors, quatre sols parisis. — Sur chacun tonneau de vin du creu de l'éveschié d'Orléans, amené en lad. ville par eaue ou par terre, huit deniers par.. — Sur chacun tonneau de vin acheté par marchant de lad. ville hors l'évêchié, et amené en jcelle, deux solz par.. — Sur chacun tonneau de vin que marchans estrangiers amèneront par eaue ou par terre dans lad. ville ou passeront pardessoubz le pont d'icelle, soit baissant ou montant, deux sols par.. — Sur chacun tonneau de vin yssant de lad. ville ou des forbours, de l'acheteur, deux sols par.. — Sur chacun muy de blé ou autres grains, mesure d'Orléans, montant ou descendant par la rivière, sans estre descendu en icelle, seize deniers par.. — *Item*, sur chacun cent de beurre ou suif entrant ou passant par eaue ou par terre

en lad. ville, ou par dessoubz le pont d'icelle, douze deniers par..
— Sur chacun cent de laine, cire et garence, deux sols par.. —
Sur chacun millier de plomb, d'acier, de fer et d'alun, quatre solz
par.. — Sur chacun quaque ou millier de haren, deux sols par.. —
Sur chacune caque d'uille ou d'auve, deux solz par.. — Sur
chacun millier de seiche, deux solz par.. — Sur chacune douzeine d'aloses, huit deniers par.. — Sur chacune douzeine de mourues, deux solz par.. — Sur chacun marsoin, deux sols par.. —
Sur chacun bœuf ou vache venant et entrant en lad. ville, et qui en
icelle ou es forbours seront venduz, deux sols par.. — Sur chacun
mouton ou brebiz, deux deniers par., et que ceulz qui les achete-
raient pour mener hors de ladicte ville ou desdiz forbours le paient
semblablement.

« Et de plus pour ces causes et ad ce que lesdittes réparacions et
autres affaires de lad. ville feussent mielx parfaictes et acomplies, par
noz autres lettres données à Jargueau le ixᵉ jour de février en
suivant, leur eussions octroyé ung autre aide qui s'ensuit : c'est
assavoir : sur chacun lot de cuirs montant à vint cuirs tannés ou à
tanner, entrant, yssant ou traversant en lad. ville d'Orléans, soit
par eaue ou par terre, huit solz par.. — Sur chacune douzeine de
cuirs de vache corraiez, comme dessus, six solz par.. — Sur chacune douzeine de peaulx de veaulx couraiez ou moutons, deux solz
par.. — Sur chacune douzeine de cordoan couraié, deux solz par..
— Sur chacune douzeine de cordoan sec, seize deniers par.. — Sur
chacun drap de layne entier amené ou traversant par lad. ville, soit
par eaue ou par terre, par marchans forains ou de lad. ville, quatre
solz par.. — Sur chacun demj drap, deux solz par. et denier par..
— Sur chacune balle de futayne, quatre solz par.. — Sur chacun
porc sallé entier amené, entrant, yssant ou traverssant, huit deniers
par., et pour le demj porc, quatre deniers par.. — Sur chacun
beuf ou vache passant ou traverssant par lad. ville, sans estre vendu
ne acheté, douze deniers par.. — Sur chacun porc ou truye amené,
passant ou traversant, comme dit est, quatre deniers par.. — Sur
chacun mouton ou brebis, deux deniers par.. — Sur chacun cent
de poisson, c'est assavoir : carpes, brochez, brasmes, amenez ou
yssans hors de ladicte ville, deux sols huit deniers par.. — Sur

chacun saumon, deux solz par.. — Sur chacune douzeine de lem-
proies, deux solz par.. — Sur chacun millier d'anguilles ou pinpe-
neaux, deux solz p.. — Sur chacune douzeine de congres, deux
solz par.. — Sur chacune douzeine de merluz, huit deniers par.. —
Sur chacune douzeine de javelles, de charniers ou achalaz de quartier,
amenez par rivière ou par terre, en lad. ville ou forbours ou traverssans iceulx, quatre deniers par.. — Sur chacune douzeine de
charniers rous, deux deniers par.. — Sur chacun cent de bois,
quatre solz par., et se il y a moins que dudit cent, il payera par
porcion au regard dudit cent. — Sur chacun millier de late, volisse,
atieulle ou autre, douze deniers par.. — Sur chacun cent de pelles,
huit deniers par.. — Sur cha un millier d'esseaune, quatre deniers
par.. — Sur chacun millier de merrien à faire tonneaux, quatre
solz par.. — Sur chacun millier de merrien à traversin, deux solz
huit deniers par.. — Sur chacune charge de mercerie amenée,
yssant ou traverssant par lad. ville ou forsbours, soit par eaue ou
par terre, quatre solz par.. — Sur chacune somme de clo, deux
solz par.. — Sur chacune charge de papier, quatre solz par.. —
Sur chacun millier d'ardoise amenée en lad. ville ou forsbours, soit
par eau ou par terre, ou qui traverssera, deux solz par.. — Sur
chacune charge de guesde amenée en lad. ville ou yssant hors
d'icelle, ou traverssant jcelle ou les forsbours, soit par eaue ou par
terre, quatre solz par.. — Sur chacun cent de chanvre amené en
lad. ville et yssant hors d'icelle, viij deniers par.. — Et sur chacun
compte qui contient soixante aulnes, deux solz par.. — Sur chacun
demj compte de toille, douze deniers, et au-dessoubz, riens. —
Sur chacun cent pesant de mitraille amené en lad. ville ou yssant
hors d'icelle, deux solz par.. — Et sur chacun cent de poelles
d'arain entières, amenées ou yssans comme dit est, quatre solz par..

« Desquiels aides et subsides yceulx exposans eussent joy par
l'espace d'un an et trois mois ou environ seulement, que nostre
procureur général et le procureur des marchans de la riviere de
Loire firent publier en lad. ville d'Orléans certaines noz lettres, par
lesquelles aurions aboli tous aides et subsides nouveaulx qui puis
soixante ans auroient esté mis et imposez sur ladicte rivière de
Loire et autres descendens en jcelle, obstant lesquelles nos lettres

d'abolicion jceulx exposans n'ont peu joir à plain desdiz aides et
subsides qui finiront, c'est assavoir : le premier octroyé à la Chandeleur prochaine venant, et le second environ le moys de février prochain venant, et par ce sont en adventure que plusieurs réparacions,
emparemens et fortifficacions que jceux exposans ont encommancées, ont intencion, et que besoing estoit et est de faire tant en lad.
ville que esdiz pont et tours, et espécialement oudit pont, duquel a
esté abatu grant partie par les glaces qui ont esté en cest yver derrenier, et acrollé le demourans qui est demouré sus en pierre,
ouquel ilz ont fait faire ung pont de boys qui est, et aussi ledit demourant de pierre, en adventure de tumber se brefve provision n'y
est mise, demeurent à parachever et acomplir se par Nous ne leur
est sur ce secouru, et pour ce Nous ont humblement supplié et requis que, attendu ce que dit est et ad ce que ledit pont, qui est ung
des plus beaux joyaux de lad. ville, soit refait de pierre et tenu en
estat, il Nous plaise de rechief leur octroyer lesdiz aides, tant par
eaue que par terre, jusques à tel temps qu'il Nous plaira, et sur ce
leur impartir nostre grâce.

« Pour ce est-jl que Nous, ces choses considérées et la grant,
bonne et vraye voulenté que lesdiz exposans ont eue envers Nous,
voulans pourveoir à l'utilité et bien de lad. ville et des demourans
en jcelle, à jceulx exposans, tant pour ces causes que autres à ce
Nous mouvans, avons octroyé et octroyons de rechief, de grâce espécial par ces présentes, les aides, subsides et jmpostz dessus diz,
tant par eaue comme par terre, sur lesd. deniers, biens et marchandises, en la forme et manière que dessus est dit et déclairé, et
qu'ilz puissent jceulx lever ou faire lever par leurs commis, et en
prendre les deniers jusques à quatre ans prochains ensuivans, à
compter des jours que les autres dessus diz finiront. — Si vous mandons..... Donné à Tours, le xxiiije jour de décembre, l'an de grâce
mil cccc trente et cinq, et de nostre règne le quatorziesme.

« Depuis l'impétracion desquelles noz lettres dessus transcriptes
est le cas advenu que une partie dudit pont, qui avoit esté édifié de
boys, est cheu et trébuché, et en ce faisant a tyré et emporté avec
soy partie de celui qui estoit demeuré en pierre, et par icelle escheoite le chemin de l'eaue a esté telement empeschié, qu'il n'y

avoit lieu où ung chalan peust monter ne baisser au droit de lad.
ville par lesd. fleuve et rivière de Loire, et pour refaire ledit pont
de nouvel et la voye aux marchans passans à pié, à cheval, charroy
et toutes autres manières, se sont lesdiz habitants diligemment emploiez, et y ont vaqué et entendu tant de jour comme de nuit, sans
intervalle quelconques, et en ce ont finyé et dépendu grans sommes
de deniers, et qui plus est pour ce qu'il estoit chose nécessaire de
donner au fait dudit pont plus ample provision, par l'advis et délibéracion de gens sages et expers, ont advisé de emploier les deniers
venuz desdiz aides et octroiz à rédiffier led. pont à arches de pierre,
et à soustenir celui qui est demouré, qui a esté et est grant entreprise et charge ausdiz exposans, parce qu'il n'est pas chose possible
que on puisse rien faire qui vaille audit pont, si non que ce soit par
le moyen d'une grosse despense, est aussy le pont leveys et la for-
teresse qui estoit au droit de lad. ville, pour la garder d'inconvénients par la cheoite et trébuchement d'iceluy pont, a esté du tout
aussi trébuchée, et telement que se leurs advenoit que aucuns ennemis feussent sur ledit pont de plain pié et sans empeschement, se
pourroient mettre et bouter dedans ladicte ville, par quoy, pour
obvier à telz inconvénients, est chose nécessaire ausdiz exposans de
faire aucune deffense à l'encontre, que aussy advisé lesdiz exposans
et esleu trois hommes d'estat de ladite ville, autres que les douze
procureurs, pour recevoir les deniers venus desdiz aides, et jceulx
tourner et convertir es réparacions et emparemens de ce que dit
est, et non ailleurs. Et combien que ces choses ainsy faictes et dé-
libérées aient procedé et procèdent du consentement et voulenté
desdiz exposans et de lad. ville, pour sur ce deuement convoquez
et assemblez, et aussi que ce soit chose nécessaire pour le bien
d'icelle et de tout le païs d'environ, et d'autres qui ont acoustumé
prandre leur passage et travers par icelle, et mesmement des marchans fréquentans ledit fleuve et rivière, ad ce qu'ilz puissent avoir
voye et passage par jcelluj pont. Ce non obstant aucuns particuliers
de lad. ville, qui se disent marchans fréquentans ledit fleuve, pour
empescher le fait dudit pont, ont fait plusieurs assamblées particu-
lières esquelles ilz ont fait venir avec eulx ung nommé Guiot Boilleau, bourgois et habitant d'icelle ville, qui se dit et porte procu-

reur général desdiz marchands fréquentans ledit fleuve de Loire et les autres fleuves et rivières descendans en jcelluj, lequel Guiot, comme soy disant procureur dessus dit, s'est trait devers vous ou vostre lieutenant, et s'est opposé ad ce que l'octroy touchant l'aide des denrées amenées en lad. ville ou emmenées d'icelle par ladicte rivière, et aussy des denrées passans et traverssans par icelle, ne feust baillé à ferme ne les deniers d'icelui aide aucunement levez en quelque manière que ce feust, et ad ce que n'y procédessiez, s'est efforcé d'appeller, et de fait a appellé de vous ou de vos commis et députez, à Nous ou nostre court de parlement, et à celle cause avez différé de bailler à ferme ledit aide, et aussi n'y a personne qui le vueille prendre ne affermer pour doubte d'estre mis et enveloppé en involucion de procès, ja soit ce que par nosd. autres letres eussiez pouvoir de ce faire, non obstant teles appellations, et que avant lad. appellacion ainsy interjetté aviez desià, ou nom de lad. ville, commis aucuns des bourgois d'icelle qui pour et ou nom d'elle cuilloient et levoient led. aide, lesquels commis doublent lesd. procès et débaz, et que à ceste cause on les vueille molester ou travailler, lesquelles choses, ainsi faictes et pourchacées par ledit procureur desdiz marchans et par lesdix marchans, ont esté et sont ou grant dommage et préiudice du bien commun de lad. ville et de tout le pais d'environ, et pour laquelle chose lesdiz exposans ayans eu sur ce advis et délibéracion, se sont uniz et joings ensemble pour l'intérest que chacun d'eulx y a et peut avoir, et Nous ont, en ce exposant humblement, requis que sur ladite matière leur vueillons faire et donner provision convenable.

« Pour quoy Nous, ces choses considérées, voulans pourveoir au fait dudit pont et en faveur d'jcelluj, aians considéracion au contenu des letres dessus transcrites, vous mandons et, pour ce que par nosd. autres lettres vous avions commis à lever et mettre sus led. aide, et de faire bailler et délivrer les deniers venus d'icelluy aux procureurs d'icelle ville ou à leurs commis, pour les mettre et convertir esd. réparacions, commandons et commettons, se mestier est, par ces présentes que non obstant ledit appel et contredit dudit procureur et desd. marchans, et quelxconques autres opposicions, appellerions ou contre des faiz, ou que eulx ou au-

tres vouldroient faire et pourchacer en ceste matière, et les inhibicions et défenses qui par vertu d'iceulx nous pourroient estre
faiz, vous, par manière de provision, et jusques ad ce que autrement en soit ordonné et apointé par nos amez et féaulx conseilliers les gens tenant ou qui tendront nostred. parlement, ausquelz,
par le moyen desdiz appeaulx la congnoissance en doit ou peut appartenir, baillez à ferme ledit aide ou aides touchans les denrées
menées ou emmenées, passées ou traverssées par lad. rivière, se
mestier est, selon la forme et teneur de Nosd. autres lettres, et
aussy, se chose est plus expéditive, de les cueillir et lever sans les
bailler à ferme, faites-le et souffrez, sans aucunement defférer à
teles appellacions et contrediz, car ainsi le voulons et Nous plaist
estre fait. . . . Donné à Poicliers, le xvij jour de février, l'an de
grâce mil cccc trente et cinq, et de nostre règne le quatorziesme.
— Par le Roy en son conseil. — Signé : Budé. »

(Orig. s. parch. Archives de l'Hôtel-Dieu d'Orléans.)

1436, 14 mai. — Édit par lequel les habitants d'Orléans sont
maintenus dans le droit de lever certain péage à eux octroyé pour
la réfection de leurs ponts détruits pendant le siége :

« Charles, par la grâce de Dieu Roy de France, au gouverneur du
duchié d'Orléans, juge et conservateur des privilleiges par Nous et
nos prédécesseurs donnez et octroiez à l'université de l'estude d'Orléans ou à son lieutenant, salut : de la partie du Procureur général
de notre très cher et très amé frère et cousin le duc d'Orléans, des
gens d'église et de la dite université et des bourgois, manans et habitans de la ville d'Orléans consors en ceste partie, Nous a été exposé :
que, pour aider à faire plusieurs et grandes réparacions, emparemens et fortiffications que les ditz bourgois, manans et habitans ont
encommancées, faits faire ont entention, et que besoing estoit et est
de faire, tant en lad. ville d'Orléans que au pont et tours d'icellui
et espécialment audit pont et tours, lesquels avoient esté abatuz et
rompuz en grant partie par les Anglois noz anciens ennemis et adversaires qui tindrent le siège devant iceulx, et encores depuis icellui
siége et en l'iver mil cccc trente et quatre par les glaces fut en
grant partie icellui pont abatu, et le demourant qui estoit demouré

en pierre fort acrollé, auquel lesdiz habitants firent faire ung pont de boys, Nous ayons octroyé ausdiz manans et habitans d'icelle ville par nos autres lettres données au mois de décembre derrenier passé qu'ils puissent avoir, lever et prandre sur aucunes denrées et marchandises menées ou emmenées, passans ou traversant. » (*V. les lettres reproduites en celles du 17 fév. 1435.*)

« Après laquelle provision ainsy de Nous obtenue, iceulx exposans, cuidans joir et user d'icelle, ont quis et trouvé gens expers et d'eulx en advis et marchandé à commancer à faire ledit pont passant à arches de pierre et mesmcment les arche ou arches par où doit estre et sera la voye des marchans, et sans lesquelles faire au droit de lad. ville ne peuvent iceulx marchans, pour la conduite de leurs bateaulx, denrées ou marchandises, avoir seurement voie ou chemin, et qu'il consecra plus seulement à faire ladite voye que tout ce que pourront monter les deniers qui pourront venir des denrées conduites par lad. rivière, qui n'est pas que la dixième partie de l'euvre à laquelle faire et parfaire est nécessaire que lesd. habitans quièrent et aient autre provision, laquelle chose ilz n'eussent peu ne osé entreprandre si non en entencion que la provision par Nous à eulx faicte eust eu et sortj effect, et pour empescher nosd. lettres d'octroy et la provision par Nous sur ce donnée, les marchans fréquantans et marchandans sur ledit fleuve de Loire et autres rivières descendants en iceluy soubz nombre d'aucunes choses qu'ils Nous ont donné à entendre aient impettrées noz autres lettres ou moys de mars derrenier passé, par vertu desquelles et par certain nostre sergent ilz, en taisant que l'euvre ait esté ainsy baillée à faire, et que ce soit pour faire lad. voye, vous ont et aussy au prévost d'Orléans et ausdiz exposans, leurs fermiers, commis et autres, à peine de deux cens marcs d'or ou autre grosse somme à Nous à appliquer, fait faire inhibition et deffense de par Nous que lesd. aides ne mettez sus, imposez ne levez, ne faictes mettre, imposer ne lever, ne autres quelzconques sur lesd. marchands fréquantans lad. rivière de Loire, par vertu desd. lettres par Nous octroyées ausd. exposans, ne autrement en quelque manière que ce soit, et que tout ce que auriez fait ou fait faire au contraire remeissiez ou foissiez remettre sans délay au premier estat jusques

ad ce que par nostred. court de parlement en soit autrement
ordonné.

« Lesquelles choses ainsi faictes à la requeste desdiz marchans
ont esté et sont en très grant grief et préjudice et dommage du
bien commun de ladicte ville, de tout le païs d'environ, et à la
destruction totale d'icelluy pont, et mesmement sont directement
pour empescher qu'on ne face la voie et chemin qui est nécessaire
et sans laquelle on ne pourroit en vaisseaulx charger, aler ne venir
par ladicte rivière et encores pourroit plus estre, se par Nous n'y
estoit mist provision convenable si comme dient lesd. exposans, en
Nous humblement requérant que attendu ce que dit est, et la grant
renommée qui est dudit pont par tout l'universal monde et les grans
grâces et victoires que avons eues par le lèvement de la bastide qui
estoit et que avoient faicte nosdiz anciens ennemis aux tourelles et
bout dudit pont, et où plusieurs de nosdiz ennemis durant ledit
siége finirent leurs jours, et mesmement le conte de Salisbury et
plusieurs autres chiefs de guerre noz ennemis, et ad ce que de ce
soit mémoire, Nous leur vueillons impartir noz grâce et nouvelle
provision.

« Pourquoy Nous, ces choses considérées, voulans pourveoir au
fait dudit pont que ne voulons demourer en tele désolacion, vous
mandons et pour ce que par nosd. autres lettres vous avons commis à lever et mettre sus lesd. aides et les deniers d'iceulx faire
bailler aux procureurs d'icelle ou à leurs commis pour les emploier
esd. réparacions. — Commandons et commettons par ces présentes,
nonobstant lesd. lettres de Nous dernièrement impettrées par lesd.
marchans fréquantans et marchandans sur ladite rivière de Loire
et autres rivières descendans en icelle, et les inhibicions et deffenses
qui par vertu d'icelles vous ont esté faictes ou autres et quelxconques autres lettres qui pourroient estre impétrées de Nous et les
inhibicions et deffenses qui par vertu d'icelle vous pourroient estre
faictes, vous, par manière de nouvelle provision, baillez ou faictes
bailler à ferme iceulx aides touchant lesd. denrées menées ou emmenées, passées ou traversées par lad. rivière de Loire, tout selon
la forme et teneur de nosd. autres lettres d'ottroy et provision
baillées ausd. exposans, ou les faites cueillir et lever sans les bailler

à ferme, se véez que ce soit le plus expédient et convenable, sans avoir égard ausd. derrenières lettres de Nous impétrées par lesd. marchans et aux inhibitions qui desia en sont ou pourroient en estre faictes, et lesquelles Nous ne voulons quant ad ce avoir ne sortir aucun effect, au moins jusques ad ce que par nostred. court de parlement en soit autrement ordonné, pourveu toutesvoies que les deniers venus desd. aides se employeront premièrement à faire lad. voye et chemin aux marchans, et le seurplus ou fait dudit pont et non ailleurs, et que lesd. habitans ou leur douze procureurs pour eux se obligeront à faire restitucion des deniers qui seront levez se par nosd. conseillers est apointé que ainsy doye estre fait.

« Par ainsy Nous plaist il estre fait et ausd. exposans l'avons ottroyé et ottroyons de grâce espécial par ces présentes..... Donné à Bourges, le xiiij^e jour de may, l'an de grâce mil iiij^c trente et six, et de nostre règne le xiiij^{me}, soubz nostre seel ordonné en l'absence du grant. — Par le Roy, Monseigneur Charles d'Anjou, le Bastart d'Orléans, présens. — Signé : Mallière. »

(Orig.. Arch. de l'Hôtel-Dieu d'Orléans.)

1445, 9 nov. — Édit prononçant suppression de « la novalité mise sur le pont d'Orléans. » (V. ci-dessus, n° 435.)

1597, 17 mars. — Édit par lequel les habitants sont maintenus dans le droit de lever, à Orléans, un péage sur le sel qui se levait à Jargeau.

« Henry, par la grâce de Dieu Roy de France et de Navarre, à Nos amez et féaux conseillers les trésoriers de France et généraux de noz finances à Orléans, grenetier et controlleur de nostre grenier à sel dudit lieu, salut : — Veu en nostre conseil la requeste à nous présentée en icelluy par nos chers et bien amez les maire, eschevins et habitans de nostre ville d'Orléans, tandant à ce qu'il nous pleust ordonner que l'impost de quatre escuz qui se lève en nostre ville de Jargueau sur chacun muid de sel passant soubz les pontz d'icelluy, pour le paiement de la somme de dix mil escuz que nous avons permis au sieur Dufaur de lever, sur laquelle il a reçu quatre mil escuz, soict transférez en nostred. ville

d'Orléans, durant dix années consécutives, afin de pouvoir sattis-
faire aux frais de la communeaulté, réparations nécessaires, voiages
en court, et se libérer en partie des grandes sommes en quoy ladicte ville est endebtée. Nous desirans gratiffier et donner moien
ausditz exposans de subvenir aux fraiz et deppences de la communeaulté de ladicte ville comme nécessaires à l'entretènement et
conservation d'icelle. De l'advis de nostre conseil et suivant l'arrest
d'icelluy dont l'extraict est cy attaché, soubz le contresel de nostre
chancellier, avons ausdicts maire, eschevins et habitants de nostre
ville d'Orléans, permis et accordé et octroyé, permettons, accor-
dons et octroyons par ces présentes, voullons et nous plaît : que,
durant huict ans consécutifs, ils puissent prendre, cuillir et lever,
par forme d'octroy, quatre escuz sol sur chascun muid de sel passant soubz les pontz de nostre dicte ville d'Orléans, pour les deniers
qui en proviendront estre emploiez aux affaires commungs de ladicte
ville et non ailleurs. A la charge qu'ilz paieront dans deux ans, à
quatre paiemens par égalle portion, audict sieur Dufaur, gouverneur de ladicte ville de Jargeau, ce qui se trouvera lui estre deub
de reste de la somme de dix mil escuz pour laquelle la levée desditz
quatre escuz pour muid de sel passant soubz les pontz dudict Jargueau lui avoit esté accordée. »

Du 11 nov. 1597 au 22 mars 1599. — Recette de deniers faite
par le receveur des deniers communs de la ville d'Orléans :

« Aulte recepte faicte par ledict Pothier, recepveur susdict des deniers provenuz de l'octroy de quatre escuz soleil levez sur chacun
muy de sel qui a passé soubz les ponts de ceste dicte ville, au lieu
que se levoit à Jargueau, suivant les lettres patentes du Roy et arrest de la cour des aydes, insérez au présent compte et ordonnance
desdictz maire et eschevins en datte du unzième jour de novembre
(1597) sur le registre et controlle faict audict hostel commung, sur
les brevetz expédiez à Ingrande, rapportez en icelluy par les marchans et voituriers conduisans les batteaux chargés de sel, et ce depuis le vingt sixième jour de novembre mil cinq cens quatre vingtz
dix sept jusques au vingt deuxᵐᵉ jour de mars mil cinq cens quatre
vingtz dix neuf, ainsy qu'il appert par ledict controlle arresté en

icelluy hostel commung, le cinquiesme jour d'avril ou dict an quatre vingtz dix neuf. — Signé : Charron, maire, et Dubois, greffier. »

« De Jaccb, marchant demourant en ceste ville d'Orléans, procureur de Aignan Poictaz, fournisseur du grenier à sel de Gien, la somme de vingt un escu soleil pour ledict octroy de quatre escuz le muy, de la quantité de cinq muys trois septiers sel, mesure de Paris, pour le fournissement du grenier à sel de Gien, passé le 26ᵉ jour de novembre 97. — 28 novembre 1597. Paiement de 100 écus 20 sols par Jean Mathieu, marchand demeurant à Moulins, procureur de Jacques Vernesson, fournisseur du grenier à sel de La Charité, pour le passage de 25 muids destinés au grenier de La Charité. — 29 novembre 1597. Paiement de 90 écus par Nicolas Pardereau, procureur dudict Poictraz, pour le passage de 22 muids 6 septiers, destinés au grenier de Gien.

7 janvier 1598. — Paiement par Huguet-Millet et François Chauvereau, voituriers par eau, faisant pour Jehan Gentil, procureur de Barthélemy Gallois, fournisseur « des greniers à sel de Lyonnois et Masconnois, » de 55 écus pour le passage de 13 muids 11 septiers, destinés aux greniers du Lyonnais. — 12 janvier 1598. Paiement par Michel Fournier, voiturier par eau de Saumur, pour Pierre Regnier, dudit lieu, procureur de Pierre Laguette, ayant les droits de Guillanme Legris, adjudicataire du grenier à sel de Sully, de 115 écus 40 sols, pour le passage de 28 muids 11 septiers, destinés au grenier de Sully. — 14 janvier 1598. Paiement par Nicolas de l'Orme le jeune, pour Denis de l'Isle, procureur de Michel le Vacher, fournisseur du grenier à sel de Bourbon-Lancy, de 29 écus 40 sols, pour le passage de 7 muids 5 septiers, destinés au grenier de Bourbon-Lancy. — Même jour. Paiement par le même de 92 écus 20 sols, pour le passage de 23 muids 1 septier, en destination du grenier de Decize. — 27 janvier 1598. Paiement par Daniel Chandery, procureur de Barthélemy Gallois, fermier des pays de Lyonnois, de 133 écus, pour le passage de 33 muids 3 septiers, en destination du grenier de Semur en Brionnais. — 29 janvier 1598. Paiement par Antoine Guyot, voiturier par eau de Moulins, pour Léonard Richard, marchand, procureur de Jacques Chandery, procureur de Jean du Plessis, fournisseur du grenier à sel de Moulins,

de 108 écus, pour le passage de 27 muids en destination du grenier de Moulins. — 30 janvier 1598. Paiement par Christophe Leduc, de Tours, pour René de Launay, marchand demeurant à Fondettes, procureur de Barthélemy Gallois, « fermier du tirraige du sel des païs du Lyonnois et aultres de la ferme à la part du Royaulme, » de 202 écus, pour le passage de 50 muids 6 septiers, en destination du grenier de Semur-en-Brionnais. — 3 février 1598. Paiement par Guillaume Deschamps, marchand, demeurant à Tours, procureur de Jean-Baptiste Legay, faisant pour les créanciers de Barthélemy Gallois et Guillaume de Charancy, fermier du tirage du sel du pays de Lyonnais et autres à la part du Royaume, de 160 écus, pour le passage de 42 muids 6 septiers, en destination du grenier de Semur et pays de Lyonnais. — 5 février 1598. Paiement par Jehan Solut, d'Orléans, et Jean des Vades, de Gien, marchands voituriers par eau, faisant pour Huguet Herbelin, procureur de Jacquez Mot, facteur de François le Miberd, fournisseur du grenier à sel de Chalon-s.-Saône, de 186 écus, pour le passage de 46 muids 6 septiers, en destination du grenier de Chalon. — 6 février 1598. Paiement par Nicolas Brouyn, marchand, demeurant à Baugency, procureur de Jean Bouschet, commis au fournissement du grenier à sel de Cosne, de 92 écus 40 sols, pour le passage de 23 muids 2 septiers, en destination du grenier de Cosne. — 6 mars 1598. Paiement par Bérault Boizard, marchand, demeurant à Tours, ayant charge de Urbain Mygnot, marchand dudit Tours, procureur de Jacques Chandery, faisant pour Jean du Plessis, fournisseur du grenier à sel de Moulins en Bourbonnais, de 73 écus, pour le passage de 18 muids 3 septiers, en destination du grenier de Moulins. — 12 mars 1598. Paiement par Nicolas Chaingy, voiturier par eau, pour Pierre Deschamps, marchand, demeurant à Gien, procureur de Jean Gogne, fournisseur du grenier à sel de Clamecy, de 42 écus 20 sols t., pour le passage de 10 muids 7 septiers, en destination du grenier de Clamecy. — Le même jour. Paiement par le même, pour Martin de la Guibelle, marchand de Blois, procureur de Jean le Fassier, fournisseur du grenier à sel de Saint-Pierre-le-Moustier, de 51 écus 20 sols, pour le passage de 12 muids 10 septiers en destination du grenier de Saint-Pierre-le Moustier. — Le 31 mars 1598.

Paiement par Pierre de Launay, marchand, pour Jean Clément, aussi marchand, faisant pour Pierre Deschamps, procureur de Jean de la Gogne, fournisseur du grenier à sel de Clamecy, de 55 écus 40 s., pour le passage de 13 muids 11 septiers, en destination du grenier de Clamecy. — 2 avril 1598. Paiement par Jullian Jou, voiturier de la pile « Sainct-Mars, » pour Samson Goussoy, dudit lieu, procureur de Jacob, marchand fournisseur du grenier à sel de Sancerre, de 85 écus 20 sols, pour le passage de 21 muids 4 septiers, en destination du grenier de Sancerre. — Même jour. Paiement par le même, pour ledit Goussoy, procureur de Robert Enault, adjucataire du grenier à sel de Bonny, de 21 écus, pour le passage de 5 muids 3 septiers, en destination du grenier de Bonny. — 14 avril 1598. Paiement par Jean Mathu, de Moulins, pour Geoffroy Poirier, demeurant audit Moulins, procureur de Jacques Vernisson, fournisseur du grenier à sel de La Charité, de 64 écus 20 sols, pour le passage de 16 muids 1 septier, en destination du grenier de La Charité. — 22 avril 1598. Paiement par Hervé et Robert les Servelliers, fournisseurs du grenier à sel d'Ivoi et Germigny, de 48 écus, pour le passage de 12 muids, en destination des greniers d'Esnay et Germigny. — 5 mai 1598. Paiement par Thomas Pelletereau, voiturier par eau d'Amboise, pour Jean Galland, dudit lieu, procureur de le Vacher, adjudicataire du grenier à sel de « Moullins-les-Engilberts, » de 82 écus 40 sols, pour 20 muids 8 septiers, en destination du grenier de Moulins-Engilbert. — 13 mai 1598. Paiement par Jean Solut, d'Orléans, pour Marin Fevreau, procureur de Jacob, marchand, fournisseur du grenier à sel de Gien, de 51 écus 40 sols, pour 12 muids 11 septiers, en destination du grenier de Gien. — 15 mai 1598. Paiement par Jean de Luzent, de Moulins, pour Marc Meneteau, demeurant à Fondettes, procureur de Louis Balan, adjudicataire du grenier de Moulins en Bourbonnais, de 85 écus, pour le passage de 21 muids 3 septiers, en destination du grenier de Moulins en Bourbonnais. — Même jour. Paiement par honorable homme Jacques de la Lande, d'Orléans, de 24 écus 50 sols, pour le passage de 6 muids 2 septiers, en destination du grenier à sel de Saint-Fargeau. — 26 mai 1598. Paiement par Christophe Leduc, de Tours, pour Barthélemy Lam-

bert, dudit lieu, procureur de Charles Guiet, fournisseur du grenier
à sel de Decize, de 117 écus, pour le passage de 29 muids 3 septiers en destination du grenier de Decize. — 1er juin 1598. Paiement par Jean Barthélemy, de Gien, pour Jean la Loue, procureur
de Jacob, marchand, fournisseur du grenier à sel de Sancerre, de
63 écus, pour le passage de 15 muids 11 septiers, en destination du
grenier de Sancerre. — 4 juin 1598. Paiement par Thomas Martin,
marchand, pour Michel Gascoing, fournisseur du grenier à sel d'Esnay, de 94 écus 40 sols, pour le passage de 23 muids 8 septiers,
en destination du grenier d'Esnay et de la chambre à sel de Germigny en dépendant. — Même jour. Paiement par ledit Martin, procureur de Charles Guiot, fournisseur du grenier à sel de Saint-Pierre
le Moutier, de 25 écus 40 sols, pour le passage de 6 muids 5 septiers, en destination du grenier de Saint-Pierre et de la chambre à
sel de Sancoins en dépendant. — Même jour. Paiement par Jean
Girard, de Moulins en Bourbonnais, facteur de François Saulnier,
procureur de Jean du Plessis, fournisseur du grenier dudit Moulins,
de 82 écus 40 sols, pour 20 muids 8 septiers, en destination du
grenier de Moulins et de la chambre à sel de Vichy en dépendant.
— 5 juin 1598. Paiement par Antoine Guiot, marchand, demeurant
à Moulins, procureur de Louis Ballon, fournisseur du grenier de
Moulins et chambre de Vichy, de 51 écus 20 sols, pour 12 muids
10 septiers, en destination du grenier de Moulins et de la chambre
de Vichy. — 6 juin 1598. Paiement par Nicolas Changy, voiturier
par eau, demeurant à Gien, pour Pierre Dumay, demeurant au
même lieu, procureur de François Cochon, fournisseur du grenier
à sel de Montluçon, de 111 écus 40 s., pour le passage de 27 muids
11 septiers, en destination du grenier de Montluçon. — Même jour.
Paiement par Jean Pelletereau, pour Mathurin Aujaurain, d'Amboise, procureur de Charles Guiot, fournisseur des greniers à sel
de Nevers et Saint-Saulge, de 89 écus 40 sols, pour le passage de
22 muids 5 septiers, en destination des greniers de Nevers et Saint-
Saulge. — 22 juin 1598. Paiement par Louis Ballant, de Tours,
fournisseur du grenier à sel de Moulins en Bourbonnais, de 69 écus
40 sols, pour le passage de 17 muids 5 septiers, en destination du
grenier de Moulins. — 6 juillet 1598. Paiement par Julien Jou,

voiturier, pour Jacob, marchand d'Orléans, fournisseur du grenier
à sel de Sancerre, de 63 écus 40 s., pour 15 muids 11 septiers, en
destination du grenier de Sancerre. — 23 juillet 1598. Paiement
par Geoffroy Poirier, marchand, demeurant à Moulins, procureur
de Jacques Vernisson, fournisseur du grenier à sel de La Charité,
de 103 écus 20 sols, pour le passage de 25 muids 10 septiers, en
destination du grenier de La Charité. — 25 juillet 1598. Paiement
par Pierre de l'Aulnay, d'Orléans, pour Clément, marchand, procureur de Jean de la Gogne, fournisseur du grenier à sel de Clamecy, de 51 écus 40 sols, pour le passage de 12 muids 11 septiers,
en destination du grenier de Clamecy. — 26 juillet 1598. Paiement
par Guillaume Deschamps, pour René de l'Aulnay, de Fondettes,
procureur dudit Jacob, marchand, fournisseur du grenier à sel de
Gien, 45 écus 20 sols, pour le passage de 11 muids 4 septiers, en
destination du grenier de Gien. — 29 juillet 1598. Paiement par
Huguet Millot, pour Étienne Millot, son fils, procureur de François
de Miberd, fournisseur des greniers à sel d'Autun et de Chalon, de
92 écus 40 sols, pour le passage de 23 muids 2 septiers, en destination des greniers d'Autun et de Chalon, « et quant est de cinq
muys contenuz par son brevet oultre lesdictz vingt trois muys, ledict Millot n'a aulcune chose paiée dudict octroy, au moien du
nauffraige advenu en l'estendue du grenier de Tours, ainsy qu'il a
faict apparoir par sentence des officiers dudict lieu. » — 12 août.
Paiement par maître Jacques Payen, contrôleur du grenier à sel de
Saint-Fargeau, procureur de Mathurin Robineau, procureur de
maître Aignan Poictratz, fournisseur du grenier à sel de Montargis,
de 60 écus 20 sols, pour le passage de 15 muids 4 septiers,
en destination du grenier de Montargis. — 19 août 1598. Paiement
par Mathurin Gastineau, pour Aignan Nouel, procureur d'Ythier
Aboutz, fournisseur du grenier de Sully, de 44 écus 20 sols, pour
le passage de 11 muids 1 septier, en destination du grenier de
Sully. — 20 août 1598. Paiement par Christophle Leduc, pour Barthélemy Lambert, procureur de François le Miberd, fournisseur du
grenier à sel d'Autun, de 51 écus 30 sols, pour le passage de
12 muids 10 septiers 2 minots, en destination du grenier d'Autun.
— 3 septembre 1598. Paiement par Guillaume Bailly, pour Jean

Dumais, procureur de Samuel Chandery, adjudicataire du grenier à sel de Saint-Fargeau, de 77 écus pour le passage de 19 muids 3 septiers, en destination du grenier de Saint-Fargeau. — 14 septembre 1598. Paiement par Julien Jou, procureur de Samuel Chandery, adjudicataire du grenier de Bonny, de 42 écus 20 sols, pour le passage de 10 muids 7 septiers. en destination du grenier de Bonny. — 16 septembre 1598. Paiement par Jacob, marchand, adjudicataire du fournissement du grenier à sel de Gien, de 86 écus 20 sols, pour 21 muids 7 septiers, en destination du grenier de Gien. — 23 septembre 1598. Paiement par Jean Herbin, voiturier, procureur de Charles Guiot, adjudicataire du grenier à sel de Nevers, de 34 écus, pour le passage de 8 muids 6 septiers, en destination du grenier de Nevers. — Même jour. Paiement par Étienne Hubert, voiturier, pour Jean Bourbon, procureur de Jacob, marchand, adjudicataire du grenier à sel de Gien, de 49 écus 20 sols, pour le passage de 12 muids 4 septiers, en destination du grenier de Gien. — 7 octobre 1598. Paiement par Benoît Lebeau, pour Thomas Martin, procureur de François le Miberd, adjudicataire du grenier d'Autun, de 86 écus, pour le passage de 21 muids 6 septiers, en destination du grenier d'Autun. — 16 octobre 1598. Paiement par Jean Mauze, marchand, procureur de François le Miberd, adjudicataire du grenier d'Autun, de 103 écus, pour 25 muids 9 septiers, en destination du grenier d'Autun. — 29 octobre 1598. Paiement par ledit Deschamps, pour Thomas Martin, procureur de Jean le Miberd, adjudicataire du grenier à sel d'Autun, de 42 écus 40 sols, pour le passage de 10 muids 8 septiers, en destination du grenier d'Autun. — 9 novembre 1598. Paiement par la Noue, pour Pierre le Conte, procureur de Ythier Auboutz, fournisseur du grenier de Sully, de 29 écus, pour le passage de 22 muids 3 septiers, en destination du grenier de Sully. — 14 novembre 1598. Paiement par Étienne Gouppy, procureur de Jean Garine, fournisseur du grenier à sel de Paray-le-Monial, de 87 écus, pour le passage de 21 muids 9 septiers, en destination du grenier de Paray-le-Monial. — Même jour. Paiement par Jacques Hurippeau, procureur de François le Miberd, adjudicataire du grenier de Chalon, de 119 écus 20 sols, pour le passage de 29 muids 10 septiers, en destination du grenier de Chalon. — 17 novembre 1598. Paiement par Nicolas Perdereau, pour Pierre le Conte de Montrelais, procureur de Nicolas Changy, associé au fournissement du grenier de Sancerre, de 57 écus 20 sols, pour le passage de 14 muids 4 septiers, en destination du grenier de Sancerre. — Même jour. Paiement par le même, pour les mêmes, de 43 écus, pour le passage de 10 muids 9 septiers, en destination du grenier à sel de Sully. — Même jour. Paiement par Antoine Aurillon, pour Marin Gonnet, procureur de maître Barthélemy Gallois, adjudicataire du grenier « Masconnois, » de 91 écus 40 sols, pour le passage de 22 muids 11 septiers, en destination du Mâconnais. — 18 novembre 1598. Paiement par Simon Dudoy, pour Jean Besnier, procureur de Jean le Duc, fournisseur du grenier à sel de Dun-le-Roi, de 53 écus 20 sols, pour le passage de 13 muids 4 septiers, en destination de Dun-le-Roi. — 19 novembre 1598. Paiement par Mathurin Noue, pour Guillaume Pinault, procureur dudit Gallois, adjudicataire du grenier de Mâconnais, de 70 écus 20 sols, pour le passage de 17 muids 7 septiers, en destination du Mâconnais. — Même jour. Paiement par Bérault Boyzard, pour Urban Mignot, procureur de Léonard Senard, faisant pour Pierre Chasteauru, fournisseur de Bourbon-Lanci, de 71 écus 30 sols, pour le passage de 17 muids 10 septiers 2 minots, en destination du grenier de Bourbon-Lanci. — Même jour. Paiement par ledit Boyzard, pour ledit Mignot, procureur de Palamède et Jean Baudinet, demeurant à Paray, fournisseurs du grenier à sel de Chalon-sur-Saône, de 72 écus 20 sols, pour le passage de 18 muids 1 septier, en destination du grenier de Chalon. — 24 novembre 1598. Paiement par Benoît Lebeau, du Portereau d'Orléans, pour Thomas Martin, procureur de Charles Guiot, fournisseur du grenier de Saint-Pierre-le-Moustier, de 49 écus, pour le passage de 12 muids 3 septiers, en destination du grenier de Saint-Pierre. — Même jour. Paiement par le même, pour le même procureur de François Cochon, fournisseur du grenier à sel de Montluçon, de 127 écus 10 sols, pour le passage de 31 muids 9 septiers 2 minots, en destination de Montluçon. — 25 novembre 1598. Paiement par ledit le Duc, procureur de Charles Guiot, adjudicataire du grenier à sel de Decize, de 131 écus 20 sols, pour le passage de 32 muids 10 sep-

tiers, en destination de Decize. — 26 novembre 1598. Paiement
par François Chamereau, pour Jean Pichenot, procureur de Laurens Guirault, ayant les droits cédés de François le Miberd, adjudicataire du grenier à sel d'Autun, de 105 écus 40 sols, pour le passage de 26 muids 5 septiers, en destination du grenier d'Autun. —
27 novembre 1598. Paiement par Étienne Hubert, pour Jean Leleu,
procureur de Jean Boucher, fournisseur du grenier à sel de Saint-
Fargeau, de 107 écus 10 sols, pour le passage de 26 muids 9 septiers 2 minots, en destination du grenier de Saint-Fargeau. —
30 novembre 1598. Paiement par Jean Girard, pour Pierre de
Roche, procureur de Louis Ballon, adjudicataire du grenier à sel
de Moulins, pour le passage de 24 muids 2 septiers 2 minots, en
destination du grenier de Moulins. — 10 décembre 1598. Paiement
par Jean Pelletereau, pour Mathurin Anjorand, procureur de
Charles Guiot, adjudicataire du grenier à sel de Nevers, de 85 écus
20 sols, pour le passage de 21 muids 4 septiers, en destination du
grenier de Nevers. — Même jour. Paiement par le même de 17 écus
40 sols, pour le passage de 4 muids 5 septiers, en destination du
grenier à sel de Saint-Saulge. — 12 décembre 1598. Paiement par
Jean Gollu, pour Mesmin Vivault, procureur de Louis Ballan, faisant pour maître Guillaume de Chenuby, Berthelin Gallier et Girard
Sargeur, fournisseurs du grenier à sel de Roanne, de 102 écus
20 sols, pour le passage de 25 muids 7 septiers, en destination du
grenier de Roanne. — 26 décembre 1598. Paiement par Louis
Ballant, faisant pour les dessusdits, adjudicataires du grenier à sel
de Charlieu, au pays de Beaujolais, de 92 écus 40 sols, pour le
passage de 23 muids 2 septiers, à destination du grenier de Charlieu. — 29 décembre 1598. Paiement par Jean Clément, procureur
de Jacques Vernesson, faisant pour Daniel de Fougères, adjudicataire
du grenier à sel de Cosne, de 114 écus 20 sols, pour le passage de
28 muids 7 septiers, à destination du grenier de Cosne. — Même
jour. Paiement par Mathurin Torchon, pour Sébastien Segrestain,
procureur de Jacob, marchand, fournisseur du grenier à sel de
Sancerre, de 68 écus 20 sols, pour le passage de 17 muids 1 septier, à destination du grenier de Sancerre.

2 janvier 1599. — Paiement par Antoine Guiot, procureur de

Louis Ballan, adjudicataire du grenier à sel de Moulins, de 74 écus 20 sols, pour le passage de 18 muids 7 septiers, en destination du grenier de Moulins. — Même jour. Paiement par Jean Mothu, pour Geoffroy Poirier, procureur de maître Jacques Vernesson, fournisseur du grenier à sel de La Charité, de 69 écus 20 sols, pour le passage de 7 muids 4 septiers, à destination du grenier de La Charité. — 15 janvier. Paiement par Martin Boilleau, procureur de Louis Ballon, faisant pour Barthélemy Gallois et consorts, adjudicataires du grenier de Roanne, de 122 écus, pour le passage de 30 muids 6 septiers, à destination du grenier de Roanne. — 21 février. Paiement par Simon Millot, pour Pierre Millot, procureur de Charles Guiot, adjudicataire du grenier à sel de Nevers, de 112 écus 40 sols, pour 28 muids 2 septiers, à destination du grenier de Nevers. — 22 mars. Paiement par Guillaume Deschamps, pour Jacques Boilleau, procureur de Ythier Chereau, faisant pour Jacques Payan, fournisseur du grenier à sel de Gien, de 45 écus 20 sols, pour le passage de 11 muids 4 septiers, à destination du grenier de Gien. — Même jour. Paiement par le même, pour ledit Boilleau, procureur de Jean Baudinet, associé au « fournissement » du grenier à sel de Chalon, de 98 écus 20 sols, pour 24 muids 7 septiers, à destination du grenier de Chalon. — Même jour. Paiement par le même, pour Laurens Quénault, fournisseur du grenier d'Autun, de 95 écus 40 sols, pour 23 muids 11 septiers, à destination du grenier d'Autun. — Même jour. Paiement par Benoît Lebeau, pour Thomas Clavier, procureur de Charles Guiot, adjudicataire du grenier à sel de Decize, de 127 écus, pour le passage de 31 muids 9 septiers, à destination du grenier de Decize. — Même jour. Paiement par Daniel Chandery, pour Urban de l'Isle, procureur de Michel Gascoing, adjudicataire du grenier à sel d'Esnay et Germigny, de 77 écus 20 sols, pour le passage de 19 muids 4 septiers, à destination du grenier d'Esnay. — Même jour. Paiement par ledit Deschamps, pour René de Launay, procureur de Pierre Chastion, fournisseur du grenier à sel de Marcigny-les-Nonains, de 23 écus 20 sols, pour 5 muids 10 septiers, à destination du grenier de Marcigny.

« Ledict comptable faict cy recepte de la somme de ij^m ij^c iiij^{xx}

xvij écuz soleil xxx sols t., que maistre Pierre Le Clerc, commis par le Sʳ Dufaur, gouverneur dudict Jargueau, par l'estat de compte par luy rapporté ausdictz maire et eschevins, en la présence de maistre Odot, garde-lieutenant au bailliage de Sainct-Benoist-sur-Loire, ou nom et comme procureur dudict Sʳ Dufaur, du sel qui a passé soubz le pont dudict Jargueau, depuis le vingt-cinquième jour de janvier, quatre-vingt-dix-sept compris, jusques au vingt-sixième jour de novembre en suivant, s'est trouvé monter cinq cens soixante-unze muids dix septiers deux mynots..... Laquelle somme ledict garde auroict desduicte et deffalquée sur la somme de iijᵐ lij écuz xxx solz t., que lesdictz maire et eschevins estoient tenuz audict Sʳ Dufaur, par arrest donné en la Cour des Aides. »

(Comptes de rec. et dép. de la ville d'Orléans, de mars 1597 à mars 1599, mss.. Arch. de la ville d'Orléans.)

1599-1600. — Recette de l'octroi cité en l'article précédent.

Recepte des deniers provenans de l'octroy de quatre escuz soleil levez sur chascun muy de sel qui a passé soubz les pontz de ceste dicte ville..... depuis le vingt-huityesme jour de mars mil cinq cens quatre-vingt-dix-neuf jusques au vingt-sixyème jour de janvier mil six cens.....

Somme de la recepte, trois mil huit cens quatre-vingt-dix-sept escus.

(Mêmes comptes, 1579-1600.)

1628. — Recette du produit d'un droit de soixante sols sur chaque muid de sel passant sous les ponts d'Orléans, octroyé aux habitants.

Recepte durant l'année de ce présent compte (1625), de l'octroy de soixante solz tournois, que Sa Majesté a ordonné estre levé durant six années sur chacun minot de sel passant soubz les pons de ceste dicte ville (d'Orléans), pour le fournissement des greniers à sel de la généralitté d'Orléans, Bourges et Moulins, octroiées par lettres-patentes vériffiées en la Cour des Aydes et par les sieur président et trésoriers de France en la généralitté dudict Orléans, incérez et rapportez au compte préceddant.....

Somme de la recepte, 2,133 l. 2 s. 6 d. t.

(Mêmes comptes, année 1628.)

1660. — Les maire et eschevins d'Orléans établissent un droict
de onze sols pour chaque tonneau de vin et poinçon d'eau-de-vie
passant debout, tant en la ville d'Orléans que sous les ponts d'icelle.
Opposition de la part des M. F.. — 1663, 4 août. Arrêt du Parlement qui fait défense aux maire et échevins de lever ledit droit ni
autres droits sur les marchandises qui passeront debout par la ville
et faubourgs d'Orléans, et sous les ponts d'icelle ville, à peine de
concussion.

(Arrêt imp., Orl., Gilles Hotot, 1663.)

613.

Péage levé par le chapitre de Sainte-Croix et l'hôpital
de Saint-Ladre. — XVᵉ siècle. Instance au parlement.

XVᵉ siècle. — Les doyen, chanoines et chapitre de Sainte-Croix
et l'hôpital de Saint-Ladre d'Orléans, en possession de lever sur
millier de harengs, passant par terre ou par eau, dans la ville, faubourgs et banlieue d'Orléans, un droit de 11 d. p., dit « coutume
du menu métier. » — 1461, décembre. Complainte des M. F. et
lettres royaux par eux obtenues, en cas de saisine et nouvelleté,
lesquelles lettres saisissent le bailli de Montargis de la connaissance
du litige. — 9 mars. Pierre Levassor, maître et administrateur de
l'hôpital de Saint-Ladre d'Orléans, se fondant sur sa qualité d'éco-
lier de l'Université d'Orléans, obtient des lettres de chancellerie
portant renvoi de la cause, en ce qui le concerne, au prévôt d'Orléans, conservateur des priviléges de l'Université de lad. ville. —
1462, 15 avril. Lettres royaux obtenues par les doyen et chapitre
de Sainte-Croix d'Orléans, qui, pour ce qui les touche, renvoient
également la cause devant le prévôt d'Orléans. — 4 mai. Lettres
royaux obtenues par les M. F. qui dessaisissent le bailli de Montargis et le prévôt d'Orléans, et renvoient le procès devant les gens
tenant les requestes en la Cour de Parlement à Paris.

(Lettres s. parchemin, mss.. Arch. de la ville d'Orléans.)

———

D'ORLÉANS à NANTES.

614.

XVIᵉ siècle. — Tarif de droits levés sur les vins naviguant d'Orléans à Nantes.

« Extraict des debvoirs devz sur chascune pippe de vin ou deulx poinsons, pour pippe, depuis Orléans jusq. à Nantes. — Premier.

A Boisgency, douze deniers pour deux poinssons, xij d.. — Blois, quinze deniers de mesmes, xv d.. — Chaumons, huict deniers, viij d.. — Amboise, six deniers, vj d.. — Rochecorbon, quatre deniers, iiij d.. — Tours, dix deniers, x d.. — Maillé, six deniers, vj d.. — Au Bec-de-Cher, Saint-Michel, Coulombiers, Langues, deulx soulz six deniers, ij s. vj d.. — A Chouzé, quatre deniers, iiij d.. — Monsoreau, douze deniers et ung cousterel, qui est ung escu par fourniture, xij d.. — Saulmur, la traicte d'Anjou, vingt-six soulz huict deniers par pippe, xxvj s. viij d.. — Trespas de Loire, deux soulz six deniers, ij s. vj d.. — Faict de marchans, sept deniers, vij d.. — Clouaison d'Angiers, x d.. — Prévosté dudict Angiers, deulx deniers, ij d.. — Port-de-Vallée, deulx deniers, ij d.. — Pont-de-Cé, quatre soulz deux deniers, iiij s. ij d.. — Ruzebourg, quatre deniers pour pippe ou bus, iiij d.. — Saint-Florent, trois deniers, iij d.. — Ancenis, huict deniers, viij d.. — Montejan, quatre deniers, iiij d.. — Chantouceaulx, douze deniers, x'j d..

Debvoirs à Nantes, par pippe de vin, la prévosté dix soulx ung denier par pippe, x s. j d.. — Méaige, douze deniers, monn. qui vallent xiiij d. maille. — Debvoir des sʳˢ particulliers, six deniers, vj d.. — Le denier, pour livre de chacune pippe, à x l. la pippe, x s.. — Quand on tire ledit vin hors, pour chacune pipe, deulx deniers, ij d.. — Les Bieux de Sauvette et de Vitaille, pour chascun navire qui se despesche à lad. prévosté, audessus de vingt tonneaux de vin, se paye six livres douze soulz, et audessoubz desd. xx tonneaux, la moictié dud. debvoir, portant vj l. xij s.. — Pour les ports et havres de Bretaigne où il entre, il doibt, pour chacune pippe, dix-huict soulz, xviij s.. — Pour le debvoir d'impost de chacune pippe de vin, hors le creu Nantois, doibt quarante-cinq soulz huict deniers, et oultre vingt deniers pour livre du pris qu'il sera vendu en détail, pour le debvoir de billot et appetissement, qui est communément à quatre soulz le vin d'Anjou, et cinq soulz le vin d'Orléans, dont la pippe ou les deux poinsons tient deux cens trente-deux potz. — Et, pour l'impost de chacune pippe de vin Nantois, l'on doibt la moitié dud. debvoir, qui est vingt-deux soulz dix deniers, et oultre, vingt deniers pour livre de ce qu'il sera vendu en détail, pour led. debvoir de billotz et appetissement. »

(Note sur une feuille de papier, écriture du XVIe siècle. Arch.
de la ville de Nantes.)

SAINT-MESMIN, en la commune de Saint-Hilaire-Saint-Mesmin,
canton sud d'Orléans. (Saint-Mesmin-de-Micy.)

615-617.

XVIe et XVIIe siècles. — Arrêts du parlement, ordonnance.

1526, 17 avril. — Arrêt qui enjoint aux religieux, abbé et couvent de Saint-Mesmin-de-Micy-lès-Orléans, de baliser et nettoyer la rivière de Loire, ès fins et mettes de leur péage et sallage. — 1528, 11 sept. Sur sommation infructueuse d'exécuter l'arrêt de 1526, arrêt nouveau qui permet aux M. F. de faire baliser aux frais des religieux. — 1581, 14 août. Arrêt par lequel les religieux sont condamnés à rembourser la somme de 40 écus sol. 4 sols 4 d. pour frais de « balizement au détroit de leur terre et seigneurie. »

(Arrêts imp., Orléans, Éloy Gibier, 1570, 1584.)

1586, 11 déc. — Sur ce que le fermier du droit de sallage appartenant à l'abbaye avait depuis l'an 1380 transporté son bureau en la ville d'Orléans, arrêt du Parlement, par lequel défense est faite auxdits religieux ou à leur fermier de lever, ailleurs qu'à Saint-Mesmin, le droit de sallage « qu'ils ont accoustumé de prendre et lever sur les batteaux de sel passans par le destroict dudit Saint-Mesmin où ils seront tenus de le faire recevoir, et pour ce, establir maison, loge ou bureau. »

(Arrêt imp., XVIIᵉ s..)

1631, 20 novembre. — Ordonnance prononçant la suppression du péage « de Saint-Mesmin, proche Orléans. » (*V. ci-dessus, nᵒ 467.*)

MEUNG-SUR-LOIRE, département du Loiret.

618-622.

XVᵉ-XVIIᵉ siècle. — Édits, arrêt du parlement, ordonnance, transaction.

1438, 30 juin. — Édit prononçant la suppression du péage levé au pont de Meung. (*V. ci-dessus, nᵒ 430.*)

1524. — A la requête des M. F., commandement à l'archevêque de Toulouse, évêque d'Orléans, de faire nettoyer et baliser la rivière de Loire, ôter les pierres, « paulx, moulins et autres choses empêchans le passage et navigage ès endroicts, fins et metes du péage par eau de Meung, lui appartenant en partie. » Ce commandement étant demeuré sans résultat, les travaux sont exécutés par la communauté des Marchands. — 1529, 14 mai. Arrêt du Parlement qui condamne l'évêque d'Orléans à rembourser aux Marchands les frais qu'ils justifieront avoir faits pour lesdits balisage et nettoyage.

(Arrêt, imp., Orléans, Éloy Gibier, 1570.)

1546, 9 mars. — Édit portant : que le péage prétendu à Meung de quatre minots de sel sur chacune sentine mère est avaluez à la somme de lij s. iij d. t.. » (*V. ci-dessus, nᵒ 447.*)

1627, 8 août. — Transaction entre les M. F. et le chapitre de Saint-Liphard de Meung, sur procès intenté en remboursement des frais des balisages exécutés dans l'étendue du péage et sallage de Meung.

(Compte du rec. gén. des March. Fréq., 1628, fᵒ 15, rᵒ., ms. Arch. de la ville d'Orléans.)

1631, 20 novembre. — Ordonnance qui prononce la suppression « du péage de Meung, appartenant au sieur évesque d'Orléans, aux doyen, chanoines et chapitre de Saint-Liphard de Meung, et autres particuliers. » (*V. ci-dessus, nᵒ 467.*)

De MEUNG à BLOIS.

623.

1432, 28 mars. — Procès-verbal concernant la levée d'un péage par le Bâtard d'Orléans.

« A mes très doubtez et honorez seigneurs messeigneurs les gens tenans le Parlement du Roy nostre Sire, à Poictiers. — Thomas de Vassy, sergent d'armes du Roy nostre sire, et commissaire en celte partie... — Plaise vous sçavoir que, par vertu de lettres du Roy, nostred. seigneur (*V. ci-dessus, nᵒ 427*), ausquelles celte mienne relacion est attachée sous mon seel, et pour accomplir le contenu d'icelles. — J'ay, à la requeste du Procureur du Roy, nostre sire, et des M. F., me suis transporté en la ville de Blois, le mercredy dix-huitième jour de ce présent mois de mars, pour avoir et demander obéissance de mettre à exécution lesd. lettres royaux. — En laquelle ville j'ay trouvé Monsieur le Bâtard d'Orléans, et en sa compagnie maistre Jean le Fuzelier, et autres qui là estoient, et pour ce que mondit seigneur le Bâtard sceut et eust connoissance aucune de la cause pourquoy j'étois venu en lad. ville de Blois, en la présence du lieutenant du gouverneur de Blois, auquel je deman-

dois obéissance, me dit et défendit expressément que je ne fusse si
hardy de faire aucuns exploits audit lieu de Blois, de Baugency et
de Meung; et aussi défendit audit lieutenant et au Conseil dud. lieu
de Blois, qu'ils ne me donnassent point obéissance, et que à luy
appartenoit la connoissance de cette matière, comme lieutenant du
Roy et de Monsieur d'Orléans audit pays. — Et après ces paroles,
m'appella et me dit qu'il estoit bien informé pourquoy j'étois venu
et la cause, et, en vérité, qu'il avoit fait lever le dixiesme au péage
dont lesd. lettres royaux sont mentionnées, et feroit encores, jusques
à ce que les marchands de la rivière de Loire et les procureurs desdits marchands luy eussent payé la somme de huit cens royaux d'or,
qui luy avoient promis pour luy aider à supporter les frais et mises
qui luy convient soustenir pour garder lesdites places, et se ils
vouloient luy tenir qu'ils promis luy avoient, et payer lad. somme,
il estoit pret et d'accord de faire cesser ledit péage, et que plus ne
seroit levé audit lieu de Meung, ne de Baugency; et le vouloit
monstrer et prouver devant le Roy, se mestier estoit. — Et à ce, je
luy respondis que ie n'avois pas connoissance de cause et que ie
m'en attendois ad ce que le Roy et vous messeigneurs en ordonne-
riez. — Et d'iceux pris congé de mondit seigneur le Bâtard et m'en
allé en la ville d'Orléans, en laquelle j'ay fait crier et publier solen-
nellement, à son de trompette, lesd. lettres royaux, aux carrefours
accoustumez à faire crier en lad. ville, ou ie trouve bonne obéissance... — Et tout ce, mes très redoutez et honorez seigneurs, ie
vous certifie avoir fait par cette mienne relation et donnée sous
mon seel le mercredy après samedi, vingt-huitiesme jour dudit mois
de mars, que lesdis cris et publication desd. lettres furent faits en
lad. ville d'Orléans.»

(Procès-verbal imp., Orléans, François Hotot, 1678,)

BAUGENCI, département du Loiret. (Balgenciacum, Baugency.)

624-630.

Droits de l'abbaye de N.-D. de Baugenci sur le péage seigneurial levé audit lieu. — XIIIᵉ et XIVᵉ siècles. Chartes de concession.

1221, fév. — L'abbaye de N.-D. de Baugenci perçoit 40 sous parisis de rente sur le péage de la Loire.

(Cart. de l'abb. de N.-D. de Baugenci, fᵒ 6, vᵒ, nᵒ 15, ms.. Arch. du Loiret.)

XIIIᵉ siècle. — Concession par Lancelin, de Baugenci, à l'œuvre de l'église de N.-D. de Baugenci et à la cuisine des moines, de la moitié de la dîme du péage sur la Loire, et d'une mine de sel sur chaque bateau chargé de sel, à moins que le bateau n'ait été acheté depuis le pont, et de 5 sols de rente annuelle sur le péage de la Loire.

(Cart. de l'abb. de N.-D. de Baugenci, fᵒ 21, vᵒ, nᵒ 95.)

XIIIᵉ siècle. — Concession par Simon, de Baugenci, à l'abbaye de N.-D., de 5 sols de rente sur le péage de la Loire, et une mine de sel sur chaque bateau chargé de sel. Confirmée par Lancelin, de Baugenci, son frère, qui ajoute la dîme dudit péage.

(Cart. de l'abb. de N.-D. de Baugenci, fᵒ 21, nᵒ 108.)

1243, juillet. — Donation par Simon, de Baugenci, à l'abbaye de N.-D., de 10 livres parisis de rente annuelle sur son péage de la Loire.

(Cart. de l'abb. de N.-D. de Baugenci, fᵒ 30, nᵒ 101.)

1243, août. — Accord entre Simon, de Baugenci, et l'abbaye de N.-D., par lequel Simon reconnaît devoir à l'abbaye 40 sous de rente annuelle sur le péage de la Loire, légués par Johannin, son frère, et 15 sous légués sur le même péage, par Lancelin, de Baugenci.

(Cart. de l'abb. de N.-D. de Baugenci, fᵒ 5, vᵒ, nᵒ 13.)

1260, juin. — Raoul, de Baugenci, reconnaît que l'abbaye perçoit 55 sous sur le péage de la Loire, par legs de ses ancêtres ; — 4 sous de cens annuel, à la fête de Saint-Firmin ; — 10 livres parisis de rente annuelle sur led. péage (100 sous à la Saint-André, 100 sous à la mi-carême), et la moitié « de la dîme » (*decimi denarii*) du même péage.

(Cart. de N.-D. de Baugenci, fᵒ 7, nᵒ 16.)

XIVᵉ siècle. — Rentes et cens de l'abbaye de N.-D. sur le péage de la Loire.

(Cart. de l'abb. de N.-D. de Baugenci, fᵒ 46, vᵒ, nᵒˢ 154 et 155.)

631-634.

XVᵉ siècle. — Péage levé par Jean des Vignes, licencié en lois, habitant la ville de Baugenci. — Arrêt du parlement et actes d'exécution.

1444, 24 mars. — « Karolus Dei gracia Francorum Rex, universis presentes litteras inspecturis, salutem. — Notum facimus quod cum in certa causa mota et pendente coram preposito Aurelianensi, inter : dilectum nostrum magistrum Johannem de Vineis, in legibus licenciatum, ad causam sue uxoris actorem, ex parte unâ ; et, Johannem Boileave, Burgensem et mercatorem dicte ville ut garand. Stephani de Aureliano, defensorem, ex alterâ. — Pro parte dicti actoris plura facta et raciones proposite extitissent ad finem seu fines, quas dictus defensor, nomine predicto ad dicto actori reddendum et solvendum pedagium septem cabaciorum ficuum per fines et districtum pedagii per aquam, loci de Balgenciaco super Ligerim dicto Actori ad causam dicte sue uxoris, ut dicebat, spectantis, per dictum Stephanum de Aurelianis, ductorum, passatorum ac deportatorum, videlicet pro pedagio dictorum septem

ficuum cabaciorum ad valorem quatuor cabaciorum pro centum
cabaciis, seu etiam quatuor librarum pro centum libris qualibet
libra valoris duodecim denariorum parisiensium, nec non pro emenda
pedagii dictorum septem ficuum cabaciorum in dicto loco de Balgenciaco, non soluti nec depriati sexagenta solidorum unius denarii
parisiensis, sumam, ac in dicti actoris, expensis condemnaretur. —
Pro parte vero dicti defensoris dicentis quod ipse qui Burgensis,
mercator et habitator dicte ville Aurelianensis erat, omnes que alii
universi et singuli Burgenses, mercatores et habitantes eiusdem
ville, pro suis mercaturis et rebus quibuscumque in pedagio de
Balgenciaco ductis, vectis aut passatis amplius quam dimidium
pedagium duntaxat et similiter habitantes dicti loci de Balgenciaco
in pedagio Aurelianensi solvere non tenebantur nec debebant aut
consueverant, plura etiam facta et raciones in contrarium proposite
fuissent ad finem seu fines quod dictus Actor ad suas supradictas
requestas et concluziones faciendum non admicteretur et si admicte-
batur quod ab eisdem dictus defensor absolveretur et in eius expensis dictus Actor condemnaretur.— In tantum processum extitisset
quod dictus prepositus, dictis partibus auditis et super hinc inde
propositis, nec non super reprobacionibus testium et salvacionibus
eorumdem, etiam hinc et inde inquestis factis et ad judicandum
receptis, per suam sentenciam dictum vero defensorem ad, dicto
Actori, reddendum et solvendum medietatem pedagii quatuor cabaciorum ficuum per districtus dicti pedagii de Balgenciaco per dictum
defensorem passatorum, videlicet de centum libris ficuum quatuor
libras et de pluri, plus, et de minori, minus, condemnasset...

« A quâ sententiâ dictus Actor ad Gubernatorem Aurelianensem
appellasset, qui Gubernator partibus in dicta appellationis causa
auditis, sententiam dicti prepositi confirmasset...

« Idem quod Actor ab eodem Gubernatore ad magnos dies Caris-
simi Fratris et Consanguinei Nostri Ducis Aurelianensis appellasset,
qui Frater et Consanguineus Noster Magistros Reginaldum de Stella,
Petrum Fradeti et Jacobum Argentarii, in legibus licenciatos, ad co-
gnoscendum et determinandum de dicta appellationis causa tanquam
in curiâ suorum magnorum dierum commisisset, qui commissarii,
partibus predictis in dicta appellationis causa auditis, dictum prepo-

situm bene judicasse et prefatum Gubernatorem bene confirmasse
dictum que Actorem male appellasse pronunciassent.

« Fuit à dictorum commissariorum sentencia, pro parte dicti Actoris ad nostram parlamenti curiam appellatum. Auditis igitur in
dicta curia nostra, partibus antedictis, in causa appellationis predicta, per judicium dicte curie nostre dictum fuit, supradictos com-
missarios et similiter dictum Gubernatorem, in eoq. sentenciam
dicti prepositi bene confirmasse... Datum Parisius in Parlamento
nostro vicesimo quarto die marcii, anno Domini millesimo quadra-
gintesimo quadragesimo quarto et Regni nostri vicesimo tertio. Per
judicium curie. — Cheneteau.» (*Sceau pendant, dont partie manque.*)

Même date. — Exécutoire.

(Arrêts s. parchemin, orig., Arch. de la ville d'Orléans.)

1445-1446. — A Pierre Vaillant, procureur aux causes de lad.
ville (d'Orléans), le xxvᵉ jour de septembre (1446), pour aller à
Baugency faire mettre à exécucion et publier certaine sentence
portant arrest de Parlement, obtenu par Jehan Boilleave à l'encontre
de maistre Jehan des Vignes, touchant le péaige de Baugency que
les habitans d'Orléans, ne de l'évesque, ne doivent que demj péaige
à Baugency, pour ce par l'ordonnance des procureurs, en ung escu
d'or, xxj s. iiij d. p.

A Jehan Boileave, marchant drappier et bourgois d'Orléans, ledit
jour, pour avoir poursuy et obtenu de luy ung arrest de Parlement,
donné à son proffit contre ledit maistre Jehan des Vignes, toichant
la cause dessus dite, pour le mestre ou trésor de lad. ville pour
servir pour le temps advenir, pour ce, vj l. viij s. p.

(Comptes de la ville d'Orléans, 1445-46, commune, ch. 41, mss..
Arch. de la ville d'Orléans.)

1446, 4 octobre. — « A mes très chiers, honnorez et doubtez seigneurs qui tiennent ou tiendront le Parlement pour le Roy notre
sire, en son pallais à Paris, Pierre Malletier, sergent du Roy mondit
sire, ou bailliaige de Montargis et vostre, honneur, service et révé-
rance, avec toute humble obéissance.

« Mes tres chiers, honnorez et doubtez seigneurs, plaise vous savoir que par vertu des lettres du Roy nostredit seigneur, contenant

arrest et sentance diffinitive par vous donnée au proffit de Jehan
Boyleave, bourgoys et marchant d'Orléans, contre Jehan des Vignes,
licencié en loys, que on dit estre seigneur du péaige de Baugency
par la rivière de Loire...

« Je, le mardj iiij jour d'octobre, l'an mil cccc quarente six, me
suis transporté en la ville de Baugency, et par vertu desdites lettres
royaux et lettres exécutoires atachées à icelles, à la personne de
Guillaume de Loignes, bourgois de Baugency et fermier dud. péaige
que on dit estre audit maistre Jehan des Vignes, auquel je fait deffense de par le Roy, à peine de cinq cens livres parisis à appliquer
au Roy nostre dit seigneur, que doresnavant il ne preigne ne exige,
sur les denrées dudit Boileave qui passeront, tant en montant que en
beissant, par la rivière de Loire et par les fins et mettes dud.
péaige, il ne preigne que demj péaige, à quoy led. fermier a respondu qui se gardera de mesprandre. Et ce fait, incontinant trouver
led. maistre Jehan des Vignes, auquel à sa personne feis les pareilles
deffenses, lequel respondit qui se garderoit de mesprandre. Et tout
ce, mes très chiers, honnorez et doubtez seigneurs, je vous certiffie
estre vray et avoir fait par la forme et manière que dessus est dit
et divisé en ceste présente moye rellacion scellée de mon scel et
saing manuel, duquel je usé et use en mond. office faisent. Ce fut
fait l'an et jour dessusdit. » — Malletier. (*Sceau pendant, dont
partie manque.*)

(Orig. s. parchemin. Arch. de la ville d'Orléans.)

635-637.

Édits portant d'informer à l'occasion d'exactions de péages, ou prononçant la suppression de novalités :

Dans lesquels sont mentionnés : 1426, 27 juillet, « les péagiers
de Baugenci. » — 1427, 2 janvier, « ceux qui sont à Boisgenci. »
— 1438, 30 juin, le péage de Baugenci. — 1445, 9 novembre, le
dixième qu'on lève à Baugenci. (*V. ci-dessus*, n^{os} *430, 435, et ci-
dessous*, n° *768.*)

638-648.

Péage levé à Baugenci par l'abbaye de Saint-Martin de Tours. — Arrêts du parlement, édits, ordonnance, contrat, déclaration.

1528, 8 mars. — Arrêt du Parlement de Paris, entre le Proc. gén. du Roi et les M. F., dem., et plusieurs seigneurs péagers, parmi lesquels le doyen, le trésorier et le chapitre de l'église du bienheureux Martin de Tours, à cause de leur péage de Baugenci, déf..

Contenant défense de lever led. péage, à moins qu'il ne soit justifié de titres ou possessions. (*V. ci-dessous,* n° *692.*)

1514, 31 décembre. — Sentence du gouverneur bailli d'Orléans.

Entre : « vénérables et circonspectes personnes les trésorier et chappitre Monsr Saint-Martin de Tours, seigneurs pour la moictié, et les chambrier et chevécier d'icelle église pour l'autre moictié du péage par eaue de Baugency, demandeurs en délivrance de deniers, d'une part ; et Pierre Chartin, marchant d'Orléans, défendeur, d'autre part.

« Sur ce que lesd. demandeurs disoient que de la fondacion, dotacion ou augmentacion de lad. église collégiale Monsr Saint-Martin de Tours et des dignitiez de chambrier et chevécier d'icelle église, leur compectent et appartiennent plusieurs beaulx droiz, et entre autres droiz, ilz estoient seigneurs, et leur compectoit et appartenoit, c'est assavoir : de lever et prandre sur toutes choses et marchandises menées, conduictes et voicturées pardessoubz les pons de Baugency, par la rivière de Loire, dedans les fins et limites de la chastellenie de Baugency... C'est assavoir : le millier d'assier, de iij s. iiij d., et le tonneau de vin de vj d. p.. Lequel droit de péage avoit esté de tout temps et d'ancienneté, comme encores, esto:t tenu en foy et hommaige des seigneurs ou dames dud. Baugency, à cause de leur chastel et chastellenie dud. lieu et en avoient fief du Roy à cause du duché d'Orléans. »

Néanmoins, le défendeur, conduisant deux milliers de gros acier et un tonneau de vin, n'avait voulu payer que demi-droit, et avait consigné l'autre moitié du droit réclamé, se fondant sur ce « qu'il estoit marchant demourant en la ville d'Orléans, qui estoit chambre du Roy, cappitalle et principalle ville de tout le bailliage et évesché ou diocèse d'Orléans, tant en spiritualité que en temporalité, et tout son temps y avoit demouré, fréquenté et continué l'estat de marchandise, et toutes et quante foys qu'il avoit voulu mettre aucune marchandise sur lad. rivière de Loire, feust pour monter ou descendre, en passant par led. péage de Baugency, comme habitant et citoyen d'Orléans, il avoit seullement paié, de toutes ses marchandises, demy péage de celluy que les marchans forains et estrangers payoient...... et par ce que, au péage d'Orléans, qui estoit le propre domaine du Roy, de la coronne, et par ce moyen très favorable, tous marchans demourans en lad. ville d'Orléans et les autres lieux et villes du diocesse et évesché d'icelle, comme estoient Sully, Jargeau, Meung et Baugency, avoient la franchise de demy péage et payoient seullement au Roi et à ses fermiers la moictié du péage que les marchans forains et estrangiers dud. diocèse et eslection paioient de leurs marchandises, par quoy par plus forte raison les habitans d'Orléans doivent seullement demy péage aud. Baugency, auquel lieu, ville et environs d'icelle lesd. demandeurs n'avoient aucun droit de justice, comme le Roy, qui est souverain, favorable et plus sans comparaison privillegié que n'étoient lesd. demandeurs en lad. ville d'Orléans, en laquelle et au péage d'icelle les marchans de Baugenci et de tout le diocesse, paioient seulement demi péage, si devoit estre du péage dont estoit mestier. Et dud. droit lesd. habitans de Baugency et led. deffendeur joyssoient et avoient touiours joy toutes et quantesfois qu'ilz avoient passé ou faict passer aucunes marchandises. Et en cas pareil plusieurs sentences et jugemens avoient esté données et confirmées par arrests de la court de Parlement, entre plusieurs qui s'estoient efforcez et faire l'exaction que lesd. demandeurs s'efforçoient faire. Mesmement, feu maistre Jehan des Vignes, duquel lesd. demandeurs par moyens se disoient avoir le droit et cause. »

Par laquelle sentence les demandeurs sont déboutés de leurs prétentions.

(Orig., Arch. du Loiret.)

1528, 1er décembre. — Arrêt du Parlement entre les M. F.,
dem., et les doyen et chapitre de Saint-Martin de Tours, déf., par
lequel les défendeurs sont condamnés « ès frais, mises et despens
nécessaires et raisonnables, que les demandeurs monstreront avoir
faits en l'an 1524, pour ballizer, nettoyer lad. rivière de Loire, es
destroicts, fins et mettes du péage par eau de Baugency, appartenant ausdits défendeurs. »

(Arrêt imp., Éloy Gibier, 1570; Jules Hotot, 1654.)

1529, 6 avril apr. P. — Arrêt du Parlement, entre le Proc. gén.
du Roi et les M. F., dem., d'une part, les doyen, trésorier, chanoines
et chapitre de Saint-Martin de Tours, déf., d'autre part, par lequel
est déclaré : que lesdits doyen, trésorier, chanoines et chapitre ont
droit de péage sur la rivière de Loire, au lieu de Baugency, sur les
denrées et marchandises conduites soit en montant, soit en dévalant.

« C'est à scavoir : pour muy de sel, mesure de Paris, vij d. ob. t..
— Pour muy de bled froment et seigle, vj d. t.. — Pour muy de
fèves, v d. t..— Pour muy d'avoine, orge, poix et serre, iiij d. t..—
Pour millier d'estain, plomb, acier, potain, fer, métal ouvré ou non,
batterie meslée, clou, landiers de fer, cuivre, airain, dinanderie,
xx d. et au fur l'emplage. — Pour tonneau d'huile, viij d. t., et la
caque à l'équipolent. — Pour millier d'espicerie, cire, amendes,
huile d'olif, ris, figues, raisins, miel, poix blanche ou noire; lin,
chanvre, plume, alun, guesde, garence, fil, laine filée, toisons
de laine et autre laine; beurre, suif, remais, oing, auve ou autres
gresses, xx d. t., et au fur l'emplage. — Pour gibbe de draps de
toilles et autres gibbes, viij d. t.. — Pour balles, fardeaux, paquets
cordez et non cordez, iiij d. t.. — Pour tonneau ou pippe de vin,
vj d. t.; traversins, poinçons, fillettes et autres vaisseaux, à l'équipolent. — Pour balle de mercerie meslée, un chef d'œuvre ou
xv d. t., au choix des marchands ou voituriers. — Pour lot de cuir
à poil, ij s. vj d. t.. — Pour lict vénal, v d. t.. — Pour huche ou
coffre vénal, iiij d. t.. — Pour douzaine de cordouan, j d. t.. —
Muy de noix, iiij d. t.. — Pour chacun tonneau neuf, foncé des deux
bouts, j d. t.. — Pour cacque de harenc blanc, millier de harenc
sorel, millier de poisson maraige, iiij d. t.. — Pour lamproye, où

il y en aura cinquante et au-dessus, une lamproye ou ij s. vj d. t.,
au choix du marchand ou voiturier. — Pour pourceau, j d., et pour
truye, une ob.. — Pour meulles de moulin percées ou non percées,
pour meule, iiij d. t.. — Pour cent de platteaux de bois, escuelles,
tranchoirs et autres semblables ouvrages en bois, un chef d'œuvre,
au choix du marchand, qui ne sera des pires ne des meilleures. —
Pour pelles de bois, un chef d'œuvre. — Pour millier de cercles,
iiij d. t.. — Pour bateau de bois escarry, v d. t.. — Pour chacune
batelée de tasses ou godets de terre, un chef d'œuvre. — Pour
charge d'aux ou d'oignons, j d. t.. — Pour charge de cuir tanné,
j d. t.. — Pour grand chalan chargé de charniers ou échallats,
ij s. t., et pour petit chalan, xij d. t..

Sous peine pour les marchands de soixante livres d'amende, au
cas de non paiement, et pour les seigneurs péageurs, à la charge
de baliser et mettre poteau et pancarte.

(Arrêt imp., Éloy Gibier, 1584; vᵉ Jean Boyer, 1694.)

1541, 23 juillet. — Arrêt du Parlement, entre les manants et
habitants de la ville et faubourgs d'Orléans, dem., et Estienne Mau-
duisson, fermier du péage de Baugenci, et les doyen, etc., de
l'église de Sainct-Martin de Tours, joints avec lui, déf..

Par lequel est dit que les demandeurs ne sont tenus à payer que
demi-péage, sur les marchandises à eux appartenant, qui sont menées et conduites par les détroits du péage de Baugency.

(Arrêt imp., XVIIᵉ s..)

1546, 9 mars. — Édit portant que le péage prétendu à Baugency,
de trois minots et demi de sel sur chaque sentine mère, est « avaluez à la somme de lij s. iij d. t.. » (V. ci-dessus, nᵒ 447.)

1583, 4 mai. — Arrêt du Parlement, entre le Proc. gén. du Roi
et les M. F., et Louys Loblée, sergent royal à Baugency, receveur-
fermier du péage sur la rivière de Loire, audit lieu de Baugency.

Par lequel est ordonné qu'il sera mis, planté et érigé un pilier
ou colonne à laquelle sera affichée la pancarte contenant le péage,
et condamne Loblée en dix écus d'amende envers le Roi, trente écus
envers les Marchands fréq..

(Arrêt imp., XVIIᵉ s..)

' 1586, 17 mai. — Arrêt du Parlement, entre le Proc. gén. du Roi, les M. F., et les maire et échevins de la ville d'Orléans, joints avec eux, dem. en réglement; et les doyen, chanoines et chapitre de l'église de Saint-Martin de Tours, prenant la cause pour Pierre Chicoisneau et Baptiste Thureau, fermiers du péage par eau de Baugency, déf..

Par lequel est dit que les habitants de la ville d'Orléans, n'étant tenus qu'au demi-péage seulement, sur « leurs marchandises passant ès destroit du péage de Baugency, » les fermiers dudit péage seront tenus de recevoir les certificats des marchands de la ville et faubourgs d'Orléans, ou de leurs facteurs, pour les marchandises qu'ils feront charger sur la rivière de Loire, mais que de leur côté les marchands seront tenus d'envoyer tous les ans, au lieu où la pancarte est assise, les noms et surnoms de leurs facteurs.

(Arrêt imp., XVIIᵉ s..)

1605, 21 janvier. — Contrat d'accord et transaction passé devant Pasquaze Dubois, notaire du Châtelet d'Orléans et greffier de la communauté des M. F., entre les délégués desdits Marchands à Orléans, et Baptiste Hutteau, fermier du péage par eau de Baugenci :

Par lequel Hutteau s'engage à ne plus, à l'avenir, faire payer péage pour la marchandise de sucre.

(Transaction imp., XVIIᵉ s..)

1650, 6 avril. — Arrêt du Parlement par lequel lesdits doyen, chanoines et chapitre, et Rou, leur fermier, sont condamnés à rembourser aux M. F. la somme de 400 l. 5 s. 6 d., par eux payée « à ceux qui avoient travaillé au balisage au détroit du péage qui se lève à Baugency. »

(Arrêt imp., Orléans, Jules Hotot, 1654.)

1764, 15 mai. — Déclaration au terrier de l'abbaye de N.-D. de Baugenci, en ces termes :

« Avant la signature, les sieurs comparants ont dit qu'à l'égard de la rente due et à prendre sur le péage appartenant à MM. de Saint-Martin de Tours, Philippe, duc d'Orléans, l'a amortie. Cette rente en argent a été échangée pour une rente d'une mine de sel que l'on avoit droit de percevoir sur chaques batteaux chargés de sel qui montoient sur la Loire, que Simon, avec son frère Lancelin, seigneurs de Baugency, avoient donné à la dite abaye. »

(Arch. du Loiret, A., 908, f° 31.)

BLOIS. (*Bloys.*)

---

648 ^A.

Vers 998. — Charte d'exemption par la comtesse de Blois et ses fils Eudes et Thibaut.

A l'abbaye de Marmoutier du droit de tonlieu levé à Blois.

(Collect. dom Housseau, n° 276.)

648 ^B.

1524, 27 février. — Arrêt du parlement de Paris.

Entre les M. F. dem. et maître Charles de Hamart, prieur de Saint-Jean-en-Grève-lèz-Bloys, déf., par lequel ledit prieur est condamné à « doresnavant contribuer pour un tiers à balizer ou faire balizer et nettoyer la rivière de Loyre, ès fins et mettes de son prétendu péage, audict lieu de Bloys, si et quant besoing en sera. »

(Arrêt imp., Orléans, Éloy Gibier, 1570.)

649.

1546, 9 mars. — Édit portant :

Que le péage prétendu à Blois de trois minots et demi de sel sur chacune sentine mère est « avalué à la somme de xlviij s. ix d. t.. »

(*V. ci-dessus, n° 447.*)

650.

1570, 14 octobre. — Copie du tableau du péage du grand port de Blois.

Étant en la chambre des comptes de Blois, requise par le Procureur des M. F. et délivrée par Guérin, conseiller du Roi et maître de ses comptes, à Blois.

« C'est le droict du péage que le Roy, comme comte de Bloys, prend et a accostumé de prendre sur toutes denrées et marchandises cy-après déclarées, montans et baissans par la rivière de Loyre, à cause de son grand port de Bloys, droit de vicomté et tolly, en ce compris le droit prétendu par le prieur de S.-Jean lès Bloys.

« Premièrement : Pour chacun muid de sel, mesure de Paris, est deu pour tous lesdits droits, iij s. iiij d., outre le droit de salage. — Quand ledit sel est déchargé en la banlieue, pour chacun muid, ij s. vj d. t.. — Pour chacun muid de bled froment, seigle, mestail, orge, avoine, pois, fèves, noix, cheneveux, mil, sannure, vesse et tous autres grains suiets à mesure, pour charretée appellée un muid, mesure de Bloys, xv d. t.. — Pour chacun tonneau de vin chargé au dedans des bornes de lad. banlieue de Bloys, pour transporter hors icelle, combien qu'ils ne passent sous lesdits ponts, vij d. ob. t.. — Pour chacun tonneau de vin chargé hors ladite banlieue, x d. t.. — Et si aucuns marchands de ladite ville de Bloys ou autres, quels qu'ils soient, font charger quelque quantité de vins ou autres marchandises cy-devant et cy-après déclarées aux ports, arrivouers ou banlieue de ladite ville, ne sont tenus payer aucune chose, sinon quils transportent ou facent transporter icelle hors l'élection dudit Bloys. — Et si aucuns desdits marchands ou autres descendent vin ou autres marchandises en la banlieue, pour mener hors lad. chastellenie, et ils demeurent quarante iours, ils ne doibvent que iij d. t. pour chacun tonneau, à cause de la longue demeure. — Et deu du millier de convers, iij s. iiij d. t.. — De cent de lard, beurre et autres gresses, plomb, estaing, métail, cuivre, airain, clousterie ou caboche, bandes de fer à charettes, alun, riz, noix de galles, espi-

ceries, laynes, brésil, garence, laynes d'autruche, huille d'olif,
figues, raisins, poix, salpestres et poudres à canon, et généralement
de toutes autres marchandises qui se vendent à poids, pour chacun
cent, xij d. t., réservé le pastel et le plastre qui doivent au Roy
dépry seulement, ou à ses fermiers à la chambre de la recepte. —
Savon et tac en barril, ij s. vj d. t.; du poinçon, v s. t.. — S'il se
trouve quelques marchandises en vaisseaux enfoncez, doivent, sçavoir
est : le grand tonneau blanc, xij s. vj d. t.; le moyen, dit Hambourg,
vij s. vj d. t.; le poinçon à mettre vin, v s. t.; le caque de
marchandise, ij s. vj d. t.. — Pour chacun poinçon de mèche, ij s.
vj d. t.. — De poinçon d'huille de noix ou poisson, ij s. j d. t.; la
pippe ou le quart, à l'équivalant. — Ballon d'acier, xv d. t.. —
Chacune pièce de drap non ballée, v d. t.. — Ballon de draps à un
fond, iij s. ix d. t. — Balle à deux fonds, vij s. vj d. t.. — Cent de
miel, olyves et capres, xv d. t.. — Et si ledit miel est en poinçon,
doit v s. t.. — Banse de batterie du poids d'un millier, xij s. vj d. t..
— Pour chacun chalan où il y a pots de fer ou de terre, quatre
pots pour chef-d'œuvre. — Chacun chalan où il y a balles ou ballots
de papier, quatre rames pour chef-d'œuvre. — Est deu de
chacun chalan ou sentine où se trouveront fromages, quatre fromages.
— De chacun chalan où il y aura oignons, pour ce qui seront
par liasses et refforts, doivent au Roy dépry et hommage. Et
pour ce doivent apporter ausdits fermiers quatre liasses de chacune
chose des susdites marchandises. Et où icelles dites marchandises
ne seront par liasse, lesdits fermiers pourront prendre de chacune
desdites marchandises quatre poignées avec les deux mains. — De
chacun cent d'oranges ou citrons, quatre. — De pommes ou poires,
est deue une grande chappelée, soit en poinçons ou autrement. —
De chacun chalan où y aura cocombres ou pompons, est deue de
chacune desdites sortes quatre. — Pour balle de quinquallerie,
marchandise meslée et cartes, est deue, pour millier, xij s. vj d. t..
— D'un compte de toile qui est de vingt et une aulne audit compte,
est deue une aulne d'iceluy, ou bien v s. t.. — Pour bouc d'huille
d'olif, boillon de poix, xv d. t.. — Pour chacun baril de haran,
maquereau, morues, ix d. t.. — Du cent de raves, du millier de
seiches, du cent de congres, du millier de hadots, v s. t.. — Somme

de mercerie à cheval, iij s. ix d. t.. — Paquet de mercerie pesant
un cent, xv d. t.. — Somme de fripperie, charge d'aignelins, iij s.
ix d. t.. — Chacun lot de cuir à poil, qui est vingt et un cuir, iiij s.
v. d. ob. t.. — D'un lict, couchette ou oreiller ; d'un coffre, bahu,
banc, escabelle, buffet ou autres ustancilles de ménage ayant pied,
xvj d. t.. — Et pour coffre de bahu vuide, xvj d. t., et s'il est plein,
sera payé pour chacun cent xv d.. — De chacune quaisse de marchandise, xxij d. t.. — Pour chenets de fer, de cuivre, d'airain et
fonte, pour cent, xv d. t.. — Pour meulle à moulins, iij s. t.. —
D'un chalan neuf à peautre, xvj d. t.. — D'une thoue neuve sans
peautre, iv d. t.. — D'un millier de fer, xv d. t.. — Pour chacun
eschigeau de bois carré ou mesrean, xvj d. t.. — De chacun chalan
chargé de gentes, rets, limonneaux ou esseaulx de bois, de chacune
sorte desd. marchandises, est deue quatre pièces. — De chacune
botte, basculle ou faux fonds, dedans lesquels y a carpes, brochets,
lamproyes et autres poissons d'eau doulce, audessus d'un cent, est
deue quatre chacune sorte; moins d'un cent de chacune sorte, n'en
est rien deu. — Que tous chalans, chargez ou non, sont tenus de
bransler, arriver, venir à la chambre de lad. recepte, pour et afin
que lesdits fermiers ou l'un d'eux ait à voir et visiter en leurs dits
batteaux ou chalans, s'il y a aucune chose en iceux, sur peine et
amande de lx s. t..

« Toutefois, de toutes les marchandises dessus dites, n'est deue
aucuns droits de péage s'ils demeurent en lad. ville et fauxbourgs,
pour l'usage des manans et habitans d'icelle ville et fauxbourgs,
sauf du sel, pour lequel est deue, au fur que dessus, et sont tenus,
lesdits marchands voiturans sel, monstrer et exhiber aux fermiers
dudit péage les brevets de la quantité dudit sel.

« Et est fait deffenses aux fermiers dudit grand port, vicomté de
tolly, présens et advenir, de ne prendre ne exiger plus grandes
sommes pour les marchandises montans et baissans pardessous les
ponts dudit Bloys, que celles qui sont cy-dessus déclarées, sur
peine de l'amende. »

(Déclaration imp., Orléans, Éloy Gibier, XVIᶜ s.; Fabian Hotot, 1605;
Gilles Hotot, vᶜ Jean Boyer, XVIIᵉ s..)

651-660.

XVIᵉ-XVIIIᵉ siècle. — Instances en réglement des péages levés à Blois.

1574, septembre. — André Savigne et Jean Gourdin, voituriers par eau, demeurant à Tours, conduisant contremont un bateau chargé de trois milliers de morues sèches et un millier de morues vertes en piles et monceaux, passent sous les ponts de Blois sans payer l'acquit, n'ayant aperçu aucune pancarte. — Arrivés à Baugency, leur bateau est saisi à la requête de Jean Hardoyneau, fermier du péage de Blois, faute par eux d'avoir acquitté le droit qu'il prétendait lui être dû, bien que les morues chargées audit bateau fussent en pile et non en baril. — Sentence du bailli d'Orléans qui donne main-levée de la saisie à la charge de payer par provision le droit réclamé. — Intervention de la communauté des M. F., tant à sa requête qu'à celle de Savigne et Gourdin. Hardoyneau est assigné au Parlement. — 1583, 5 avril. Arrêt qui annulle la saisie et déclare que droit n'est pas dû au péage de Blois sur morues en pile, mais seulement sur morues en baril, enjoint au fermier de mettre pancarte sur le port.

(Arrêt imp., Orléans, Fabian Hotot, 1598.)

1575. — Jean Hougard, André Floiron et Henri Vendrilz, marchands du pays de Flandre, font charger à Orléans, dans le bateau de Thibaud Gandon, voiturier par eau, vingt-cinq ballots de mercerie et marchandise mêlée, et une caisse remplie d'images et peintures, pour être conduits à Nantes et de là embarqués à destination de la ville de Valladolid, en Espagne, où se tenait, à la fin d'août, foire franche. — Arrivé à Blois et en amont des ponts, le bateau de Gandon s'arrête pour payer les droits de péage, bien qu'aucune pancarte n'apparaisse sur le rivage. Survient Jean Hardoyneau, fermier du péage, qui, sous prétexte de refus par Gandon de payer le droit dû, fait saisir le bateau, les vingt-cinq ballots et la caisse qu'il contenait. — Gandon, bien que les vingt-cinq ballots lui aient été donnés à conduire pour quatre milliers, offre d'acquitter le droit pour six milliers, à raison de 12 sols 6 deniers tournois le millier, soit pour le tout 75 sols t.. Hardoyneau accepte, mais il refuse de donner quittance. Gandon, et le facteur des marchandises qui l'accompagne, sont obligés d'appeler un notaire, qui se rend à leur bateau et dresse acte de l'acquit du droit. — Hardoyneau se ravise ; il prétend, d'une part, que ce que Gandon et le facteur disent être une caisse sujette au droit de 15 d. t. pour cent est un coffre de menuisier soumis au droit de 22 d. t., et d'autre part que les vingt-cinq ballots contiennent autre marchandise que celle qui est déclarée ; fait saisir de rechef le bateau, décharger caisse et ballots qui sont transportés « en l'hôtellerie où pend l'enseigne du lièvre qui dort, » et requiert leur ouverture. Gandon proteste et fait réserve de tous dommages intérêts. — Ouverture faite, il se trouve que la caisse contient des images et peintures ; que vingt-quatre ballots contiennent de la marchandise mêlée ; que le vingt-cinquième contient quarante-deux pièces de bougran. Hardoyneau réclame 15 d. t. pour cent pesant de la marchandise mêlée et une aune de bougran, soit 5 sols t. sur vingt-une aunes. — Il soutient, en outre, que quand Gandon avait chargé son bateau à Orléans, il y avait de plus onze ballots de toile et deux coffres qui auraient été distraits avant l'arrivée à Blois, et conduits par charettes au-dessous des ponts, pour être là repris par le bateau, évitant ainsi de payer le péage ; il refuse main-levée de la saisie jusqu'à ce que le droit ait été payé sur ces onze ballots et deux coffres. — Gandon et le facteur en réfèrent au bailli de Blois, lequel décide : que le liquide, c'est-à-dire 22 d. t. pour la caisse d'images, et 75 s. t. pour vingt-six milliers de marchandise mêlée, sera payé par provision, suivant l'offre desdits Gandon et facteur ; que le non liquide, c'est-à-dire le droit réclamé sur les quarante-deux pièces de bougran, les onze ballots et deux coffres prétendus déchargés au-dessus de Blois, pour lesquels ils soutiennent ne rien devoir, caution sera fournie. — La sentence exécutée, main-levée de la saisie est donnée, et le samedi 20 août, après un retard de plusieurs jours passés à Blois, le bateau se remet en marche. Le 26, à sept heures du matin, il arriva à Nantes. La veille étaient partis tous les navires en chargement pour Valladolid.

Sur ce, la communauté des M. F. intervient, tant à sa requête
qu'à celle des trois marchands de Flandre, propriétaires des marchandises expédiées par le bateau de Gandon. Hardoyneau, fermier
du péage de Blois, est assigné au Parlement pour voir dire : que
Gandon n'était tenu à aucun péage pour les quarante-deux pièces
de bougran, marchandise non comprise en la pancarte du péage
de Blois ; que rien n'était dû pour les onze ballots de toile et les
deux coffres qui n'avaient point passé sous les ponts de la ville de
Blois ; que du reste il était « imaginaire » que ces ballots et coffre
eussent passé par terre ; le « voiturage, » sans payer le droit, aurait
coûté plus cher que le passage par eau en acquittant ce droit ;
que les saisies faites à Blois seront, en conséquence, déclarées
tortionnaires et déraisonnables ; que main-levée pure et simple en
sera donnée, et s'entendre, ledit Hardoyneau, condamner à réparer
le dommage souffert par suite du retard éprouvé à Blois, et de
l'arrivée à Nantes le lendemain du départ des navires faisant voile
pour l'Espagne, malgré la diligence des bateliers. — Intervention
du Procureur général du Roi, lequel requiert que Hardoyneau soit
tenu de mettre pancarte sur le port de Blois. — 1583, 5 avril.
Arrêt conforme aux conclusions des Marchands et aux réquisitions
du Proc. gén.. La Cour ordonne qu'il sera publié à son de trompe
en la ville de Blois.

(Arrêt imp., Orléans, Éloy Gibier, 1583.)

1582, octobre. — François Forest et Nicolas Hardoin, voituriers
par eau, demeurant à Orléans, passent par le détroit du péage de
Blois, conduisant en leurs bateaux la quantité de trente-deux milliers de moulues sèches et un millier de moulues vertes en pile,
sans acquitter le droit de péage. Saisie des bateaux montants, vers
Baugency, à la requête de Pierre Rousseau, Laurans Belon, receveur et fermiers du péage du grand port de Blois, et de Jean Hardoyneau, fermier des autres péages de Blois, enlèvement d'un
millier de poisson sec pour garantie du droit qu'ils prétendent leur
être dû.

Opposition à la saisie de la part de Forest et Hardouin, portée
devant le bailli de Baugenci, qui, par provision, ordonne la restitu-

tion du poisson saisi et renvoie la cause au Parlement. Intervention des M. F. qui se constituent parties jointes.

Les voituriers et M. F. se prévalaient des termes de la pancarte où il est dit que le droit de péage sera perçu sur baril de moulues, et soutenaient que les moulues par eux transportées, étant en pile ou monceau et non en baril, aucun droit n'était dû. A quoi il était répondu par les fermiers que le droit était établi sur la marchandise contenue et non sur le vaisseau la contenant; que la pancarte ayant été rédigée à une époque où les moulues venaient toutes de Rouen en baril, n'avait pas dû prévoir le cas où elles seraient voiturées en pile ou monceaux, comme il était arrivé depuis que l'affluence en étant devenue plus grande en Bretagne, par les Terres-Neuves, on les amenait de Nantes; mais que néanmoins c'était bien la marchandise elle-même qui avait été imposée, et que le droit déterminé pour les moulues en baril était facile à établir pour les moulues en pile, le baril contenant des moulues sèches cent, des vertes vingt-cinq; que donner à la lettre de la pancarte l'interprétation demandée par les voituriers et marchands, ce serait favoriser la fraude à laquelle ils se livraient, fraude qui consistait à défoncer, à l'entrée en Loire, les barils venant des Terres-Neuves, et à placer les moulues en pile ou monceau dans les bateaux, dans l'unique but d'échapper aux prescriptions de la pancarte, et de se soustraire au paiement d'un péage légitime.

1586, 17 mai. — Arrêt qui donne main-levée de la saisie, ordonne le remboursement des sommes consignées pour garantie du droit réclamé par les fermiers du péage de Blois, vicomté et tolly, leur fait défense de prélever autres droits que ceux mentionnés en la pancarte.

(Arrêt imp., Orléans, Éloy Gibier, 1586.)

1584, 18 mai. — Thibaud Gandon, marchand voiturier à Orléans, conduisant un bateau et alléges chargés de sel, arrive aux ponts de Blois; il présente à Jean Hardoïneau, fermier du grand péage, un brevet des officiers du mesurage de la fosse de Nantes, des garde, receveur et contrôleur généraux établis à Saumur, duquel résulte que son chargement est de vingt-deux muids cinq septiers trois minots, mesure de Paris, et offre pour droit de muyage et sallage la somme de 2 écus 5 sols 1 denier tournois. — Jean Hardouineau réclame 45 sols 5 deniers en sus, et pour avoir paiement de cette somme fait saisie des bateaux. — Pour éviter « le retardement de ses bateaux, » Gandon paie sans protestation.

Août. — A la requête de Thibaud Gandon, du Proc. gén. du Roi et des M. F. joints avec lui, opposition à la saisie faite par Jean Hardoïneau, et instance au Parlement.

1588, 13 août. — Arrêt par lequel est dit : que les bateaux dits alléges ou tirots sont exempts du droit de sallage, lequel n'est dû que pour les bateaux dits sentine mère, lorsqu'il est établi par certificat des officiers de la fosse de Nantes, Ingrande et Saumur, qu'au départ le chargement entier était sur la sentine mère, et qu'il n'a été réparti sur les alléges qu'au cours du voyage, pour la facilité de la navigation.

(Arrêt imp., Orléans, Fabian Hotot, 1595.)

1597, 15 février. — Arrêt du Parlement de Paris. Entre : le Proc. gén. du Roi et les M. F., joints avec Thibaud Gandon, marchand voiturier par eau, dem., et Simon Mestiviers, Vincent Limosin, Pierre Rousseau et Laurens Belon, fermiers du péage du grand port de la ville de Blois, et Jean Hardoyneau, aussi fermier du péage de tolle et vicomté de Saint-Jean, déf., par lequel est dit que la marchandise de Baugenci est exempte de payer péage au lieu et port de Blois.

(Arrêt imp., Orléans, Fabian Hotot, 1598.)

1607, 21 juillet. — Arrêt du Parlement de Paris, entre : Christophle Rigalon et les M. F., dem., et Jean Hardoyneau, fermier et receveur du péage de Blois, déf., par lequel les sucres et cassonades sont exempts de péage au port de Blois, et que le seigneur du péage est tenu de baliser.

(Arrêt imp., XVIIᵉ s.. Reg. de corresp. de 1766 à 1773, fᵒ 7, rᵒ. Arch. de la ville d'Orléans.)

1610, 18 août. — Arrêt du Parlement de Paris, entre les M. F.

et le fermier du péage, par lequel est dit : que la marchandise de pruneaux est exempte de tous droits de péage au port de Blois.

(Arrêt imp., Orléans, Fabian Hotot.)

1615. — Instance pendante au Parlement, entre les M. F. et les fermiers du grand péage de Blois.

(Proc. verb. de l'assemblée de 1615. — V. ci-dessus, nᵒ 19.)

1729, 27 décembre. — Arrêt du Conseil qui fixe le tarif des droits du péage de Blois.

(Reg. de corresp. de 1735 à 1740, fᵒ 58, rᵒ. Arch. de la ville d'Orléans. — Pancarte imp. en placard.)

1736, 24 avril. — Sur sommation faite à la requête des M. F. à messire de Crussols, évêque de Blois, et au sieur Boutarud, propriétaire du péage de Blois, à l'occasion des exactions commises par leur receveur. — Arrêt de la chambre des comptes de Blois qui fait défense au fermier du péage de procéder ailleurs que devant elle. — 1740, 20 septembre. Arrêt du Conseil portant que les parties procéderont en la grand'chambre du Parlement. — 1743, 26 août. Arrêt du Parlement qui fait droit à la réclamation des M. F.

(Reg. de corresp. de 1735 à 1740, fᵒˢ 14, 28, 51, 40, 42, 84; de 1741, fᵒ 35. Arch. de la ville d'Orl.. Arrêt imp. en placard.)

CHAUMONT-SUR-LOIRE, canton de Montrichard, département de Loir-et-Cher.

661-668.

XIᵉ-XVIIᵉ siècle. — Charte d'exemption, arrêts du parlement, édit, ordonnance de suppression.

XIᵉ siècle. — Charte par laquelle Liçois, chevalier, seigneur de Chaumont, exempte de tout droit de tonlieu et de péage les hommes

et les effets des religieux de Saint-Florent de Saumur, qui passeront par Chaumont.

(Mabille, cartul. analyt. du catal. de la collect. de dom Housseau,
n° 317, au t. XIV des *Mém.* de la Soc. arch. de Touraine, p. 43.)

1515-1544. — Instance en réglement de péage.

1515. — Instance introduite au Parlement entre le Proc. gén.
du Roi et les M. F., d'une part ; messire Philibert de Beaujeu,
seigneur de Liniers, et dame Catherine d'Amboise, dame de Chaumont, sa femme, d'autre part. Le procès repris, après la mort de
Philibert de Beaujeu, par Louis de Clèves, chevalier, et Catherine
d'Amboise, son épouse en secondes noces.

1544, 25 octobre. — Arrêt par lequel est permis aux défendeur-
de prendre et percevoir pour le droit de péage à eux appartenant
au lieu de Chaumont-sur-Loire :

C'est à sçavoir : « Pour chacun muy de sel, mesure de Nantes,
x d. t., revenant pour chaque muy, de la mesure de Paris, à
xxv d. t.. Et où, au dedans dudit bateau ou challan apportant ledit
sel, y aura huit muys ou au dessus, mesure de Paris, pour droict de
salage, un septier, ou si mieux il aime prendre lesd. xxv d. t. pour
chacun muy. Et s'il y en a moins desdits huict muys esdits batteaux
ou chalans, n'en sera payé droict de salage, mais seulement ledit
droit de x d. t. pour péage. — Et pour muy de bled, mesure de
Chaumont, viij d. t.. — Pour tonneau et pipe de vin chargé entre
le pont de Blois et le pont d'Amboise, iiij d. t.. — Pour la pipe de
vin chargée au dessus dudit pont de Blois et au dessous dudit pont
d'Amboise, vj d. t.. — Pour la somme d'huile, iiij d. t. — Pour
le beuf et vache, chacun j d. t.. — Pour le fardeau de draps,
xij d. t.. — Pour la pièce de drap, ij d. t.. — Pour la sachée de
pain, ij d. t.. — Pour le cent d'oing et de remais, iiij d. t.. Et s'il
n'y a un quarteron, j d. t.. — Pour caque contenant un millier ou
environ de haran blanc ou haran sor, x d. t., ou dix harans, au
choix et élection du marchand. — Pour millier de seiches, de hadots, viij d. t.. — Pour millier de maquereaux, merlans et autres
poissons sallez, xij d. t.. — Pour la meulle de moulin percée,
viij d. t.. — Pour la meulle de moulin sans être percée, iiij d. t..

— Pour la meulle à fèvre, ij d. t.. — Pour lots de cuir, contenant
deux douzaines de peaux de beuf ou de vaches, viij d. t.. — Pour
traict de batterie pesant un millier; pour un millier d'airain, cuivre
et autre métal, xx d. t.. — Pour deux bestes à laine, ob. t.. —
Pour chálan de tonneaux vuidés, iiij d. t.. — Pour coueste de lict
pour vendre, iiij d. t.. Et pour celle d'un usage de mesnage,
n'en sera payé aucune chose. — Pour la chèvre d'huile d'olive,
pour millier; pour millier de fer et d'acier et tout autre millier de
poix; pour millier de cire et beurre, xx d. t.. — Pour challan ou
bateau chargé de pelles ferrées, une pelle. Et si elles sont toutes
de fer, en sera payé au fur de xx d. t. pour millier de poix. —
Pour le mercier qui porte ceintures ferrées, de laitton, de soye ou
de fil d'Inde, pour la balle, viij d. t., pourveu qu'elle soit cordée. —
Pour costé de lard, contenant un demy porc, j d. t.. — Pour charge
entière de verres, un verre. — Pour la charge d'aux et d'oignons,
contenant et faisant trois septiers, mesure de Blois; pour le saumon;
pour la lamproye; pour la douzaine d'allozes, j d. t.. — Pour fardeau de cordouan, viij d. t.. — Pour la somme de gingembre,
poivre et autres espiceries pesant quatre cens livres, xvj d. t.. —
Pour la somme d'amendes pesant un millier; pour le cabas de
figues pesant un millier, xx d. t.. — Pour la charge de peaux de
sauvagine; pour la somme de fil, lange ou linge, quatre cens pesant, viij d. t.. — Pour le fardel de toilles pesant quatre cens; pour
fardel ou pochée de laine, aussi pesant quatre cens, iiij d. t.. —
Pour la douzaine d'arçons, comprenant devant et derrière, pour
arçon, ij d. t.. — Pour les coings d'acier, soient de Lombardie ou
d'ailleurs, à la raison d'un millier de poix, xx d. t.. — Pour la
charge de ballaine pesant quatre cens, viij d. t.. — Pour la somme
ou charge de miel, iiij d. t.. — Pour le sac de guesde, contenant
la charge d'un cheval; pour la balle de garence, contenant la charge
d'un cheval, vj d. t.. — Pour le sac de pommes ou de poires, n'y
aura que dépry. — Pour la douzaine de peaux de moutons, j d. t..
— Pour challan de merrien à vin et toute autre espèce de merrien,
viij d. t.. — Pour la rollée de tan ou charretée, j d. t.. — Pour
baril d'alun, pour millier, xx d. t.. — Pour chalan neuf; pour
droict de neufvage, en le demandant, pourveu qu'il ait peautre. —

Pour la sentine neuve, ij d. t.. — Pour pacquet de mercerie au
poix et au fur, de ij d. t. pour cent. — Pour le coffre fermant à
clef et coffre sans claveure, s'ils sont grands, menés pour vendre,
iiij d. t.. Et pour ceux d'usage et mesnage, n'en sera rien payé. —
Pour millier de plomb et estain, xx d. t.. — Pour somme d'œufs et
fromages, à la raison du cent de poids, ij d. t.. — Pour fardeau de
pelleterie pesant la charge d'un cheval, viij d. t.. — Pour le chalan
ou bateau chargé de bois à brusler, iiij d. t.. »

En cas d'infractions, l'arrêt soumet les marchands à l'amende de
soixante sols ; les seigneurs péagers ou leurs fermiers à une amende
arbitraire, et leur impose les obligations générales de pancarte,
balisage, etc..

(Arrêt imp., Orléans, Éloy Gibier, 1585 ; Fabian Hotot, 1605.)

1546, 9 mars. — Édit donné à Rambouillet, portant que le péage
prétendu à Chaumont de 4 minots de sel sur chaque sentine mère
est « avaluez à la somme de lj s. viij d. t.. » (V. ci-dessus, n° 447.)

1571-1576. — Instance à fin de balisage.

1571, 30 juillet. — A la requête des M. F., notification à demoiselle Françoise de Brézé, duchesse douairière de Bouillon, dame
de la terre et seigneurie de Chaumont, parlant à maître Laurens
Garnier, bailli de lad. terre et seigneurie de Chaumont, à Loys
Joyeux, concierge du château de ladite seigneurie, et à Loys Jean,
fermier et receveur du péage à l'endroit de Chaumont, des édits
par lesquels il est prescrit aux seigneurs péagers de faire baliser et
nettoyer les détroits de leurs péages. En même temps, commandement d'avoir, dans le délai de quinzaine, à enlever toutes choses qui
empêchent qu'on ne puisse sûrement naviguer, de faire faire les
haulserées de la largeur portée par les édits. — 21 août. Commandement réitéré à Jean Testard et Bernard Boucher, fermiers généraux de la terre et seigneurie de Chaumont, demeurant en Vienne,
faubourg de Blois. — Lesquels commandements étant demeurés
sans résultat, les procureurs délégués, à Blois, de la communauté
des Marchands font procéder par Boullemier, maître baliseur en la
rivière de Loire, aux travaux de balisage, nettoyement et hausserées
nécessaires ; il est vaqué à ces travaux pendant plusieurs jours et

par un grand nombre de mercenaires; la dépense s'élève à 115 liv. tournois. Pour avoir remboursement de cette somme, les Marchands assignent la dame de Chaumont au Parlement. — Il est allégué que les « rustiques » envoyés par les Marchands pour exécuter les travaux de balisage ont abattu des arbres plantés depuis cent ans et plus, à l'effet de protéger contre les eaux du fleuve les îles dépendant de la seigneurie de Chaumont, arbres dont il est demandé que la valeur soit remboursée. Il est de plus allégué que le maître baliseur et « ses gens n'ont besogné » pendant tout le temps qu'ils ont séjourné à Chaumont, mais au plus pendant cinq jours, pour lesquels il est fait une offre de vingt livres.

1576, 23 juin. — Arrêt qui condamne la dame de Chaumont à payer et rembourser aux M. F. la somme de 115 livres tournois par eux demandée.

(Arrêt imp., Orléans, Éloy Gibier, 1584 ; Fabian Hotot, 1594.)

1583-1606. — Instances en interprétation du péage.

1583. — Procès introduit au Parlement entre le Proc. gén. du Roi et les M. F., joints avec Florent Roussin, Louis Racault, Jean Boullemier et Urbain Durant, marchands demeurant à Tours, d'une part; les héritiers de dame Françoise de Brézé, dame de Chaumont, et Louis Jehan, fermier dudit péage, d'autre part; sur ce que les fermiers dudit péage prétendaient droit sur la marchandise de pruneaux et sur les poinçons de vin destinés à la boisson des voituriers. — 1601, 26 mai. Arrêt qui déboute les fermiers dudit péage de leur prétention.

1602. — Procès introduit au Parlement entre Pierre André, fermier et receveur du péage de Chaumont-sur-Loire, d'une part; Nicolas et Pierre Delorme, marchands voituriers par eau, demeurant à Orléans, et les M. F., d'autre part. Sur ce que le fermier du péage de Chaumont prétendait lever droit de sallage, non seulement sur les sentines mères, mais encore sur les tirots, soustirots et autres allèges. — 1606, 12 août. Arrêt qui fait défense de prendre droit de sallage sur autres bateaux que les sentines mères.

(Arrêts imp., Orléans, XVII⁰ s.; Fabian Hotot, 1607.)

1631, 20 novembre. — Ordonnance prononçant la suppression du péage de Chaumont. (*V. ci-dessus, n° 447.*)

1738, 15 avril. — Lettre missive du bureau de la compagnie des M. F. à Messieurs Bergevin et Pajon, délégués de Blois, ainsi conçue : « Messieurs, nous avons l'honneur de vous envoyer un arrêté du conseil, qui, sans avoir égard aux représentations des héritiers de M. de Bauvilliers, ordonne l'exécution d'un précédent arrest, par lequel les droits de péage prétendus par eau sur Loire, et par terre dans le bourg de Chaumont, ont été supprimez. »

> (Reg. de corresp., de 1735 à 1740, f° 52, v°. Arch. de la ville d'Orléans.)

AMBOISE, département d'Indre-et-Loire.

669-671.

XIe-XVIe siècle. — Charte d'exemption, actes de transaction.

Vers 1063. — Abandon par Fulcade, chevalier d'Amboise, du tonlieu qu'il avait jusque-là perçu indûment sur les bateaux des religieux de Marmoutiers, passant par la Loire devant son château.

> (Collect. dom Housseau, n° 663.)

1573, 6 mai. — Devant Bruère, notaire au Châtelet d'Orléans, transaction entre les M. F. ou leur Procureur-syndic d'une part, et Florentin Coudenac, fermier et receveur, pour le Roi, du péage par eau d'Amboise, entérinée et homologuée par arrêt de la Cour de Parlement, en date du 18 juin suivant, lequel ordonne que « ledit péage se lèvera selon la forme et sur les articles qui ont été déclarez et interprétez ainsi qu'il s'ensuit :

« Premièrement : sur chacun muid de sel à la mesure de Nantes,

xij d. t.. — S'il y a au chalan quatre muids de sel, se prendra, en
outre des douze deniers pour chacun, de sallage, iv s. t.. — Et
doit chacun chalan, s'il est chargé, pour peautre, ij d. t.. — Et si
un chalan chargé de sel, entré en la châtellenie d'Amboise, fait
ligement, il n'est deu sallage que de la mère. — Chacun chalan qui
mène pèlerins doit de commandise, une fois l'an tant seulement,
vj d. t. — Pipe ou tonneau d'huyle valant trois sommes, xvj d. t..
— Chacun pourceau ou truye, trespassant par la châtellenie d'Amboise, j d.. — Un drap de laine, ij d.. Le fardeau cordé, xij d.. —
Le sac de noix, j d.; muid d'Amboise, viij d.. — Un oings, j d.;
cent d'oings, viij d.. — L'escuelle de remais, j d.; le cent, viij d..
— Caque ou millier de haranc, iiij d.. — Millier de seiche, viij d..
— Meulle à moulin à bled, vij d.. — Meulle à ferrement, j d.. —
Pipe de vin, depuis Saumur jusques à Orléans, vj d.; d'Orléans et
au-dessus, et de Saumur et au dessous, ix d.. — Tacre de cuir,
contenant dix cuirs, iiij d.. — Peaux de lièvres, connins, renards,
fouines et autres sauvagines, d'agneaux, le fardeau coiffé ou cordé,
valant de six à sept cents de poids, xij d.. — Cuivre, le millier, xij d..
— Aux, oignons, la charge, j d.. — Chalandée de busches, xij d.;
la sentine, vj d. — Cuir de bœuf ou de vache, j d.; ne doit rien
cuir à œuvre. — Pipe de cendre, iiij d.. — Cordouan, la douzaine,
ij d.; le fardeau cordé, xij d.. — Charge de hanaps de fust, menés
vendre, iiij d.. — Fardeau de fillange, xij d.. — Somme de fer ou
d'acier pesant trois cens, ij d.. — Challandée de merrain où coignée
a couru, xij d.; la sentine, vj d.; charretée, ij d.. — Douzaine d'arçons à selles, ij d.. — Douzaine d'allozes, une alloze. — Douzaine
de lamproyes, une lamproye. — Saumon, j d.. — Fardeau de mercerie, xij d.. — Fardeau de plissons, xij d.. — Fardeau de ba-
zannes, xij d.. — Bacons, la pièce, j d.. — Une chèvre, j d.. —
Faix de pots de cuivre ou d'airain, du poids de six à sept cens, viij d..
— Poisles d'airain, le trait, du poids d'un millier, xij d.. — Poisles
de fer, le trait, xij d.; la somme, ij d.. — Bleds, c'est à sçavoir
froment, mestail et seigle, orge, avoine, poix ou fèves, le muid à
la mesure d'Amboise, viij d.. — Baleine, le trait, vj d.. — Le sac
d'aulx, d'oignons, de noix, ij d.. — Tous draps de laine, comme
serge ou autres draps, la pièce, ij d.; la trousse, iiij d.. — Feustre,

le fardeau, un feustre. — Cire, la charge du poix de six à sept cens, xij d.. — Futaines, le fardeau, xij d.. — Un chalan neuf, la première fois qu'il trespasse, pour neufvage, xij d., et s'il est chargé, il paye avec ce son acquit. — Un bach neuf semblable, xij d.. — Une foraine neuve semblable, viij d.. — Un destrier neuf semblable, iiij d.. — Une sentine neuve semblable, ij d.. — Somme de miel, iiij d.. — Toille, le fardeau cordé, xij d.. — Laine, le fardeau cordé, dépry. — Une couette, viij d.. — Tapis, le fardeau, xij d.. — Pommes grenades, la charge, deux pommes. — Poires et pommes, le sac, j d.. — Touailles ou fil Inde, le fardeau, xij d.. — Un iuif trespassant, xij d.; à son retour, néant. — Cercles où la doloire court, la charrettée, xij d.. — Peaux de mouton, de cordouan, la douzaine, ij d.. — Douze rottes de tan, ij d.; la chalandée, xij d.. — Azur, alun de bocam, alun d'Espagne, xij d.. — Un feust de tonneau, j d.. — Archats sans claveure, la pièce, j d.. — Huche ou claveure, la pièce, viij d.. — Figues emmiellées, la charge du poids de trois cens, une livre de figues, ou xvj d. t., au choix du marchand. — Croye ou mauve, la chalandée, un pain. — Verres, la chalandée, deux pièces. — Livre porté vendre, où il y a couverture d'ais, iiij d.. — OEuvre de poix, est à sçavoir toutes espiceries et toutes choses qui se pèsent à détail, xij d., le sucre exempt. — Millier de fer, viij d.. — Tous fardeaux, xij d.. — Poisson, comme morues, merlus, morues seiches, autre poisson salé, pour chacun chalan où il sera trouvé plus d'un cent, une pièce. — Beurre, graisse ou meiche, le cent, viij d.. — Toutes choses non comprises cy-dessus doivent chef-d'œuvre. »

(Arrêt imp., Orléans, Éloy Gibier, 1573, 1582.)

1598, 29 octobre. — Transaction passée et arrêtée devant Pasquaze Dubois, notaire du Roi, en son Châtelet d'Orléans, greffier de la communauté des M. F., entre honorables et prudents hommes Gille Vaillant et Guy Hurault, délégués des Marchands, François de Saint-Mesmin, aussi bourgeois dudit Orléans, nommé et ordonné pour assister lesdits délégués et leur donner avis et conseils, et Marcel Noyer, procureur-syndic de ladite communauté des Marchands Fréq., assemblés en leur bureau en l'hôtel commun d'Orléans, d'une part, et Jean Rollet et Jean Lebeasle, marchans, fermiers du péage d'Amboise, d'autre part.

Lesquels, pour éviter certains procès pendant en la Cour de Parlement, « en ont chevy, transigé, pasciffié et accordé soubz le bon plaisir, toutesfois, des seigneurs de ladite Court de Parlement et de Monsieur le Procureur général de Sa Majesté en icelle.

« C'est assavoir : « que lesdits Rollet et Lebeasle promettent et jurent que, à l'advenir, ilz ne prandront aulcun péage sur le guesde, pastel, sucre, pruneaulx, librairie, ne pappier, ne sur les balles de laines non cordées, passans par la rivière de Loire, au destroit du péage d'Amboise ; ains, passeront franchement, en dépriant seullement. — Et quant au haran, feront seulement paier pour chacun bary iiij d. t.. — Et pour la quinquaillerie, pour millier, iij s. iiij d. t.. — De chascun muy de bled froment, mestail, seigle, pois, febves, orge et aveine, mesure d'Amboise, viij d. t.. — Et de tous ouvrages de bois, comme sabotz, pelles et aultres, n'en prendront que chef-d'œuvres de chascun bateau. — Et pour toute restitution de ce qu'ils pourroient avoir pris cy-devant, oultre ce que dict est, en ont chevi à la somme de xx escuz soleil. »

(Transaction imp., XVIIe s..)

672.

XVIe siècle. — Péage levé par le sieur du Gast. (*Voir ci-dessus, n° 462.*)

———

ROCHECORBON, canton de Vouvray, département d'Indre-et-Loire.

———

673-676.

XVIe et XVIIe siècles. — Arrêts réglementaires de péages, ordonnance, édit de suppression.

1438, 30 juin. — Édit prononçant la suppression du péage de Rochecorbon. (*V. ci-dessus, n° 430.*)

1505, 27 mai. — Instance introduite au Parlement, entre : le Proc. gén. du Roi et les M. F., dem., d'une part ; Gilles de Laval, seigneur et baron de Maillé et Rochecorbon, et demoiselle Françoise de Maillé, sa femme, déf., d'autre part. — 1523, 7 septembre. Arrêt par lequel est déclaré que les défendeurs ont droit de péage sur la rivière de Loire « en leur seigneurie et chastellenie de Rochecourbon, lequel péage se payera et acquittera en la manière qui s'ensuit :

« C'est assavoir : pour muy de bled et tout autre grain, mesure de Rochecourbon, vj d. t.. — Pour pippe de vin, de quelque creu que ce soit, iiij d. t.. — Pour muy de sel, mesure de Paris, vj d. t.. — Pour grand batteau appelé mère, où y aura quatre muys de sel, mesure de Paris et audessoubs, iiij s. t. pour sallage, et acquittera la mère les alléges. — Pour balle ou fardeau cordez de drap de laine ou drap d'escarlatte, ou autre drap de laine, quel qu'il soit, et de drap d'or ou d'argent, ou autres draps de soye, de quelque sorte qu'ilz soient, et de couverture, tapisserie, sarges, laines, chanvres et lins, iiij d. t., et pour gibbe, viij d. t.. — Pour chacun millier de beurre, suif et autres graisses, viij d. t.. — Pour chacune somme d'huile pesant trois cens, iiij d. t.. — Pour chacun millier d'estain, potain, plomb, cuivre et métail, ouvrez ou non, viij d. t.. — Pour chacun millier de poisson sec, alozes ou convers et autre poisson sec, iiij d. t.. — Pour chacun vaisseau où il y aura cinquante lamproyes et au-dessus, une lamproye, ou ij s. vj d. t., au choix du marchand. — Pour millier d'espiceries et pour gibbe, viij d. t.. — Pour balle ou fardeau cordez de pelleterie, peaux de moutons, brebis, chevreaux et autres semblables, et aussi de laines, iiij d. t., et pour gibbe, viij d. t.. — Pour chalan neuf ou sentine neufve, en le demandant, j d. t.. — Pour poche d'alun pesant trois cens. — Pour charge de cuirs de bœufs ou de vaches, tannés ou à tanner, j d. t.. — Pour charge de cuirs de mouton, iiij d. t.. — Pour saumon pris hors la banlieue, j d. t.. — Pour charge d'aulx et d'oignons pesant trois cens, j d. t.. — Pour millier de lard ou chair sallée, viij d. t.. — Pour somme de miel pesant trois céns, iiij d. t.. — Pour batteau ou chalan chargé de peignes, un peigne. — Pour fardeau de fustaine ou mercerie meslée, iiij d. t., et pour gibbe, viij d. t.. — Pour balle de bonnets et barrettes, iiij d. t., et pour tonne, viij d. — Pour batteau ou chalan de bois tourné ou creux, un seul chef-d'œuvre de l'une desdites espèces d'iceux ouvrages, ne des pires, ne des meilleurs, lequel chef-d'œuvre acquittera ledit batteau. — Pour mesnage et ustancilles que on mènera et conduira d'un lieu en l'autre, pour l'usage de celuy qui le fera mener, et non pour vendre, ne sera deu aucun péage, mais seulement dépry. »

En cas d'infractions, l'arrêt soumet les marchands à l'amende de soixante sols ; le seigneur péager ou ses fermiers à une amende arbitraire, et il leur impose les obligations habituelles de pancarte, balisage, etc..

(Arrêt imp., Orléans, Éloy Gibier, 1573, 1587 ; Fabian Hotot, 1613.)

1600, 10 mars. — Arrêt du Parlement, entre : Julian Pinault et Salomon Roy, voitturiers par eau, demeurant à Orléans, les M. F., et le Proc. gén. du Roi, joints avec eux, dem., d'une part ; Simon Berger, receveur et fermier du péage par eau levé au détroit de la terre et baronnie de Rochecorbon, déf., et dame Marguerite Hurault, comtesse de Maillé, dame de Rochecorbon, intervenante, d'autre part. — Lequel déclare tortionnaire la saisie d'une balle de laine faite sur Pinault et Roy ; condamne les défendeurs en quatre écus de dommages et intérêts, et fait défense à la dame de Rochecorbon de lever aucun péage sur les ballots de laine non cordés.

(Arrêt imp., XVIIe s..)

1631, 30 novembre. — Ordonnance prononçant la suppression du péage de Rochecorbon. (V. ci-dessus, n° 467.)

MARMOUTIERS, *en la commune de Sainte-Radegonde,*
canton nord de Tours.

677.

XVIIIᵉ siècle. — Note.

En laquelle le péage de Marmoutiers est mentionné comme ayant
été supprimé en l'année 1631.

(Note ms.. Arch,. de la ville d'Orléans.)

TOURS.

678-678.ᶜ

Péage au profit de la mairie des ponts, — XIIᵉ-XVᵉ siècle.
— Accord et mandement.

1113. — Accord entre Guillaume, maire du pont de Tours, avec
Aimery de Loches, qui prétendait avoir des droits sur la mairie du
pont de Tours.

1242. — Juhel, archevêque de Tours, atteste que Jean de Poillé
a vendu aux religieux de Marmoutiers deux parts de la mairie du
pont de Tours pour 41 livres t., et un vase d'argent du poids d'un
marc, et a donné le reste aux religieux en aumône.

1338. — Transaction entre la veuve et les enfants de Louis, vicomte de Thouars, seigneur de Rochecorbon, et l'abbaye de Marmoutiers, au sujet de la mairie du pont de Tours.

1406. — Mandement de Marie de Bretagne, duchesse d'Alençon,
à son receveur des ponts de Tours, de payer une rente.

(D. Housseau, 1344, 2895, 3573, 3574, 3575, 3822.)

678ᴰ.

Péage levé par l'abbaye de Saint-Martin. — 1143. — Charte de Louis VII, roi de France, contenant :

Confirmation au doyen Eudes et aux chanoines de Saint-Martin, de la donation faite au chapitre par feue la reine Bertrade, d'une portion des droits à percevoir au port de Saint-Cyr.

(Collect. dom Housseau, déjà citée.)

679-691.

Péages levés par divers. — XIVᵉ-XVIIᵉ siècle. — Déclarations, édits, arrêts, ordonnance de suppression.

XIVᵉ siècle. — Cession par Philippe VI, roi de France, à la dame de Saint-Blançay, des droits de commandise et péage de Tours, en échange des châtellenies et châteaux de Sainte-Jame et de Bourbie (Saint-Germain-en-Laye).

(Arrêt du 1ᵉʳ juillet 1628, cité plus bas.)

1385. — Coutumes de l'acquit venant aux deux boîtes du péage de Tours inscrites, dans les termes qui suivent, en un « Livre ou registre estant en la chambre des comptes d'Anjou. » Duquel péage le revenu appartient, jusqu'au 25 janvier, à la reine de Sicile et de Jérusalem, et, à partir de cette date, à Jean de Bueil, comte de Sancerre.

« Ce sont les coustumes de l'acquit venant aux deux boîtes du péage de Tours :

« Premièrement : sel venant par la rivière de Loire doibt, pour chacun muids, x d. ob.; pour péage, iij ob.; pour commandise, ix d.; et avec ce, pour chacun chalan, pour sallage, un septier de sel à foue, à iiij s. pour péage et pour commandise, par moitié. — Sel venant par la rivière de Cher, pour chacun muid, xij d.; pour péage, iij d.; pour commandise, ix d.; et avec ce, chacun chalan

pour sallage, j septier de sel. — Vin venant par lesdites rivières
doibt, pour chacun tonneau, xx d.; de péage, v d.; de commandise, xv. Et chacune pipe ou busse par semblable. Et s'il vient au-
dessus de Blois, pour chacun tonneau de péage, ij s., et pour la
pipe, xij d., et de commandise, comme dessus. — Bled venant par
lesdites rivières doibt, pour chacun muids, viij d.; de péage, ij d.;
de commandise, vj d.. — Poix noire, chacune somme de péage et
de commandise, un pézéas. — Draps en roulleau, de péage, iiij d.;
de commandise, vj d.. — Alun, drap, guesde, soye, fil teinct,
saffran, gingembre, cire, poix blanche, cordouan, plomb, estain,
airain, cuivre, archal, fustaine, sauvazine, batterie, poisle d'airain,
mitraille, rocs et autres choses semblables, chacune somme, xvij d.;
de péage, iiij ; de commandise, xiij. Et s'il y a escarlate, v s.; de
péage, xij d.; de commandise, iiij s.. — Pour chascune beste, c'est
à sçavoir : asnes, porcs et vaches, de péage, ob.. — Pour chacun
bœuf, de commandise, j d.. — Moutons, chastriz et oulles, les trois
bestes, de péage, j d.. — Meulle de moulin, ij s. ij d.; de péage,
x d.; de commandise, xvj d.. — Chalan ou bac neuf, de péage,
xij d., une fois payé. — Sentine neufve à peautre, ij d.; de péage,
j d.; de commandise, j d.. — Foraine neufve, de péage, viij d.. —
Seiches, chacun millier, de péage, xvj d.. — Haran, chacun millier,
de péage, xvj d.. — Saumons sallez, chacune chartée, viij d.; de
péage, iiij d.; de commandise, iiij d.; chacun saumon seul, de
péage, j d.. — Huistres, chacune somme, un cent d'huistres. —
Lamproyes, chacune somme, montant douze lamproyes et au dessus,
de péage et commandise, une lamproye. — Alozes, chacune somme,
de péage et commandise, une aloze. — Convers, chacune somme,
la hâvée d'un homme. — Baleine, chacune chartée, un carreau, la
somme une pièce, ne des pires ne des meilleures. — Fer, acier,
cloud, miel, huile, lard, saing, oingt, suif, beurre, chacune somme,
de péage, vj d.. — Hauberts, chacune pièce, xvj d.. — Heaume,
chacune pièce, s'ils sont garnis, de péage, ij s.; s'ils sont dégarnis,
iiij d.. — Boucliers et escuz, de péage, ij s.. — Esperons et estriers,
chacune somme, une paire. — Fers à cheval, gonds et menues
ferrures, chacune somme, de péage, ob.; de commandise, j d.. —
Poisles de fer, chacune somme, de commandise, iiij d.. — Peaux

dè chevreaux escrues, chacune somme de péage, j d.; de commandise, j d.. — Peaux de veaux courroiées, chacune charge, de commandise, xj d.; non courroiées, la douzaine, de péage, j d.. — Coëte pour lict, de péage, viij d.. — Pelleterie d'aigneaux, chacune sommé, de péage, viij d.; de commandise, xiiij d.; et chacun collier, de péage, iiij d.; de commandise, xij d.. — Ferremens esmoulus, chacune charge, ij d.. — Cuirs, chacune lacre qui contient dix cuirs, de péage, xvj d.. — Cuirs à destrancher, la somme, de péage, j d.. — Cuirs où le poil, chacun cuir, j d.. — Pots et pichiers de terre, chacune somme, ij pots. — Moyes et roupes, chacun collier, de péage et commandise, une. — Verres, chacun sommier, de péage et commandise, deux verres; chacun collier, j verre. — Toilles, chenevis, chanvre, chacun sommier, de péage et commandise, ij d.. — Bancs et huches, chacune pièce, de péage, iiij d.. — Lances, chacune charlée, une lance. — Aix et arbalestes, chacun cent, une pièce. — Mercerie et courroie de Paris, chacun sommier, de péage et commandise, ij courroies. — Queuz, chacun sommier, de péage et com., ij queuz. — Noix, chacun septier, de péage, j d.. — Fromages, chacune somme, de commandise, iiij d.. — Bois congné, chacune charlée, de commandise, iiij d.. — Bois rond, chacune charlée, de commandise, ij d . — Bûches à rotte, trois rots, de commandise, j d.. »

> (Extrait du reg. de la ch. des comptes d'Aujou, imp., Orléans, Éloy Gibier, 1585; Fabian Hotot, 1605; Gilles Hotot, 1650; vᵉ Jean Boyer, XVIIᵉ s..)

1427, 2 janvier. — Lettres portant d'informer : A l'occasion d'exactions commises par les seigneurs péagers, dans lesquelles sont mentionnés « ceux qui sont à Tours. » (V. ci-dessous, n° 768.)

1492, 29 mars. — Arrêt du Parlement, entre: le seigneur de Bueil, comte de Sancerre, seigneur du péage de Tours, d'une part, et les M. F., d'autre part. Lequel porte « qu'il sera fait examen de tesmoings, et que, par manière de provision, les marchans passans et conduisans sel par les détroicts, fins et limites de ladite péagerie de Tours, soit par eaue ou par terre, payeront la somme

de x d. ob. t. pour droict de péage et commandise, pour chacun
muy de sel, mesure de Paris. »

(Arrêt imp., XVIe s..)

1508, 5 juin. — Arrêt du Parlement entre les M. F. et plusieurs
seigneurs péagers, parmi lesquels Anthoine, seigneur de Bueil,
comte de Sancerre, seigneur des péage et commandise de Tours,
contenant défense de lever lesd. péages, à moins qu'il ne soit justifié de titres ou possession. (V. ci-dessous, n° 692.)

1512. — Instance introduite au bailliage de Touraine, entre
noble et puissant seigneur Messire Jacques de Bueil, seigneur dudit
lieu et du péage et commandise de Tours, d'une part, et Jehan
Borde, marchand, d'autre part, ledit de Bueil prétendant avoir
droit de prendre sur chacun millier de mérain passant par les détroits de sa péagerie, la somme de 12 deniers t. pour le péage, et
celle de 8 deniers pour la commandise. — 15 juillet. Sentence
portant que c'est à tort que lesdits droits de péage et commandise
ont été réclamés sur le bois merrain. — 6 février. Arrêt confirmatif
du Parlement.

(Sentence et arrêt imp., XVIe s.)

1600, 11 mars. — Arrêt du Parlement, entre: le Proc. gén. du
Roi et les M. F., prenant la cause pour Aulle Galland et Antoine
Barré, procureurs-syndics desdits marchands en la ville de Tours,
d'une part, et François Frémont, marchand, demeurant audit Tours,
fermier du péage, féage et commandise de Tours; par lequel défense est faite audit fermier de lever aucun droit de péage sur les
marchandises passant sur la rivière de Loire, jusqu'à ce qu'il ait
fait mettre en lieu le plus éminent et commode pancarte et tableau
contenant les droits qu'il peut prendre, sauf son recours contre les
héritiers de la dame comtesse de Sancerre.

(Arrêt imp., Orléans, Fabian Hotot, XVIIe s..)

1604, 28 juin. — Sentence du siége présidial de Tours, entre:
Noël Chanderry, marchand forain et voiturier par eau, d'une part,
et François Frémont, fermier du péage et commandise de Tours,
d'autre part, portant que le droit à percevoir au péage de Tours

sur la marchandise de poterie est de deux pots sur chaque bateau
ou chalan. — 1608, 7 juin. Arrêt confirmatif du Parlement.

(Arrêt imp., XVIᵉ s..)

1606, 7 septembre. — Arrêt du Parlement entre les M. F. et
François Frémont, fermier du péage et commandise de Tours, lequel fait défense audit fermier de prélever aucun droit de péage sur
les sucres et cassonnades, sous peine du quadruple des sommes
qu'il aura perçues.

(Arrêt imp., XVIIᵉ s..)

1615. — Instance pendante au Parlement entre les M. F. et les
seigneurs du péage de Tours.

(Procès-verbal de l'assemblée de 1615. *V. ci-dessus, n° 19.*)

1622, 23 avril. — Arrêt du Parlement entre les M. F., dem.,
d'une part; Françoise Lempereur, veuve de François Frémont,
fermier des péage et commandise de Tours, et damoiselle Colombe
le Charron, veuve de Gratian de Plaiz, tant en son nom que comme
ayant la garde noble de ses enfants, propriétaires desdits péage et
commandise de Tours, déf., d'autre part. Lequel condamne la dame
de Plaiz à rembourser aux demandeurs la somme de 133 l. 19 s.,
par eux payée « pour le balizage, nettoyement et haulserées de la
rivière de Loire, fait en l'année 1618, à l'endroict du destroict du
péage. »

(Arrêt imp., Orléans, Fabian Hotot, 1622.)

1628, 1ᵉʳ juillet. — Arrêt du Parlement entre les M. F., le
Proc. gén. joint avec eux, d'une part, et François Frémont, receveur des péage et commandise de Tours; François de la Guesle,
archevêque de Tours; les doyen, chanoine et chapitre de l'église
de Saint-Martin de Tours; Jean, sire de Bueil, comte de Sancerre,
et Louis, sire de Bueil, sieur de Courceillon; Colombe le Charon,
veuve de Gatien de Plaix, au nom et comme tutrice de ses enfants,
seigneurs desdits péage et commandise de Tours, par lequel est dit
que les archevêques de Tours, doyen, chanoines et chapitre de
Saint-Martin, Jean, sire de Bueil, ont droit de prendre et lever
droit de péage et commandise sur les marchandises passant par

Tours, tant par eau que par terre, à savoir : le péage appelé commandise, appartenant entièrement au sire de Bueil, et le droit appelé péage, appartenant à l'archevêque de Tours, au chapitre de
Saint-Martin et au sire de Bueil, chacun pour un tiers.

« C'est à sçavoir : pour chacun muid de sel, mesure de Paris,
venant de Nantes par la rivière de Loire ou du Cher, de commandise, ix d.; de péage, iij d. maille; et un septier de sel pour chacun
challan, évalué, pour péage et commandise, à iiij s., par moitié. —
Pour chacun tonneau de vin contenant deux pippes, et chacune pippe
contenant deux poinçons, montant ou descendant par les rivières
de Loire et de Cher, de commandise, xv d.; de péage, v d.. Et
néantmoins, s'il estoit chargé au dessus du pont de Blois, pour
chacun tonneau contenant deux pippes, sera payé ij s. viij d.. —
Pour chacun muid de bled, mesure dudit Tours, montant ou descendant par lesdites rivières, de commandise, vj d.; de péage, ij d..
— Pour chacun fardeau ou somme pesant de six à sept cens, montant ou descendant par ladite rivière, de draps, soye, poivre,
cordouan et autres cuirs gras, estain neuf sans qu'il soit ouvré,
airains, mestaux, cuivres, areschaux, futaines, gingembre, fil teint,
serge, saffran, cire, poix blanche, batterie, poisles d'airain, mi-
trailles, sera payé, de péage, viij d.; de commandise, xvij d.. Et s'il
y a escarlatte, de péage, xij d.; de commandise, iiij s.. — Pour le
neufvage des batteaux, sçavoir est pour chacun chalan, sera payé,
sçavoir est : pour chacun chalan neuf, montant ou descendant par
lesd. rivières de Loire et Cher, de péage, xij d. t.; grande sentine,
vj d.; sentine neuve d'un fust, j d. t., pour une fois seulement. —
Pour chacun millier de seiches, de péage, viij d.; de commandise,
iiij d.. — Pour chacun millier ou caque de harenc, de commandise,
viij d.; de péage, iiij d.. — Et si un homme demeurant à Chastel-
neuf amenait son bled par eau, de dehors, et en déchargeoit en la
cité, il devra, pour chacun muid dudit bled, j d. t.. — Pour chacune somme pesant six cens livres d'huile d'ollive et autres, de miel,
d'oings, suifs ou remais, de sein ou toutes autres graisses quelsconques, voiturée par eau, de péage, iiij d.; de commandise, ij d..
— Pour chacune somme pesant un millier, ou pour chacun millier
de fer ou d'acier, de péage, ij d.; de commandise, ij d.. — Pour

chacune charge pesant de six à sept cens de poix noire, deux pégéas
de lad. poix. — Pour chacun aubert ou aubergeron, de commandise, viij d.; de péage, iiij d.. — Pour chacun heaume, bacins ou
autre service de teste, en maille ou sans maille, pour chacune pièce,
de commandise, viij d.; de péage, iiij d.. — Pour chappeaux rons
de fer, ij d. p.. Et pour pièce de fer à poitrine à mettre devant
l'homme, chacune pièce, xij d. t.. — Pour chacun harnois de fer,
ij s. t., au cas que lesd. harnois soient voicturez par estrangers ou
destinez pour estre conduits hors le royaume. Quant aux brassarts,
gantelets, cuissots et iambières, sont déclarés exempts de tous
péages. — Pour chacune somme d'esperons et estriers pesant six
cens, une paire de chacun. — Pour chacune somme de fers à cheval
ou serrures pesant six cens, iiij d. ob. t.. — Pour tacre de cuirs
qui contient dix cuirs, de péage, viij d.; de commandise, iiij d.. —
Pour chacune somme pesant six cens, de cuir rouge venant de la
tannerie, de péage, ij d.; de commandise, j d. t.. — Pour somme
pesant six cens de ferremens esmoulus, de péage, j d.. — Pour
somme pesant un millier, d'amandes, figues, raisins et ris, xij d. t.;
pour grenades et oranges, ij d.. — Pour chacune charge d'aux et
oignons pesant trois cens, de péage, ij d.. — Pour chacun saumon
frais, sallé, pesché au dessus du pont de Tours, ou venant du pays
d'autour, de péage, j d.. Quand lesdits saumons seront peschez
au dessous du pont de Tours, conduits par eau ou par terre, de
Nantes iusques à Tours, sera payé obole. — Pour chacune somme
d'huîtres pesant six cens, pour tout péage, deux cens d'huîtres. —
Pour cent de lamproyes, deux lamproyes. Et pour les lamproyes
peschées au dessous du pont de Tours, et hors la banlieue, amenées
en la ville de Tours, pour chacune douzaine, une lamproye. —
Pour chacun cent d'allozes fraiches, deux alloses. Pour chacun
tonneau d'allozes sallées, le tonneau contenant deux pippes, et la
pippe deux poinçons, huict allozes. Et quand elles seront amenées
en la ville de Tours, fresches, achetées de ceux qui les peschent
au dessus ou au dessous des ponts, pour chacune douzaine, une
alloze. — Pour chacune somme de balaine fraische ou seiche,
ij s. t., et pour tout autre poisson de mer, excepté le harenc en
caque et harenc sor, pour millier, une poignée. — Pour chacune

somme de queux pour aiguiser faux, deux queux. — Pour chacun fardeau de peaux de chevreaux, de péage, iiij d.; de commandise, ij d.. — Pour chacune somme de laine, pour chacun fardeau d'alun, de commandise, xiij d.; de péage. iiij d.. — Pour chacun fardeau de toutes sortes de pelleteries, de commandise, xiij d.; de péage, viij d.. — Pour chacun cent de lances, deux lances. — Pour chacun fardeau de lin ou chanvre, de péage, iiij d.; de commandise, ij d.. — Pour chacune douzaine de peaux de moutons, de péage, j d.. — Pour chacun cent d'arcs, de péage, deux arcs. — Pour chacune charge de faucilles, de péage, iiij d.; de commandise, ij d.. Lequel péage est aux trois dessusdits, et la commandise audit de Bueil seul. — Pour chacune charge de faux, vj d.. — Pour millier de latte, de péage, iiij d.. — Pour chacune charretée de bois carré, de péage et commandise, iiij d.. »

En cas d'infraction, l'arrêt soumet les marchands à la peine de soixante sols d'amende; les seigneurs péagers à une amende arbitraire; il impose de plus, à ceux-ci, les obligations habituelles de balisage, pancarte, et de faire lever les droits par un seul receveur.

(Arrêt imp., Orléans, vᵉ Gilles Hotot, XVIIᵉ s..)

1631, 20 novembre. — Ordonnance prononçant la suppression « des péage et commandise de Tours. » (V. ci-dessus, n° 467.)

1445, 29 novembre. — Édit prononçant la suppression des novalités et accrues des péages anciens auquel est mentionnée l'entrée et issue de Tours. (V. ci-dessus, n° 435.)

De TOURS à NANTES.

691ᴬ.

Vers 1060. — Exemption.

Par Geoffroy, fils de Foulques, comte d'Anjou, aux religieux de

Marmoutiers, de tout droit de tonlieu et de péage pour leurs chalands et bateaux passant sur la Loire depuis Nantes jusques à Tours.

(D. Housseau, nᵒˢ 470, 592.)

LA MARESCHAUCÉE ou LA SALLE, entre Tours et Langeais,
vraisemblablement, lieu aujourd'hui inconnu.

692.

1528, 8 mars. — Arrêt du parlement de Paris, réglementaire de péage.

« Franciscus Dei gratia Francorum Rex, universis presentes literas inspecturis salutem. — Notum facimus quod cùm dudùm certa
supplicatione sive requesta, pro parte nostri Procuratoris generalis,
et Procuratoris dilectorum nostrorum Mercatorum ripariam Ligeris
et alia flumina navigabilia in eam fluentia seu descendentia, fre-
quentantium, defuncto reverende memorie carissimo domino consanguineo et predecessori nostro Regi Ludovico duodecimo, pre-
sentata, continente quod superdictis ripariis et fluminibus. (Reproduction des griefs mentionnés en plusieurs des documents qui
précèdent.)

Quorum premissorum occasione, dicti Mercatores plurimùm dam-
nificati extabant, in sui et predictarum suarum mercantiarum de-
trimentum, damnumque et destructionem, ac in ipsius predecessoris
nostri contemptum, irreverentiam et spretum, reique publice, regn
sui, ac predictorum Mercatorum supplicantium preiudicium et dam-
num per maximum, eis idcirco super hoc de condecenti remedio
provideri postulando. — Quibus attentis et querimoniis ratione
premissorum consideratis, ac super hoc pro facto dicte mercantie
et republice bono et intertenemento, regnique utilitate, memoratus
consanguineus et predecessor noster, providere, dictusque Mercatores supplicantes à cunctis gravaminibus, aliisque molestationibus,

oppressionibus, ac indebitis novitatibus, ad suarum gabellarum et cursus predictarum mercantiarum conservationem preservare volens. — Ex sui magni consilii deliberatione, omnes et singulas predictas augmentationes et accrementa Baiocense, pro suo dicti loci firmario causam suscipiente. — Comitissa tornodari, locorum sancti Aniani et de Cellis domina. — Religiosis, Abbatissa et conventu Beate Marie Andegavis, — Petro de la Haye, presbitero, — Johanne Dreneau, — Simone Dandes, — Guillermo Richard, — Petro Bourguignon, — Landislao Bruyant, scutifero, loci d'Ambres domino, — Johanne Vivien, milite, loci de Portu Jouslain domino, — Johanne de Beuf, milite, — Petro de Villeblanche, milite, loci de Porta domino, — Religiosis, abbate et conventu sancti Albini Andegavis, — Anthonio loci de Bueil domino, comite Sacrocesaris pedagii et comandisie Turonis domino, — Francisco de Faille, scutifero, loci de Durestal domino, — magistro Renato Boucquet, elemosinario de Castronovo supra ripariam Sarte, — Johanne Pavart, — Johanne Bouglier, religioso, prioratus de Solesmes priore, — defuncto magistro Martino Mocet, curatore per justitiam liberis annis minoribus defuncti Ludovici dùm viveret, loci de Montjehan domini, — Harduyno, loci de Turre in Andegavia domino, milite, et Francesia de Turre eius uxore, — decano et capitulo sancti Laudi Andegavis, — Leone de sancta Maura, scutifero, loci de Montamet et pedagii portus de valle domino et Anna d'Appelvoisin domicella eius uxore, — Renato le Roy, loci de Chauvigny et pedagii de la Mausmosniere domino et Renato de la Jumeliere, scutifero, loci de Martiniaco Briendi domino, — Ac aliis in predicta inhibitionum et defensionum materia, defensoribus titulos, literas et documenta quorum medio jus pedagii in predicta riparia Ligeris et aliis fluminibus in eam fluentibus, capiebant et ac omnes alias novas impositiones, tributa, pedagia, titubationes seu vacillationes et subsidia super jamdictis mercatoribus et mercantiis eorumdem à predicto centum annorum tempore citra, absque ipsius consanguinei et predecessoris nostri suorumve antecessorum concessione factas, inventas et impositas, edicto perpetuo delevisset et cassavisset, revocassetque et penitus adnullasset. — Et ulterius edictum omnibus in locis quibus doceret ne quis justam ignorantie causam pretendere valeret voce preconia et so-

lemni publicatione significari, omnibusque dominis, capitaneis, cas-
tellanis, pedagiatoribus, eorum receptoribus, commissisque et
deputatis ab eisdem in locis quibus opus esset, ne de cetero aliqua
alia pedagia quàm illa que per eiusdem consanguinei et predecessoris nostri, suorumve antecessorum Francie Regum concessione
ut premictitur habebant, super quibuscumque mercantiis, aliisve
rebus supra hujusmodi riparias, tam ascendendo quàm descendendo
ac etiam transversando, transeuntibus levare seu levari facere au-
derent. Et hoc sub pena perditionis juris quod ipsi in eisdem
pedagiis pretendere poterant ac emende arbitrarie sibi applicande.
— Etiam voce preconia inhiberi, ulteriusque eisdem jus in dictis
pedagiis pretendentibus ut ipsi intrà sex septimanias à die precep-
torum faciendorum computandas, eorum titulos, documenta et
inquestas jurium super gaudentiá per eos pretensa faciendas, penes
curiam Parlamenti afferrent seu transmitterent sub certis magnis
penis, precipi et iniungi, dictisque sex septimanis elapsis, eisdem
jus in dictis pedagiis, pretendentibus, ne eadem pedagia levarent,
appellationibus quibuscumque, non obstantibus, et donec aliter per
eamdem curiam Parlamenti foret ordinatum, similiter inhiberi et
defendi omnes processus ubicumque ratione dictorum pedagiorum
pendentes, penes eamdem curiam Parlamenti evocando, inter cetera
ordinasset. Et super hoc suas patentes literas in forma edicti con-
cessisset. Quarum vigore complures pedagia pretendentes, in predicta curia nostra adjornati extitissent. — In qua quidem curia
nostra memorato Procuratore nostro generali, ac prefatis Mercatoribus predictam ripariam Ligeris frequentantibus, in materia inhibitionum et defensionum actoribus, ex unâ parte, — et dilectis
nostris maiore et Scabinis ville Andegavis et Micaele Gouppilleau
clausure dicti loci firmario, — Theobaldo de Bellomonte loci de
Plessiaco Mace domino, — Docano, thesaurario et capitulo ecclesie
Beatissimi Martini Turonis ad causam suorum pedagiorum de Bau-
genciaco et d'Azay suprà ripariam Cari, — Karoleta de la Haye,
loci de Blerc domina, pro suo, pedagii dicti loci de Blere, firmario,
causam suscipiente, — Johanne de Jambes, milite, Montissorelli
domino, pro suo, pedagii eiusdem loci, firmario, causam suscipiente, — Francisco de Villeprouvée, loci de Traves barone, —

Renato de Faye, scutifero, loci de Marçay domino, ad sui pedagii
de Chousé, causam pro suo eiusdem pedagii firmario suscipiente,
— Henrico de Crouy, milite, loci de Renty domino nomine et ut
suorum et defuncte Karolete de Castrobriendi eius uxoris, libero-
rum annis minorum, gardiam et administrationem habente, ad sui
pedagii de Leone Andegavis causam, — Religiosis, abbate et conventu sanctissime Trinitatis de Vindocino, — Petro de Laval, loci
de Lone domino, — Egidio de Laval, loci de Maillé domino et
barone, — Johanne Milleteau religioso prioratus de Haya Bonorum
Hominum ordinis Grandimontensis secus Andegavis, priore, —
defuncta carissima consanguinea nostra ducissa Borbonii et Alvernie
tunc loci de Gyeino comitissa et domina, — Anthonio de Sambuz,
scutifero, locorum de Coulombiers et de Savonnieres domino et
vicecomite et levabant, allaturis, adjornatis, ex alterâ, vel eorumdem
partium procuratoribus, comparentibus. — Eisque auditis, jamdicta
curia nostra per suum arrestum sexte die junii anno millesimo quingentesimo octavo, datum, quod intra diem crastinam tunc instantis
festi beato Martini hyemalis, jlli qui pedagia supra dictam ripariam
Ligeris pretendebant, de suis titulis, respectu dictorum pedagiorum,
si quos haberent, justificarent. — Illi vero qui possessionem im-
memorialem pedagia suprà eamdem ripariam levandi pretendebant,
de illa intra dictum tempus et pariter qualia jura ipsi ratione dictorum pedagiorum capere debebant parte vocata, et hoc per com-
missarios per eamdem curiam nostram ordinandos informarent,
dicti vero actores in contrarium informare possent, ordinasset. —
Atque dicta dilatione elapsa, ob defectum de predictis titulis justifi-
casse, ac de dicta possessione immemoriali informasse, dicta curia
nostra extunc illis qui premissis minimi furuivissent, ne aliquod
pedagium suprà eamdem ripariam Ligeris levarent, sub pena centum
marcharum argenti, eidem consanguineo et predecessori nostro
applicandarum, compulsoriam eisdem partibus concedendo, inter
cetera inhibuisset et defendisset. — Tandem vero, constitutis in
predicta curia nostra, predicto Procuratore nostro generali et dictis
Mercatoribus predictam ripariam Ligeris frequentantibus, in predicta
inhibitionum et defensionum materia, actoribus, ex una parte ; et,
dilecto pariter nostro Johanne du Monceau, milite, loci de Thignon-

ville domino, defensore, ex alterâ. — Visisque, per dictam nostram curiam, supradictis edicti literis, per jam dictos actores vicesimo septima die maii anno millesimo quingentesimo quinto, impetratis, litigato in ea inter dictas partes sexta die junii, millesimo quingentesimo octavo, scripturis predictarum partium..... — Prefata curia nostra per suum arrestum..... Declaravit et declarat :

« Quod dictus defensor jus pedagii super jamdicta riparia Ligeris, in pedagio de la Salle nuncupato, in directo loci de Choisy et in loco de la Mareschaucée dicto la Salle, secundùm districtus consuetos habet, ad ipsum pedagium ex post horam nonam in vigilia sancte Crucis in mense maio, usque ad parem horam nonam in vigilia sancti Johannis Baptiste, capiendum. — Declaravit etiam et declarat. — Quod quidem pedagium dicta curia nostra in modum qui sequitur, solvi et acquitari videlicet :

« Pro quolibet tonnello vini, duo denarii parisienses. — Pro quolibet centeno lignorum gallice chevrons, vj d. p.. — Pro quolibet modio salis, mensure Parisiensis, ij d. p.. — Pro quolibet chalano novo, tàm magno quàm parvo, viij d. p.. — Pro quolibet fardello pannorum cordato, j d. p..

« Et ne aliquis ignorantie causam pretendere valeat, dicta curia nostra, quod huiusmodi arrestum, tum sono tube et crido publico in predicto loco de la Mareschaucée dicto de la Salle et Choisy, et aliis locis quibus decebit, publicabitur. — In cuius rei testimonium nostrum presentibus literis jussimus apponi sigillum. Datum Parisius in Parlamento nostro, octava die martii, anno Domini millesimo quingentesimo vicesimo octavo, et regni nostri quindecimo. Per arrestum curie, de Vignolles. »

(Original, scellé sur double queue. Arch. de la ville d'Orléans.)

MAILLÉ, aujourdhui LUYNES, canton nord de Tours.

693-699.

XIᵉ-XVIIᵉ siècle. — Chartes d'exemptions, édit, arrêt réglementaire de péage, ordonnance de suppression.

XIᵉ siècle. — Donation par Jaquelin de Maillé à l'abbaye de Marmoutiers de la dîme du tonlieu qu'il perçoit sur la Loire.

Vers 1063. — Accord entre les religieux de Marmoutiers et Gausbert de Maillé, au sujet des droits de péage et tonlieu que ce dernier voulait injustement exiger pour les marchandises des religieux passant par terre et par eau sur ses domaines.

(Collect. de dom Housseau, déjà citée, n⁰ 676, 720, 790, 915, 1732.)

1438, 30 juin. — Édit prononçant suppression des novalités et accrues de péages anciens, au préambule duquel est mentionné le péage de Maillé. (*V. ci-dessus, n⁰ 430.*) 1435.

1528, 7 septembre. — Arrêt du Parlement par lequel est déclaré que Gilles de Laval, seigneur et baron de Maillé et de Rochecorbon, et damoiselle Françoise de Maillé ont droit de péage sur la rivière de Loire, en leur seigneurie de Maillé, « lequel péage se payera et acquittera de la manière qui s'ensuit :

« Pour chacun muid de grain non moulu, mesure de Maillé, iiij d. t.. — Pour chacune pipe de vin, v d. t., sans payer aucun iallage. — Pour chacun muid de sel, mesure de Paris, vj d. t.. — Et pour grand batteau appellé mère où il y aura quatre muids de sel, mesure de Paris et au-dessus, iiij s. t., et acquittera led. grand batteau les alléges. — Pour caque ou baril de haranc blanc ; pour millier de haranc sor, d'ados, merlus, allozes, macquereaux salez, rayes, seiches, moïrues et autre poisson de mer, sec et salé, iiij d. t.. — Pour millier de fer et acier, iiij d. t.. — Pour millier

de sucre et autres espiceries, viij d. t. — Pour fardeau de cotton, futaines, ostades, taffetas, camelots et autre mercerie meslée, iiij d. t.,
et pour gibbe, viij d. t.. — Pour charge de baudrairie, iiij d. t., et
pour gibbe, viij d. t.. — Pour millier de régalisse, viij d. t.. —
Pour charge de batteau de peignes, un peigne. — Pour fardeau
de chausses, de toille, iiij d. t., et pour gibbe, viij d. t.. — Pour
millier de poix raisine, viij d. t.. — Pour chalan, sentine, foraine,
bac ou moulin, qui n'aura autresfois passé par ledit péage, pour
droit de neufvage, en le demandant, j d. t.. — Pour challan ou
batteau de bois ouvré ou non, viij d. t.. — Pour bateau ou challan
de pelles ferrées ou non, pourveu qu'elles ne soient destinées pour
la guerre, une pelle. — Pour balle ou fardeau cordez de draps de
laine, soient d'escarlatte ou autre draps, quels qu'ils soient, d'or,
d'argent, ou autres draps de soye, aussi de couvertures, tapisseries
de sarge ou laine, iiij d. t., et pour gibbe, viij d. t.. — Pour balle
de bonnets et barettes, iiij d. t., et pour tonne, viij d. t.. — Pour
fardeau de lin, chanvre, fil de laine ou autre fil, iiij d. t., et pour
gibbe, viij d. t.. — Pour charge de cuirs de bœufs ou vaches tannez
ou à tanner, j d. t.. — Pour charge de cuirs de mouton, viij d. t..
— Pour somme d'huile d'olive pesant trois cens, viij d. t.. — Pour
somme d'huile de noix, iiij d. t.. — Pour millier de beurre, de
sain, suif et autres graisses; d'estam, potin et plomb, viij d. t.. —
Pour balle ou fardeau cordé de pelleterie d'aigneaux, moutons et
sauvagine, iiij d. t., et pour gibbe, viij d. t.. — Pour millier de
plume, soit en couette ou poche, pour vendre, viij d. t.. — Pour
traict de batterie pesant un millier, iiij d. t.. — Pour millier de
cuivre, iiij d. t.. — Pour millier de lard ou chair sallée, viij d. t..
— Pour chalan ou bateau de rotée de tan; pour charge d'aulx et
d'oignons, j d. t.. — Pour batteau chargé de bois tourné, hanaps,
madréz, ballais de bruyères, soufflets, lanternes, vans à vanner
grain, hottes et panniers, un chef-d'œuvre seulement des espèces
d'iceux ouvrages, ne des pires ne des meilleurs. — Pour botte de
lamproyes ou chalan percé où y aura douze lamproyes et au dessus,
ne sera payé que une lamproye, ou ij s. vj d. t., au choix du marchand. — Pour mesnage et ustenciles qu'on mènera pour l'usage
de celui qui les fera mener et non pour vendre, dépry. »

En cas d'infractions, l'arrêt soumet les marchands à l'amende de soixante sols, et les péagers à une amende arbitraire ; il impose de plus, à ceux-ci, les obligations habituelles de balisage, poteau, etc..

(Arrêt imp., Orléans, Éloy Gibier, 1559, 1584; Fabian Hotot, 1605;
Gilles Hotot, 1631. L'original en latin, scellé sur double queue,
est conservé dans les arch. du Loiret.)

1628. — Remboursement aux Marchands Fréq., par le fermier du péage de Maillé, de la part à sa charge dans les frais de balisage du détroit de Tours.

(Comptes du Rec. gén. des Marchands de 1628, fᵒ 14, vᵒ.
Arch. de la ville d'Orléans.)

1631, 20 novembre. — Ordonnance prononçant la suppression du péage de Maillé. (V. ci-dessus, nᵒ 467.)

———

LANGEAIS, département d'Indre-et-Loire (Langers. Langes).

———

700-711.

XIᵉ-XVIIIᵉ siècle. — Charte d'exemption, enquête, sentence et arrêts réglementaires de péage, édit de suppression.

XIᵉ siècle. — Restitution par Richilde, dame de Langeais, aux religieux de Marmoutiers, du droit de tonlieu qui leur avait été donné par Ingelger, son père, et que depuis la mort de celui-ci elle et son mari avaient voulu revendiquer.

(Collect. Dom Housseau, nᵒˢ 1060, 1066 *bis*, 1102.)

1432. — Enquête par Jean de Mauloue, conseiller du Roi en sa Cour de Parlement, commissaire à ce délégué, assisté de Jacques Hamelin, juge et lieutenant-général de Touraine ; Guillaume Dreux, Procureur du Roi au bailliage de Touraine ; Louis de Trémajon, chevalier, chambellan du Roi, capitaine de Langeais ; Gilet et Jean de Brion, praticiens en Cour laye, demeurant à Tours, « sur les péages et autres devoirs accoustumez à lever sur les denrées et marchandises menées par la rivière de Loire au lieu de Langeais. » — 3 mai. Instruction donnée à Tours par ledit Jean de Mauloue, « et manière comment » on doit lever ledit péage de Langeais sur la rivière de Loire, appartenant au Roi.

« Premièrement : pour chacun muy de sel, on doibt au Roy x d. maille. — Et outre, quant il y a ou chalan cinq muys et audessus, on doit, pour salage, depuis la septembresche iusques à la marseiche, vij s., et depuis la marseiche iusques à la septembresche, iij s. vj d.. — Et quand on a chargé à Nantes sel en grand chalan. et après en le lège, entre Nantes et l'arceau de Cande, se il y a leigement, cinq muys de sel, il doit sallage. Et si iceluy qui le acquitte ne scet combien a de sel ou chalan, quand il a esté chargé à la pelle, il payera salage s'il ne sure qu'il y eust moins de cinq muys. Et s'il leige la mère en son chalan entre ledit arceau de Cande et Langers, pose qu'il y ait ou le lègement plus de cinq muys, il ne payera aucun sallage. — *Item*, pour muy de vin qui vaut deux pippes. — Et quand il y a ou chalan douze pippes, on doit, pour une jallaye de vin, v s. t., et s'il y a moins de douze pippes, on ne doibt point de sallage. — *Item*, pour muy de bled et autre grain, censés et réputez pour bled, et aussi pour muy de farine, de noix, de chastaignes, vij d.. — *Item*, quand on envoie vendre bled à Langers, par eau, en sacs ou en poches, chacune charge doit ob.; quand il passe ladite ville de Langers, chacune charge doit un denier. — *Item*, pour millier de serche, viij d.; pour charretée, demy quernil ; et pour chacune chalandée, trois quernilz. — *Item*, pour charretée de marrian à vin, mené par eau, pour lacre de cuirs, ij d.. — Pour traict de batterie, iiij d.. — Pour lot de cuirs où il y a vingt cuirs de boucher sans morine, viij d. — *Item*, pour charge de fer, ij d., et font les trois charges un millier, et autant doibt-on pour acier. — *Item*, pour somme de miel, iij d. — *Item*, truetz, foupe, chardon, sonnace, seing de harenc, convers, chevences et sardille, dépry. — *Item*, pour meule de moulin sans pièces et non percée, x d.. — *Item*, pour somme de poisson de mer, viij d. — *Item*, pour toute espicerie, de chacune charge, viij d.. — *Item*, pour charge de cire, figues, amandes, ris ; de mercerie ; de suif, oingt, beurre et autres gresses, viij d.. — *Item*, pour somme d'huile, iiij d., et y en a quatre sommes en la pipe. — *Item*, pour fardeau de peaux de sauvagine, iiij d.. — *Item*, pelice d'agneaux, maille. — *Item*, pourtant on ne doibt rien en la ville de Langers, par eau ne par terre, excepté huict deniers de lavage. — *Item*, pour millier de harenc, viij d.. — *Item*, le verrier, deux verres d'un denier. — *Item*, pour chacun cent de lamproyes, viij d. et deux lamproyes. — *Item*, pour fardel de draps, iiij d.. — *Item*, pour fardel de paux d'agneaux, iiij d., et si elles sont de morine, ne doivent rien. — *Item*, pour somme de coux, un coux. — *Item*, pour fardel de laine tondue à force et non lavée, iiij d.. — *Item*, pour fardel de laine d'aignelins non lavée et sans morine, ij d., et quand elle est de morine, et aussi quand elle est lavée, ne doit rien. — *Item*, pots et pichiers, se acquittent par les charges, chacune un pot. — *Item*, pour une somme de hanaps, de fust ou d'escuelle, j d.. »

(Instruction imp., Orléans, Éloi Gibier, 1571.)

1438, 30 juin. — Édit prononçant la suppression des novalités et accrues de péages anciens, au préambule duquel est mentionné le péage de Langeais. (*V. ci-dessus*, n° 430.) *N 435*

1522, 4 décembre. — Procès introduit au bailliage de Touraine, en exécution d'un arrêt du Parlement de Paris, entre : Nicolas Bastard et Gui Barré, March. Fréq. le fleuve de Loire ; le Proc. du Roi au bailliage, joint avec eux, d'une part ; Hugon et Michel les Douetz, et Olivier Guillot, fermiers et péagers de Langeais, d'autre part. Sentence portant qu'il n'est dû que 6 deniers t. sur millier de fer. — 1532, 22 juin. Arrêt confirmatif du Parlement.

(Arrêt imp., XVIIᵉ s..)

1571, 7 août. — Sur appel porté au Parlement de Paris par le Proc. gén. du Roi et les M. F., d'une sentence du bailli de Touraine, contre Pierre Denis, fermier et receveur pour le Roi du péage de Langeais, arrêt qui fait défense audit fermier « de lever plus grand droit que ce qui est contenu par la déclaration ou instruction faicte par feu Mauloue, en date du 3 mai 1432. »

(Arrêt imp., Orléans, Éloy Gibier, 1571, 1587.)

1612, 7 mai. — Saisie à la requête de « François Raguin, fermier du péage par eaue sur la rivière de Loire, au destroict de la seigneurie de Langes, de sept quartz de marchandises d'allozes sallées, passées sur la rivière de Loire au destroict de ladite seigneurie de Langes, dans une gabarre, ensemble de ladicte gabarre et ustancilles d'icelle, appartenant à Noël Guillot, André Huc et Jehan Jeudi, marchans voicturiers par eaue, par faulte d'avoir acquicté le péage et droit de subside prétendu sur ladicte marchandise et gabarre. » — 1616, 23 avril. Sur opposition à ladite saisie, arrêt du Parlement qui en donne main-levée.

(Arrêt imp., XVIIe s., procès-verbal de l'assemblée de 1615.)
(V. ci-dessus, n° 19.)

1618, 5 juillet. — Sentence du bailli de Touraine ou son lieutenant à Langeais, entre : Mathieu Poislane jeune, marchand voiturier par eau, demeurant à Orléans, et la communauté des M. F., d'une part; Lucas Gombert, fermier du domaine de Langeais, et Marie Touchet, dame d'Entragues, d'autre part, en laquelle est dit « que sur chacune charge de potz et pressus passant par la rivière, est deub un pot. » — 1621, 27 mars. Arrêt infirmatif du Parlement de Paris.

(Arrêt imp., XVIIe s.)

1620, 11 janvier. — Arrêt du Parlement de Paris entre les M. F. et dame Marie Touchet de Belleville, dame d'Entragues, dame du péage de Langeais, par lequel ladite dame est condamnée à rembourser aux marchands la somme de 201 l. 6 s. t., pour le nettoiement de la rivière de Loire, ès limites de la seigneurie de Langeais.

(Arrêt imp., Orléans, Fabian Hotot, 1621.)

1641. — Instance introduite au Parlement de Paris, entre : le Proc. gén. du Roi et les M. F., d'une part ; Jean Ruzé d'Effiat, abbé de Tresfontaines, Armand de la Porte, chevalier, sieur de la Meilleraye, donataires universels de dame Marie de Fourcy, maréchale d'Effiat, propriétaire du péage de Langeais, d'autre part. — 1650, 22 juin. Arrêt portant que le fermier du péage de Langeais ne pourra prendre pour toute la charge d'un bateau chargé de poisson, quelque quantité qu'il contienne, que la somme de 8 d., et qu'il ne pourra lever aucun droit sur la poix résine.

(Arrêt imp., Orléans, vᵉ Gilles Hotot, XVIIᵉ s.; vᵉ Jean Boyer, XVIIᵉ s..)

1683, 22 janvier. — 1688, 27 août. — 1693, 14 mars. — Arrêts qui, statuant sur interventions de marchands trafiquant sur la rivière de Loire, contre les fermiers du péage de Langeais, maintiennent les prohibitions de l'arrêt de 1652.

(Arrêt de 1693, imp., Orléans, vᵗ Jean Boyer, 1694.)

1705. — Instance pendante au Parlement, entre : le Proc. gén. du Roi, les M. F., Antoine Jogues, Pierre du Bourg, veuve Huillier, Arnaul, Pierre et Thomas Boillève, Sarrebourse et compagnie, marchands à Orléans, maîtres des raffineries de sucre établies en ladite ville, d'une part; et dame Olimpe de Mazarin, veuve de messire Christophe Gigault, chevalier, marquis de Bellefonds, propriétaire du péage de Langeais. — 1718, 3 mars. Arrêt portant que la déclaration du péage de Langeais du 3 mai 1432 sera exécutée selon sa forme et teneur ; qu'il est fait défense à la dame de Mazarin de lever autres droits que ceux mentionnés en ladite déclaration, et sur les seules marchandises qui y sont énoncées, sans y comprendre les sucres sous le terme général d'espiceries, à peine de restitution du quadruple; — qu'à cet effet, il sera mis deux pancartes nouvelles, conformes à ladite déclaration, dans lesquelles la somme par eau demeurera fixée à la charge entière d'un bateau ; la charge par terre à la charge d'une charette ou d'un cheval ; le fardel à une balle de marchandise grande ou petite ; — que ladite dame de Mazarin sera tenue de rapporter les titres en vertu desquels elle prétend lever un droit de péage qu'elle nomme billete, sur les bœufs, bestiaux, fruits, aulx, oignons, et cependant lui fait défense de lever ledit droit ; — qu'elle rendra et restituera auxdits Jogues et consorts la somme de 600 liv., à laquelle est liquidé le montant

des droits par elle levés sur les sucres, et aux M. F. la somme de
200 liv. pour restitution des droits levés sur autres marchandises
non portées en la déclaration de 1432, avec intérêts depuis le jour
de la demande, laquelle somme ordonnée être payée aux Marchands sera employée à l'entretien et aux ouvrages publics de la
rivière de Loire, conformément aux lettres-patentes et arrêts de la
Cour concernant leur établissement ; — que défense est faite au
juge de Langeais de connaître des causes où les M. F. sont parties,
ni d'étendre ou expliquer la pancarte du péage dudit lieu, à peine
d'être pris à partie.

(Arrêt imp., Orléans, Jean Boyer, 1718.)

1742, 14 juillet. — Lettre du bureau de la compagnie des M. F.
A M. Nicolleau, délégué à Tours, en laquelle est dit : « Vous
nous demandés, Monsieur, par un mémoire, ce que peut être un
tacre de cuirs qui doit deux deniers au péage de Langeais, selon la
pancarte de M. de Mauloue ; ce terme est inusité depuis longtemps,
et nous en ignorons la signification ; mais comme les articles obs-
curs d'une pancarte doivent s'expliquer par ceux qui sont clairs,
nous pensons que le *tacre* se compose de cinq cuirs, puisque le *lot*,
qui est de vingt, doit huit deniers, ce qui revient au même. »

(Reg. de corresp. de 1741 à 1750, fᵒ 14, ms.. Arch. de la ville
d'Orléans.)

———

COLOMBIERS, *en la commune de Bréhémont, canton d'Azay-
le-Rideau, département d'Indre-et-Loire. (Coulombiers).*

———

712.

XVᵉ-XVIIᵉ siècle. — Lettres d'information, édits, arrêts
de réglement, ordonnance de suppression.

1425, 27 juillet. — Lettres par laquelle les M. F. exposent

« que pluzieurs seigneurs, eulx disans avoir droit de péage, leurs péagiers, fermiers, commis et députez de par eulx, c'est assavoir à Baugenci, à Tours, à Colombiers en Touraine et en pluzieurs autres lieux depuis certain temps en ça, ont arresté, troublé et empesché lesdiz exposans, leurs vaisseaulx, deniers et marchandises estans en yceulx, tout sel, blez, vins, harens, fer, acier et poissons, comme autres denrées et marchandises..... et mesmement Jehan seigneur de Graville, Thibaut Chabot, seigneur de la Grève et de Précigné, Berteau de la Jaille, eulx disans seigneurs et autres tenans en main le gouvernement des chastel et chastellenie dudit lieu de Colombiers, ont levé et lièvent depuis un an en ça, audit lieu de Colombiers, sur chascun chalan et sentine chargé de marchandise, six escuz d'or avec autres graves et excessives exactions et tout oultre par dessus les péages et devoirs anciens deuz èsdiz lieux, et semblablement les communaultez de plusieurs bonnes villes et aucuns des seigneurs des pays voisins... »
— Est enjoint au premier huissier ou sergent qui en sera requis : de citer en la cour de Parlement les seigneurs péagers et autres qui ne cesseront ou feront cesser sans délai les exactions à eux imputées.

(Orig. sur parch.; mss. Arch. de la ville d'Orléans).

1427, 2 janvier. — Lettres portant d'informer à l'occasion d'exactions commises par les seigneurs péagers, dans lesquelles sont mentionnés ceux qui sont à Colombiers, au nombre des seigneurs péagers, contre lesquels des plaintes sont élevées. (*Voir ci-dessous, nº 768*).

1438, 30 juin. — Édit prononçant la suppression des novalités et accrues de péages anciens, au préambule duquel est mentionné le péage de Coulombiers. (*Voir ci-dessus, nº 430.*) *et 435*

1508. — Instance pendante au Parlement, entre : le Proc. gén. du Roi et les M. F., d'une part ; et Jean Desambuz, écuyer, seigneur de Coulombiers, d'autre part.

1529, 9 juillet. — Arrêt par lequel est déclaré que ledit Desambuz a droit de péage sur la rivière de Loire, en ladite seigneurie de Coulombiers, lequel péage se payera et acquittera, en la manière qui s'ensuit :
C'est assavoir : — Pour muy de bled, iiij d. t.. — Pour chacune pippe de vin, vj d. t., et quand au challan y aura plus de douze pippes, sera deu une jallaye, et sera en l'option du marchand de payer ladite jallaye ou iiij s. t.. — Pour muy de sel, mesure de Paris, iij d. t., et quand le challan sera chargé de quatre muys et au-dessus, pour le salage, v s. t.

Et acquittera le grand bateau appelé la mère, les alléges, soit le bateau allége, au-dessus ou au-dessous de l'arceau de Cande. — Pour millier de chacune œuvre de poix ; pour tonne d'huille, pour caque de haren blanc, pour millier de haren sor, iiij d. t.. — Pour lot de cuirs, auquel lot doibt avoir vingt cuirs de boucher sans morine, viij d. t.. — Pour traict de batterie pesant un millier, iiij d. t.. — Pour mitaille, dépry. — Pour cent de remets et autres gresses qui se vendent au poix, iiij d. t.. — Pour chacun millier de mesreans à vin, viij d. t.. — Pour chacune charretée de bois où a couru hache platte, iiij. d. t.. — Pour une coueste de plume garnie de couessin, menée pour vendre, xvj. d. t.. — Pour chacun challan menant denrées acquitables, pour la peautre, j d. t.. — En cas d'infraction, l'arrêt soumet les marchands à une amende de soixante sols et le seigneur péager à une amende arbitraire, il impose de plus à celui-ci les obligations habituelles de poteau, balisage, etc.

> (Arrêt imp., Orléans ; Eloy Gibier, 1559, 1582 ;
> Fabian Hotot, 1601.)

1631, 20 novembre. — Ordonnance prononçant la suppression du péage de Coulombiers. (*Voir ci-dessus, n° 467*).

SAINT-MICHEL, *canton de Langeais, département d'Indre-et-Loire (Saint-Michau).*

717-720.

XV°-XVII° siècle. — Lettres d'information, arrêt de réglement de péage, mention de dépense, ordonnance de suppression.

1427, 2 janvier. — Lettres d'information, données à l'occasion d'exactions commises par les péagers, dans lesquelles Jehan, seigneur de Bueil et de Saint-Michau-sur-Loire, est mentionné. (*Voir ci-dessous, n° 768.*)

1525, 21 juillet. — Arrêt du Parlement par lequel est dit : que messire Charles d'Espinay, seigneur de Saint-Michau-sur-Loire, a droit de péage au lieu de Saint-Michau assis sur la rivière de Loire, pour estre levé à un seul lieu, le plus convenable que faire se pourra, pour le soulagement des marchans et voicturiers, lequel péage se lèvera et acquittera en la manière qui s'ensuit :

C'est asçavoir : — Pour muy de sel, mesure de Paris, j d. ob. t.. — Pour chacune pippe de vin, ij d. t.. — Pour traite de cotte et de batterie, iiij d. t.. — Pour chacune charette de marain, ij d. t.. — Pour tacre de cuir, ij d.. — Pour charge d'acier, j d.. — **Pour** somme de miel, iiij d. — Pour meule de moulin non percée, ob. t.. — Pour meule à fer non percée, ob. t. — Pour muy de bled, de chastaignes, j d. t.. — Pour fardel de draps d'aigneaux, qui ne sont de morine, de sauvagine, iiij d. t.. — Pour charge ou somme de hanats, de fust ou d'écuelles, j d.. — Pour fardel de cordouen cordé, iiij d..

L'arrêt impose au seigneur péager les charges, obligations habituelles, et le soumet à une amende arbitraire en cas de perception plus élevée que celle portée au présent tarif.

> (Arrêt imp., Orléans, Eloi Gibier, 1573, 1580, Fabian Hotot, 1599.)

1628. — Compte de recette des M. F. où est mentionné le remboursement par le fermier du péage de Saint-Michau, de frais de balisage à sa charge.

> (Compte de 1628. — Arch. de la ville d'Orléans.)

1631, 20 novembre. — Ordonnance prononçant la suppression du péage de Saint-Michau. (*Voir ci-dessus, n° 467.*)

CHOUZÉ, canton de Bourgueil, département d'Indre-et-Loire
(*Chosé, Chouzay*).

724-726.

XIIe-XVIe siècle. — Charte de donation, arrêts et réglement, édit d'évaluation, ordonnance de suppression.

1118. — Donation par Renault fils de Jacquelin, seigneur d'Ussé, à l'abbé Garnier et aux religieux de Marmoutiers, de la moitié des droits qu'il perçoit au port de Chouzé-sur-Loire, en Anjou.

(Collection dom Housseau, n° 1736.)

Instance au Parlement de Paris, et arrêts en réglement de péage.

1528, 8 mars. — Arrêt du Parlement, par lequel délai est donné à René de Faye, écuyer, seigneur de Marsay, pour fournir les titres et preuves de son péage de Chouzé, passé lequel délai, défense lui est faite de lever ledit péage. (*V. ci-dessous*, *n°* 692).

1523, 7 septembre. — Arrêt par lequel est dit, que Pierre de Laval, seigneur de Loue et de Benaiz, a droit de prendre la sixième partie du péage de Chosé, lequel péage entier doit être levé par un seul receveur ou fermier, en la manière qui s'ensuit :

C'est ascavoir : — « Pour muy de sel, iiij d. t.. — Pour le salage du batteau portant huict muys, mesure de Paris, huict boisseaux rez, mesure de Chinon. — Pour chacun muy de grain, mesure de Chosé ; pour muy de vin vallant deux pippes ; pour traict de batterie pesant un millier ; pour millier de fer ; pour millier d'huille, iiij d. t.. — Pour fardeau de toille cordée, iij d. t.. — Pour millier de marrein, xij d. t.. — Pour cent de lamproyes et au-dessus, trois lamproyes, chacune lamproye estimée à ij s. vj d. t., au choix du marchand. — Pour caque ou baril de haran blanc, ou millier de haren sor, iiij d. t.. — Pour charge de draps de laine, pour fardeau de laine, de chanvre ou de lin, ij d. t.. — Pour millier de lattes, deux desdites lattes. — Pour millier de barreaux, deux barreaux. — Pour chalan ou sentine neufve, j d. t.. — Pour coffre ferré à soubzbassement, mené pour vendre, iiij d. t.. — Pour millier de plume à vendre, iiij d. t.. — Pour charge de mercerie meslée, ij d. t.. — Pour peaux de vaches, bœufs, moutons et cordouen, tanné ou à tanner, dépry. »

En cas d'infraction, l'arrêt soumet les marchands à une amende de soixante sols, et les péagers à une amende arbitraire, il leur impose en outre les obligations inhérentes au droit de péage.

(Arrêt imp., Orléans, Eloy Gibier, 1559, 1582 ; Fabian Hotot, 1605.)

1524, 5 mai. — Arrêt du Parlement, portant que des sentines chargées de moins de huit muids de sel, passant à Chouzé, n'est rien dû.

(Arrêt mentionné en l'édit du 9 mars 1546, rapporté ci-dessus, n° 447.)

1546, 9 mars. — Edit portant que « le péage de Chouzay prétendant deux minots de sel sur chacune sentine mère chargée de huit muids de sel et au-dessus (est) avaluez à la somme de xxv s. ij d. t.. » (*V. ci-dessus, n° 447.*)

1631, 20 novembre. — Ordonnance prononçant la suppression « du péage levé au lieu de Chouzé. » (*V. ci-dessus, n° 467*).

LA CHAPELLE-SUR-LOIRE, *canton de Bourgueil, département d'Indre-et-Loire* (*La Chapelle-Blanche*).

LES TROIS-VOLETS, en la commune de La Chapelle-sur-Loire.

CANDES, canton de Chinon, même département.

727-733.

Arrêts du Conseil concernant la perception des droits nouveaux sur les vins amenés du Poitou par la Vienne, de l'Anjou par la Loire.

XVIIe siècle. — Etablissement d'un subside nouveau de quatre livres dix sols sur pipe de vin au pays d'Anjou, dont le bail est joint à celui de la traite d'Anjou. — Le fermier prétend lever, en vertu de l'établissement de ce subside nouveau, une somme de quatre livre dix sols sur chaque pipe de vin du crû des ressorts de Chinon et Chatelleraut, descendant la rivière de Vienne pour remonter la Loire. — Il demande de plus, que pour la vérification et perception de ce droit, un bureau soit établi à Candes. — Opposition de la part des clercs sur la forêt, commune et communeaulté de Chynon, représentans le général du pays. — **1605, 14 juillet.** Arrêt du Conseil, par lequel est ordonné que les habitants de Chinon demeureront déchargés de l'imposition réclamée, pour les vins menés en autres provinces que celle d'Anjou.

(Arrêt imp., XVIIe s..)

1608. — Instance devant les Trésoriers Généreaux de France en la Généralité de Touraine, entre maître Etienne Reingues et Jean Ravenel, fermiers de la nouvelle imposition de la rivière de Loire, d'une part; et les M. F., d'autre part ; renvoyée au Conseil d'Etat, par sentence desdits Trésoriers. — Sur ce, que lesdits fermiers prétendents droit sur les vins et marchandises amenés au pays d'Anjou, des villes de La Rochelle, Chinon et Chatelleraut, tant par eau que par terre ; sur les vins et marchandises descendant la rivière de Vienne pour remonter la Loire ; sur les vins et marchandises enlevées du pays d'Anjou ; il demandent encore que, conformément aux anciennes ordonnances, défenses soient faites aux voituriers de conduire les marchandises par autres voies que les grands chemins ordinaires. — 6 août. Arrêt du Conseil, par lequel est dit : que les vins enlevés du pays d'Anjou, par eau ou par terre, pour monter ou avaler ; que ceux qui descendront par la rivière de Vienne étant du cru d'Anjou, de même que ceux qui entreront dans le pays d'Anjou, pour être voiturés ou consommés ailleurs, sont soumis au droit de quatre livres dix sols pour pipe. — L'arrêt maintient les bureaux que les Trésoriers de France ont établi pour la perception du droit à La Chapelle-Blanchée, à Candes, aux Trois-Volets et en autres lieux. — Il fait défense à tous marchands « de desguiser les futailles, » et aux habitants d'Anjou « de changer ou innover les reliages et autres remarques qui doibvent être en icelles, selon le lieu du creu du vin ; et de voicturer par eau ou par terre leurs dits vins hors ledit pays, pour charger à La Chapelle-Blanche et autres lieux, sans payer au bureau plus proche, à peine de confiscation. »

(Arrêt imp., Fabian Hotot, 1609.)

1626. — Etablissement d'un subside de trente sols pour pipe de vin au pays d'Anjou. — A la requête du commis du fermier, au bureau de Candes, saisie de vins du crû de Chinon, descendant la rivière de Vienne pour monter en Loire, et assignation aux voituriers, devant le juge des traites foraines d'Anjou. — Sentence qui condamne à payer le droit réclamé. — Appel au Parlement, de la part des voituriers condamnés et des M. F., joints avec eux, en vertu de leurs privilèges. — A la requête du corps des habitants de la ville de Chinon, sommation au commis au bureau de Candes de déclarer en vertu de quoi il prétend droit sur les vins du cru, ressort et élection de Chinon, descendant la rivière de Vienne pour monter en Loire. — 1628. Sentence du juge de Chinon, portant injonction audit commis de rapporter ses titres, et défense de lever le droit de trente sols. — 1629, 9 mai. Autre sentence réitérant les mêmes défenses. — 20 juillet. Sur appel des fermiers, arrêt de la Cour des Aides, qui fait défense au juge de Chinon de prendre connaissance des contestations concernant l'exécution du bail dudit droit de trente sols par pipe de vin. — 1629, 6 septembre. Instance introduite au Conseil d'Etat du Roi, entre : la communauté des M. F., demandeurs, les corps des habitants des villes de Chinon et Loudun, intervenants, d'une part ; et maitre Simon Prévost, fermier des traites et impositions foraines d'Anjou, duchés de Beaumont et Thouars, défendeurs, d'autre part. — 1631, 2 janvier. Arrêt, par lequel, sans s'arrêter aux procédures faites pardevant le juge de Chinon et des traites d'Anjou, est dit : que les Marchands Fréq. et les habitans de la ville de Chinon sont déchargés du paiement de la nouvelle imposition de trente sols pour pipe de vin, du cru du baillage dudit Chinon et autres que du cru d'Anjou, descendant par la rivière de Vienne en celle de Loire, pour être menée contremont ladite rivière de Loire.

(Arrêt imp., Orléans, Gilles Hotot, 1631.)

L'ABLEVOIE, en la commune de La Chapelle-sur-Loire, canton de Bourgueil, département d'Indre-et-Loire.

734.

1129. — Exemption par Robert « de Blolio » à l'abbaye de Marmoutiers du droit de tonlieu qu'il lève à l'Ablevoie.

(Collect. D. Houzzeau, n° 2506.)

CANDES, *canton de Chinon, département d'Indre-et-Loire.*
(*Cande.*)

735-737.

XIIᵉ et XIIIᵉ siècles. — Exemptions de péage et tonlieu.

XIIᵉ siècle. — Abandon par Gautier de Montsoreau aux religieux de Marmoutiers, pour la moitié lui appartenant, du tonlieu qui se levait à Cande sur leurs marchandises, sel et autres, passant par terre et par eau.

XIIᵉ siècle. — Donation par Gautier et Guillaume Maltache, à Dieu, à Saint-Martin et aux moines de Marmoutiers du péage et tonlieu qu'ils levaient sur toutes choses passant à Cande, par terre ou par eau.

1208. — Confirmation par ledit Gautier de la donation qui précède.

(Marchegay, arch. d'Anjou, 11, 32, 53, 54.)

De CANDES à ANCENIS.

738-742.

1407-1631. — Établissement et réglements du trépas de Loire.

1407, 17 juin. — Charte de renouvellement de l'octoi. — « Loys, par la grâce de Dieu, Roy de Jhérusalem et de Sicile, Duc d'Anjou, Conte de Prouvence, de Fourcalquier, du Maine, de Pymont et de Roucy, à tous ceulx qui ces présentes lectres verront salut. — Comme pour soustenir en estat de repparacions, fortificacions et emparement noz chasteaux, forteresses, pour passaiges estans en nos diz païs d'Anjou et du Maine, tant sur la rivière de Loire que ailleurs, les

Marchans fréquantans lad. rivière de Loire et les autres rivières
chéans et descendans en icelle ou leurs procureurs, pour et au nom
d'eulx, nous eussent autreffoiz octroié certain aide et subcide appellé
le trespas de Loire, pour six ans qui finiront le derrenier jour du mois
d'avril prochain venant, sur toutes manières, denrées et marchandises,
montans, bessans et traverssans par la dicte rivière de Loire, entre les
pons de Cande et d'Ancenis. — Et aussi nous eussent octroié et acordé
un autre subcide ou aide appellé la cloison, pour le fait des cloisons
de nos villes d'Angers et de Saumur, laquelle chose est pour la garde,
bien publique, proffit et honneur du Royaume. Et il soit ainsi, que
jassoit ce que on ait bien et grandement comancé esdictes œuvres
elles n'ont pas peu encores estre acomplies, et pour ce aions requis
aux Marchans et procureurs d'iceulx, lesdiz subcides avoir encores
cours pour les dictes repparacions, fortificacions et cloisons parachever, desquelz Marchans et procureurs les noms s'ensuivent, c'est
assavoir : — Thomas Le Chanteur, Guillaume Fouschier et Guillaume
Charretier, procureurs desdiz Marchans ; Hardouyn Aimart de Nevers ;
Nau Quarré et Jehan Billart, de Tours ; Michel Greslan, Jehan Sau-
nier, de Saumur ; Estienne Coulon et Jehan Budoys, receveurs illec,
pour lesdiz Marchans ; Guillaume Burruceau et André Saulède, demourans à l'Islembardière ; Pierre Lemangin, Geffroy Bellier, Baudet
Martin, Olivier Blanchet, Jehan Lesperlant, Jehan Lemoyne, Perrot
Chabot, Emery Le Roux, Jehan Chaillou, Michel Breteau, Philémon
Le Moulnier, Jehan Colin, Pierre Lemarié, Jehan Robert, Guillaume
du Perron, Pierre Triquel, Jehan Alcaume, Alain Mardon, Jehan
Couleart et Jervaise des Noes, marchans demourans en nostre ville
d'Angiers. — Lesqueulx saichans que c'est leur grant proffit et pour le
bien publique, comme dit est, pour continuer lesd. œuvres se soient
ad ce gracieusement consentiz et nous aient octroié, tant pour eulx
que pour les autres marchans, absens, fréquentans lad. rivière, que
lesdiz subcides aient cours pour huit années et deux moys ensuivans, à
commancer le premier jour de may prochainement venant sur toutes
manières de denrées, c'est assavoir : — Pour tant que touche ledit
trespas, que il sera levé et receu pour chacun muy de sel qui passera
par lad. rivière, mesure de Paris, ij s. x d. t., et pour chacune pippe
de vin, iij s. iiij d., et des autres denrées par la fourme et manière
que on avoit acoustumé prendre et recevoir par avant cest derrenier

octroy. — Et en tant que touche le fait de ladicte cloison sera levé et receu tout par la fourme et manière que on fait de présent et que contenu est ès derrenières institucions sur ce faittes. — Savoir faisons que Nous considérans la très-grant amour, affecion et obéissence que Nous ont tousiours fait au temps passé lesdiz Marchans, à yceulx avons octroyé et octroyons par ces présentes que ledit consentement et octroy par eulx à Nous ainsi fait desdiz subsides et acquiz par le temps et manière dessus diz ne aussi au temps à venir ne puisse auxdiz Marchans, à leurs marchandises, ne aux conduiseurs d'icelles porter aucun préjudice ou diminucion de leurs previlléges, ne autrement en quelque manière que ce soit, ne, que par cest octroy ne autres précédans desdiz subsides Nous puissions avoir acquis ou acquérir au temps à venir, aucune possession de servitude ou tribut sur leursd. denrées et marchandises, le temps dessus dit finy et acompli. — Et tesmoing de ce Nous avons fait mettre et apposer à ces présentes nostre grant scel. — Donné en nostre chastel d'Angiers le vijᵉ jour de juing l'an de grace mil quatre cens et cinq. » — Sur le repli : « par le Roy, présens le juge d'Anjou, le trésorier, Maistre Robert Le Maçon et le lieutenant d'Angiers, Prifay. »

(Orig.. Arch. de la ville d'Orléans.)

1438, 30 juin ; 1445, 9 novembre. — Edit prononçans la suppression des novalités et accrues de péages anciens, aux préambules desquels, est mentionné le trépas de Loire. (*V. ci-dessus, nᵒ* 430, 435.)

1459, 22 janvier. — Tiercement de la ferme du trépas de Loire au profit de René duc d'Anjou, Roi de Sicile, à la charge de payer aux « Marchands trafiquants la dicte rivière », la somme de trois cents livres, par chaque année. — **1464, 24 novembre.** Lettres patentes de Réné duc d'Ajou, pour le paiement desdites trois cents livres, aux M. F.

(Arrêt de 1631, ci-dessous relaté.)

XVIIᵉ siècle. — Procès entre : Nicolas et Joachin les Drugeons, les M. F., les manans et habitans de la ville et faubourgs de Saumur, Charles Aubineau, Claude Moreau et Daniel Courtin, marchands audit Saumur, François Savari et Jacques Bineau, marchands demeurant à Doué, d'une part ; et Charles Gillet demeurant en la ville d'Angers, comme Procureur et associé de Nicolas Marian, fermier de l'ancien

droict du trespas de Loire, d'autre part. — 1611, 27 octobre, 8 novembre. Sentences des juges des traites d'Anjou. — 1615, 21 janvier.
Sur appel à la cour de Parlement de Paris, arrêt par lequel, toutes
marchandises déchargées, débitées et consommées en la ville, faubourgs, tablier, ressort et sénéchaussée de Saumur, y compris Doué,
sont exemptes « du droit d'ancien trespas de Loire ». — 6 février
Notification à Pierre Bigot, demeurant ès Billanges de Saumur, sous-
fermier de l'ancien droict, du trespas de Loire, depuis les Ponts-de-Cé,
jusques au port de Candes.

(Arrêt imp., xvij s..)

1631, 2 janvier. — Arrêt du Conseil d'Etat du Roi, entre la communauté des M. F., les corps de Ville de Chinon et Loudun d'une part ;
et, Simon Prévost, fermier des traites et impositions foraines d'Anjou,
d'autre part : — Par lequel est dit que les vins d'autres crus que ceux
d'Anjou, descendant la rivière de Vienne pour entrer en Loire sont
soumis au droit du trépas de Loire, qui se lève entre Candes et
Ancenis.

(Arrêt imp., Orléans, Gilles Hotot, 1631.)

De *CANDES* à *CHAMPTOCEAUX*.

744.

1389. — Document concernant l'établissement et la suppression d'un péage temporaire.

« Mémoire que l'an ccclxx, ou mois de décembre, Monseigneur
Bertran du Guesclin, connestable de France et lieutenant du Roy
Nostre Sire, ordonne certain subside, trespas ou acquit sur les marchandises montans, descendans et traversans par la rivière de Loire,
entre Cande et Chasteceaux, pour paier certaine somme promise et
accordée à Jehan Kersonalle, Anglois, et à ses compagnons, ennemis
du royaume, pour rendre et délivrer le fort de Saint-Mor, sur ladicte
rivière de Loire, qu'ilz tenoient alors ; lequel acquit ou subside fut
tel : — Pour muy de bled, vin ou sel, ij franz. — Draps de Rouen et

autres, excepté bureaux, iiij f.. — Pour fardeau de toile, j f.. — Pour fardeau de chanvre et cordage, v s.. — Pour somme de mercerie commune, ij f.. — Pour millier de merrien à vin, x s.. — Pour charge de fer, iij s.. — Pour charge d'acier, vj s.. — Pour fardeau de draps de Flandres, vj f.. — Pour fardeau de gros draps, xj f.. — Pour fardeau de fustaine et de coton, j f.. — Pour somme de grosse mercerie de soye et argent iiij f.. — Pour somme de huille, v s.. — Pour somme d'alun, geme, saumure et autres choses semblables, x s.. — Et de toutes autres denrées, xij d. pour livre ; et du plus, plus ; et du moins, moins. — Et pour chalan portant moison, iiij s.. — Et pour santine portant marchandise ou autres chouses, ij s.. — Et pour chalan portant le double ou plus, vj s..

« Pour lequel trespas ou acquit et pluzieurs autres tréhus et trespas qui lors se levoient au Pont-de-Sée et ailleurs en certains lieux, les marchands fréquentans ladite rivière de Loire, composèrent avec Monseigneur de Chasteau Foucaut, lieutenant de Monseigneur le Duc (d'Anjou), et accordèrent à paier la somme de xvj (mil) franz d'or, tant pour paier ce qui estoit encore deuz pour l'obligacion, en quoy ledit Monseigneur le Connestable et messire Jehan de Bueil s'estoient obligez envers lesdiz ennemis pour la délivrance dudit lieu de St-Mor, comme pour convertir ès euvres et réparacions des chasteaux dudit Monseigneur le Duc, pour lesquelles euvres et réparacions lesdiz tréhus et trespas avoient esté ordonnez, par tant que ledit trespas et acquit ilz feroient gouverner et lever par certains commis et députez de par eulx ; et pourroient ledit acquit ordonner et imposer tel, sur les marchandises passans par ladite rivière, comme ilz verront qu'ils seroit affaire, et gaiges ordonner à leurs diz commis et députez sur ce, et ledit acquit faire lever et recevoir, jusques à ce que ladicte somme de xvj mil franz, avecque les despens nécessaires ou faits fussent entièrement paiez. — Auquel acquit ainsi ordonné lever et recevoir Nicholas Carré, bourgeois de Tours, fust commis, ordonné et dépputé de la volonté et commun assentement desdiz Marchans. — Et le receust du premier jour d'aoust ccclxxij jusques à le xj^e jour de décembre ccclxxv, que ladicte recepte luy fut contredite et ostée par maistre Guillaume Danucel et sire Jehan d'Artoys, refformateurs généraulx, de par le Roy et Monseigneur le Duc, ès pays de Touraine, d'Anjou et du Maine pour le temps. — Sur lequel fait eust iij conterolleurs, c'est

assavoir : Jamet Bourssier pour Monseigneur, Pierre Meurdoc, bourgeois d'Angers et Belin Gon d'Orléans, à présent demeurant à Paris,
pour les Marchans. — *Item* fust commis Jehan Courtet, lieutenant à
Angers et ou ressort du séneschal d'Anjou et du Maine, à recevoir la
partie appartenant audit Monseigneur le Duc, et aussi à recevoir ce
qui encore étoit deu pour l'obligation desdiz Monseigneur le connestable
et messire Jehan de Bueil. — Et fut ledit acquit ou trespas, levé
selon les instructions faites sur ce, desquelles est faicte mencion de
l'autre part au commancement de l'ordonnance d'icellui fait : excepté
que muy de bled, mesure de Nantes, qui estoit à deux franz fut mis
à 1 franc et demi, auquel prix, muy de sel, mesure de Paris, valoit
iij solz tournois ; et muy de froment xx solz tournois. — Et le re-
ceurent au Pont-de-Sée Pierre Guilloys et Guyon Croleavainne,
bourgeois d'Angers, dudit xij⁰ jour de décembre jusqu'au xxx⁰ jour
d'icellui mois. — Et fut contrerolleur illeuc, Jehaunin Amoureuse,
par cellui temps ; *item*, fut receu audit Pont-de-Sée, par ledit Jehan
Amoureuse dudit xxx⁰ jour de décembre ccclxxv jusques audit premier
jour de mars ensuivant ; et fut Jehan Frerre-Jan conterolleur d'icellui
fait, ledit temps durant. — Et à Saumur fut ledit fait receu par Jehan
Savoureau, dudit xij⁰ jour de décembre, jusques audit premier jour de
mars, et le receut aussi des autres pors d'environ. — Et furent con-
trerolleurs d'icellui fait Jehan Massé et Guillaume le Maistre. — Ledit
trespas fut baillé à ferme, de premier marché à Jehan Penet, Gabriel
de l'Église, Raoulet de Tourville, dudit premier jour de mars ccclxxv
inclut jusques au premier jour de janvier ccclxxvj exclut, ou quel temps
à dix mois, pour la somme de iij mil livres, aux enchères acoustumées.
— Et fut la dicte ferme ainsi baillée par Nicholas de Mauregart, trésorier de Monseigneur le Duc, en la présence des genz des comptes.
— Et est assavoir, que à la baillie de ladite ferme fut dit et accordé
auxdiz fermiers que, au cas que les marchans trespassans par ladite
rivière de Loire ou autre, empétreroient devers le Roy, que ledit
trespas cessast de lever ou leur fut osté par autre voye, lesdiz fermiers
ne seroient tenuz à payer ladicte ferme, fors ce qu'ilz auroient receu,
et à rendre compte, rabatu les justes et raisonnables mises audit fait
nécessaires ; ou à payer ce franz pour mois, pour tant de temps que
ladicte ferme ils auroient tenue, si mieulx plaisoit au seigneur et à son
conseil. — Et jurèrent lesdiz fermiers, aux saintes Évangiles de Dieu,

que toutes les receptes qu'ils feront ou leurs commis et depputez sur ce, de par eux, dudit trespas, ils feront bien et loyaument enregistrer et escripre en leurs papiers, pour venir et savoir la vérité du fait, toutes fois que mestier seroit, et pour en rendre aussi bon et loyal compte à ceux qui ladicte ferme enchériroient sur eulx. — Laquelle ferme fut enchérie de ccc franz ; *item* par lesdiz Jehan Penet et ses compagnons, de ccc franz ; et depuis par Jehan Frerre-Jan de cccc franz, le xve jour dudit mois d'avril ccclxxvj amprès Pasques : auquel demoura ladicte ferme comme au plus offrant et darrenier enchérisseur, pour iv mil franz, à payer par la manière dessus dicte. — *Item*, fut ledit trespas moderé au mois de mars ccclxxvj, et mis autre prix sur les denrées trespassans par ladicte rivière, ainsi comme est contenu au commencement du compte de Jehanin Amoureuse. — Ledit Jehannin Amoureuse fut commis à recevoir ledit trespas en main de court, le xxviij jour de décembre ccclxxvj ; et le receut selonc lesdictes instructions du premier jour de janvier ccclxxvj, jusques au darrenier jour de décembre ccclxxvij inclut, dont il a compté. — *Item*, le receut pour l'autre année enssuivant, fenie le darrenier jour de décembre ccclxxviij, c'est assavoir du premier jour de janvier ccclxxvij, jusque au xe jour de septembre ensuivant ccclxviij, selon le prix contenu esd. instructions. — Lequel x^e jour de septembre fut moderé et restreint aux deux pars, et la tierce partie rabatue par ordonance du lieutenant-général de Monseigneur le Duc. Et fut depuis receu selon ladicte restrinction, de la quelle année il a aussi compté. — *Item*, le receut pour l'année enssuivant, fenie le darrenier jour de novembre ccclxxix, selon ladicte restrinction et en a compté semblablement. — *Item*, a esté receu en mains de court ledit trespas par ledit Jehan, du consentement desdiz Marchans, de leurs procureurs, selon le contenu des instructions sur ce faites, depuis le premier jour de décembre mccclxxix dessus dit, jusques au présent jour dudit mois ccclxxxvj.

« *Item*, est à savoir que lesdiz Marchans empétrèrent lettres du Roy, comment ledit trespas feust de touz poinz osté et cassé. — Et après plusieurs choses aléguées, tant des réparacions qui failloient aux chasteaux, comme d'autres nécessitez que madame la Royne de Sicile a à présent en plusieurs manières, fut traitté par les gens de madicte dame, avec les procureurs desdiz Marchans que ilz soufreroient que

ledit trespas fût encore levé pour ꙇꙇꙇ ans, commençant le premier jour
de décembre mccclxxxvj, par certaine modération sur ce faicte. — Et
par ainsi, madicte dame donneroit des lettres que le terme desdiz
trois ans escheu et passez, ne feroit ledit trespas lever dès ores en
avant, en aucune manière, et sur celle condicion l'octroièrent et non
autrement. »

Marchegay, Arch. d'Anjou, ꙇꙇ, 287.

---

*LA MAUMONNIÈRE, en la commune de Montsoreau, départe-
ment de Maine-et-Loire (La Mausmosnière).*

745-746.

XVIᵉ et XVIIᵉ siècles. — Arrêt de réglement de péage,
ordonnance de suppression.

1528, 8 mars. — Arrêt du Parlement qui donne délai à René Le
Roy, seigneur de Chauvigny et du péage de la Maumonnière, pour
produire les titres ou preuves du péage dudit lieu, passé lequel délai
défense est faite de lever led. péage. (*V. ci-dessus, n° 692.*)

1631, 20 novembre. — Ordonnance qui prononce la suppression
« du péage de la Maumonnière, autrement dit, le petit péage de Montsoreau, levé audit lieu de Montsoreau. » (*V. ci-dessus, n° 467.*)

---

*MONTSOREAU, canton de Saumur, département de Maine-et-
Loire (Montsorel, Montsoriau, Monsoreau).*

747-751.

XIIᵉ-XVIIᵉ siècle. — Charte d'exemption, arrêts réglementaires, édit d'évaluation, ordonnance de suppression.

XIIᵉ siècle. — Abandon par Gouscelin de Montsorel à l'abbaye de Marmoutiers du droit de tonlieu qu'il lève devant son château.

(Dom Housseau, nᵒˢ 1109, 1153.)

XIIIᵉ siècle. — Donation par Hemeric de Manneia, à Dieu et à Saint-Martin, de la part héréditaire lui revenant, dans le tonlieu qui se levait à Montsoreau, sur les choses des moines de Marmoutiers passant audit lieu.

1293, janvier. — Confirmation par Charles de France, comte de Valois, d'Alençon, de Chartres et d'Anjou, et Marguerite de Sicile, sa femme, aux religieuses de Fontevrault, dans la possession de « vint livres de rente ou péage de Montsoriau, que le seigneur de Montso-riau a donné à Guillaume Buef, frère de Fontevrault et prieur de Saint-Ladre. »

(Marchegay, arch. d'Anjou, 11, 56, 57, 269.)

1493, 23 août. — Arrêt du Parlement entre les M. F. et Jehanne Chabot, dame de Montsoreau, qui condamne ladite dame aux dépens s'élevant à la somme de 434 l. 8 s. 1 d. t. et règle son droit de péage dans les termes qui suivent :

« Déclaration du prétendu péage de Monsoreau sur la rivière de Loyre. — Sur les vins passans par le destroict d'iceluy péage, descendans par la rivière de Vienne et sur ceux qui sont chargez entre ledit lieu de Monsoreau et Saumur, et menez contrebas lad. rivière, ij d. t. la pippe et à la raison pour muy ou tonneau, bussart, poinsson ou quart. — Et pareillement, prendra sur les vins passans par ledit péage, soit en montant ou descendant par la rivière de Loyre, et aussi sur ceux qui descendent par la rivière de Vienne, sur ceux qui sont chargez entre ledict lieu de Montsoreau et Saumur et sont menez contremont ladite rivière de Loire, vers Tours, Bloys et Orléans, pour tonneau ou muy de vin, x d. t., et pour pipe, v d. t.. — Et outre prendra le droit de cotteret et jallaye, quand il y aura en un balteau ou chalan, montant ou descendant par la rivière de Loyre et passant par ledict péage, douze pipes de vins; et pareillement sur les vins chargez entre Monsoreau et Saumur et qui sont menez vers Tours, Bloys et Orléans, toutes et quantesfois qu'il y aura en un bateau ou chalan, douze pipes, lequel droit de cotteret et jallaye se prendra en vin ou argent, au prix que le vin vaudra communément

sur le lieu, au choix des marchans. — Pour chacun batteau chargé de
sel, est deu pour la peautre dud. batteau, v s. t., et pour chacun
muy dud. sel, ix d.. et si audit batteau y a deux muys de sel et au-
dessus, est deu, pour les droits de jallaye, deux boisseaux de sel. —
Pour chacun muy de bled, mesure de Monsoreau, v d.. — De
lamproyes, chacune douzaine une lamproye et pour la sauce, xij d..
— Pour allouzes est deu de chaque douzaine, une allouze. — Pour
chacun millier de poisson de parerie, tant seiches, toil, adotz, raiz,
merluz que autres poissons secs, trois queues, vallant chacune
queue deux pièces dudit poisson. — Pour chacun millier de fer,
d'acier, ij s. v d.. — Pour chacun muy de noix, de chastaignes et
de toutes autres marchandises qui se mesurent par minage, v d.,
fors et excepté le sènevé qui ne doit que dépry en dépriant deuement,
car si en faisant ledict dépry, le conducteur d'icelle marchandise
dict ces mots: « Je déprie moutarde » et en ce cas il doit pour chacun
muy dudict sènevé, pareille somme de vj d. t. — Pour vinaigre
dépry, si en faisant ledit dépry il dict ces mots, « aigre vin », car
s'il dict « vinaigre », en ce cas il doit amende de soixante sols t.. —
Pour chacun cent de suif, de cire, de toutes autres graisses, quand
elle passe par Loyre, v d., et quand elle passe par Vienne, iiij. d..
— Pour chacune charge de mercerie, quand elle passe par Loyre,
xij d., et quand elle passe par Vienne, viij d.. — Pour millier de
merrain escarry, passant par Loyre, xij d., par Vienne, viij d.. —
Et pour millier de lattes il est deu cinq lattes. — Pour chacun tonneau vuide, j d.. — Pour somme d'huille, passant par Loyre, iij d.,
par Vienne, ij d.. — Pour fardeau de draps, passant par Loyre
xij d., par Vienne, viij d.. — Pour chacun chalan neuf, v s. t.. —
Pour charge d'aux, d'oignons, passant par Loyre, ix d., par Vienne,
vj d.. — Pour somme de cuir passant par Loyre, iij d., par Vienne,
ij d.. — Pour fardeau de pelleterie, s'il y a sauvagine, xij. d., s'il
n'y a sauvagine, vj d.. — Pour charge de toille, ij d.. — Pour charge
de lin, x d.. — Pour fardeau de chanvre, iij d.. — Pour fardeau de
layne, iij d. d., et pour balle, v d. maille. — Et généralement toute
œuvre de pois, doit droict d'acquit au péage. — Pour tacre de cuir
au le poil, xij d. t., et pour lot, ij s. t., pour ce qu'il y a deux tacres à
chacun lot. — Pour douzaine de cordouan, xij d., et s'il y a une
somme, elle doit une peau dudict cordouan. — Pour coueste de

plume, xvj d., — Pour porc vif ou autre beste à pied fourchu, vj d..
Pour charge de bois carré ou de ciage, passant par la rivière de
Loyre, iij d., et par la rivière de Vienne, ij d.. — Pour traict de bat-
terie, iij s. t., et doit avoir audit traict un milliez. — Pour millier ou
rondelle de haren passant par Loyre, xij d., par Vienne, viij d.. —
Pour somme d'aux ou d'oignons passant par Loyre, iij d., par
Vienne, ij d.. — Pour huche neufve sans claveure, iij d., et par coffre
à serrure, pour chacune serrure, iiij d.. — Pour charge de gomme,
raisine, figues, xij d.. — Pour plomb ou estain en saumon, xij d.. —
Pour sentine vendue, iiij d.. — Pour millier de merrain à vin, xij d..
— Pour bac en forme de moulin où est le moulage, v s. t.. —
Pour meulle à cousteaux, iiij d.. — Pour meulle de moulin percée,
v s. t.. — Pour costé de lard, j d., maille. — Pour chalan percé
par huisset, par paire de roues de charrette, iiij d.. — Par verre
ouvré, un chef d'œuvre. — Par cousteaux, un chef d'œuvre. — Pour
papier, une main pour le chef-d'œuvre. — Pour livre, un livre pour
le chef d'œuvre. — Pour cizeaux, razouers et tous autres ferremens, un
chef-d'œuvre de chacune desdictes sortes. — Et généralement pour
toutes marchandises d'œuvre, passans par les dictes rivières, est
deu pour le péage ou droit d'acquit, une pièce de ladite marchandise, et est tenu le marchand monstrer trois pièces de chacune sorte
des dictes marchandises, desquelles trois pièces n'est deu que la
moyenne. — Si aucun marchand ou voiturier, conduisant batteau
plein d'ardoise quand il passe pardevant le chasteau dudit Monsoreau, crie à haute voix, par trois fois la teste nue ces mots « je meine
ardoise, ardoise, ardoise », et à chacun cry doit ledict marchand
jetter une ardoise en terre, en l'eau, et en défault de ce, peult estre
condamné en lx sols d'amende, et si en jettant les dictes ardoises par
ledict marchand, les commis dudict seigneur de Monsoreau, peuvent
prendre l'une desdites ardoises ainsi jettées ayans un pied hors l'eau
et à sec, et en ce cas ledict marchand doibt amende de lx s. t.. — Pour
chacune somme de fruit, droit de havage, c'est à sçavoir que lesdist
commis en peuvent prendre une joinctée, c'est à sçavoir plein les deux
mains dudict fruict, ou pour charge, ij d.. — Pour batteau chargé
d'orenges, limons ou citrons, une panerée pleine, des paniers en
quoy elles sont apportées d'Espagne, Portugal ou autres lieux ; et s'il
n'y a audict batteau que douze panerées, il est deu l'un ; et si lesdictes

orenges estoient mises audict batteau sans paniers, il est à la raison d'une desdictes panerées pour ledit péage. »

(Arrêt et déclaration, imp., Orléans, Éloy Gibier, 1573 ; vᵉ Éloi Gibier, 1589 ; Fabian Hotot, 1599 ; compte d'Aignan-le-Vassor, Recev. gén. des Marchands, rendu en l'assemblée de mai 1497, ms.. Arch. de la ville d'Orléans.)

ANJOU (*ancienne province d'*).

751, 752.

XVIᵉ et XVIIᵉ siècles. — Arrêts réglementaires de péages, pancartes.

1599, 20 decembre ; 1604, 15 mai. Arrêts du Conseil par lesquels sont réglés les baux et pancartes des impositions nouvelles qui se lèvent au pays d'Anjou, duchés de Beaumont et de Thouars depuis le 15 octobre 1599. — 1609, 6 août ; 1610, 16 septembre ; 1625, 9 mai, 28 juin. Arrêts du Conseil ordonnant la modération desdites impositions. — 1629, 5 juin, 27 novembre. Baux faits au Conseil, par lesquels lesdits droits sont augmentés.

Pancartes dressées conformément aux baux et arrêts précités dans les termes qui suivent :

Réglement des impositions qui se lèvent sur la rivière de Loire et autres rivières descendans en icelle, au pays d'Anjou, selon l'affiche et bail fait en icelle. Commencées à lever le quinzième jour d'octobre, l'an mil cinq cent quatre vingt dix-neuf.

Premièrement : Sur chacune pipe de vin de quelque pays, creu, qualité et condition qu'elle soit, de haut, moïen ou bas prix pour éviter à toute fraude qui sera voituré et passé tant par eau que par terre, par les tabliers de la traite, imposition d'Anjou, vicompté de Thoüars et duché de Beaumont, ou par l'un d'iceux tabliers, pour estre mené en Bretagne, mesme le vin du creu de Liré, Bouzillé, la Chastellenie de Chantosseaux, iiij l. x s.. — Outre seront tenus de payer à part la traite et imposition, trépas de Loire, d'Anjou, et réapretiation et autres anciens devoirs qui se montent environ de cinquante sols tournois pour pipe. — Sur chacune pipe de vin, de quelque qualité qu'elle soit, comme dessus est dit, qui sera enlevée, ou qui passera par les tabliers et bailliage de Saumur, Pont de Scée, Rutzebourg, Rochefort, Savonnière, Challonne, la Poissonnière, Ingrande, saint Florent le vieil, Liré, Bouzillé, Chantosseaux, et autres tabliers de la traicte, pour estre mené de l'un desdits bailliages ou tabliers en l'autre, tant par eau que par terre : ou pour estre voituré en la ville d'Angers, afin d'y estre usé et consommé, sera levé iij l.. — Sur chacune pipe de vin qui sortira de la ville d'Angers, tant par eau que par terre, qui n'aura acquitté ledit escu cy-dessus spécifié lors qu'elle aura esté enlevée desdits bailliage ou tabliers, ou à l'entrée de laditte ville, sera levé, à la sortie dudit Angers, iiij liv. x s.. — Sur chacune pipe de vin qui sera enlevée des tabliers cy-dessus, pour estre menée par terre vers Candé, Pouancé, Segré, Craon et aultres lieux semblables, iiij liv. x s.. — Si ledit vin a acquitté ledit écu mentionné au précédent article, avant qu'entrer en ladite ville d'Angers, ne payera plus à la sortie que trente sols. Et pour éviter à fraudes, sera le vin qui aura acquitté marqué d'un fer chaud à la descente, pour être reconnue quitte dudit escu à la sortie d'icelle. — La pipe de vin du cru de la Quinte, du Miroir Briollay, S. Denis d'Anjou, Chateau Gontier, Duretal, Chateau du Loir, et ès environs qui sera enlevé desdits lieux, pour estre voituré quelque part que ce soit, si ce n'est en la ville d'Angers, payera, sortant du baillage, au premier tablier par où il passera, iiij l. x. s.. Si elle va à Angers, ne payera qu'un écu.

Et sur les marchandises cy-après déclarées passans par les tabliers de la traicte d'Anjou, ou l'un d'iceux, quelque part qu'elles soient voiturées tant par eau que par terre, sera pris et imposé sur icelles ce qui ensuit.

Et premièrement Sur chacun ballot de papier de quelque qualité que ce soit, ou de la librairie du poids de cent cinquante livres, xv s.. — Sur chacun balot de toile blanche, dudit poid de cent cinquante l., iij l. — Sur chacun balot de toile ou canevas de la Ferté, Nogent, le Lude, Beaufort, et autres semblables, du poid de quatre cent l., iij l.. — Sur chacune pipe de pruneaux, du poid de sept cent livres, iij l.. — Sur chacun cent pesant de draps de laynes, de quelque qualité qu'ils soient, soit à doubleures ou autre, xx s.. — Sur chacun cent de toutes merceries, de quelque qualité ou condition qu'elle soit, compris toutes sortes d'étoffes de soye, païera xv s ; sur chacun cent de tuffeau, xv s.. — Sur chacune bale de laine, de quelque pays que ce soit, passant par Ingrande, Angers, les Ponts de Scée, Saumur, Monsoreau, Quandes, ou l'un desd. lieux, du poid de cent cinquante ou deux cent livres, xxx s.. — Le baril ou cacque de harenc, ou de sardine blanc ou soret, gabillaut ou baleine, à comter deux pour la buff^ ,xxx s.. — Pour millier de moruë verte, v l.. — Pour millier de moruë seiche, xxxxx s.. — Pour millier de rayes, iij l. — Pour millier de margade, ou seiche, xv s.. — La pipe d'huile d'olive, vj l. — La pipe d'huile de poisson, iij l. — Chacun cent pesant de succre, cassonnades, espiceries, alun, savon, raisins, figues, riz, amidon, apoticaireries, et de toutes autres sortes de drogueries, xx s.. — La balle de pastel, xv s.. — Le millier de fer ou acier, iij l. — Le millier de suif, poix ou raizine, iij l.. — Le millier de merrain, xl s.. — Et sur les marchandises qui ne sont spécifiées cy-dessus, ne sera levé aucune chose, à peine de concussion.

Au payement desquels droicts aulcuns ne se pourront prétendre exempts, à la charge aussi que toutes les aultres impositions cesseront, excepté celles cy-dessus mentionnés : celles de Bretagne, et les anciens droicts. — Et sera estably commis à Monsoreau et Quandes, pour faire faire la levée desdictes impositions sur les marchandises cy-dessus spécifiées, qui arrivent par terre de la Rochelle et autres lieux, auxdits Monsoreau et Quandes, ou qui y baissent par la rivière de Vienne pour entrer en celle de Loire, pour monter contremont icelle.

(Pancarte imp., XVIIe s..)

Autre pancarte :

Premièrement. — « Sur chacune pipe de vin de quelque creu et con. dition que ce soit, de hault, moyen et bas prix, pour éviter à toutes fraudes, qui sera voicturé tant par eau que par terre, par les tabliers ou bailliages des traictes et impositions foraines d'Anjou ou l'un d'iceux, Viconté de Thouars, Duché de Beaumont, même sur le vin du creu de Chasteau-du-Loir et des environs, pour estre mené en Bretagne ou ailleurs, hors l'Anjou et enclaves de ladicte province, sera payé avant l'enlèvement et transport au premier tablier, lxxv s. —

Outre et pardessus les anciens droicts de traite, imposition foraine, trespas de Loire, réappréciation desdits droicts et autres devoirs qui se montent environ de 4 s., pour pipe — fors et excepté la diminution pour le vin du creu des séneschaussées de Saumur et Angers dont est faict mention cy après. — Cy, pour pipe. . . . . . . iij l. xv s..

Sur chacune pipe du creu de ladite seneschaussée de Saumur, qui sera transporté en Bretagne ou ailleurs hors l'Anjou, ne sera payé que lxx s., — cy pour pipe . . . . iij l. x s..

Sur chacune pipe de vin du creu de la séneschaussée d'Angers, qui se transportera audit païs de Bretagne, ou ailleurs, hors l'Anjou, ne sera payé que lxv s., — cy. . . . . iij l. v s.,

Sur chacune pipe de vin, de quelque creu et endroict que ce soit, qui se transportera au païs du Maine et Normandie, ne sera payé que lx s., fors et excepté la diminution pour le vin du creu de ladite séneschaussée d'Angers, dont est faict mention cy après, — cy . . . . iij l..

Sur chacune pipe de vin, du creu de ladite séneschaussée d'Angers, qui sera mené audit païs du Maine et Normandie, ne sera payé que lv s., — cy . . . . lv s..

Et pour le regard des vins du creu de Bouzillé, Liré et chastelenie de Chantoreaux, sera payé xlv s., — cy. . . . . xlv s..

Sur chacune pipe de vin, que l'on fera entrer dans le duché de Thouars, sera payé lxxv s., comme au premier article cy dessus, — cy. . . . . iij l. xv s..

Sur chacune pipe de vin du creu dudit duché de Thouars, qui sera transporté en Anjou, Bretagne et autres lieux, hors ledit duché, sera payé avant le déplacement, iiij l. x s., outre et pardessus lesdits droicts de traicte et imposition foraine et réapreciation d'icelle, et autres devoirs fors et excepté pour le vin, qui sera transporté plus avant en Poitou, — cy. iiij l. x s..

Et quand au vin du creu d'iceluy duché de Thouars, qui sera transporté plus avant en Poitou et d'un lieu en autre, en et au dedans d'iceluy duché seulement, ne sera payé aucune chose.

Sur chacune barique d'eau de vie, qui sera enlevée ou passera par l'estendüe des tabliers et bailliages et autres endroits de lad. province d'Anjou et desdits duchez de Beaumont et de Thouars, et pour tous anciens et nouveaux droicts, sera payé iiij l. x s., — cy . . iiij l. x s..

Sur chacune barique d'eau de vie, qui se fera au païs Nantois, xlv s., qui est la moitié moins dudit droict cy dessus, —
cy . . . . xlv. s..

Et sur les marchandises cy après déclarées, entrans ou passans par
lesdits tabliers ou bailliages de ladicte traicte et imposition foraine,
ou autres endroicts et enclaves de Anjou et desdits duchez de Beaumont et de Thouars, ou de l'un d'iceux, mesme sur ce qui sera consommé en ladite province et duchez, sera pris sur icelles, ce qui s'en
suit, savoir : sur chacun ballot de papier ou de la librairie, du poid
de cent cinquante livres, pour cent. . . . . x s..

Sur chacun ballot de toille blanche, pour cent. . . . . . xl s..

Sur chacun ballot de toille, canevats de La Ferté, Nogent, Le Lude,
Beaufort, et autres semblables, du poids de quatre cent livres, pour
cent . . . . xv s..

Sur chacune pipe de pruneaux du poids de sept cens livres, pour
cent . . . . iiij s. iiij d..

Sur chacun cent poisant de draps de laine, soit à doubleures ou
autres . . . . xx s..

Sur chacun cent poisant de toutes sortes de merceries de quelques
qualités et conditions qu'elles soient, compris toutes sortes d'estoffes
de soye . . . . xv s..

Sur chacun cent de tuffeau . . . . vij s. vj d..

Sur chacune balle de laine, du poids de cent cinquante ou deux
cens livres, pour cent. . . . . xx s..

Sur chacun baril ou caque de haren ou de sardine blanc, ou allozes, à compter deux pour la buse. . . . . xxx s..

Sur chacun cent de morue verte. . . . . xx s..

Sur chacun cent de morue seiche. . . . . xij s.,

Sur chacun cent de ray ou papillon. . . . . viij s..

Sur chacun cent de margade ou sèche. . . . . iij s..

Et pour le regard du poisson cy dessus spécifié qui sera voicturé en
la ville et fauxbourgs d'Angers pour y estre consommé, ne payera que
la moictié dudit droict, cy dessus mentionné.

Sur la pipe d'huile d'olives, vj l., qui est pour chacun cent pesant,
xij s , estimant la pipe mil livres.

Sur la pipe d'huile de poisson . . . . lx s..

Sur chacun cent pesant de sucre, castonnades, espiceries de toutes

sortes, figues, ris, amidon, et allun, apotiquaireries et toutes sortes
de drogueries. . . . . xx s..
   Sur la balle de pastel. . . . . xv s..
   Sur le millier de fer ou acier . . . . lx s..
   Sur le millier de suif, poix ou rousine. . . . . lx s..
   Sur le millier de merrain à faire pipes. . . . . xx s..
   Et pour faire busses, ce baillera trois milliers pour deux, cy xl s..

Et lorsque sa Majesté aura faict le rachapt des péages qui se lèvent
sur la rivière de Loire entre Orléans et Nantes, appartenant à plusieurs
particuliers, et particulièrement sur le sel, les mesmes droicts de
péages se prendront par les fermiers desdicts droicts de nouvelles
impozitions à mesure que les péages seront remboursez et non autrement, et ce, suivant le règlement qui en sera faict au Conseil après le
rachapt desdits péages. — Au payement desquels droicts cy dessus,
aucuns ne se pourront prétendre exempts ne privilégiez, fors et
excepté les hospitaux et quatre mandians, pour leurs provisions, dont
il sera faict règlement au Conseil, à la charge que lesdits hospitaux et
mandians n'en pourront abuser, et qu'ils feront les dépris au premier
tablier, rendront les certificats des descentes et despenses, et repré-
senteront les tonneaux aux visites, suivant les ordonnances et règle-
mens, sur les peines y contenues, et d'estre décheuz dudit privilège.

(Pancarte imp., XVIIe s..)

SAUMUR, *département de Maine-et-Loire* (*Saulmeur.*
Saumeur).

753, 754.

XIIe siècle. — Donation,

Par Geoffroy de Champchevrier, surnommé Hugues, aux moines de
Marmoutiers pour le quart lui appartenant, du tonlieu levé sur leurs
marchandises passant devant le château de Saumur.

(D. Housseau, no 1156. Marchegay, arch. d'Anjou, 11, 57.)

1377. — Ecrits conservés en la chambre des comptes d'Anjou, où sont portés les articles qui suivent :

« C'est la coustume des chalans, chacun chalan qui monte ou baisse qui passe par les ponts de Saumeur et porte vin, de chacun tonneau que il porte, iij d. ob.. — Et si le chalan tient moison il doit une jalaye de vin. — Et si ne tient pas moison, il ne doit pas la jalaye, ne doit que iij d. de peautre. — Et se il charge à Saumeur, il ne doit que troys deniers du tonneau. — Chalan qui porte bled ou farine, qui monte ou qui baisse et qui passe le pont, doit de chacun muy iij d. ob.. — Et se il charge à Saumeur, iij d.. — Chacune fournée de pain cuit à Saulmeur, porté par eau, doibt ij d.. — Chacun chalan qui porte douze muys de seel ou plus, doit xxx s. de sallage. — Et en oustre iiij d. d'acquit de chacun muy. — L'acquit, c'est-à-dire que les troys muys de Nantes, combien que le chalan porte, vault quatre muys à Saulmeur et les six muys huict. Et s'il y a deux muys qui ne puisse quarter à l'autre nombre, assemblez à la peautre et ilz vauldront troys muys et demy. — Et se il y a un muy, mettez à la peautre, et vauldront deux muys, si comme il advient quand il y a vingt six muys ou vingt cinq. Les vingt quatre valent trente deux, ceux qui demeurent et la peautre vallent troys muys et demy. — Toutes coustumes des chalans qui baissent, quelques choses que ilz portent, sont mises en une boëte, et y prend l'abbé Saint-Florens, la tierce partie. — Les coustumes des chalans qui montent, quelque chose que il portent, sont parties tantot qu'elles sont acquitées en la manière qui s'ensuyt :

« C'est assavoir ; — Que en trente solz qui sont de salage, l'Abbé prend x solz iij d., et le remenant est au seigneur d'Anjou et au seigneur de Monstreul. — En tout l'autre acquit des chalans qui montent, quelques choses qu'ils portent, prend l'Abbesse de Frontevaux, la quarte partie entièrement. — Et ès troys parts qui demeurent prent la moitié l'Abbé de Saint-Florent entièrement, et le sire d'Anjou et le sire de Monstreul l'autre moitié. » — 1472. Insertion des articles qui précèdent en un registre intitulé : « Répertoire des cens, rentes, coustumes, hommages, gardes, estages, et autres debvoirs appartenans à Monseigneur le Duc d'Anjou et Comte du Mayne, en ses dictes terres, escripts et contenuz en ce livre, collationné en la chambre des comptes du Roy Nostre Sire à Paris. » — 1559, 15 janvier. Extrait de ce répertoire délivré aux M. F..

(Extrait imp., Orléans, Eloy Gibier, 1573 ; Fabian Hotot, 1599.)

755-758.

XVI.-XVII.e siècle. — Trépas de Loire, déclaration, sentence, arrêts.

XVIe siècle. — Déclaration :

« Du prétendu debvoir appelé le trépas de Loire, pris et levé à Sau-meur. — Et premièrement: — Pour chacun muy de sel, mesure de Paris, ij s. vj d.. — Pour pippe de vin, ij s. vj d.. — Pour muy de froment, mesure des Ponts-de-Sée, iij s. iiij d.. — Pour muy de seigle à ladite mesure, ij s. viij d.. — Pour muy d'orge, à icelle mesure, xviij d.. — Pour fardeau de draps de Flandres, x s. t.. — Pour far-deau de tous autres draps, excepté bureaux, vj s. viij d.. — Pour fardeau de grosse mercerie, comme drap d'or, d'argent ou de soye, x s. t.. — Pour fardeau d'autre mercerie ou espicerie, vj s. viij. d. t.. — Pour fardeau de menue mercerie, ij s. vj d.. — Pour fardeau de toille, coton et fustaines, iij s. iiij d.. — Pour cent de batterie, ij s. vj d.. — Pour cent de cuyvre, pots ou mitaille, x d.. — Pour fardeau d'alun de glace, geme, rouzine ou autres choses semblables, x d.. — Pour somme d'huile, vij d. ob.. — Pour millier de merrain à vin, xx d.. — Et de toutes autres marchandises et denrées non exprimées cy-dessus, ij d. ob. pour livre. — Et sera creu le marchand par son serment, du prix qui luy aura cousté. »

(Déclaration imp., Orléans, Fabian Hotot, 1599.)

1613, 30 juillet. — Arrêt du Parlement de Paris :

Entre Etienne Ringuet et Jean Ravenel, fermiers généraux des traites et impositions foraines, réapréciation d'icelles et du trépas de Loire, et nouvel impôt d'Anjou, d'une part ; et, les M. F., M. Charles-Nicolas Launay, syndic des habitants de la ville de Saumur, Nicolas et Joachim les Drugeons, Charles Aubineau, Daniel Courtin, Claude Moreau, particuliers habitants dudit Saumur, et encore François Savari et Jacques Bineau, marchands, demeurant à Doué-lès-Saumur, d'autre part. — Lequel du consentement de Ringuet et de Ravenel, décharge les M. F., et habitants, de Saumur et Doué, des paiement et acquit de la nouvelle imposition et réapréciation du trépas de Loire, d'Anjou, sur toutes les marchandises entrant tant en la ville, faubourgz, tablier, ressort et sénéchaussée de Saumur et Doué, comme étant premier tablier contenant toute l'étendue de lad. sénéchaussée de **Saumur**, pour y être consommées, les autres marchandises passant et sortant hors dudit tablier et sénéchaussée, demeurant sujettes au paiement desdits droits. (Arrêt imp., XVIIe s..)

1615, 6 juin. — Sentence du sénéchal d'Anjou,

Ou son lieutenant à Saumur, entre les manants et habitants de la ville de Saumur, et les marchands trafiquants sur la rivière de Loire, dem. et accusateurs, à la déclaration d'Isaac Lebeuf, d'une part; et, Pierre Bigot, sous-fermier de l'ancien droit du trépas de Loire, déf. et accusé, d'autre part, — par laquelle ledit Bigot, pour réparation des exactions, vexations et extorsions faites sur le peuple sous pré-texte du droit du trépas de Loire, sur les marchandises débittées et consommées en la séneschaussée dudit Saumur et tablier, exempts dudit droit, est condamné en la somme de 1,500 livres, applicable le tiers au roi, le tiers au délateur et ausdits habitants, l'autre tiers à « l'Autel-Dieu » de ladite ville et aux prisons. Et en outre à rendre et restituer aux particuliers ce qu'il aurait mal pris d'eux, au paiement desquelles sommes, contraint par toutes voies, même par détention de sa personne. — **1647, 10 mars.** Sur appel au Parlement de Bigot détenu et transporté en la conciergerie du palais, à Paris, arrêt confirmatif. (Arrêt imp., XVIIe s..)

1691, 3 septembre. — Arrêt du Parlement de Paris :

Entre Robert Miron, Marin Raguenault, Jacques Fontaine, Guillaume et Thomas Boillève, Antoine Joques père, Antoine Joques fils, Fransois Luillier, Marie Guignace Vande Guibergues, marchands rafineurs de sucre de la ville d'Orléans, les M. F., intervenants, d'une part; et, Jean Bontemps, fermier à la prévoté du trépas de Loire de la ville de Saumur et dame Marie Magdelaine Gabrielle de Rochechouart, abbesse de Fontevrault, prenant son fait et cause; d'autre part — lequel fait défense à Bontemps d'exiger aucuns droits sur les sirops provenant des raffineries desdits marchands rafineurs de la ville d'Orléans, fait également défense audit Bontemps et aux autres fermiers du droit de prévoté de Saumur de prendre aucun droit sur les sucres bruts, mosconades et cassonnades, le condamne à restituer tant à Miron et Consorts, qu'aux M. F., toutes les sommes par lui persues pour lesdits sirops, sucres bruts, mosconades et cassonnades, suivant les acquits qu'ils rapporteront. (Arrêt imp., XVIIe s.)

759-761.

XVIᵉ-XVIIIᵉ siècle. — Droits divers levés à Saumur, instance, arrêt, dépêche.

XVIᵉ siècle. — Procès pendant au Conseil.

Entre les M. F., et Joseph le Roy, fermier de l'impôt des quinze sols sur chaque tonneau de vin, passant par le détroit de Saumur.

(Compte du Rec. gén. des M. F., 1522, fᵒ 16, vᵒ , arch. de la ville d'Orléans.)

1598, 8 mai. — Arrêt du Conseil déclaratif de droit levés à Saumur !

Par le sʳ du Plessis, droit de péage, droit de passeport. — Par le sʳ de Chauvigny, droit de péage. (*Voir ci-dessous, n°* .)

1736, 24 juillet. — Le bureau de la compagnie des M. F., signale au contrôleur général des finances les abus qui se commettent dans la perception du péage de la prévôté de Saumur.

(Reg. de corresp. de la Cⁱᵉ de 1735 à 1740, fᵒ 20, vᵒ , arch. de la ville d'Orléans.)

762, 763.

XVᵉ siècle. — Péage levé par les habitants, arrêts de règlement de péage, édit de suppression.

1436, 11 juillet. — Entre les M. F. et les habitants « de la ville de Saumur, sentence par laquelle défense est faite aux habitants de contraindre dorénavant les M. F. à payer le droit de cloison (octroyé à l'origine par les comtes d'Anjou), en baillant par eux bonne et suffisante caution et en eux inscrivant ès papiers du receveur ou fermiers de lad. cloison. » — En 1481, 3 avril. Entre les mêmes parties, le procureur du feu roi de Sicile, prenant la garantie des habitants de Saumur, arrêt du confirmatif. — 1490, 7 septembre. — Entre les mêmes parties, le proc. du roi, à Saumur, joint aux habitants arrêt dans les mêmes termes. — 1492, 27 mai. — Entre les mêmes parties, le proc. gén. du roi joint avec les M. F., arrêt confirmatif des sentence et arrêt précités, sous peine de cent marcs d'or, en ordonne l'exécution et renvoie les parties au Bailli de Touraine ou son lieutenant à Chinon, «par devant lequel les demandeurs pourront demander restitution des deniers qu'ils disent avoir été sur eux pris à cause du droit de cloison, depuis ladite sentence donnée par ledit Bailli de Touraine, l'an 1454 jusques à présent, pour, sur le tout parties oïyes leur estre fait droit, en semblctant sur le principal que sur la restitution desdits deniers.

(Arrêt imp., Orléans, filles Hotot, 1665.)

1438, 1445, 9 novembre. — Edits prononçant la suppression des novalités et accrues de péages anciens, au préambule desquels est mentionnée la cloison de Saumur. (*V. ci-dessus*, *n*os 430 *et* 435.)

VALLIÈRES, entre Candes et les Ponts-de-Cé, lieu aujourd'hui inconnu.

764.

1628. — Recette par le receveur des M. F. :

De la part du fermier du péage de Vallières, dans les frais de balisage des détroits de Saumur.

(Compte de recette 1628, fo 14, ro, arch. de la ville d'Orléans.)

TRÈVES, canton de Gennes, département de Maine-et-Loire.

---

764 ᴬ - 764 ᴱ.

XIVe-XVIe siècle. — Actes de vente et d'exemption, lettres de reconnaissance, arrêts de prohibition.

1221. — Exemption de tout péage accordée par Geoffroy de Loudun, seigneur de Trèves, aux religieux de la Merci-Dieu.

(Collect. Dom Housseau, n° 2519.)

1313, 5 février. — Vente par Pierre Dorée, bourgeois de Saumur, au prix de cent livres, à Charles comte de Valois, d'Alençon, de Chartres et d'Anjou, de tout le produit du port de Trèves et du passage au travers de la Loire, que ledit Dorée tenait du Comte, moyennant dix sols de rente.

(Marchegay, arch. d'Anjou, 11, 197.)

1425. — Lettres patentes de Charles VII, portant droit de péage au nom et en faveur de messire Robert Masson baron de Trèves.

(Chopin, pol. ecclés., II, p. 80.)

1528, 8 mars. — Arrêt du Parlement :

Qui donne délai à François de Villeprouvée, baron de Trèves, pour produire les titres et preuves de son péage de Trèves, passé lequel délai défense lui est faite de lever ledit péage. (*V. ci-dessus, nᵒ* 692.)

1567, 11 mars. — Arrêt du Parlement :

Entre : les M. F., le Proc. gén. du Roi joint avec, dem. d'une part ; et, damoiselle Renée du Bellay, veuve de feu Loys du Plessis, dame en partie de la baronnie et seigneurie de Trèves, damoiselle Anne Asse, veuve de feu René de Thory, écuyer, dame usufruitière de ladite seigneurie de Trèves, les religieux, abbé et couvent de Nostre-Dame du Louroux, maitre René Crespin, conseiller du Roy en la Cour de Parlement de Paris, naguères prieur de Saint-Aubin d'Angers, et maitre René Thibault, prieur de Saint Macé, déf., d'autre part ; qui interdit aux défendeurs de lever aucun péage et salage, sur les bateaux et chalans, chargés de marchandises, passant « par la rivière de Loire, à l'endroit de la seigneurie et baronnie dudit lieu de Trèves. »

(Arrêt imp., Orléans. Eloy Gibier, 1567 ; Fabian Hotot, 1605, 1626, 1631. Chopin, pol. ecc. II, 80.)

LE THOUREIL, *canton de Gennes*, *département de Maine-et-Loire* (*Le Toureil*, *Le Thouooueil*).

764ᶠ.

1549-1565. — **Instance au Parlement de Paris.**

Dès avant le XVIᵉ siècle, les seigneurs de Thoureil en possession de « prendre, à cause de leur dite terre et seigneurie, dès l'heure de vespre de la vigile Saint-Martin d'hyver, jusques à l'heure de vespres de la veille de la feste Saint-Maur ensuyvant, par chacun cas, pour chacun batteau ou chalan chargé de sel, estant en la rivière de Loire, durant ledit temps et audedans des fins et limites, d'entre le chasteau de la Baussonnière et le ponceau du Jorreau, pour chacun desdits batteaux ou chalan, six boisseaux de sel, mesure de Richebourg ou autre quantité, rendu ès greniers de l'hostel dudit Thouroueil ou ailleurs, où bon leurs sembleroit, audit Bourg. »

1549, 20 mars. En exécution de lettres données à Fontainebleau, instance introduite au parlement de Paris, entre : les M. F., dem. ; René Brehier et Loïs de Coesmes, écuyers, seigneurs du Thouroueil, déf. — 1565, 7 juillet. Arrêt qui interdit aux défendeurs, de lever à l'avenir ledit droit de péage et sallage ou autre exaction sur les marchands et voituriers conduisant batteaux, à l'endroit de ladite seigneurie du Thouroueil, sur peine de mil livres p., d'amende pour chacune fois, comme n'ayans aucun droit de péage, à cause de leur dite terre ou autrement.

(Arrêt imp., Orléans, Fabian Hotot, 1598.)

LES PORTS - DE - VALLÉE , à la rive gauche de la Loire, en la commune de Blaison, canton des Ponts-de-Cé, département de Maine-et-Loire.

PORT-DE-VALLÉE, à la rive droite de la Loire, en la commune de La Bohalle, canton des Ponts-de-Cé, même département (Le Port-de-Vallée, Le Port-Vallée, Port-Vallée).

764ᴳ - 764ᴵ.

XVIIᵉ siècle. — Instance en règlement, ordonnance de suppression.

1528, 8 mars. — Arrêt du Parlement qui donne délai à Léon de Sainte-Maure, écuyer, seigneur de Montamet, du péage du Port-de-Vallée, pour produire les titres ou preuves de son péage du Port-de-Vallée, passé lequel délai, leur fait défense de lever led. péage. (*V. ci-dessus, nᵒ* 692.)

1615. — Instance pendante au Parlement, entre les M. F. et le seigneur du Port-de-Vallée.

> (Pᵉˢ-Vˡ de l'assemblée de 1615. *V. ci-dessus, doc.* 19, *t. II, p.* 85.)

1631, 20 novembre. — Ordonnance qui prononce la suppression du péage « de Port-Vallée. » (*V. ci-dessus, nᵒ* 467.)

LES PONTS-DE-CÉ; département de Maine-et-Loire (Le Pont-de-Cé, Les Ponts-de-Scée, Les Ponts-de-Sée, Le Pont-de-Sée).

764ᴷ, 764ᴺ.

XIIᵉ et XVIᵉ siècles. — Donation, vente, instance au Parlement, requête au Roi.

XIIᵉ siècle. — Donation par Henri II, roi d'Angleterre, comte d'Anjou, aux religieuses de Fontevraud, du Pont-de-Cé, avec dépendances parmi lesquelles « voillage de vin en aucun le lieus de Loire, mentionnée en l'acte qui suit. »

1293, janvier. — Vente par religieuses personnes, l'abbesse et le couvent « dou Moutier de Fontevraut à Charles de France, comte de Valois, d'Alençon et d'Anjou, du Pont de Sée qu'elles tiennent « dès le tens que mémoire d'omme ne se peut recorder, » et dépendances parmi lesquelles « le voillage dou vin en aucunes parties de Loyre. »   (Marchegay. Arch. d'Anjou, 11, 260, 264.)

XVIe siècle. — Instance au Parlement de Paris :

1505, 27 mai. — En exécution de lettres impétrées par les M. F., instance introduite entre : le Proc. gén. du Roi et lesd. M. F., dem. ; les maire et échevins de la ville d'Angers. — 1512, 5 mai. Lettres obtenues par les défendeurs. — 1534, 3 juin Arrêt par lequel est dit « que sans avoir égard aux lettres impétrées par les déf. le 5 mai 1512, inhibitions et défenses leur sont faites, de lever, doresnavant, aucun droict d'acquit de la cloison d'Angers, sur les demandeurs, passans et repassans leur marchandises et denrées, par la rivière de Loyre, et autres fleuves descendant en icelle par les destroicts de la ville d'Angers et pont de Sée. »
                    (Arrêt imp., Orléans, Eloy Gibier, 1571.)

Fin du XVIe siècle. — Requête au Roi :

En laquelle sont énoncés divers péages levés aux Ponts de Cé.
(*V. ci-dessous, supplément.*)

RUZEBOURG, *au confluent de la Maine et de la Loire, aujour-*
d'hui la Pointe, en la commune de Bouche-Maine, canton de
Saint-Georges, département de Maine-et-Loire (*Ruzebec*).

764ᵒ - 766.

**XVᵉ-XVIIᵉ siècle. — Arrêt de règlement, édit d'évalua-
tion, ordonnance de suppression.**

XVᵉ siècle. — Instance au Parlement, entre les M. F. dem. en vérif.
de péage et les doyen et chapitre de Saint-Laud-lès-Angers. — Les
doyen et chapitre se prétendent en possession de prendre sur tous
bateaux grands et petits, passant par la rivière de Loire, dans les
limites de leur Prévôté de Ruzebourg, « en longueur depuis la pierre
qu'on dit Coulevreuse jusques à la Pierre-Bécherelle, et en largeur en
fendant et traversant droit desdites pierres, jusques ès terres de la
vallée de Fosse, les droits qui s'ensuivent :

C'est assavoir, — sur chacun desdits bateaux portant sel, une mine
de sel, qui est quatre boisseaux, à leur mesure ancienne, de leur
grenier à sel audit lieu de Ruzebourg, et pour la peautre xij d. t..
— Et sur chacun bateau grand ou petit, portant vin en quelque quantité de tonneaux ou boisseaux que ce soit, entrant de Loyre en Mayne,
ou de Mayne en Loyre, une jallaye de vin, qui sont dix pintes, et
deux deniers tournois pour chacune pipe, busse ou autre tonneau ou
vaisseau de vin étant audit bateau. — Et en outre sur chacun desdits
bateaux portant vin, passans par ledit péage, sur ladite rivière de Loyre,
sans entrer en Mayne, pour chacune pipe, busse ou autre tonneau ou
vaisseau de vin étant audit bateau, ij d. t.. — Aussi sur chacun challan
ou sentine, à peautre, passant par ledit péage, une fois l'an, pour la
peautre ou l'écusson, xij d. t.. — Et pour la sentine sans peautre, vj
d. t.. — Et sur chacun challan neuf ou sentine neuve y passant pour
une fois seulement, s'il est à peautre, xij d. t., s'il est sans peautre,
vj d. t., et ce pour le droit de neufvage. — Et en outre de prendre
et avoir la confiscation desdits biens, de ceux qui y passeront sans
desprier, et touchant les autres passant sans acquit en lesdits droits,
l'amende de soixante sols tournois.

1493, 7 septembre. — Arrêt ordonnant le récollement des informations précédemment faites et l'audition de nouveaux témoins, à laquelle il est procédé par Mᵉ Guy arbalète, conseiller en la Cour, à ce commis, figure des lieux accordée entre les parties. — 1494, 23 février. Arrêt par lequel est dit : « que les doyen et chapitre, jouiront entièrement de tous et chacun desdits droits par eux prétendus, sur les batteaux grands ou petits, passans par lesdites limites et destroits dudit péage de Ruzebourg, sauf toutes voyes, que pour les petits bateaux qui seront vrayment et sans fraude allegement des mères ou grands batteaux, ne sera aucune chose payée pour ledit sallage. » — Et ordonné que ledit boisseau à sel desdits doyen et chapitre, qui a été visité par ledit commissaire, du consentement desdits parties, ou autre tout semblable, à iceluy, sera marqué et estalonné, appelé le proc. gén., desdits Marchands, afin qu'il ne soit changé ne mué. Le tout par manière de provision.

(Arrêt imp., Eloy Gibier, 1583.)

1546, 9 mars. — Edit par lequel le péage prétendu à Ruzebourg de deux minots et demi de sel, sur chacune sentine mère chargée de sel, est évalué à la somme de xxviij s. ij d. t.. (*V. ci-dessus*, nᵒ 447.)

1621, 20 novembre. — Ordonnance qui prononce la suppression du péage de Ruzebourg. (*V. ci-dessus*, nᵒ 467.)

LA ROCHE-AUX-MOINES. en la commune de Savonnière, canton de Saint-Georges-sur-Loire, département de Maine-et-Loire (La Roche, La Roche-au-Duc).

767-771.

XIIIᵉ-XVIᵉ siècle. — Charte de donation, lettres et exploit d'ajournement, arrêt de règlement de péage :

1204. — Donation par Pierre de Montrabé, à l'abbaye de la Merci Dieu, de cent sols angevins à prendre sur le péage de la Roche tant par terre que par eau, — confirmée par Eschivard, seigneur de Preuilly, fils de Pierre de Montrabé.

(Collection dom Housseau, déjà cité, nᵒˢ 2175, 2194, 2195.)

1427, 2 janvier. — Lettres royaux — « Charles par la grâce de Dieu, Roy de France, au premier Huissier de Nostre Parlement, ou Nostre Sergent qui sur ce sera requis, salut : — Les Marchans fréquentans et marchandans sur les fleuve et rivière de Loyre, et les autres rivières chéans et descendans en yceulx fleuve et rivière, consors en cette partie; Nous ont fait exposer en griefvement complaignans, disans : « que ja soit ce, que eulx avecques leurs denrées et marchandises qu'ils conduisent et font mener et conduyre par lesdites rivières, soient en Nostre protection et sauve garde espécial, de toute ancienneté, duement publiée et signifiée, tellement que aucun n'en puet ne doit licitement prétendre cause d'ignorance, et qu'ils aient d'ancienneté acoustumé de mener et conduire ou faire mener et conduire leurs dites denrées et marchandises, de quelqu'espèce qu'elles soient, par lesdites rivières, tant en montant comme en dévalant, franchement et quictement, en payant seulement les acquictz et devoirs enciens es lieux où ils sont deuz d'anciennetéz, sans ce, que personne quelconque, puisse ne doye vallablement arrester ne empescher lesd. exposans, ne leursd. marchandises en aucune manière, au contraire. — Ce non obstant, plusieurs Seigneurs eulx disans avoir droit de péage sur lad. rivière et autres rivières chéans et descendans en ycelle, leurs péagiers, fermiers, commis et depputez de par eulx, c'est assavoir Nostre Amé et Féal chevalier, Jehan de la Haye, seigneur de la Roche-au-Duc, Thibaut de la Haye, son fils, seigneur de Bournay, Jehan, seigneur du Bueil et de Saint-Michau-sur-Loyre, Pierre le Jeune, cappitaine dudit lieu de Saint-Michau, ceulx qui sont à Boisgency, à Tours, à Coulombiers et autre part, eulx advouans de plusieurs seigneurs desdis lieux et chasteaux, et lesd. seigneurs d'iceulx lieux en leurs personnes, s'efforcent et sont efforcez plusieurs foiz et de jour en jour, prennent par force ou autrement, exigent de chacun chalan, tant montant que descendant contre val ou amont ladicte rivière de Loyre et autres rivières..., deux ou troys pippes de vin de l'un, plus de l'autre, moins et pareillement des autres denrées qui sont menées et déduites esd. chalans, en ont et prennent à leur voulonté, et quant aucun marchant contredit ou autre de par lesd. marchans estans esd. chalans, de paier lesd. pippes de vin ou autres choses qu'ils demandent, les bateaux navrent et mutilent esnormément, et mesmement depuis troys moys en ça, en tel cas ont fait noyer, lesd. de Saint-Michau, de bons marchans de la ville d'Orléans, qui se misdrent à deffense pour résister ausd. exactions et raençons, lesquelx furent noyez par le bateau où ils estoient que les dessusd. ou aucun d'eulx firent effondrer en ladicte rivière de Loyre, et dudit batel prindrent et ont acoustumé de prandre, des autres passans ce qu'ils vouldrent et veulent. » — Et semblablement les communalitez de plusieurs bonnes villes estans sur lad. rivière de Loyre et autres rivières... et aucuns des seigneurs des pays voisins se sonz efforcez et efforcent de jour en jour de imposer, et de fait, les aucuns d'eulx, ont imposé, plusieurs grans sommes de deniers, charges et servitudes sur lesd. marchands, et leurs denrées et marchandises, qui est en entreprenant folement contre les droiz, franchises et libertez desd. exposans, en enfreignant folement Nostred. sauvegarde, en laquelle ils sont avecques icelles denrées et marchandises de ladicte rivière de Loyre, qui est moult préjudiciable à Nous et à la chose publique, si comme ils dient requérans sur ce, Nostre Provision. — Pourquoy Nous, ces choses considérées, voulons le fait de ladicte marchandise, qui concerne grandement le bien publique de Nostre Roiaume et Nostre très grant prouffit, estre entretenu, et lesd. Marchans estre gardez en leursdictes libertez et franchises anciennes et qui ne voulons telles exactions, excès et abuz sortir aucun effect ou préjudice desd. Marchans et de leursd. denrées et marchandises, mais voulons ceulx qui commettent lesd. exactions et abus de nouvel, mis sus, estre puniz par justice. — Te Mandons et comettons que, adioint avec toy sergent, ung tabellion de court laye ou autre personne publique, tu te informes diligemment et secrètement de et sur lesd. exactions ainsi mises sus, imposées oultre les devoirs et péages anciens dessusd., et aussi de et sur les excès, abus et entreprises faictes contre lesd. Marchans et la chose publicque, et autres choses qui te seront plus à plain baillées par déclaration. — Et tous ceulx que par lad. informacion tu en trouveras coulpables ou véhémentement soupçonnez, fay leur commandement de par Nous, à certaines et grosses peines, à Nous à appliquer, que tantôt et sans délay, ils cessent de faire, telles et semblables exactions, abus et entreprises, sur lesd. exposans et leurs denrées et marchandises, en les contraignant à en cesser, et à rendre et restituer ausd. Esposans ou à leur Procureur pour eulx, tout ce qui t'apparoîtra avoir esté indeuement levé et exigé, sur eulx et leursd. marchandises, oultre et pardessus leurs péages et devoirs anciens, par toutes voyes deues et raisonnables. — Et en cas d'opposition reffus ou délay, attendu que ces causes pourront toucher Nostre très chière Mère la Royne de Jhérusalem et de Cécille et nostre très chier et très Amé frère et cousin, le duc d'Orléans, qui de leur droit ne sont tenuz de plaidoier ailleurs que en Nostre court de Parlement, s'il ne leur plaist; et que pour occasion de plusieurs autres exactions et entreprises faictes sur lesd. Exposans et leurs marchandises plusieurs autres procès et grosses causes sont pendantes en Nostred. court de Parlement. — Adjourne les opposans, reffusans ou délayans, et aussi tous ceulx que par ladicte informacion, tu en trouveras coulpables ou véhémentement soupçonnés des choses dessusdictes, à certain et compétent jour ordinaire ou extraordinaire de Nostre présent Parlement. — Donné à Amboise le ij° jour de janvier, l'an de grâce mil quatre cent vingt sept et de Nostre Règne le sixiesme, soubs nostre seel ordonné en l'absence du grant. Ainsi signé, par le Conseil, Cotereau. »

(Lettres transcrites dans la relation qui suit.)

1428, 22 avril. — Exploit d'ajournement. — « A mes très chiers et doubtez seigneurs, Messeigneurs les Gens tenant le Parlement du Roy Nostre sire à Poictiers, Jehan Garnier, sergent du Roi Nostre dit Sire au Bailliage de Touraine et le Vostre, commissaire d'icelluy, seigneur en ceste partie, honneur, service, révérence, avec toute obéissance. Mes très chiers et doubtez Seigneurs, plaise vous savoir que de la partie de Alain Moreau, ou nom et comme procureur général des Marchans fréquentans et marchandans sur les fleuve et rivière de Loyre et les autres fleuves..... consors en ceste partie, m'ont esté présentées certaines Lettres Royaulx, par lesd. Marchans impêtrées, en me requérant que le contenu esd. lettres je misse à exécution, à l'encontre de Messire Jehan de la Haye, chevalier, seigneur de la Roche au Duc, Thibaut de la Haye, son fils, seigneur de Bournay et autres des gens dudit chevalier, estant en garnison audit lieu de la Roche au Duc, desquelles lettres la teneur s'ensuit. (V. les lettres ci-dessus rapportées.)

« Par vertu desquelles Lettres Royaux dessus transcriptes et du pouvoir à moy donné et commis par icelles et en obtempérant à lad. requeste à moy faicte par led. Procureur desd. Marchans. — Je, appellé avec moy pour adioint maistre Jacques Charmolue, licencié en loys en décret, ay fait informacion de et sur les excès, abuz et entreprises faictes contre lesd. Marchans aud. lieu de la Roche au Duc, par ledit chevalier, sondit filz, Jehan de Bressay, cappitaine dudit lieu, Robin Maillart de la garnison dud. lieu et autres d'icelle garnison.

« Et pour ce que par ladicte informacion, laquelle je vous envoye close et scellée, soubs mon scel et signées du signet manuel de mondit adjoint, jay trouvé chargez et coulpables lesdiz seigneurs de la Roche-au-Duc, sondict filz, Jehan de Bressay, cappitaine dud. lieu et Robin Maillard, aussi d'icelle garnison, des excès, abuz et entreprises dont mancion est faict esd. lettres. — Je, le xxij° jour d'avril après pasques, mil quatre cens vint et huit, me transporte en la ville d'Angers, en espérence de aler d'ilec aud. lieu de la Roche au Duc, qui est à deux ou troys lieues de ladicte ville d'Angiers, pour mettre à exécucion lesd. lettres, faire les adjournemens contre les dessusdiz, et parlé à plusieurs des sergens et officiers de la Royne de Cécille et autres demourans au dit lieu d'Angiers, pour mener avecques moy aucuns d'eulx aud. lieu de la Roche au Duc, pour aler plus seurement et me estre en confort et en aide à faire mondit exploit, et n'en trouve nulz qui voulussent venir, tant pour doubtre des dessusdiz et autres de ladicte garnison, qui sont gens qui usent plus de leur voulonté que de raison, comme pour la doubte des Angloys et autres gens d'armes qui communément destroussent les gens sur le pays, et me fut dit que en ladicte ville d'Angiers, avoit un appellé maistre Guillaume de Boessay, demourant audit lieu de la Roche au Duc, procureur général dudit seigneur de la Roche au Duc, gouverneur et receveur de ses terres.

« Lequel maistre Guillaume je appréhende en personne en ladicte ville d'Angiers, et luy demande s'il estoit Procureur général dudit sieur de la Roche au Duc et demourant audit lieu, lequel m'a respondu que cy et qu'il ne renonceroit point son maistre, et que si je vouloys faire nulz exploiz contre led. seigneur de la Roche au Duc, ne aucuns de ses gens, que je luy montrasse le mandement et par vertu duquel je le vouloys faire et que je li en feïsse lecture. — Les-

quelles lettres royaulx dessus transcriptes je luy monstre et d'icelle
lui fis lecture. Et après ladicte lecture faicte, je fis inhibicion et deffense de par le Roy Nostredit Sire, ausdits seigneur de la Roche au
Duc, Thibaut de la Haye, son filz, aud. Jhean de Brissay, cappitaine dessusdit et aud. Robin Maillart, en la personne dudit maistre
Guillaume de Boessay et à la peine de dix mille escuz d'or à appliquer au Roy Nostred. Sire, que tantost et sans délay ilz cessent de faire
les exactions, abuz et entreprises dont lesd. lettres font mencion, sur
lesd. Marchans et leurs marchandises, et qu'ils leur rendent et restituent ce qu'ilz ont pris et exigé desd. Marchans, tout ainsi et par la
forme et manière contenues esd. lettre et que le Roy Nostred. Sire le
veult et mande par ycelles. — Et oultre signiffie aud. maistre Guillaume de Boessay, que en sa personne je adjornay et de fait adjourne
lesdiz messires Jehan de la Haye......... à comparoir pardevant
vous mesdiz Seigneurs en ladicte court de Parlement, au premier jour
de juing prochain venant..... — Lequel maistre Guillaume de Boessay me respondit, que très volontiers leur feroit assavoir lesd. deffenses et commendement et aussi ledit adjournement, et qu'il s'en
chargeoit, et estoit bien joyeulx.— Présens à ce, led. maistre Jacques
Charmolue, Robin le Moyne, ledit Alain Moreau, procureur dessusdit
et plusieurs autres. — Et depuis à la requeste d'icelluy, procureur
desdiz Marchans, me suy transporté à Saumur où jay examiné d'autres tesmoings contre les dessusdits, sur les excès, abuz et entreprises
dessusd., et aud. examen faire, ay appellé avec moy pour adjoint,
Guillaume Préau, clerc et notaire, juré des contractz de Saumur et
la depposition d'iceulx témoings ay atâchée et enclose en la fin de
lad. informacion dessusd., lequel examen jay fait signer du signet
manuel dud. Notaire. — Et ce, Mes très chiers et doubtez seigneurs,
je vous certiffie estre vray par ceste présente moye relacion, scellée
de mon scel, duquel je use en mon office faisant. Donné et fait les
jour et an que dessus. »

S. J. Garnier. — Le sceau manque.

(Orig. s. parch. — Arch. de la ville d'Orléans.)

1443, 20 mai. — Arrêt du Parlement de Paris :

Sur requête des M. F. ainsi conçue : « C'est la demande et proufit
de défaut que requièrent leur estre adjugez par Vous, Messeigneurs
tenans le Parlement du Roy nostre Sire, les Marchans fréq..., et le

Procureur général du Roy nostre Sire, adjoinct avec eulx, demandeurs en cas d'excès, à l'encontre de Michel de Sens, capitaine du
chestel de la Roche au Duc, Charles Boilève, Thomas Sacas et
Michel de Bellesme, défendeurs oudit cas et défaillans. — Disans
yceulz demandeurs, que ja soit ce que les Marchans qui conduisent
ou font conduire denrées et marchandises par ladicte rivière de Loire
et par les metes dudit lieu de la Roche au Duc, ne soient tenuz, ne
doivent paier ung treu ou autre exaction que on dit estre nommé
Voiaulté, et lequel on veult dire estre tel que quant ladicte rivière de
Loire est si grande qu'elle passe entour une grosse pierre assise près
de devée en tele manière que ung hanap tenant une quarte de vin
ou d'eaue puet floter entour ladicte pierre, le seigneur dud. lieu
de la Roche au Duc, a droit de prendre une foiz l'année, sur chacun
bateau ou challan qui passe par les metes dudit lieu de la Roche au
Duc xij d. t. — Duquel droit les seigneurs dudit lieu de la Roche au
Duc ne joirent oncques et aussi que par édict et ordonnance du Roy
ayt esté défendu à tous............. — Néantmoins lesdiz défendeurs qui sont tous serviteurs de Messire Jehan de Brie soy disant seigneur dudit lieu de la Roche au Duc, en la compaignie dudit de Brie,
armez et enbastonnez d'armes invasives et défendues, se sont transportez environ la feste de toussains derrenièrement passée l'an
mil iiij*c* xij au lieu de Rusebec où ilz trouvèrent aucuns marchans
montans et faisans conduire contremont lad. rivière de Loire aucunes
denrées et marchandises lesquelx, pour ce, qu'ilz ne vouloient paier
led. droit de voiaulté ou autrement, de leur voulenté desraisonnable
ilz batirent très énormément, et leurs donnèrent plusieurs cops et en
mutilèrent aucuns, et entre autres batirent ung nommé Jehan Frogier
demeurant à Saumur et lui coppèrent et navrèrent ung braz très
énormément et telement que à peine jamais s'en aidera, et avec se
rançonnèrent iceulx marchans à certaine somme de deniers........
—Par lequel les défendeurs seront de nouveau ajournés. »

(Orig. Arch. de la ville d'Orléans.)

1509, 6 juillet. — Arrêt du Parlement :

Entre : les M. F. et le Proc. gén. du Roy, dem., requérant l'ente-
rinement de certaine Lettres Royaux d'édit, d'une part; et, Messire
Hardouyn, seigneur de la Tour, chevalier, et dame Françoise de la

Tour, sa femme, et la veuve et héritière de Pierre le Roy, déf., dont extrait délivré aux M. F., est en ces termes :

« Après ce que lesd. défendeurs ont autrefois et aujourd'huy fait apparoir ausd. demandeurs par lectres, tiltres et enseignements, avoir joy dès cent ans et plus du droict d'acquict et sallaige appellé d'ancienneté le sallaige de la Roche au Duc, alias la Roche aux Moynes, lequel a acoustumé estre levé et se lève de présent au Pont de Sée et en la ville d'Angers, et sur ce requis délivrance et main levée dud. droit d'acquict et sallaige, en ensuyvant certain arrest donné le premier jour d'avril, l'an mil cinq cens et six avant pasques. — Et que de la part desd. demandeurs a esté dit qu'ilz ne vouloient empescher main levée estre faicte ausd. défendeurs. — Appoincté est que lesd. de la Tour et la veuve et héritière dud. Pierre le Roy, joyront doresnavant dud. droit d'acquict et sallaige, prendront et lèveront : — sur chacun chalan chargé de huit muys et demy de sel, la myne moins, mesure de Paris, montant ou bessant, par lad. rivière de Loire, à l'endroit dudit lieu de la Roche au Duc, la somme de xxv s. t.. — Avec ce, pour chacun muy de sel étant en challan chargé audessoubz de lad. quantité de huit mys et demy de sel, la myne moins, vj d. t.. — C'est assavoir led. de la Tour la moictié et lesd. vefve et héritiers, l'autre moictié. — Et lèveront led. acquict et sallaige au Pont de Sée ou en la ville d'Angiers ainsi qu'ilz ont acoustumé de faire. Et à ce faire et souffrir seront lesd. Marchans contrains.... Et sera ce présent appoinctement et arrest de lad. court mis et affiché ausd. lieuz d'Angiers et Pont de Sée, » à ce que les parties marchans et autres personnes n'en puissent prétendre cause d'ignorance. — Fait en Parlement le sixième jour de juillet l'an mil cinq cens neuf. Dutillet. »

(Orig. Arch. de la ville d'Orléans.)

ROCHEFORT, *canton de Chalonnes, département de Maine-et-Loire.*

772, 773.

XIVe et XVe siècles. — Aveu, édit.

XIVe sièc'e. — Aveu de la chatellenie de Rochefort, contenant déclaration des droits de péage à l'endroit dudit Rochefort.

> (Req. prés. par les M. F. à la Chambre des comptes, imp., Orléans, Gilles Hotot, 1630.)

1448, 27 mai. — Edit prononçant la suppression du péage de Rochefort. (*V. ci-dessus, n° 467.*)

ILE DU TANCRÉ, en la commune de Rochefort (Tancré, Tancray).

774-778.

XVIe-XVIIe siècle. — Lettres de concession, arrêts règlementaires de péages, ordonnance de suppression.

1431. — Lettres de Charles VII, accordant à Georges de la Trémouille et à ses enfants le droit de lever en l'île du Tancré dépendante de la chatellenie et baronnie de Rochefort un péage nouveau.

> (Mentionnées en l'arrêt de 1587 cité plus bas.)

1565, 23 juillet. — Entre Guillaume de la Bonne, voiturier par eau et les M. F., d'une part ; René Bailly et François Garselin, fermiers du péage de Tancré, d'autre part, sur ce, que lesdits fermiers, avaient arrêté par la marchandise qui était livres, conduite par de la Bonne et amenée par lui depuis Roanne, réclamant droit de péage arrêt par lequel est dit : que dans le délai d'un mois, le seigneur de **Tancré**, apportera les titres et enseignements par le moyen desquels, il prétend droit de péage en la rivière de Loire, et jusqu'à ce qu'il ait obéi, lui fait défense de lever, prendre ou exiger aucune chose, pour raison dudit droit de péage.

1587, 23 décembre. — Arrêt par lequel est dit : 1° En ce qui touche le maintien du péage nouveau, octroyé par lettres patentes du Roi Charles VII, en date du mois de mai 1431, que le seigneur de Rochefort est débouté de sa demande. — 2° En ce qui touche l'ancien péage levé en ladite isle de Tancré dès auparavant ledit an (1431), que par manière de provision il sera perçu : — « Pour chacun muid de sel, mesure de Paris, mené en chalan, passant le long du destroit et justice dudit Rochefort, iij d. t.. — Et si le chalan est chargé de douze muids de sel à ladite mesure et au dessus, sera payé outre, pour le droict de sallage, iiij s. t.. — Lequel sallage doublera depuis la Saint - André (30 novembre) jusques à la Nostre-Dame de Mars (25 mars). — En payant lequel droict de sallage pour le bateau ou chalan, appellé la mère, les Marchands seront quittes des allègemens desquels ne sera payé droict de sallage. — Et pour chacun muid, mesure de Rochefort, de blé, farines et autres grains qui s'achètent au muid, iij. d. t.. — Pour le chalan chargé de vingt sept pipes d'huile ou de miel, sera payé une pipe, et du plus plus, du moins moins. — Pour chacun fardel de drap cordé, où il n'y a graine, du poids de six à sept cens, xvj d. t. et du p. p. et du m. m. — Pour chacun fardel cordé pesant six à sept cens, de chanvre, laine, mercerie et quelconques autres choses, xvj d. t.. et du p. p. du m. m., et du non cordé, viij d. t.. — Pour chacun millier de merrean à vin, viij d. t.. — Pour tacre de cuirs, contenant douze cuirs, xvj d. t.. — S'il y a cuir de chèvre, ledit cuir payera xvj d. t.. — Pour traict de batterie, pesant un millier, xvj d. t.. — Pour neufvage de chalan, iiij d. t.. — Pour somme d'acier ou fer d'Espagne, pesant trois cens, ij s. d. t., et du plus, plus, et du moins moins. — Pour charge d'autre fer, pesant six à sept cens, xij d. t.. — Pour chacune hache, xvj d. t.. — Pour somme de toute graisse pesant trois cens, xij d. t.. — Pour cent de poisson sec, à compter six à vingt douze poissons, pour cent, un poisson, et où il y en aurait moins, ne sera rien payé. — Pour cent de lamproyes et anguilles, et de tout poisson de Grand-Lieu, à compter six vingt douze, pour cent, **un poisson,** et rien où il y en aura moins. — **Pour tout autre poisson chargé** sous la pierre d'Ingrande, il se fera seulement dépry ou **branslage.** — Pour cent cabats de figues ou raisins, un cabas. — **Pour os, oi-** gnons et autres menues choses, comme pots de terre et gobelets, du cent, un. — Pour chacune livre de plomb et estain, ij d. ob.. — Pour toutes meulles de moulins et autres meulles, de chacune meulle, xvj d. t.. — **Pour toutes autres choses quelsconques non contenues** cy dessus, sera payé pour la peautre du chalan, ij d. t.. — **Et à faute** de payer par les Marchands ledit péage, et faire dépry des choses qui le doivent, ledit demandeur, ses receveurs ou fermiers, pourront faire arrester les batteaux et marchandises, en quelque lieu qu'ils les puissent trouver par la justice du lieu où ils seront trouvez, pour recouvrer ledit péage, ensemble l'amende de soixante sols un denier t., et les despens faits à la poursuite. — Pour les chalans, marchandises et autres choses appartenans à personnes ecclésiastiques laiz, nobles et privilégiés, sera deu seulement dépry. Et ceux qui le feront, osteront leur chappeau. — Pour toutes sentines qui ne porteront point de peautre, si elles meinent pipes neuves, de chacune sera payé une obole. — Et de la vieille pipe sera deu dépry seulement à la charge de ne rien lever plus que le contenu cy dessus sur peine d'amende arbitraire dont moitié appartiendra au Roy, et l'autre moitié à ceux qui en feront la poursuite, et de perdition dudit péage. Et qu'avant de commencer la levée du péage sera mis et entretenu un poteau au lieu le plus éminent dudit destroit de Tancré auquel soit attaché la déclaration des susdits droits, et de faire tenir bons et fidelles papiers et registres, bailler acquit et acte de dépry de ce qui sera reçu ou dépryé audessus de cinq sols tournois, si lesdits Marchands le requièrent, sans prendre aucun salaire. — Ensemble de balizer, nettoyer et faire les hausserées de ladite rivière, en l'estendue du destroit dudit péage de Tancré. Et à faute de tenir audit posteau et lieu éminent, la déclaration desdits droicts, il sera permis ausdits Marchans et leurs voituriers passer et repasser librement, sans rien payer. »

(Arrêt imp., Orléans, Eloy Gibier, 1565; v^e Eloy Gibier, 1588 ; Fabian Hotot, 1594, 1613. — Chopin, pol. ecclés., p. 615.)

1601, 2 mai. — **Arr. entre :** François Pasqueraye, procureur des M. F. et Pierre Baillif, marchand, prenant la cause de Jean Rebondy, voiturier, d'une part ; maistre Jean Froger, fermier du péage de Tancré, et messire Jean de Lévy, sieur et baron de Mirepoix, Rochefort et Tancré, prenant sa cause, d'autre part. — Arrêt contenant inhibition et défenses de prendre au lieu de Tancré, aucun péage sur les pruneaux, cire, poix, raisine et autres marchandises non spécifiées en la pancarte dudit péage.

(Arrêt imp., Orléans, Fabian Hotot. 1604.)

1622. — Procès pendant devant le juge des traites d'Anjou touchant certain droit que le fermier du péage de « Tancray », s'efforçait de lever sur les draps « d'escarlate. »

(Compte du Rec. général des M. F., mai 1622, f° 11, r°. — Arch. de la ville d'Orléans.)

1631, 20 novembre. — Ordonnance qui prononce la suppression du péage de Tancré. (*V. ci-dessus, n°* 467.)

MONTJEAN , canton de Saint-Florent-le-Vieil, département de Maine-et-Loire, (Montejean, Monte-Jean, Monte-Jan).

779-783.

XIIIe-XVIIe siècle. — Charte d'accord, arrêts réglementaires de péages, ordonnance de suppression.

1239 — Accord entre les religieux de Marmoutiers occupant le prieuré de Montjean-en-Anjou et Pierre de Lorchière, Geoffroy de la Chauvière et autres chevaliers, au sujet du droit de tonlieu que ceux-ci voulaient lever sur la Loire, en face le prieuré Montjean.

(Collection dom. Housseau, 2851.)

1430, 5 octobre. — Sentence de Jean Mauloue, conseiller du Roi en sa cour du Parlement, commissaire à la réformation des péages de la Loire. — Par laquelle est permis au seigneur de Montjean de « jouyr et user du péage sur marchandises acoustumée estre acquictées par minage, c'est assavoir pour le sel, vin et blé et autres grains cencez et reputez pour blé, pour chascun muy quatre deniers tournois. » suivant les déclarations et enseignements par lui produits « dont les aucuns sont de l'an mil trois cent six » et non autrement.

(Orig. sur parch. ms.. — Arch. de la ville d'Orléans.)

1527, 23 août. — Arrêt du Parlement portant que Réné seigneur de Montesan, « a droit de péage sur la rivière de Loire, audict lieu de Monte-san. Lequel péage se paiera et acquittera en la manière qui s'ensuit :

C'est assavoir. — Pour chacun muy de sel, mesure de Paris, vj d. — Pour chacun muy de bled, mesure de Monte-San, iiij d. — Pour chacun tonneau de vin fourny de deux pippes, iiij d., et si elle est de travers, vj d. — Le tonneau daoullaige est à la voulunté du dict seigneur de Montejan d'en prendre acquit ou non. — Pour chacun muy de bled, de quelque bled que ce soit, ou farine, ou noix ou quelque manières de lignaiges ou potages, mesure de Montejan, rend d'acquit, iiij d. — Pour chacun millier de merrien à vin, et marrian où doulouère à couru, pour chacun traict de batterie, batterie si est, potz de cuivre et poelles d'airain ou de fer, ou trepiers, landiers on d'aultre métal, viij d. — Tou marrian dollé, par ou doulouère a couru, rend d'acquict si comme challan neuf ou huche, ou cuaulx ou pippes neufvres. — Challan neuf s'acquitte par charretée et rend d'acquit la charretée, iiij d. — Une bouche, iiij d., si elle n'est si petite, dont il n'en eusse que un denier ou ij d. — Somme ou fardeau de draps, rend d'acquit iiij d., et faict la somme ou le fardeau par eau, deux fardeaux par terre. — Somme ou fardeau de layne d'aiglins à laver, iiij d., et s'ils sont lavez, rien. — Gibbe de draps par eau est appellée foin à douze chevaux ij s. — Pour chacun fardeau ou somme de chanvre, iiij d. — Somme d'huile et de miel, est par eaue de quatre coterer et rend d'acquit, iiij d. — Si le marchant mène fer, acier, arain, plomb, estaing, quelque manière de métal batterie, s'il nomme par sommes, chascune somme rend d'acquict iiij d., s'il rend par traict de batterie, rend d'argent viij d. — Pour cent de cyre, suifs, geime, poyvre, gingembre, commun, amendes, iiij d.. — Pour chacun cent de figues, raisins si temps estoit que les figues et les raisins se peussent acquitter par fléaux, lors s'acquitteront de cent fléaux, v d. — Tacre de cuir fournye de dix cuirs, iiij d.. — Meulle perçée, iiij d., et si elle n'est perçée, ij d. — Goutière,

iij d. — Bacon sans ioue, ij d., ob. — Tous poissons de la mer ou
de Grand-Lieu doibt d'acquiet de cent poissons, soyent lemproyes,
alozes, merlans, convers, harans, sarcilles, seiches, truites, hadoz,
gamberges et anguille de Grand-Lieu, un poisson ; et en pourra ledict
seigneur de Mont-jean, prandre au pris de Nantes, ou du port un
poisson si méstier luy est. — Peaulx s'acquittent autrement les domestiques que les sauvages, somme ou fardel de pelleterie de peaulx
domestiques ou privées, iiij d. — Et la pelleterie est de peaulx sauvages, comme de connins, de lièvres, ou d'autres sauvages de cent
peaux, iiij d. — Pour chascune couete de plume, pour somme ou
fardeau de cordouan, iiij d. — Sentine neufvre ou challan neuf
s'acquitte par charretée et doibt d'acquiet, chascune charretée,
iiij d. — Chascune paire de roues à charrettes, ij d. — Grand serele
par ou dolouere à couru, par charretée, iiij d. — Si bestes sont
menées par eau, le bœuf, la vache, doyvent d'acquiet j d., le porc,
le mouton, ob. — Chascun tonneau neuf, j d., pippe neufvre, ob. —
Si pots ou pichiers, par quoy ilz se puissent fournir par somme pour
vendre, la somme doibt iiij d., ou des potz à la valleur. — Somme
d'ail, d'oignon, un cent. — Et touchant le branlage, ne seront tenuz
les voituriers ou marchans, branler leurs batteaux, si bon ne leur
semble. Ains pourront envoyer à celuy qui sera ordonné lever le
dit péage, ce qu'ilz seront tenus paier, au lieu qui sera destiné à lever
ledit péage sur ledit port. »

(Arrêt imp., Orléans, Eloy Gibier, 1559. 1586.)

1615. — Instance au Parlement entre les M. F. d'une part ; messire
Charles de Cossé, maréchal de France, comte de Brissac, baron de
Montejean, et Jean de la Noue fermier du péage pour eux au détroit
de ladite baronnie, d'autre part.

(Pˢ Vᴵ de l'assemblée des M. F. de mai 1615,
fᵒ 61, vᵒ. — Arch. de la ville d'Orléans.)

1631, 20 novembre. — Ordonnance qui prononce la suppression
du péage de Montejean. (*V. ci-dessus, n*ᵒ 467.)

CHAMPTOCÉ, *canton de Saint-Georges-sur-Loire, département de Maine-et-Loire. (Chantocé.)*

784-789.

XVᵉ et XVIᵉ siècles. — Commission d'informer, arrêts, transactions, ordonnance de suppression, déclaration de péage.

XVᵉ siècle. — Procès pendant au Parlement, entre les Marchands fréquentant et marchandant sur le fleuve et rivière de Loire... consorts en cette partie, le Proc. gén. du Roi et celui du duc d'Orléans d'une part; et Jean de Craon, seigneur de la la Cuze, de Chantocé et d'Ingrandes et autres, d'autre part. — 1412, 21 mars. Lettres de commission à Guillaume de Villiers, président en la cour de Parlement, à l'effet d'informer, données en ces termes :

« Charles, par la grâce de Dieu Roy de France, à Nostre amé et et féal Conseillier, maistre Guillaume de Villiers, Président de la chambre des enquestes de Nostre court de Parlement salut et dileccion. — De la partie des Marchands fréquentans et marchandans sur le fleuve et rivière de Loire, et les autres rivières chéans et descendans en ycellui fleuve et rivière, Nous a été exposé en complaignant : — Que en hayne de certain plait et procès, nagaires mis sus et pendant en nostre dicte court de Parlement, entre : lesdiz complaignans, nostre Procureur général et nostre très chier et très amé filz le duc d'Orléans, pour tant que à chacun touche, demandeurs, d'une part ; et, nostre bien amé, Jehan de Craon, chevalier, seigneur de la Suze, de Chantocé et de Ingrande, et Jehan Bourdineau, prestre, son serviteur, pour tant que à chacun touche, défendeurs, d'autre part. — Pour cause et occazion de plusieurs torçonnières exactions mises sus, et par lesdiz de Craon et Bourdineau levées, sur lesdiz complaignans, leurs vaisseaulx, bateaulx, chalans, denrées, marchandises et biens passées en montant et en avalant par lesdiz fleuve et rivière, à l'endroit desdiz lieux de Chantocé et d'Ingrande et ailleurs en ycellui fleuve et rivière et aussi par terre, et sur la rivière de Sarte, l'une des rivières, dessus-dictes, et en autres lieux : et, de plusieurs autres excès, déliz, mo-

lestes, oppressions, empeschemens et dommaiges faictes par ledit
Craon, ses gens et officiers, et autres leurs complices, ausdiz complaignans, ou grant préjudice et dommaige de Nous et dimminucion
de nos droiz et de toute la chose publique. — Et que pour cuidier
faire désister lesdiz complaignans dudit plait et procès ou autrement
dampnablement, ledit de Craon, qui est grant et puissant, a menassé
ut menace de jour en jour yceulx complaignans, leur procureurs et
conseilliers, de les batre et de leur rompre bras et jambes, et de les
injurier, vilener et dommagier de corps, de biens et autrement, en
les tenant en regart sur ce. Pour doubte desquelles menaces yceulx
complaignans, n'osent entendre, ne vacquer seurement au fait de leurs
marchandises et à leurs autres besoingnes, ainsi qu'ilz souloient....
si comme ilz dient, requerans, sur ce, humblement Nostre provision.
— Pourquoy, Nous, attendu ce que dit est, Vous Mandons, et pour
ce vous devez dedens brief, aler par delà, pour faire certaine enqueste de tesmoings vielz, frailles, valétudinaires pour lesdiz demandeurs en lad. cause; — Comettons que en diligence et secrètement
vous vous informez desdites menaces, attemptaz et excès, et tous
ceulz que par ladicte informacion vous en trouverez coulpables,
faittes les adjouner à comparoir personnelment ou autrement selon
l'exigence du cas, à certain jour et compétent ordinaire ou extraordinaire de Nostre présent Parlement, non obstant qu'il siée et que par
aventure les parties ne soient pas des jours dont l'on plaidera lors,
pour respondre à nostre dit Procureur général, ausdiz complaignans
et au Procureur de nostre dit filz, s'il veult faire partie, pour tant
comme à chacun puet, concluer, sur lesd. menaces, attemptaz, excès
et déliz, leurs circonstances et despendances........ — En leur faisant commandement à semblables paines, qu'ilz se désistent entièrement de tout ce qu'ilz en ont en commencé et fait, lesquelz complaignans avecques leurs familes, biens, droiz, possessions et saisines
quelxconcques, vous prenez et mettez en nostre protection et sauvegarde et en sauf conduit de nostre dicte court de Parlement, lesquelz
nous y prenons et mettons par ces présentes, mesmement au regart
dudit de Craon, sesd. gens, serviteurs, officiers, alliez et complices.
— Et dud. adiournement et de tout ce que fait aurez, en ceste partie,
certifiez souffisamment audit jour, noz amez et feaulx gens tenans
nostre dit Parlement, en leur rapportant ou renvoiant ladite informacion féablement enclose, ausquelx nous mandons que entre les
parties, ycelles oyes, facent bon et brief accomplissement de justice.

— Car ainsi nous plaist il estre fait, et l'avons otroyé et octroyons de grâce espécial par ces présentes, non obstant quelxconques lettres subreptices empétrées ou à empétrer au contraire. Mandons à tous nos justiciers et subgiez, que à vous et voz députez en ceste partie, obéissent et entendent diligemment. Donné à Paris le xxj^e jour de mars, l'an de grâce mil cccc et douze et de nostre règne le xxxiij^e soubs nostre scel ordonné en l'absence du grant, ainsi signé par le Conseil, de Laon. »

(Lettres de Commission, insérées dans la relation rapportée ci-après.)

1413, 30 juin. — Relation adressée à la cour de Parlement, par le Président de Villiers, de l'exécution des lettres qui précèdent :

« A mes très chiers et redoubtez seigneurs, Messeigneurs tenans le Parlement du Roy Nostre sire ou Palais Royal, à Paris, Je Guillaume de Villiers, Conseillier du Roy nostredit sire et Président des enqueste dudit Parlement, honneur, révérence, avecques toute obéissance. — Mes très chiers seigneurs, plaise Vous savoir, que le derrenier jour du mois juing l'an mil cccc et treze, de par le Procureur des Marchans fréquentans et marchandans.... me fut requis que je me transportasse de la ville d'Angiers en la ville de Chantocé et au chastel de lad. ville appartenant à Messire Jehan de Craon, chevalier ; et me furent présentées par ledit Procureur certaines Lettres Royaulx, dont la teneur s'en suit : (ci-dessus transcrites). — Par vertu desquelles lettres, le Procureur desdiz Marchans me requist que je voulusse mectre à exécucion ycelles lettres et que je signifiasse audit de Craon que le Roy, nostredit Sire avoit mis et mettoit par ycelles lettres en sa protection et espécial sauvegarde et au saufconduit de la court de Parlement lesd. Marchans fréquentans et marchandans sur lesdiz fleuve et rivière de Loyre, avecques leurs familles, biens, droiz et possessions quelconques, à la paine contenue esdictes lectres. — Laquelle signification Je fis auditMessire Jehan de Craon, en sa personne en son chastel de Chantocé, en la présence de Maistre Charles de Vaudetar, Conseillier du Roy nostre Sire, de Messire Guillaume Valon, Prestre, de Messire Jehan Bourdineau, Prestre, de Lorent Jehaniel, son Procureur et de plusieurs autres ses serviteurs, tant escuiers, comme autres, led. derrenier jour, dud. mois de juing. Lequel Messire Jehan de Craon me respondiqu'il se garderoit de mesprendre. — Et au surplus, à l'exécution desdites lettres ne procéday, pour ce que le Pro-

curcur desdiz marchans, ne me avoit aucunement informé des déliz et
menaces, ne d'autre chose contenue esdictes lettres. — Et tout ce mes
très chiers Seigneurs, je vous certiffie avoir esté par moy fait, par
ceste présente rescription. Donné soubz mon scel, l'an et jour dessus
diz. — Collacion est faicte à l'original, tesmoing le scel et saing
manuel de moy Guillaume de Villiers, Conscillier du Roy, nostre
Sire, Président des Enquestes, mis cy le premier jour de janvier l'an
mil cccc et treize. — Signé : G. Villiers. — Le sceau a été détaché.

(Relation mss.. Arch. de la ville d'Orléans.)

1448, 7 septembre. — Arrêt par lequel est dit : « que les enquestes
de tesmoings vielz et valétudinaires faictes à la requeste de chacune
desdictes parties, ne seront point par le présent veues par la Court.
Et au surplus, que pendant le procès, et jusques à ce que par lad.
Court en soit autrement ordonné, les demandeur payeront à l'endroict dudit lieu de Champtocé au défendeurs et à ses commis et officiers, pour raison de péage par luy prétendu sur les vaisseaux et
marchandises cy après désignées, passans par la rivière de Loire,
par les destroicts et mettes des chastellenies de Champtocé, Ingrande
et Sainct Florent le Vieil, les droicts et coustumes cy après déclarées,
seulement ; c'est assavoir : pour chacun muy ou tonneau de vin,
contenant deux pipes, une jallaye de vin, laquelle dicte Cour estime
à iij s. iiij d. t.. — Et avec ce, pour chacun desdicts muys de vin,
xv d. t.. Item de chacun muy de sel, xv d. t.. — De chacun muy
de grain, xiij d. t.. — De chacun vaissel ou batteau chargé, montant
ou descendant, soit neuf ou vieil, vj d. t.. sans autre chose exiger
pour le neufvage. — De chacune charretée de boys, ou la coignée a
couru iiij d. t., et seront creuz par leur serment, ceuz qui conduisent et mènent led. bois, sur la quantité desd. charretées.— Item, sur
la quantité de sel, et de grain estans esdicts bateaux, ledict défendeur
et ses officiers seront tenuz de croire et adjouster foy ausdicts marchans et voituriers, pourveu qu'ils montrent certification du lieu, où
lesdicts sel et grain ont esté mesurez, et que lesdicts marchans ou voituriers l'affierment par leur serment. Sauf et réservé, audict défendeur, et ses officiers, de poursuivre lesd. marchans ou voituriers
du surplus, se surplus y a, au lieu où il appartiendra. Et se il est
trouvé que led. marchands ou voituriers ayent faussement affermé,
le surplus sera confisqué la moitié au Roy et la moitié aud. défendeur...... — Et s'aucun vaisseau ou batteau par cas de fortune ou

autrement enfondre ou périsse ès mettes ou limittes desd. chastellenies, lesd. demandeurs pourront poursuir les marchandises et vaisseaux, et iceux prendre et appliquer à leur profit, sans ce que ledict
défendeur ou ses commis y puisse prétendre droict de confiscation,
ou iceux prendre à leur profict, par droict de naufrage. »

Par le même arrêt est dit : que si les marchands et voituriers passent sans acquitter le péage, on les « pourra traire, en amende de
cent sols tournois » sans qu'il y ait lieu à confiscation des bateaux et
marchandises. — Que les droits dus seront payés à un commis ou
receveur, établi sur le bord de la rivière, et que les marchands et voituriers ne seront pas tenus de se rendre pour le paiement, « au lieu
même de Champtocé. »

(Arrêt imp., Orléans, Fabian Hotot, 1595.)

1507, 20 août. — Sur ce, que le seigneur de Chantocé, prétendait
avoir droit de lever, outre l'ancien acquit, une jallaye par muid de
vin, sur tout bateau chargé de moins de onze pipes de vin, passant
par les limites des chastellenies de Chantocé, Ingrande et Saint Florent
Vieil. Transaction consentie à Orléans, par acte devant Barthélemy Sévin et Pierre Chappet, notaires du Roi, entre: les M. F., représentés par André Lebreton, de Saumur; Mathurin Briorentz, La-
visne, de Blois; Pierre Hue, Guillaume Frambarge, Michel Daniel,
d'Orléans; et Guillaume, de Nevers; ayant reçu pouvoir et délégation
desdits marchands, en leur assemblée générale du mois de mai précédent, d'une part; et, haut et puissant seigneur, Monsieur François
de Bretagne, comte de Vertus, seigneur d'Avaugour, de Chantocé et
de Clisson, représenté par noble homme Jacques de Saffre, maitre
d'hotel dudit seigneur d'Avaugour, et capitaine dudit lieu de Clisson,
lequel agissait encore, au nom et comme Procureur de la Reine,
pour l'intérêt qu'elle pouvait avoir en la matière. — Par laquelle est
accordé, que pour tous droits d'ancien acquit et de jallaye, que le
seigneur de Chantocé pouvait avoir sur chaque bateau chargé de vin
passant par les fins et limites de Chantocé, Ingrande et Saint Florent
le Vieil, les marchans paieront : pour tout bateau chargé de plus de onze
pipes, par muid valant deux pipes iiij s. vij d. t., savoir d'ancien acquit
xv d. t., et pour droit de jallaye iij s. iiij d. t. — Pour tout bateau
chargé de onze pipes ou moins, par muid, xv d. t., d'ancien acquit,
sans être tenus de payer le droit de jallaye. — « Et avec ce, pour
récompenser lesdicts marchans tant de ce qui auroit et a esté plus

levé et exigé que n'est dit deub dudict droict de jallaye par lesdicts seigneurs, leurs gens, officiers et fermiers, contre la teneur desdicts arrests, et pour en demeurer quictes, que de plusieurs grands fraiz, mises et despens qu'il a convenu faire et payer par lesdicts marchans, à la conduitte desdits procès, ledit Jacques de Saffre, procureur dudict seigneur d'Avaugour, a promis et sera tenu de payer et bailler ausdicts marchans, ou, à Aignan le Vassor, leur Recepveur, la somme de deux mil livres tournois. »

> (Transaction imp., Orléans, Eloy Gibier, 1587, Fabian Hotot, 1613.)

1570. — Impression par l'ordre et aux despens de la communauté des M. F., de la déclaration des droits de péage qui se lèvent à Chantocé, laquelle déclaration est en ces termes :

« Déclaration du prétendu droict de péage de Champtocé, assis sur la rivière de Loyre. — Premier : De chacun muy de sel Nantois, venant de Nantes, passant le long de Loyre, est deu xv d.. Et s'il y a plus de six muys de sel en un chalan, est deu pour le marchecoul, en oultre led. acquit, iij s. jv d.. Et s'il y a plus de dix sept muys de sel en ung challan, il doit en oultre, pour le sallage, x s.. — Et si le sel est descendu à Ingrande, ou à l'hostel Guiton en Bretagne, est deu de chacun muy, iij d.. — Et si le sel est chargé à Ingrande et mené contremont Loyre, chacun muy doit vij d.. — Chacun challan, ousquel sera voicturé marchandise pour les détroicts dudit péage, en oultre l'acquit de ladicte marchandise, doit pour la peaultre, vj d., et n'y eut il que pour cinq solz de marchandises. Quand les challans, sont allégez au dessoubz du Saulle, le maire acquitte les légemens et au dessus, non. — Chacun challan, ouquel sera chargé marchandises au dedans des fins et limites desdites baronnies d'Ingrande et Champtocé, doit outre l'acquit de ladite marchandise, pour droict de voillage, jv d... — Tonneau de vin, et font les deux pipes ung tonneau, passant par ledict destroit dudit péage, doit xv d.; et oultre le pris que vault une jallaye de vin à Champtocé, ne du plus cher, ne du plus vil, au iour de la Saint-Martin d'hyver, ainsi qu'il est abutré celluy iour, pour tout l'an inclus. Et si le vin est chargé à Champtocé et mené contre val, chacun tonneau doit iv d. en lad. baronnie d'Ingrande. — Si le vin est chargé à Ingrande, chacun tonneau doit iij d. t.. — Aussi s'il est chargé au dessoubz d'Ingrande, scavoir à l'hostel Guiton ou au Vau-

vian, chascun tonneau, doit iij d.. Et s'il y a vin de travers du challan, chacune pipe doit oultre son acquit, j d.. — Chacun muy de
bled, de potaige, d'avene et de noix, doibt xiij d.. Et en chacun
septier d'avene ou de noix, doit avoir vingt quatre boisseaux. —
Même marchandise, scavoir traict de balterye, et y a six cens poisant,
ungt traict, ij s. iij d.. — Tacre de cuirs, et en chacune tacre dix
cuirs, xj d. t.. — Chartée de challan neuf, assavoir les pallatres qui
sont cousues au dedans du challan, où la doullouere a couru pour
les pallatres, xj d.. — Chacun millier de merrean à vin, montant ou
baissant, xix d.. Et s'il est chargé à Ingrande, chacun millier, ix d.
ob.. — Meulles à moulin et tombes, chacune, xj d.. Et ne doit rien,
le carreau à faire moulage, fors le congé. — Tuffeaux et ardoises, ne
doivent rien fors le dépry. — Chacune coueste, xvj d.. — Huches et
armoires, chacune, xj d.. — Somme de miel, et y a en la pipe trois
sommes, xj d.. — Somme de fer, d'acier, de greisse, d'oings, de suif,
d'huilles d'estain, de arquemie, de plomb, de plume, et génerallec-
ment de toutes choses qui s'acquittent par somme, xj d.. Et est la
somme de six cens pesant. — Pour ce que deux sommes par terre ne
font qu'une somme par eau, fors somme d'ail et d'oignon, qui est
tant que deux boeufs peuvent mener en une charrette, du lieu où ilz
sont chargez, en la rivière de Loyre, et doit chacune chartée, iv d..
— Lamproyes, saulmons, alouzes, seiches, harenes et toeil, hadot,
merluz, rayes, congres et génerallement tout poisson de mer et d'eau
douce, pour chacun cent, ung poisson et demy, qui est pour millier,
quinze poissons. — Et les anguilles de Grand-Lieu s'acquittent pareillement. — Espicerie, gingembre, canelle et autres espices, la
somme, xj d.. — Draps, mercerye, laines, aignelins, chanvre, le fardeau, xj d.. — Cordaige, ne doit rien, fors que s'il y a ung larron ès
prisons dudict Sieur, le cordier, doit bailler un chevestre pour le
pendre, qui ne couste rien. — Chartée de bois à bastir, de plan-
chers et de lattes, chargée à Ingrande, à l'hostel Guiton, ou au Vau-
vian, doit obole, et oultre, les droits de voillage et de peautre. —
Figues, raisins, de cent cabatz en est deu ung et demy somme de
fromages et moustarde en graine, xj d.. — Cent de croye, j d. ob.,
et outre ce, ung pain de croye. — Couple de pipes vuydes, iij d..
— Porc sallé, iij d., qui est j d. ob., par costé. — Les denrées et marchandises qui sont chargées et achetées (à Champtocé)
ne doivent point d'acquit à Monte-Jehan. — En semblable,

les denrées chargées à Monte-Jehan, ne doivent rien à Champtocé. »

(Imp., Orléans, Eloy Gibier, 1570. Fabian Hotot, 1594.)

1631, 20 novembre. — Ordonnance qui prononce la suppression des péages de Champtocé et Ingrande, levés audit lieu d'Ingrande. (*V. ci-dessus, nᵒ 467.*)

INGRANDE, département de la Loire-Inférieure. (Ingrandes.)

790-792.

XIVᵉ-XVIIᵉ siècle. — Acte de concession, ordonnance de suppression.

1359, 8 décembre. — Acte de concession par les Marchands d'une aide nouvelle et temporaire, conçu en ces termes :

« Sachent touz, que au jour du samedy après la feste de Saint-Nicolas d'hyver, en l'an de grâce mil trois cenz cinquante et neuf, pardevant Nous, en nostre court à Saumur, furent présenz personnellement : messire Jehan Syméon, chappellain de noble homme, messire Pierre Decoy, chevalier et Robert Sebile, receveur d'Ingrande, pour ledit chevalier. si comme ils disoient, pour dire et exposer à Jehan Savereau, Geoffroy Macé, Guillaume Ruzé, Hamon, le chanvrier, Pierre Beaucorps, Estienne Mauclerc, Estienne Breteau, Perrin Beaupére, Guillaume Lesage, Hemery Garnier, Guillaume Quarré, Jehan Desure, Martin Barré, Macé Requigné, Jehan l'Anglays et à Jehan Fontaine, marchans conversans et reperans sur la rivière de Loire ; et pour savoir quele aide, iceuls marchans voudroient faire audit chevalier de leur bonne volonté, pour aider à paier sa rançon. Lesqneuls marchans, en droit, en nostre dite court présens ; disanz et affirmanz, eulx avoir eu conseil et avis et délibéracion ensemble, sur la requeste à eulx faite par lesdiz chappellain et receveur, au nom dudit chevallier, establiz lesdiz marchans à Saumur pardevant Nous, lesqueulx marchans recognurent et confessèrent, de leur bon gré et privé voulenté, sans aucun pourforcement, qu'ilz ont esté, et sont à acort, de commun assentement, que ledit chevalier puisse prendre, lever, cuillir et recevoir par son receveur d'Ingrande, du jour de Noël prouchain venant jusques à un an après ensuivant tant soulement, sur chacun muy de sel, de blé et de vin, passanz par ladicte rivière de Loire, parmy son paage d'Ingrande, un escu d'or du coign du Roy nostre Sire, et sur autre denrées à la value semblable aide oultre et pardessus les paages a coustumez anciens. — Cest présent octroy et acort faiz par lesdiz marchanz en tout comme à eux et chacun d'eulx puet touchier et appartenir tant seulement, et au cas toutevoies que il plaira à Monsⁱʳ le conte d'Anjou et aus marchanz d'Angiers et de Nantes, conversanz et marchandanz sur la dite rivière de Loire, à faire et acezder audit chevalier semblable aide et non autrement. — Disans oultre, iceulx marchanz dessus nommez, que ce n'est mie leur entencion, que pour l'octroy de ceste présente aide ledit chevalier, pujsse avoir ne demander sur eulx de saisine, ne qu'il leur puisse tourner à préjudice au temps à venir, ne ladite année passée, que ledit chevalier puisse prendre, lever, ne recevoir sur les diz marchanz, ladite aide, ne autre subside, fors seulement les paages et coustumes anciens. — Desqueles choses lesdits chappellain et receveur, ou nom du dudit chevalier, nous requirent et demandèrent à avoir cest présent fait. En tesmoign de laquele chose nous avons mis et apposé le sael de nostre court dessusdite, à ces présentes lettres. Ce fut fait et donné l'an et le jour dessusdiz. — Signé sur le repli : F. Dumarqoy. » — Le sceau manque.

(Orig. mss.. Arch. de la ville d'Orléans.)

1691, 20 novembre. — Ordonnance qui prononce la suppression des péages de Chantocé et Ingrande, levés audit lieu d'Ingrande. (*V. ci-dessus,* nᵒ 467.)

1615. — Instance pendante au Parlement :

Entre les M. F. et le fermier du péage d'Ingrande pour raison du double acquit appelé Entrée de France.

(Pˢ Vⁱ de l'assemblée de 1615. *V. ci-dessus, doc.* 19, *t. II, p.* 84.)

SAINT-FLORENT-LE-VIEIL, département de Maine-et-Loire.

793-798.

XIᵉ-XVIIᵉ siècle. — Péage levé par le prieuré de l'Evière-lèz-Angers, dépendant de l'abbaye de la Trinité de Vendôme. — Charte de donation, vente, arrêts de réglement de péage, pancartes, ordonnance de suppression :

XIᵉ siècle, avant 1047 (1).

Donation. — Carta de teloneo quod est ad Sanctum-Florentium. — In nomine Patris et Filii et Spiritus sancti et individuæ Trinitatis : Ego Goffridus, comes, atque Agnes, comitissa, reminiscentes peccatorum nostrorum immensitatem et de salute nostrâ solliciti, pro eo ut Deus omnipotens nobis corporum tribuat sospitatem atque animarum misereatur in perpetuum, pro redemptione quoque animarum parentum nostrorum, nominatim Fulconis inclyti comitis atque uxoris illius Hildegardis, monasterium Sanctæ-Trinitatis, quod videlicet pridem apud castrum Vindocini à novo fundatum in abbatiam, divinâ suffragante misericordiâ, proveximus, semper aliquo necessarium rerum additamento augmentare desideramus, maximam scilicet habentes spem per hoc nostrorum consequi remedia delictorum. Igitur, præsente donatione per hanc notitiæ conscriptionem, tradimus ad ipsum cœnobium, Deo creatori omnium uni in Sanctâ Trinitate consistenti, per manum domni Odrici abbatis, in castro beati Florentii super Ligerim sito, illam partem thelonei totam quam ibidem ego Agnes cum Sancto Florentio hactenùs partiebar, cum totis illis supergressionibus quas ibi plùs quàm monachi Sancti Florentii in rebus quibusdam habere dinoscor, excepto illo theloneo quod ibi a castello Ancenis transmutatum est, ità ut ab hinc illam quietam prædictus

---

(1) Cette charte n'est pas datée ; mais elle ne peut être postérieure à l'année 1047, où la comtesse Agnès quitta son mari Geoffroy-Martel et se retira dans un couvent de religieuses. (*Art de vérifier les Dates*, t. 2, p. 841, et *Histoire du Vendômois*, par de Pétigny, p. 201.)

abbas suique successores ac prædicti monasterii fratres in perpetuum, nemine contradicente, possideant, et si forfactum indè ab aliquo
factum fuerit, emendationis partem quæ ad eum pertinebit abbas
sive monachus Sanctæ Trinitatis recipiat, quatenùs hoc patribus ejus-
dem loci aliquantum in usus necessarios supplementum fiat, nobisque
ad æternæ retributionis præmium proveniat. — Signum Goffridi comitis, S. Agnetis comitisæ, S. Focalis, Raherii et cœterorum. — Rainal-
dus, notarius, rogatus scripsit et subscripsit. Datum Andecavis civitate,
15 kalendas januarii, in Dei nomine feliciter. Amen.

> (Cartul. de l'abbaye de la Trinité de Vendôme,
> conservé en Angleterre, d'après la copie dé-
> posée aux Archives de Loir-et-Cher, n° 62.)

1273, juillet. — Vente par Foulque de Mathefelon, chevalier,
Alicie, sa femme, et Thibaut, leur fils, à Charles de France, roi de Sicile,
comte d'Anjou, de tous les droits qu'ils possèdent sur la rivière de
Loire et sur le transport des marchandises, tant par terre que par eau,
dans le territoire et aux environs de Saint-Florent-le-Vieil.

> (Marchegay. Arch. d'Anjou, II, 175.)

XVᵉ siècle. — Procès devant maître Jean Trèpeigné, conservateur
des priviléges de l'Université d'Angers, commissaire en cette partie,
et par après devant les conseillers tenans le Parlement du Roi, à
Paris, entre religieuse personne, frère Jean Coschart, prieur de l'Es-
vière-lèz-Angers, demandeur, et les M. F., défendeurs. — 1473,
1ᵉʳ février. Arrêt par lequel est déclaré que le prieur de l'Esvière,
à cause de son prieuré, a droit de péage et acquit, sur le lieu de Saint-
Florent-le-Vieil, sur toutes les marchandises voiturées et transportées sur ladite rivière de Loire en l'étendue et destroict, d'entre ledit
lieu de Saint-Florent, et le lieu vulgairement appelé des Varades et
les lieux appellez les Boires. A scavoir :

Pour chacun muy de vin, sel, bled, et autres choses qui sont réputées pour bled, aussi de toutes choses de marchandises qui sont
acquittées par muy, pour les deux tierces parties, de droict de péage
et acquit, par chacun muy, ij d. t. Et si en la nef ou batteau, il y a
un muid, queue ou pippe de travers, double. — Pour cent de fer ou
acier, ij d. et deux tierces parties d'un denier. — Pour fardeau de
draps cordé, x d. et deux tierces parties d'un denier. — Pour pacquet de draps, v d. et la tierce partie d'un denier. — Pour un drap

seul, j d. t. et deux tierces parties d'obole. — Pour une balle de
garence, pour barille ou chausderonnée d'huile d'olives, pour charge
d'huille, v d. et la tierce partie d'un denier. — Pour ung millier de
merrain, vj et deux tierces parties d'un denier. — Pour costé de lard,
deux tierces parties d'un denier. — Pour la charge de quelque mercerie que ce soit, v d. et la tierce partie d'un denier. — Pour balle
de laine, v. d. et la tierce partie d'un denier. — Pour cent de poisson salez et parez, allozes, lamproyes, murènes, et autres poissons
de mer, un poisson. — Pour meulle de moullyn percée, avec son
moullaige x d. et les deux tierces parties d'un denier. — Pour chacun cuir pelu de vache ou bœuf, les deux tierces pars d'un denier. —
Pour balle de fustaines, v d. et deux tierces parties d'un denier. —
Pour baril ou chauderonnée de miel, ij d. et deux tierces parties
d'un denier. — Pour charge de peaulx, parées, ij d. et deux tierces
parties d'un denier. — Pour coueste de plume, grande ou petite,
x deniers et les deux tierces parties d'un denier. — Pour coffre, x d.
et deux tierces parties d'un denier. — Pour chartée d'ougnons ij d. t.
— Pour neufvage des batteaulx, pour chacune toise, ij d. et les
deux tierces parties d'un denier. — Pour chacun cent de figues et
raisins, une livre. — Pour fardeau de peaux de petites bestes,
savoir veaulx, moutons et semblables, v d. et tierce partie d'un denier. — Pour cent de beurre et aultres gresses, ij d. et deux tierces
parties d'un denier. — Seront tenuz les marchans voicturiers des
dites marchandises subjettes à l'acquit cy dessus ou leur députez, passant par les metes et fins dudit péage, déclarer par parollé ou escript,
avec jurement de bonne foy et sans fraulde au prieur où à ses commis, au lieu de sainct Florent, auquel on a accoustumé acquicter
ledit péage desdites marchandises voiturées. Et pour le regard desdictes marchandises, et choses appartenans à personnes écclésias-
tiques, nobles ou autres personnes previllégiez, pour lesdictes mettes,
doibvent au prieur ou ses commis au dict lieu de péage et dépry,
déclarer les dictes marchandises et à quelles personnes privillegiez
ils appartiennent et en faire foy par leurs dictes lettres certificatoires.
Et s'il advient que lesdicts marchans voicturiers ou leur députez,
passent lesdictes marchandises pour lesdictes mettes sans.........
Ledict prieur ou son commis audict lieu, en chacun desdiz cas, peult
poursuivre lesdicts marchans et faire arrester leurs batteaux et marchandises par la justice du lieu, quelque part qu'il les puisse trouver,

pour recouvrer et avoir son debvoir de péage, et contraindre les dicts marchans et en chacun desdicts cas, luy laisser lesd. marchandises comme forfaites, ou luy paier soixante sols ung denier tournois d'amende avecque ledict péage deu, et les dépenses faictes en ladite poursuite.

> (Déclaration imp., Orléans, Eloy Gibier 1570,
> Vᵉ Eloy Gibier, 1589. — Arrêt et déclara-
> tion, imp., XVIIᵉ s.. Chopin, Police ecc.,
> p. 614.)

XVIᵉ siècle. — Procès entre François Meignan, Thomas Virdoux, Julien Merant, Etienne Menard, Pierre Le Duc, Pierre Rousselet, Pierre Suret demeurant à Angers freq. la rivière de Loire ; Pierre Froger procureur délégué à Angers de la communauté des M. F. ; le Proc. gén. du Roi et les M. F. d'une part, et maître René Haurez prieur de l'Esvière-lez-Angers, les religieux et couvent dudit prieuré.

1571, 17 décembre ; 1572, 16 janvier. — Sentences données par le lieutenant-général et gens tenant le siége présidial d'Angers.

1573, 1ᵉʳ juin. — Arrêt du Parlement par lequel est ordonné, que la pancarte mise par le prieur de l'Esvière sera réformée et qu'il y sera mis: que les marchands passant au détroit dudit prieuré ne seront tenus de payer aucun droit sur les lamproies et aloses douces, fraîches et qui ne sont salées.

> (Arrêt imp., XVIIᵉ s..)

1582, 27 juillet. — Entre les M. F. et le Proc. gén. du Roi, joint avec eux ; et les religieux, prieur et couvent de l'Esvière-lez-Angers. Arrêt par lequel les défendeurs sont condamnés à rembourser la somme de 42 écus sol, 8 sols tournois, par eux déboursée, pour frais de balisage et nettoyement de la rivière de Loire, opérés en l'année 1578, au détroit de Nantes, en la terre de Saint-Florent.

> (Arrêt imp., Orléans, Eloy Gibier, 1584.
> Fabian Hotot, 1594.)

1631, 20 novembre. — Ordonnance qui prononce la suppression du péage de Saint-Florent-le-Vieil, appartenant aux prieur et religieux de l'Esvière. (*V. ci-dessus,* nᵒ 467.)

799 - 800.

XVIe et XVIIe siècles. — Péage levé par l'abbaye de Saint-Florent. — Arrêt réglementaire. Ordonnance de suppression.

1551, 5 mars. — Sur requête des religieux, célerier et couvent de Saint-Florent-le-Vieil, arrêt du Parlement, par lequel main-levée est faite aux requérants.

« Du droit de péage dit charonnage, à la raison de quatre sols tournois, à prendre en la rivière de Loire à l'endroit du chasteau dudit Saint-Florent-le-Vieil, et en la chastellenie dudit lieu, sur chacun batteau ou chalan chargé de diz muids de sel mesure nantoise. Et aussi du droict de doublage, à la raison de viij s. t., à prendre sur chacun desdits batteaux, devant le trentin de Saint-Charlemagne, à à iceluy commencer le lendemain de Saint-Julien du Mans, trente iours durant. Pour d'iceux droits jouyr, le tout par manière de provision, ainsi qu'ils ont par cydevant accoustumé, et jusques à ce qu'autrement en ait esté ordonné.

(Arrêt imp., XVIIe s..)

1631, 20 novembre. — Ordonnance qui prononce la süppression du péage dit le charronnage de Saint-Florent-le-Vieil. (*V. ci-dessus*, *n*° 467.

LA ROCHE-BARATON, en la commune de Saint-Florent-le-Vieil, département de Maine-et-Loire.

801.

1631, 20 novembre. — Ordonnance qui prononce la suppression du péage de la Roche-Baraton, appartenant au sieur de la Roche-Ferrière. (*Voir ci-dessus, n*° 467.)

ANETZ, canton d'Ancenis, département de la Loire-Inférieure. (Annet.)

802.

1621, 20 novembre. — Ordonnance qui prononce la suppression de la maille d'Annet. *(Voir ci-dessus, n° 467.)*

ANCENIS, département de la Loire-Inférieure.

803-809.

XIIe-XVIIe siècle. — Péage levé par le baron d'Ancenis, à cause de la baronne d'Ancenis. — Charte d'exemption, aveu, instances, ordonnance de suppression.

XIIe siècle. — Exemption par Maurice d'Ancenis à l'abbé Guillaume et aux religieux de Marmoutiers du droit de tonlieu qu'il percevait sur leurs marchandises passant à Ancenis, par terre et par eau.

(Coll. dom Housseau, n° 1180.)

1221. — Donation par Mathieu, seigneur de Lyré.

Du consentement de Jeanne sa femme, de Roland, Jeanne et Hellive ses fils et filles, en perpétuelle aumône ou prieuré de Lyré (en la châtellenie de Champtoceaux) de 20 sols de rente annuelle sur son revenu du port d'Ancenis.

(Copie sur feuille volante dans le Cartulaire de Lyré. — Arch. du Loiret.)

XIVe siècle. — Aveu baillé, en la chambre des comptes de Bretagne, par Jeanne de Rohan, dame de Rieux, Rochefort et Ancenis, comme étant ladite seigneurie d'Ancenis, tenue du duché de Bretagne. Lequel aveu mentionne au nombre des droits, dépendances et appartenances de la Baronnie d'Ancenis, des droits de péage, énoncés comme suit :

« Les debvoirs et acquictz, à nous deuz et appartenans que nous prenons et levons, sur les marchandises montans ou baissantes par la rivière de Loyre. — Et premier. — Par muid de beld, vin, sel, noix, et autres marchandises qui s'acquittent par muid, v. d.. — Par pippe de vin descendue au port d'Ancenys, à cause de l'acquit de Varades, ij d.. — Par millier de fer, acier, cire, beurre, suif, espicerie, poix-raisine, et toutes autres marchandises que l'on vend à poids et à livres, par millier, vj s. viij d.. — Pour tout poisson passant par ladite rivière tant en montant que descendant le cinquantième, sauf de harenc, dont est deu de sept rondelles une, estant en un chalan, et si plus en a au-dessus jusqu'à quatre-vingt-dix neuf, n'en est plus deu, et au-dessous de sept est deu le cinquantiesme, comme d'autre poisson. — Le devoir de ces quatre articles, ensemble, peuvent bien valoir, communs ains, comprins la coustume traversaine, environ cccl. — Par chacune huche passant par laditte rivière, xvj d.. — Par chacune couëtte, xvj d.. — Par charge de draps, merceries et aultres marchandises qui s'acquittent par charge, xvj d.. — Par pippe de miel, iv s.. — Par meulle de moulin, ij s. vj d.. — Par meulle à émouler, xvj d.. — Par tacre de cuir, viij d.. — Par figue et raisin, le cinquantiesme. — Par toise de chalan neuf, iv d.. Par baril d'alun, ij s.. — Par marchand conduisant fromages, par ladict rivière, par chacun an, un fromage par an. — Par ail, oignons et eschaleisne, le cinquantième. — Par millier de merrain, viij d.. — Par fust de pippe neuf, ij d.. — Par fust de pippe vieil, j d.. »

(Imp. sous le titre de *Déclaration des droits du prétendu péage d'Ancenys.* Orl ans, XVIIᵉ s..)

Bien que l'article 1ᵉʳ de cet aveu, ne porte qu'à 5 deniers le droit dû sur chaque muid de blé, vin ou sel, un droit de 9 deniers obole tournois par muid se percevait, de toute ancienneté, sur ces denrées et marchandises, au profit du seigneur d'Ancenis, dont la baronnie s'étendait de la pierre d'Ingrande à la pierre d'Udre.

Dans la seconde moitié du XIVᵉ siècle, le prévot d'Ancenis, à la faveur des troubles occasionnés par les guerres, établit un nouveau droit de 6 sols tournois par muid, sur les marchandises qui sont descendues au port d'Ancenis, de 8 sols sur celles, qui passent outre. Ce droit est perçu avec rigueur, injures et voies de fait par le Capitaine d'Ancenis et autres officiers du seigneur. Il est allégué qu'ils retiennent les bateaux, denrées et marchandises par lespace de trois, quatre, cinq et six jours et quelquefois par un plus long temps ; qu'ils molestent les marchands, les frappent, rompent et coupent les cordages de leurs bateaux ; qu'ils obligent les bateliers à aborder au pied du château d'Ancenis et à baisser leurs voiles, tandis que pour la perception du péage de droit ancien, les marchands avaient coutume d'envoyer une sentine ou petit bateau payer le droit, sans que les chalans s'arrêtassent dans leur route. — Sur ces abus, instance est introduite au Parlement, entre : le Proc. gén. du Roi, les M. F. et le Procureur du duc d'Orléans, d'une part ; et, Jean sieur de Rieux, de Rochefort et d'Ancenis, et sa femme, dame d'Ancenis, d'autre part. — 1411, 23 décembre. Arrêt qui fait défense aux seigneur et dame d'Ancenis de lever et extorquer des M. F., exactions, subsides et péages, outre le péage ancien de neuf deniers pour muid et de contraindre lesdits Marchands à aborder leurs bateaux aux murs du chateau d'Ancenis.

(Arrêt, imp., Orléans, Fabian Hotot, 1594.)

1581, 2 déc. — Entre le Proc. gén, du Roi et les M. F. d'une part ; Pierre-David, et Messire Charles de Lorraine, duc d'Elbeuf, seigneur d'Ancenis, d'autre part : arrêt du Parlement qui condamne Pierre David à rembourser ce qu'il a perçu de Thibaut Gandon, marchand, pour droit sur le sel outre et par-dessus 9 deniers ob., « accoutumés être perçus sur chacun muid de sel, passant par ledit lieu d'Ancenis. »

(Arrêt, imp., Orléans, Fabian Hotot, 1594.)

1583, 23 avril. — Entre les M. F. et Charles de Lorraine, marquis d'Elbeuf, baron et seigneur d'Ancenis, prenant la cause pour Yves Belourdeau, son fermier : arrêt, par lequel le seigneur d'Ancenis est condamné à rembourser aux Marchands, la somme de 42 écus sol, 4 sols tournois, par eux dépensée pour balisages faits au port d'Ancenis.

(Arrêt, imp., Orléans, Eloy Gibier, 1584 ; Fabian Hotot, 1594.)

1631, 20 novembre. — Ordonnance qui prononce la suppression du péage d'Ancenis, à cause de ladite terre. (V. ci-dessus, n° 467.)

810.

XIVᵉ siècle. — Péage levé par le baron d'Ancenis à cause de la chatellenie des Varades, membre de la baronnie d'Ancenis depuis l'an 1200. *(Voir l'aveu ci-dessus, nᵒ 467.)*

811.

XVIIᵉ siècle. — Péage levé par le seigneur de La Petite-Rivière, terre à haute justice en la baronnie d'Ancenis.

1631. — Ordonnance qui en prononce la suppression. (*Voir ci-dessus, nᵒ* 467.)

812-815.

XVIIᵉ siècle. — Péage levé par le seigneur de la Roche en Nort, baronnie démembrée de la baronnie de la Roche-Bernart, relevant du duché de Bretagne. — Bannie, ordonnance, bail, arrêt, aveu.

1605, Bannie pour les péages de la rivière de Loire, dépendant de la baronnie de la Roche en Nort.

> (Inventaire des meubles et titres dép. de la succession de J. B. de Cornulier, conseiller au parl. de Bretagne, dressé en 1720. Arch. de la famille de Cornulier, mss.)

1631, 20 novembre. — Ordonnance prononçant la suppression du péage de la Roche en Nort, qui se levait au port d'Ancenis. (*Voir ci-dessus, nᵒ* 467.)

1650, 12 novembre. — Bail des droits de péage sur la rivière de Loire, dépendant de la baronnie de la Roche en Nort. — 29 nov. Demande de résiliation, par René Binet, fermier. — 1659. Arrêt, entre le baron de la Roche en Nort et les marchands montants et descendants la rivière de Loire.

> (Invent. précité.)

1679, 29 février. — Aveu rendu au Roi, par Henri de la Chapelle, baron de la Roche en Nort, pour ladite baronnie, lequel énonce un droit de péage sur toutes les marchandises passant par la Loire devant la ville d'Ancenis.

(Déclarations faites à la chambre des comptes de Bretagne, imp., tome vi.)

816.

XVIe siècle. — Péage levé par la dame de Rieux,

1546. — Mentionné sous le nom de méage, au procès-verbal de l'assemblée du M. F., année 1546, séance du 18 mai. (*Voir ci-dessus, doc. 14, t. II*, p. 55, et Hévin, *Questions féodales*, p. 337.)

816^A.

XVIIe siècle. — Péage dit Les Crespins.

1631, 20 novembre. — Ordonnance qui prononce sa suppression. (*Voir ci-dessus, n° 467.*)

———

CHAMPTOCEAUX, département de la Loire-Inférieure (Chastocellum, Chastocella, Chastoceaulx, Chastoceaux, Chatoceaux, Chasteauceaux, Châteauceaux, Champtoceaulx, Chantosseaux, Chantoceux, Chanszeaux, Chantoseaux.)

———

817.

XIIe siècle. — Péage levé par le seigneur chatelain de Champtoceaux, à cause :

De la Gallonière, seigneurie dépendant de lad. Chastellenie, de la Tillandrière, seigneurie dépendant de lad. Chastellenie, de certaines terres et seigneuries dépendant de lad. Chastellenie, qui avaient appartenu aux sires de Clisson. (*Voir ci-dessous n° 825.*)

818-824.

XIVᵉ siècle. — Péage et muyage levé par le seigneur chatelain de Champtoceaux, à cause de la Chatellenie de Champtoceaux et de certaines autres terres en dépendant. — Instances au Parlement de Paris :

Fin du XIVᵉ siècle. — Ollivier de Clisson, Pair et Connétable de France, possesseur par héritage, de terres en la Chatellenie de Champtoceaux et acquéreur de la Chatellenie elle même depuis 1390, lève sur les denrées et marchandises passant par la Loire, des droits de péage plus élevés que ceux qui étaient dûs d'ancienneté. Violences et voies de fait exercées par ses gens et officiers sur les bateliers et marchands. — 1397, Lettres d'ajournement au Parlement, obtenues contre lui par les M. F. notifiées au Receveur de Champtoceaux. — Olivier de Clisson fait défaut.

(Lettres de mars 1397 et de septembre 1484 ci-dessous rapportées.)

14 mars. — Nouvelles lettres d'ajournement, conçues en ces termes :

« Karolus, Dei gracia, Francorum Rex, primo servienti nostro, qui super hoc requiretur, salutem : — Procurator noster generalis, ac Mercatores super fluvio et riparia Ligeris et aliis ripariis in eodem fluvio et riparia cadentibus et descendentibus, frequentantes et mercantes, Nostre Parlamenti Curie exposuerunt conquerendo, colicet mercatores una cum eorum familiis, mercaturis, aliis que bonis et juribus suis quibuscunque, fuerint et sint in nostris protectione et salvagardia speciali, adeo notariis quam nemini verti debet in dubium. Idemque Mercatores eorum batellas, mercaturas, et alia bona, per fluvium et riparias antedictos transire et transire facere libere possint et debeant, solvendo duntaxat, in aliquibus locis, certa modica deneria antiqua, quamque de racione, nulli subditorum nostrorum cujuscunque status ve condicionis existat, liceat auctoritate suâ imponere neque levari facere aliqua subsidia, pedagia, transversa nec alias exactiones quoscunque in fluvio et ripariis suprà dictis; neque, supra dictis Mercatoribus, eorum batellis, mercaturis et aliis bonis per eosdem fluvium et riparias conductis omne factum in conciartum tanquam illicitum et dampnabile, anullari, repararique debeat. — Nichilominus, Dilectus et Fidelis noster Oliverius, dominus de Cliçone, ejus gentes et officiarii in castro et terra de Chastocellis ultrà et suprà deveria antiqua, auctoritate suà, de facto et contrà racionem, quamplures summas denariorum, suprà dictis mercatoribus, eorum mercaturis et aliis bonis per dictum fluvium et ripariam Ligeris, conductis, videlicet :

Pro qolibet modio salis nanctensis, decem solidos turonenses. — Pro quolibet modio vini, decem solidos turonenses. — Pro quolibet modio bladi decem solidos turonenses. — Et pro aliis mercibus et bonis dictorum Mercatorum plures alias denariorum summas, loco et tempore latius declarandas, ceperunt, levarunt et exegerunt, et de die in diem capere, levare et exigere non desinunt. Dictos Mercatores, ad dictas exactiones tradendas, vi et violentia compellendo, eas usibus dicti Domini de Cliçone vel aliis de ipsis dampnabiliter disponendo.

Idem que dominus, ejus gentes et officiarii supradicti, quam plures vexaciones, molestias et impedimenta hujus occasione, predictis Mercatoribus fecerunt et adhuc faciunt, ipsos et eorum battellos, merces et alia bona capiendo, arrestando et detinendo violenter et de facto, ex quibus quàm plurimum gravati et oppressi fuerunt, et existunt. — Que facta sunt et fuerunt dictam salvamgardiam nostram temere infringendo et excedendo et delingendo in nostrum et dictorum Mercatorum atque totius rei publice, grave prejudicium et dampnum.

Propter quod, dicti Mercatores super hiis alias litteras nostras, contra dictum dominum de Cliçone, ejusque gentes et officiarios sepedictos impetrassent, vigore quarum et executorie inde subsequente, necnon ad requestam dictorum Mercatorum, vel eorum procuratoris, Johannes Lefel serviens noster de premissis informatus, ad dictum locum de Chastocellis quodam notario et dicto procuratore associatus, accessiset ad hospicium Guillelmi Pigeant, ibidem Castellani et receptoris dicti Domini de Cliçone dictas litteras executurus. Nichilomnus idem Guillelmus quam cito dictas litteras percepit, earum lecturam et execucionem audire renuens ad castrum dicti loci de Chastocellis aufugiit, proferens quàm amplius illa die non videretur. Deindeque, locum tenens Capitanei ipsius Castri, cum pluribus aliis

suis complicibus secum agregatis, ad hospicium dicti Receptoris acce-
dens, prefato servienti nostro ac notario et procuratori jam dictis
quàm plurima verba contumeliosa protulit, ipsis pro tunc et postea
quam plurima comminando, ob metum cujus, idem serviens predictas litteras ad plenum exequi contra dictum de Cliçone, minime
fuit ausus, ipsas que solum contra dictum Pigeant in ejus absencia,
et quemdem Savaricum nuncupatum dudum vel nuper Castellanum et
Receptorem dicti domini de Cliçone, in dicto loco de Chastocellis exe-
cutus fuit, ipsosque ad octavam diem hujus mensis marcii in dicta
Curia comparaturos adjornavit, predictis Mercatoribus et dicto Procuratori nostro supra contentis in dictis litteris nostris responsuros,
ultriusque processuros et facturos, prout foret racionis, prout per
relacionem ipsius servientis supradicti confertam liquidius potest
apparere. — Ad quamquidem diem adiornati minime comparuerunt,
quamobrem in deffectu per eamdem Curiam, positi fuerunt. — Que
facta fuerunt et sunt per dictum Pigeant ac prefati Capitanei locum
tenentes et eorum complices, in nostri et mandatorum nostrorum
magnum contemptum, inobedienciam et rebellionem adversùs nos
commictendo, in nostri ac dictorum Mercatorum juris lesiones, prejudicium atque dampnum, sicut dicunt, a dictà Curia nostra, super
hoc remedium opportunum, humiliter implorando. — Quocirqua
premissis actensis, tibi commictimus et mandamus quatenus dictum
Dominum de Cliçone adiornes ad certam et competentem diem ordi-
nariam vel extraordinariam nostri presentis Parlamenti non obstante quo sedeat, et ex causa dicto Procuratori nostro et Merca-
pretoribus antedictis, quathenus quemlibet tangit, supra premissis in
dictis litteris nostris contentis eorum que circonstanciis et dependenciis, responsurum, ulterius que processurum et facturum, prout
fuerit racionis. — Prefatos etiam Guillelmum Pigeant ac locum tenen-
tem dicti Capitanei, ad dictam diem non obstante quo supra, adiornes,
predicto Procuratori nostro et Mercatoribus jamdictis quathenus
quemlibet concernit, super inobediencia et rebellione predictis,
eorum que circonstanciis et dependenciis responsuros, et alterius
processuros et facturos, prout racio sua debit. — Et de dictis adjor-
nareritis ac aliis que feceris in premissis, eamdem Curiam nostram
ad dictam diem certifices competenter, — Nam ipsa curia nostra sic
fieri voluit et concessit et ex causa, ab omnibus, autem, justiciariis,
officiariis et subditis nostris, tibi, in hac parte, parcri volumus et

jubemus. — Datum Parisius, in Parlamento nostro xviiij° die marcii, anno Domini millesimo ccc^{mo} nonagesimo septimo, et regni nostri xviij°. Per cameram. — S. Villequier. » — Le sceau a été détaché.

(Orig. mss. Arch. de la ville d'Orléans.)

1431, 4 novembre. — Relation de la comparution du seigneur de Champtoceaux, appelé à la requête des M. F. à répondre devant Jean Maulouc, commissaire du Roi, des excès des officiers de son péage de Champtoceaux.

« L'an de grâce mil cccc xxxj, le dimenche, iiij^e jour de novembre, au matin, retourna Allain Moireau, de Chantoceaulx où il avoit esté envoié et fist sa relacion, présent Alcaume :

Et iceulx jour et matin en l'église de Saint Maurice d'Angiers, Guillaume Ferrant, conseiller du seigneur de Chastelbruiant, accompagnié de Ollivier Balaie Chastelain de Chantoceaux et de Messire Jehan Grangier, receveur du péage dudit lieu, vint pardevers moy Jehan Maulouc, conseillier du Roy nostre Sire en la court de Parlement et commissaire en ceste partie et me dit : comment lesd. Chastellain et receveur estoient adiournez devant moy à la requeste des procureurs du Roy et des M. F. la rivière de Loire et autres rivières chéans et descendans en icelle et que mon seigneur de Chastelbruiant estoit nouveau seigneur de Chantoceaux et n'avoit les enseignemens dudit péage devers luy et en effect requist led. Ferrant délay pour enseigner de ses tiltres, auquel Ferrant, présent, Jehan Alcaume, marchant, demourant à Angiers, je récite les tors et excès que lesd. officiers faisoient chascun jour à cause dud. péage aux marchans et nautonniers fré-- quantans lesd. rivières et mesmement refusoient la monnoye du Roy et les contraignoient à paier en monnoie de Bretaigne et se faisoient porter le sel ou chastel, qui se devoit payer sur le rivage, et si prenoient péage d'autres denrées que de sel, vin et blé dont on ne devoit riens et si faisoient branler et aborder ce que on ne devoit faire et se portoient rudement et malgracieusement envers lesdits marchans et nautonniers. Et lesd. Chastellain et receveur se excusèrent au commissaire. — Finalement, du consentement desparties, la journée assignée fut continuée au lundi xixe jour dud. moys de novembre, auquel jour lesd. adjournez compareroient ainsi que devoient et seroit receu led. péage soubz la main du Roy ce pendent ; et aud. jour led. seigneur de Chastelbruyant envoieroit tous enseignemens

de sond. péage, et avec ce fut appoincté qu'on se paieroit en monnoie du Roy gracieusement au cours d'Angiers, et avec ce fut dit que
j'escriprois aud. seigneur sur la matière, et aussi feroit led. Ferrant
auquel je baille copie de ma commission et mes lettres closes.

(Copie s. papier, ms., écriture du xvᵉ s.. Arch. de la ville d'Orléans.)

Information et audition de témoins.

1441, 12 janvier. — « Informacion faicte par moy Pierre Nohaillac,
sergent ordinaire du Roy nostre sire au baillaige de Touraine, ressors
exempcions d'Anjou et du Maine, appellé avecques moy Geoffroy de
Laval noctaire et tabellion juré des contraulx royaulx de Tours, par
vertu des lectres royaulx à moy présentées de la partie de Alain Moreau, procureur des M. F., données les d. lectres en dabte, le dix-
neufiesme jour d'aoust l'an mil cccc quarante et ung, à l'encontre de
Jehan.... à présent fermier du péaige de Chantosseaux et de Robin
Cornier son clerc, de Bertran Potier, naguères fermier dud. péaige
et de son clerc, icellui péaige appartenant à noble et puissant
seigneur Bertran de Dignan, seigneur de Chasteaubriant et de
Chantosseaux. Pour laquelle informacion faire nous avons vaqué par
les jours et examiné les témoings ainsi que cy après s'ensuit : — Et
premièrement à Tours, le derrenier jour de janvier l'an mil quatre
cent quarante et ung. Cardin Mites natif de la ville de Rouen et à
présent demourant avec André Sachetier marchand d'Orléans, aagé
de xxij ans ou environ, dit et déppose par son serment: que depuis
ung an il a mené et fait conduire de Nantes contremont la rivière
de Loyre plusieurs denrées et marchandises pour sond. maistre jusques
à Orléans, comme guarances, draps, alun et autres denrées et marchandises dont il fist ce premier voyaige environ Pasques derrenières
passées, et dit oultre que à Chantosseaux, il trouva ung appelé Robin
Cornier, commis à recevoir le péaige du lieu de Chantoceaux pour
Jehan Leclerc, fermier dud. péaige, lequel luy demanda l'acquit de
sesdictes denrées, à quoy luy respondit ledit qui déppose, que n'en
devoit riens pour alun ne pour garence, et il luy respondit qu'il ne
passeroit point, se il ne luy payoit v s. pour bale de garence et v s. pour
baril d'alun. Et finablement faillit qu'il les payas avant que partir. Il
avoit lors dit qu'il en y avoit neuf ou dix balos de garence et deux barilz
d'alun. Dit oultre que le second voyaige qu'il fist, fut environ la Saint
André derrenière passée et amenoit dud. lieu de Nantes aud. lieu d'Or-

léans six balos de garence avecques autres denrées et marchandises, et quant il fut aud. lieu de Chantosseaux, faillit avant que partir, que je payast aud. Robin v s. pour chacune bale de garence. — Robin Leboucher, marchant demourant en la paroisse de Saint-Saturnyn de Tours, aagé de lx ans ou environ, dit et déppose par son serment: Que depuis trois ans en ça, il a passé par plusieurs foiz par le péaige de Chantosseaux, en menant et conduisant par la rivière de Loyre, plusieurs denrées et marchandises, comme alun, deglaz, garences, guesdes, laynes meules à esmeuldre et moleaux percez et non percés et dit que quant il estoit et est passé par le péaige du dit lieu de Chantosseaux, il a trouvé ung appelé Bertran Potier, fermier du péaige, lequel lui demanda le péaigue des denrées et marchandises cydessus déclarées. A quoy lui respondit ledit qui parle, que sesd. denrées ne devoyent riens, et led. Bertran luy respondit que elles devoyent péaige et qu'yl paycroit led. péaige avant qu'il passast oultre, et finablement faillit que led. qui déppose, payast par force et contrainte aud. Bertran, c'est assavoir : pour bale de garence dont il luy demandoit le cinquantiesme aucunes foiz en paycat vij s. vj d. t., et aucunes foiz v s., pour chacune bale, pour baril d'alun v s., pour fardeau de layne à filler xvj d., pour meule a esmeuldre non percée, viij d. et dit que telles denrées il a plusieurs foiz acquittées depuis le temps dont dessus a dépposé. Dit oultre led. qui déppose, que iceux Bertran et son dit clerc, l'ont aucunes foiz faict payer led. péaige au lieu de Houdon et autres foiz à Nantes et à monnoye de Bretaigne. Enquis à il qui deppose si led. Bertran savoit ne s'il estoit point venu à sa congnoissance que maistre Jehan Mauloe, conseiller du Roy nostre Sire en sa cour de Parlement et commissaire de par le d. Seigneur sur la refformacion des péaiges estant sur la rivière de Loyre et autre rivières descendant en icelle, eust baillé aucune instruction nouvelle aud. seigneur de Chantosseaux ou à ses officiers, selon laquelle il devoit lever sond. péaige, dit que oy et que luy mesmes l'avoit portée de ceste ville de Tours et la monstra ausd. Bertran Potier et son d. clerc, signée de la main dud. commissaire en la ville de Nantes, lesquels respondrent que pour ce ilz n'en feroyent rens, et finablement faillit qu'il payast led. péaige que cy-dessus a depposé. » — Suivent les déclarations de huit autres témoins qui déposent de faits analogues.

(Orig, mss.. Arch. de la ville d'Orléans)

1398, 12 août. — Arrêt de la cour du Parlement, qui maintient par provision, les marchands dans la prétention par eux émise, de ne payer que cinq deniers et maille tournois, pour chaque muid de sel, blé ou vin, passant audit lieu de Champtoceaux.

Les guerres survenant, il n'est tenu aucun compte de cet arrêt, le seigneor de Champtoceaux perçoit au contraire des droits plus exorbitants encore que par le passé.

(Lettres de 1448 ci-dessous rapportées.)

1448, 30 septembre. — Lettres en reprise d'instance, obtenues par les Marchands, lesquelles sont conçues en ces termes :

« Charles par la grâce de Dieu Roy de France, au premier huissier de notre Parlement ou nostre sergent qui sur ce sera requis, salut : — De la part de nos bien amez les marchans fréquentans et marchandans sur le fleuve et rivière de Loire et autres fleuves et rivières chéans et descendant en icelle, consors en ceste partie, nous a été exposé, en disant : Que certain procès est despieça meu et pendant en nostre court de Parlement, entre : lesdiz exposans, demandeurs, d'une part ; et feu Olivier de Cliçon, chevalier, tant en son nom, comme ayant pris la garandie de ses officiers au lieu de Champtoceaulx, pour le temps qu'il vivoit, déffendeur d'autre. — Pour raison de certaines exactions et nouveaulx péages que ledit feu de Cliçon s'efforçoit exiger desdiz exposants et de leurs denrées et marchandises oultre les anciens péages, auquel procès tant fut et a esté procédé, parties oyes, qu'elles furent et ont esté appoinctées tant sur le principal, que sur certaines conclusions, par elles requises en leur plaidoyé, en arrest et tellement que le xij jour du moys d'aoust, l'an mil ccc iiij ˣˣ iij, nostre court de Parlement, estant la fin d'icellui, occupée en plusieurs autres choses, ne peut vacquer ne entendre au jugement dud. procès, par son arrest prononcé ledit xijᵉ jour d'aoust ledit an mil ccc iiij ˣˣ iij, fist provision ausd. supplians, c'est assavoir : Pour chacun muy de sel, de vin, de blé, que par lesd. exposans et leurs gens seroit passé par lad. rivière, devant le lieu de Champtoceaulx, ils paieroient cinq deniers et maille tournois, seulement, et avecque ce, en faisant escripre la quantité des muys de sel, blé et vin, et aussi la quantité de leurs autres denrées et marchandises par certain commissaire illec départi par Nous ou par nostre dite court, iceulx exposans avecques leurs bateaulx, marchandises et autres biens quelsconques passans par lad. rivière devant led. lieu de Champtoceaulx, passeroient franchement sans en paier quelconque autre devoir, jusques à la feste de notre Seigneur, lors ensuivant. — Et depuis, veuz par icelle nostre court, les tiltres et lectres productes par devers elle tant par ledit seigneur de Cliçon que par les exposans, en fournissent et obéissent par icelles à l'appoinctement de nostred. court, icelle notre court, par son arrest prononcé le xx° jour de décembre led. an mil ccc iiij ×ˣ xviij, dist. :— Que les parties estoient contraires et ne pouvoient estre délivrés sans faiz, et que l'enqueste faicte et rapportée pardessus nostred. court, droit leur seroit fait. Et par ledit arrest fut dit que lesd. exposans joyroient pendant led. procès de lad. provision, à eulx faicte par nostred. court. — Nonobstant lequel arrest et en venant contre icellui les gens et officiers aud. lieu de Champtoceaux, ont levé et exigé, lèvent et exigent des diz exposans et de leursd. marchandises et denrées, passant par lad. rivière de Loire, devant icellui lieu de Champtoccaulx plusieurs grans sommes de deniers, sans ce qu'ilz ayent esté ne soient contens de prendre pour chacun muy de sel, blé, vin v d. ob. t., et faire escripre la quantité des autres denrées et marchandises passans pardevant icellui lieu de Champtoceaux, par lad. rivière de Loire, selon la forme et teneur dudit arrêt. Et depuis n'a esté procédé aud. procès où lesd. parties furent et ont esté appoinctées en faiz : et sans ce, que aucune desd. parties se y soient présentée en nostred. court ; à l'occasion des guerres qui assez tost après survindrent et qui, longuement, ont depuis duré en nostre royaume, qui est en très grant grief, préjudice et dommaige des diz exposans et de tout le fait de la marchandise et de la chose publique, et plus pourroit estre, se par Nous ne leur estoit, sur ce, pourveu de gracieux et convenable remède si comme ilz dient, requérant humblement icellui.

Pourquoy, Nous, ces choses considérées, te mandons et commectons, par ces présentes, que s'il t'appert dud. arrest de nostred. court, fay exprès commandement de par Nous, sur certaines et grans paines à Nous à appliquer, aux héritiers biens tenant ou aiant cause dudit feu Olivier sʳ de Cliçon et aux détenteurs dud. lieu de Champtoceaux et à leurs gens et oficiers, avecques et tous autres qu'il appartiendra et dont tu seras requis, que en obéissant au contenu dudit arrest, ils laissent passer lesd. exposans pardevant ledit lieu de Champtoceaulx, par lad. rivière de Loire, soit en montant ou en dévalant, avecques leurs denrées et marchandises en payant seulement, pour chacun muy de sel, blé et vin, v d. ob. t., et en escripvant la quantité des denrées et marchandises qu'ilz passeront et feront passer par lad. rivière, devant icellui lieu de Champtoceaulx, et tout selon la forme et teneur dudit arrest en les contraicnant à ce, et tous autres qui pour ce seront à contraindre par toutes voyes deues et raisonnables. — Et en cas d'opposition, reffuz ou délay, attendu que ces deppendent à l'exécution dud. arrest de notred. court, dont la congnoissance appartient à icelle nostre court, adjourne les opposans, refusans ou délayans à certain et compectant jour, ordinaire ou extraordinaire de nostre prochain Parlement, avenir, nonobstant que par aventure les parties ne soient pas des jours dont l'en plaidera lors, pour dire, les causes de leur opposition reffuz ou délay, respondre, procéder et aler avant, en oultre selon raison. — Et avecques ce, adiourne aud. jour, en nostre court, nonobstant, comme dit est, lesd. héritiers, lieu tenans ou aiant cause dud. feu Olivier seigneur de Cliçon, et les détenteurs dud. lieu de Champtoceaulx, et autres qu'il appartiendra, et dont tu seras requis, pour reprendre ou délaisser led. procès ainsi pendant en icelle nostre court, entre iceux exposans demandeurs, et led. feu Olivier sʳ de Cliçon, chevalier et seigneur dud. lieu de Champtoceaux, deffendeur, en l'estat qu'il estoit au temps du trespas d'icellui feu Olivier seigneur de Cliçon.......... Donné à Cléry le xxxᵉ jour de septembre, l'an de grâce mil cccc quarant huit et de nostre règne le xxvjᵉ. — Pour le Roy à la relacion du Conseil. — S. Rolant. » — Le sceau a été détaché.

(Orig. Arch. de la ville d'Orléans.)

4 décembre. — Notification des lettres qui précèdent[1], commandedement et ajournement à comparaître en la cour de Parlement, relatés en l'acte qui suit :

« A très honorez et redoubtez seigneurs, Messeigneurs tenans le Parlement du Roy nostre Sire, à Paris, — Pierre Espaullefort, sergent à cheval du Roy nostre Sire, en son Chastellet de Paris, et le vostre, honneur et révérence avecques toute obéissance, très honorez et redoubtez seigneurs. — Plaise, Vous savoir, Moy, avoir receu certaines lettres-Royaulx, ausquelles ceste moye relacion est atachée, soubz mon scel, avecques étans arrest prononcé en la court de Parlement à Paris, xxᵉ jour de décembre l'an ccc iiijˣˣ xviij, extraict des registres de lad. court, par l'ordonnance d'icelle, le xxviij^e jour de may, l'an mil cccc xlviij, de l'extraict duquel arrest et lettres-Royaulx, ou appra en temps et en lieu, à moy présenté, par Estienne le Breton, il noms et comme Procureur des marchans fréquentans et marchandans sur le fleuve et rivière de Loire, et autres fleuves et rivières chéans et descendans en icelle, par vertu et autorité desquelles et du pouvoir à moy donné, et commis en ceste partie. — Je, le iiij^e jour de décembre, l'an que dessus mil cccc xlviij, me transportoy de la ville d'Angiers, au lieu de Champtocceaulx, ouquel de présent on reçoit l'acquit dont mencion est faicte aud. arrest et lettres Royaulx, où je trouvay et appréhenday en personne Guillaume de Nyeul, l'un des commissaires ordonnez de par le Roy nostred. Sire, comme il disoit, à lever led. acquit, avec les autres et revenu de la terre dudit lieu de Champtoceaulx, à présent contencieuse en cas de saisine et de nouvelleté, entre dame Katherine de Rohan, demanderesse et complaignante, d'une part; et, le procureur de très hault et très puissant prince, le Roy de Jérusalem et de Sicille, duc d'Anjou, défendeur, d'autre part; et, Thomas Corabeuf, fermier de par icellui de Nyeul, oud. nom, et Jehan Guinaedort l'un desd. commissaires dud. acquit et Receveur de lad. terre de Champtocceaulx. — Ausquelx et à chacun d'eulx jay fait ostencion et lecture desd. lettres-Royaulx, et extraict de l'arrest de lad. court, et ce soit pour ce que n'ay peu trouver ne apprehender aucuns des héritiers, biens tenant ou aians cause de feu noble et puissant seigneur Olivier de Clisson, en son vivant détenteur dud. revenu et terre de Champtoceaulx, nomé esd. lettres, obstant et qu'ilz sont de présent, absens et demourans partie en Bretaigne, partie en Hénault et l'autre partie ne scet en quelle part, en parlant aux personnes desd. de Nyeul et de Thomas Corabeuf, es présences de Pierre Binot, Jehan Binot, Marc Regnault, Macé Bonpas, Guillaume Baschelot et plusieurs autres, jay fait exprès commandement, de par le Roy nostre d. Sire, à la peine de mille marcs d'or à appliquer au Roy nostre d. Sire, que en obéissent au contenu dud. arrest, ilz et chacun d'eulx laissâssent passer lesd. Marchans, pardevant led. lieu de Champtoceaulx, par lad. rivière de Loire, soit en montant et en dévallant, avecques leurs denrées et marchandises, en paians seulement par chacun muy de sel, blé et vin, cinq deniers ob. tourn., et en escrivant la quantité des deniers et marchandises qu'ilz passeront et feront passer, par lad. rivière devant icellui lieu de Champtoceaulx, et tout selon la forme et teneur dud. arrest. — Lequel Guillaume de Nycul me rendit qu'il, et Jehan Guinedort demourans à Angiers, estoient commissaires de par le Roy nostre Sire de la terre et revenue dud. Champtoccaulx, contencieuse, comme dit est ; et qu'il, et son compaignon, avoient baillé afferme pour le prouffit de qu'il devroit appartenir les soinz et revenu dud. Champtoceaulx, aud. Thomas Corabeuf, pour en paier certaine somme de deniers, et pour ce, pour tant qu'il lui touchoit, il s'en rapportoit ausdictes partie de y pourveoir aussi qu'ilz verroient au cas appartenir, et outre qu'il se garderoit de mesprendre. — En alant m'en retournay en lad. ville d'Angiers en laquelle, c'est assavoir le dix^me jour dud. moys, trouvay et appréhenday en personne led. Guinedort, auquel comme commissaire de par le Roy nostre Sire, de lad. terre de Champtoceaulx, je exhibe et faiz lecture desd. lettres-Royaulx et arrest, et ce fait lui feiz à la requeste dud. Estienne Lebretton au nom que dessus, les commendemens cy dessus contenus et ausd. peines, lequel me fist pareille rende que y cy dessus est déclaré, en la présence de Robert Gaultier, notaire des contract..... — Et le lendemain xj^e jour dud. moys, trouvay et appréhanday, en personnes honnorables hommes et saiges maistre Loys de la Croix, procureur dud. très hault et puissant Prince, le Roy de Jhérusalem et de Sécille, Duc d'Anjou, en sond. duchié, d'une part ; et d'autre, Maistre Pierre Richomme, séneschal, Yvon de Seillons, procureur ; et Jehan Binel, Greffier de la Baronnie et Seigneurie de Candé, appartenant à présent à Noble et Puissant seigneur, Monseigneur de.... et de Chasteaubriand, à cause de lad. dame Katherine de Rohan, sa femme, auxquels et à chacun d'eulx, particulièrement, l'un après l'autre et depuis en semblablement, je feiz ostencion desd. lettres-Royaulx et extraict dud. arrest qu'ilz virent et d'icelles lettres et arrest firent lecture de mot à mot. — Et ce fait, en parlant aud. maistre Loys, come Procureur dud. très hault et très puissant Prince le Roy, de Sécille, aud. duchié d'Aniou, et ausd. maistre Pierre Richomme et autres dessus nommez esd. noms, jay fait les commandemens cy dessus déclarez, et ausd. peines, par la forme et manière qu'il est cy devant contenu, et ausd. peines. Lequel Maistre Loys aud. nom, et aussi Richomme, de Seillons et Binel, pour et ou nom de leursd. maistre et maistresse, se sont opposé à toutes fins. — Et pour ce, à ung chacun d'eulx ès noms que dessus ay baillé adjournement à estre et comparoir, pardevant vous,

mesd. seigneurs, en lad. court de Parlement au quinziesme jour du
moys de mars prochain venant, pour dire les causes de leurd. opposition, refuz ou délay, respondre et procéder et aler avant en oultre
selon raison, et tout selon la forme et teneur desd. lettres, et que
mandé et commis m'estoit par icelle, et ce je certiffie estre vray par
ceste moye relacion, signée et scellée de mes scel et seing manuel,
cy mis les jour et an dessusd. » — S. Espaullefort. — Sceau pendant.

(Orig. mss. Arch. de la ville d'Orléans.)

825-830.

XIVe-XVIIe siècles. — Droits levés par le seigneur chatelain de Champtoceaux sous les noms de péage, muyage,
sallage, neufvage, minage, peautre, branslage, à cause
de ladite Chatellenie. — Déclaration :

XIVe siècle. — Instruction ou déclaration étant en la chambre des
comptes d'Anjou, dressée en ces termes :

« L'acquit ancien en la rivière de Loire qui est receu et levé à Champtoceaux, des choses qui s'ensuivent : — C'est assçavoir : Pour chacun muyd de bled, vin, sel ou noix, iv d. maille. — Pour somme de
miel, iv d. maille. — Pour chacun vaisseau portant un muyd de bled,
vin, sel et noix et audessus, excepté vin, s'il y a plus que muyd, ij d..
— Et pour chacun vaisseau portant trois pippes de vin et au dessus,
ij s. ij d.. — Pour fardeau de draps, de laine à filer, de cordoüan
ouvré, pour tacre de cuirs contenant dix cuirs, pour chartée et de
neufvage de chalan, chacun viij d.. — Pour fardeau de chanvre,
iv d.. — Costé de chair sallée, maille. — Pour millier de merrean
à tonneaux, xx d.. — Pour millier de merrean à pippes, pour traict
de batterie, chacun, xvj d.. — Pour tout poisson dehors Loire, pour
figues, raisins, oignons, ail, graisse, suif, oingt, beurre, cire, plomb,
estain, cuivre, fer d'Espaigne, ou autre fer ou acier, de chacune chose
le cinquantiesme. »

XVe siècle. — Bertrand de Dinant, seigneur de Chateaubriand,
possesseur de la Chatellenie de Champtoceaux, contraint les marchands et nautonniers, à payer péage et acquit de marchandises
et denrées autres que celles accoutumées d'ancienneté être payées
par muyage, et ce à l'aide d'extorsions, excès et abus.

1431. — Jean de Mauloue, conseiller du Roi en sa cour de Parle-- ment, commis pour l'exécution des lettres données à Saumur, en 1430, (*V. ci-dessus, n° 424*), se transporte dans la ville d'Angers, à l'effet d'informer sur les droits qui se perçoivent au lieu de Chantoceaux. Devant lui comparaissent : d'une·part, Jean Lohéac, procureur substi- tué du Procureur-Général du Roi et Allain Moreau, procureur des M. F. ; d'autre part, Philémon le Bourrelier, fondé de procuration de très noble et puissant seigneur, Bertrand de Dinant, seigneur de Cha- teaubriand, d'Olivier Ballaye, son châtelain de Champtoceaux et de Maître Jean Grangière, receveur du péage de Champtoceaux. ·— Philé- mon Le Bourrelier, prétendait non seulement, que Bertrand de Dinant avait péage en sa qualité de seigneur Chatelain de Champtoceaux, con- formément à l'ancien acquit, levé par les Ducs d'Anjou, dont il tenait le droit, mais il prétendait encore, qu'étant au lieu et place du feu seigneur de Clisson (1), du sire de la Tour Landry et des Crespins (2), autrefois possesseurs de terres et seigneuries, dépendant de la Cha- tellenie de Champtoceaux, il tenait d'eux, le droit de lever différends acquits, autres que ceux mentionnés en l'instruction de la chambre des comptes d'Anjou.

23 décembre. — Décision du sieur de Mauloue, portant : que le seigneur de Champtoceaux fera lever son péage en la forme et manière spécifiée en l'instrution trouvée en la chambre des comptes d'Anjou, ci-dessus rapportée ; — « Et aussi, qu'outre le contenu en icelle ins- truction, il lèvera ou fera lever ; — Pour chacun muyd de sel, vin et bled, et autres grains, censez et réputez pour bled, un denier, que souloit prendre le sieur de Clisson. — Sur chacun muyd de vin et bled, une maille, que souloit prendre le sieur de la Tour Landry,

—————————

(1) Le connétable Olivier de Clisson, dont la famille possédait des terres dans la chatellenie de Champtoceaux depuis le XIIe siècle ; qui lui-même, en 1390, avait acheté cette chatellenie de Marie d'Anjou, duchesse d'Anjou, reine de Sicile et comtesse de Provence. (De Cornulier, dict. des terres du comté Nantais, v° Champ- toceaux.)

(2) Très-ancienne famille, qui avait possédé la chatellenie de Champtoceaux pendant deux siècles, de 1098 à 1224. (De Cornulier, loc. cit..)

à cause de la Gallonnière (1). — Et aussi une maille sur chacun muyd de vin et de bled que souloit prendre Crespin à cause de la Fillandrière (2). — Et pareillement au regard du sel, il lèvera ou fera lever pour chacun chalan chargé de sel, jusques à six muyds et mine, et au-dessus, six boisseaux de sel pour sallage à cause dudit Crespin. — Et quatre boisseaux de sel et un denier tournois à cause du sieur de la Tour, sans préjudice, toutesvoyes, des droits desdits de la Tour et Crespin, s'aucuns en ont.. »

> (Instr. et manière de lever le péage au lieu de
> Chantosseaux, imp., Orléans, Eloy Gibier,
> 1586; Fabian Hotot, 1612.)

Contrairement à cette décision, les fermiers du péage de Champtoceaux continuent à lever des droits non compris en l'instruction conservée en la chambre des comptes. Au xvjᵉ siècle notamment sur les marchandises de pastel, guesde, sucres et librairie, marchandises déclarées franches par un édit de 1557 et deux arrêts de 1563 et 1565, ils perçoivent les droits, non pas à la mesure d'Anjou, mais à la mesure de Nantes et à la mesure d'Orléans qui sont plus petites — ils négligent d'exposer la pancarte des droits dûs et refusent de donner quittance des droits payés.

> (Arrêt de 1585, ci-dessous cité.)

1570. — Impressions, aux dépens de la communauté des M. F., de la déclaration des droits du péage de Champtoceaux, dressée en ces termes :

« Déclaration du prétendu péage de Chasteauceaulx, autrement dit Chantosseaux, sur la rivière de Loyre. — Premièrement : Pour chacun muy de sel, vin, bled, comme formens, seigles, avoines, poix, febves, farines et tous autres manières de minaiges, pour chacun muy nantois, vij d., scavoir, vj d. pour le droict de Chasteauceaulx, et j d. pour le sieur de la Galonière. — Pour tout challan où il y a sel, jusques au nombre de six muys nantois, oultre les sept deniers dud. minaige. il est deu sallages, qui est pour chacun challan xiij s. t., scavoir : pour le droict de Chasteauceaulx, viij s. t., et pour le sieur

---

(1) Seigneurie dépendant de la chatellenie de Champtoceaux.
(2) Seigneurie dépendant de la chatellenie de Champtoceaux.

de la Gallonière, v. s. t.. — Pour tous vaisseaux où il y a marchandise, celui à qui est ledict vaisseau doibt à Chasteauceaulx, pour la
peaultre d'iceluy bateau, vj d. t. — Pour tout challan qui porte vin,
montant ou baissant, celui à qui est ledict challan (et non le marchant) doibt pour muy, debvoir appellé le champ de Maulue, pour
chalan, ij s.. — Pour somme de myel, iiij d. ob.. — Pour somme
d'huille, pour poyvre, gingenbre, canelle, giroffle, muscade, sucre,
ris, amendes, figues, raisins. Pour suif, oing, beurre et toutes
autres gresses. Pour fer et acier. Pour cyre, plomb, estaing,
cuivre. Pour guesdes, garances. alun, deglaz. Pour toutes
autres denrées et marchandises qui se vendent au poix et à la livre.
Pour fourmaiges, aulx, oignons, naveaux, chastaignes, pommes,
poires, oranges, et tous autres fruictages. Pour tout poisson de
mer, ensemble lamproyes, alouzes, convers et saumons. Le cinquantiesme. — Pour chacun fardeau de draps, de pelleterye et de
cordouan ouvré ; pour chacun fardeau de laine, paquet de toille,
xvj d. t.. — Pour pacquet de touelle, iiij d. t.. — Item, s'il y a balle,
fardeau ou pacquet de draps où il y ait escarlatte, ledict fardeau,
balle ou pacquet, doibt une aulne escarlatte pour tout acquit. —
Pour coste de lard, obole. — Pour porc et bœuf vif, chacun j d.. —
Pour chacune douzaine de moutons et brebis, iiij d.. — Pour chartée
de foing, viij d. — Pour meulle à esmoudre, pour meulle à moulins
non percée, xvj d.. — Pour gouttière de maison, iiij d.. — Pour
millier de merrain à tonneaux, xx d.. — Pour millier de merrain à
pippes. Pour chacune coueste de lict. Pour coffre ou huche.
Pour tacre de cuirs moutons, chacune tacre de dix cuirs. Pour
neufvage de challan, pour chacune touase, mesurée d'un costé,
d'icelluy challan. Pour enclume. Pour paire de soufflets à forger,
xvj d.. — Item pour toutes autres espèces de marchandises, comme :
fustailles neufves, bois de barilz, sabotz, potz de feu, appui-
potz, peignes, quinquallerye, plastre, grelleaux, cribles, sacz, boisseaux, godetz, vaisselle de bois, papier, parchemin, verres, fuseaux,
quenoilles, boistes rondes, vaisselle de terre, harquebouzes, harnois,
espées, tabourins et toutes autres espèces de quinquallerie, doibvent
chacun an un chef-d'œuvre. — Merrain à faire maisons, ardoizes,
tuffeau et les pierres de moullaiges, non percées, doibvent dépry seullement. — Et les pierres de moulaiges percées doibvent chacune
v. s. t. — Item tout vaisseau et challan, soit vuyde ou chargé, mon-

tant ou baissant, doit branslage, c'est assavoir : le **montant**, au dedans des moulins dudit lieu de Chateauceaulx, et le baissant, au
dedans du costé et lieu appelé le Forget. Et à faulte de ce faire,
doibvent les marchans ou conducteurs desdicts batteaux, au seigneur
de Chasteauceaulx, la somme de lx s., j d. t., d'amende, outre la
course des clercs et recepveurs dudict péage et fraiz par eulx faicts à
à la poursuitte desdictz batteaux, selon raison, et au regard de justice. — Le challan qui ne porte marchandise, ne doibt que dépry
seullement. »

(Déclaration imp., Orléans, Eloy Gibier, 1570.)

1585, 16 juillet. — Arrêt du Parlement, qui enjoint à Loys Dugué,
fermier du péage de Champtoceaux, d'afficher pancarte, et le condamne en 40 écus de dommages int. envers les M. F., 10 écus d'a-
mende envers le Roi.

(Arrêt imp., Orléans, Fabian Hotot, 1602.)

1631, 20 novembre. — Ordonnance :

Qui prononce la suppression « des péages de Champtoceaulx. » (*Voir
ci-dessus, nᵒ 467.*)

———

CHAMPTOCEAUX, département de la Loire-Inférieure.
OUDON, canton d'Ancenis, même département.

———

831-834.

XVI et XVIIᵉ siècles. — Instances et arrêts, ordonnance
de suppression.

1584, 2 juin. — Arrêt du Parlement, par lequel dame Magdeleine
de Savoie, duchesse de Montmorency, ayant pris la cause pour Loys
Dugué, son fermier, est condamnée à rembourser aux M. F. la somme
de 202 écus sol, 9 sols tournois, pour frais de balisage « à l'endroit
du terroir, fins et limites du péage, terres et seigneurie d'Oudon et
Chantosseaux. »

(Arrêt imp., Orléans, Eloy Gibier, 1584, Fabian Hotot, 1594.)

1608, 8 mars. — Entre : Maurice Henry, voiturier par eau, et les M. F., d'une part; Pierre Bonneau, fermier des péages de Champtoceaux et d'Oudon, d'autre part. — Sur ce, que ledit fermier prétendait prélever droit de chef-d'œuvre et de cinquantiesme sur les marchandises de pots de fer et de chanvre. — Arrêt qui déboute Bonneau de ses prétentions, le maintient seulement dans le droit de lever 4 deniers sur chaque fardeau de chanvre passant au péage de Chantoceaux.

(Arrêt imp., XVIIᵉ s .)

1625, 3 mai. — Entre : les M. F., d'une part; maître René Rivière, receveur du péage de Chantoceaux et Oudon, intervenant; messire Henri, duc de Montmorency, pair et amiral de France, baron dudit Champtoceaux et Oudon, d'autre part. — Sur ce, que ledit Rivière avait saisi dans le bateau de Jean Audoin, voiturier par eau, un coffre de cassonnade blanche, pesant six cents livres, appartenant à Pierre Hameau, marchand à Angers, sous prétexte du cinquantième qu'il prétendait lui être dû. — Arrêt qui donne main-levée de la saisie, condamne Rivière en 60 livres de dommages int., lui fait défense d'exiger à l'avenir aucune chose sur les sucres et cassonnades.

(Arrêt imp., Orléans, Fabian Hotot, 1625.)

1631, 20 novembre. — Ordonnance qui prononce la suppression des « péages d'Oudon et de Champtoceaulx. » (*V. ci-dessus, n° 467.*)

OUDON, *canton d'Ancenis, département de la Loire-Inférieure.* (*Houdon.*)

835-838.

XIVᵉ-XVIIᵉ siècle. — Aveu, instances et arrêts, ordonnances de suppressions.

XIVᵉ siècle. — Aveu baillé, en la chambre des comptes de Bretagne, par Alain de Malestroit, seigneur d'Oudon, comme étant la seigneurie d'Oudon, tenue à foi et hommage du duché de Bretagne, contenant

ledit aveu, entre autres droits, appartenances et dépendances de
la seigneurie d'Oudon, des droits de péages énoncés en ces
termes :

« Item y a certain debvoir sur la rivière de Loire que ledict sieur
prend, sur les denrées et marchandises qui ensuivent. — Et premier.
— Sur chacun muy de vin, de bled, de sel, de noix, montant ou
baissant par ladicte riuière de Loyre, par muy, ij d.. — Sur chacun
challan, auquel a six muys, mine moins ou plus, de sel, doibt un sallaige qui vaut ix s.. — Pour chacun muy de tannerie, ij d., et de tout
autre méage, par muy, ij d.. — Sur tout challan ou autre vessel qui a
peautre, sur chacune peautre, quelque marchandise que porte ledict
challan, iij d.. — Pour le nouage de chacun challan, la première
fois qu'il passe, v s.. — Et de chacune sentine pour le nouage, la
première fois qu'elle passe, ij s. vj d.. — Pour chancun millier de fer
ou d'acier, xij d.. — Pour chacune meulle de moulin, iv d.. — Pour
chacun millier de merrein et eszil, iv d.. — Pour chacune tacre de
cuir, xvj d.. — Pour chacune charge d'estain et d'acier, iv. d.. — De
chacun cent de lamproyes, d'alouzes, de saulmons, de poisson sec,
de harenc et de toute pererie de poisson; et de figues, de raisins,
d'ail et de oignon, le cinquantiesme de chacune espèce. — De chacune couette de plume, pour chacune cornière, iv d.. — De chacune
huche, de chacun pied, iv d.. — 1581, 1er février. Requête à Messieurs de la chambre des comptes de Bretagne, à l'effet d'obtenir
extrait de l'aveu qui précède, présentée par les M. F. — Extrait
délivré, sur lequel est dressée par lesdits marchands, et imprimée à leurs frais, la *Déclaration des Droits du prétendu péage*
d'Oudon.

(Déclaration imp., XVIe s..)

1601, 24 juillet. — A la requête des fermiers du péage d'Oudon,
saisie sur Pierre Garseulan, Gilles Chauveau, Lezin Aussan, marchands demeurant à Angers, de plusieurs bateaux chargés de morues
vertes et salées, ayant passé au détroit d'Oudon sans payer les droits.
— Instance entre les M. F., lesdits Garseulan et autres, le Proc. gén.
du Roi joint, dem. en main-levée, d'une part ; messire Henri duc de
Montmorency, pair et connétable de France, seigneur d'Oudon, joint
avec les fermiers, d'autre part. — 1606, 15 juillet. Arrêt qui déclare
la saisie du 24 juillet 1601 tortionnaire, en donne main-levée, condamne

les déf. en 12 livres parisis de dommages et intérêts, leur fait defense de plus, à l'avenir, prendre ou exiger aucune chose, au détroit d'Oudon, pour la marchandise de morue verte et salée.

(Arrêt imp.. XVIIᵉ s..)

1615. — Instance pendante au Parlement, entre les mêmes parties.

(Proc. verb. de l'assemblée de 1615. (*V. ci-dessus*, n° 19.)

1631, 20 novembre. — Ordonnance prononçant la suppression du péage d'Oudon. (*V. ci-dessus*, n° 467.)

———

LA PIERRE-BOISDRON. peut-être la Pierre-Percée, en la commune de La Chapelle-Basse-Mer, canton du Loroux, département de la Loire-Inférieure.

———

839.

1631, 20 novembre. — Ordonnance :

Prononçant la suppression du péage de la Pierre-Boisdron. (*V. ci-dessus*, n° 467.)

———

THOUARÉ, canton de Carquefou, département de la Loire-Inférieure.

———

840.

XVIᵉ siècle. — Accord.

De toute ancienneté, les seigneurs du Perray levaient un droit de péage de huit deniers, monnaie, sur chacun chaland portant sel, montant par la rivière de Loire, passant pardevant les *ravoyz de Thouairé,* il était perçu audit Thouaré. — A cause de la seigneurie du Pré, les sieurs d'icelle avaient un autre droit de péage de quatorze deniers obole, monnaie, sur chaque chalan chargé de sel, montant au-dessus des ponts de Nantes, lequel était reçu en la chambre de la prévoté par un receveur, commis pour recevoir les droits dus aux seigneurs. — En considération de ce que lesdits devoirs appartenaient à un même seigneur des deux seigneuries, et pour éviter aux marchands de branler à Thouaré, il est accordé (XVIe siècle) que les deux droits seront perçus en la prévoté de Nantes.

(Mémoire sur papier, sans signature ni date. — Ecriture du commencement du XVIIe siècle. — Arch. de la ville de Nantes.)

L'ÉPINE-GAUDIN, en la paroisse de La Chapelle-Basse-Mer, canton du Loroux département de la Loire-Inferieure.

841.

1565, 18 déc. — **Requête à la Chambre des comptes de Bretagne,**

Par Bonaventure Lespervier (femme de François de la Noue dit Bras-de-Fer), dame de l'Epine-Gaudin, pour un devoir sur la rivière de Loire appelé le « denier Gaudin, » qui se prend sur chaque muid de bled, sel, vin, ou autres marchandises passant sur ladite rivière, à raison de sadite seigneurie de l'Epine-Gaudin.

(Reg. de la ch. des comptes de Bretagne, dits Plumitifs.)

NANTES.

___

842-843.

XIᵉ et XIIᵉ siècles. — Exemptions.

Vers l'an 1000. — Par d'Aimery, comte de Nantes, aux religieux de Bourgueil, du droit de tonlieu qu'ils payaient pour chacun de leurs navires passant à Nantes.

XIIᵉ siècle. — Abandon par Daniel du Palais aux moines de Marmoutiers, pour la part lui appartenant, de la coutume qui se levait à Nantes sur les bateaux leur appartenant.

(D. Housseau. — Marchegay. Arch. d'Anjou, II, 58.)

844.

XVIᵉ siècle. — Déclaration de péage.

Extrait de la Chambre des comptes à Nantes. — Ce sont les debvoirs deus au Roy, nostre Sire, à raison des marchandises acquittées au tablier de la recepte de la prévosté de Nantes.

Et premièrement : « Sel qui est amené d'aval, doit pour muids, d'ancien devoir, vj d. t. ; plus, doit le quarantiesme, ou vj deniers par livre, du prix que le sel est vendu ; plus, doit le vaisseau cueillaige, iij s. j d. excepté ceux qui sont de la mer ou de Locmaria, qui ne doivent point de cueillaige ; et si le sel est de Poictou, chargé, il doibt pour le poictonnage, x s. vj d. ; et si le navire est de Bretagne et le sel de Poictou, il ne doibt que demy poictonnage, v s. iij d. — Sel chargé en chalans pour mener à mont, doit par muy, à seize sols parisis ; item d'ancien devoir, j d. pite ; plus la Chapelle saint Donatian et Rogatian, v d. ; plus, pour les métiers de Saulnerie, du sel qui est chargé de l'un vaisseau en l'autre, xj d. ob. — Et si le sel est chargé à terre, il doit xxij d., item, est deu, par chacun chalan, comptable de six muys de sel, et au-dessus pour ancien devoir, xij d. ; plus pour acquest, que fist autrefois le Duc, ix d. plus, pour ledit chapitre Saint-Donatian et Rogatian, iij s. et un septier sel ; plus, pour la mine avec quoy l'on mesure, iv d. esquels quatre deniers, pour ce que la prieure du bourg, doit fournir la moitié des mines et autres mesures à sel, elle y prend la moitié. — Sel chargé en grand onzième, de cinq et six mille mines moins, doit xvij s. ix d. tiers ; plus, pour Saint-Donatian et Rogatian, v d. ; plus pour le métier de Saulnerie, xvij d. ob. : somme, xix s. vij d. ob. tiers. — Et outre doit la sentine, x s. vj d. — Sel chargé en petite sentine de quatre muys et au-des-sous, doibt par muy, xvij s. ix d. tiers ; plus pour ancien devoir j s. ix d. ob. ; plus pour le métier de Saulnerie, xvij d. ob. ; plus pour Sainct-Donatian et Rogatian, v d. ; plus pour le congé de la sentine iv d. : somme, xxj s. ix d. tiers. — Vin nantois, chargé au port de Nantes, pour mener en Bretagne, doit pour tonneau, vj s. iij d ; plus, pour le congé de la sentine ou vaisseau, iv d. ; et si ledit vin est chargé pour mener hors Bretagne doit pour tonneau x s. iij d. ; et s'il est chargé entre Nantes et Saint-Nazaire, doibt seulement par tonneau, vj s. t. ; et aussi chargé pour mener hors Bretagne, x s. — Froment amené d'aval, doit par mui, x s. iij d., et y a douze septiers au muy, et pour faire un septier, faut quinze boisseaux Nantois. — Seigles, febves, avoine, gruau, farine, orges, doivent par muy, v s. iij d., et contient muy d'avene cinq cens boisseaux. — Item, est deu de toutes marchandises passans par le trespas de Saint-Nazaire, montant au port de Nantes, le quarantiesme, réservé de bleds, vins et sel, dont les devoirs sont déclarez ès articles cy-devant, et des sucres. — Pour fardeau de draps, iv s. ij d.. — Pour fardeau de toilles, ij s. vj d. — Pour paquets canevas, viij s. iv d. — Pour cha-cun drap, outre le quarantiesme, iv d. — Pour chacun porc sallé, iv d. — Pour chacun millier de harenc ou sardine, j d. ob. — Pour chacune balle de layne, x d. — Pour chacun cent de cire, iv d. — Pour chacune tacre de cuirs, iv d. — Item pour chacune charge de mercerie, espicerie, fustaine, canevas et fillet, montans ou baissans par le trespas de Saint-Nazaire, doibt, v d. t. — Vins amenez d'a-mont : une pipe doibt de devoir viij s. iv d. p., et pour le congé du chalan, iv d. — Vins amenez d'Ancenis : une pippe, iv d. p. et pour le congé de la sentine, iv d. — Seigle, orge, avoine et noix amenez d'amont, doivent par chacun muy, v s. viij d. ob., et pour le congé de la sentine, iv d. — Chacune pippe amenée d'aval, par le trépas de Saint-Nazaire, doit viij s. j d., ob. — Brieulx : sauveté, doit iv s. ; conduit, doit xxxvij s. vj d. ; vitaille, doit xvij s. vj d. ; aunée,

doibt vij s. vj d. — Muy de sel, chargé en chalan de six muy et au-
dessous, un muy, doit xxv s., et pour le congé de la sentine iv d.

(Extrait des registres de la Chambre des comptes
de Bretagne. — Imp., Orléans, Eloy Gibier,
1570 ; Fabian Hotot, 1599.)

845.

1400. — Octroi de péage.

Par la duchesse de Bretagne à la commune de Nantes du droit de
percevoir pendant la vie de la donatrice, deux sols sur chaque muid
de sel passant sous les ponts, pour l'entretien de leurs fortifications.

(Guépin. Essais hist. sur les progrès de la ville
de Nantes, p. 56.

846.

1546, 9 mars. — Édit d'évaluation.

Par lequel est prescrit, que le mesurage du sel qui se fait par les
officiers de la prévôté de Nantes, tant pour les droits du duc de
Bretagne (Henri Dauphin de France), que pour ceux des seigneurs
qui se prennent sur le sel tiré « contremont la rivière de Loire, » aux
lieu de La Fosse où arrivent les navires et barques chargés de sel, et
encore au lieu de Richebourg, faubourg de Nantes, ne se fera plus
désormais qu'au lieu de La Fosse, à la mine de Paris et non à la mesure Nantaise.

(Edit imp., Paris, Roffet, 1547.)

847.

1615. — Sentence du prévot de Nantes. — Arrêt du Parlement de Bretagne,

Par lesquels est repoussée la prétention des fermiers du minage de
Nantes de lever un droit sur les bleds.

(Proc. verb. de l'assemblée de mai, 1615.
V. ci-dessus, n° 19.)

848-849.

XVIᵉ siècle, 1669. — Péage levé par le duc de Bretagne, sous les dénominations de traite domaniale et traite de Nantes. — Arrêts de réglement.

Epoque antérieure au XVIᵉ siècle. — Devoir de traite domaniale, due au duc de Bretagne sur toiles, denrées, marchandises et choses mortes tirées hors le pays de Bretagne, donné à ferme. Abus, pilleries et vexations, de la part des fermiers et de leurs commis.

1511, juin. — Sur les plaintes portées au roi Louis XII et à la Reine, duchesse de Bretagne, par plusieurs marchands des évêchés et villes de Rennes, Saint-Malo, Dinan et Vitré, ordre aux gens de la chambre des comptes de Bretagne, de faire recherche de la somme « anciennement accoutumée être prise et levée par chacune espèce de marchandise, des choses mortes, pour ledit devoir de traite, » et en même temps d'enquérir et faire parler les anciens receveurs et fermiers, et même les marchands.

1512, 3 décembre, Vannes. — Sur le vu de l'extrait et de la relation faits par les gens des comptes de Bretagne, lettres patentes de Louis, roi de France et duc de Bretagne, portant réglement pour l'avenir du devoir à lever, prendre et recevoir des marchands tirant hors du pays et duché de Bretagne, vendant, conduisant ou acceptant marchandises, à savoir :

Pour chacune charge de draps de la façon de Rennes lx s. — Pour chacune charge de Dacigné, xl s. — Pour chacune charge, roulleaux d'Angleterre, xx s. — Pour pièce de draps de Jousselin, ij s. — Pour pièce de draps de la Trinière, xij s. — Pour chacune charge de mercerie fine, lx s. — Pour chacune charge de grosse mercerie, xl s. — Pour charge de plus grosse mercerie, fil de leton, fueilles de fer, ceintures de cuir, noix de gale, garance, alun, coupcroses et autres semblables marchandises, xv s. — Pour chacune charge d'autre plus grosse mercerie, scavoir: colle, époussettes, forciers, moinets, estrilles, papier et autres semblables grosses choses de pareil prix, x s. — Pour chacune charge de bougrains, xxv s. — Pour chacune charge

de toille blanche de mercerie, xlv s. — Pour chacune charge de
toille blanche de Bretagne, autre que mercerie à trois cens crées
pour charge, xl s. — Pour charge de toille crüe, brin de la façon de
Dinnanois, à trois cens verges pour charge, xvj s. viij d. — Pour chacune charge de couetiz, xj s. viij d. — Pour chacune charge de canevas, x s. — Pour chacune pièce d'aulomnes, xiij d. — Pour chacune
charge cuirau, xxv s. — Pour chacune traque, cuir à poil, à dix pour
ᵗraque v s. — Pour charge, vélin et francine, xx s. — Pour charge
d'autre parchemin, x s. — Pour chacune charge de poil à queue de
cheval, x s. — Pour chacune charge, équierdes vielles, xj s. viij d.
— Pour chacune charge sauvagine, xl s. — Pour chacune charge pelleterie creue, xxx s. — Pour chacune charge grosse pelleterie noire
et blanche xxij s. vj d. — Pour charge de tapisserie de Dinnanois,
xx s. — Pour charge de sargerie sur fil, xv s. — Pour charge de fine
laine de pays de Bretagne, jx s. — Pour chacune charge de grosse
layne et aigneline, viij s. vj d. — Pour chacune charge, courtepointes grandes, vij d. — Et pour petites secondes courtepointes,
vj d. — Pour chacune charge, vieux linceux, vij s. vj d. — Pour
chacune charge, cire, xxx s. — Pour chacune charge, beurre, iij s.
iv d. — Pour chacune charge, poisson sec, iij s. iv d. — Pour chacune charge, suif et gressage, iv s. iij d. — Pour chacune charge de
plume, x s. — Pour charge de fil de lin blanc et de fil à layne, à
trois cens livres pour charge, xxxvj s. — Pour chacune charge de fil
à fardeau, pesans trois cens livres, iv s. viij d. — Pour chacune
charge dudit pays, xxiv s. — Pour charge de poëlerie, à trois cens
livres pour charge, xx s. — Pour chacune charge de mitraille, x s.
— Pour chacune charge de cordage, iij s. iv d. — De mercerie et
marchandise qui s'appelle emplète, porte à coul, à raison de viij deniers pour livre. Plus, pour droit de passe-portes, aux lieux ancien-
ment accoutumez, de chacun cheval portant marchandise, qui demeure audit pays, x d. ; et de chacun marchand portant faix à coul,
v d. Et des autres sortes de marchandises dont n'est ci-dessus faite
expresse déclaration, ayant égard aux prix que l'on a pris de celles
que devant déclarées viij d. pour livre. — Le tout à bonne et forte
monnoye.

1598, 5 décembre. — Ordonnance du bureau de la chambre des
comptes de Bretagne, portant que l'édit (ci-dessus) du Roi Louis, duc

de Bretagne, contenu au livre de la chancellerie dudit pays, sera en-
registré, publié. mis et attaché au tableau de la prévôté de la ville de
Nantes.

> (Déclaration, édit et pancarte imp. sous le titre
> de *Pancarte de la traite de Nantes.* Orléans,
> Gilles Hottot, 1666.)

XVIIᵉ siècle. — Les savons et laines d'Espagne, ne se trouvant pas
désignés spécialement, en la pancarte de 1512, des marchands de la
ville de Nantes prétendent que ces marchandises sont comprises
dans la disposition générale de l'art. 48 de ladite pancarte, lequel
porte, que des marchandises dont il n'est faite expresse déclaration,
sera payé huit deniers pour livre. — Instance au Conseil d'Etat,
entre : maître François Euldes, fermier général des domaines du Roi,
d'une part; et, François Valeton, Gabriel Michel, Antoine François,
Julien Girard, sieur de Nays, marchands de la ville et faubourgs de
Nantes, la compagnie des M. F., Jean Fourché, proc. gén. syndic des
États du pays et duché de Bretagne, les maire, échevins, syndic,
bourgeois et les habitants de la ville de Nantes, d'autre part. — 1669,
9 janvier. Arrêt par lequel est ordonné que pour le devoir de la
traite domaniale de Nantes, il sera perçu comme par le passé, v sols,
monnaie, pour quintal de savon, et iij sols pour balle de laine d'Espagne.

> (Arrêt imp., Orléans, Gilles Hotot, 1669.)

850-853.

XVIIᵉ siècle. — Péage levé par les habitants.

1445, 5 novembre. — Edit prononçant la suppression des novalités
et accrues de péages anciens, au préambule duquel est mentionné
« le quarantiesme qu'on lève de nouvel à Nantes. » (*V. ci-dessus,*
nᵒ 435.)

1628. — Instance au Parlement de Paris, entre les M. F., d'une
part; les maire, échevins et chapitre de Nantes, d'autre part, à l'occasion du droit d'entrée de France, prétendu par ces derniers.

> (Compte du recev. gén. des M. F., 1628, fᵒ 20,
> Arch. de la ville d'Orléans.)

1682. — La ville perd le droit de deux sols par muid de blé, vin et sel, remontant le fleuve.

(Guépin, Hist. de Nantes, p. 328.)

XVIIᵉ siècle. — Tous navires au-dessus de trois tonneaux venant à Nantes, soit du haut, soit du bas de la Loire, payaient 5 sols.

(Guépin, Hist. de Nantes, p. 339.)

854.

1622, 11 juillet. — Aveu en ces termes :

« C'est l'adveu, minu et dénumbrement que présente au Roy nostre Sire et à nos Seigneurs des comptes en ceste province de Bretaigne, escuyer Jacques Foucher, seigneur de Brandeau, etc., fils et héritier unicque de deffunctz nobles personnes Louys Foucher et Louise Cabar, vivant sieur et dame dud. lieu, demourent audict lieu de Brandeau, evesché de Lusson, des debvoirs au tiers que luy et ses prédécesseurs ont droict de prendre, lever et de temps immémorial ont faict recepvoir et percevoir au tablier et bureau de la prévosté de Nantes, suivant les pencartes y attachées et précédens adveuz... pour lesquels il a faict la foy et hommage à sad. Majesté dès le vingt et deuxᵉ jour de juing mil six cens dix huict. — Et premier : Ledict seigneur de Brandeau prend et a droict de faire lever et recepvoir par chaincun vaisseau, escaffe ou batteau comptable de six muids et au-dessus qui amene aud. Nantes, sel tant de Bretagne que de Poictou ou ailleurs deux soulz, monnoye. — Et si le vaisseau est de Poictou et qu'il aict chargé audict pays, il doibt le double, qui sont quatre soulz, monnoye. — Item, prend et luy est deub par chaincun challan chargé de sel, pour mener amont, comptable de six muids de sel et au-dessus, unze soudz, obolle, tiers de denier et un quarteau de sel. — Item a droict de prendre pour chaincune sentinne le debvoir d'une grande onzaine de quatre muids jusques à six muids de sel mine moings, sept soudz six deniers obolle, poge, tiers de denier et un quarteau de sel. — Item luy est deu par chaincune sentine petite unzaine de deux muids jusques à quatre muids de sel et au dessoubs, cinq soudz neuf deniers, obolle, poge, tiers de denier, un quarteau de sel. — Et pour chaincun muid de sel chargé ausd. challans ou sentines poge, monnoye. — Item lui est deu pour chaincun tonneau

de vin venant d'amon par la rivière de Loyre devant Thoairré, deux
deniers, obolle, poge, monnoye.— Item luy est aussi deu par chaincun
muid de bledz fromen, poix et légusmes amenez d'amons par lad. rivière de Loire en challans ou sentines, troys deniers, obolle, monnoye.
— Lequel présent adveu led. seigneur de Brandeau présente et four-
nit... faict et consenty audict Nantes, où est à présent ledict sieur de
Brandeau, soubz son seing, du douziesme jour de juillet mil six cens
vingt et deux après midi. — S. Jacques Foucher; Remfort, notaire
royal ; Hanneau, notaire royal.

(Orig. sur papier. — Arch. de la ville de Nantes.)

855-858.

XVIIIᵉ siècle. — Péages levés par diverses communautés
religieuses. — Baux :

1771, 13 mars : Bail :

Au prix de 24 livres par an, par la supérieure du couvent des Car-
mélites des Couëts (à une lieue en aval des Meules), du droit de péage
appartenant auxdites dames religieuses des Couëts, sur toutes les
barques chargées de sel entrant en rivière, consistant en un quarteau
de sel par barque.

(Orig. Arch. de la ville de Nantes.)

1771, 9 août. — Bail :

Par l'abbé de Villeneuve, ordre de Citeaux, diocèse de Nantes, au
prix de 36 livres par an, du « devoir de ladite abbaye, qui est de
2 sols 2 deniers par chacun chalan portant sel amont.

(Orig. Arch. de la ville de Nantes.)

1771, 5 septembre. — Bail :

Par l'abbé de Meillerayes, au prix de 80 livres, du droit qui se perçoit au bureau de la prévoté de Nantes, au profit de ladite abbaye,
d'un quarteau de sel par barque.

(Orig. Arch. de la ville de Nantes.)

1775, 3 mars. — Bail :

Au prix de 130 livres par an du droit d'escof et bateau, perçu à la
prévoté de Nantes par le chapitre de l'église cathédrale, de 3 sols

9 deniers sur chaque bateau venant de Bretagne, de 7 sols 6 deniers sur chaque bateau venant du Poitou.

(Orig. Arch. de la ville de Nantes.)

BRETAGNE (*ancienne province de*).

859.

1580-1582. — Instance.

1580. — Les Etats du pays de Bretagne étant assemblés, le Roi, pour les relever des frais faits en cette assemblée et pour la réformation des coutumes, leur accorde par lettres patentes, vérifiées au Parlement de Bretagne, de lever une somme de douze ou quinze sols sur chaque pipe de vin entrant audit pays de Bretagne pour y être débité. Ce droit est affermé par les Etats.

Au mois de décembre de la même année, Jean Morin et Philippe Chevalier, marchands, demeurant en la ville de Blois, « ayant amassé quelque quantité de vins de Court, » les font charger sur la Loire, pour les transporter en Flandre. Comme ils étaient arrivés au port du Pélerin, et se mettaient en devoir de transborder leur chargement de bateaux en navires, le fermier des devoirs des Etats, pour les évêchés de Nantes et de Vannes, réclame le droit accordé par les lettres patentes de 1580. Les marchands blésois refusent de l'acquitter, fondant leur refus sur ce que les lettres d'octroi en avaient dispensé les vins destinés à l'exportation en Angleterre, Espagne ou Flandre, l'imposition n'étant due que sur les vins « de Palme, Gascongne, Espagne. la Rochelle et païs d'Aulnis. » — Saisie des vins à la requête du fermier. — Opposition des marchands, et sur cette opposition, ajournement pardevant le prévot de Nantes. — Intervention du député (délégué) de la communauté des M. F. en la ville de Nantes, lequel remontre au prévot que la cause intéressant le corps des M. F.. l'attribution en appartient à la cour du Parlement de Paris, et qu'il ne peut en connaître. Le prévot passe outre, et condamne les marchands blésois à payer à titre de provision.

Appel par ces derniers au Parlement de Paris. — En même temps, le fermier de « la dace » appelle par anticipation au parlement de Bretagne, où il obtient avenir pour plaider. — Les marchands font défaut, ils sont déclarés déchus et condamnés en l'amende. — 1582, 22 février. Arrêt du Parlement de Paris, portant qu'il a été mal et incompétemment jugé par le prévot de Nantes, le privilége des M. F., qui attribue la connaissance de leurs causes au Parlement de Paris, étant plus ancien que celui des Etats de Bretagne ; casse, annulle et révoque tout ce qui a été fait depuis l'appel interjeté par Morin et Chevalier ; condamne le fermier de « la dace » des Etats de Bretagne à rendre et restituer tout ce qui a été pris et levé sur lesdits marchands.

(Arrêt imp., Orléans, Fabian Hotot, 1595.)

PÉAGE OMIS.

POCÉ, canton d'Amboise, département d'Indre-et-Loire.

---

859 ᴬ.

1615. — Mention :

Au procès-verbal de l'assemblée des M. F., du droit de péage prétendu par René Dubrecq, sur chaque pippe de vin passant par la Viguerie de Pocé. (*V. ci-dessus, n*o 19.)

XIII.

PÉAGES DE L'ALLIER.

———

LE PONT-DU-CHATEAU, département du Puy-de-Dôme. (Le Pont-du-Châtel, Le Pont-du-Chatel-Lusat, Pont-du-Chatel, Pont-du-Chateau.)

———

860, 861.

XVIe-XVIIIe siècles. — Actes d'accord. — Arrêt du Conseil :

1519, 1er juin. — Accord devant Jean Dayer, notaire juré du scel royal établi à Montferrand, en Auvergne, entre : « Haut et puissant seigneur Monseigneur Jacques de Beaufort, comte d'Alèze, vicomte de la Mothe, marquis de Canillac, seigneur du Pont-du-Châtel-Lusat et la Foul'houze ; » et les marchands trafiquants et fréquentants « de la rivière d'Allier et Loire. » — Par lequel la rivière d'Allier ayant été rendue navigable jusqu'à la ville du Pont-du-Château, et un port ayant été ouvert en cette ville, le seigneur du Pont-du-Château consent que lui, ni ses successeurs, ne puissent lever aucun péage sur les bateaux et marchandises passant par la rivière d'Allier, ou débarquées, tant qu'elles demeureront sur le port ou dans la ville « de Pont-du-Châtel » (réserve faite de ses droits de seigneurie et péage royal sur toutes marchandises allant par terre), à la condition que les marchands seront tenus : « d'entretenir la rivière et port, depuis le Port-

de-Joye jusqu'au port dudit Pont-du-Châtel, » tant que s'étend la justice
dudit seigneur, aux frais de leur bourse commune ; d'entretenir en
la ville de Pont-du-Châtel un procureur expert qui soit de ladite ville
du Pont-du-Châtel, comme ils ont coutume de faire ès autres ports et
passages qui sont sur ladite rivière, depuis le port du Pont-du-Châtel
jusques à Nantes, sans que le seigneur ou les habitants de la ville et
seigneurie du Pont-du-Châtel soient tenus en payer ou frayer aucune
chose pour l'avenir.   (Transaction imp. XVIIIᵉ s..)

1733, 27 janvier. — Arrêt du Conseil, qui confirme le marquis du
Pont-du-Château dans le droit de percevoir trente sols par bateau, et
de tenir la rivière d'Allier barrée, à la condition que la porte de la
digue sera ouverte par ses fermiers au fur et à mesure que les bateaux se présenteront, et que pour éviter les naufrages, il sera dressé,
par le sʳ de Régemorte, un devis des ouvrages qu'il convient de faire
pour la liberté de la navigation ; que ce devis sera porté au Conseil,
pour, ensuite, être ordonné ce qu'il appartiendra. — 1735, 31 août.
Lettre du bureau de la compagnie des M. F. au contrôleur général
des finances, par laquelle la Compagnie demande une décision sur le
procès-verbal qui a été remis par M. de Régemorte : elle expose que
le commerce et la navigation souffrent, et se plaint de ce que le
marquis du Pont-du-Château jouit de droits que S. M. lui a attribués
à des conditions qu'il n'exécute pas. La Compagnie « attend de la
bonté et de la justice de Monseigneur qu'elles l'affranchissent d'une
oppression qui dure depuis plus de trente-cinq ans. »

(Rég. de corresp. de 1735 à 1740, fᵒ 5. Arch. de la
ville d'Orléans.)

LA BOUTIÈRE et PRAGOLIN, *en la commune de Mons,*
canton de Randans, département du Puy-de-Dôme.

862.

1478, 3 avril. — Arrêt du Parlement de Paris.

Entre : le proc. gén. des M. F., demandeurs, et le proc. gén. du
Roi, adjoint avec lui, d'une part ; le comte de Montpensier, Jean

Dupuy, écuyer ; seigneur de Maumont, Etienne Germon et Jean Vigoureux, déf., d'autre part. — « Nihilhominus supra dictis comiti, Johanni Dupuy, Sthephano Germon, Vigoureux et aliis ipsius comitis, gentibus et officiariis, ne ipsi, hoc pendente et donec per nostram curiam aliter extiterit ordinatum, quicquam, superdictis mercatoribus ad suarum mercantiarum causam, transeundo et retranseundo per loca de la Boutière et de Pragolin, in quibus ipse comes jus pedagii pretendit, levant aut exigant, neque eosdem mercatores, ad id quo jusmodo compellant, inhibuit et inhibet. — Et quod prædicti mercatores, transeuntes et retranseuntes, per loca jam dicta, eorum mercantias, quas per eadem loca transibunt et conducent, in dicti comitis, vel ejus receptoris papiro, scribent ; ut de hoc ordinari possit, in fine causæ, quod ratio suadebit, expensas definitive reservando, ordinavit et ordinat. »

(Arrêt imp., XVIIe s..)

LYMONS, canton de Maringues, département du Puy-de-Dôme.

MAUMONT, sur l'Allier, près Lymons, lieu aujourd'hui inconnu. (Maulmont, Momon.)

863, 864.

XVe et XVIe siècles. — Mention de dépense, instance.

1546, mai. — Mention au procès-verbal de l'assemblée des M. F. de dépense de balisage « es destroicts des péages de Lymons et Momon. » (*Voir ci-dessus, n° 14.*)

1560, 6 juillet. — Instance au Parlement de Paris. (*Voir ci-dessous, n° 878* ».)

LA NAU-DE-RIS, en la commune de Ris, canton de Chateldon,
département du Puy-de-Dôme.

865.

1445, 9 novembre. — Edit :

Prononçant la suppression des novalités et accrues de péages anciens, au préambule duquel est mentionné « le péage nouvellement
mis à la Nauderis-sur-Allier. (*V. ci-desus, n° 435.*)

SAINT-YORRE, canton de Cusset, département de l'Allier.
(Saint-Youvre).

866.

1546. — Mention :

Au procès-verbal de l'assemblée générale des M. F., séance du
3 mai, du péage lévé à Saint-Youvre par le seigneur de Busset.
(*V. ci-dessus, n° 14.*)

SAINT-GERMAIN, canton de Varennes, département
de l'Allier.

867.

1422, 4 juillet. — Transaction :

Devant Olivier des Barres, clerc juré, notaire en la chancellerie
de Bourbonnais, entre : les M. F. les rivières de Loire et d'Allier, et
messire.... sieur de Saint-Germain, pour raison du péage que levait

sur la rivière d'Allier ledit sieur de Saint-Germain, lequel, porte :
que les marchands payeront pour leur « droict de marchandises
passans par ledites fins et destroicts dudit pays d'iceluy Sieur, le
péage cy après déclaré. — C'est à scavoir : Par chacun challan
chargé de quelconques denrées et marchandises que ce soit, iij s.
t.. — Pour meuaige de chalan, v d. t.. — Pour un chacun escheau,
iij s. — Sans autre chose payer pour quelconques denrées, marchandises qu'ilz mennent, ne fasse mener esdits challans.

(Acte de transaction, imp., XVIIᵉ s.)

VARENNES, département de l'Allier.

· 868, 869.

XVᵉ-XVIIᵉ siècles. — Transaction, instance :

1479, 17 novembre. — Transaction devant Jean Paillard, prêtre, et
Jehanin Picart, jurés et féaux notaires de la cour et chancellerie de
Bourbonnais, entre : Estienne Lebreton, proc., syndic gén. des M. F.;
et, les seigneur et dame de Chazeul. — Pour raison du péage du
port de Varennes sur la rivière d'Alliers. — En laquelle transaction,
le proc. des marchands, convient et confesse : « Qu'il luy est apparu
deuement par tesmoins et informations sur ce faicte, que lesdits mariez à cause de leurdit chastel dessusdit, de toute ancienneté ont
droict et accoustumé de lever le droict de péage de deux sols t.,
pour chacun challan chargé de denrées passant par ledit port, soit
en montant ou en descendant, et que ledit péage n'est mis tout nouveau, ne qui aict été mis depuis soixante ans, par ledit seigneur. — Et
pour ce consent ledit Lebreton, au nom et comme procureur dessusdit, que ledit péage, lesdits mariez, puissent lever et recevoir par la
forme et manière que Monseigneur le duc de Bourbonnois a fait
lever de toute ancienneté, et qu'il fait encores de présent, son droict
dudit port de Varennes. »

1604. — Procès pendant au parlement de Paris, entre les M. F., et le
seigneur de Chazeul. — Au sujet d'un droit de péage, que ledit sei-

gneur de Chazeul prétendait lever sur les « escheaulx de bois. — Auquel procès fut produite la transaction du 17 novembre 1439, ci-dessus mentionnée.

(Extrait de la transaction et protocole, imp., XVIIe s..)

CHASEUILX, *canton de Maringues, département du Puy-de-Dôme. (Chazuel, Chasuel.)*

870.

1546. — Mention au procès-verbal de l'assemblée des M. F. d'un péage levé à Chazuel par le Roi et le seigneur dudit lieu. (*V. ci-dessus, n° 14.*)

MOULINS.

871.

Péage au profit du duc de Bourbonnais.

1445, 9 novembre. — Edit prononçant la suppression des novalités et accrues de péages anciens, au préambule duquel est mentionné « le péage qn'on lève à Moulins, en Bourbonnois pour le duc de Bourbonois et d'Auvergne. » (*V. ci-dessus n° 435.*)

872-878.

XVe-XVIIIe siècles. — Péage levé par les habitants. — Instances au Parlement de Paris, édit, dépêche.

1466, 9 août. — Entre les M. F., le proc. gén. du Roi joint, dem., et les manants et habitants de la ville de Moulins, déf. — Arrêt par lequel : Défense est faite aux habitants de la ville de Moulins, de plus à l'avenir lever le péage de 5 deniers tournois qu'ils avaient coutume d'exiger « super qualibet cauda vini quam mercatores sub pontibus riparie Alligeris transduci faciebant, et super quolibet modio. »

(Expéd. sur parch. — Mss. Arch. de la ville d'Orléans.)

1467. — Sur opposition à l'arrêt précité, sentence du lieutenant du bailli de Saint Pierre le Moustier, qui maintient les habitants de Moulins dans le droit de percevoir 10 deniers sur chaque queue de vin et 5 deniers sur chaque muid de blé passant sous les ponts de Moulins. — 1469, 1er juillet. Lettres Royaulx contenant commission à maitre Jean des Plantes, conseiller du Roi en sa cour de Parlement, à l'effet d'informer, entendre témoins « usque ad numerum viginti » pour le procès être rapporté à l'audience de la cour le lendemain de la Saint Martin d'hiver.

(Lettres sur parch., 1451. — Mss. Arch. de la ville d'Orléans.)

1473, 1er février.

Arrêt par lequel est dit, qu'à bonne et juste cause, les Marchands ont fait faire aux habitants de Moulins commandement, inhibition et défense de......

(Arrêt imp., Orléans, Eloy Gibier, 1573, 1586.)

1546, 9 mars. — Edit portant que « le péage prétendu à Moulins, en Bourbonnois de deux minots de sel sur chacune sentine-mère, (est) évalué à la somme de xlvij s. x d. t.. — Audit Moulins, en Bourbonnois qui descend sel au magazin dudit lieu, se paye deux minots de sel, avalué à la somme de xlvij s. x d. t.. » (*V. ci-dessus,* n° 447.)

1534-1537. — Somme de 2 livres 5 sols, dépensée par la communauté des M. F., au procès pendant en la cour de Parlement de Paris, entre lesd. Marchands, et « messire Pierre Péan, presbtre, gouverneur de l'hospital de Saint-Julian, de Moulins, touchant la Layde du sel audit Moulins. » (*V. ci-dessus,* n° 276.)

1640. — Nouveau subside au Pont d'Allier à Moulins, à l'occasion duquel le procureur général du Roi et les M. F. assignent en la cour de Parlement de Paris.

(Compte du recev. g^l des march., 1740, f° 38, r^o.
Mss. Arch. de la ville d'Orléans.)

1766. 1er septembre. — Lettre missive.

Du bureau de la compagnie des M. F., à Mr Faye, délégué à Moulins, en ces termes : — « Pour supléer au refus que font messieurs les maires et échevins, de communiquer le titre en vertu duquel ils perçoivent 40 s. par batteau, ne vous seroit-il pas possible, monsieur, de prendre des informations sur la nature et l'objet de ce droit, soit par des anciens échevins, par celuy qui le perçoit ou par quelqu'autre voye, il nous paroit essentiel de savoir si ce droit est ancien ou nouveau, s'il est perçu à titre de péage ou d'octroy, et enfin si tous les batteaux chargés y sont assujettis indistinctement, soit que les marchandises appartiennent aux négociants de votre ville ou à des étrangers. »

(Reg. de corresp. de 1766 à 1773, f° 5, v°.
Mss. Arch. de la ville d'Orléans.)

SAINT-PIERRE-LE-MOUSTIER, *département de la Nièvre.*

...

878^A - 878^C.

XVIe siècle. — Procès, composition, édit.

1543-1546. — Composition avec le prieur de Saint-Pierre-le-Moustier sur les frais faits à baliser la rivière d'Allier ès-détroits du sallage dudit Prieur, mentionnée en l'assemblée de 1546, séance du 3 mai. (*V. ci-dessus, n° 14.*)

1546, 9 mars. — Édit portant que « le péage prétendu à Saint-Pierre-le-Moustier, d'un minot de sel, sur chacun muid descendu au magazin dudit lieu, qui se doit certifier par les officiers dudit magazin (est), avalué à la somme de xxj s. xj d. t.. » (*V. ci-dessus, n° 447.*)

1534-1537. — Somme de 14 livres 4 sols, dépensée par la communauté des M. F., au procès pendant au Parlement de Paris, entre lesdits marchands et Loup de Sallizard, prieur de Saint-Pierre-le-Moustier, touchant le sallage du port. (*V. ci-dessus, n° 276.*)

LA FERTÉ-CHAUDERON, aujourd'hui LA FERTÉ-LAN-GERON, canton de Saint-Pierre-le-Moustier, département de la Nièvre.

LA MAILLOLE, port sur l'Allier, près La Ferté-Chauderon, aujourd'hui inconnu.

878ᴰ, 878ᴱ.

XVIᵉ et XVIIᵉ siècles. — Instances au Parlement de Paris :

1560, 6 juillet.

Entre : le Proc. gén. du Roi et les M. F., demandeurs ; et Gaspard de Saulx, seigneur de Tavannes ; Jean, comte de la Chambre ; Louis de la Fayette, dame Anne de Vienne, Antoine de Vienne, chevalier ; Claude et Jean de Beaufremont, écuyers, tous héritiers de la maison de Listenois, déf. — Arrêt par lequel inhibitions sont faites aux déf., « en peine de cent marcs d'argent, de plus prendre, cueillir, ne lever aucuns droits de péage et sallage, acquit et autres subsides, ès lieux et destroicts de Lymons, Maulmont et La Ferté-Chauderon, ne contre les marchans et voituriers, leurs denrées et marchandises. »

XVIIᵉ siècle. — Instance introduite au criminel, par les M. F., à l'encontre de François Caffard, panetier, et François Chenille, fermiers, receveurs ou commis du duc de Nevers, pour la levée du prétendu péage de la Ferté-Chaudron et port de la Maillole, sur la rivière d'Allier, aboli et supprimé par l'arrêt de 1560, précité. — 1611, 21 février. — Lettres en forme de requête civile, obtenues contre ledit arrêt de 1560 par messire Charles de Gonzague, de Clèves, duc de Nivernais, etc. — 1613, 29 mars. Sur demande d'entérinement des lettres précitées de 1611, arrêt du Parlement de Paris, par lequel est ordonné : Que l'arrêt du 6 juillet 1560 sera exécuté ; défense faite au duc de Nevers « de lever à l'avenir aucun péage sur les marchands, facteurs ou commis, batteaux, danrée

et marchandises, montans ou dévallans desdits lieux et destrois de
La Ferté-Chaudron et lieux de la Maillole. »

(Arrêts imp., Orléans, Eloy Gibier, 1572-1587,
Fabian Hotot, 1613.)

---

*LE BEC-D'ALLIER en la commune de Cussy, canton de la
Guerche, département du Cher.*

---

878 ᶠ, 878 ᴳ.

XVIIIᵉ siècle. — Instance au Conseil d'Etat, dépêche.

1683. 23 octobre. — Arrêt du Conseil d'Etat qui évoque au Conseil, l'instance pendante au Parlement de Paris, entre le duc de Nevers et les M. F., à cause du péage par lui prétendu sur la Loire, au Bec d'Allier, et qui renvoie ladite instance pardevant le sieur de la Berchère, commissaire départi en la généralité de Moulins.

1687, 21 mai. — Lettre du contrôleur général des finances (Colbert), à M. de Bezons, intendant et commissaire départi en la généralité d'Orléans, concernant les droits de péage prétendus par le duc de Nevers, au Bec d'Allier, en ces termes :

« A l'égard de la difficulté que vous me proposez concernant le droit de péage que M. le duc de Nevers prétend lever au Bec d'Allier, vous devez en prendre connoissance en vertu des arrêts que je vous ai envoyés; mais il auroit été nécessaire que vous m'eussiez fait savoir s'il est en possession de lever ce péage ou non. »

(Vignon, études hist. s. les voies publiques en France,
t. Iᵉʳ, piéces justif., p. 139 et 299.)

XIV.

PÉAGE DU LOIRET.

SAINT-HILAIRE-SAINT-MESMIN, canton sud d'Orléans.

879.

1571, 14 janvier. — Transaction.

Sur procès pendant au Parlement, entre les M. F., d'une part, et les religieux, abbé et couvent de l'abbaye de Saint-Mesmin, et maître Etienne Hullot avocat au bailliage et siége présidial d'Orléans, seigneur d'un moulin assis sur la rivière du Bouillon près Loiret, pris à rente desdits de Sainct-Mesmyn, d'autre part. — Par laquelle transaction « les religieux consentent et accordent que la rivière de Loyret, qu'ils disent estre à eux appartenant en propriété, et sur laquelle ils disent que cy-devant il n'a esté loisible de faire entrer, conduire et mener aucuns batteaux, sans leur congé, sera et demeurera à toujours mais navigable, depuis la bouche d'icelle rivière, jusques au-dessus des ponts, appelez les ponts de Saint-Mesmyn, et au-dessous des Moulins qu'ils ont assis dessus la chaussée, vulgairement appelée la chaussée des Quatre-Moulins à foulon et du Moulin-Neuf, sans que pour ce, iceux religieux et couvent puissent prendre aucun droit de péage. Comme aussi, à l'advenir, ils ne pourront bastir, ne édifier aucunes maisons, moulins, chaussées, ne autres édifices, qui

puissent empescher la navigation jusques audit endroit. — A la
charge que lesdits M. F. ne pourront contraindre iceux abbé, religieux et couvent de ballizer ladicte rivière de Loyret audit endroit,
ne faire aucune haulserée sur les rivages d'icelle, plus grande que de
la largeur de six pieds, comprins ce qui y est, et sans toucher à la
maison et moulin dudit Hulot, ne aussi autres maisons et murailles
qui sont à présent basties sur la rivière du Bouillon. Ne pourront
également faire aucune ouverture de la chaussée où sont assis lesdits Quatre-Moulins, ne prétendre aucun droict de navigation sur le
surplus de lad. rivière de Loyret, ne aucun droict de pesche sur
icelle, en quelque endroict que ce soit. Ont iceux marchans, renoncé
à tout autre droict de navigation qu'ils pourroient prétendre sur
le surplus de lad. rivière. — Et outre, lesdicts religieux ont consenty
et accordé, que pour la commodité de la navigation, iceux marchands, puissent mener et conduire leurs batteaux, d'icelle rivière
de Loyret, par le ruisseau du Bouillon, jusques au Ponceau, appellé
le Pont-de-l'Archet, ou plus haut s'il est possible. — Et pour maistre
Estienne Hullot, détenteur d'un moulin à bled, qu'il a pris à rente
desd. de Sainct-Mesmyn, promet et s'oblige faire faire, à ses despens,
dedans la chaussée dudit moulin, une porte, escluze et ouverture,
qui sera de la largeur de douze pieds, laquelle porte, iceux marchands et leurs mariniers pourront de jour ouvrir et faire ouvrir
lorsqu'ils voudront faire passer leurs batteaux.

(Transaction imp., Orléans, Eloy Gibier, 1587.

XV.

PÉAGES DU CHER.

——

CELLES-SUR-CHER, *département de Loir-et-Cher.* (*Celles, Scelles, Celles-en-Berri.*)

———

880, 881.

XVIᵉ siècle. — Arrêts du Parlement de Paris.

1508, 6 juin. — Arrêt qui donne à la dame de Celles et de Saint-Aignan, délai pour fournir les preuves et titres de son péage de Celles, passé lequel délai défense lui est faite de lever ledit péage. (*V. ci-dessus, n° 445.*)

1581, 17 juin. — Arrêt par lequel messire Gabriel de Clermont, évêque de Gap, seigneur usufruitier de Celles en Berri, est condamné à rembourser aux Marchands la somme de 25 écus 52 sols, par eux déboursée pour « les nettoyment, balisage et haulserées de la rivière de Cher, à l'endroit de la seigneurie de Scelles en Berri. »

(Arrêt imp. Orl., Eloy Gibier, 1584 ; Fabian Hottot, 1594.)

———

SAINT-AIGNAN, *département de Loir-et-Cher.*

882.

1508, 6 juin. — Arrêt du Parlement de Paris.

Qui donne délai à la dame de Celles et de Saint-Aignan, pour fournir les titres et prénoms de son péage de Saint-Aignan, passé lequel délai, défense lui est faite de lever led. péage. (*V. ci-dessus*, *n° 445.*)

MONTRICHARD, *département de Loir-et-Cher.*

883, 884.

XIIIe siècle. — Chartes de donation.

1235. — Donation par Richard de Beaumont, seigneur d'Amboise, de Montrichard et de Chaumont, au chapitre de Saint-Martin, de 60 sols de rente à prendre sur ses péages de Montrichard.

1272. — Donation par Jean de Berrie, seigneur d'Amboise, à l'abbaye de Pont-Levoy, de 40 sols de rente à prendre sur les mêmes péages.

(D. Housseau, n°s 2794, 3254.)

BLÉRÉ, *département d'Indre-et-Loire.*

885-887.

XVIe siècle. — Arrêts du Parlement de Paris.

1508, 6 juin. — Arrêt du Parlement de Paris.

Qui donne délai à Charlotte de la Haye, dame de Bléré, de produire les titres de son péage de Bléré, laquelle défense lui est faite de lever ledit péage. (*V. ci-dessus*, *n° 445.*)

1573. — Michel Roy et autres, baliseurs reçoivent de la communauté des Marchands, mission de baliser et nettoyer la rivière de Cher à l'endroit de la seigneurie de Bléré, et se mettent à l'œuvre François Bérard, écuyer seigneur de Bléré, fait saisir leurs bateaux, engins, arquebuses, s'empare de leurs personnes et les remet aux mains de Pierre Ribot, prévôt des maréchaux à Loches, qui les fait transporter de Bléré à Loches. — Intervention de la communauté des Marchands à sa requête et à celle du proc. gén. du Roi joint avec elle. Le seigneur de Bléré et le prévôt de Loches sont assignés au Parlement. — 14 août. Arrêt portant qu'il a été mal emprisonné, saisi, exécuté et transporté, que François Bérard est condamné à mettre les baliseurs en pleine et entière liberté, à leur rendre et restituer les bateaux, engins, cordages, arquebuses et autres ustensiles saisis, les indemniser des dommages par eux soufferts et que Pierre Ribot, sera ajourné à comparoir en personne devant la Cour, pour répondre aux conclusions que le proc. gén. voudra contre lui prendre.

1581, 17 juin. — Arrêt par lequel messire Gaspard de Schomberg chevalier, conseiller au conseil privé du Roi, son chambellan ordinaire et colonel des Allemands entretenus pour le service de Sa Majesté, comte de Nanteuil et seigneur de Bléré, est condamné à rembourser aux Marchands la somme de 20 écus et demi, par eux déboursée pour frais de balisages, nettoyements et hausserées de la rivière de Cher, opérés en 1579, à l'endroit de la seigneuried e Bléré.

> (Arrêt imp., Orléans, Eloy Gibier, 1572-1584 ;
> Fabian Hotot, 1594.

AZAY-SUR-CHER, canton de Bléré, département d'Indre-et-Loire.

888-890.

XVIᵉ siècle. — Edit, arrêts du Parlement.

1528, 8 mars. — Arrêt du Parlement de Paris, qui donne délai aux doyen, trésorier et chapitre de l'église de Saint-Martin de Tours,

pour fournir les titres ou preuves de leur péage d'Azay-sur-Cher;
passé lequel délai, défense leur est faite de lever led. péage.
(*V. ci-dessus, n° 692.*)

1546, 9 mars. — Edit donné à Rambouillet, portant que « le péage
prétendu à Azay-sur-Cher, d'un minot et demi de sel pour chaque
sentine-mère chargée de sel, est avalué à la somme de xviij s. v.
d. t. » (*V. ci-dessus, n° 447.*)

1598, 7 septembre. — Arrêt contenant « déclaration du droict de
péage qui se lève à l'endroit de la terre et seigneurie d'Azay, sur la
rivière du Cher. — Premièrement : De chacun chalan mère chargé
de sel, au lieu d'une mine de sel qu'ils souloient antiennement
prendre, xviij s. v d. t.. — De chacun muid de blé, ij d.. — De
chaque pièce de vin, j d.. — De chacune charge ou millier d'acier,
de fer, iiij d... — De chacune pipe de miel et huile, de chacune
meule de moulin percée, xij d.. — De chacune somme d'alun, plomb,
estain et cuivre, iiij d. — De chacune pièce de drap, j d.. — De
chacune somme de verre, un verre. — De chacun cacque de haran,
iiij d.. — De chacun cent d'alozes et saumon salé, un. — De chacun
cent de toison de layne, avec le suif, ij s. vj d.. — De chacun beuf ou
vache, vj d.. — De chacun porc, iiij d.. — De chacune chèvre, xvj d..
— De chacun chalan chargé de bois mercan à vin, chauffage et d'es-
carrissage, iiij d.. — De chacun chalan chargé de lamproyes, une
lamproye. — De chacun chalan chargé de sabots, une paire. — Et de
chacun chalan chargé de pelles, une pelle.

(Déclaration imp,, XVIIᵉ s..)

SAVONNIÈRES, *canton de Tours.*

891, 892.

XVIᵉ siècle. — Arrêt du Parlement, édit.

1523, 7 septembre. — Arrêt par lequel défense est faite à Gilles de
Laval, seigneur et baron de Maillé, Rochecorbon et Savonnières, et
Françoise de Maillé, sa femme, « de ne lever, prendre ne exiger

doresnavant aucun péage sur les marchandises et denrées, passans et repassans par les rivières de Cher et Loire, au dedans de ladicte terre et seigneurie de Savonnières. »

(Arrêt imp., Orléans, Eloy Gibier, 1574 ; Fabian Hotot, 1598.)

1546, 9 mars. — Édit portant que « le péage prétendu à Savonnières, d'un minot et demy de sel pour chacune sentine mère, (est) avalué à la somme de xviij s. v d. t.. » (*V. ci-dessus, nᵒ 447.*)

FONTCHER, *en la commune de Berthenay, canton sud de Tours.*

893.

Vers 1060. — Accord :

Entre les religieux de Marmoutiers et Hamelin de Langeais, sur un différend élevé sur les droits qui se percevaient à l'écluse de Fontcher.

(D. Housseau, nᵒ 609.)

LE BEC-DU-CHER, *en la commune de Berthenay, canton sud de Tours.*

894.

1736, 26 juillet.

Dépêche du bureau de la compagnie des M. F., à Messieurs les délégués de Blois et de Chinon : — « Messieurs, nous avons l'honneur de vous adresser deux exemplaires d'un arrêt de la table de marbre, qui supprime un nouveau péage, que Madame la marquise de Bellefonds s'étoit avisée d'établir au Bec du Cher ; nous vous prions d'en faire afficher un sur vostre port, et de réserver l'autre pour en donner communication aux marchands et voituriers de vostre ville. »

(Reg. de corresp. de 1735 à 1740, fᵒ 21, vᵒ.)

XVI.

PÉAGES DE LA CREUSE ET DE LA VIENNE.

———

CREUSE.

———

LA ROCHE-POSAY, canton de Pleumartin, département de la Vienne.

———

895.

1204. — Donation par Pierre de Montrabé :

A l'abbaye de la Merci-Dieu, de cent sols angevins à prendre chaque année sur le péage de la Roche (Posay), tant par eau que par terre. — Confirmée par Eschivard, seigneur de Preuilly, fils de Pierre de Montrabé.

(D. Housseau, nᵒˢ 2175, 2194, 2195.)

LA GUERCHE, *canton du Grand-Pressigny*, *département d'Indre-et-Loire.*

896, 897.

XIIIe siècle. — Chartes d'exemption de péage.

1201. — Exemption par Jobert, seigneur de la Guerche, à l'abbaye de Baugerais, de tout péage.

1217. — Confirmation par Geoffroy, vicomte de Chateaudun, et Alix, sa femme, de l'exemption accordée par Josbert, seigneur de La Guerche, à l'abbaye de la Merci-Dieu.

(D. Housseau, n°s 2159, 2440.)

VIENNE.

CHATELLERAULT, *département de la Vienne.*
(Chastellerault.)

898, 899.

XVIIe siècle. — Instances au Parlement de Paris :

1615. — Entre les M. F., demandeurs en abolition du péage de Chastellerault ; et le cardinal de Joyeuse, tuteur de Mademoiselle de Montpensier, dame de Chastellerault.

(Proc.-verb. de l'assemblée de 1615. (*V. ci-dessus*, n° 19.)

1623, 27 septembre. — Entre les M. F. et la dame de Montpensier, dame du péage de Chastellerault. — Arrêt contre la dame de Montpensier, portant que les dépens s'élevant à la somme de 87 livres 15 s. seront payés par le fermier du péage au receveur général des M. F.

1624, 26 octobre. — Arrêt par lequel la dame de Montpensier est condamnée à rembourser aux M. F. la somme de 51 livres, pour frais de balisage faits au détroit de Chastellerault.

> (Compte du Recev. des M. F. à l'assemblée de
> mai 1628. Arch. de la ville d'Orléans.)

NOVATRE, canton de Sainte-Maure, département d'Indre-et-Loire. (Novastre.)

901-902 ^A.

XIIIe-XVIIIe siècles. — Donation, pancarte, dépêche.

1225. — Donation :

Par Josbert, seigneur de Sainte-Maure, à l'église de Tours, de 10 livres de rente annuelle à prendre sur ses péages de Novâtre.

> (D. Housseau, n° 2588.)

1571. — Impression, par les soins et aux frais de la communauté des M. F., de la « Déclaration du prétendu péage de Novastre, sur la rivière de Vienne. — Sur chacune balle de draps, poisant ung millier, iij s. iiij d. t.. — Item de plomb, estain, poaslerie, chauderonnerie, mercerie meslée, laisne, pour chacun millier, iij s. iiij d. t.. — Pour chacune cacque de haren, xvj d. t.. — Item de merlu, hadotz, seiches et mourues, une pour chacun cent. Et pour poisson d'eau douce, horsmis les lamproyes, n'est deu que iiij d. t., pour yssot ou bothe. Et quant aux lamproyes, s'il y en a plus de unze, en est deu une, avecques xij d. t. pour la saulce. — Pour chacun millier de ballains, de liége, iij s. iiij d. t.. — Pour chacune barrique d'allouzes sallées, xx d. t.. — Pour chacun millier d'alun et brésil, iij s. iiij d. t.. — Pour chacun millier de fer, xx d. t.. — Pour chacune meulle de moullin, xx d. t., et de la meulle non percée, xij d. t.. — Pour chacun ballon d'acier, xvj d. t., et en masse, pour millier, xx d. t.. — Pour chacune douzaine de peaulx de bœufs, vaches, veaux, moutons, brebis, aigneaux ; pour chacune charge de beurre, pour balle de

guesde et pastel, iiij d. t.. — Pour pippe d'huile de noix, xvj d. t., et
pour chacun bussart, viij d. t.. — Pour chacun bouc d'huille d'olives,
xvj d. t.. — Pour chacune pippe de vin, viij d. t.. — Pour chacun
millier de merrean, ij s. vj d. t.. — Pour la chartée de bois carré,
comme grosses pièces appellées traynes, sollives, solliveaulx, chevrons, membreuses, chanlatte, aisset, quenoilles et bois de pressouer,
viij d. t.. — Pour chacun chalan chargé de latte ou bardeau, un fagot.
— Pour cent de toilles, de chanvres et lins, iiij d. t.. — Pour chacun
muy de sel, iij s. iiij d. t . — Pour chacune charge de pommes, poires,
aulx, oignons, ij d. t.. — Pour le cent de boisseaux de glan, xx d. t..
— Pour chacun septier de bled ou farine, ij d. t., et pour chacune
fourniture, iij s. iiij d.. — Pour chacun cent de boisseaux d'avoine,
xx d. t.. — Pour chacun cent de boisseaux de noix, xij d. t.. —
Pour chacune balle de vieux drapeaux, iiij d. t.. — Pour ung challan
chargé de potz de fer, ung pot. — Pour chacune coueste de lict et
pour chacun traversien, pour un chaslit, pour chacune table et coffres, pour chacune chaise, xvj d. — Pour chacune charge de verres,
ung verre. — Pour pommes d'orenges, grenades, citrons ou limons,
pour millier, quatre. — Pour chacun millier de rets de bois à faire
charrette, iiij rets. — Pour chacune peau de cuir, de quelque beste
que ce soit, 1 d. ; et de peaux de cuirs rouges, tannées, dépry ; et en
chacune peau de cordouan, est deu ung denier t.. — Pour balle de
livres reliez, iiij d. t.. — Pour chacun bateau chargé de papier, une
main pour rame. — Pour chacun cent d'estain en œuvre, dépry. —
Pour chacun challan chargé de pouasles à queues, ung chef d'œuvre,
qui est une pouasle. — Pour chacun cent de boisseaux de chenevi,
x d. t.. — Pour chacune casse de sucre ou autres espices, iij s. iiij d. t..
— Pour millier de caboches, xx d. t.. — Pour chacun millier de suif
ou remais, iij s. iiij d. t.. — Pour chacun cent de poix raizine et poix,
autrement gosme, iiij d. t.. — Pour chacun bussart vuide, dépry. —
Pour chacun millier de poussier de fer à faire tainctures, iij s. iiij d. t..

> (Déclaration imp., Orléans, Eloy Gibier, 1571 :
> Fabian Hotot, 1605.)

1738. — Mention en une dépêche du bureau des M. F. du péage de
Novastre.　　　(Reg. de corresp. de 1735 à 1740, fº 52. Arch.
de la ville d'Orléans.)

L'ILE-BOUCHARD. département d'Indre-et-Loire.

903-906.

XIIᵉ-XVIIᵉ siècles — Charte d'exemption, arrêt du Parlement.

1189. — Abandon par Bouchard, seigneur de l'île, à l'abbaye de Cormery, du droit de péage qu'il exigeait des religieux passant à l'île Bouchard.

1202. — Exemption de péage, accordée par Barthélemy, seigneur de l'île Bouchard, Elisabeth, sa femme, et Bouchard, son fils, à Geoffroy de la Rajaie, abbé de la Merci-Dieu, et aux religieux, de lad. abbaye, pour eux et leurs hommes passant devant ledit château de l'île Bouchard.   (Collect. D. Housseau, nᵒˢ 202, 2176, 2230.)

XVIᵉ siècle. — Mention du péage de l'île Bouchard en la pancarte du péage de Chinon. (*V. ci-dessous*, *nᵒ* 908.)

1627, 24 juillet. — Entre les M. F. et messire Henri de la Trimouille, duc de Thouars, seigneur de l'isle Bouchard.

Arrêt du Parlement, pour les épices et la levée duquel la communauté des M. F. dépense une somme de seize écus, dont moitié lui est remboursée par le fermier du péage de l'isle Bouchard.

(Compte présenté par le receveur des M. F. à l'assemblée de 1628. Arch. de la ville d'Orléans.)

CHINON, département d'Indre-et-Loire.

907.

1127, février. — Donation.

Par Foulques comte d'Anjou et de Touraine, à l'abbaye et aux religieuses de Fontevrault des droits de péage sur le pont de Chinon et du droit d'écluse sur la Vienne, qu'il tenait de sa mère Berthe.

(Collect. D. Housseau, nᵒ 1472.)

908-910.

XVᵉ-XVIᵉ siècle. — Péage levé par les habitants, lettre d'ajournement, édit.

1413, 7 octobre. — Lettres d'ajournement en ces termes :

« Charles, par la grâce de Dieu, Roy de France, au premier nostre sergent qni sur ce sera requis, salut. — Les marchans fréquentans et marchandans sur le fleuve et rivière de Loire et les autres rivières chéans et descendans en y celluy fleuve et rivière, consorts en ceste partie, nous ont fait exposer en complaignant, que jà soit ce, qu'ilz aient droit et accoustumé aient esté et soient en bonne possession et saisine, de passer, mener, conduire en montant, avalant et traversant, leurs vaisseaulx, bateaulx, chalans, marchandises, biens et choses quelconques par eulx, leurs gens et voituriers par lesdiz fleuve et rivière et par terre, et franchement et librement; en paiant en aucuns lieux d'icelle, certains petiz devoirs anciens, et de ces choses aient usé et soy d'ancienneté et par tel et si longtemps qu'il n'est mémoire du contraire, ou autre temps suffisant à ce. — Néant moins, les bourgois, habitans des chasteaulx, ville et faubours de Chinon et autres de par eulx, dont ilz ont eu et ont le fait pour agréable, sous umbre de certaines lettres qu'ilz se dient avoir obtenues de Nous, ou autrement contre raison, ont mis sus et font exiger et lever de fait, sur lesdiz complaignans, leurs vaisseaulx, bateaulx, chalans, marchandises, biens et choses passées, conduites et menées en montant, avalant et traversant par la chastellenie dudit lieu de Chinon, par lesdiz fleuve et rivière de Loire et par la rivière de Vienne, l'une des rivières dessusdites, mesmement audit lieu de Chinon et de Chozé-sur-Loire, c'est assavoir : — Pour chascune pipe ou queue de vin, la somme de xx d. t. — Pour chascun fardeau de draps, la somme de ij s. vj d. t. — Pour chascun paquet de draps, la somme de xx d. t. — Pour chascun millier de merrien, la somme de ij s. vj d. t. — Et plusieurs autres sommes, pour plusieurs autres marchandises à déclairier plus à plain en temps et en lieu, et ont lesdiz exacteurs et leveurs, arresté et fait arrester et arrestent de jour en jour les vaisseaulx, bateaulx et chalans, marchandises, biens et choses desdiz complaignans jusques à ce qu'ilz leur aient par les-

dictes exactions, en les opprimant, molestant et domaigeant en plusieurs autres manières, qui est en grant diminucion de noz droiz et
aides, grief, préjudice et domaige desdix complaignans et de la chose
publique. — Sur quoy, lesdiz complaignans, ne se sont encore peu
pourveoir obstant les empeschemens de la guerre et des divisions
qui nagaires ont esté en nostre royaume entre aucuns de nostre sang,
et aussi pour les grans menaces que Guillaume de Romenueil, chevalier soy disant portant pour capitaine dudit lieu de Chinon a fait et
fait encores de jour en jour ausdiz complaignans de les molester et
domaigier de corps et de biens s'ilz contredisoient et empeschoient
de paier lesdites exactions, si comme ilz dient, requérans humblement
sur ce nostre provision. — Pourquoy, Nous, attendu ce que disent,
te mandons et comettons que nonobstant qu'il ait plus d'un an que
lesdiz de Chinon ont encommencé à lever les dictes exactions et que
lesdiz complaignans ne se y sont pas opposez dedans l'an que on a
commencée à les lever, dont Nous de grâce espécial les avons rele-
vez et relevons par ces présentes, en recoives lesdiz complaignans
ou leur procureur pour eux, à opposicion contre nosdictes lettres,
l'exécution d'icelles et tout ce qui s'en est aura esté ensuy. — Et attendu que lesdiz complaignans ont en nostre court de Parlement,
plusieurs autres causes et procès touchans leursdictes franchises et
libertez, esquelles causes nostre procureur général et le procureur
de nostre très-chier et amé filz le duc d'Orléans, sont adjoins avecques
eulx, par le moyen desquelles causes et procès ceste besoigne qui est
grosse et de grant pois pourra plus tost et mieulx estre déterminée
et prandre fin en nostre dite court que ailleurs, et que ce touche nostre
dit Filz, qui n'est tenu de plaider, s'il ne lui plait, ailleurs que en
ycelle nostre court. — Adjourne lesdiz bourgeois et habitans de Chinon
et autres dont tu seras requis, à certain jour et compétant, ordinaire
ou extraordinaire de nostre Parlement prochain advenir, pour procéder et aler avant en ladicte opposicion..... Donné à Paris le VIIe
jour d'octobre, l'an de grâce mil cccc et trèze et de nostre règne le
xxxiiij^e. — Par le Roy, à la relacion du Conseil : S. Gaucher. »
(Le sceau manque.)   (Orig. sur parchemin, Arch. de la ville
                                        d'Orléans.)

9 décembre. — A la requête de Guion Boylève, proc. des M. F., et
en exécution des lettres ci-dessus rapportées, Jean Langloys, sergent

à cheval du Roy, en son châtelet de Paris, se transporte à Chinon ; notifie lesdites lettres à Jean Dieux, lieutenant audit lieu, du bailli de Touraine ; reçoit les M. F,, en la personne dudit Boylève leur procureur, opposants aux lettres obtenues par les habitants de Chinon ; et ajourne lesdits habitants de Chinon, en les personnes de Philémou Le Saige et Jean Godeau, élus en ladite ville de Chinon, à comparaître devant 'la cour de Parlement au 15 mars prochain venant.

> (Relation sur parchemin, ms. Arch. de
> la ville d'Orléans.)

1565, 11 mars. Sentence du lieutenant du bailli de Touraine à Chinon. — 1609, 4 avril. Arrêt du Parlement en exécution desquels est dressée, dans les termes qui suivent :

La déclaration du droict de péage, qui se lève à Chinon , sur les denrées et marchandises, qui passent par le destroit de la péagerie dudit Chinon. Scavoir est, — Pour chacune charge de lard, de beurre, suif, fine pelleterie, chanvre, plomb, chaudrons, poissons, mercerie, toile, fil de fer, cire, cuivre et ouvrage de fer, ballon d'acier, iiij d. pour chacune charge de toutes autres marchandises par eau, iij et iiij d. pour millier pesant. — Le banc et table garny de treteaux, le buffet, chacune coueste de lict garny de traversier, xvj d. t. — Le chalit et couchette. pour charrée, iiij d. t. — Chacun coffret ferré xvj d. t., et celuy non ferré, viij d. t. — La couette de couchette, viij d. t. — Les tonnes et tonneaux pleins de marchandises, pour charges, iiij d. t, — La balle de pastel , ij d. t. — La charge de qninquallerie, iiij d. t. — La charge d'amande pour millier, iij s. iiij d. t. — La charge d'huille de noix et olive, de miel et rouzine, iiij d. — Le poinçon ou bussard d'huille de noix, ix d. t. — Chacune pipe de vin chargée par les forains hors les escluses de cette ville, v d., et au dedans des escluses ij d. ob. — Et chacune pippe chargée par ceux de la ville et faubourgs, pour transporter hors de ladite péagerie, et icelle vendre chargée hors les escluses, ij d., ob., et au dedans desdites escluses. ij d. ob. pour les deux pippes. — Brebis, moutons, bœufs, vaches, veaux, taureaux et pourceaux, pour chacun, j maille ou ob. — Chacune charge de peaux d'aigneaux, moutons, iiij d. t. — Peaux de bœufs, vaches, veaux ; cuirs tannez non gras dépry. — Chacun baril de harenc, la charge de poisson sec ouvert, iiij d. t. — Tous marchands forains conduisant lamproyes ou alouzes, pour vendre ailleurs, payera une lamproye ou allouze, pourveu qu'ils excèdent unze, une fois l'an. Et par après, payera pour charge, iiij d ; et pour autre poisson frais, ne sera payé aucun péage ne despri, sinon qu'il fus conduit par eau en batteau percé ou pippe, pour chacun husset, iiij d. t.. — La chartée de tout bois d'ouvrage, iiij d. t.. — Chacune challandée de latte ou bardeau, un fagot. — Le merein, pour chacune chartée, iiij d. t.. — Chacun eschegeau fait tous de ret, ij s. vj d. t.. — Et quant au bois de chaufage, soit gros ou fagots, ne sera payé aucun péage ne despry. — Chacune pippe ou tounneau neufs, vuides, sortant hors ladite péagerie, pour vendre, 1 d. t.. — Et pour les pippes ou tonneaux vuides, 1 d. les deux. — Chacune pierre de moulin percée, x d. t.. — La charge de papier et parchemin, chacune iiij d. t.. — Chacune charge de sabots, ij d. t., et pour chacune challandée ou chartée, une paire de sabots. — Chacune charge de pelles de bois, ij d. t., et pour challandée ou chartée, une pelle. — Pour chacune chartée de pots de fer, iiij d. t.. — Chacune charge de pots de terre, j d. t.. — Et pour challandée de pots de fer ou terre, un pot de fer ou terre moyen. — Chacune charge de liége, iiij d. t.. — Chacune charge d'estain, de laine fillée ou à filler, conduite outre la péagerie, iiij d. t.. — Toutes sortes de draps de laine et serges de laine outrepassant la péagerie, pour chacune chartée, ij s. vj d., et pour chacune charge, iiij d.. — Chacun muid de sel allant contremont, sera payé pour le droict du Roy xij d., sans préjudicier aux droits du seigneur de l'isle Bouchart. — La charge de citrons et autres fruicts, j d., et pour chartée ou batteaux de ladite marchandise, honnestement à la discrétion du marchand. — Pour les bleds, froment, mestail, seigle, orge, avoine, febves, pois et autres grains, pour chacun septier, j d. t.. — Pour chacune charge ou poinçon de pruneaux, j d. t.. — Chacune charge de fer ou clou, j d. t., et chacun millier de fer, iiij d. t.. — Le jour de la foire Saint-Maxime, appellée la foire couverte, toutes personnes chargées de paquets, vivres, bâtons sur le col, ou autre chose, payeront un denier chacun, et pour chacun pied fourchu, j d. t. »

(Déclaration imp., Orléans, Fabian Hotot, 1609 ; Gilles Hotot, XVIIe s,.)

910 ᴬ, 910 ᶜ.

XVIᵉ-XVIIIᵉ siècles. — Péages au profit de divers seigneurs. — Édit, dépêche.

1546, 9 mars. — Édit portant que « le péage du seigneur de la Trémouille, prétendu de deux minots pour muid de sel descendu à Chinon (est) avaluez à la somme de xxv s. ij d. t. (*V. ci-dessus*, n° 447.)

1598. — Péage levé par le sieur de Chavigny. (*V. ci-dessus*, *n*° 462, *et ci-dessous, supplément.*)

1737. — Mention :

En une dépêche du bureau des M. F., du péage levé sur la Vienne par le duc de Richelieu.

(Régistre de corresp. de 1735 à 1740, f° 30, r°.
Arch. de la ville d'Orléans.)

XVII.

PÉAGES DU THOUET.

——

MONTREUIL-BELLAY, département de Maine-et-Loire.

——

911-913.

XVᵉ-XVIIᵉ siècles. — Sentence, aveu, arrêt.

1370, 7 janvier. — Sentence de la cour du Roi à Saumur, contenant transaction :

Par laquelle les M. F., moyennant une somme de 45 livres, payée comptant, sont maintenus en la possession, qu'ils disaient avoir d'ancienneté, pour l'embarquement de leurs vins, d'un pré, situé sur la rivière de Thouet près le pont Fouchard et affranchi de tout devoir.

(Orig. s. parch. Arch. de la ville d'Orléans.)

1486, 1ᵉʳ février. — Aveu par le seigneur de Montreuil-Bellay :

Énonçant droit de levage à raison de 2 deniers pour pipe de vin, enlevée dans l'étendue de la baronnie et prévoté de Montreuil-Bellay. — Plus tard les seigneurs de Montreuil-Bellay, ou leurs fermiers, émettent la prétention de prendre en outre, sur les mêmes vins, droit de prévoté et de courtage.

1605, 27 avril. — Instance au Parlement, entre : les M. F., d'une part ; Louis Havart, ci-devant fermier des péage et prévoté de Montreuil-Bellay, Abel Thomas et Jean Petit, fermiers de la baronnie de Montreuil-Bellay et dame Catherine de Gonzague, duchesse de Longueville, dame dudit Montreuil-Bellay, tutrice de messire Henri d'Orléans, duc de Longueville et Gilles Guilloteau, sieur de Beauvais, qualifié d'abord de concierge du chateau de Montreuil-Bellay, et plus tard, de gentilhomme ordinaire de la chambre du Roi, capitaine et gouverneur en la ville et chateau de Montreuil-Bellay, défendeurs, d'autre part. — 1619, 2 juin. Arrêt par lequel, défense est faite à la dame de Longueville et à ses receveurs ou fermiers, de « lever aucune chose desdits marchans, pour le droict de prévosté des vins enlevez dans la baronnie de Montreuil-Bellay, ne de contraindre lesdits marchans, de se servir de courtiers et payer droict de courtage; demourant à ladicte dame, le droict de levage, à raison de deux deniers pour pipe de vins enlevez par lesdicts marchans, dans ladite baronnie et prévosté, et enlevez ailleurs, passans par le destroict dudict Montreuil-Bellay. »

(Arrêt imp., Orléans, Fabian Hotot, 1619. Pᶜ vᵉ de l'assemblée de 1615. *V. ci-dessus,* nº 19.)

LA SALLE, en la commune de Montreuil-Bellay, département de Maine-et-Loire.

RIMODAN, en la commune de St-Just-sur-Diéze, canton de Montreuil-Bellay.

SAUMOUSSAY, en la commune de St-Cyr-en-Bourg, même canton. (Saumousay, Saumouçay).

914, 915.

XVᵉ-XVIIᵉ siècles. — Transaction, arrêt.

1452, 8 juillet. — Transaction.

Comparaît en la cour du Roi à Saumur, noble damoiselle Bertrande Prévost, dame de Saumousay, laquelle, de son bon gré et de sa bonne volonté, sans contrainte ni aucun parforcement, confesse

qu'elle est tenue de mettre en état et réparation une porte appelée
la porte de Saumouçay, près ses moulins dudit lieu, dans le délai
d'un an, en telle manière que les chalans chargés des marchands, y
pourront passer sans toucher au fond, comme l'on fait de présent,
sous peine de cinquante écus d'or — que les marchands qui passeront par ladite porte, ne sont tenus de payer aucune chose pour
« ligir sur la chaussée, » et pour charger en un pré où l'on a
accoutumé de charger les chalans, tant que ladite porte ne sera pas
réparée ; mais qu'après qu'elle aura été mise en état de réparation,
ladite dame de Saumousay « se pourra faire payer de sesdits droits
de ligir et du devoir qu'elle prend à cause dudit pré, tout ainsi qu'elle
faisoit par avant, en ce non compris, les autres devoirs de la porte,
qui se payeront par lesdits marchands. — Et si aucunement lesdits
marchans avoient nécessité d'eau pour passer le gué, le moulinier
sera tenu de laisser la porte ouverte jusques à ce qu'ils ayent passé
ledit gué. » — D'autre part, Etienne Breton, procureur gènéral des
M. F., consent à ce que la dame de Saumouçay ait terme d'un an
pour la mise en état et réparation de la porte et au nom des M. F.,
il renonce à « y besongner ce qu'ils avoient en intention de faire,
comme il disoit. »

(Transaction, imp., Orléans, Gilles Hotot, 1665.)

1603, 11 décembre. — Arrêt du Parlement :

Entre les M. F. d'une part ; René Balangeon, et Nicolas Tendet.
Guyon Davy, fermiers des moulins de Saumoussay, de Rimodan et
de la Salle sur la rivière du Thouet prétendant droit de péage sur
les bateaux passant par les écluses de leurs moulins, d'autre part.
— Lequel condamne lesd. meuniers en 16 l. p. d'amende envers
le Roi, et leur fait défense de rien exiger sur les marchands de vins
et autres, passant par leurs ports, péages et passages.

(Arrêt, imp., Orléans, Fabian Hotot, 1605.)

ASNIÈRES-BELLAY, en la commune de Cisay, canton de Montreuil-Bellay, département de Maine-et-Loire.

916.

1621. — Arrêt du Parlement de Paris :

Entre : les religieux, prieurs et couvent d'Asnières-Bellay, prétendant avoir droit d'exiger un subside de deux deniers sur « chacune pipe de vin et autres marchandises passans par la rivière de Thoué » et les **M. F.** déf. — Par lequel lesd. **M. F.**, sont gardés et maintenus « en la liberté de passer leurs batteaux chargez de vin et autres marchandises, sur la rivière de Thoué, sans payer le subside prétendu. »

(Arrêt imp., XVIIᵉ s..)

XVIII.

PÉAGES DES RIVIÈRES D'ANJOU.

———

LOIR.

———

LE LUDE, département de la Sarthe.

———

917.

1546, 9 mars. — Édit :

Portant que « le péage prétendu au Lude, de deux minots de sel sur chacune sentine-mère chargée de sel, (est) avalué à la somme de xxvij s. ij d. t.. (*V. ci-dessus, n° 447.*)

———

LA FLÈCHE. département de la Sarthe.

———

918, 919.

XVe-XVIIe siècles. — Commandement, édit.

1489, 13 mars. — Commandement :

Au seigneur péager de La Flèche, de se conformer aux ordonnances et lettres royaux antérieurs sur la matière des péages. (*V. ci-dessous, n° 943.*)

1546, 9 mars. — Edit :

Portant que « le péage prétendu à La Flèche, de deux minots de sel sur chacune sentine-mère chargée de sel, (est) avaluéz à la somme de xxvij s. ij d. t.. » (*V. ci-dessus, n° 447.*)

CRÉ, *canton de La Flèche, département de la Sarthe.*

FOUGÈRES, *lieu sur le Loir, aujourd'hui inconnu.*

920.

XVIIe siècle. — Instance au Parlement.

1622, 13 mai. — Instance introduite entre les M. F.. dem., et demoiselle Suzanne Depas, dame des chatellenies de Cré et Fougère, déf. — Ladite dame Depas, ayant acquis depuis peu la chatellenie de Cré, prétend que la possession des chatellenies de Cré et Fougères emporte en soi droit de prévoté, et, par suite, celui de prendre et lever sur la rivière de Loir, en l'étendue desdites chatellenies, le double de ce qu'y prend le sieur baron de La Flèche ; que ses prédécesseurs en ont ainsi joui, de même que les autres chatellenies, de temps immémorial ; se fondant, d'ailleurs, sur ce que le Loir est un fleuve particulier et non royal, et qu'aux termes de la coutume d'Anjou, les chatellenies et fiefs riverains y ont droit de prévoté. — Au contraire, les Marchands soutiennent que le Loir est un fleuve navigable, public, appartenant au Roi ; qu'à aucun seigneur il n'est loisible d'y mettre et imposer péage sans permission et concession du Roi ; que le droit de péage attribué par la coutume d'Anjou ne l'est que sur terre.

1526, 2 janvier. — Arrêt qui fait inhibition et défense, « tant à ladite dame Depas qu'à ses receveurs et fermiers èsdites terres de Cré et Fougère, de lever aucun droit de péage sur les marchandises passans sur la rivière du Loir, aux peines portées par les ordonnances. »

(Arrêt imp., Orléans, Fabian Hotot, 1626.)

DURTAL, *département de Maine-et-Loire.* (*Durestal.*)

921-923.

XVe et XVIe siècles. — Commandement, arrêt, édit.

1489, 13 mars. — Commandement à la requête des M. F.

Au seigneur péager de Durestal, de se conformer aux ordonnances et lettres royaux sur la matière. (*V. ci-dessous, n*° 943.)

1508, 6 juin. — Arrêt du Parlement :

Qui donne délai à François de la Faille, écuyer, seigneur de Durestal, pour produire les titres et preuves de son péage de Durestal ; passé lequel délai, lui est fait défense de lever led. péage. (*V. ci-dessus, n*° 445.)

1546, 9 mars. — Edit :

Portant que « le péage prétendu à Durestal, d'un septier sel sur chacune sentine chargée de sel, (est) avalué à la somme de liiij s. iiij d. t.. (*V. ci-dessus, n*°. 447.)

SARTHE.

MATHEFELON, en la commune de Seiches, département de Maine-et-Loire.

---

923 ▲.

XVe-XVIIe siècles. — Commandement, édit, arrêt.

1489, 13 mars. — Commandement à la requête des M. F.

Au seigneur péager de Mathefelon de se conformer aux ordonnances et lettres royaux sur la matière. (*V. ci-dessous, n*° 943.)

1546, 9 mars. — Édit :

Portant que « le péage prétendu à Mathefelon, d'un septier de sel sur chacune sentine mère chargée de sel, (est) avaluéz à la somme de xlv s. t. » (*V. ci-dessus, nᵒ 447.*)

1636, 8 mai. — Arrêt du Parlement qui appointe Urbin Martreau, demeurant à Mathefelon, à produire dans le délai de huitaine les pancarte et autres titres en vertu desquels il prétend un droit de prévoté sur la marchandise passant audit lieu de Mathefelon.

(Extrait Arch. de la ville d'Orléans.)

MALICORNE, département de la Sarthe.

924.

1546, 9 mars. — Édit portant :

Que « le péage prétendu à Malicorne, de deux minots de sel, sur chacune sentine mère, chargée de sel, est avalué à la somme de xxvij s. t.. » (*Voir ci-dessus, nᵒ 447.*)

CHAMPAGNE, en la commune de Saint-Ouen-de-Mimbre, canton de Fresnay-sur-Sarthe, département de la Sarthe. (*Champaigne.*)

925, 926.

XVᵉ-XVIIᵉ siècles. — Mandement de paiement, arrêt.

1472, 8 mai. — Mandement de paiement:

D'une somme avancée pour soutenir un procès contre le seigeur de Champagne. — « Les commis et ordonnez, par les marchands fréquentans marchandise sur le fluve de Loire et autres rivières chéans et descendans en iceluy, à faire bailler et délivrer les deniers appartenans à la communité de lad. marchandise, à Pierre de Foy, receveur général d'iceulx deniers, salut : — Nous vous mandons que des deniers de lad. recepte vous paiez et baillez à Jehan Estyvart, marchant et notonnier, la somme de dix livres tournois que lesd. marchans lui ont ordonné estre paiée pour restitucion et récompanse de la mise par lui faicte et paiée de ses deniers à la poursuite de certain procès qu'il a euz à Angiers et en la court de Parlement contre le seigneur de Champaigne, qui s'efforçoit exiger sallage sur les challans chargez de sel, et quatre deniers parisis pour pippe de vin, ainsi qu'il a remonstré par requeste. Et par représentant ces présentes et quictance, sur ce, dud. Estyvart, lad. somme sera allocée en voz comptes et rabatue de vostre recepte. — Donné en l'assemblée généralle desd. marchans tenue à Orléans, le viijᵉ jour de may, l'an mil cccc soixante et douze. » — G. Gidoin.

(Mand. s. parch., ms. Arch. de la ville d'Orléans.)

1620, 7 septembre. — Arrêt du Parlement de Paris :

Entre les M. F., le Proc. gén. du Roi, joint avec eux, d'une part ; et maître René Leclerc, conseiller, sieur de Juigné et de la chatellenie de Champagne, et Pierre Seneau, son fermier, d'autre part, — Qui faute de titres, donne main-levée de saisie de bateaux opérée par ledit fermier, lui fait « défenses de lever aulcun droict de péage sur les marchandises et batteaux montans et descendans le long de la rivière de Sarte, en l'estendue de ladite Chastellenye de Champagne. »

(Arrêt imp., Orléans, Fabian Hotot, 1621.)

AVOISE, canton de Sablé, département de la Sarthe.

927.

1560, 7 décembre. — Arrêt du Parlement :

Par lequel défense est faite « à Jehan de Champaigne, chevalier, sieur dudit lieu, et à ses gens et officiers, de prendre le péage et salage par lui prétendu au port d'Avoise sur les batteaux et challans

chargés de marchandises, montans et avallans par la rivière de
Sarte, en l'endroit de la seigneurie de Champaigne, et ce par provision et jusques à ce que aultrement en soit ordonné.

(Arrêt imp., XVIIᵉ s..)

SOLESME, canton de Sablé, département de la Sarthe.

928.

1528, 8 mars. — **Arrêt du Parlement de Paris,**

Qui donne délai à Jean Bouglier, prieur de Solesmes, pour produire les titres et preuves, de son péage de Solesmes, passé lequel
délai, défense lui est faite de lever led. péage. (*V. ci-dessus*, *nᵒ* 692.)

SABLÉ, département de la Sarthe.

929, 930.

XVᵉ-XVIᵉ siècles. — **Commandements, édit.**

1486, 3 août ; 1489, 13 mars. — **Commandements :**

A la requête des M. F., au fermier du péage de Sablé, de se conformer aux ordonnances et lettres royaulx précédemment donnés sur
la matière. (*V. ci-dessous*, *nᵒˢ* 942, 943.)

1546, 9 mars. — **Édit :**

Portant « que le péage prétendu à Sablé, de deux minots sur cha-
chacune sentine mère chargée de sel, (est) avalué à la somme de
xxvij s. t. » (*V. ci-dessus*, *nᵒ* 447.)

LE PORT-IOUSLAIN, *en la commune de Marigné, canton*
de Châteauneuf-sur-Sarthe, département de Maine-et-Loire.

930 ᴬ.

1508, 6 juin. — Arrêt du Parlement de Paris :

Qui donne délai à Jean Vivien, chevalier, seigneur du Port-lous-
lain, pour produire les titres et preuves de son péage du Port-Iouslain ;
passé lequel délai défense lui est faite de lever ledit péage. (*Voir*
ci-dessus, n°s 445 et 692.)

CHATEAUNEUF-SUR-SARTHE, *département de Maine-*
et-Loire.

931-933.

XVe-XVIe siècles. — Commandements, édit, arrêt.

1486, 3 août ; 1489, 13 mars. — Commandements :

A la requête des M. F. au seigneur péager de Châteauneuf, de se
conformer aux ordonnances et lettres royaulx antérieurs sur la matière. (*V. ci-dessous, n°s 942, 943.*)

1546, 9 mars. — Édit :

Portant que « le péage prétendu à Chasteauneuf, d'un septier de
sel sur chacune sentine mère chargée de sel, (est) avalué à la somme
de xlv s. t.. » (*V. ci-dessus, n° 447.*)

1508, 6 juin. — Arrêt du Parlement :

Qui donne délai à maître René Boucquet, *elemosinario* de Châteauneuf-sur-Sarthe, pour produire les titres et preuves du péage de
Châteauneuf, passé lequel délai, défense lui est faite de lever led.
péage. (*V. ci-dessus, n°s 445 et 692.*)

JUVARDEIL, canton de Châteauneuf-sar-Sarthe, département
de Maine-et-Loire. (Gévardel, Jévardel.)

934.

XVe-XVIe siècles, — Arrêts, commandements, instance.

Par le seigneur de Jévardel, vassal du baron de Châteauneuf et
Briolay, au comté d'Anjou, du droit de péage par eau, sur la rivière
de Sarthe, dans l'étendue d'une demi-lieue environ, que ladite rivière
baigne la terre et seigneurie de Jévardel.

(Dire des parties consignées en l'arrêt cité ci-dessous, n° 937.)

935, 936 ^A.

XVe-XVIe siècles, — Commandements, instance, édit.

1486, 3 août ; 1489, 13 mars. — Commandements :

A la requête des M. F. au seigneur péager de Jévardel, de se con-
ormer aux ordonnances et lettres royaux antérieurs sur la matière.
(*V. ci-dessous, n°s 942, 943.*)

1505, 7 mai. — Instance introduite entre le Proc. gén. du Roi et
les M. F., d'une part ; Marguerite de Broc, dame de Fontaines et de
Jévardel, agissant comme tutrice de Jean de Bueil, son fils, d'autre
part ; reprise plus tard en son lieu et place par led. Jean de Bueil,
puis par Antoine de Houbbes, chevalier, et Renée de Daillan, son
épouse, seigneurs desd. lieux.

1539, 17 février. — Arrêt en ces termes : « Prefata curia... dicit et
insuper antedictum defensorem, jus pedagii super riparia Sarte, in
dicto suo dominio de Jevardel habere. Quod quidem pedagium sol-
vetur et acquictabitur modo et forma qui sequuntur, videlicet :
dictus defensor capiet, — Pro qualibet pipa vini, ij d. t.. — Pro
bussa, gallice *busse*, j d. t.. — Et super magnis batellis, qui vocantur
mère bateaux gallice, qualemcumque vini quantitatem contineant,
pro toto jure cotereti, ij s. t.. — Duntaxat et si dicti magni batelli

minus quantitate sexdecim piparum contineant, nullum jus cotereti
sed duntaxat dictos duos denarios pro pipa unde supra habetur
mentio, capiet. — Eidem defensori, ne super allevamentis gallice
allègemens, dictorum magnorum batellorum qualemcunque vini
quantitatem dicta allevamenta vehant seu portent, aliquod jus cotereti levet, sub pena confiscationis pedagii, inhibendo. — Pro
onere seu chargia bladi sive sit frumenti, siliginis aut ordei, mensure
loci Pontis-Salis, j d. t.. — Pro fasce seu onere, gallice *fardeau*, cordato aut gibba, iiij d. t.. — Pro paqueto cordato, ij d. t.. — Pro
milliari ferri, talibus aut pluribus, x d. t., quod est unus denarius
pro quolibet centum. — Pro centum bituri, centum sevi, gallice *suif*,
centum pinguidinis, gallice *d'oingt*, centum gummi, centum alu-
minis, centum geme, pro quolibet centum, ij d. t.. — Pro miliari
ligni operati, gallice *merrain*, ad vinum, viij d. t. — Pro quadrigato
ligni quadrati, iiij d. t.. — Pro quadrigato feni, ij d. t.. — Pro miliari assularum, gallice *late*, dolatarum, iiij d. t.. — Pro magno batello, *challan* gallice, novo, viij d. t. — Pro parvo batello, *challan*
gallice, novo, iiij d. t., pro primâ vice transeuntibus, duntaxat, id
tamen petendo. — Pro quolibet barrillo, gallice *caque*, aut *rondelle*
alenum, ij d. t.. — Pro centum piscium, ij d. t.. — Pro quolibet batello principali et *mère* gallice, sale onerato, vij botellos salis; mensure loci de Brioleyo. — Pro corio vacce et bovis, ob. t.. — Pro
ligno ad calefaciendum, tuffelo, gallice *tuffeau*, ardesia gallice *ardoise*, pippis veteratis, palis ligneis, deprecationem. — Et quoad
marginationem seu branlagium quod nec vectores nec mercatores,
eorum batellos ad dictum pedagium de Jevardel, nisi bonum illis
videatur, marginare seu branlare tenebuntur, sed illi, ad dictum pedagium levandum ordinato, id quod ipsi ad causam mercantie, que
in dictis batellis erit, solvere tenebuntur ad locum, pro antedictum
pedagium, super dicto portu levando, destinatum, mittere poterunt. »
Pour les cas d'infraction sont infligées les peines d'habitude; sont,
d'autre part, imposées les obligations inhérentes à l'exercice du droit
de péage.   (Orig. Arch. du Loiret.)

1546, 9 mars. — Edit donné à Rambouillet, portant que le péage
« prétendu à Jévardel, d'un septier de sel sur chaque sentine mère
chargée de sel, (est) avalué à la somme de xlv s. t.. » (*V. ci-dessus*,
n° 447.

CHEFFES, canton de Briolay, département de Maine-et-Loire.
(*Cheffé.*)

937-940.

XV•-XVIᵉ siècles. — Commandements, édit, arrêt.

1486, 3 août, 1489, 13 mars. — Commandements :

A la requeste des M. F. au seigneur péager de Cheffes, de se conformer aux ordonnances et lettres royaux antérieurs sur la matière. (*V. ci-dessous, nᵒˢ 942, 943.*)

1529, 31 août. — Arrêt.

Par lequel est déclaré que messire Charles Bourré, chevalier, seigneur du Plessis-Bourré et de Cheffes, a droit de péage sur la rivière de Sarthe « en ladite seigneurie de Cheffé, lequel péage se payera et acquittera en la manière qui s'ensuit : — C'est assavoir : — Pour chacun chalan chargé de sel, sept boisseaux à la mesure dudit ˡieu. — Pour septier de blé, à ladite mesure, j d. t.. — Pour pipe de vin, ij d.. — Pour millier de merrain à vin, viij d.. — Pour neuf-vage de grand chalan, viij d., et de petit, iiij d.. — Des liègemens des chalans, conduits en ladicte rivière de Sarte, pourveu qu'il n'y ait abus, et qu'ils se liégissent en ladite terre de Cheffé, ne sera prise aucune chose. »

L'arrêt soumet, pour les cas d'infraction, aux peines et amendes habituelles et impose aux seigneurs péagers les obligations inhérentes au droit de péage.   (Arrêt imp., Orléans, Fabian Hotot, 1598.)

1546, 9 mars. — Edit.

Portant que le « péage prétendu à Cheffé, d'un septier de sel pour chaque sentine-mère, chargée de sel, (est) avalué à la somme de xlv s. t.. (*V. ci-dessus, nᵒ 447*).

1581, 26 janvier. — Arrêt du Parlement portant que « messire Jean de Bourré, chevalier, seigneur de Cheffé, prendra le droict de péage par luy prétendu, non en espèce mais selon l'évaluation et estimation portée par l'ordonnance. »

(Arrêt imp., Orléans, Fabian Hotot, 1598.)

LE PLESSIS-BOURRÉ, en la commune de Cheffes, canton de Briolay, département de Maine-et-Loire.

941.

1598, 8 mai. — Arrêt du Conseil.

Par lequel est « estaincte » une levée de 30 sols pour chaque pipe de vin, qui se percevoit au Plessis-Bourré sous le nom du s^r de Rembouillet. (*V. ci-dessus, n° 462.*)

BRIOLAY. département de Maine-et-Loire.

942-944.

XVe-XVIe siècles. — Commandements, édits.

1486, 3 août. — Commandement à la requête des M. F. :

« A tous ceulx qui ces présentes lettres verront, René Mahé, sergent à cheval du Roy nostre Sire, en son chastellet à Paris et commissaire en ceste partie, salut; savoir foys moy avoir receu certaines lettres de vidimus de certaines lectres royaulx avec les lectres exécutorialles d'icelles desquelles il apparoitra en temps et en lieu, impétrées et à moy présentées, de la partie de Jehan Cartier, marchant, demourant à Tours, procureur général des M. F..... En vertu et auctorité desquelles et du povoir à moy donné et commis par icelles et à la requeste dudit procureur général.

« Je, le troisiesme jour du moys d'aoust l'an mil iiij^e iiij^{xx} et six, me transporte de ceste ville d'Angiers en laquelle je foys ma demeure et ma continuelle résidance, au lieu de Briolay sur la rivière de Sarte pardevers et à la personne de Jehan d'Auges, receveur et prévost dud. lieu. et de là me transporte au lieu de Cheffe par devers et à la personne de Jullien Gonelier, prévost dud. lieu de Cheffe, et de là me transporte au lieu de Jevardeil, en l'ostel et domicile de Jehan le

Ber, prévost dud. lieu, et le iiij° jour dud. mois ensuivant me transporte au lieu de Chastcauneuf ès hostel et domicile de Philippon
Bourguet, prévost dud. lieu; et led. iiij° jour dudit mois, me transporte au lieu et ville de Sablé, par devers et à la personne de Jehan
Hastes et ès hostels et domiciles de Jehan le Roux, à présent prévost
dudit lieu. — Auxquelx prévosts et à chacun d'eulx ay fait exprès
commandement, inhibicion et deffense de par le Roy nostre Sire et
à la peine de cinq cens marcs aud. seigneur à appliquer, que contre,
ne ou préjudice des ordonnances et lettres royaulx de provision et
confirmacion autreffois données en la matière par les feuz Roys
Charles et Loys derniers décédés, que Dieu absoille, plus co–lièvent
ou facent lever aucuns nouveaulx péaiges et travers, truaiges et aug-
mentacions qu'ilz dient leur estre dues comme prévost desd. lieux, à
cause de leurs péaigeries soit par caue ou par terre en quelque manière que ce soit, sur lad. rivière de Sarte et que tout ce que depuis
lesd. ordonnances et publicacion et ou préjudice d'icelles, ilz en
auroient prins et levé, ilz rendent et restituent ausd. marchans. —
Et oultre leur ay fait exprès commandement de par led. seigneur
qu'ilz ostent et lièvent tous empeschements par eulx ou aultres faiz
depuis soixante ans sur les rivières estans soubz leurs prévostez,
empeschans le chemin et fait de la marchandise à leurs propres
coultz et despens.

« Lequel Jehan d'Auges m'a respondu, que jamais il ne print ne
exigea aucun argent de barreau, ne aucun liégement de sel, et pour
tant qui touche la late, merrain, fer; acier et rocs, il a confessé en
avoir eu les acquitz selon les instructions qui lui en ont esté baillées,
c'est assavoir : — De millier de late, iv d. t.. — De millier de merrain, viij d. t.. — De millier de fer et d'acier, iij s. iiij d. t.. — De
paire de rocs non ferrées, viij d. t.. et de ferrées, xvj d.. — De pipes
vuides, ij d. t.. — Et au regard de ce que je lui lui avois fait commandement de rendre ce qu'il avoit prins et exigé induement, il m'a
respondu qu'il n'en avoit prins ne levé si non ce qu'il devoit, ne qu'il
n'avoit pas intencion de rendre aucune chose. — Et au regard de la
deffense que je lui ay faicte de non lever aucune chose sinon selon le
contenu des lettres anxiennes, — il a respondu qu'il en parleroit aux
officiers de Monseigneur de Rays et au seurplus qu'il se garderoit de
mesprendre.

« Ledit Jullien Goiréart, prévost de Cheffe, il m'a respondu que

jamais il ne print ne leva aucun acquit de late, ne barreau ne liégement de sel, ne de pipes vuides, bien a confessé avoir receu pour
l'acquit. — De paire de roes, viij d. t.. — Et de millier de fer;
iij s. iiij d. t.. — Et de millier de merrain, viij d. t.. — Et au regard
de ce que lui ay fait deffense de non plus en lever sinon le droit
acquit, m'a dit qu'il se garderoit de mesprendre et en parleroit à
Monseigneur du Plesseys-Bourré, son maistre.

« Lad. femme dudit Jehan le Ber, m'a respondu que jamais son
mary ne eut, ne prendrint aucun acquit de late, de barreau, de
pippes vuides, de liégement de sel, bien a confessé avoir eu acquit
de paires de roes et de merrain.

« Au regard de fer et d'acier, dit que jamais n'en a passé par ses
destroiz depuis que son mary a esté prévost dud. lieu de Jévardel...

« Lad. femme Bourguet Prévost de Chateauneuf, m'a respondu,
que au regard de la deffençe que luy faisois en absence de son mary,
qu'il n'y avoit pas encores quinze jours que son mary estoit prévost
et quelle le luy diroit voulentiers. — Lad. femme de Jehan Doré,
naguères prévost dud. lieu de Chasteauneuf, m'a respondu que au
regard du commandement que luy avois fait, que au regard de late,
barreau, pipes vuides, ne liégement de sel, son mary ne elle n'en
avoient jamais riens receu, et autres marchandises sond. mary n'en
avoit prins sinon selon le contenu des lettresqui lui avoient esté
baillées, et au regard de rendre aucune chose, il n'en rendroit riens,
pour ce que sond. mary n'en avois prins ne exigé sinon ce que lui en
appartenoit.

« Et lesd. Hastes, Le Roux et chacun d'eulx m'ont respondu
c'est assavoir : — La femme dud. le Roux pour sond. mary et
led. Hastes en sa personne, qu'ilz n'avoient prins ne exigé aucun
acquit oultre l'acquit que leurs prédécesseurs, prévost dud. lieu de
Sablé avoient acoustumé prandre et lever.....

« Et tout ce je certiffic estre vray par ceste présente relacion,
scellée, signée de mes scel et seing manuel desquelx je use en mond.
office faisant cy. Mis les jours et an dessusd. » — R. Mahé. Sceau
pendant effacé. »

1489, du 13 au 20 mars. — Commandement à la requête des M. F. :
« A tous ceulx qui ces présentes lectres verront, Simon Petitpié, sergent ordinaire du Roy nostre Sire, en ses ville et quintes d'An-

giers, salut. Savoir faisons que de la partie de honorables personnes
les M. F..... m'ont esté présentées les lettres Royaulx premières
et secondes, ensemble l'exécutoires d'icelles ataché en teste desd.
lettres Royaulx, soubz le scel de honorable homme et saige
maistre Jehan Lehu, licencié en loix, lieutenant à Angiers et son
ressort de Monseigneur le séneschal d'Anjou, commissaire en ceste
partie, le tout impétré et à moy présenté de la partie desd. marchans
nommez esd. lettres ausquelles ceste présente ma relation est atachée soubz mon scel, par vertu et auctorité desquelles lettres et du
povoir à moy doné et commis par icelles et à la requeste de honorable
homme Jehan Martin, procureur général desdits marchands, le samedi
treisiesme jour du moys de mars, l'an mil iiij° iiij* et neuf, jour de
marché ordinaire en la ville d'Angiers, moy estant en icelle ville
d'Angiers ou je fays ma continuelle résidance. — Me transportay ou
carrrefour du Pillory de jcelle ville en illecq à heure du soir dud.
marché fis jouer par Jehan Chaponays trompecte juré en lad. ville
troys foiz de sa trompette pour assembler le peuple jllec venu aud.
marché et jcelluy peuple assemblé en très grant nombre fys publicacion desd. lettres et lecture, de mot à mot, ainsi que mandé m'estoit
par jcelles lettres et furent présens à lad. publicacion et lecture desd.
lettres, Estienne Bouessier, Jehan le Mareschal... et autres plusieurs.

« Et le quinziesme jour dud. moys de mars me party de lad. ville
d'Angiers, en la compaignie dudict procureur général pour aller au
lieu de Bryollay, distant dud. lieu d'Angiers de troys lieues et jllec
pour et en l'absence des seigneur et dame dudit lieu de Bryollay fys
obstencion desd. lectres à Jehan d'Augez leur chastellain et receveur
aud. lieu de Bryollay et luy donné entendre l'effect et substance du
contenu esd. lectres et ce faiz fys exprès commandement de par le
Roy Nostred. sire ausd. seigneur et dame de Bryollay, en parlant à la
personne de leurdit chastellain pour le leur faire assavoir et sur
peine de mil livres t., qu'ilz aient à monstrer et faire apparition
suffisamment ausd. Marchans ou à leur procureur, de leurs droiz,
usances et bonnes coustumes qu'ilz ont de prendre l'extaige ou
autre acquit sur lesd. marchans à cause de leurs marchandises passans par aucunes desd. rivières en leur seigneurie aud. lieu de Bryollay, pour au sourplus en estre faits par lesd. marchans selon le contenu esd. lettres et ce dedans troys moys prochains venans, et oultre
feys inhibicion et deffence, de par le Roy nostred. Sire auxd. seigneur

et dame de Briollay, qu'ilz ne soient si ousez ne hardiz de lever ne exiger aucune chose sur lesd. marchans, fors seulement ce qui est deu de raison et dont ilz ont paisiblement de toute ancienneté joy et usé, lequel chastellain me respondit que voullentiers le feroit assavoir ausd. seigneur et dame de Briollay, et ou surplus qu'il se garderoit de mesprendre. — Et ce fait, me transportay dud. lieu de Briollay en la compaignie dud. Quartier procureur susd., au lieu de Cheffe sur la rivière de Sarte, par devers Julien Gohéart, prévost aud. lieu de Cheffe, pour le seigneur d'iceluy lieu de Cheffe, auquel seigneur de Cheffe, après obstancion par moy faicte à sond. prévost, fys lesd. commande- mens, inhibicions et deffences, telles que dessus sur semblables peines, à appliquer comme dit est....— Et pareillement led. quinziesme jour de mars, me transportay, avecques led. Quartier aux lieux de Gévardel et de Chasteauneuf, par devers maistre Olivier Lapye, commis de Thomas Angeart, prévost dud. Gévardel, et Guillaume Regnart, chastellain dud. Chasteauneuf et illec fys lesd. commandements, inhibicions et def- fenses...... Et le seiziesme jour dud. mois, me transportay avecques led. Quartier en la ville de Chasteau-Gontier en la halle dud. lieu, et jllec à son de trompe et cry publicque, fys publicacion et lecture desd. lectres ès présences de maistre Guillaume Durand, Geffroy Tessart, chastellain dud. Chasteau-Gontier......... et plusieurs autres, et icelle publicacion faicte, fys lesd. commandements, inhibicions et def- fenses, au seigneur dudit Chasteau-Gontier, en parlant à la personne de sond. Chastellain....... — Et le xvije jour dud. mois de mars, me transportay avec led. quartier en la ville de Sablé, pardevant Pierre Hasses, chastellain dud. Sablé, auquel fys obstencion desd. lettres.... — Et le xvije jour d'iceluy moys, me transportay avecques led. Quartier, au lieu de la Flèche, et illec au carrefour de la halle dud. lieu, à vive voix et cry publicque, fys publicacion et lecture desd. lectres ès présences de Jehan Gouyn, Jehan Martineau..... et autres, et oultre fys lesd. commandemens aud. seigneur de la Flèche..... en parlant aux personnes de Michelet Ros et son pro- cureur et Jacques Richer, prévost aud. lieu de la Flèche. — Ledit xviije jour de mars, me transportay au lieu de Durestal et illecy fys lesd. commandemens au seigneur dud. lieu de Durestal et à Geffroy Charestier, son chastellain, en parlant à la personne de sond. chas- tellain, lequel chastellain me respondit qu'il se garderoit de mes- prendre et qu'il le feroit savoir à Jehan de la Vallée, demourant

à Angiers, qui estoit procureur dud. seigneur de Durestal tant en sa
seigneurie de Durestal que en la chastellenie de Mathefelon appartenant aud. seigneur de Durestal. — Et le xjx^e jour dud. moys de mars,
me transportay en lad. ville d'Angiers ès halles dud. lieu où se tenoient
pour lors les assises royaulx, dud. lieu d'Angiers, auquel lieu trouvay en leurs personnes Lancelot Sercler, procureur, Jacques Lecamus,
prévost dud. lieu de Chasteau-Gontier, ausquelx fys lesd. commandemens.......... — Et pareillement trouvay esd. halles, Jehan Landeny, maistre de la monnoye d'Angiers et receveur de Chantocé,
Martin Guilloteau, fermier et receveur du péaige et acquit de Vallée,
sis près Blaison ausquelx pareillement fys lesd. commandemens, inhibicions et deffences, et aussi à leurs maistres, seigneurs desd. lieux
en parlant aux personnes desd. Landeny et Guilloteau, leurs officiers.... — Et le jour ensuivant vingtiesme jours dud. moys de mars
me transportay en lad. ville d'Angiers pardevers Thomas Augeart,
prévost dud. lieu de Gévardel, auquel fys lesd. commandemens. —
Et celuy xxe jour dud. mois de mars, de rechef me transporte esd.
halles d'Angiers, pardevers Jehan de la Vallée, procureur dud. seigneur de Durestal en ses terres et chastellenyes dud. lieu de Durestal
et Mathefelon, maistre Guy Poyet, procureur du seigneur de Rochefort et Jehan Vinay, procureur du Chantoceaux ausquel procureurs
dessus nommez, fys lesd. commandemens..... — Et tout ce je certiffie estre vray par ceste présente ma relacion signée et scelles de
mes scel et seign manuel. Cy mis led. xxe jour de mars l'an dessusd.
mil iiij^c iiij^{xx} et neuf. » — S. Petitpié. — Le sceau a été enlevé.

> (Orig. s. parchemin, mss. Arch. de la ville
> d'Orléans.)

1546, 9 mars. — Édit :

Portant que « le péage prétendu à Briolay, d'un septier de sel pour
chaque sentine-mère, chargée de sel, (est) avaluée à la somme de
xlv s. t.. » (*V. ci-dessus*, n° 447.)

ECOUFLANT, canton d'Angers. (Estouflans, Conflans.)

945.

1526, 23 mars. — Arrêt du Parlement :

Entre le proc. gén. du Roi, et les M. F., dem.; et, Jean de Mariac,
se disant fermier et receveur du péage ou acquit, appelé la cloison
d'Angers, déf., par lequel « inhibitions et défenses sont faites audit
de Mariac, sous peine de cent marcs d'argent, de ne plus prendre,
cuillir et lever aucuns droicts de péage, acquict ou autre subside
appellé la cloison d'Angiers, sur les marchans, voituriers, denrées
et marchandises, batteaux ou challans, passans par la rivière de
Sarte, et par espécial la somme de x d. t., sur chacune pippe de vin,
sur les marchans et voituriers passans et repassans par le port d'Estouflans, assis sur ladicte rivière de Sarte. »

(Arrêt imp., Orléans, Eloy Gibier, 1559.)

MAYENNE ET OUDON.

LAVAL.

946, 947.

XVIIᵉ siècle. — Instance au Parlement.

1622, 5 septembre. — Instance introduite entre :

Les M. F., dem., et Henri de la Trimouille, duc de Thouars, comte
de Laval, déf. — Ledit comte de Laval en possession des droicts de
coustume et de prévosté à luy appartenant, à cause de son comté de
Laval, pour en jouir sur toutes les denrées et marchandises qui sont
apportées ou charroyées dans ladicte ville de Laval, ou transportées
hors d'icelle, soit par eau ou par terre.

1626, 7 mars. — Arrêt de la chambre de l'édit, par lequel le défendeur est maintenu en possession des droits précités de coutume et de prévoté, sans toutefois « qu'il puisse faire aucunes levées, ny prendre imposts, tributz, péages, ny autres droicts de coustume ou prévosté, sur les marchandises qui sont voicturées en montant ou descendant sur la rivière de Mayenne, passant par ladicte ville et faulxbourgs de Laval, si lesdictes marchandises n'y sont chargées ou deschargées. »

(Arrêt imp., XVIIᵉ s.,)

Mention d'un péage levé par les échevins. (*V. ci-dessus, nᵒ* 19, *p.* 84.)

CHATEAUGONTIER, département de la Mayenne.

948-951.

XVIᵉ-XVIIᵉ siècles. — Commandement, édit, instances au Conseil et au Parlement.

1489, 13 mars. — Commandement à la requête des M. F. :

Au seigneur péager de Chateau-Gontier, de se conformer aux ordonnances et lettres royaux sur la matière. (*V. ci-dessus, nᵒ* 943.)

1546, 9 mars. — Édit :

Portant que « le péage prétendu à Chasteau-Gontier, d'un septier sel sur chacune sentine-mère chargée de sel, est avalué à la somme de liiij s. iiij d. t.. » (*V. ci-dessus, nᵒ* 447.)

XVIᵉ siècle. — Les fermiers de la prévoté de Château-Gontier, en possession de lever certains droits sur les bateaux chargés de grains arrivant au port de Château-Gontier. — **1577, 16 janvier.** Pancarte des droits dûs par les « marchands pour l'arrivage au port dudit Chasteau-Gontier. » — **1608.** Quittance « des payements faits au receveur de la prévoté dudit Chasteau-Gontier, par les Marchands, pour le droict de prévosté. » — 1612, 7 décembre. Arrêt du Parlement, contenant défense aux fermiers de la prévoté de Château-Gontier de lever aucun droit d'arrivage sur le seigle, et au sénéchal de Château-Gontier de prendre aucune connaissance de cause des péages, impositions et droicts sur les M. F.

1618, 30 août. — Instance introduite au conseil privé du Roi entre : maître Jacques Garsaulan, conseiller et secrétaire du Roi, adjudicataire général de l'ancien domaine de Navarre, d'une part; Simon Mesnil, René Alleaume, Jacques et Pierre Le Roy, marchands fréquentant la rivière de Loire, conduisant ou faisant conduire bateaux de bled, seigle sur la rivière de Mayenne, et la communauté des M. F., intervenants, d'autre part. — 1621, 29 janvier. Arrêt par lequel les M. F. sont déclarés exempts du droit d'arrivage pour les bateaux chargés de bled passant au détroit de la Prévoté de Château-Gontier.

(Arrêt imp., Orléans, Fabian Hotot, 1622.)

———

LE LION-D'ANGERS, *département de Maine-et-Loire.*

———

953, 954.

XVIe-XVIIe siècles. — Arrêt, ordonnance, arbitrage.

1508, 6 juin. — Arrêt du Parlement :

Qui donne délai à Henri de Crouy, chevalier, seigneur de Renty, ayant la garde des enfants nés de son mariage avec Charlotte de Châteaubriant, pour fournir les titres et preuves de son péage du Lion d'Angers; passé lequel délai, défense lui est faite de lever led. péage. (*V. ci-dessus, n° 445.*)

1749. — Arbitrage.

Le sieur de Gatines, propriétaire d'un droit de billette qui se perçoit sur le pont du Lion d'Angers, situé sur la rivière d'Oudon, fait réparer ce pont. — Il remplace les bois mobiles, qui s'enlevaient pour le passage des bateaux pendant les grandes eaux, par des bois fixes qui ne permettent le passage que par les eaux basses, notamment celui des grands bateaux appelés auriers. — Cette transformation est motivée par le danger dont la mobilité des bois du tablier était pour les voitures, cavaliers et piétons passant sur le pont, et par les frais énormes que coûtait l'entretien de ces bois mobiles. — Procès-verbal est dressé par le baliseur, en présence de l'un des délégués de la compagnie des Marchands à Angers, et assignent M. de Gatines pour se voir condamner à rétablir le pont dans son premier état. — La compagnie des Marchands et M. de Gatines remettent la décision à l'arbitrage de M. le Procureur général du Roi près la cour de parlement de Paris.

(Reg. de corresp., de 1741 à 1750, f⁰ˢ 68, 73, 74, 75. Arch. de la ville d'Orléans.)

XIX.

PÉAGES DE LA MAINE.

——

ANGERS.

——

955, 956.

XVᵉ-XVIᵉ siècles. — Édit, arrêt.

1488, 19 février. — Lettres d'édit, données à Chinon :
Portant d'informer contre le capitaine du château d'Angers, pour la Reine de Sicile, à l'occasion du subside qu'il levait par-delà et au-dessus des péages légitimes. (*V. ci-dessus*, nᵒ   .)

1598, 8 mai. — Arrêt du Conseil :
Contenant modération de péages divers levés par le Sʳ de Pichery,
Le Sʳ du Bois-Dauphin,
Les maire et eschevins. (*V. ci-dessus*, nᵒ 462.)

——

LE RONSERAY-LÈS-ANGERS, aujourd'hui en la ville d'Angers.

957.

XVIe siècle. — Instance au Parlement :

1508, 14 juillet. — Instance introduite, entre le proc. gén. du Roi et les M. F. d'une part; les religieuses, abbesse et couvent de N. D. du Ronseray-lès-Angers, se disant en possession immémoriale de lever droit de péage sur la rivière de Loire, d'autre part. — 1531, 23 décembre. Arrêt portant que les défenderesses justifieront dans le délai de deux mois de la possession qu'elles allèguent. — 1522, 10 février. Lettres autorisant les défenderesses à requérir et demander réception de certaines enquêtes. — 1519, 14 juillet. Arrêt qui sans avoir égard aux lettres de 1522, dit que dans le délai de huitaine les défenderesses bailleront copie des faits sur lesquels elles ont informé, et ce pendant leur fait défense, à peine de cent marcs d'argent, de ne lever aucun péage ou droit, sur lad. rivière de Loire.

(Arrêt imp., XVIIe s..)

XX.

PÉAGE DE LA LOIRE ET DES RIVIÈRES D'ANJOU.

LA CLOISON-D'ANGERS.

958-994.

XIVᵉ-XVIIᵉ siècles. — Documents concernant « la cloison d'Angers, » péage levé par le duc d'Anjou, à l'origine, et plus tard par les habitants d'Angers.

1344. — Louis, duc d'Anjou, second fils du roi Jean, ayant repris l'œuvre commencé autrefois par Jean sans terre, de construire dans Angers, une nouvelle ville du côté de l'occident, et de l'entourer d'une enceinte fortifiée, les M. F. la rivière de Loire, pour aider le duc dans cette entreprise, consentent qu'un droit de péage soit temporairement établi, sur les denrées et marchandises naviguant au pays d'Anjou — ce péage, prend le nom de cloison d'Angers. — **1399.** Déclaration donnée par le duc d'Anjou que lui, ni ses successeurs, ne pourront tirer cette liberté à conséquence, contre les M. F., qu'ils ne s'en serviront que pour le temps convenu et n'en pourront faire contre eux prétexte de servitudes. — **1401-1409.** Prolongation de l'octroi accordé par les Marchands et renouvellement par le duc d'Anjou de la déclaration donnée en 1399.

(Mentionné en un arrêt du 7 août 1677, imp., Orléans, François Hotot, 1678.)

Nonobstant les déclarations précitées, les ducs d'Anjou à la faveur des divisions et des désordres, s'efforcent de rendre domanial le tribut de la cloison d'Angers. — 1430. Les M. F., portent leurs doléances aux états assemblés à Saumur. — Édit de Charles VII par lequel, tous les péages établis depuis soixante ans sont abolis, dans le nombre le trépas de Loire et la cloison d'Angers. — Lettres spéciales de révocation, accordées aux Marchands, en récompense de leur fidélité et en témoignage de la reconnaissance du Roi, « pour le grand secours, et les sommes considérables, qu'il avoit reçues de leur compagnie dans la division de ses états. »

(Chopin, police ecclés. — Liv. iij, arrêt de 1617.)

1438, 30 juin; 1445, 9 novembre. — Edits portant suppression des novalités et accrues de péages anciens, au préambule desquels est mentionnée la cloison d'Angers. (*V. ci-dessus*, n° 435.)

Commission donnée à l'un des conseillers du Roi en sa cour de Parlement, à l'effet de se transporter à Angers et de faire abattre le bureau des deux péages du trépas de Loire et de la cloison. — Opposition du duc d'Anjou, qui soutient que l'un et l'autre droit appartiennent à son domaine et sont établis depuis plus de soixante ans. — 1448, 24 mai. Décision du conseiller commissaire qui admet quant au trépas de Loire la prétention du Duc, mais la repousse en ce qui est de la cloison d'Angers, dont il fait abattre le bureau — appel au Parlement par le procureur général d'Anjou, il n'est donné aucune suite. — Malgré l'édit de 1430 et la décision précités de 1448, le droit de cloison n'avait cessé d'être perçu; en 1432, 1446, 1453, 1455, les ducs d'Anjou avaient renouvelé la déclaration par eux faite en 1399 et 1405, de n'en point tirer prétexte de servitude.

(Arrêt de 1631, mentionné plus bas.)

1474, février. — Lettres de Louis XI, contenant création de la mairie d'Angers, et pouvoir aux habitants de lever la cloison accoutumée d'être levée, par leurs mains, ou de bailler à ferme, pour le tout être commode à la réparation, fortification, emparement et autres nécessités et affaires communes de la ville.

(Visées en l'arrêt de 1605, rapporté plus bas.)

1477, 23 juin. — Lettres du Roi Louis XI, confirmatives du droit de cloison, avec permission de lever le doublement d'icelui, pour les causes énoncées auxdites lettres. — 1486, 19 décembre. Lettres de Charles VIII, dans le même sens, demeurées sans exécution en ce qui est de la perception du double droit.

(Visées en l'arrêt du 11 mai 1605, rapporté plus bas.)

1492, 25 mai. — Arrêt de Parlement qui fait défense au duc d'Anjou et à ses fermiers de plus lever le droit de cloison.

(Visé en l'arrêt de 1657, mentionné plus bas.)

1500, 5 décembre. — Conseil tenu en la maison de ville d'Angers, où assistent : « Sire Jean Ferrand, garde la monnoye et maire de ladite ville, maistre François Binel, juge ordinaire d'Anjou, Bertrand du Vau, Jean Charpentier, éleus d'Angers, René Bernard, grenetier, Abel de Seillons, procureur du Roy, Hilaire Caduc, lieutenant du juge de la prévosté d'Angers, Jacques de Montorrier, lieutenant à Baugé, Mathurin de Pincé, Pierre Fournier, Guy Poyer, Pierre Loriot, sires Légier Buschet, Jean Landevy, maistre de ladite monnoye d'Angers, Lezin Guyet, Jean Ragot, Jean Hallouyn, tous eschevins de la mairie d'Angers, et maistre Pierre Landevy, substitut du procureur d'icelle mairie. » Lesquels, ainsi assemblés, revoient, corrigent et revisent la pancarte du subside dit « la cloison d'Angers » et en dressent instruction nouvelle dans les termes qui suivent : — « C'est la manière et instruction ordonnée à lever sur toutes denrées et marchandises, le subside ou impost appellé la cloison de la ville d'Angiers, veue et réduite à la vérité par les maire et échevins d'icelle, assemblés spécialement pour ce négoce, après qu'ils ont veu les instructions anciennes, corrections et modifications depuis faites. — Et premier. — Pour pipe de vin creu en la quinte, entrant en la ville d'Angers, x. d.. — Pour chacune pipe de vin creu en ladite quinte, trépassant ou issant par ladite ville et quinte, ou par les fins et mètes d'entre le port d'Ingrande, les ponts de Sée, le port de Villevesque, en ce compris les ports et passages, montans, baissans ou traversans par les rivières de Loire, de Maine et du Loir, ou par aucunes d'icelles, xv d.. — Pour pipe de vin dehors ladite quinte, c'est à savoir des ressorts d'Angers, de Baugé et de Saumur, entrant et issant par ladite ville, xv d.. — Pour pipe de vin d'au-dessus de Tours, c'est à scavoir d'Orléans, de Blois, de Montrichard, de Bléré, et de Chissé, amenée en la ville et illec vendue, xv d.. — Pour pipe de vin, d'au-dessous de Chinon, de Loudun, de Thouars, de Montreul et de Fosse-Bellay, amenée pour vendre en ladite ville d'Angers, xv d.. — En trépassant par les fins et metes dessus déclarées ou aucunes d'icelles, xv d.. — **Pour charge de froment ou farine de froment, fèves, poix ou serre,** entrant en ladite ville; d'avoine, de chenevis, de mil, iij d.. — Pour charge de tous autres bleds ou potages, ij d.. — Pour fardeau qui est la charge d'un cheval, de draps de Flandres, de Braban, d'Angleterre et de Montevilliers, de Rouen, d'Evreux et d'autres semblables, x s.. — Pour fardeau de draps de Saint-Lo, Boujeux, Caen et autres semblables, vij s. vj d.. — Pour fardeau de tous gros draps comme bureaux de Saint-Jame, de Beuveron, de Fougères, de Laval et Vitré, v s... — Pour fardeau de draps de Dinan, de Bressuire et de tous autres draps de Poictou et autres semblables, iij s. iiij d.. — Pour charge d'espiceries, vij s. vj d.. — Pour charge d'amendes, d'alun, ris, papier commun et garence, xx d.. — Pour fardeau de grosse pelleterie, de connils et autres semblables, v s.. — Pour fardeau d'autre pelleterie commune, ij s. vj a.. — Pour chartée de poisson sec, v s.. — Pour millier, caque ou rondelle de haren sor, xij d. — Pour charge de harenc frais, xx d.. — Pour somme de saumon ou d'allose, xv d.. — Pour somme de lamproyes, de poisson de mer, congre ou rayes, ij s. vj d.. — Pour somme d'autre poisson de mer, excepté moucles, xx d.. — Pour somme de moucles, v d.. — Pour poisson d'eau douce, vendu es metes dessusdites, pour livre, iij d.. — Pour fardeau de toiles déliées, v s.. — Pour fardeau de grosses toiles, appelées canevats; de laines ou aignelins, ij s. vj d.. — Pour fardeau de peaux ô laine et de chanvre, xv d.. — Pour charge d'acier, xv d.. — Pour cent de fer d'Espagne, iij d.. — Pour charge de gros fer, v d.. — Pour cent d'estain, x d.. — Pour cent de plomb, x d.. — Pour cent d'airain ouvré, ij s. vj d., et non ouvré, xv d.. — Pour cent de cuivre ouvré, xv d., et non ouvré, vj d.. — Pour charge de clou, xv d.. — Pour charge de ferronnerie, x d.. — Pour pièce de faux, ij d.. — Pour cent de faucilles, iij d. — Pour charge de serges et tapis de Clisson, de Partenay et d'Argenton ou autres semblables, v s.. — Pour pièce de serge de Caen, v d.. — Pour cousté de chair salée, j d.. — Pour cent de cire, xx d.. — Pour cent de suif, oingt ou beurre, vj d.. — Pour cuir de boeuf ou de vache à tanner, j d..—Pour cuir tanné de boeuf ou de vache, ij d.. — Pour la douzaine de cordouan, de veaux tannez, vj d..—Pour la douzaine de bazanne, iij d.. — Pour le millier de merrain à vin, xx. d.. — Pour millier de cercles, v d.. — Pour chartée de fret, de grands cercles à cuve, xv d.. — Pour chartée de

bois ouvré, ij d.. — Pour millier de latte, iiij d.. — Pour chartée de
charbon, iij d.. — Pour millier de chestivelle ou rotrée, x d.. — Pour
chartée de thuille, ij d. — Pour somme de poterie de terre , j d.. —
Pour boeuf pour vendre, pour vache, ij d.. — Pour cheval ferré, amené
pour vendre iij d., pour jument, ij d., pour asnes, j d.. — Pour porc
gras, ij d., pour porc maigre ou truye, j d..— Pour chastry ou brebis,
ob. — Pour somme de pain blanc, iij d., de pain brun, ij d.. — Pour
somme ou charrée d'aigrun, ij d.. — Pour somme de poulaille, de
chevreaux ou d'oyes, vj d.. — Pour cent de connils, xx d.. — Pour
somme de souliers, ij s.. — Pour chalan chargé de tuffeau, xv d..
— Pour millier d'ardoise, iij d.. — Pour cent de geme, poix, rouzine,
iiij d.. — Pour cent d'ocre ou de croye, j d. — Pour fardeau de nappe,
ij s. vj d.. — Pour cent de cotton, ij s. vj d.. — Pour somme de saumace, ij d.. — Pour chartée de chaux, de foin ou de tan, iiij d.. »

> (Instr. imp., Orléans, Fabian Hotot, XVIe s..)

1508, 6 juin. — Arrêt du Parlement qui fait défense aux maire et
échevins d'Angers, de plus à l'avenir lever le droit de cloison. *(Voir
ci-dessus, n° 445.)*

1526, 23 mars. — Arrêt du parlement qui fait défense au duc
d'Anjou, à peine de cent marcs d'argent, de plus à l'avenir lever le
droit de cloison.

> (Visé en l'arrêt de 1657, rapporté plus bas.)

1534, 3 juin, 29 août. — Arrêt du Parlement par lequel défenses
sont faites aux maire et échevins d'Angers, de plus lever le subside
appelé la cloison d'Angers, au lieu du Pont-de-Cé, sur les denrées
et marchandises, bateaux ou chalans passant par la rivière de Sarthe
au port de Conflans et sur la rivière de Loire au lieu dudit Pont-
de-Cé.

> (Visé en l'arrêt de 1605, rapporté plus bas,
> cité dans le compte du Proc. gén. des M. F.,
> de 1534-1537. (V. ci-dessus, n° 274.)

1534, août. — Lettres de François Ier, qui permettent aux maire et
échevins d'Angers, de faire lever le droit de cloison par telles personnes que bon leur semblera, à la charge de garder ladite ville à
leurs dépens, et y faire faire les fortifications et réparations nécessaires.

> (Citées en l'arrêt du 11 mai 1605, rapporté plus bas.)

1576, 27 avril. — Arrêt du Conseil, donné entre les M. F., et les maire et échevins de la ville d'Angers, par lequel le Roi séant en son conseil, confirme l'octroi et droit de cloison, pour être levé suivant les lettres patentes des Rois François Iᵉʳ et Charles IX, sans avoir égard à l'arrêt de la cour de Parlement de l'an 1534, et autres donnés depuis en conséquence d'iclui; révoque en outre, Sa Majesté, tous les procès et différends pendant en ladite cour, pour raison dudit droit, et les renvoie au grand Conseil.

(Visé en l'arrêt du 11 mai 1605, ci-dessous rapporté.)

1581, 30 décembre. — Requête des M. F., tendant à ce « qu'en payant par chacun an aux maires et échevins, manans et habitans de la ville d'Angers, la somme de 2,200 livres pour le péage appellé la cloison d'Angers, ilz soient reçeuz à admortir led. péage. » — **1583, 13** septembre. Arrêt du Conseil qui déboute les demandeurs de l'effet et entérinement de leur requête, néanmoins leur permet de faire informer « des exactions par eux prétendues commises à la levée dud. droit de cloison » .

(Extrait des registres du grand Conseil du Roi, ms. Arch. de la ville d'Orléans.)

1589, 15 avril. — Lettres obtenues par les maire et échevins d'Angers.
(Citées dans les qualités de l'arrêt de 1657, ci-dessous rapportées.)

1596. — Édit obtenu par les maire et échevins d'Angers qui leur permet de doubler l'impôt de la cloison pendant sept ans. — **1598.** Vérifié au Parlement pour cinq ans seulement.

(Édit et arrêt cités en l'arrêt de 1657, mentionné plus bas.

1599, 15 octobre. — Réglement des impositions qui se lèvent sur la rivière de Loire, et rivières descendant en icelle, au pays d'Anjou, où sont portés les droits à prélever sur denrées et marchandises diverses énumérées en vingt-huit articles, avec mention qu'un commis sera établi à Cande et un autre à Montsoreau pour faire la levée desdites impositions sur les marchandises arrivant par terres de la Rochelle et autres lieux, ou qui baissent par la rivière de Vienne pour entrer en celle de Loire et monter contremont icelle.

(Réglement, imp., XVIIᵉ s..)

1600, 5 septembre. — Pancarte dressée par les maire et échevins d'Angers pour lever le subside de cloison sur les bateaux et marchandises passant tant en montant que descendant par la rivière de Loire ès lieux du Pont-de-Cé et Ingrande et autres lieux du pays d'Anjou, sur les marchands forains.

(Visé en l'arrêt de 1605, rapporté plus bas.)

1601. — La cloison levée simple jusque-là, portée au double sur les forains, maintenue simple sur les habitants d'Angers.

(Énonciation du préambule de la copie imprimée
à Orléans, de la pancarte de 1500.)

Il est accoutumé que le droit de cloison se prélève à la charge de payer et contribuer en la boîte des Marchands la somme de 300 liv., pour être employées à nettoyer et baliser les rivières.

(Octrois énoncés en l'arrêt de 1605.)

XVIIᵉ siècle. — De l'ordre et aux frais des M. F., impression par Fabian Hotot, imprimeur ordinaire du Roi à Orléans, sans l'approuver et sous protestation de l'impugner et débattre en temps et lieu, de la copie imprimée à Angers, de la pancarte du droit de cloison délibérée en l'année 1500.

(Préambule de la copie imprimée à Orléans.)

1602, 3 octobre. — Bail à ferme, par les maire et échevins d'Angers, du droit de cloison pour quatre années, aux charges et conditions y contenues, et, en outre, de payer la somme de 7,150 liv. par chaque année.

(Visé en l'arrêt de 1605, rapporté plus bas.)

1603, 7 juillet. — Requête présentée au Roi par les M. F., à l'effet d'évocation par Sa Majesté, à soi et à son conseil, du procès pendant au grand Conseil entre lesdits marchands et les maire et échevins de la ville d'Angers. — 1605, 11 mai. Le Roi, en son conseil, évoque, à soi et à sondit conseil, le procès pendant au grand Conseil entre les habitants d'Angers et les M. F., pour raison de l'impôt de cloison, et y faisant droit, maintient les habitants d'Angers en la jouissance dudit droit de cloison, pour être levé, le simple seulement, ainsi qu'il a été ci-devant fait sur les bateaux, denrées et marchandises passant et repassant par le pays d'Anjou, Ponts-de-Cé, Ingrande et ailleurs, sur la rivière de Loire, spécifiés en la pancarte du 5 décembre 1300, sans que lesdits habitants d'Angers puissent lever le double.

(Arrêt imp., Orléans, Fabian Hotot, 1605.)

1610. — Le maire et les échevins d'Angers ayant continué à prélever le double droit destiné en partie à payer la dépense des Pères de l'Oratoire chargés de la direction du collége d'Angers, après avoir biffé sur les lettres patentes de 1696 les mots « sept ans » et les avoir remplacés par les mots « douze ans, » les Marchands introduisent au Parlement une action en inscription de faux et réclament la restitution, à raison de 3,000 liv. par an, des sommes induement reçues de 1603 à 1610.

(Arrêt de 1657, mentionné plus bas.)

1610. — Lettres patentes qui autorisent les maire et échevins d'Angers à percevoir le double droit. — 1620, 19 décembre. Lettres patentes par lesquelles, en faveur de la reine mère de Sa Majesté, il est permis aux maire et échevins de la ville d'Angers de lever pendant six années le double du droit de cloison sur les denrées et marchandises passant par la ville d'Angers, le Pont-de-Cé et Ingrande, nonobstant l'arrêt du 11 mai 1605, pour être, les deniers à provenir dudit, doublement employés au remplacement des deniers pris par lesdits maire et échevins sur leur octroi, pour les frais des entrées faites à la dame Reine et autres réceptions, à acquitter leurs dettes et à mettre ladite ville d'Angers et pavés de ses avenues en réception.

(Citées dans l'arrêt de 1631, ci-dessous
mentionné.)

1626, 12 décembre. — Lettres patentes, par lesquelles est accordée la continuation du droit de doublement de la cloison, pour être, les deniers, employés au paiement de ce qui reste dû par les juges-consuls et communauté des marchands d'Angers, pour le rachat de la maison consulaire, prélèvement fait des mille livres attribuées aux Pères de l'Oratoire. — 1627, 27 juillet. Arrêt du Conseil confirmatif.

(Cités dans l'arrêt de 1631, ci-dessous
mentionné.)

1627, 12 août. — Lettres patentes confirmatives de celles du 12 décembre 1626, portant que les Pères de l'Oratoire de la ville d'Angers prélèveront la somme de mille livres sur tous les deniers provenant

du droit de cloison et doublement accordé aux maire et échevins
d'Angers.

(Citées dans les qualités de l'arrêt de 1631,
ci-dessous mentionné.)

1631, 22 mars. — Entre les maire, échevins et habitants de la ville
d'Angers et les Pères de l'Oratoire intervenants, d'une part; les M. F.
et les juges-consuls et communauté des marchands d'Angers, intervenants, d'autre part. — Arrêt du Conseil privé portant que, conformément aux lettres patentes du 12 décembre 1626, les maire,
échevins et habitants de la ville d'Angers jouiront du droit de doublement de la cloison d'Angers, pour le temps qui reste à expirer
d'icelle, et, sur la demande des M. F., relative à la continuation de la
pension de 300 liv. à prendre sur la ferme de la cloison d'Angers.
Les parties sont renvoyées au Parlement.

(Arrêt imp., Orléans, Vᵉ Gilles Hotot, 1643.)

1633. — Arrêt du Parlement, qui fait défense de percevoir le
double droit de cloison au-delà de six ans, à expirer en 1639.

1634. 18 mars. — Arrêt du Parlement lequel, pour l'exécution de
l'arrêt du privé Conseil du 22 mars 1601, condamne les maire, échevins et habitants d'Angers à payer et continuer aux M. F., par chacun
an une pension de 300 liv. tant et si longuement qu'ils jouiront du
droit de simple cloison; en quoi faisant, ils demeureront quittes et
déchargés du nettoiement, balisage et haulserées de la rivière de
Loire, ès lieu et endroits où se perçoit le droit de simple cloison.

(Arrêt de 1634, imp., XVIIᵉ s..)

1650, — Nouvelles lettres portant abolition du passé et continuant
pour neuf ans la levée du droit de simple cloison et doublement et
celle du tiercement, mais seulement sur les marchandises consommées dans la ville d'Angers. — 1654, 28 juin. Arrêt contenant vérification desd. lettres.

1654, 8 juillet. — Instance en requête civile, contre l'arrêt du
28 juin, entre : les M. F., dem. d'une part; les maire et échevins de
a ville d'Angers, déf., et les prêtres de la compagnie de l'Oratoire de
Jésus, Principal, Préfet et Régent du collège d'Anjou en l'université
d'Anjou, intervenant, d'autre part; lesd. M. F. se fondant sur le
motif; qu'il est injuste que pour payer les dettes de la ville d'Angers

qui s'accumulent tous les jours par mauvais usages des deniers communs, on autorise un impôt sur toutes les marchandises qui montent
ou descendent la rivière de Loire.

1657, 7 août. — Sur les conclusions de l'avocat général Talon, où
il est dit que bien que l'impôt de simple cloison, ait été établi dans
son principe sans lettres du Roi, qu'il n'ait continué pendant un siècle
qu'à titre de précaire, que la raison de son établissement ayant cessé,
c'est-à-dire, les fortifications de la ville, laquelle n'étant plus à présent frontière, n'a pas besoin d'être munie pour se garantir des
incursion étrangères ; néanmoins l'usage et la possession l'ont rendu
légitime, mais qu'il ne saurait en être de même du doublement qui
est un droit moderne.

Arrêt par lequel : la Cour, ayant égard à la requête civile, l'entérinant, remet les parties en l'état où elles étaient avant l'arrêt de 1654 ;
maintient les maire et échevins d'Angers dans la possession du droit
de simple cloison ; fait défense de lever le droit de double et tierce
cloison ; et pour avoir perçu le droit de doublement et tiercement
par des voies indues, condamne les maire et échevins d'Angers qui
les ont perçus en 600 liv. t., applicables moitié au grand Hôpital, et
moitié à l'Hôtel-Dieu de la ville d'Angers.

(Arrêt imp., Orléans, François Hotot, 1678.)

1796, 10 mars. — Dépêche du bureau de la compagnie des M. F.,
à Monseigneur de Mahoul, maître des requêtes, proc. gén. de la commission des péages. — « Monseigneur, nous sommes très sensibles
à la bonté que vous avés de nous demander nos pièces et mémoires,
concernant le droit de prévosté et de cloison d'Angers. Nous aurons
l'honneur de vous satisfaire incessamment. Nous vous supplions,
Monseigneur, de ne rien décider sans nous entendre, les prétentions des Srˢ maire et eschevins d'Angers nous ont cy devant paru
mériter réduction. Nous sommes avec un profond respect, Monseigneur, de Vostre Grandeur...... »

(Reg. de corresp. de 1735 à 1740, f° 11, v°.
Arch. de la ville d'Orléans.)

1736, 3 avril. — La compagnie des M. F., députe à Paris l'un
de ses membres, M. Massuau, pour « faire des remontrances aux

seigneurs de la commission des péages, sur la décision que demandent messieurs les maire et échevins d'Angers. »

(Même registre, fᵒ 12, vᵒ.)

1749. — Les maire et échevins d'Angers, se pourvoient au Conseil, à l'effet d'être affranchis de la pension de 300 livres qu'ils paient à la compagnie des Marchands, sur la cloison d'Angers, à la condition qu'ils se chargeront du balisage de leurs rivières. — La compagnie des Marchands repousse cette proposition qui lui paraît couvrir un piége.

1766, 26 août. — Arrêt du Conseil qui repousse la prétention des officiers municipaux d'Angers.

(Reg. de corresp. de 1741 à 1750, fᵒˢ 58 et 64,
de 1766 à 1773, fᵒ 12, vᵒ.)

———◦✕◦———

PÉAGES DIVERS.

———

995.

Fin du XVIᵉ siècle. — Requête au Roi sur les péages nouvellement établis.

« Les maire et eschevins des villes, des duchez d'Orléans et d'Anjou, contez de Tourayne, Blaisois, de Mayenne, et procureur des marchans fréquentans les rivières de Loire et Mayenne, que fleuves qui descendent en jcelle, en toute humilité supplyent la Majesté du Roy veoir et faire veoir par Nosseigneurs de son Conseil les nouvelles dasses et impots qui ont esté establys depuis l'an quatre vingtz huict sur le muid de sel, la pippe de vin, toilles, huilles, molues vertes, millier de rouzine, plomb, estain, que sur touttes aultres denrées et marchandises bessans ou montans, tant par lesd. rivières que fleuves qui y descendent, considérer comme le commerce des marchandises est du tout aboly par les insupportables dasses et nouveaulx subcides, et dont ung récit de ce qui est levé sur le vin depuis Amboise jusques à la ville de Nantes, ensuit :

« Premier :

« Le sieur du Gast faict lever à Amboise un escu sur chacune pipe de vin , et ce que bon lui semble sur touttes aultres marchandises, et dont il n'a jamais permis estre baillé acquit au marchan, cy j écu sol.

« Le sieur de Chavigny a tousiours faict lever à Chinon et en la ville de Saumur la somme de vingt soulz par pippe de vin, cy xx s. t..

« Le sieur du Plessis, gouverneur de Saulmur, faict lever sur pippe de vin, tant bessant à Saulmur que tout vin sortant de la rivière du Tout, la somme de vingt cinq soulz pour pippe, cy xxv.. — Et oultre faict payer à tous marchans quinze solz pour ung pesseport, xv s..

« Les acquéreurs de la traicte et imposition foraines d'Anjou s'entendent avecq les officiers, et du droict ont fait payer aux marchans vingt six soulz sur pippe de vin, cy xxvj s.. — Non content de ce et soubz fausse cause ont obtenu ung doublement, voire beaucoup plus du droict d'imposition, où le vin quy ne debvoit de droict que six soulz pour pippe en paye vingt soulz.

« Les maire et eschevins d'Angers font payer sur chacune pippe de vin passant ès Ponts-de-Sée, pour estre mené à Angers, la somme de cinquante soulz, l s..

« *Item*, en lad. ville des Ponts-de-Séc, lever la somme de quarante soulz sur chaincune pippe de vin, soubz le nom des sieurs du Bois Daufin, ci xl s.. — Audict lieu des Ponts-de-Sée, soubs le nom du seigneur de Pichery, la somme de vingt six soubs huict denyers, et sy le mesme vin passe la ville d'Angers, deus quatre livres par le mesme vin, et en est en somme sur une mesme pippe de vin cent six soulz huict deniers, et qui se justifie par des lettres d'octroy qui ne portent que quarente soulz, et est perçu d'un sac double mouture, xxvj s. viij d.. — Le sieur de la Bastide faict lever audict lieu quinze soulz sur chaincune pippe de vin et tribut sur touttes autres sortes de marchandises, ce qu'il n'a jamais été faict audict lieu, xv s.. — Non comptent de ce, les soldats des quatre corps des gardes prennent de chascun bapteau chargé de vin quatre seilles sans ce qu'ils boyvent, qu'il peult revenir à quelque six soulz pour pippe, vj s.. —

Se lève audict lieu vingt cinq soulz sur ung chaincun marchant qui besse ou monte par lesd. Ponts-de-Sée, sçavoir quinze soulz pour le passeport, et dix soulz pour les soldatz qui besse la chesne, laquelle est tousiours tendus comme durant la guerre, et ne passent les bapteaulx sans payer lad. somme de xxv s.. — Se lève aud. lieu quinze soulz t., soubz le nom du sieur de Rochefort, xv s..

« Soubz mesme prétexte du siége de Rochefort ou bien soubz autres causes, se lève esd. lieux des Ponts-de-Sée, à Ingrande et Saulmur, la somme de quarante soulz pour pippe de vin dont il ne s'est jamais veu lettres, cy xl s.. — Les habitans des Ponts--de-Sée, levant cinq soulz pour les forts dud. lieu v s. — Plus se lève au d. Pont-de-Sée pour Messieurs de Saint-Offange, ung escu sol. pour pippe de vin, j écu sol.

« Au Plessis-Bourré se continue lever trente soulz pour pippe de vin, cy xxx s..

« Se lève on est levé un escu cinquante soulz pour chacune pippe de vin qui passe en la rivière de Maine pour aller à Laval, j écu l s..

« Est levé au château de Montejan, pour le sieur de Mercueur, quatre escus cinquante soulz pour pippe de vin, pour estre mené ès villes de Vitré et ailleurs, iiij écus l s..

« Pour les estatz de Bretaigne, se lève ou s'est levé, à Vitré, six escus pour pippe de vin, vj écus.

« A Laval se lève ou s'est levé quarante soulz sur pipe du vin qui font payer doublement, sçavoir : quand le vin entre en la ville, et quand le mesme vin sort de lad. ville pour estre mené ailleurs, qui est prendre d'un sac double mouture, cy xl s.. — Et si le mesme vin passe à Laval, prennent les eschevins dud. lieu pareille somme de quarante solz, cy xl s..

« Ledict sieur de Bois Daufin faict lever trante soulz t. pour pippe de vin, et encores dix soulz quand le mesme vin sort de la ville d'Angers, xl s..

« Audict lieu des Ponts-le-Sée, soubz le nom du sieur duc d'Allebeuf, trante soulz pour pippe de vin, et autres grands subcides sur touttes autres marchandises, xxx s.. — Audict lieu des Ponts-de-Sée, ung nommé Bedeau, fermier des estatz pour Votre Majesté en Bretaigne, de sa seulle autorité auroit ès tably aud. lieu ung subcide de deux escuz, d'une part, et vingt soulz d'aultre, qui sont deux escuz sol vingt soulz t. pour pipe de vin, ij écus xx s..

« Ensuilt les nouveaulx subcides qui se voulloyent lever par le sieur de Mercueur à Rochefort, pour la garnison dud. lieu, trante soulz pour pippe, et sy ledict vin a chargé à Rochefort pour estre mené à Angiers ou ailleurs contremont, en ont faict payer ung escu et aultres grans subcides sur touttes sortes des marchandises bessant et montant, j escu.

« Comme en semblable, la communauté desd. Marchans vous suplyent, Sire, leur faire justice de ce que en l'année cinq cens quatre-vingt quinze, avant la réduction du sieur de Bois Daufin, les subcides cydessus se levoient aud. lieu de Rochefort, et les mesmes subcides c'est aussy levé, en lad. année, à la fosse de Nantes, par ung nommé Hervé. La raison de ce doublement est que le sieur de Saint-Offange prétend que led. sieur de Bois Daufin luy debvoit de l'argent. Le sieur de la Chaussée, lors maire de Nantes, prétendoit aussy que led. sieur de Bois Daufin luy en debvoit de pareil. Led. sieur de Saint-Offange a faict lever lesd. subcides à Rochefort et emparé des deniers, et led. sieur de la Chaussé a faict de mesme, à Nantes, de son aucto-rité, le tout aux despens du pauvre marchant, et non du sieur de Bois Daufin.

« A la chambre de Bretaigne, à Ingrande, le recepveur lève huict soulz neuf deniers sur chacune pippe de vin, pour le droict d'entrée de Bretaigne, viij s. ix d..

« Il se lève ou c'est levé, au chasteau de l'Isle, en la rivière de Villènes, près Redon, quatre escus sol pour pippe de vin, cy iiij es-cus. — Et sy c'est vin de Bourdeaulx, l'on en fait paier six escuz sol pour pippe.

« A Vieille-Roche, en la rivière de Redon, près du chasteau de l'Isle, cy tans s'est levé dix soulz pour pippe, par un nommé Laurens, seigneur de Vannes, qui a levé ce droict sans auctorité, x s..

« En la ville d'Angers se lève quarente soulz sur pippe de vin, soubz le nom de traites et impositions foraines d'Aniou, ce qui ne doibt estre levé en France, où les tailles de Vostre Maiesté se lèvent, veu que Vostre Majesté ny gouverneur n'en touchent ung soulz, xl s.. — Plus, en lad. ville d'Angers, soubz le nom du sieur de Pichery, se lève la somme de quatre livres pour pipe de vin, quelque part que elles puissent estre amenées, encores que la pippe de vin eust acquicté ès Ponts-de-Sée, soubz le mesme nom dud. sieur de Pichery, qui est soubz son nom, cens six soùlz huict d. t. sur une mesme pipe.

« Pour le trépas de Loire, se lève audict lieu cinq soulz par pipe qui n'avoit jamais esté payé que deux soulz six d. t., sinon que depuis quatre ans.

« A esté estably à Nantes, depuis la réduction en vostre obéissance, la somme de six escuz sol. sur les vins venans d'Orléans, Bloys, Touraine et Anjou.

« Et ce que dessus, sans compter l'achapt, voiture et anciens acquitz et frez de bapteaulx. »

> (Copie sur papier, sans date ni signature, écriture des dernières années du XVIᵉ siècle aux premières années du XVIIᵉ. Arch. de la ville de Nantes.)

ARTICLE OMIS.

996.

1598, 7 septembre. — Arrêt du Parlement de Paris.

Entre Claude Levassor et Claude Grétin, le Procureur Général du Roi et les M. F. demandeurs, et Mathurin Le Brun, marinier de la Loire, défendeur ; par lequel Le Brun est condamné à payer à Guérin le prix et valeur d'un « grand bateau et équippage de celuy, péri et submergé en la rivière de la Loire » et à restituer à Levassor la quantité de grain contenue audit bateau, péri et submergé avec lui.

(Arrêt imp. Orléans, Fabian Hotot 1612).

SUPPLÉMENT.

997.

1390, 7 mai. — Articulations et réponses dans un litige entre le comte de Blois et les M. F.

Afin, sire juige Mons. le baillif de Bloys, que par voustre bonne scentence et juigement soit dit, scentencié, juigé et par droit, pour le procureur de noble et puissant seigneur Mons. le conte de Bloys, contre Guillaume Lorens, marchant fréquentant la rivière de Loire, et contre Jehan Voiturier, au nom et comme procureur des autres marchans fréquentans ycelle rivière, que bien et adroit ledit Mons. le Conte, par luy, ses gens et officiers, ait pris ou fait prandre et mettre en sa main ung chalan avec l'appareil et garnisons d'icelluy comme a luj appartenans. Duquel chalan et appareil sera sy après plus plainement mencion, est que contre ce les dessusdiz, Guillaume Lorens et Voiturier, procureurs desdiz Marchans, se soient opposez jndeu.... (1) et partant silence perpétuelle à eulx imposée de délivrence demander des choses dessus dictes, et que partant par vous sera dit, se mestier est, ledit Mons. devoir desmorer en son estat, droiz, pocession et saisine et la main de mon dit Seigneur...... (2), levée au proffit dudit Procureur, et es fins dessus dictes et chescunes d'icelles dit et propose et en tout approuver, se mestier est, le Procureur dudit Mons. contre les dessus diz et chacun d'eux, les faiz, causes et raisons qui cy-après c'ensuient :

Premièrement, que ledit Mons. le Conte tient sa conté moult noblement du Roy, notre Sire, à cause de sa coronne de France, comme ung des plus nobles membres d'icelle, avec touz les droiz et noblesses appartenans à jcelle.

(1) Détruit par l'humidité.
(2) *Id.*

MÉM. X.

Le procureur dudit Lorens et desdiz Marchens, comme informé, respont que il le croit.

II. *Item,* et que ladite conté est moult ensienne et de grand et noble réputacion et a esté de tout temps, puis que elle commenssa à estre conté, moult noblement gouvernée et en bonne seigneurie et par bonnes gens, saiges et vaillans gouvernée.

> Il le croit.

III. *Item,* et que à cause de sa conté devant dite, a ledit Mons., plusieurs et grans noblesses, comme dit est, et plusieurs droiz espessiaulx et singuliers que plusieurs aultres seigneurs n'ont pas en leurs contez et seigneurie, lesquelles choses dénotent la grant ansienneté, seigneurie et noblesse de sa dite conté, et lesquelles noblesses le Roy nostre Sire et son Procureur pour luy, doivent garder et deffendre comme le fié et domaine du Roy, par le moien de mondit Seigneur nuement tenu de luy.

> Il croit tout l'article, excepté qu'il n'a nul droit audit chalan et apareil.

IIII. Et premièrement, pour déclarer aucunes noblesses espessiales de ladite conté, il est vray que ledit Mons., en sa dite conté, a jouy et use de tout temps et jouist de frans fiez et amortissement seul et pour le tout, sanz ce que aucun quiconques en se cas ait usé de veoir ne de congnoistre sur luy esdiz cas.

> Il le croit.

V. *Item,* et a ledit Mons., à cause de ses noblesses devant dites, droit de pêcheries appelé braies, comprenant toute la rivière de Loire qui est fleuve publique, et lesquelles il a eues et tenues, passé à deux cens ans et plus, comprenant tout ledit fleuve, excepté ung certain pas par où les bateaux et chalans passent, qui est une grant noblesse et telle que aultres contes et seigneurs n'ont pas en leur païs, pour quoy, etc.

> Il le croit.

VI. *Item,* et aussi a ledit Mons. le conte, en sa principale ville de sa conté, c'est assavoir Blois, droit d'amendes espessiales qui ne sont pas en plusieurs autres païs, car se ung homme frappe ung aultre et que sanc en isse, Mons., en ladicte ville et banlieue, a droit d'amende de lx livres, pour quoy la partie se deule, ja soit ce qu'ailleurs plusieurs seigneurs n'aient ou dit cas que lx solz et pareillement pour ung tort ou force fait de novel, la partie convincue en ladite ville et ban-

lieue paie lx livres, ja soit ce que ailleurs communelment ne paie que
lx s..

> Il le croit, quent les parties sont ataintes et convaincues des-
> diz cas et les colées sont resputées pour colées à sanc dedens
> les nuiz.   .

VII. *Item*, et aussi a plusieurs aultres noblesses singulières et très
longues seroient à escrire ne raconter, par quoy appert que lad. conté
est moult noblement tenue, et ancienne et de très grant et noble réputacion entre les aultres seigneuries du royaulme de France qui sont tenues du Roy nostre Sire, car ladite conté estoit tenue en franc alleu,
comme la conté de Champagne estoit, et pour ce quant le conte de
Blois entra en la foy du Roy il retint plusieurs noblesses des quelles
il use et a usé, comme il appert, par long usaige et pocession.

> Il croit que Mons. a plusieurs nobleces en sa conté, autre
> chose n'en croit.

VIII. *Item*, et en oultre les droiz et noblesses dessus dites a ledit
Mons. le Conte, ung droit qui est tel que se il advient que aucun chalan ou vesseau alant par la rivière de Loire péreille au dedans des fins
et mettes de sad. conté, il puet prandre et mettre en sa main comme
sien avec toutes les denrées et appareilz contenuz et estans périclitez
avec le chalan et vesseau percilité.   ·

> Il ne le croit pas.

IX. *Item*, et que de se droit dessus dit, ledit Mons. a jouy et usé
paisiblement estant aucun contredit aveu et sceu de touz ceulx qui
l'ont volu scavoir, et par espessial à veu et sceu de touz les Marchans
de la rivière de Loire, passé a deux cens ans et de tel temps
et si long qu'il n'est mémoire de contraire, et par tel temps et si long
que droit de seigneurie et propriété et pocession ensemble ly est ac-
quise et sont acquis.

> Il ne le croit pas.

X. *Item*, et de prandre et mettre en sa main lesdiz chalans et vesseaux ainsi péreillez avec les denrées et appareilz d'iceulx, est le dit
Mons. en bonne pocession et saisine paisible et en a jouy et usé
toutes et quantefoiz que les cas y sont advenuz, après les esploiz et
darrenières années.

> Il n'en croit rien.

XI. *Item,* et aussi en bonne saisine et pocession de dégiter les marchans requérans les denrées, appareilz et chalans périllez leur estre renduz et de leur contredire et reffuser au veu et sceu de tous ceulx qui l'ont volu veoir et savoir, et par espessial desd. Marchans de lad. rivière et par les darreniers esploiz et années.

Il n'en croit rien.

XII. *Item,* et aussi est led. Mons. en saisine et pocession d'en fere grace quant il ly a plu et plaist, et que luj et ses gens veoient que le cas le requéroit ou requiert et qu'il ly plaisoit ou plaist d'en donner tout ou partie, et que sus les cas qui advenoient a esté par plusieurs requis par les Marchans que il leur en voulsit faire grâce, laquelle quant il y a pleu il leur a faicte.

Il le croit bien que des choses qui li sont aquises et qui ne sont pas poursignes il ne (en) peut faire ce qui li plaist, autre chose n'en croit.

XIII. *Item,* et aussi en saisine et pocession de le contredire quant il a volu, voire en saisine et pocession de en débouter yceulx Marchans ou aultres qui demandoient droit en ycelles choses et par juigement donné par son baillif, ses gens et officiers, toutefoiz que le cas est advenu que l'on a volu demander rigoureusement délivrence estre faite, *quare,* etc.

Il n'en croit rien.

XIIII. *Item,* et aussi, en fait, le recepveur dudit Mons., recepte de telles choses et en a compté toutefoiz que les cas y sont advenuz et en comptera, se Dieu plaist, quant le cas y eschera, *quare,* etc.

Il n'en croit riens.

XV. *Item,* et n'est par merveilles se de ce droit use ledit Mons., car aucuns seigneurs petiz au regard de luj, ses voisins et autres de ses subgez usent de ce droit dessus dit quand le cas y eschiet. Adonc par plus forte raison en doit user ledit Mons. qui est si grant au regart d'eulx et souverain d'autres qui en usent, *quare,* etc.

Il n'en croit riens.

XVI. *Item,* et en usent de ce droit aultres grans seigneurs, comme le duc d'Orl⁵ et autres, *quare,* etc.

Il n'en croit riens.

XVII. *Item,* et ce aucuns vouloient dire que ce droit garder seroit

moult dure chose et contre raison, respont ledit Mons. que saulve
la grâce du préposant, ce n'est pas dure chose, mais est fondé sur raison,
afin que les Marchans ou les gouverneurs des chalans ne soient pas si
convetteux, que quant y voient aucun orage ou péril de temps que il
ne mettent à rive leurs chalans et vesseaux, pour sauver eux principalement, car corps humain est doit estre préféré à toutes choses, et se-
condement leurs denrées.

Il ne croit pas le responssif.

XVIII. *Item,* et pour ce, en haine d'eulx ou de ceulx qui ont le gouvernement, qui pour leur grant covetize ne doutent pas de l'orage de
temps qui est bien à doubter et par lequel maint corps humain sont
souvent péreillez, est il introduit par espessial en ladite conté que
thelx marchans qui sont cy outrecuidez qui ne doubtent ne Dieu
ne l'aventure de l'orage de temps, et pour leur convetize veulent abré-
ger leur véage pour moins despendre, que, en haine de ce, ils perdent
le chalan, denrées et appareil, et tout à bonne cause, car c'est pour
obvier aux périlz de la rivière qui est bien souvent en ladite conté si
plate que souvent on n'y puet pas nagier, et aussy pour obvier aux
malices des nottonniers et à leur covoitise, pour quoy, etc.

Il n'en croit riens.

XIX. *Item,* et mesmement, car en telx fleuves communs qui ont
rives et chantiers près d'eulx et qui ne sont pas moult preffons, chacun se puet ligièrement arriver et ancrer pour eulx saulver et leurs
denrées, pourquoy se il ne le font il leur est à imputer et en haine
d'eulx comme dessus est dit, introduit l'usaige dessusdit, *quare,* etc.

Il n'en croit riens.

XX. *Item,* et aussi ay plusieurs aultres raisons que chescun ne puet
pas rendre considéré le temps de la pocession et usaige dessus diz
qui est de ij^c ans et plus, pour quoy, etc., *quare non omnia quœ à
majoribus constituta sunt et omne reddi potest, quare,* etc.

Il n'en croit riens.

XXI. *Item,* et supposé que l'on peut dire cest usaige ou ceste pocession durs et contre raison que non par ce que dessus, toutefoiz sont il
atenu, puis que l'on a ainssi généranlement acoustumé de user comme
dessus est dit, *quare lex quantumcumque dura est tamen tenenda,* et
par consequant usaige ou coustume qui est droit non escript, *quare,* etc.

Il n'en croit riens.

XXII. *Item,* or est il vray que puis ung an en sa, en regart ad ce présent procès, un certain chalan périlla et se aventura en la rivière de Loire, entre les fins et mettes de ladite conté, au droit de Chosi, et par la mauvaise garde de ceulx qui l'avoient à garder qui est à présumer et présomption de droit veu ce que dessus, laquelle chose vint à la cognoissence des gens et officiers de mondit Seigneur, pour laquelle cause fut envoié un sergent appelé Jehan le Gres, sergent de Mons. le conte de Blois, devant dit, et lequel par le commendement des gens et officiers de mondit Seigneur à luj fait, prist et appréhenda la pocession d'icelluy chalan et appareil et le mist en la main de Mons. dessus dit, pour le tenir, garder et conserver en sa justice, pocession et usaige devant diz.

Il croit que ledit chalan et appareil s'aventura par fortune sens coulpe et ont esté pris, mes c'est sans cause, quar ledit marchent n'y a aucune coulpe.

XXIII. *Item,* et puet estre que longtemps après vint par devers Messire le Baillif de Blois ung appelé Guillaume Lorens, qui disoit le chalan et appareil périllez à lui appartenir, et que contre ce que de par Mons. avoit esté fait se opposoit requérant la main estre levée à son proffit, et aussi fist Jehan Voiturier, ou non et comme procureur des Marchans fréquentans la rivière de Loire, requérant et confortant ledit marchant et les aultres dont il est procureur, la main de Mons. devoir estre pour ce levée et partir, et que le chalan et appareil estant audit merchant deslivré, etc.

Il croit que ledit merchant tantost après le péril escheu requist délivrance de ses choses saisies, et autre chose n'en croit.

XXIIII. *Item,* et que ledit Messire le Baillif voleut amiablement et doulcement procéder avec lesdiz Merchans, ja soit ce que il eust bien peu procéder par aultre manière se il eust volu, les receut à opposicion et leur assigna jour devant lui pour procéder selon ce que de raison.

Il croit que il le receut à opposicion, autre chose n'en croit.

XXV. *Item,* et que à la journée assignée auxdiz Marchans par le Procureur de Mons., en effet ou substance furent dites et proposées les choses devant dites affin de regiter les dessus diz de leur opposicion et que ledit Mons. feust maintenu et gardé en son estat de sa saisine et pocession, et que bien et adroit il eust fait et faire ce dont dessus est

faite mencion, et lesdiz Marchans et Procureur regité de leur opposicion et requeste de délivrance et de ce qu'ilz requéroient.

    Il le croit.

XXVI. *Item,* et par tant, veu ce que dessus est dit, avec ce que
voustre noble discrecion pourra estre supplée et adjoustée, dit Mons.
ou son procureur pour lui, non obstant chose proposée au contraire par
lesdiz Procureurs desdiz Marchans et Guillaume Lorens, es quelles
appert adssez réponce par ce que dessus, et encore d'abondent y respont le Procureur dudit Mons. en la manière que c'en suit.

    Il ne le croit pas.

XXVII. Et premièrement, ad ce que vouldroient dire ou proposer les
dessus diz Procureur et Marchant, que se ledit Mons. en a usé c'est
par le temps des guerres et non pas ou temps que les Marchans peussent aler et venir par la rivière de Loire, etc., respont ledit procureur
dudit Mons. que, saulve la grâce des proposens, veu ce que dessus,
il appert le contraire, car il n'est mémoire de homme que mondit
Seigneur ne soit en saisine et pocession de en jouir et user tant en
temps de guerre comme en temps de paix, et avant les guerres présentes et celles qui ont esté par avant, mais lesdiz Marchans veullent
prendre ceste couverture pour mieulx fulsir leur propos et diminuer le
droit de Mons. qui ne sont point choses à présumer, *quare,* etc.

    Il ne croit pas le responssif.

XXVIII. *Item,* et mesmement veu ce que dessus, car il n'est point
à présumer que Mons. et ses prédécesseurs qui ont esté de si noble
consience et bonne renommée eussent volu par temps de guerre
croistre leurs droiz ne acquérir sur aultre aucune chose qui ne leur
appartenoist, mais est certain du contraire et commune renommée par
tout le roiaume de France comme dessus est dit, *quare,* etc.

    Il croit bien la bonne renommée et conscience; mes il n'a
pas droit es dites choses, sauve sa grâce, car elles ne sont pas
forfaictes.

XXIX. *Item,* et mesmement n'est pas à présumer ce que est allegué
pour lesdiz marchans, car de tout temps du monde la ville de Blois
est repputée ville marchande, et là où communelment grant quantité
de marchans, tant de la rivière de Loire comme d'ailleurs, ont accoustumé de converser et durant la guerre et par avant, pour quoy il n'est
point à présumer, veu la bonne justice que ils ont touziours faite et
dont il est renommée par tout le monde, par espessial ou royaulme de

France, que se les marchans eussent droit en ce que ilz demendent à présent que ilz ne l'eussent piessa pourssuy et mis en termes de raison; mais leur puet en dire et respondre, et mesmement de si longtemps qu'il n'est mémoire du commenssement, et ce doit être repputé pour bon et juste tiltre selon droit, etc. *Et quare diuturna possessio inducit pro titulo.*

Il ne le croit pas quant au cas dont il est à présent question, ne de cas semblable.

XXX. *Item*, et que les dessus diz vouldroient ou pourroient dire que se il en a jouy contre aucun que il ne doit pas nuire aux aultres, etc. Ad ce respont le procureur dudit Mons. le conte que puisqu'il en a jouy comme devant, contre le plus petit, que il doit nuire à touz selon raison; mesmement que il n'en a pas jouy seullement ne occurement, mais publiquement, au veu et sceu de touz à qui le fait povoit toicher qui ne s'en sont point partie, ja soit ce qu'ilz sceucent ou peussent savoir, et se ilz ne l'ont sceu, c'est *ignorantia crassa* et *supprema* que *ne omn. excusat*, pour quoy ad ce dire ou proposition ilz ne doivent estre receuz, ou au moins ne leur doit valloir, et mesmement, veu le temps dessus dit dont ledit Mons. a jouy et usé, comme dessus est dit, *quare*, etc.

Il ne croit pas le responsif.

XXXI. *Item*, et n'est pas à présumer que, considéré les grans cas et les choses qui sont advenues souvent ou temps passé que ce se feust le droit des marchans tel comme ilz allèguent de présent, que aultrefois ilz ne se feussent adjoins avec les singuliers marchans requerans la délivrance de leurs biens ou le procureur desdiz marchans, mesmement que ilz ont eu touziours procureur es lieux nottables comme à Orl^s et Tours, près de ladite ville de Blois, et aussi en la ville de Blois, et encore y ont procureur pour eulx, *quare*, etc.

Il respont que il ne set oncques que cas pareil ou cas présent soit avenu, et aultre chose ne plus n'en croit.

XXXII. *Item*, et se les dessusdiz vouloient dire que il est deffendu expressément en droit, et que nul usaige ne coustume ne puet ad ce préjudicier, répont led. procureur que ce ne vault par plusieurs raisons, premièrement veu l'usaige et la longue observence comme de ij^c ans, *quare*, etc.

Il ne croit pas le responsif.

XXXIII. *Item*, et mesmement, car ou cas de présent l'un traite de fait de pocession qui est telle et si prevelégiée que elle se pert et acquiert par an et par jour, *quare,* etc., et aussi pocession est plus de fait que de droit, l'on doit avoir principalement regard au fait qui est tel comme dessus est dit.

Il ne le croit pas selon le cas présent.

XXXIIII. *Item,* et mesmement, car supposé que les droiz parlent de ceste matière, ils parlent en péréclitations faictes en mer, ou quel cas nulle coulpe ne puet estre imputée aux marchans ou noctonniers fréquantans en mer, car en mer, qui est une chose infinie et généralle, et où il n'y a fons ne rive, aucune coulpe ne puet estre imputée aux merchans ou aux pastrons des nées, quar, par quelque diligence qu'ilz facent, ilz ne puent pourveoir aux fortunes qui adviennent, et pour ce que en tel cas ilz n'ont aucune coulpe, droit leur survient que leurs choses ne sont pas perdues, mais en fleuves petiz et par espessial telx comme la rivière de Loire qui est ung fleuve petit et estroit et non pas profont, les péréclitations qui adviennent sont à inputer aux marchans par ce que dessus est dit ou fait, lequel pour brieveté le procureur dudit Mons., et pour respecte en ceste présence, pour quoy, etc.

Il ne le croit pas.

XXXV. *Item,* et encores, non obstant ce que les droiz parlent en fait de mer et pour la raison dessus dite encore, dit et pose de fait ledit procureur que en plusieurs lieux les seigneurs usent du droit dessus allegué, et par espessial mon dit seigneur et aultres seigneurs ou païs de Seconchée et de Hollende, et semblablement le conte de Hénaut es païs dessus diz qui ly appartiennent, *quare,* etc.

Il n'en croit riens.

XXXVI. *Item,* et se l'on dist que c'est dernier que les droiz parlent plus en mer que en aultres fleuves, etc., respont le procureur dudit Mons. le conte que, saulve la grâce du proposant, par ce que dessus, car la raison n'est pas telle es fleuves comme en mer, comme il appert par ce que dessus, *quare,* etc.

Il n'en croit riens.

XXXVII. *Item,* et que ce soit vérité, il appert expressément l'autentique *navigia* a loy que le mande *navis, ad legem Rodiam, jactu* qui parle expressément *de mari,* pour quoy joint l'usaige et coustume avec la loy et les loys qui parlent de ceste matère, appert que thelx choses ne sont pas entendues en fleuves et par les raisons devant dites, mais en mer seullement, car l'usaige et coustume intreceptent les droiz et n'est mie vray semblable que la coustume soit introduite sans cause raisonnable.

> Il ne croit pas le responsif.

XXXVIII. *Item*, et se on dist que la coustume seroit inique, respont le procureur de Monsr que non, veu ce que dit est et oultre supposé sans préjudice qu'elle feust inique, toutes voies seroit-elle à garder, et par conséquant la coustume inique *que legi equipatur*, comme ses choses sont traitiées par droit, pourquoy, etc.

> Il n'en croit riens.

XXXIX. *Item*, est se aucune chose pour les dessus diz, a esté proposée de droit ou de raison, à quoy le procureur dudit Mons. n'ait répondu, il répont qu'il est de droit, et s'en atant ad ce que droit et raison en veut, et se il est de fait, y respond par ny et par fait contraire.

> Il n'en croit riens.

XL. *Item*, et que les choses dessus dites proposées de par le procureur dudit Mons. sont vraies, certaines et nottoires, et en est vouez et commune renommée pour led. Mousr conte, les dessus diz ou pais de Blois et es pais voysins et souverains, *quare*, etc.

> Il n'en croit riens.

XLI. *Item*, et que les dessus diz les ont suffizamment confessées estre vraies en jugement et dehors, et en telle manière qui doit valloir et suffire quant à avoir l'aucencion du procureur dudit Monsr, *quare*, etc.

> Il n'en croit riens.

Sy conclut le procureur dudit Monsr contre les dessus diz, à la fin ou fins que dessus, et à toutes les meilleures qu'il puet, tant de droit comme de coustume, et offre de prouver de ses faiz tout ou partie en ce qui ly en suffira comme et nostre torz faiz contraires et recepvables de partie adversse ou protestacion que tout prove de la partie adversse soit nul et de nulle valleur.

Passé pour plède pardevant nous, Simon Bellclance, lieutenant du baillif de Blois, l'an mil ccc iiijxx et dix, le samedi vije jour de may.

Au dos est écrit :

Ce sont les escriptures pour Monsr le conte de Bloys, contre Guillaume Lorens et Jehan Voiturier, procureurs des marchans de la ri-

vière de Loire, pour ung batteau effondé et périllé en la rivière de
Loire es fins et mettes du conté de Blois.

> (Orig. sur parch. Bibl. comm. de la ville de Blois, fonds Jour-
> sanvault, n° LXXIX des rôles.)

998.

1565, 7 juillet. — Arrêt du Parlement de Paris.

Entre les M. F. et plusieurs meuniers d'Orléans, par lequel est ordonné aux déf. de mettre leurs moulins « cul à cul l'un de l'autre, de
manière que la voye navigable demeure toujours franche et droitte de
huict toises au droict fil et plus profond du cours de l'eau. »

> (Arrêt imp., Orléans, Éloy Gibier, 1565, 1587.)

999.

1635, 11 janvier. — Arrêt du Parlement de Paris.

Entre les M. F., demandeurs, et Jean Mignan et François Chompas,
lavandiers, demeurant à Châteaugonthier, défendeurs, par lequel est
ordonné que les bateliers conduiront leurs grands batteaux sur la rivière du Maine, tout le long de la lavanderie des défendeurs, et pourront passer et repasser à la halée par dessus les prez dépendans de
ladite lavanderie. Et à cet effet, que les défendeurs seront tenus faire
mettre à leurs despens une planche entre le pré d'icelle lavanderie
et la prée appelée les Grands-Prez, pour servir à passer et repasser
lesdits bateliers ausdites halées, en les faisant avertir à toutes heures,
sans aucun retardement des bateliers et leurs bateaux, laquelle halée
lesdiz bateliers ne pourront faire que jusques au long du lavage et
arrivouer de ladite lavanderie.

Et pour le regard d'une muraille depuis peu construite sur les vieux
fondemens d'une ancienne muraille dépendant de l'hospital dudit Chas-
teaugontier, que lesd. déf. seront tenus faire battre huict ou dix grands
paux de rencontre au dessus de lad. lavanderie, compris ceux qui sont
ja plantez au rez de lad. muraille, et quatre paux audessous, pour lier
lesd. batteaux qui monteront et iceux enchapeler, et iceux entretenir

tant et si long temps qu'iceux def. seront, et leurs successeurs, possesseurs de tout ou partie de ladite lavanderie. Et au cas que lesd. batteaux allassent éguiser et endommager lad. muraille avancée, ne pourront lesd. def. prétendre contre lesd. batteliers aucuns dommages et int. pour la refection de lad. muraille.

(Arrêt imp., XVIIᵉ s..)

ERRATA ET ADDENDA.

Tome 1er, p. 55, ligne 3, supprimer le nom de *Pocé*, placé mal à propos parmi les péages du Cher, et le reporter à la page 54, parmi les péages de la Loire, entre Chaumont et Amboise.

Tome II, p. 2, ligne 25, au lieu de *pourssuir* lisez *poursuir*.

— p. 4, ligne 25, au lieu de *Sanxeurre* lisez *Sanceurre*.

— p. 20, ligne 30, au lieu de *concluze* lisez *conclure*.

— p. 30, ligne 30, au lieu de *renvequez* lisez *convoquez*.

— p. 71, ligne 17, au lieu de *méreau* lisez *mérean*.

— p. 73, ligne 2, au lieu de *mesreau* lisez *mesrean*.

— p. 232, ligne 16, au lieu de *bouts* lisez *boucs*.

— p. 274, ligne 2, au lieu de *xxvij s.* lisez *cxvij s.*.

— p. 289, ligne 19, au lieu de *xiij écus* lisez *c écus*.

— p. 289, ligne 25, au lieu de *xiij écus* lisez *viij écus*.

— p. 436, ligne 31, au lieu de *onzée* lisez *ouzée*.

— p. 451, ligne 28, au lieu de *trances* lisez *tronces*.

— p. 455, ligne 7, au lieu de *acheveau* lisez *achereau*.

— p. 455, ligne 31, au lieu de *coille* lisez *toille*.

— p. 489, ligne 6, au lieu de *farines* lisez *forines*.

— p. 496, ligne 9, au lieu de *tait* lisez *tail*.

— p. 510, ligne 22, au lieu de *recouvran* lisez *recouvrance*.

— p. 544, note, au lieu de *le croche* lisez *la croche*.

— p. 545, lignes 12, 13, au lieu de *révérences* lisez *révérentes*.

— p. 546, ligne 19, au lieu de *port* lisez *pont*.

Tome III, p. 2, ligne dernière, au lieu de *sous* lisez *sans*.

— p. 6, ligne 12, au lieu de *courbes* lisez *combres*.

— p. 13, ligne 15, au lieu d'*estourbier* lisez *destourbier*.

— p. 19, ligne 26, au lieu de *qui* lisez *qu'il*.

— p. 22, ligne 27, au lieu de *cessés* lisez *cassés*.

— p. 82, ligne 27, au lieu de *royalement* lisez *loyalement*.

— p. 91, ligne 13, au lieu de *cornaul au coing* lisez *cornaul ou coing*.

— p. 93, ligne 5, au lieu de *feu* lisez *fer*.

— p. 106, ligne 14, au lieu de *ij d.* lisez *x d.*

— p. 116, ligne 29, au lieu de *piguat* lisez *pignat.*

— p. 117, ligne 33, au lieu de *boule* lisez *balle.*

— p. 118, ligne 24, au lieu de *avée* lisez *havée.*

— p. 119, ligne 28, au lieu de *cordelé futené* lisez *cordelé, futène.*

— p. 120, ligne 28, au lieu de *motye* lisez *morye.*

— p. 134, ligne 23, au lieu de *sentine* lisez *sentinée.*

— p. 138, ligne 27, au lieu de *aune* lisez *auve.*

— p. 139, ligne 23, au lieu de *barreau* lisez *batteau.*

— p. 148, ligne 8, au lieu de *rous* lisez *rons.*

— p. 198, ligne 24, après les mots *charretée, ij d.,* ajouter : et est assavoir que le millier de douelles, de quatre piedz de long, faict cinq charrettées de moison, et le millier de cinq piedz, six charrettées et demy; quatre cens de fons de moison font une charrettée ; le millier d'espeur de six piedz font cinq charrettées sangles, et le millier de quatre piedz trois charrettées.

— p. 205, ligne 28, au lieu de *carreau* lisez *quarteau.*

— p. 206, ligne 15, au lieu de *ain* lisez *ays.*

— p. 210, ligne 30, au lieu de *rots* lisez *rottes.*

— p. 220, ligne 22, au lieu de *sallage* lisez *jallage.*

— p. 220, ligne 34, au lieu de *chevence* lisez *chevenne.*

— p. 295, ligne 27, au lieu de *Kersonalle* lisez *Kersoualle.*

— p. 245, ligne 10, au lieu de *buffe* lisez *busse.*

— p. 271, ligne 10, au lieu de *Montesan* lisez *Montejan.*

— p. 271, ligne 22, au lieu de *bouche* lisez *huche.*

— p. 271, ligne 29, au lieu de *coterer* lisez *coteret.*

— p. 313, ligne dernière, au lieu de *aunée* lisez *année.*

GLOSSAIRE ET TABLES
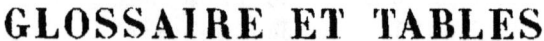

GLOSSAIRE

ABRÉVIATIONS.

M. F. — Marchands fréquentant la rivière de Loire et autres fleuves descendant en icelle.

P. R. — Tarif et manière de lever les péages le long de la rivière du Rône, depuis Lyon jusques en la mer. Lyon, Julliéron, 1708, in-12.

P. S. — Réglement général des péages qui se lèvent le long de la rivière de Saône. Lyon, Barbier, 1672 in-12.

GLOSSAIRE

A

ABAS (Pays d'), XVIe s. Nom donné par les riverains de la Loire à la partie de la vallée du fleuve qui est inférieure à celle qu'ils habitaient, par opposition à *pays d'amont* : « aux clercs des déléguez du pays d'abas, xiij l. x s., aux clercs des déléguez du pays d'amont, vj l. t. » On disait également *vent d'abas*, on dit aujourd'hui *pays bas, vent bas. Abas* s'est conservé cependant dans une acception astronomique : en Orléanais, en Touraine, en Anjou, en Bretagne, où la Loire coule du nord-est au sud-ouest, les mots *amont* et *abas* servent à désigner ces points de l'horizon et sont devenus synonymes des dénominations de *nord-est, sud-ouest*; ils les remplacent sur la plupart des plans de propriétés, et constamment on les emploie dans les actes pour fixer l'orientation des immeubles. C'est ainsi qu'on dit d'un champ, qu'il tient d'amont (nord-est) à..., d'abas (sud-ouest) à..., de galerne (nord-ouest) à..., de solaire (sud-est) à... De *a* pour *en*, et *bas*. II, 335, 346, 515. V. galerne et avaller.

ABILLEMENS, XIVe s. Habillements, agrès de bateau : « chalans, apparaux et abillemens. » Blas., *navire habillé*, qui est muni de voiles et cordages. D'*habiller, habiliter*, préparer, apprêter, rendre habile à.., du lat. *habilitare, habilis*. II, 192.

ABUTRER, XVIe s. Abuter, arriver à but, à fin, terminer, régler, arrêter le prix des vins par exemple, en fixer la mercuriale : « chalan doit... et oultre, le pris que vault une jallaye de vin à Champtocé, au jour de la Saint-Martin d'hiver, ainsi qu'il est abutré celluy jour. » De *à* et *but*. III, 278.

ACCORDABLEMENT, XVIe s. Unanimement : « tous les assistans accordablement d'une voix, ont déclaré.... » D'*accord*. II, 127.

ACCROLLÉ, v. acrollé.

ACENSEUR, XVIe s. Celui qui a pris une chose à cens, un péage notamment, et qui en perçoit le denier au nom du seigneur péager; fermier d'un péage : « seroit payé à mondit seigneur, à ses commis et acenseurs. » De *cens*, lat. *census*. III, 89.

ACERTAINÉ (être), XVIe s. Être rendu certain, avoir reçu l'assurance, acquis la certitude d'un fait :

« après avoir esté deuement acer-
tainez que les déléguez à Orléans
n'estoient causes... » D'*acertai-
ner*, du lat. *certus*. II, 40.

ACHEREAU, XVIᵉ s. Hachereau,
hache, petite hache : « cinq congnées et ung petit achereau. » De
hache, all. *hacke*. Ailleurs, *asce-
riau, aisceau, aissette, aiscette,
asciau*, aujourd'hui encore dans
le Lyonnais *ascie*, doloire, du lat.
ascia. II, 455.

ACOUSTUMÉ (avoir), XVᵉ s. Être
accoutumé, avoir à coutume, appliqué aux choses aussi bien
qu'aux personnes : « exceptez
seullement ceulx (les péages) qui
ont acoustumé estre levez d'ancienneté. » De *a* et *coustume*, bas
lat. *coustuma, costuma, costu-
mia*, du lat. *consuetudo*. II, 13,
15, 16 ; III, 13.

ACQUIT, XVIᵉ s. Droit de péage, de
ce qu'en le payant, on acquittait
la marchandise transportée :
« par quoy appert que lesd. paiagiers lièvent led. acquit à leurs
plaisirs. » II, 67. V. acquitable.

ACQUITABLE, XVIᵉ s. Tenu d'acquitter, de payer, acquit, péage :
« chalan menant denrées acquitables. » Du bas lat. *acquitare,
debita solvere*, même verbe mais
dans une acception différente
que *acquitare, quietum facere*,
DU CANGE. III, 226. V. acquit.

ACQUITTEUR, ACQUITEUR, XVᵉ s.
Préposé à la levée d'un subside,
d'un péage, chargé d'en donner
acquit. D'*acquitter*. II, 67. V. acquitable.

ACROLLÉ, ACCROLLÉ, XVᵉ s. Secoué,
ébranlé, dégradé : « ou dit pont
(d'Orléans), duquel a esté abattu
grant partie par les glaces et a-
crollé le demourans ; — fort accrollé (le même pont) par les
glaces. » Dans le même sens *dé-
grolé*. De *croller, crouler, groul-
ler*, bas lat. *crollare, grollare*.
III, 78, 149.

ADDRESSANT, v. adressant.

ADOS, v. hadoux.

ADOT, v. hadoux.

ADRESSANT, ADDRESSANT, XVᵉ s.
Adressé : « en vertu de laquelle
nostre permission, adressant à
nostre séneschal d'Anjou ; — lettres addressantes esdits maire et
eschevins. » A et *dresser, dres-
cer, drecier, drechier*, dresser,
diriger, du lat. *directus*, d'où le
bas lat. *drictum*, droit. Cf. *adra-
teria*, chemin de traverse, c'est-
à-dire chemin droit, direct. II,
119, 228, 555.

ADROIT, XVᵉ s. A droit, décision faisant justice à droit, consacrant
le droit : « disons par notre
sentence jugement et adroit. »
Adrecier, faire droit. III, 135.

ADSISTER, XVᵉ s. Assister. Lat. *ad-
sistere*. II, 10.

AFFERMER, XVIᵉ s. Affirmer : « Juré et affermé. » Du lat. *affir-
mare*. II, 32, 35 ; III, 111.

AFFINER, XVIᵉ s. Arrêter, apurer
un compte : « clore et affiner ce
présent compte. » Bas lat. *affi-
nare*, du lat. *finire*. II, 375.

AFFINITION, XIVᵉ s. Apurement
d'un compte : « avoit assisté à la
reddicion, closture et affinition du
présent compte. » D'*affiner*. II,
381. V. affiner.

AFONDRÉ, XIVᵉ s. Mis à fond, coulé
bas : « marchandises, aventurées,
afondrées ou dépéries en la rivière
et fleuves dessusdiz. » D'*affon-
drer*, bas lat. *affundare*, du lat.
fundus. II, 193. V. enfondrer.

AIGLE DE CLOUS, XVIᵉ s. Quantité
de clous mise en paquet de forme
particulière, ainsi nommée, selon
toute vraisemblance de la ville
d'Aigle, où ces clous étaient fabriqués et d'où ils étaient expé-
diés : « les milliers de clous,
chacun aigle, v d. (de péage). »
III, 117.

AIGLIN, v. aignelin.

AIGNELIN, AIGNELINE, AIGLIN, XVIᵉ s. Toison, laine d'agneaux. *Aiguelin*, d'*aignel*, *aigne*, mouton, du lat. *agnus*. III, 271, 316.

AIGNELINE, V. Aignelin.

AIGRUN, XVIᵉ s. Herbes fortes, plantes potagères acres, fruits acides, aulx, oignons, échalottes, citrons, oranges : « pour somme ou charrée d'aigrun ij d. (de péage). » *Esgrum, egrun*, d'*aigre, esgre, ègre*, bas lat. *egrumum*, du lat. *acer, acris*. Cf. Du CANGE sous *acrumen* et DEPPING, livre des métiers, p. 32, note. III, 379.

AINÇAS, AINÇOIS, xvᵉ s. Ainsi, en conséquence. II, 3 ; III, 134.

AINÇOIS, v. ainças.

AINS, XVIᵉ s. Au contraire, mais : « lesd... promettent que, à l'advenir, ils ne prandront aulcun péage sur le guesde, pastel, sucre, passans par la rivière de Loire, ains passeront franchement. » II, 123, 230 ; III, 200.

AINSNEL, v. aisnel.

AISNEL, AINSNEL, ESNÉ, XVIᵉ s. Ainé, né avant (ses frères), premier. *Aisné, ainsné*, de *ainz, ans*, avant, *ante* et *né, natus*; bas lat. *annatus*. II, 74, 77, 457.

AISSEAU, v. asseaulne.

AISSET, v. asseaulne.

AJUSSIER, xvᵉ s. Ajuster. II, 427.

ALÈGEMENT, v. lègement.

ALLÈGEMENT, v. lègement.

ALLÉGER, XVIᵉ s. Mettre en bateau allége une partie du chargement d'un chaland. D'*allège*. III, 89. V légement.

ALLUMELLE, XVIIᵉ s. Alumelle, lame d'instrument tranchant : « allumelles de couteaux. » *Alemelle, alemèle*, bas lat. *alemella*, du lat. *lamella*. II, 250.

ALMENDE, xvᵉ. Amande. Esp. *almendra*. III, 80.

ALU, XVIᵉ s. Allure, aller, marche ; écoulement : « eussent advisé le moyen pour faire nestoyer lad. rivière tant desd. boys que d'autres choses empeschans l'alu, cours et droit fil de l'eaue. » D'*aler, aleir, alier*, aller, II, 224.

AMBULATOIRE, XVIᵉ s. Qui n'ayant pas de siége, de résidence fixe, se porte d'un point sur un autre, se tient tantôt dans un lieu, tantôt dans un autre : arrêt portant « que quant à présent l'assemblée (des march. fréq.), ne sera ambulatoire de ville en autre, mais sera permanente ; — requièrent que ladite assemblée soit ambulatoire. » Lat. *ambulatorius*. II, 12, 16.

AMONT (Pays d'), XVIᵉ s. Nom donné par les riverains de la Loire à la partie de la vallée du fleuve supérieure à celle qu'ils habitaient, par opposition à pays d'abas, pays d'aval. Id. dans la vallée de la Saône, (P. S. 123). II, 195, 333, 335. V. mont (à), abas, aval.

ANÉE, XVIᵉ s. La charge d'un âne, mesure de capacité pour les vins, le quart du poinçon : « six poinssons de vin, contenant vingt quatre anées. » D'*âne*, bas lat. *asinata*, du lat, *asinus*. II, 364.

ANNÉE, v. brieulx.

APARAUS, v. apparaux.

APONCEAULX, xvᵉ s. Pannonceaux : « en cas d'éminent péril, mectz et appose nos aponceaulx et bastons royaulx. » Du lat. *apponere*. II, 198.

APOTICAIRERIES, APOTIQUAIRERIES, XVIᵉ s. Les drogues et médicaments préparés ou vendus par les apothicaires. D'*apothicaire*, bas lat. *apothecarius*, du lat. *apotheca*, ἀποθήκη, lieu où l'on conserve les provisions. III, 245, 248.

APOTIQUAIRERIES, v. apoticaireries.

APPARAUX, APARAUS, XIVᵉ s. Objets composant le gréément d'un bateau, nécessaires pour le mettre en état de naviguer, pluriel d'*appareil* ; réunion, agencement d'ustensiles, de choses se combinant entre elles, placées, disposées, mises en certain ordre dans un but auquel elles doivent concourir ensemble. Bas lat. *apparamenta* ; d'*appareiller*, préparer, apprêter, unir, égaliser, ital. *appareschiare*. II, 193, 211. V. abillemens.

APPAROIR, XVIᵉ s. Apparaître, paraître, résulter. Lat. *apparere*. II, 79, 448.

APPENDENCE, XVIᵉ s. Appendance, qui est pendu à, tient à, appartient à : « leurs dictes ballyes, deppendences et appendences. » D'*appendre*, lat. *appendere*. II, 20. V. baillie.

APPETISSEMENT, XVIᵉ s. Apetissement, diminution, réduction : « pour le debvoir d'impost de chacune pippe de vin, doibt xlv s., viij d., et oultre xx d. pour livre du prix qu'il sera vendu en détail, pour le debvoir de billot et appetissement. » Le devoir d'apetissement de la pinte était ainsi appelé de la manière dont on opérait pour le percevoir. Le droit étant, à l'origine, par exemple, d'un douzième, du prix du vin vendu en détail, on levait sur le tavernier un douzième du prix courant ou tarifé des vins qu'il avait en magasin, et on l'autorisait à se récupérer sur le consommateur en vendant à pinte moins un douzième, pour pinte, c'est-à-dire, à pinte diminuée, apetissée d'un douzième. D'*appetisser, apetisser, apeticier, apetiser, a* et *petit*, bas lat. *apetissare*. III, 169.

APPOINCTEAU, v. poincteau.

APPRA, XVᵉ s. Apparaîtra. Du lat. *apparere*. III, 302.

APPUIPOT, XVIᵉ s. Ustensile de cuisine, en fer, cintré, contre lequel on posait des pots ou vases à panse arrondie en boule, pour leur donner appui. D'*appuyer* et *pot*, TRÉVOUX. III, 306.

ARCHAT, ARCHE, XVIᵉ s. Coffre : « archats sans claveure. » Du lat. *arca*. III, 91, 199.

ARCHE, v. archat.

ARCHELAIX, ARESCHAUX, XVIᵉ s. Archal, fil d'archal, laiton. Du lat. *orichalcum*. III, 107, 209.

ARCHELET, XVIᵉ s. Perche que sa flexibilité permet d'employer en la courbant, en la pliant en rond, en arc, bois à faire cerceaux : « la charretée d'archelet, pay et perche ; — milliers de pièces d'archelet, grosse de grands cerles à faire cuves, xij d. t. » Bas lat. *archellus, arcellus*, arceau, du lat. *arcus*. II, 231 ; III, 142.

ARCHELOY, ESCHALEISNE, ESCHALEINE, XVIᵉ s. Echalote : « le cent de porées ou d'oignons, d'archeloy, iiij d. » Du lat. *ascalonia*. III, 120, 288.

ARCHIF, XVIᵉ s. Archives, local renfermant des archives : « livres couverts dont l'un est demouré au trésor et archif publicq de ladite communeaulté. » Du lat. *archium, archivum*. II, 383.

ARDOIR, XVᵉ s. Brûler, faire brûler, mettre au feu : « bois à ardoir. » Du lat. *ardere*. III, 134.

ARESCHAUX, v. archelaix.

ARMET, XVᵉ s. Chapeau de fer, casque. D'*arme*. II, 545.

ARQUEMIE, XVIᵉ s. Alchimie, œuvre d'alchimie, métal ou substance dont la composition était ou avait été originairement alchimique : « somme de fer, d'acier, de greisse, d'oings, d'huilles, d'estain, de arquemie, de plomb, xi d. (de péage). » Bas lat. *arquemia*, v. DU CANGE. III, 279.

ARRIVER, XVIᵉ s. Approcher de la

rive, de terre, aborder : « tous chalans sont tenuz arriver, venir à la chambre de la recepte (du péage). » *A* et *rive*, bas lat. *adripare*, ital. *arrivare*, du lat. *ad* et *ripam*. III, 186.

ARRIVOUER, xvi° s. Point du rivage où les bateaux abordent, disposé pour le débarquement des voyageurs et des marchandises, port : «marchandises (transportées par eau) déclarées aux ports, arrivouers ou banlieue de ladite ville de Blois. » *Arrivaige*, *arrivage*, bas lat. *arrivagium*. III, 184. V. arriver.

ARS, xv° s. Arcs : « pour artillerie de guerre comme ars, lances, trousses. » *Arson*, *arçon*, *arçun*, du bas lat. *arcus*. III, 57.

ARTER, xvi° s. Arrêter : « au devant de Monseigneur le Daulphin, qui ne artoit point en ladite ville. » En Berry, *airter*, ital. *arrestare*, du lat. *ad* et *restare*. II, 551.

ASSAVOIR, xvi° s. A savoir : « c'est assavoir. » II, 42.

ASSEAULNE, ESSEAULNE, ESSEAUNE, ESSAU, SCEAULNE, ESSEAULIN, AISSET, AISSEAU, xv° s. Petite planche, latte, bardeau, diminut. d'ais. Bas lat. *essana*, du lat. *assis*, *assula*. II, 230; III, 110, 117, 342. V. essif.

ASSEJAULT, ASSIÉGEAU, ECHEAU, ESCHEAU, ESCHEAUL, ESCHEGEAU, ESCHEGAU, ESCHEISEAU, ESCHEZEAU, ESCHIAU, ESCHIGEAU, ESSEYAU, ESSIEGEAU, xv° s. Radeau, train de bois flottant. Etaient transportés en *assejault* : le bois carré, le bois de sciage, le bois de sapin, les planches, les planches de sapin, les chevrons, les ais, les pièces de mâts de sapin, le merrain, le *traversin*, les douves, les cercles, les tonneaux vides, le bois de moule, tout bois. Du lat. *assis*, ais, poutre, pièce de bois. Cf. *assiche*, bas lat. *assigia*, assemblage de pieux, de

pilotis fichés, *contextus et series palorum*, Du CANGE, et *assauler*, assembler, *id.* II et III *passim*.

ASSENTEMENT, xiv° s. Assentiment. Bas lat. *assentimentum*, du lat. *assentiri*. III, 281.

ASSERÉ, xviii° s. Aceré, muni, revêtu d'acier et par là plus aigu, tranchant, pénétrant ou résistant : « deux boucles garnies de leurs chevilles assérées. » Du catal. et prov. *assen*, *assien*, *acen*, *acien*, bas lat. *aciarium*, du lat. *acies*, pointe, v. LITTRÉ. II, 496.

ASSIÉGEAU, v. assejault.

ASSOPER, xv° s. Assoupir, entraver, empêcher, arrêter, paralyser : « ont de fait voulu assoper les aides et octroiz par nous faiz ausd. exposens; — se ainsi estoit que lesd. aides feussent ainsi assopez. » *Assouper*, *achoper*, bas lat. *assopire*, du lat. *sopire*. III, 84.

ATEMPTER, v. attempter.

ATIEULLE, TIEULLE, xv° s. Tuile, planchette, très-mince, bardeau servant à la couverture des maisons : « sur chacun millier de late, volisse, atieulle, xij d. p. » *Teule*, bas lat. *teula*, *teulis*, du lat. *tegula*. III, 148.

ATONNÉ, xv° s. Étonné, ébranlé par un choc, comme serait celui du tonnerre : « le pont d'Orléans atonné par les canons, durant le siége. » Du lat. *attonare*. III, 78.

ATTEMPTER, ATEMPTER, xvi° s. Attenter. Du lat. *attentare*. II, 453.

ATTROUSSER, xvi° s. Attribuer, adjuger : « la somme, à quoy ladicte ferme a esté baillée et attroussée audict Lespinasse. » *Attrosser*, *a* et *trosser*, plier, mettre en trousse, en sa trousse. II, 145, 290. V. trousse.

AUBERGERON, xvii° s. Haubergeon, petit haubert. Ital. *usbergo*, auglo-sax. *heaslbeorg.* Cf. allém. *bergen,* cacher. III, 210.

AUBOURG, xvi° s. Aubier : « cent d'arcs dits d'aubourg et autres boys à faire lesdits arcs. » *Aubour, aubor,* prov. *albor,* esp. *alborno,* du lat. *alburnum.* II, 231.

AUCERÉE, AUSSERÉE, AUSERÉE, AUXERÉE, HAUSSERÉE, HAULSERÉE, xv° s. 1. Action de hausser, de haler les bateaux à la remonte : « à Joseph de l'Espoir, esperrent, demourant es forsbourgs de Meung, pour passer des mariniers et marchans tirans l'aucerée des challans passant par lad. rivière, viij l. t. » Dans le bassin du Rhône, *ausse :* « pour chacune ausse, ou homme tirant navcy, l'on doit deux parpalioles, » (P. R. p. 15). — 2. Chemin ou sentier pratiqué le long des bords de la Loire et de ses tributaires navigables, ou dans le lit même, à la lisière des grèves pour le passage des haleurs à col ou des chevaux de halage, employés à la remonte, à la hausse des bateaux, chemin de halage : « ne pourront (les marchands fréq.) contraindre iceux abbé, religieux et couvent de ballizer ladicte rivière, ne faire aucune haulserée sur les rivages d'icelle, plus grande que de la largeur de six pieds. » De *haucer, haussier, haulcer,* hausser, *halt,* haut, du lat. *altus.* II, 227, 445, 538 ; III, 335. V. poner.

AUDEVANT, xv° s. Subst., rencontre : « pour le voyage d'un chalan ouquel furent, les procureurs (échevins) de ladicte ville, à l'audevant de mondit seigneur le Duc. » II, 543.

AUDIENCÉ, AUDIENCIÉ (être), xvi° s. Etre appelé, cité à comparaître à l'audience du juge : « lesquels marchands ont esté appelez et audienciez (par Jacques Faulchery, sergent royal) au palais royal

d'Angiers. » *D'audiencé,* du lat. *audientia.* II, 18, 25.

AUDIENCIÉ, v. audiencé.

AU JOUR D'HUY, xvi° s. Aujourd'hui. *Hui,* du lat. *hodie.* II, 10. V. Huy.

AULNAIGE, AULNAY, xvi° s. Aunage. D'*aulne,* aune, bas lat. *alena,* all. *elle,* lat. *ulna,* ὠλένη. II, 70, 71.

AULNAY, v. aulnaige.

AULOMNE, xvi° s. Allone, étoffe, ainsi nommée du bourg d'Allonne, en Beauce, où elle était fabriquée : « pour chacune pièce d'aulomnes, xiij d. » III, 316.

AUMOISE, xvii° s. Moise. II. 496.

AUSERÉE, v. aucerée.

AUSSERÉE, v. aucerée.

AUTHIER, xvi° s. Autel. Du lat. *altare.* III, 124.

AUVE, xvi° s. Graisse qu'on tarifait à la somme, au tonneau, au millier, nom donné aujourd'hui encore en Orléanais à l'axonge, graisse de porc : « pour millier, de beurre, suif, remais, oing, auve, ou autres graisses, xx d. ; — sur chacune caque d'uille ou d'auve, ij s., v d. » Du lat. *alba ?* III, 123, 147, 180.

AUXERÉE, v. aucerée.

AVAL (Pays d'), xvi° s. Nom donné par les riverains de la Loire à la partie de la vallée du fleuve inférieure à celle qu'ils habitaient, par opposition à pays d'amont : « voyage à pays d'amont et d'aval. » II, 333. V. val (à) et abas.

AVALER, AVALLER, DÉVALER, xv° s. Aller à val, mener à val, par opposition à monter, aller à mont, mener à mont. Descendre soimême ou faire descendre la pente d'un val, d'une vallée, le courant d'une rivière : « marchandises qui sont montées, avallées et traversées par le fleuve de Loire ; — vins enlevés du pays d'Anjou par eau ou par terre, pour monter ou avaler; — chalan mené en montant et avallant par lesdits fleuve et rivière; — auront mené chalans, les descendans et avallans esdits fleuves. » De *val*, lat. *vallis*, bas lat. *avalare*. II, 210, 211, 213, 227, 260. V. Val (à).

AVALLER, v. avaler.

AVALUATION, xvi⁰ s. Evaluation. *A* et *value;* bas lat. *avaluacio*, ital. *valutare*, évaluer, du lat. *valere*, *valuit*. II, 21.

AVECQUES, xiv⁰ s. Avec. *Avecques, auvec, aveuc, avoec, avoc.* De *ab, ad, apud* et *hoc*. II, 195.

AVERSÉ, xviii⁰ s. Opposé, tourné vers, communiqué, transmis, présenté, notifié : « en exécution des ordres à eux aversées et publiées aux prônes. » Du lat. *adversus, advertere*. 130.

AVOIR, xvi⁰ s. Ce qu'on a, bien, appliqué à toutes choses dont on est propriétaire, notamment à des denrées ou marchandises formant le chargement partiel ou total d'un bateau : « pour chacun chalan ou sentine chargée d'avoir de poix, c'est-à-dire denrées qui se poisent. » III, 90.

AYS, xiv⁰ s. Pour *ars*, arcs : « ays et arbalestes. » III, 206. V. ars.

B

BAC, BACH, xvi⁰ s. Bateau; — de moulin, bateau stationnaire sur lequel un moulin était installé. *Bac, bache, bachot*, bassin, cuve, bas lat. *bachium, baccas*, bas bret. *bag, bak*, bateau; cf. all. *bach*, ruisseau. Du celt. *bac*, creux. II, 448; III, 124.

BACH, v. bac.

BACHELLE, xvi⁰ s. Petite auge, cuvette, vase dont la contenance servait de mesure pour l'assiette du péage des graisses : « une bachelle de remais. » Diminutif de bachot. De *bac*. III, 125. V. bac.

BACHOLÉE, xv⁰ s. Contenance d'une bachelle, équivalente à la poêlée. III, 124. V. bachelle.

BACHON, xvi⁰ s. Vaisseau de bois, large par le bas, étroit par le haut, destiné à recevoir du salé, tine, tinette : « dou bachon de chair sallée, obol. » Dimin. de *bachat*. De *bac*, III, 116. V. bac.

BACIN, xvii⁰ s. Bassinet, calotte, chaperon de fer : « pour chacun heaume, bacins ou autre service de teste. » Bas lat. *bucinetum*. Même étym. que *bac*, v. ce mot. III, 210.

BACON, xv⁰ s. Porc gras, tué. Flam. *backe*, prov. *bacon*, cat. *baco*, port *bacoro*, bas lat. *baco*. Dans les diverses tarifs de péages de la Loire où il se rencontre, le mot *bacon* a cette signification et non celle de quartier de porc, flèche de lard que lui donnent l'anglais, le Wallon, le patois messin, celui de Normandie, v. GACHET, gloss. roman. III, 120.

BAGUER, xv⁰ s. Mettre en ballot sous toile cousue ou cordée : « fardeau bagué. » Veut dire aujourd'hui encore coudre à grands points, et a pu vouloir dire autrefois ficeler, mettre sous corde. En Poitou, *bague*, corde qui sert à maintenir des sacs de blé sur une bête de somme; *baguée*, les sacs que la bague lie ensemble, LALANNE, gloss. du pat. poit. De l'esp. *baga*, corde. III, 88.

BAHU, xvie s. Bahut, coffre, armoire : « d'un coffre, bahu, banc, escabelle, buffet, xvj d., t., et pour coffre de bahu vuide xvj d. t. » II, 554; III, 186.

BAHUT, v. bahu.

BAILLIE, BALLYE, xve s. 1. Action de bailler, donner; adjudication. « Ladicte ferme ainsi baillée..... à la baillie de ladicte ferme fut dit et accordé. » 2. Ressort, territoire dans l'étendue duquel on a mandat ou commission : « déléguez continuant en chascune de leurs ballyes. » De *bailler*, du bas lat. *bajulus*, tuteur, *bajulare*, diriger, du lat. *bajulus, bajulare*, porteur, porter. II, 20; III, 237.

BAISSER, BEYSSER, BESSER, xve s. 1. Aller en bas, du coté d'en bas, dans la direction d'une rivière, la descendre, cheminer dans la vallée d'une rivière d'amont en aval : « il n'y avoit lieu où ung chalan peust monter ne baisser ; — chalan qui monte ou qui baisse ; — montant ou beyssant, tant par eau que par terre ; — Monseigneur le Dauphin qui bessoit par eau. » 2. Baisser un pont, le franchir, passer dessous dans un bateau descendant la rivière : « gabarre submergée et pérye en baissant les ponts de Bloys. » 3. Faire descendre, conduire, transporter par rivière, d'amont en aval : « pour ce que son moulin (sur bateau) estoit échappé en le cuidant besser. » Sur la Saône : « pour une bouticque de poisson, pour livre, six deniers, tant de poyé (monté) comme de baissé; — sera payé viij d. de baissée et iv d. de montée, » (P. S. 177, 193). Ces acceptions diverses du verbe *baisser* se sont maintenues jusqu'à nos jours dans le bassin de la Loire, et dans celui de la Saône, les bateliers disent encore *à la baisse*, pour *à la descente*. De *bas*, bas lat. *bayssure*, ital. *bassare*. II, 436,

463, 551; III, 150, 243. V. poner.

BALISAGE, v. balisement.

BALISE, v. balises.

BALISEMENT, BALLIZEMENT, BALIZEMENT, BALIZAIGE, BALLIZAGE, BALIZAGE, BALISAGE. Pose des balises et nettoiement de la voie navigable dans le lit des rivières. Ensemble des opérations de balisage sur le cours entier d'une rivière. De baliser. II, 14. V. baliser.

BALISER, BALIZER, xvie s. Poser des balises pour la sûreté de la navigation ; par extension, dans le bassin de la Loire, procéder à tous les travaux ou opérations nécessaires pour maintenir les rivières à l'état navigable, particulièrement aux opérations de nettoyage de la voie, à l'enlèvement des pieux, pilotis, bois, pierres, qui l'obstruent. D'où : *balisage*, travail de curage et pose de balises par les agents (baliseurs) que préposait à cette double fonction la communauté des marchands fréq.; *rivière balisée, bois balisés*, pour rivière nettoyée, bois retirés, détournés du chenal par les soins de ces agents : « perte d'un chalan submergé sur un bois non balizé ; — en sorte qu'il n'y ait dans lesdites rivières, à balizer, aucuns troncs, arbres, pierres ou atterrissement nouveau. » De *balize*, balise. II, 461, 527. V. balisement et balise.

BALISES, BALIZES, xvie s. Perches qu'on fichait dans les sables du lit mouvant de la Loire et de ses affluents navigables, pour indiquer aux bateliers le chenal à suivre ou les écueils à éviter. Bas lat. *bajulus*, échalas, et *bajulus*, baliseur, tuteur, v. DUGANGE. II, chap. IX, *passim*.

BALIZAGE, v. balisement.

BALIZAIGE, v. balisement.

BALIZE, v. balise.

BALIZEMENT, v. balisement.

BALIZER, v. baliser.

BALLÉ, xvɪ° s. Mis en balle, en ballot : « chacune pièce de drap non ballée. » De *balle*. II, 247 ; III, 185. V. Ballon.

BALLIZAGE, v. balisement.

BALLIZEMENT, v. balisement.

BALLON, BALON, xvɪ° s. S'entendait d'une marchandise empaquetée, (en rond, en rouleau, à l'origine du moins), du drap par exemple, des étoffes, et dans ce cas était synonyme de balle : « ballon de drap à un fond, iij s. ix d., balle à deux fonds, vij s. vj d. » Mais plus particulièrement d'une certaine quantité d'acier, soit d'un seul morceau d'après sa forme, soit en plusieurs morceaux réunis et mis en paquet arrondi : « ballon d'acier, iiij d. t. » De *balle*, all., angl. *ball*., boule. II, 215 ; III, 68.

BALLYE, v. baillie.

BALON, v. ballon.

BALTERYE, xvɪ° s. Batterie, ustensiles de fer, de cuivre. Bas lat. *bateria*. III, 279. V. traict.

BANCEINS, xvɪ° s. Ceinture des bans, banlieue, circonscription suburbaine, territoire attenant à une ville compris dans les limites de ses bans, atteint par leur publication : « proclamation faite ès-ville et banceins d'Orléans. » De *ban*, bas lat. *banum*, et *ceindre*, du lat. *cingere*. II, 47.

BANCSELLE, xvᵉ s. Bancelle, bancsiége, petit banc à s'asseoir attenant à une table ou l'accompagnant : « table garnie de bancselles. » De *banc*, all. *banck*, et *selle*, lat. *sella*. II, 47.

BANNERET, xvᵉ s. Bannière : « ung banneret paint aux armes de mondit Seigneur le Duc (d'Orléans). » Bas lat. *baneria*, *bancrium*, *bannerium*, *bannum*. II, 245.

BANSE, xvɪ° s. Manne carrée ou rectangulaire profonde, à claire voie, formée de menus morceaux de bois entrelacés ou liés, unis par des liens d'osier, employée au transport des objets de grosse quincaillerie et chaudronnerie : « banse de batterie, du poids d'un millier, xij s. vj d. t. » Cf. all. *banse*, tas, partie de la grange où l'on entasse les gerbes. III, 185.

BARILLE, xvᵉ s. Barillet, petit baril : « pour barille ou chausderonnée d'huile d'olives, v d. » De *baril*, bas lat. *barillus*, bas bret. *baraz*. III, 284.

BARIOLE, xvɪ° s. Petit baril. III, 106.

BARRACAN, xvɪɪᵉ s. Bouracan. Bas lat. *barracanus*, ital. *baracane*, esp. *barragan*, angl. *barracan*, all. *berkan*. Le dict. de Littré indique comme étymologie possible le persan *barikânu*, étoffe de laine. II, 250.

BARRETTE, xvɪ° s. Bonnet, toque en étoffe : « pour balle de bonnets et barettes iiij d. t. » Bas lat. *barretum*, dimin. de *birrus*, *burrus*, rouge, DU CANGE. III, 202.

BASCULE, v. basouille.

BASCULLE, v. basouille.

BASOUILLE, BASCULLE, BASCULE, xvᵉ s. Bateau percé destiné à contenir, conserver ou conduire du poisson d'eau douce vivant, vivier flottant, compartiment, case de vivier flottant, peut-être ainsi nommé de son mode de fermeture. II, 232 ; III, 62, 186.

BASTIDE, xvᵉ s. Bastille, tour, fort, construction fortifiée. Bas lat. *bastillia*, *bastia*. III, 154. V. Lèvement.

BASTIZ, v. basteis.

BASTON, xvɪᵉ s. Bâton, tige ou branche d'arbre de dimensions à fournir pièce de charronnage ; pieu employé par les mariniers de la Loire pour diriger leurs bateaux en les soulevant : « cent, en nombre, de bastons à faire boiz et limoneaux. » II, 230, 231, 247. V. moricet et linguan.

BATEINS, v. bateis.

BATEIS, BATEINS, BASTIZ, xvᵉ s. Construction en rivière, batardeau, digue. De *bastir*. II, 60, 61. V. Poincteau.

BATEL, xvᵉ s. Bateau. Bas lat. *batellus, batus*, de l'anglo-sax. *bât*. III, 67.

BAUDRAIRIE, xviᵉ s. Cuirs corroyés, courroies, baudriers, pièces d'équipement en peau de buffle et autres cuirs, buffleterie : « pour charge de baudrairie iiij d. t. » De *baldre*, *baudre*, ceinturon, courroie, bas lat. *baudrerium*, du lat. *balteus* (V. le livre des métiers tit. 83, et ci-dessous le mot Mercerie.) III, 218.

BÉCHET, xviᵉ s. Brochet : « pour poisson d'eau doulce, carpes que grans béchetz et barbeaux. » Bas lat. *becchetus*, bas bret. *béked*, de *bek*, bec, pointe, ainsi nommé de la forme allongée de sa tête. II, 340.

BESSE, xviᵉ s. Bêche : « le cent de pelles ou de besses, iiij d. p. » Bas lat. *bessa, bescha, becca*, du bas bret. *bek*, bec, pointe. III, 120.

BESTIAL, xvᵉ s. Bétail. Du lat. *bestia*. III, 83.

BICHET, xvᵉ s. Mesure pour les grains, la 48ᵉ partie du muid de Bourbon-Lancy : « pour chacun muid de quelque grain que ce soit, le muid contenant xlviii bichets, mesure de Bourbon, xij d. p. » *Bichot*, bas lat. *bichetus*. III, 59. V. Pichier.

BILLANGES, xviiᵉ s. « Notification à Pierre Bigot, demeurant ès billanges de Saumur. » Nom donné autrefois à la grande place de la ville de Saumur, aboutissant

au port, où se tenaient les marchés, où étaient les halles, qu'on appelle aujourd'hui encore *les billanges, la billange*. Très-probablement de ce que là se trouvaient les *billanges* ou la *billange*, balances, poids public. *Bislengia*, dans des titres du xiiᵉ s. conservés aux arch. de Maine-et-Loire, *bis*, deux, et *lengia*, dégrad. de *lantia*, *lancia*, du lat. *lancem*, *lanx*, plateau. Cf. bas lat. *billantia*, *bilantia*, balance, ital. *bilancia*, du lat. *bilanx* III, 235.

BILLETTE, xviᵉ s. Petit billot de bois que le seigneur péager était tenu de suspendre à une potence en signe de son droit et pour avertir le passant qu'il eut à payer péage : « dit a esté que led. défendeur sera tenu commettre receveur sur ledit port de Marcigny et y pendre et asseoir une billette pour voir de loing par lesd. marchands le lieu où ils devront acquitter led. droit.... et sera tenu led. receveur tenir sa recepte sur le grand chemin et pendre ladite billette ès branchières. » (V. Loyseau, seign. IX, 81 ; le président de la Barre, formul. des esleuz, XXIV, et la note 1 de la p. 43, t. I, du présent ouvrage. V. aussi dans Du Cange et Littré une interprétation analogue.) Plus tard on remplaça la billette par une pancarte clouée à un poteau, d'où cette pancarte et le poteau lui-même qui la portait furent appelés billette, billot. Dimin. de *bille*, bas lat. *billa*, *billia*, *billonus*, du lat. *pill*, tronçon de bois. III, 52. V. branchière et billot.

BILLETTE (droit de), xviᵉ s. Droit d'avoir billette, c'est-à-dire de lever péage. III, 52. V. billette.

BILLOT, xviᵉ s. I. Devoir de — tribut levé sur la vente du vin en détail ; probablement de ce que les taverniers suspendaient au-dessus de leur porte un billot pour indiquer qu'ils vendaient vin en détail, c'était la vente indiquée par ce billot qu'on assujettissait à l'impôt dit *devoir de billot*. C'est du moins ce qu'il est permis d'induire du passage suivant d'une pancarte des droits qui se levaient à Nantes sur les vins : « pour le debvoir d'impost de chacune pipe de vin, hors le creu nantois, doibt xlv s. viij d., et oultre vingt deniers pour livre du pris qu'il sera vendu en détail, pour le debvoir de billot et appetissement qui est communément à iiij s. le vin d'Anjou et v s. le vin d'Orléans, dont la pipe ou les deux poinssons tient deux cens trente deux potz. Et pour le vin Nantois, l'on doibt la moitié dud. debvoir, qui est xij s. x d. et oultre vingt deniers pour livre de ce qu'il sera vendu en détail, pour led. debvoir de billots et appetissement. » 2. Droit de péage, le même que *billette*. Un billot suspendu à une potence ou branchière sur le bord d'une route, était signe que le passant devait acquitter péage. Cf. une citation de Du Cange, reproduite par Littré sous *billot*. III, 169. V. appetissement et billette.

BOESTE (droit de), xviie s. Droit de lever un péage. De la *boëte*, boîte dans laquelle le receveur du péage déposait les deniers comptés par les marchands ou voyageurs. II, 234; III, 247.

BOESTES (droit des), xve s. Péage levé en plusieurs lieux par les march. fréq. sur eux-mêmes. Des boîtes où les receveurs de ce péage déposaient leurs recettes. II, 220.

BOILLON, BOUILLON, de poix, xvie s. Quantité, gâteau de poix, de goudron d'une dimension et d'une forme déterminées, qu'on obtenait en faisant chauffer, *bouillir*, la poix dans un vase dont la cavité avait ces formes et dimensions; — quantité de poix équivalant à 50 peiax; — mesure re-

présentant 50 peiax. De *bolir*, bouillir, lat. *bullire*, *bulla*. III, 72, 93. V. Peiax.

BOIRE, BOUAIRE, xvie s. Crique, anse dans la Loire, portion du lit séparée du chenal par des atterrissements, des barrages, où les eaux sont stagnantes. Bas lat. *boira*. II, 435, 532.

BOISSELAGE (droit de), xvie s. Tribut levé sur le boisselage, le mesurage des grains. De *boissel*, *boisseau*. III, 51.

BOMBAZIN, xvie s. Bombasin, étoffe de coton : « bombazin rez et à poil. » Bas lat. *bombacinium*, du lat. *bombyx*, duvet des plantes. II, 232.

BONNEMENT, xve s. Justement, équitablement. II, 210.

BORT DE BATEAU, xviie s. Bord, bordage, planche de revêtement extérieur de la membrure d'un bateau. Droit de — péage levé sur les bateaux : « ont exigé le même droit de bort de bateau. » Anc. all. *bort*, mod. *bord*, angl. *board*. III, 75.

BOTHE, v. botte.

BOTTE, BOTHE, xvie s. Vaisseau, huche, fût destiné à contenir poisson vivant. Bas lat. *botta*, *bota*, *butta*, all. *butte*. III, 106, 117, 120, 125, 341. V. bus.

BOTTET, xvie s. Petite botte. III, 120. V. botte.

BOUAIRE, v. boire.

BOUC, xvie s. Outre, particulièrement employée au transport de l'huile d'olives, dont elle contenait environ cent livres : « l'huile d'olif, à prendre dix boucs pour millier. » II, 232; III. 185.

BOUCAL, v. Bouqual.

BOUETE (la), xve s. Droit de péage levé par les march. fréq. sur eux-mêmes. II, 272. V. Boestes.

BOUGETTE, xviie s. Petite malle,

sac de voyage. Bas lat. *bulga*, *bulgia*, angl. *bag*. II, 250.

BOUILLON, v. boillon.

BOULE, xvi⁰ s. Enclume de chaudronnier : « la boule à un meiguan, iiij d. (de péage). » De sa forme convexe. Bas lat. *bola*, lat. *bulla*. III, 117.

BOUQUAL, BOUCAL, xvi⁰ s. Bocal, vase à mettre vin, contenant de 38 à 39 pintes d'Orléans (43 litres) : « délivrance de sept vingt quinze pintes de vin blanc, mis en quatre bouquaulx. » Bas lat. *baucale, baucalis, baucalius*, du grec βαυκάλιον, βαυκαλὶς, vase. II, 466, 468.

BOURSERIE, xvi⁰ s. L'ensemble des objets fabriqués par les boursiers et les braiers; bourses, braies ou hauts de chausse, en cuir et peaux diverses : « le fardeau de bourserie iiij d. p. » V. le livre des métiers, tit. 77 et ci-dessous le mot Mercerie. De bourse, III, 121.

BOUTER (se), xv⁰ s. Se mettre, se pousser, se loger, s'introduire : « se pourroient (les ennemis) mettre et bouter dans lad. ville. » *Boter, botter*. ital. *botare*. III, 150.

BRANCHIÈRE, xvi⁰ s. Poteau muni de bras ou potence; le poteau auquel le péager suspendait la billette. Du bas lat. *branchia*, branche. III, 52. V. billette.

BRANLAGE, BRANSLAGE, xv⁰ s. Action de branler. Droit de — le droit qu'avait le péager d'exiger le branlage des bateaux passant devant son péage. III, 67. V. branler.

BRANLER, BRANSLER, xv⁰ s. Suspendre la marche d'un bateau, le maintenir, l'arrêter devant le bureau de péage pour donner au péager le temps et le moyen de se rendre compte du chargement : « et seront tenus, les marchands et conducteurs desd. denrées, passant par led. péage, branler et aborder, ou chevir au péager; — estant (les seigneurs péagers), en possession de faire demeurer et bransler les batteaux devant leur destroit; — tous chalans sont tenus de bransler, arriver, venir à la chambre de lad. recepte ; — tout challan soit vuyde ou chargé, montant ou baissant doit branslage. » Probablement de l'oscillation, du branle donné au bateau par l'effort des bateliers pour le maintenir en équilibre sur le vent ou contre le courant, en le faisant dévier du chenal et approcher de la rive ; ou encore du déplacement qu'éprouvait le bateau auquel on faisait quitter le chenal pour approcher du rivage, dans plusieurs cas, en effet, le mot branle a non-seulement la signification de mouvement imprimé mais celle de déplacement, c'est ainsi que dans le langage des campagnes on dit d'un homme retenu au lit par la maladie, qu'il ne peut *branler*, c'est-à-dire bouger, se déplacer, sortir du lit. III, 16, 33, 38, 58, 88, 107, 186, 307.

BRANSLAGE, v. branlage.

BRANSLER, v. branler.

BRAYE, xv⁰ s. Filet à prendre le poisson, en forme de poche, d'entonnoir, maintenu au fond de l'eau par des pieux, des piquets. Bas lat. *brayia*. II, 418.

BRAYETTE, xviiiᵉ s. Braies, brague, haut de chausse. *Braguette*, bas lat. *braga*, lat. *braca*, bas bret. *bragez*. II, 450.

BRIEULX, xviiᵉ s. Brevet, congé ou passeport, permission de naviguer que les vaisseaux devaient prendre des juges de l'amirauté pour sortir d'un port, tel le congé dont les navires naviguant en Loire devaient être munis et dont ils payaient le droit « au tablier de la prévosté de Nantes. » Le droit de *brieulx*, variait suivant le tonnage du navire et se divisait en plusieurs parties, ou plutôt comprenait plusieurs droits, à savoir : *brieulx de sauveté*, droit de sûreté; *conduit*, droit de transport; *vitaille*, droit dû pour les vivres de l'équipage; *d'année*, droit de naviguer pendant une année : « brieulx sauveté, doit LV s.; conduit, doit xxvij s. vj d.; vitaille, doibt xvij s. vj d.; année, doibt vij s. vj d. » *Brieux*, *brief*, prov. *brieu*, *breu*, bas lat. *breve*, du lat. *breve*, *brevis*. III, 313. V. conduit et sauveté.

BUÉE, xvi⁰ s. Lessive. *Bujée*, de *buer*, bret. *bugo*, fouler; *bugad*, petite lessive. III, 72.

BURAIL, xvii⁰ s. Bureau, grossière étoffe de laine. *Burel*, *buriau*, bas lat. *burellus*. catal. *burel*, de *bure*, bas lat. *bura*. II, 250.

BUS, BUSSE, xvi⁰ s. Fût à mettre vin de la contenance d'une pipe : « pour pippe ou bus, iiij d. » Bas lat. *bussa*, *butta*, all. *butte*. III, 168.

BUSE, xvi⁰ s. Fût à mettre poisson salé de la contenance de deux barils ou caques. III, 168, 247. V. bus.

BUSSART, xv⁰ s. Fût à mettre vin, la moitié ou le quart de la busse. III, 240. V. bus.

BUSSE, v. bus.

BUSSERIE, xvi⁰ s. Œuvre de busserie ou tonnellerie, tous vaisseaux de bois. Par extension, le merrain, les bois débités destinés à la busserie. III, 63. V. bus.

BUTYNER, xvi⁰ s. Butiner, se partager le butin qu'on a fait, la proie dont on s'est emparé en commun : « pour après, les dérober (des deniers) et butyner entre eulx; — n'y a chose plus certaine que lesd. deniers ne fussent desrobbez et butynez. » *Butiner*, *botiner*, de *butin*, bas lat. *botinus*, all. *beute*, angl. *beoty*. II, 234, 225.

C

ÇA (EN), xv⁰ s. En deçà. III, 134.

CABANE, xvi⁰ s. Cabine, logement, abri, disposé dans les bateaux destinés au transport des voyageurs. II, 554.

CABOCHE, xvi⁰ s. Clou à grosse tête : « pour millier de caboches, xx d. t. (de péage). » Ital. *capocchio*, *capo*, du lat. *caput*. III, 342.

CAFFART DE VILLAGE, xvii⁰ s. Étoffe imitant le damas, la même sans doute que le damas cafard. Dite de village, de ce qu'elle était, en raison de son infériorité, à la portée et à l'usage des villageois. II, 250. V. damas caffart.

CAIL, QUAIL, xv⁰ s. Quai : « chalan de dix toilles, submergé et perdu au pont d'Orléans, joignant le cail; — à la charge que lesditz de Nantes, feront faire à leurs despens et frais, led. quail de pierre de taille, garni de boucles et pillory. » *Calade*, en Lyonnais et Beaujolais, rue pavée, dallée; en Berry, *caille*, caillou. V. ci-dessous, *caillot*, pierre à paver et *caillou*, meule de moulin. Ces acceptions de pierre dure, pierre plate, pierre taillée, chaussée empierrée, pavée, construction, maçonnerie, en pierres de taille, conduisent à chercher dans le mot *cail* la racine celtique *cal*, exprimant l'idée de dureté, qu'on retrouve du reste dans le mot latin *callus*, plutôt que d'en faire un dérivé de *calculus*. Il est à remarquer que *calculus* dans le bas latin conserve sa signification latine de petite pierre, calcul, opération de compte, pion, dame, boule à compter, action de compter, opération de compte, compte, petit poids, et ne prend nulle part celle de pierre à construire ou à paver. II, 54, 463, 478.

CAILLOT, xv⁰ s. Pierre à paver : « pour v⁰ de caillots achetés, rendus sur led. pont (d'Orléans), pour paver l'arche d'oultre la croix. » *Caillotte*, Poitou. II, 447. V. cail.

CAILLOU, CHAILLOU DE MOULIN, xvi⁰ s. Meule : « pour un caillou de moulin, v d. t., et s'il est percé xv d. t. ; et pour une meule de moulin en semblable manière que pour ledit caillou. » III, 63, 70. V. cail.

CAMPANE, xvii⁰ s. Crépine de fil d'or, d'argent, de soie, se terminant en petites houppes façonnées en forme de clochettes. De *campane*, cloche, bas lat., ital., esp. *campana*. II, 250.

CANAL, xvi⁰ s. Chenal d'une rivière, voie tenue en état de profondeur suffisant pour le tirant d'eau des bateaux. Du lat. *canalis*. II, 227. V. entretènement.

CANIVET, xvii⁰ s. Canif. Bas lat. *canivetus*, angl. *hnife*, suéd. *knif*. II, 250.

CAPENDE, CAPENDU, xv⁰ s. Court-pendu, espèce de pomme. III, 548. V. sernoyn.

CAPENDU, v. capende.

CAPITON (bourre de), xvii⁰ s. Bourre qui reste sur la coque d'un ver à soie après le devidage de la soie proprement dite, et qu'on en retire à l'aide d'un peigne. Ital. *capitone*. II, 250.

CARABASTAN, xvii⁰ s. Cabestan. Peut-être du bret. *kabestr*, licol, dont le radical est *kab*, tête, par analogie avec la corde qui s'enroule autour du treuil dans le jeu du cabestan ; le breton donne aussi *karvan*, rouleau du métier de tisserand. II, 510.

CARISET, xvii⁰ s. Carisel, étoffe de laine, sorte de canevas. II, 250.

CARNEQUIN, xvii⁰ s. Sorte d'arbalète. Arbalète à pied, ainsi appelée, de l'instrument dont on se servait pour la bander : « un carnequin, j d. p., un arc, j d. p. » *Cranequin, granequin, crenequin*. Cf. DU CANGE sous *crenkinarii*. III, 70.

CARTELET, xvii⁰ s. Etoffe de laine légère. II, 250.

CASPE, xv⁰ s. Câpre, bouton de la fleur du câprier, confit dans le vinaigre. Du lat. *capparis*. II, 232.

CASSE, xvi⁰ s. Caisse : « casses d'orrenges. » Bas lat. *caissa*, ital. *cassa*, esp. *caxa*, du lat. *capsa*. III, 99. V. castonnade.

CASSEMUSEAUL, xvi⁰ s. Pâtisserie, gâteau : « au pastissier pour avoir fourni de galettes, de cassemuseaulx, eschaudez et patez, ij l. x s. t. » De *casser* et *museau*. Ainsi nommé de ce que dans les jours de réjouissances publiques, on le distribuait en le jetant au nez de la foule. JAUBERT, LALANNE. II, 345.

CASTELOGNE, xvii⁰ s. Couverture de laine, pour catalogne, du nom du pays d'où cette marchandise était tirée, MÉNAGE cité par LITTRÉ. Cf. TRÉVOUX. II, 250.

CASTONNADE, xvi⁰ s. Cassonade, sucre qui n'a pas subi sa dernière épuration. *Castonade*, de *casson*, morceau, pain de cette espèce de sucre, et de *casse, caisse*, boîte dans laquelle elle était transportée, cf. TRÉVOUX. III, 247. V. casse.

CE PENDANT, xvi⁰ s. Cependant, cela pendant, durant, II, 77.

CERCHE, SERCHE, xvᵉ s. Cercle, cerceau; feuille de bois amincie, taillée en bande, servant à la confection de certaines pièces de boissellerie de forme circulaire : « de la chartée de bois et serches servans à faire boisseaux, seaux, seilles et tabours, viij d. p. » Bas lat. *cerchium*, du lat. *circulus*. III, 63, 141, 220.

CERTIFICATOIRE, xvᵉ s. Certificatif. Du bas lat. *certificare*, du lat. *certum facere*. III, 284.

CESSIER, xvᵉ s. Céder : « avons cessié, délessié, transporté. » Du lat. *cedere, cessum*. III, 84.

CHA. xvııᵉ s. Espèce de thé. *Chaa, tcha*, II, 248.

CHAFFAULT, CHAUFFAUT, xvᵉ s. Echafaud, estrade. Bas lat. *scafaldus, chaufarium*, angl. *scàffold*. III, 545.

CHAILLOU, v. caillou.

CHALAN, CHALEN, CHASLAN, CHALLAN, CHALAIN, CHALLAIN, xıvᵉ s. Chaland, dénomination qui était donnée sur la Loire à des bateaux de dimensions diverses, particulièrement aux bateaux les plus grands, quelquefois aussi à de petites barques; cf. JAUBERT. *Chalandre, salandre*, bas lat. *chelandium, chelandrium, chelindrus, chelandra, chelandria, salandra, salendria, calannus*, bas grec Χελάνδιον. II, III, *passim*.

CHALAN A CORBE, v. sentine à corbe.

CHALAN PERCÉ, xvᵉ s. Grand bateau stationnaire à compartiments percés, servant de réservoir à contenir du poisson vivant, boutique, vivier flottant. Cf. DU CANGE sous *chelandra*. II, 418; III, 124. V. huisset.

CHALANDÉE, CHALLANDÉE, CHALENÉE, CHALLENÉE. Contenance, chargement d'un chaland. III, 119, 120, 124, 198.

CHALEN, v. chalan.

CHALENDRIÈRE (porte), xvıᵉ s. Porte de chaussée, de barrage, d'écluse, d'ouverture suffisante pour le passage d'un chaland. II, 83.

CHALENÉE, v. chalandée.

CHALLAIN, v. chalan.

CHALLAN, v. chalan.

CHALLANDÉE, v. chalandée.

CHALLEMINE, xvıᵉ s. Calamine. Bas lat. *calamina, calammaris*. III, 139.

CHALLENÉE, v. chalandée.

CHAMBERIÈRE, xvıᵉ s. Chambrière, Féminin de *chambrier*, bas lat. *camerarius*, de *camera*. II, 314.

CHANTE, xvıᵉ s. Jante. Bas lat. *canta*, du lat. *canthus*. III, 120.

CHANTIER, xıvᵉ s. Bord des rivières navigables, lisière qui doit rester libre pour le service de la navigation, l'entrepôt des marchandises qu'on embarque ou débarque : « faire les voyes et coupper les boys et arbres estans sur les chantiers; — comme faire faire les auxerrées (chemins de halage) sur les bords et chantiers desd. rivières; — abattre les arbres le long des bords des hausserées, leur donner xvııı pieds de franc chantier; — seront tenuz mettre rendre et porter le bois, sur le grand port (d'Orléans), à terre, sur le haut chantier. » Bas lat. *chanterium*. II, 142, 227, 528.

CHANTILLE, xvᵉ s. Bois débité en menues parties : « merrien de chantille. » De *cantel, cantiel, chanteau*, morceau ; bas lat. *cantellus*. En bas bret. *kant* veut dire cent, d'où *cantel* et son dérivé *chantille*, centième partie, parcelle, fragment d'un bloc dépécé. II, 213.

CHAPPELÉE, xvıᵉ s. La contenance d'un chapeau : « de pommes ou poires est deuc une grande chappelée. » De *chapel, chape, capel*, chapeau, capuchon, bas lat. *capa*, ital. *cappello*, cf. *cape*, couvercle des ruches. JAUBERT. III, 185.

CHAPPELLÉ, xv° s. Chapelé, rapé :
« à Estienne Sarrazin, boulangier,
pour huit douzaines de pain blanc
chappellé. » Chapeler le pain devait être une recherche, car il
s'agit dans cet article d'un repas
de luxe. De *chapeler*, *chapou-
ler*, *chapler*, couper, tailler,
abattre, du lat *capulare*. II, 547.

CHARBON DE PIERRE, xvı° s. Charbon de terre, houille : « tonneau
de charbon de pierre, ij d. t. »
III, 72.

CHARDON, v. chevenne.

CHARDONNEREAU, xvı° s. Char-
donneret. III, 125.

CHARGE, xv° s. Quantité de marchandise transportée par eau,
sur laquelle les prix de péage
étaient réglés, déterminés appro-
ximativement d'après la charge
des bêtes de somme ou de trait,
variable suivant la densité, le vo-
lume, et peut-être la valeur des
objets tarifés ; la charge d'aulx
était de 300 livres, la charge de
fer de trois pour millier, la charge
de poix noire de 600 livres. De
chargier, *cargier*, *charchier*, bas
lat. *carricare*, du lat. *carrus*, chariot. III, 201, 210, 220. V. crée.

CHARNAS, xıv° s. Mot dont la signification était perdue dès le milieu du xvı° s. Avait désigné
dans les temps antérieurs une
marchandise qu'on transportait
en balle : « de la balle de charnas iiij d. » Vraisemblablement la
toison, la peau d'agneau garnie de
sa laine, de l'espagnol *carnaza*,
envers de la peau, par ce qu'en
effet les toisons se transportent
retournées. Devait s'entendre particulièrement des toisons de provenance espagnole, par opposition à *aignelin*, nom qu'on donnait aux toisons d'agneaux de
provenance française. L'aignelin,
dans la plupart des pancartes de
péages de la Loire, était tarifé,
comme le charnas dans la pan-

carte 'd'Arcole, la seule qui en
fasse mention, à quatre deniers
la balle. Cf., bas lat. *carnarus*,
mouton, esp. *carnero*. III, 117,
118.

CHARNIER, xvı° s. Échalas, encore
en usage. En Orléanais, Berri,
Touraine, c'est le nom donné
aux échalas employés dans les
vignes. Bas lat. *carneria*. D'après
le Cte Jaubert, de *charne*, *carne*,
charme, du lat. *carpinus*. Il est
à considérer qu'aujourd'hui le
charme n'est pas employé à la
confection des charniers, on se
sert du chêne, de l'acacia, en
a-t-il jamais été autrement? III,
181 et *passim*.

CHARONNAGE, xı° s. Charriage,
appliqué aux transports par eau ;
péage levé sur bateaux charriant
marchandises : « du droit de
péage dit charonnage, à prendre
en la rivière de Loire, à l'endroit
du chasteau dudit Saint-Florent-
le-Vieil, sur chacun bateau ou
chalan chargé de diz muids de
sel. » De *charrier*, *char*. III,
40, 286.

CHARPENTAGE, xvı° s. Travail,
œuvres de charpenterie de menuiserie, de busserie. De charpentier,
du lat. *carpentarius*, carrossier
et *carpentum*, char. III, 125.

CHARRIÈRE, xvı° s. Grand bac,
bateau plat assez large pour contenir une ou plusieurs voitures,
dont se servaient les passeurs de
rivières : « de la charrière du travers de Loire, iiij d. » Poitou,
charre, *charrère*, de *char*; bas
lat. *charreria*. III, 117.

CHASTRIZ, CHASTRIS, xıv° s. Mouton : « moutons, chastriz et oulles,
les trois bêtes de péage, ob. »
Cette nomenclature d'animaux de
l'espèce ovine, montre, par un
nouvel exemple, qu'au xıv° siècle
mouton était particulièrement le
nom du mâle de la brebis, qu'on
a appelé plus tard bélier, et

chastri le nom du mâle châtré, qu'on appelle aujourd'hui mouton. Le mot mouton toutefois s'employait aussi, comme de nos jours, dans une acception générale pour désigner l'espèce entière des bêtes à laine : « pour fardeau de peaux de petites bestes, savoir veaulx, moutons et semblables, v d. » Il est à remarquer que dans aucune des pancartes des péages de la Loire le mot *bélier* ne se rencontre. Poitou, *châtris;* dans la vallée de la Saône *chastron :* « doit la douzaine de *chastrons*, d'*ouailles*, iij d. (P. S. l. 8). Du lat. *castrare, castratus*. III, 205, 284, 379. V. oulle.

CHAUDERONNÉE, xvᵉ s. Chaudronnée, la contenance d'un chaudron, équivalente à la contenance d'un baril, mesure appliquée à l'assiette des péages. De *chaudron*. III, 284.

CHAUFFAUT, v. chaffault.

CHAUSSÉAGE, xviiiᵉ s. Droit levé, pour l'entretien des chaussées, sur les chars et chevaux cheminant. De *chaussée, chaussie*, bas lat. *calcegium, calceia, calcea*, du lat. *calcare, calcatus*. II, 259.

CHAVENIS, CHENEVEUX, CHENEVEULX, CHENEVIERS, xvᵉ s. Chenevis, graine de chanvre. Bas lat. *canna*, du lat. *cannabis*. II, 246 ; III, 98, 102, 124.

CHÉANT, xvᵉ s. Tombant, part. prés. de *cheoir*. II, 210. V. cheu.

CHEMIN DE L'EAU, xvᵉ s. Voie, chenal d'une rivière navigable. II, 149. V. cheoite.

CHENEVEULX, v. chavenis.

CHENEVEUX, v. chavenis.

CHENEVIERS, v. chavenis.

CHEOITE, ESCHEOITE, xvᵉ s. Chute : « par la cheoite et trébuchement dudit pont... et par icelle eschoite le chemin de l'eau a esté tellement empeschié, qu'il...» De *cheoir*, d'où *eschoite, échoite*,

eschéate, eschéète, échute, succession, succession collatérale, biens dévolus au seigneur, bas lat. *escaeta, eschaeta, escheta, escadentia*, du lat. *cadere, ex* et *cadere*. III, 149, 150.

CHESTEL, xvᵉ s. Château. *Chastel, castel*, du lat. *castellum*. III, 265.

CHESTIVELLE, xviᵉ s. Menus brins de bois, rameaux, osier : « pour millier de chestivelle ou rotrée, x d. » De *chestis, caisliz, castis*, chétif, de mince valeur, ital. *cattivo*, du lat. *captivus*. III, 379. V. rotée.

CHEU, xviᵉ s. Choit : « ou travers du ruisseau qui cheu en la rivière de Dampierre. » De *cheoir*, lat. *cadere*. II, 435.

CHEVALIS, CHEVALLIS, xviiᵉ s. Chenal, voie creusée dans le sable d'une rivière navigable, pour le passage des bateaux. *Chevaler*, faire un chenal dans le sable d'une rivière, JAUBERT. II, 524.

CHEVANCE, xvᵉ s. Bien, négoce, gain, profit, espérance : « que des griefs par là occasionnés résulte enchérissement des marchandises de la moitié et plus, que plusieurs marchands en sont détruits et déserts de leurs chevances. » De *chevir*. traiter, composer, transiger, faire affaire, négocier, trafiquer, vendre, mettre à chef, de chef, du lat. *caput*. III, 11.

CHEVÉCIER, xviᵉ s. Dignitaire ecclésiastique, celui qui a la garde du chœur : « disoient que de la dotacion de l'église collégiale Monseigneur St Martin de Tours, et de dignitez de chambrier et chevécier d'icelle église, leur compectent plusieurs beaulx droiz. » Bas lat. *capitiarius*, de *capitium*, chevet d'une église, sanctuaire, du lat. *caput, capitis*, v. DU CANGE, sous *capitium*. III, 178.

CHEVÉCIER, xviᵉ s. Batelier chef,

celui probablement qui se tenait à l'arrière, sur le point supérieur (chevet) du bateau, à la barre du gouvernail , pilote : « pour huit autres compagnons qui ont servy de mariniers et chevéciers à conduire lesd. tirotz du Roy. » Cf. *chevet*, partie la plus élevée d'un champ, LALANNE. II, 550. V. cidessus chevécier.

CHEVENNE , xvᵉ s. Chevanne, cheveneau, poisson. *Chenevel*, bas lat. *cheneverium*. III, 220. V. truetz.

CHEVIR A (quelqu'un), xvᵉ s. Traiter, composer, transiger. III, 28, 88. V. branler et chevance.

CHÈVRE , xvıᵉ s. Outre : « une chèvre d'huile d'olives, ij d. t. (de péage). » De chèvre, animal avec la peau duquel l'outre était faite. III, 68.

CHEVRETTE , xvııᵉ s. Ouvrage construit dans le lit d'une rivière, jetée, digue, épi : « douze hommes qui ont vacqué durant trente une journée ouvrables à arracher une chevrette , laquelle estoit dans la voye navigable , avoir aussy araché d'autres bois qui estoient dans l'eaue. » V. JAUBERT. II, 495.

CHIFFLET, xvııᵉ s. Sifflet. *Siblet*, bas lat. *sibulus, sibilus*, du lat. *sibilum*. II, 250.

CINQUIN, xvııᵉ s. Fût ou vaisseau dont la contenance était du cinquième de celle du tonneau, employé notamment au transport ou pour la jauge de l'huile : « pour chacun tonneau d'huile, ledit tonneau revenant à cinq cinquins, en sera payé iiij s. ij d. t. » De *cinq*, lat. *quinque*. III, 89.

CITOUART, v. zédouart.

CLAVELÉE (cendres de), xvᵉ s. Cendres gravelées. De *gravelle*, sable, bas lat. *gravela, gravella*. V. LITTRÉ. III, 124.

CLAVEURE, xvıᵉ s. Fermeture au moyen d'une clef, serrure : « pour huche nenfve sans claveure, iij d. (de péage). » Du lat. *clavis*. III, 195, 242.

CLOESQUE DE BOTTE A MENER POISSON , xvıᵉ s. Cloaque, enclos, botte , case , compartiment de botte, de vivier flottant. III, 72. V. esclo et botte.

COCHE, xvıᵉ s. Souche, bûche : « du cent de bois à brûler, quatre coches. » *Choque*, bas lat, *choca* , ital. *ciocco*. III, 141.

CODIGNAC, xvııᵉ s. Cotignac, confiture de coings et de cognasses (coings sauvages). Ital. *cotognato*, du lat. *cotonius, cotoneus* qui vient du cognassier ; *cotoneum malum, cydonium* coing ; *cydonites, cydonitum*, κυδωνίτης, boisson faite avec des coings. II, 396.

COGNOSSANCE , xıvᵉ s. Connaissance. Du lat. *cognoscere*. II, 194.

COGNU, CONGNU, xvıᵉ s. Connu. Du lat. *cognitus*. II, 54 ; III, 25.

COIGNASSE, xvıᵉ s. Cognasse, coing sauvage. De coing, lat. *cydonium*. II, 396. V. codignac.

COIGNER, CONGNER, xıvᵉ s. Fendre au moyen du coin ; bois *congné*, fendu, par opposition à bois rond : « bois congné, chacune chartée, iiij d., bois rond, chacune chartée, ij d. » De *coing, couingnie*, coin, du lat. *cuneus*. III, 124, 206.

COLÉE, xıvᵉ s. Coup sur le col, coup d'épée sur le col, coup d'épée, coup : « quent les colées sont réputées colées à sanc. » *collée, coleie, coulée*, prov. *colada*, ital. *collata*, du lat. *collum*, col. V. DU CANGE sous *alapa*. III, 393.

COLIÉVER, xvᵉ s. Lever (un péage) ensemble, de concert, être cointéressés dans la levée d'un péage. *Co* et *lever, cum levare*. III, 364.

COMBRES, xve s. Bois, pieux, batardeaux, barrages, plantations, engins fixes, dans le lit des rivières, destinés à arrêter et retenir le poisson, à protéger les rives et berges, à fixer les alluvions ; tas, encombrement de terres, de pierres. Bas lat. *combra, cumbra, cumbri, cumbrus*, du lat. *cumulus*. Cf. esp. *cumbre*, cime, faîte. II, 7, 418. V. obster.

COMMANDE, xvie s. Câble à l'usage des mariniers et baliseurs, servant à maintenir le bateau sur son ancre, ou à l'attacher sur une boucle, sur un pieu fixe, corde de l'ancre, amarre : « pour une commande pour lyer le chalain et des linguans, xve s. (prix d'achat). » Bas lat. *commenda*, tutelle, protection. II, 427, 455.

COMMANDISE, xive s. Droit perçu sur les marchandises voiturées par eau, prix de la sûreté garantie à la marchandise ou au voyageur par le seigneur péager, tribut distinct, à Tours, du droit de péage proprement dit et souvent levé en sus : « sel doibt pour chacun muid, xij d. ob., pour péage, iij d. ob., pour commandise, ix d. ; — vin doibt pour chacun tonneau, xx d., de péage, v d. de commandise, xv d. ; — pour chascune beste, c'est à sçavoir asnes, porcs et vaches, de péage ob., pour chacun bœuf de commandise, j d. ; — chacun chalan qui mène pèlerins doit de commandise une fois l'an tant seulement, vi d. t » Bas lat. *commendisia, commendia*, de *commenda, commendatio*, tutelle, protection, *commendare*, demander protection, du lat. *commendare*. V. Du Cange. II, 204 ; III, 63, 198.

COMMUNALITÉ, COMMUNITÉ, xve s. Communauté. Bas lat. *communialitas*, du lat. *communitas, communis*. II, 27 ; III, 261.

COMMUNELMENT, xive s. Commu-nément, généralement, ordinairement, habituellement : « la partie convaincue (de coups avec effusion de sang) en ladite ville et banlieue (de Blois), paie lx l. soit ce que ailleurs communelment ne paie que lx s. » De *commune*, qui a donné *communal, communalité* ; du lat. *communis, communiter*. III, suppl. n° 997, vi, xxix. V. communalité et converser.

COMMUNITÉ, v. communalité.

COMPAROIR, SE COMPAROIR, xve s. Comparaître : « auroit fait appeler tous les marchands des ponts de Sée à comparoir devant nous ; — Pierre Tironeau, enquesteur se comparût illec en lad assignation ; — se sont compareuz et présentez devant nous. » Du lat. *comparere*. II, 9, 25, 523.

COMPARU (est), xvie s. A comparu. II, 29.

COMPTEREAUX, xviiie s. Comptes, états de recettes : « suivant les comptereaux certifiez des buralistes. » De compter, du lat. *computare*. II. 304.

COMPTEROLLE, xvie s. Contrôle : « avoit érigé en office un compterolle desd. deniers. » De *compte*, lat. *computus*, et *compter*, *computare*. II, 226.

COMPTEROLLEUR, CONTREOLLEUR, xvie s. Contrôleur. De *compterolle*. II, 225. 226.

CONCLUER, xve s. Conclure. Du lat. *concludere*. III, 274.

CONDÉLÉGUÉ, xvie s. Délégué à une fonction conjointement avec un autre. Con, cum, et *délégué*, *delegatus*. II, 38.

CONDUICT, xviie s. Conduite, transport de marchandises d'un lieu dans un autre ; droit de — péage levé sur le transport des marchandises pour prix de la sûreté garantie à ce transport. Bas lat. *conductus*, du lat. *conducere*, *conductum*. III, 313. V. brieulx.

CONDUISEUR , xvᵉ s. Conduisant, qui conduit, conducteur : « conduiseurs desdits chalans. » III, 90, 234.

CONGNER, v. coigner.

CONGNU, v. cognu.

CONGRÉGACION, xv1ᵉ s. Assemblée, réunion. Lat. *congregatio*, de *congregare*. II, 40,

CONGRÉGER , xv1ᵉ s. Réunir, assembler. Lat. *congregare*. II, 27.

CONIL, CONIN, xv1ᵉ s. Lapin. Du lat. *cuniculus*. III, 117.

CONIN, v. conil.

CONSIGNALÉ , xv1ᵉ s. Signalé, recommandable , illustre. Du lat. *cum* et *signare, insignis*. II, 274.

CONTEMNER, xvᵉ s. Mépriser. Lat. *contemnere*. III, 14.

CONTENDRE , xv1ᵉ s. Élever une prétention, contester, débattre. Du lat. *contendere*. II, 479.

CONTREBAS, xvᵉ s. Contre le bas de, à l'aval de, en descendant : « vins menez contrebas ladicte rivière. » III, 240, V. abas.

CONTREMONT, xvᵉ s. Contre une rivière, c'est-à-dire contre son courant, en la remontant, par opposition à contreval et contrebas : « vins menez contremont la rivière de Loyre ; — sel mené contremont Loyre. » *Contre* et *mont*, contre le mont, la montagne, le haut de la vallée d'où sort la rivière. III, 240, 278. V. amont.

CONTREOLEUR , v. compterolleur.

CONTREVAL, xv1ᵉ s. A l'aval, vers le bas de la vallée, du côté de l'embouchure d'un fleuve, en le descendant, par opposition à contremont : « si le vin est mené contreval. » *Contre* et *val*, contre le val. III, 278. V. val.

CONVETTEUX, xv1ᵉ s. convoiteux, intéressé, âpre au gain. Bas lat. *cupidiosus*, ital. *cubitoso*, du lat.

cupidus. III, suppl. nᵒ 997, xv11. V. gouverneur.

CONVERS , xv1ᵉ s. Jeune alose. III, 201. V. truetz.

CONVERSER, CONVERSSER, x1vᵉ s. Circuler, aller et venir en une même contrée, sur une même rivière, y séjourner, y demeurer, y vivre, y exercer sa profession ; se réunir sur un point, dans une ville pour commercer : « tous marchans conversans et repérans sur la rivière de Loire ; — car de tout temps la ville de Blois est repputée ville marchande et là où communelment grant quantité de marchans tant de la rivière de Loire comme d'ailleurs, ont acoustumé de converser. » Lat. *conversari*. III, 280, suppl. nᵒ 997, xxix.

CONVERSSER, v. converser.

CONVERTIR , xvᵉ s. Tourner à, employer à une destination, s'appliquant particulièrement à l'emploi des deniers : « pour les deniers qui en ystront être convertiz et employez en la reddification dudit pont ; — pour convertir au fait dudit pont. » Du lat. *convertere*. III, 81, 82.

CONVETIZE, v. covoitise.

COP, xvᵉ s. Coup. *Colp, cops*, bas lat. *colpus, colaphus*, ital. *culpo*, esp. *golpe*, du lat. *colaphus*, coup de poing. III, 265. V. colce.

COPONAGE, xv111ᵉ s. Droit levé sur le mesurage des grains. Bas lat. *coponagium*, de *copa, coppa*, vaisseau servant de mesure pour les grains, du lat. *cupa, cuppa*, vase en bois. III, 51.

CORBE, CORBÉE, xv1ᵉ s. Courbe, membrure, genou de bateau. Du lat. *curvus, curvare*. III, 90, 124. V. sentine à corbées.

CORBÉ , xvᵉ s. Qui est à courbes : « pour sentine corbée neufve, iiij d. p. » III, 59. V. corbe et sentine à corbe.

CORBÉE, v. corbe.

CORDELÉ, xvi⁰ s. Cordé, entouré d'une corde, serré par une corde : « fardeau cordelé ou non cordelé. » Du lat. *chorda*. III, 90.

CORDILLAT, xviı⁰ s. Cordillas, grossière étoffe de laine : « cordillat d'Espagne. » Esp. *cordellate*, de *cordel*, cordeau. II, 251.

CORDOAN, v. cordoen.

CORDOEN, CORDOUEN, CORDOAN, CORDOUAN, xv⁰ s. Cuir pour les chaussures. De Cordoue, nom de la ville d'où ce cuir était tiré. III, 80, 93, 147, 228.

CORDOUAN. v. cordoen.

CORDOUEN, v. cordoen.

CORNAUL, xviı⁰ s. Corne, coin : « pour le cornaul ou coing de chacun lict, iiij d. (de péage). » Du lat. *cornu*. III, 91.

COTHERET, COTTERET, COUTERET, COUSTERET, COUSTEREL, xv⁰ s. Fût, baril à contenir vin, huile; sixième partie du muid de Chartres, DUCANGE, sous *costerellum*; un peu plus du quart du tonneau d'huile de cinq cinquins (un cinquin, un tiers environ), d'après la pancarte du péage de Givry où un article tarifant le cotteret d'huile à 13 d. ob. = 27 oboles, fut remplacé en l'année 1600, par un article tarifant le tonneau de cinq cinquins à 4 s. 2 d. = 100 oboles; — mesure pour les liquides. Bas lat. *costerellum, costrelum, costerelum*, de *coste, costa*, panier, du lat. *cista*. Basse *costère*, hotte à vendanger, *costeret*, corbeille à mettre poisson, DUCANGE, ibid. II, 313; III, 88, 89.

COTTE, xvi⁰ s. « Pour traite de cotte et de batterie, iiij d. t. » Le rapprochement des deux mots batterie et cotte dans un même article de pancarte de péage, semble indiquer que cotte désigne ici des cottes de maille. Bas lat.

cotta, angl. *coat*, all. *kutt, hutte, kittel*. III, 227, v. balterye.

COTTERET, v. cotheret.

COULPE, xiv⁰ s. Faute. Lat. *culpa*. III, suppl. n⁰ 997, xxII. V. née.

COURRETAIGE, xv⁰ s. Courtage. Bas lat *corratagium*, de *courtier*, *couratier, curatier*, bas lat. *corratarius curaterius*, qui prend soin, du lat. *cura, curare*. II, 316.

COUSTEREL, v. cotheret.

COUSTERET, v. cotheret.

COUSTERON, xv⁰ s. Fût, baril à mettre miel, le quart de la pipe vraisemblablement : « une pipe et deux cousterons de miel. » *Costarez*, le même mot que *cousteret*, II, 281. V. cotheret.

COUTERET, v. cotheret.

COUX, xv⁰ s. Queux, pierre à aiguiser. *Cueux*, bas lat. *cotella*, du lat. *cos, cotis*. III, 221.

COVETIZE, v. covoitise.

COVOITISE, CONVETIZE, COVETIZE, xiv⁰ s. Convoitise, cupidité. Bas lat. *cupiditia*. III, suppl. n⁰ 997, xvIII. V. convetteux.

CRÉE, xvi⁰ s. Mesure de longueur appliquée à l'aunage de toiles qu'on tissait en Bretagne. Du texte qui suit il semble résulter que cette mesure était employée pour l'aunage des toiles blanches, tandis que les toiles écrues étaient mesurées à la verge : « pour chacune charge de toille blanche de Bretagne, à trois cens créés pour charge, xl s.; pour charge de toile cruc, brin de la façon de Dinanois, à trois cents verges pour charge, xvi s. viij d. » Des let. pat. de 1780, citées dans le dict. de Littré, donnent le nom de *crée* à la toile même. Esp. *crea*, sorte de toile. III, 316.

CRESEAU, xvii⁰ s. Etoffe de laine croisée. De *croiser, croix, cruz*, lat. *crux*. II, 250.

CROISTRE, xiv s. Accroître, augmenter : « car il n'est

point à présumer que Monsʳ (le comte de Blois) et ses prédécesseurs, qui ont été de si noble consience et bonne renommée, eussent volu, par temps de guerre, croistre leurs droiz. » Du lat *crescere*, *crescit*. III, suppl. nᵒ 997, xxviii.

CROIX, xvi s. Croc, crochet. Bret. *krôk*. II, 455, v. paraiger.

CROYE, xviᵉ s. Craie. Du lat. *creta* III, 199.

CRUBLE, xvi s. Crible. Du lat. *cribum*. III, 140.

CRUE, xvᵉ s. Péage supplémentaire, augmentation du taux d'un péage. De croître, lat. *crescere*. III, 14.

CUAU, cuaul, xviᵉ s. Petite cuve, *cue*, *cube*, esp. *cuba*, du lat. *cupa*. III, 125, 271.

CUAUL, v. cuau.

CUEILLAIGE, xviiᵉ s. Droit levé à Nantes sur les sels arrivant par eau, établi sur leur récolte ou cueillage. De *cueillir*, *quillir*, du lat. *colligere*. III, 312.

CUIDIER, xvᵉ s. Cuider, penser, croire, vouloir : « et que pour cuidier faire désister les diz complaignans. » Du lat. *cogitare*. III, 274, 436, v. baisser.

CUEUR, xviᵉ s. Cuir : « pour cueurs à éguiser, un chef d'œuvre. » V. cuirau.

CUIRAU, xviᵉ s. Cuir. Peut-être le même mot que *cuiret*, *cuirée*, peau dépouillée de sa laine mais qui n'avait pas encore passé en mégie, bas lat. *cuirena*, du lat. *corium*, χόριον. III, 316.

CUISSOT, xviiᵉ s. Cuissard, partie de l'armure qui couvrait les cuisses. Bas lat. *cuissetus*, de *cuisse*, lat. *coxa*. III, 210.

CUREAU, xvᵉ s. Ecureuil, peau, fourrure d'écureuil : « le faiz à un homme de ver ou de cureaux. » Bas lat. *squirolus*, du lat. *sciurus*. III, 126.

D

DACE, xviᵉ s. Impôt, tribut. Bas lat. *datia*, *data*, *datarium*, *daticus*, *tributum quod à datitiis vel victis exigitur*, Du Cange. Du lat. *dediticius*, qui a capitulé, qui s'est rendu. III, 32, 321.

DACIGNÉ, xviᵉ s. Drap d'Acigné, en Bretagne, qui se fabriquait dans le bourg de ce nom : « pour chacune charge de Dacigné. » III, 315.

DAMAS CAFFART, xviiᵉ s. Damas cafard, mêlé de soie et de fleuret. Le mot *caffart*, *caphard*, du bas lat. *caphardum*, capuchon (Du Cange), servit au xviᵉ s. à désigner les faux dévots, les hypocrites; devint-il adjectivement synonyme de faux, et est-ce en ce sens qu'il qualifie ici le substantif damas? ou bien ce nom fut-il donné à l'étoffe, du vêtement, capuchon, à la confection duquel on l'employait? Parfois, le mot damas était laissé à l'écart et on se servait du mot *caffart* seul pour désigner ce genre d'étoffe. V. Trévoux et ci-dessus le mot *caffart de village*. III, 251.

DAOULLAIGE (tonneau), xviᵉ s. Devait s'entendre du tonneau *douellé*, formé de *douelles*, c'est-à-dire du tonneau fût réel, équivalant à la pipe, par opposition au tonneau mesure ou quantité de compte qui était de deux pipes, c'est du moins ce qui semble résulter d'un article de la pancarte du péage de Montejan, ainsi conçu : « pour chacun tonneau de vin fourny de deux pippes, iiij d., le tonneau daoullaige est à la voulunté dudict seigneur d'en prendre acquit ou non. » De *douelle*, bas lat. *doela*. III, 271. V. dollé.

DAULPHIN, xv⁰ s. Pâtisserie, gâteau sucré. III, 548.

DÉCROY, xvii⁰ s. Décroissance, diminution d'une monnaie, abaissement de son cours. De *décroitre*, lat. *decrescere*. II, 302.

DÉGITER, xiv⁰ s. Rejeter, jeter hors, chasser, déposséder d'une chose, d'un droit : « et aussi (le comte de Blois) en bonne saisine et pocession de en dégiter les marchans requérans les denrées, appareilz et chalans périllés leur estre renduz. » *Dégieter, dégeter, déjeter. Dé* et *geter*, du lat. *jactare*. III, supp. n⁰ 997, xi.

DEHU, xv⁰ s. Dû, partic. du verbe devoir. III, 65. V. deubz.

DÉLAYANT, xv⁰ s. Qui prend, se donne ou demande délai : « adjourne les opposans, refusans ou délayans. » *Délayer*, bas lat. *dilatare*, du lat. *dilatum*. III, 300.

DÉMENER, xv⁰ s. Mener, conduire, gouverner : « soient jceulx procès poursuis et démenez ou nom desd. marchans. » *Dé* et *mener*, du lat. *minare*, pousser devant soi, mener. II, 2.

DÉPÉRI, xv⁰ s. Qui a péri, qui est détruit : « marchandises aventurées, afondrées ou dépéries en la rivière. » Partic. passé de *dépérir*. II, 193. V. péri.

DÉPRI, DÉPRY, xv⁰ s. Déclaration que faisait, devant le bureau de péage, le marchand ou batelier conduisant marchandise franche, de la nature de son chargement; ainsi appelée de ce qu'elle contenait prière implicite de laisser passer, en raison de l'exemption dont jouissait le chargement. Certaines pancartes de péage imposaient une formule sacramentelle et accompagnée quelquefois de formalités bizarres. De *déprier*. III, 241, 242.

DÉPRIER, xv⁰ s. Prier, demander passage franc, libre : « ne sera rien payé au port et péage de Givry, pour le vin qui sera chargé en Bourbonnois, ains passera franc dudit péage, en dépriant toutefois et faisant apparoir le certificat comme il (le vin transporté) auroit esté vendu et chargé audit pais de Bourbonnois. » Du lat. *deprecari*. III, 88, 241. V. dépri.

DÉPRY, v. dépri.

DESCOMBREMENTS, xviii⁰ s. Décombres : « les rivières sont en très-mauvais état par le grand nombre des descombrements dont elles sont remplies. » II, 534. V. combre.

DESCORDER, xvi⁰ s. Enlever les cordes ou ficelles d'un ballot cordé : « pourra faire desballer et descorder lesd. balles ou paqués. » De *des* pour *dé* et *corder*. II, 71. V. cordelé.

DÉSERCION, xv⁰ s. Abandon d'une voie, d'un chemin, par le public ; état d'un chemin rendu désert par l'abandon des passants : « véans la désercion du pont de lad. ville. » Lat. *desertio*. III, 78.

DÉSERT (être), xv⁰ s. Etre déserté, abandonné, privé, déçu, trahi dans une espérance. Du lat. *deserere, desertus*. III, II. V. chevance.

DESPENDRE, xv⁰ s. Dépendre, dépenser. Du lat. *dependere*. II, 540.

DESPESCHER, xv⁰ s. Désempêcher, enlever les empeschemens, débarrasser, rendre libre : « pour despescher la voie en la rivière d'Oudon. » De *des* et *pescher* pour *empescher*. II, 433.

DESPIÉÇA , xvıᵉ s. Dès ; depuis temps, laps de temps, longtemps : « led, demandeur maintenoit que despiéça et dès le vivant du roy Charles septiesme... » De *dés,* depuis, du lat. *de, ex,* et de *piéça, piecha ;* ce dernier mot composé lui-même, de *a y a, il y a* et *pièce, piéche,* morceau, bout, espace de temps, temps, bas lat. *pecia, petia, petium, petius ;* ital. *pezza , pezzo, « é gran pezza , pezzo,* il y a longtemps ; » esp. *pieza,* port. *piéça ;* du Kymri *peth,* bret. *pez, pec'h,* morceau, d'après Burguy ; du grec πεζα, pied, bord, extrémité, d'après Diez et Gachet. V. ces auteurs et Du Cange sous *pecia.* III, 134.

DESRYVEMENT, xvıᵉ s. Action des eaux d'un fleuve sortant de leur lit, franchissant leurs rives, dérivant : « gens assiégez en leurs maisons au moien de la grande crué, desryvement et inondation des eaux de la rivière de Loire. » Du lat. *derivare.* II, 466.

DESTENIR, xvıᵉ s. Retenir, empêcher, arrêter : « et est souvent d'estenu malade. » Du lat. *detinere.* II, 46.

DESTOURBIER , v. détourbes.

DESTRANCHER , xvıᵉ s. Découper en tranches. *Des* pour *dé* et *trancher.* III, 206.

DESTROIT , DÉTROIT , xvᵉ s. Point d'une rivière navigable où le passage est difficile, resserré : « ont vacqué à baliser ès-détroit du péage de Saint-Germain-des-Foussez. » Par extension, la portion de rivière, le cantonnement dont chaque délégué des M. F., préposé au balisage, avait la surveillance : « procès-verbaux de l'état desd. rivières qui seront signés par lesd. déléguez, chacun dans leur détroit. » Du lat. *districtus.* II, 33, 529 et *passim.*

DÉTOURBES, DESTOURBIER , xvııᵉ s. Obstacle, opposition, difficulté :

« sans aulcun destourbes ne empeschement. » De *destorber, destourber,* bas lat. *desturbium,* du lat. *disturbare,* bouleverser, disperser. II, 89 ; III, 9, 134.

DÉTRUIT (être), xvᵉ s. Etre privé de son bien, mis dans l'impossibilité de continuer son négoce, de faire face à ses affaires , ruiné. Du lat. *destruere.* III, II. V. chevance.

DEUBZ, xvıᵉ s. Dus. Du lat. *debitus.* II, 33.

DEULER (se), xıvᵉ s. Se lamenter, se plaindre : « car se ung homme frappe ung aultre et que sanc en isse, monseigneur (le comte de Blois), en lad. ville et banlieue (de Blois) , a droit d'amende de lx livres, pour quoy la partie se deule. » *Doleir, doler, dieuler, douloir, doloir,* bas lat. *dolorare,* du lat. *dolere.* III, supp. nᵒ 997, vı.

DÉVALER, v. avaller.

DEVÉE , xvᵉ s. Chemin : « quant la rivière de Loire est si grande qu'elle passe entoure une grosse pierre assise près de devée, » (assise près du chemin). Le même mot que *vée,* voie, du lat. *via.* III, 268.

DÉVESTIR (se), xvᵉ s. Se dévêtir, se départir d'un droit, y renoncer : « de tout le droit que lesd. vendeurs y avoient, ils s'en sont dévestuz et dessaisis et en ont revestu et saisi mondit seigneur le Duc. » *Disvestir,* bas lat. *disvestire, dis* pour *de* et *vestire.* III, 47.

DHUICT, v. duiz.

DHUYS, v. duiz.

DOLLÉ, xvᵉ s. Dolé dégrossi, à la doloire : « tou marrian (mérain) dollé , par où doulouère a couru. » Converti en douelles. Partic. de *doller, doler,* lat. *dolare, dolatus.* Cf. Du Cange sous *docla, doleria, dolatorium.* III, 271.

DOLOUÈRE, xvᵉ s. Doloire. Du bas lat. *doleria, dolatoria, dolabrum,* du lat. *dolabra.* III, 271. V. dollé.

DORIOLE, DORIOLLE, xvᵉ s. Dariole. Gàteau dans lequel entraient de la crême et du sucre. II, 548.

DOUBLAGE (droit de), xviᵉ s. Doublement d'un tribut, d'un péage. De *doubler, dobler,* bas lat. *dollare,* qui a du donner, *doblatium,* du lat. *duplicare, duplicatus.* III, 286. V. trentin.

DOUBTE, DOUBTRE (la), xvᵉ s. Crainte : « pour doubte desquelles menaces yceulx complaignans n'osent vacquer au fait de leurs marchandises ainsi qu'ilz souloient ; — pour doubtre des dessus diz et autres de ladicte garnison, comme pour la doubte des angloys et autres gens d'armes

qui communément destroussent les gens sur le pays. » *Doublance, doute,* bas lat. *dubitancia,* de *douter, doubter, dubitare.* III, 267, 274. V. doubter.

DOUBTER, xvᵉ s. Redouter, craindre : « doubtans ce travail ; — à mes très-doubtez et honorez seigneurs, messeigneurs les gens tenant le parlement du Roy, notre Sire, à Poitiers. » *Douter,* du lat. *dubitare.* III, 134, 171. V. doubte.

DOUBTRE, v. doubte.

DUBET, v. dumet.

DUICT, v. duiz.

DUIZ, DHUYS, DHUICT, DUICT, xvᵉ s. Duit, chaussée, digue, construction dans le lit d'une rivière destinée à maintenir, détourner ou diriger le cours de l'eau. Du lat. *ductus,* conduit. II, 7, 82.

DUMET, DUBET, xviᵉ s Duvet. Poitou, *dume ;* bas lat. *duma,* all. *daunen,* angl. *down.* III, 98, 103.

E

ÉBUNDANT (d'), xviᵉ s. D'abondant, de rechef, surabondamment. II, 18.

ÉCHEAU, v. assejault.

ÉDIFFIER, xviᵉ s. Construire. Lat. *ædificare.* II, 54, 143 ; III, 154. V. yssir.

EFFONDÉ, xivᵉ s. Mis à fond, coulé bas : « batteau effondé et périllé en la rivière de Loire. » III, supp. nᵒ 997. V. enfondrer.

EFFONDRER, v. enfondrer.

EMBASTONNÉ, xvᵉ s. Muni de bâton, de bâton plombé, d'épieu ; par extension, de toute arme offensive, armé : « armez et embastonnez d'armes invasives et défendues. » *Embastonné, abastonné, bastonné,* de *baston,* bas

lat. *basto,* ital. *bastone.* III, 265.

EMPAREMENS, xvᵉ s. Clôtures fortifiées, remparts : « plusieurs réparations, emparemens et fortificacions que iceux exposans ont encommencées. » D'*emparer,* bas lat. *emparamentum,* d'*emparare,* du lat. *in* et *parare.* III, 149.

EMPÉTRER, EMPECTRER, xivᵉ s. Obtenir : « au cas que les marchans empétreroient, devers le Roy, que ledit trespas cessast. » Lat. *impetrare.* II, 194 ; III, 237.

ENCOMMANCER, xvᵉ s. Commencer. Ital. *incominciare,* de *com* et *initiare.* II, 44 ; III, 149.

ENFONDRER, EFFONDRER, xviᵉ s. Aller au fond, s'enfoncer dans l'eau : « pour la perte d'un chalan qui par le hurt qu'il fist contre le pont de Baugency, périt et enfondra. » II, 437. V. afondré, effondé et ouzée.

ENFUSTER, xvi° s. Enfutailler, mettre en fût : « fust neuf à enfuster vin. » De *en* et *fust*, Poitou *enfutai*. III, 141. V. fustage.

ENGIN, xvie s. L'ensemble des outils, cordages, ustensiles, machines, agrès nécessaires pour le service du balisage. Du lat. *ingenium*, esprit, habileté, aptitude aux arts mécaniques, aux industries, d'où ce nom lui-même, donné à un ensemble des instruments que tel art, telle industrie emploient. II, 15, 455.

ENSEMBLEMENT, xvie s. Ensemble, en même temps. Du lat. *in* et *simul*. II, 18.

ENSUYR, ENSUIR, xv° s. Ensuivre : « mestons au néant lesd. appellacions et tout ce qui s'en seroit ensuy. » *En* et *suyr*, du lat, *inde* et *sequi*. II, 21 ; III, 83.

ENTENCION, xv° s. Intention. Lat. *intentio*. III, 82.

ENTRECOURS, xv° s. Circulation réciproque entre diverses seigneuries ou provinces : « en quoy (exactions des péagers) lesd. marchans, la chose publique de nostre royaume, ensemble l'entrecours de la marchandise, sont grandement intéressez et endommagez. » Du lat. *inter* et *currere*, *cursum*. III, 15.

ENTRETÈNEMENT, xvi° s. 1. Entretien, maintenue de certaines choses en état, travaux à ce nécessaires : « deniers emploiez en balisemens et entretènement des canaulx d'iceulx fleuves. » 2. Entretien de la personne, dépense que demandent le vêtement et diverses nécessités de la vie : « à Hillaire Martin pour son vivre et entretènement, affin de poursuir les procès et autres affaires desd. marchands à Paris et ail-

leurs. » D'entretenir, bas lat. *intertinentia*, d'*intertinere*, ital. *intrattenere*. II. 21, 227, 345.

ENVECQUER, xvie s. Évoquer. Du lat. *evocare*. II, 48.

ÉPOUSETTE, v. espoussette.

EQUIERDE, xvie s. « Pour chacune charge de poil à queue de cheval, x s . pour chacune charge équierdes vielles, xi s. viij d., pour chacune charge sauvagine, xl s. » Le mot *équierde*, d'après le texte de cet article de pancarte de péage, la place qu'il y occupe et son étymologie vraisemblable, devait signifier peau de bête chevaline, de cheval abattu, conservant son poil, d'*èque*, *equa*, jument, *equus*, cheval; cf. toutefois *équails*, laine courte, LALANNE. III, 316.

ÉQUIPPE, xv° s. Équipage, mariniers , rameurs montant une barque, dans une joûte nautique, notamment les joûteurs de chacune des barques qui se disputaient le prix : « fut frappée (la quintaine) sans séjour par quatre équippes, c'est assavoir... » D'équiper, ecquiper, bas lat *esquipare*, d'*esquieu*, barque. II, 547. V. escaffe.

ESCABELLE , xvie s. Siége en bois sans bras ni dossier, tabouret. Lat. *scabellum*. III, 106. V. bahu.

ESCAFFE, ESCOF. xvii° s. Bateau, chaloupe , navire , esquif : « a droit de faire lever par chaincun vaisseau, escaffe ou bateau qui amène sel audit Nantes, ij s. » *Esquieu*, esp. *esquife*, ital. *scafa*, lat. *scapha*, σκαφος. III, 318, 319.

ESCALLE, xvi° s. Écaille, coque. enveloppe , coquille : « noix en escalle. » Bas lat. *scalia*, all. *schale*. II, 230.

ESCHALEINE, v. archeloy.

ESCHALEISNE, v. archeloy.

ESCHEAU, v. assejault.

ESCHEAUL, v. assejault

ESCHEGAU, v. assejault.

ESCHEGEAU, v. assejault.

ESCHEISEAU, v. assejault.

ESCHENÉ, xvᵉ s. Chenal, gouttière, gouttière en bois. *Eschenet, escheno, chenau,* bas lat. *chenalis,* du lat. *canalis.* III, 72.

ESCHEOITE, v. cheoite.

ESCHEVER, xivᵉ s. Achever : « eschever les labours. » *Es* pour *a* et *chef,* mettre à chef, du lat. *caput.* II, 194.

ESCHEZEAU, v. assejault.

ESCHIAU, v. assejault.

ESCHIGEAU, v. assejault.

ESCLATANT, xvᵉ s. De nature à éclater, à se briser, se fendre en éclats : « pour ce que les manches de chesne estoient trop esclatans.» D'*esclater, esclier, esclicer,* anc. all. *slizan, sleisan,* all. mod. *schleissen.* II, 417.

ESCLO D'EAU, xviᵉ s. Enclos, compartiment, case d'un vivier flottant : « chacune sentine ou vivier menant poisson, ij s. t. ; — chacun esclo d'eau estant en ladicte sentine iiij d. t. » D'*enclore,* lat. *in* et *claudere.* III. 95.

ESCOF, v. escaffe.

ESCOF (droit d'), xviiiᵉ s. Droit de péage levé sur les bateaux : « droit d'escof et bateau, levé à la prévosté de Nantes. » V. escaffe.

ESCOSSE, xviᵉ s. Écorce : « un monceau d'escosse viij d. p. (de péage). » *Escorce,* du lat. *cortex, corticem.* III, 120.

ESCOUVETTE, xviiᵉ s. Écouvette, balai. *Escoube,* du lat. *scopæ.* III, 251.

ESJOYR, xvᵉ s. Réjouir. *Esjoir, esgoir, es* et *joir, goir,* jouir, du lat. *gaudere.* II, 544.

ESNÉ, v. aisnel.

ESPÉCIAL, ESPICIAL, xviᵉ s. Spé-

cial. D'*espèce,* lat. *specialis,* de *species.* III, 83.

ESPERRENT, xviᵉ s. « A Joseph de l'Espoir, esperrent, demourant ès forsbourgs de Meung, pour passer des mariniers tirans l'aucerée des chalans (mariniers haleurs). » Il s'agit ici, selon toute vraisemblance, d'un batelier passeur, dont le mot *esperrent* indiquerait la profession, si toutefois ce n'est pas un sobriquet ajouté à son nom. Cf. *espériage, esparvage,* office de pilote de rivière : « peuent lesd bourgeois donner l'office de l'espériage en la rivière d'Oulne, » DU CANGE, sous *esparvagium.* Du lat. *pervagari.* II, 445. V. aucerée.

ESPOUSSETTE, ÉPOUSETTE, xviᵉ s. Époussette, ce qui sert à enlever la poussière, petit balai d'appartement, plumeau, morceau d'étoffe, DU CANGE, sous *espousorium,* plus tard brosse. III, 251, 315.

ESQUILLES, xviᵉ s. Morceaux, fragments, éclats de planches ou de branches fendues, petits ais : « millier d'esseaux, esquilles, rets de roue et ridelles, xv d. t. (de péage), » Du lat. *schidiæ,* copeaux, σχιδιον. II, 231.

ESSAUNE, v. asseaulne.

ESSEAULIN, v. asseaulne.

ESSEAUNE, v. asseaulne.

ESSEYAU, v. assejault.

ESSIÉGEAU, v. assejault.

ESSIF, ESSIL, ESZIL, xviᵉ s. Planches, diminutif d'ais, d'*assis,* comme *esseaune :* « pour millier d'essif, ij d., pour millier d'esseaune, ob. » De cet article de pancarte de péage il résulte que l'essif imposé quatre fois autant que l'esseaune devait être une planche d'une certaine grosseur. La même conséquence serait à tirer des termes d'une quittance de 1595, qui donne une valeur égale (1 sol) au pied de pieux employés à la construction d'une turcie dans la Sarthe et au pied « d'essif de vieil bapteau, pour mettre en travers desd. paulx. » Ailleurs le millier « d'eszil » est tarifé au même denier que le millier de merrein. *Esselle*, *cselletc*, bas lat. *essella*, petit ais, d'où *esselée*, clôture en menues planches et *esselleter ; esseule*, *essoula*, bardeau, Du Cange. Cf. *écilles*, débris, restes de pâture laissés, gaspillés par les bestiaux, Lalanne, et l'étym. qu'il en donne. II, 385; III, 110, 117, 397. V. asseaulne.

ESTABLE, xvᵉ s. Établi, stable : « promettans lesdictz marchans qu'ilz auront à tous jourz mais ferme, estable et agréable, tout ce que... » D'*establir*, du lat. *stabilire*. II, 7.

ESTACHE, xvᵉ s. Mandement de justice, ordonnance du magistrat : « plus a esté payé pour une estache du lieutenant de Mgr le bailli de Cusset, la somme de x s. iiij d. t. » De l'*estache*, pieu, poteau auquel on clouait ou appliquait ces mandements et ordonnances. Bas lat. *estecha*, *estaqua*, *staca*, angl. *stake*, all. *stecken*, bâton, d'où *estachier*, fixer à un poteau, afficher. II, 425.

ESTAGE, xivᵉ s. Résidence obligatoire du vassal sur la terre de son seigneur. Bas lat. *stagium*, *estagium*, du lat. *stare*. III, 249.

ESTAIMMERIE, xvᵉ s. Étain, ustensiles en étain : « poterie de terre ou d'estaimmerie. » D'*estaim*, bas lat. *estagnum*, du lat. *stannum*. III, 70.

ESTOURBILLON, xvᵉ s. Tourbillon, coup de vent, *venti turbo*. II, 436. V. ouzée.

ESTOURNEAU, xviᵉ s. Treuil, cylindre sur lequel s'enroule la corde d'un engin à élever des fardeaux : « trois poullyes de fer de l'estourneau avec l'engin de bois ; — à Hervé Petit, maistre char-

pentier, pour avoir façonné ung estourneau au grand angin servans aux balizaiges. » Du lat. *tornus*. II, 455, 499. V. toursterrier.

ESTRIZ, xviᵉ s. Étriers, ce qui sert à étreindre, à contenir : « trois petites commandes (cordes), trois estriz et sept chevilles de fer. » Dans cette nomenclature d'ustensiles de balisage *estriz* doit s'entendre aussi bien des étriers, anneaux en corde dont se servaient les mariniers, que des étriers en fer qui pouvaient être à l'usage des baliseurs. *Estrie*, *estrainture*, bas lat. *strictio*, angl. *string*, attache, lien, du lat. *stringere*, *strictus*. II, 455.

ESTUCHER, xvᵉ s. Attacher, amarrer : « par ce qu'ils y (à un bâtis en rivière) estuchent leurs basteaulx. » Le même mot qu'*estachier*, d'*estache*, poteau, qui a donné *estacade*. II, 440. V. estache.

ÉTAMINE, ÉTAMET, xviiᵉ s. Étoffe légère, peu serrée. Bas lat. *staminea*, ital. *stamigna*, du lat. *stamen*, fil. III, 251.

EXCUSATION, xviᵉ s. Dispense d'une charge, d'un impôt; état de dispense, d'exemption d'un impôt. *Excusance*, du lat. *excusatio*, *excusare*. III, 134.

EXÉCUTER, xvᵉ s. Poursuivre un débiteur, agir contre lui par voie d'exécution, de saisie : « à Aignan le Vassor, pour vingt deux journées qu'il a vacqué en ung voyaige par luy faict es lieux de... et de là à Nantes, pour exécuter Jehan Ceron, pour la ferme de la Boëte de La Charité. » Du lat. *exsequi*, *exsecutum*. III, 439.

EXÉDER, xviiᵉ s. Excéder, mulcter, frapper : « emprisonnant les voituriers, les exédant et maltraitant. » Du lat. *excedere*. III, 75.

EXEMPS, xviiᵉ s. Exemptions : « François le Rebours, prévost d'Orléans, juge des exemps et cas royaux. » S'entendait des causes *exemptées* des juridictions inférieures, dont le juge royal connaissait directement D'*exempter*. II, 144.

EXÉQUTER, xive s. Exécuter. Du

lat. *exsequi*, *exsequutum*. II, 194.

EXPIREMENT, xviiie s. Expiration, fin, terme, d'un bail. D'*expirer*, lat. *expirare*. II, 265.

F

FAICTEMENT, xvie s. Parfaitement, complètement : « deuement, diligemment, faictement et bien. » Du lat. *facere*, *factum*. II, 225.

FAILLIR, xve s. Manquer, être nécessaire : « réparacions qui failloient aux chasteaux ; — et finablement faillit qu'il les payast (droits de péage) avant que partir. » De *faillir*, bas lat. *fallere*, manquer, du lat. *fallere*, tromper. III, 238, 296.

FAISSEAU, xvie s. Faisceau, liasse, paquet, fagot de cercles, de charniers, de bâtons, fagot de 50 bâtons ou perches, moitié de la javelle. *Fessel*, bas lat. *fassellus*. *fasculus*, du lat. *fascis*. III, 73, 86, 124.

FAME, xvie s. Femme. II, II.

FARDEAU, xvie s. Mode de mesurage, d'évaluation pour l'assiette des droits de péage ; quantité de marchandise déterminée par son poids, équivalente à la somme, fixée à 6 on 7 quintaux (péage de Tours), au double du fardeau par terre (péage de Montejan). III, 207, 271. V. fardel.

FARDEL, xvie s. Fardeau. Bas lat. *fardellus*, esp. *fardo*, *fardillo*, ital. *fardello*. III, 99.

FARDELER, xvie s. Empaqueter, mettre en ballot : « pour chacune pièce de drap. soient en fardeaux ou non fardelée. » De *fardel*, III, 93.

FAULXBOURG, xvie s. Quartier d'une ville situé en dehors de ses murs ou barrières, annexe, bourg parasite, secondaire, nouveau, qui n'est pas le bourg principal, primitif, vrai, d'où *faulx bourg*, faubourg : « tant sur les marchans forains que sur les habitants et demeurans esd. ville, faulxbourg et chastellenie de Jargeau. » Bas lat. *falsus burgus*. Mot qui à son orthographe et sa signification propres dérivant de l'idée de fausseté, et n'est pas, comme plusieurs l'ont pensé et bien qu'il désigne la même chose, une altération de *forsbourg*. V. BURGUY. III, 135. V. forsbours.

FÉABLE, xvie. Féal, fidèle. *Féaul*, *fédeil*, du lat. *fidelis*. II, 367.

FÉABLEMENT, xvie s. Fidèlement. De *féable*. III, 274.

FEISDRENT, xve s. Firent. II, 547.

FERREUERIE, xviie s. Fers forgés, ouvragés, ferrures, garnitures en fer, œuvres de serrurerie ou ferronnerie : « à Denis Cartault, ferronnier, pour ferreuerie, pour servir au balizage, li l. vi s. » De fer, lat. *ferrum*. II, 510.

FERRONNIER. xviie s. Artisan travaillant le fer, forgeron, marchand d'ouvrages de fer. V. ferreuerie.

FEULLET, xvie s. Falot, lanterne. De *faille*, torche, flambeau, bas lat. *fala, phala*, du lat. *facula, fax.* Le même mot, par confusion, suivant Littré, que *farot, fanot*, du grec φανὸς ou φάνος, d'où fanal et phare. III, 103.

FEUR (AU), xvᵉ s. Au fur, à raison, sur le pied : « led. Jehan Pineau a vacqué le nombre de xx journées au feur de iij l. iiij d par chacune journée. » II, 427. V. feur-au-plaige.

FEUR-AU-PLAIGE (AU), AU FUR L'EMPLAGE, L'EMPLAIGE, L'EMPLEIGE xvıᵉ s. Suivant (au vouloir, à la mesure de) *l'emplage*, c'est-à-dire l'augmentation et implicitement la diminution, proportionellement : « pour fourniture de vin de Bourgogne xxv s. t., au fur l'emplage, du plus, plus, et du moins, moins ; — pour espicerie, pour chacun millier, iiij d. t., et au fur l'empleige. » De *fuer, fur, for*, loi, règle, esp. *fuero*, ital. *foro*, du lat. *forum*, tribunal, d'où l'idée de légalité, de justice, d'équité. d'attribution, de répartition exacte et *emplage, emplissage*, complément, addition, bas lat. *implagium*, du lat. *implere, impletus*, sinon d'*ampléer*, lat. *ampliare, ampliatus*. III. 90, 98, 181.

FÈVRE, xvᵉ s. Forgeron, ouvrier travaillant le fer. Du lat. *faber*. III, 126, 194.

FIÉ, xıvᵉ s. Fief. *Fieu, fiu, feu* ; ital. *fio, feudo* ; bas lat. *feudum, feodum* ; lombard, *fader-fium*, bien paternel ; anc. all. *fihu, fehu*, island. *fia*, all. mod. *vieh*, bétail, troupeau. Suppl. nᵒ 997, ııı.

FIEZ, xıvᵉ s. Fiefs. III, suppl. nᵒ 997, ıv. V. fié.

FIL D'INDE, xvıᵉ s. Soie : « pour le mercier qui porte ceintures ferrées, de laiton, de soye ou de fil d'inde. » III, 194, 199.

FILATRICE. Etoffe de laine tramée de fil, de fleuret. III, 251.

FILLANBRE, FILLANDRE, FILLANGE, xvıᵉ s. Fils de cordes, ficelle, filet, franges. *Filanche*, bas lat. *filatum*, du lat. *filum*. II, 497 ; III, 198.

FILLETTE, xvıᵉ s. Feuillette, moitié du poinçon. Bas lat. *follietta*. III, 31, 180.

FILZ DE FAME, xvıᵉ s. Fils de femme, bâtard : « Jehan, filz de fame. » II, ıı.

FINABLEMENT, xvıᵉ s. Finalement, en fin, pour en finir. Dans ce sens, bas lat. *finaliter*, de *finis*. III. 296. V. faillir.

FINER, FINYER, xvᵉ s. Financier ; composer, aboutir sur une demande d'argent, sur une dépense devenue nécessaire, en fournissant des fonds, payer : « ont libéralement finé (les M. F.) et composé envers Nous (le roi Louis XI) à la somme de douze mille écus d'or ; — et en ce (réparation du pont d'Orléans) ont (les habitants) finyé et dépendu grans sommes de deniers. » Bas lat. *finare*, du lat. *finire*, finir. II, 219 ; III, 150.

FINS, xvıᵉ s. Confins, limites : « es fins et mettes. » Lat. *fines*. II, 459.

FINYER, v. finer.

FLAQUIÈRE, xvıᵉ s. Pièce de harnais de mulet. III, 251.

FLÉAU, xvıᵉ s. Cabas, panier à transporter figues ou raisins secs : « si temps estoit que les figues et les raisins se peussent acquitter par fléaux, lors s'acquitteront de cent fléaux. v. d. » Le même mot que *fréau, frayel, frayle*, bas lat. *fraellum*, panier à figues. III, 271.

FLEUR-DE-LIS, xvᵉ s. Pâtisserie, gâteau sucré, découpé en manière de fleur de lis. II, 548.

FLEUSTE, FLEUTTE, xıvᵉ s. Flûte. III, 98, 107.

FLEUTTE, v. fleuste.

FLORÉE, xvııᵉ s. Espèce d'indigo. II, 251.

FLUVE, xvᵉ s. Fleuve. Lat. *fluvius*, II, 7. V. obster.

FONSSURE, xvᵉ s. Le fond d'un fût, d'un vaisseau de bois cerclé; œuvre de poser ce fond : « batteau chargé de doubles fonds à faire vaisseaux, de barres à fonssure. » De *foncer* et *fond*, du lat. *fundere, fundus.* III, 112.

FORAIN, FORIN, xvιᵉ s. Venant du dehors, étranger. Bas lat. *foraneus*, du lat. *foris.* II, 134.

FORAINE, v. forine.

FORCE, FORCES, FORCIER, xvᵉ s. Ciseaux, ciseaux à tondre les moutons : « pour fardel de laine tondue à force et non lavée; — pour la meule à cousteaux ou à forces. » Du lat. *forfex, forfices.* III, 124, 221, 415.

FORINE, FORAINE, xivᵉ s. Bateau, particulièrement le bateau destiné à porter un moulin : « moulins à bacs et forines, étant sur la rivière ; — chacun bach ou forine. » II, 489; III, 119, 124, 205.

FORS, xvιᵉ s. Hors, hors mis, laissé en dehors, non compris, exclu, excepté : « et ne devra rien le carreau à moulage, fors le congé. » Du lat. *foris*, III, 237, 279.

FORSBOURG, xvᵉ s. Quartiers d'une ville situés en dehors de ses murs : « yssant et traversant par ladite ville et forsbours. » Bas lat. *forenses burgi*, du lat. *burgus* et *foris.* III, 148. V. faulxbourg.

FOUPE, v. truetz.

FOURMAGE, FOURMAIGE, xvιᵉ s. Fromage. Ital. *formaggio*, bas lat. *formagium, formaticum*, du lat. *formare, formatus. Formæ buxeæ*, COL. VIII, formes, moules en buis, servant à la confection des fromages. III, 124, 306.

FOURMAIGE, v. fourmage.

FRAIER, FRAYER, xvιᵉ s. Faire les frais; subvenir à une dépense, l'acquitter, en fournir les deniers:

« les parties qu'il a paiées et fraiées ; — pour fournir et frayer à la despense qu'il convenoit faire. » De *frais*, bas lat. *fractus*, II, 34, 44, 224; III, 323.

FRANCINE, xvιᵉ s. Sorte de vélin ou parchemin. *Francin.* III, 271.

FRAYER, v. fraier.

FRÉQUENT, xvιᵉ s. Employé comme adjectif qualificatif d'une chose matérielle et inerte, lui attribuant ainsi le caractère de fréquence qui appartient non pas à cette chose, mais à l'acte dont elle est l'objet, à l'impulsion, au mouvement qui lui est donné : « sel qui est l'une des plus fréquentes marchandises qui se transporte sur lesdictes rivières, » au lieu de : sel qui est l'une des marchandises qui se transportent le plus fréquemment. Ou peut-être, dans le sens passif, pour *fréquenté* : sel qui est l'une des marchandises les plus *fréquentées*, c'est-à-dire qui donnent lieu aux transactions commerciales les plus fréquentes, v. ci-après, *fréquenter marchandise.* Du lat. *frequens, frequentis, frequentare.* II, 271.

FRÉQUENTER MARCHANDISE, xvᵉ s. Faire le commerce, se livrer au négoce : « tous marchans fréquentans marchandise sur lesdis fluve et rivières. » II, 5, III, 356.

FRET, xvᵉ s. Frette, bois débité en bâtons à faire barreaux croisés, en baguettes ou bandes assez flexibles pour être enlacées et employées à la confection des cages, paniers, corbeilles à jour: « pour chartée de fret, de grands cercles à cuve, xv d. » Bas lat. *freta, fracta*, du lat. *frangere, fractus.* III, 378.

FRUICTAGE, xvιᵉ s. Toute espèce de fruit. *Fruitage*, bas lat. *fructuagium*, du lat. *fructus.* III, 306.

FULSIR, xivᵉ s. Affermir, appuyer, soutenir, étayer : « pour mieulx fulsir leur proposition. » Lat. *ful-cire*. III, supp. n° 997, XXVII.

FUNAINS , XVI° s. Cordes, câbles, grelins : « lij s. vi d. t:, pour lij livres et demye de funains qui ont esté pris pour servir ausd. tirotz. » C'est-à-dire pour servir de grelins de remorque (v. tirot). Aujourd'hui on donne sur la Loire le nom de funains aux câbles gros et courts qui servent à attacher à la suite l'un de l'autre les bateaux des trains de remonte. Du lat. *funis*. II, 550.

FUSIL, XVII° s. Pièce d'acier avec laquelle on battait la pierre à feu pour allumer l'amadou, briquet. Ital. *fucile, fusolo, focile*, du lat. *focus*, feu. II, 247.

FUST, XV° s. Bois, bois creusé, évidé, disposé, converti ou à convertir, en vase, vaisseau, usten-

sile : « pour une somme de hanaps de fust ou d'escuelle, j d. ; — cent de fust de fourreau d'épée, x d. t. » De *fust*, bâton, bas lat. *fusta*, du lat. *fustis*. II, 231 ; III, 221.

FUSTAGE, XVI° s. Vases, vaisseaux, ustensiles de bois creusé, évidé, cerclé, de toute nature et de toutes dimensions. III, 94. v. fust.

FUSTEL, XV° s. Fustet, arbrisseau dont le bois colorant était employé pour la teinture, tarifé à côté du Brésil, dans les pancartes de péage. Diminutif de *fût, fust*, du lat. *fusticulus*. II, 72 ; III, 111.

FUSTEREAU , XVI° s. Bateau, nacelle. Diminutif de *fuste*, barque. Bas lat. *fusta*. III, 89. V. fust et sentine à corbe.

FUSTEREAU A CORBE, v. sentine à corbe et fustereau.

G

GABELLÉ (sel), XV° s. Sel qui a acquitté la gabelle : « sur chascun muid de sel gabellé ou non gabellé. » Sel *gabellé* s'entendait du sel sortant du grenier et livré à la consommation, sel non *gabellé*, du sel se rendant du marais au grenier (v. le tome I°r du présent ouvrage, p. 254 et suiv.). De *gabelle*, bas lat. *gablum ;* all. *gaffel*, impôt, *gabe*, don , *geben*, donner. III, 79.

GALERNE (la), XV° s. Vent de nord-ouest, le nord-ouest ; dénomination servant à désigner, dans le langage des bateliers de la Loire, la rive droite du fleuve : « en la rivière de Loire du cousté de la galerne. » Pour désigner le côté opposé on disait, on dit encore *en mer*. Cette façon de parler aurait-elle pris naissance à l'embouchure de la Loire, le navigateur, ayant

à sa sortie du fleuve ou au moment d'y entrer, d'un bord la côte de Bretagne d'où souffle *la galerne*, de l'autre la mer? Bas bret. *gwalarn, gwalern, gwalorn* , du celt. *gal*, vent. II, 435. V. abas.

GALLE (CUIVRE), XVI° s. Cuivre du pays de Galles. II, 232. V. rouzette.

GAMBERGE , XV° s. Poisson, tarifé au cent, comme le hadot, dans plusieurs pancartes de péage et compris habituellement dans le même article. II, 214.

GARDIATOIRE , XV° s. Qui garde, protège, conserve; subst., lettres de sauvegarde et privilège : « par vertu de leur gardiatoire et committimus. » Ici, lettres par lesquelles les M. F. étaient maintenus dans le privilège d'attribution directe de leurs causes au parlement de Paris. Du bas lat. *gardiator*, *guardator*, gardien ; de *garder*, *guarder*, *warder*, esp. *guardar*, ital. *guardare*, angl. *ward* ; de l'all. *warten*, garder, *wart*, guet, garde. II, 422.

GAREND , xvᵉ s. Garant, caution, garantie. Bas lat. *garantia. garantus*. II, 6. V. induce et garentage.

GARENTAGE , xvᵉ s. Garantie : « prendre faiz et charge de garentage. » Bas lat. *garentigia*, *warandisia*, de *garantir*, *guarantir*, *warandir* et *garer*, *guarer*, de l'anc. all. *werén*, *waron*, all. mod. *wehren*, *wahren*, prendre garde à, avoir soin. II, 6.

GARNISON , xivᵉ s. Ce qui garnit, gréement d'un bateau, les provisions de bord, peut-être la cargaison : « ung chalan avec l'appareil et garnisons d'icelluy. » De *garnir*. III, supp. nᵒ 999.

GASTIS (bois), xviᵉ s. Bois gâté, mutilé, cassé, provenant d'une dévastation et non d'une coupe régulière : « corde de bois gastis. » De *gast*, bas lat. *gastum*, *guastum*, *wastum*, *vastum*, destruction, de *guastare*, lat. *vastare*, dévaster ; a donné *gastine*, lieu dévasté, désolé, désert. II, 230.

GAULDE, xviᵉ s. Gaude, plante tinctoriale colorant en jaune : « le cent de gousde, de gaulde. » En Bresse, nom donné, à cause de sa couleur vraisemblablement, à la bouillie de farine de maïs. *Waude*, Du Cange sous *guaisdium*, all. *wau*. III, 126.

GECTOUER, gectoyr, xvᵉ s. Jeton. Du lat. *jactare*. II, 313, 345.

GÈME, v. geime.

GEIME, gème, xviᵉ s. Poix, résine. Bas lat. *gema*, du lat. *gemma*, bourgeon. III, 271.

GERFAULT, xviᵉ s. Crochet à l'usage des baliseurs, destiné à saisir les objets flottants ou ca-

chés sous l'eau : « ung gerfault pour prendre les boys en l'eau.» Du rapport de cet instrument avec le bec crochu de l'oiseau de proie appelé gerfaut. III, 455.

GIBE, gibbe, xviᵉ s. Ballot d'étoffes, de peaux, de cuirs, double de la balle, du fardeau : « pour balle ou fardeau cordé de drap, de chanvre... iiij d. t., et pour gibbe viij d. » — à chevaux, ballot formant la charge d'un cheval ou peut-être d'une charette, car il était de six fois la charge d'un âne, ainsi qu'on peut l'induire d'un article de la pancarte du péage d'Arcole ainsi conçu : « du trousseau à l'asne, de cordouen, iiij d., de la gibe à chevaux, ij s. » Dans la vallée de la Saône, *gibot* (P.-S. 73). De *gibbe*, bosse, lat. *gibba*. III, 116, 202.

GLENNE, xvᵉ s. Disposition d'une corde ployée sur elle-même en paquet ovale, s'il s'agit d'une corde mince, en rond, s'il s'agit d'une grosse corde, d'un cordage; le paquet allongé ou l'anneau que forme la corde ainsi ployée.. Lorsqu'ils contenaient une longueur de corde déterminée ou étaient d'un poids convenu, ces paquets ovales ou en anneau, offraient au cordier un mode de mesurage, une base de fixation du prix de sa marchandise qui se vendait, qui se vend encore dans le bassin de la Loire, à la glenne : « pour une glenne de verdon (corde de halage), ii s. vi d., (prix d'achat). » Le même mot s'appliquait à bord des bateaux au pliage des cordages servant aux manœuvres, d'où *glener* pour désigner cette opération. L'étymologie doit être ici la même que celle de *glène*, glane, botte faisceau, l'assemblage de plusieurs cercles ou ovales d'une même corde n'étant pas sans analogie avec l'assemblage de plusieurs branches ou brins de même nature ; il est de plus admissible qu'avant d'indiquer le paquet formé d'une seule corde ployée sur elle-même, le mot glenne ait servi à désigner un paquet de petites cordes liées ensemble, ce qui ramènerait à l'idée de gerbe. II, 427. V. glenon.

GLENON, xvie s. Glane, paquet, faisceau, botte : « des aux le glenon, ob. (de péage). » *Glène, glenne,* bas lat. *glena, glana,* de *glener,* glaner. Cf. bas bret. *glana,* rendre pur, net, nettoyer. III, 117, 121. V. glenne.

GLUYS, xve s. Glui, grosse paille de seigle employée à la couverture des habitations, chaume : « cent de gluys et paille. » D'où *gluier,* ramasser du chaume, le mettre en botte; Berri, *glotte* et *liotte* avec le sens de paille liée, JAUBERT; bas lat. *gluius, gluen.* Cf. bas bret. *kôlô,* paille, *kôlôa,* couvrir en paille, *gôlei,* couvrir. III, 72.

GORS A CHARETTES, xvie s. Tarifés au cent dans la pancarte du péage d'Arcole : « le cent de gors à charettes, ij d. » Probablement des bâtons courts faisant office de ridelles. De *gor* pour *gord, gour,* court, gros, épais, qui a donné *gordin, gourdin.* III, 117.

GOUSDE, GUESDE, VOIDE, xve s. Guède, vouéde, pastel. *Waisde waide,* bas lat. *guesdium, guasdium, gueda, waisda.* angl. *woad,* all. *waid.* II, 215, 252; III, 126.

GOUVERNEUR DE CHALAN, xive s. Le marinier chargé de la conduite d'un bateau ou d'un train de bateaux, patron : « afin que les marchans ou les gouverneurs des chalans ne soient pas si convetteux. » *Governeor,* qui dirige, du lat. *gubernator.* III, supp. n° 997, XVII.

GRAST, xve s. Caution : « ainsi nous plaist il estre fait nonobstant quelconques lettres d'estat, de grast, de ressort. » *Grant, gre, créance,* bas lat. *gratus, gratum, grantum, creantum,* de *créanter,* cautionner, du lat. *credere.* II, 199.

GRAVANGE, xviiie s. Tronc d'osier, étêté à fleur de terre, poussant des jets qu'on coupe chaque année : « sera tenu l'adjudicataire d'arracher et déraciner tous les plans d'arbres, saules, luisettes, gravange, questiers, faits par les particuliers ou venus naturellement sur les îles et grèves. » Mot qui pourrait venir de *grave, grève,* rives sablonneuses, sur lesquelles poussent habituellement ces osiers? II, 531.

GRELLEAU, xvie s. Van, crible, claic à nettoyer le grain : « pour peignes, quinqualleryc, plastre, grelleaux, cribles, sacz, chacun an, un chef-d'œuvre. » Berri, *graile, grêloir, grêloué;* Poitou, *grela, graille, grail,* grille, gril ; bas lat. *graticula, craticula,* du lat. *crates.* III, 306.

GROIGNEUR, xve s. Le plus grand, le plus considérable, le plus important : « soubz les seings manuelz auxquelz en ce et en groigneurs choses nous adjoutons plaine foy et certifions estre vray par cesd. présentes scellées du groigneur desd. seaulx. » *Greigneur, greingneur, graindre,* bas lat. *grandus,* du lat. *grandis.* II, 12.

GROIZIL, xviie s. Grésil, verre cassé, pilé. De *grés,* bas lat. *gressius;* all. *gries,* gravier. II, 251.

GROSSIER, xvie s. Qui vend en gros, à la grosse : requête par laquelle « la communauté des marchands grossiers, drapiers, de drap de soie, merciers et espiciers de la ville de Moulins, » se rend opposante..... De *grosse.* Cf. *grossiers,* taillandiers, au Livre des métiers, t. 15. II, 128.

GROSSOYE, xvie s. Œuvre de grossoyer, transcrire de minute en grosse : « et aud. procureur pour la grossoye de lad. requeste, i l. x s. » De *grossoier*, mettre en grosse, bas lat. *grossare*, d'où *grossarius, grossator*, qui grossoye, du lat. *grossus*. II, 349.

GROUX, xv° s. Gros. *Grous*, du lat. *grossus*. II, 545.

GUESDE, v. gousde.

GUIMPLE, xvi° s. Guimpe. H *imple*, bas lat. *guimpa, guimpla, wimpla*, angl. *wimple*, all. *wimpel*. III, 120.

GUINDAZ, xv° s. Engin, grue à l'usage des baliseurs : « paulx arrachez avec corde et guindaz. » En termes de marine, *guinda, guindal, guinde*, machine à élever des fardeaux, d'où *guinder*, et *guindage*. Bas lat. *guinda, guna*, all. *winde*, de l'anc. all. *windau*. II, 433.

GUYE, xvi° s. Grue, machine servant à élever des fardeaux ; « une guye à aller l'engin du balisage.» II, 455. V. guindaz.

GUYNE, xv° s. Guigne, cerise. Bas lat. *guina*. III, 549.

H

HABILLER, xv° s. Apprêter, disposer, mettre en état : « à Regnauld la Hurée, pour avoir remis à point et habillé ung chapeau d'argent et ung saingt de perles qui ont esté endommagez. » II, 545. V. abillemens.

HACHEREAU, v. achereau.

HADOCH, v. hadoux.

HADOUX, HADOC, ADOS, ADOT, XVI° s. Hadot, églefin, petit poisson de mer : « de chacun cent pièces de hadoux, papillon, solles et autre tel petit poisson sec, ij d. p. » II, 72, 214, 218 ; III, 138, 217.

HALECRET, xvii° s. Cuirasse légère. II, 251.

HALÉE, HALLÉE, xvii° s. Halage : « passer et repasser à la halée ; — murailles et hayes qui sont en nuisance à la hallée des bateaux.» De *haler*, all. *holen*, néerl. *halen*, angl. *to hale*. II, 530; III, 401.

HALLÉE, v. halée.

HAMBOURG, HEMBOURG, xvi° s. Tonneau blanc moyen, tenant le milieu entre le grand tonneau blanc et le poinçon; baril employé au transport du saumon salé. De la ville d'Hambourg d'où étaient ex- pédiées les denrées et marchandises contenues dans ces fûts. II, 231 ; III, 185.

HANAP, HANAT, xv° s. Coupe, vase à boire, gobelet d'argent, d'étain, de terre, de bois. Le hanap de bois était d'un usage très-répandu à en juger par les pancartes de péage où il était tarifé par somme ou millier : « pour une somme de hanaps de fust ou d'écuelle, j d. » Bas lat. *hanapus*, anc. all. *knapf*, all. mod. *napf*, bas bret. *hanaf*. III, 120, 221. V. fust.

HANAT, v. hanap.

HARNOIS, xvi° s. 1. Armure, équippement d'homme de guerre ; 2. Agrès de bateaux : « ung challan et harnois d'icellui. » *Harnas*, bas lat. *harnascha*, du celt. *haiarn*, bas bret. *houarn*, fer. II, 448, 449; III, 210. v. plupart.

HAUBERS A MAILLE, xv° s. Cottes de maille : « la challenée de haubers à maille, xij d. p. » Bas lat. *halsberga*, de l'all. *hals*, col, et *bergen*, cacher, protéger. III, 120.

HAULSERÉE, v. auccrée.

HAUSSERÉE, v. auccréc.

HAVAGE (droit de), xvi° s. Péage
levé sur les fruits, droit d'en prendre une havée : « pour chacune
somme de fruit, droit de havage,
c'est à sçavoir que les commis en
peuvent prendre une joinctée,
c'est à sçavoir plein les deux
mains. » D'*havée*, bas lat. *hava-
gium*. III, 242. V. havée.

HAVÉE, xive s. Ce que peut contenir la cavité formée par les deux
mains rapprochées l'une de l'autre : « pour muy de pommes sera
pris, iiij d. t. avec havée, laquelle
havée est tant que l'on peut
prendre du fruit à deux mains ;
— convers (v. ce mot), chacune
somme, la havée d'un homme. »
Une poignée seulement d'après le
dict. de Trévoux et Roquefort.
D'*haveir*, *havir*, *havoir*, avoir,
bas lat. *hava.* port. *haver*, esp.
haber, all. *haben*, du lat. *habere*.
III, 118, 205. V. havage.

HÉBERGER, xve s. Loger, s'appliquant à une statue, la placer dans
une niche, sur un socle, sur un
piédestal : « pour une tâche de
hausser la maçonnerie de ladicte
croix pour héberger les images. »
Bas lat. *heribergare*, de l'anc.
all. *heriberga*, lieu disposé pour
loger. II, 414.

HEMBOURG, v. hambourg.

HUCHET, xvi° s. Petite huche,
vaisseau à contenir poisson vivant, caisse percée flottante,
case, compartiment d'un vivier
flottant : « de chacun huchet de
poisson, iiij d. » *Hucheau*, *hu-
chel*, bas lat. *huchetta*, *huchellus*,
hucellus, de *huche*, *hucha*, *hu-
tica*, angl. *hutch*, coffre. III, 98.
V. huisset.

HUISSET, HUSSET, YSSOT, xvie s.
Petite porte, ouverture, trappe
de chaque case, de chaque compartiment d'un bateau percé ou
vivier flottant, par extension ce
compartiment lui-même : « pour
chalan percé, par huisset iiij d. »
Diminutif de *huis*, du lat. *ostium*.
III, 242, 341, 347.

HURT, xve s. Choc, rencontre
violente d'un obstacle : « douze
muys de sel qu'il perdj par le hurt
d'une roche estant en l'eau. » De
hurter. II, 438. V. orgeaul.

HURTER, xvi° s. Heurter, rencontrer rudement, se jeter sur, contre
un obstacle. Ital. *urtare*, angl.
to hurt. II, 437.

HUSSET, v. huisset.

HUY, xve s. Ce jour-ci : « avoir
publié que les fermes des boestes
se bailleroient à huy. » Du lat.
hodie, *hoc die*. II, 27, 47. V. au
jour d'huy.

HUY, xvie s. Huis, porte. II, 453.
V. huisset.

I

ILLEC, ILLECQ, xvi° s. Là. Lat. *illuc*.
II, II.

ILLECQ, v. illec.

IMMUNES, xve s. Francs, exempts,
affranchis. Lat. *immunes*. III, 142.

IMPENSE, xve s. Dépense : « pour
leur aider à les desfrayer de la
mise et impense par eulx faicte à
cette occasion (dépense de cos-
tumes et autres choses, par les
jouteurs d'une quintaine). » Lat.
impensa. II, 547.

IMPÉTRACION, xve s. Obtention.
Du lat. *impetrationem*. III, 149.

IMPLIR, xve s. Emplir, remplir.
Lat. *implere*. II, 349.

IMPRESSION, xvᵉ s. Pression, oppression, violence : « subsides
que tous les jours les seigneurs,
mettent et exigent, par impression ou autrement. » Du lat. *im-
pressionem.* III, 20.

INDOUEN, xviiiᵉ s. Idoine, apte,
propre à : « homme indouen et
capable. » Du lat. *idoneus.* II, 130.

INDUCE, xvᵉ s. Induction, action
d'étendre, de prolonger, délai,
retardement, congé : « demander
garend, veue, délais et induces. »
Bas lat. *inducia, inducium,* du
lat. *inducere.* II, 6.

INVASIF, xvᵉ s. Offensif, propre à
l'attaque : « armez et embastonnez d'armes invasives et défendues. » *Invasible,* bas lat. *inva-
sibilis,* du lat. *invadere, invasum.*
III, 265.

INVOLUCION, xvᵉ s. Évolution :
« involucion de procès. » Du lat.
involutionem. III, 151.

ISSIR, yssir, xvᵉ s. Sortir, franchir,
traverser, aller au-delà : « marchandises issant par les villes et
lieux ; — biens et marchandises
entrans, yssans. » *Eissir,* du lat.
exire. III, 82, 134.

J K

JA, xvᵉ s. Déjà. Du lat. *jam.* III,
82.

JALAYE, JALLAYE, JALÉE, xviᵉ s. Jale,
baquet, jatte en bois, vaisseau à
contenir la vendange, le verjus, le
vin, le sel ; employé pour trans-
vaser. Mesure de capacité, la 12ᵉ
partie du poinçon, d'après l'art.
492 de la coutume d'Orléans, la
16ᵉ d'après les registres de compte
de l'Hôtel-Dieu de la même ville.
D'où l'on doit conclure qu'il y
avait à Orléans deux espèces de
jalées, l'une du 12ᵉ du poinçon,
l'autre du 16ᵉ, ou bien deux espèces de poinçons, l'un de douze
jalées, l'autre de seize (v. notre
mém. sur la valeur des denrées,
tab. xliii). En Anjou la *jalée* contenait dix pintes. — Droit de —,
droit de lever à titre de péage
une ou plusieurs *jalées,* sur un
chargement de vin, de sel. *Jalaie,
jallaie, jalle, jarle, galoie, gallon,
garle ;* Bresse et Dombes, *jerle,
jarlot ;* bas lat. *jala, jalla, gallo,
galleola.* III, 116, 244, 247.

JALÉE, v. jallaye.

JALLAGE, xvᵉ s. Levée d'une ou
plusieurs *jalées,* en nature ou
argent, sur un chargement de

vins : « quant il y a ou chalan
douze pippes, on doit, pour une
jallaye de vin, v. s. t., et s'il y a
moins de douze pippes on ne doit
point de jallage. » De jalée. III, 217.

JALLAYE, v. jalaye.

JAVELLE, xviᵉ s. Botte d'échalas,
de charniers, formée de deux
faisceaux ou d'un cent de bâtons.
Bas lat. *javella, gavella, gavelli.*
III, 73, 86, 120.

JAVELLÉE, xviᵉ s. Botte, gerbe,
faisceau de sarments, d'osier.
Poitou *javelai,* LALANNE. III, 120.
V. javelle et graveranche.

JAYET, xviiᵉ s. Jaïet, jais. Wallon,
gaïète, lat. *gagates,* γαγάτης. II,
251.

JOINCTÉE, xviᵉ s. Ce que peuvent
contenir les deux mains jointes.
Du lat. *jungere, junctum.* III, 242.
V. havage.

JONCHÉE, xvᵉ s. Joncs, herbes,
fleurs, feuillages étendus, posés
sur le sol, le plancher, sur des tables ou dressoirs, à l'entour de mets
et denrées, comme ornement, dé-
coration, pour faire honneur, ou
en vue d'assainir, d'entretenir la
fraîcheur : « pour jonchée mise

ou chalan où estoit le vin et les viendes (offerts au duc d'Orléans, passant sur la Loire), à ce qu'ilz en feussent plu freschement et honnestement, ij s. p. » Bas lat. *joncheria, juncata*, de *jonchier, jonchare, juncare*, du lat. *juncus*, jonc. II, 549.

JOUSSELIN, xvi⁰ s. Drap : « charge de bureaux et jousselins. » Ainsi

nommé de la ville de Joussselin où il était fabriqué. II, 215, 231 ; III, 315.

JOYEUX, xv⁰ s. Gâteau sucré. II, 548.

KATON, xv⁰ s. Gâteau sucré. *Caton*, petite masse de farine coagulée. De *catir*, presser, comprimer, du lat. *coactare, coactum*. II, 548.

L

LABOUR, xiv⁰ s. Labeur, travail. Lat. *labor*. II, 194.

LACQ, xvi⁰ s. Lac, lacet. Du lat. *laqueus*. III, 90.

LANÇAGE, xvii⁰ s. Lancement, mise à l'eau d'un bateau neuf. Droit de —, levé sur les bateaux passant pour la première fois. De *lancer*, bas lat. *lançare*, du lat. *lancea*, lance. III, 144.

LANGE, xvi⁰ s. « Pour la somme de fil, lange ou linge. » *Lange*, qui signifie d'après son étymologie, étoffe, vêtement, chemise de laine, (bas lat. *langetum*, d'où *langais, langeul*, couvertures, draps de lits en laine, du lat. *laneus*), pourrait n'être ici qu'un synonyme de linge et signifier, par redondance, toiles, vêtements de dessous, chemises de lin, bas lat. *lingium*, du lat. *linteum*, cf. Du Cange, v⁰. *langiarius*, linger, et ci-dessus *fillange*. III, 194.

LARD, LART, xvi⁰ s. Porc tué : « le lard ou bacon, le porc vif, j d. p. (de péage). » Du lat. *lardum*. III, 120, 124. V. bacon.

LART, v. lard.

LAVAGE (droit de) xv⁰ s. Péage levé sur les peaux de moutons lavées. De laver, lat. *lavare*. III, 221.

LAXET, xv⁰ s. Lacet, cordon. *Lasset, laz, lac*. II, 545. V. lacq.

LAYDE, xvi⁰ s. Tribut : « procès touchant la layde du sel, audit Moulins. » Bas lat. *leida, leuda*, du lat. *levare, levatum*. III, 327.

LÈGE, LÈGEMENT, LEIGEMENT, LIGE-MENT, xv⁰ s. Allège, bateau allège : « quand il y a sel en grand chalan et après en le lège ; — ligement qui effondra en l'eau ; — pour le bateau vulgairement appelé mère et pour les autres bateaux nommez ligements. » De *leiger*, II, 436, III, 22, 97, 220. V. leiger, et mère.

LÈGEMENT, v. lège.

LEIGEMENT, v. lège.

LEIGER, LIGIR, LIÉGIR, xv⁰ s. Alléger, rendre plus léger, diminuer la charge d'un bateau par transbordement ou débarquement : « s'il lège la mère, posé qu'il y ait ou lègement plus de cinq muys, il ne payera aucun sallage ; — ligir sur la chaussée. » Du lat. *levare, levis*. III, 220, 351, 362.

LEVAGE (droit de), xv⁰ s. Tribut perçu dans l'étendue d'une pro·vince, d'une seigneurie, sur le vin enlevé, levé, pour être transporté au dehors. Bas lat. *levagium*, de *lever*, lat. *levare*. III, 349. V. lèvement.

LÈVEMENT, xv⁰ s. Enlèvement,

levée, abandon : « les grâces et victoires que avons eues, par le lèvement de la bastide que avoient faicte les Anglois noz anciens ennemis, aux tourelles et bout dudit pont (le pont d'Orléans). » De *lever*, lat. *levare*, d'où *levramentum*, allègement. III, 154.

LEVEUR, xv⁰ s. Officier préposé à à la levée d'un tribut. De *lever*. III, 344.

LIAGE, xvi⁰ s. Lien, amarre, attache de bateau : « chaînes, ancres et liages. » De *lier*, lat. *ligare*, *ligatum*. II, 477.

LIAIGE, xvi⁰ s. Liége. III, 111.

LIBRAIRIE, xvi⁰ s. Livres, marchandise de livres : « millier pesant de librairie tant reliée que à relier. » Du lat. *libraria*, boutique de librairie, d'où, par extension, la marchandise elle-même. II, 231.

LIÉGIR, v. leiger.

LIÉVER, xvi⁰ s. Lever. II, 12.

LIGEMENT, v. lège.

LIGIR, v. leiger.

LIGNAIGES, xvi⁰ s. Légumes : « pour chacun muy que ce soit, ou farine ou noix, ou quelque manière de lignaige ou potage, iiij d. » De *legun*, par syncope *leüm*, *leün*, graine, légume, du lat. *legumen*. — *Laigne, leigne*, bois, du lat. *lignum*, pourrait également fournir une étymologie, qui conduirait à admettre que le mot *lignaige* indique ici des fruits en coques ligneuses ou donnés par des arbres, tels que noisettes, amandes, noix, châtaignes? III, 271.

LIMONNEAU, LYMONNEAU, xvi⁰ s. Limon, bras de limonière, timon. Poitou, *limonia*. II, 230, 247. V. baston.

LINCEUL, xvi⁰ s. Linge, morceau carré de toile, drap de lit : « linceux de lict. » Du lat. *linteum* et *linum*. III, 72. V. lange.

LINGUAN, xvi⁰ s. Corde courte, servant de lien, notamment la corde par laquelle est retenu et ramené à bord le pieu ou bâton ferré dont les mariniers de la Loire se servent pour diriger leurs bateaux. Manœuvre qui consiste à ficher le bâton dans le sable en le glissant sous la bande échancrée du bateau en marche, le bateau soulevé par cet obstacle dévie en le franchissant et s'en sépare. Le bâton resterait alors fiché dans le sable ou s'en irait à la dérive, si la corde (*linguan*) par laquelle il est attaché au bateau ne le ramenait. Du lat. *ligantem*, *ligare*. II, 427. V. commande, et au tome I⁰ʳ la note 1 de la page 161.

LOIR, xv⁰ s. Etre permis : « avons octroyé qu'ils puissent et leur loise lever... » Du lat. *licere*. III, 82.

LOT, xvi⁰ s. Assemblage, réunion, quantité déterminée, nombre d'objets de même nature, pouvant fournir un élément de compte, un moyen de mesurage; compte, mesure : « pour tacre de cuirs xii d. et pour lot ij s. t., pour ce qu'il y a deux tacres à chacun lot. » La tacre étant de dix cuirs, le lot en contenait vingt, quelquefois vingt et un. Bas lat. *lotus*, angl. *lot*, all. *loos*. III, 147, 241. V. tacre.

LOYAGE, xv⁰ s. Louage. De *loier*, louer, bas lat. *locagium*, du lat. *locare*. II, 543.

LUISETTE, xviii⁰ s. Osiers poussant sur les grèves, oseraie. *Lusette*. II, 531. V. gravange.

LYMONNEAU, v. limonneau.

M

MADRE, xvi° s. Vase à boire en bois tourné : « pour batteau chargé de bois tourné, hanaps, madrez... un chef-d'œuvre. » Du haut all. *mazar*, nœud dans le bois, de l'all. mod. *maser*, bois veiné, tacheté. Parceque c'étaient des bois noueux ou veinés, le cœur, la racine de ces bois, qu'on employait à la confection des vases, qui de là furent appelés *madres*. V. BURGUY et LITTRÉ. III, 218.

MAINTEIGNIR, xv° s. Maintenir. De *main* et *teignir*, tenir, ital. *mantenere*, lat. *manu tenere*. II, 198.

MAL TRAICTEMENT, xvi° s. Mauvais traitement. Bas lat. *malum tractamentum*, du lat. *malum* et *tractare*. II, 40.

MARAIGE, xvi° s. De mer, venant de la mer : « pour millier de poisson maraige, iiij d. t. » *Marage*, pays qui borde la mer, DU CANGE, marée, ROQUEFORT, du lat. *mare*. III, 180.

MARCHANDER, xv° s. Faire le métier de marchand, commercer, se livrer au négoce : « de la partie des marchans fréquentans et marchandans sur la rivière de Loire. » Bas lat. *marchandari*, du lat. *mercari*. II, 210 ; III, 273.

MARCHANDISE. Commerce, négoce : « discontinuacion de la marchandise. » Du lat. *mercatus*, *mercatura*. III, 13.

MARDEROLLE (câble), xvii° s. Gros câble, le câble notamment des grues à arracher les pieux fichés dans le lit des rivières : « pour la vente de deux câbles marderolles, poisant cclxxvij livres, à raison de v s. t. la livre, pour servir aux hallizaiges, lxix l. v s. t. » Marderolle est aujourd'hui sur quelques points de la vallée de la Loire, le nom du câble gros et court dont on se sert pour coupler les bateaux à la descente. Cf. le bas bret. *môrdéadurez*, ce qui tient à la navigation, et *merdéad*, *môrdèad*, navigateur. II, 499. V. tredon.

MARGADE, xvi° s. Poisson de mer, sèche. Bas bret. *môrgaden*, de *môr*, mer et *gad*, lièvre, lièvre de mer. Grec l'άδος, merlan, d'où *gadus*, *gade*, nom donné en histoire naturelle à un genre de poisson dont la sèche est une espèce. III, 245, 247. V. seiche.

MARGINATION, xvi° s. Action de marginer. Bas lat. *marginatio*. III, 361. V. marginer.

MARGINER, xvi° s. Diriger un bateau vers le rivage, près du bord de la rivière, en approcher, côtoyer : « et quant à la margination et branslage, ny les voituriers, ne marchans ne seront tenuz bransler, ne marginer, audit péage de Jévardel. » Bas lat. *marginare*, du lat. *margina*, bord, lisière. III, 361.

MARQUE, xvii° s. Mesure, quantité déterminée : « marque d'aulx ou d'oignons. » All. *mark*, bas bret. *merk*. III, 70.

MARSEICHE, xv° s. Fête de l'Annonciation qu'on célèbre le 25 mars. III, 220.

MASSICAUT, xvii° s. Péage levé sur les vins. III, 41.

MAUVE, xvi° s. Craie : « croye ou mauve, la chalandée, un pain. » III, 199.

MÉAGE, v. meuaige.

MÉAIGE, v. meuaige.

MEIGNAN, xvi° s. Chaudronnier, étameur ambulant. *Maignan*,

magnin, bas lat. *magninus*, de *machina*, suivant Burguy. III, 126. V. boule.

MEMBREURE, MEMBREUZE, XVIᵉ s. Membrure, bois de menuiserie à employer en traverses et pièces d'assemblage : « cent de toises d'ais, quenouilles, membreuzes, poucteaux et tous autres bois de siaige, xx d. t. ; — pour xlv toises de membreure pour faire des siéges (de rameurs), l s. t. » Du lat. *membratura*, *membrare*, *membrum*. II, 231, 550 ; III, 141.

MEMBREUZE, v. membreure.

MENDRE, XVᵉ s. Moindre. *Meindre*, *menre*, *menor*, du lat. *minor*. II, 7.

MERAIN, v. merrien.

MERCERIE, XVIᵉ s. Sous cette dénomination étaient compris dans les tarifs de péage, indépendamment de ce qu'on appelle aujourd'hui mercerie, une foule d'objets tenant au vêtement, à l'équipement, à la parure, la ganterie, la « bourserie, » la gaînerie, la « baudrairie, » la passementerie, les cuirs, les fourrures, les rubans, la menue quincaillerie, la coutellerie, etc. : « pour chacun fardel ou panier de mercerie meslée, comme bourses, esguillettes, lacqs, ceintures et toutes autres merceries, iiij d. t. ; — tous chalans ou sentines chargez de toute mercerie de cuirs soient tannez, courroyez ou pelus, doivent xviij d. ob. ; — la table à mercier garnie, iiij d. » La grosse mercerie comprenait les tissus les plus précieux : « pour fardeau de grosse mercerie. comme drap d'or, d'argent ou de soye, x s. t. » V. le Livre des métiers, t. 77. Du lat. *merces*. III, 80, 124, 250.

MÈRE, XVIᵉ s. Tout bateau accompagné d'une ou de plusieurs alléges, le bateau mâté placé en tête d'un train de remonte :

« pour grand bateau appelé mère, iiij s. t., et acquittera la mère les alléges. » III, 97, 220. V. lége et soubz-mère.

MERLUZ, XVIᵉ s. Poisson de mer, merlan. Bas lat. *merlua*. II, 72. V. molluc.

MERREAN, v. merrien.

MERRIEN, MÉRAIN, MERREAN, XVᵉ s. Merrain, bois débité pour usages divers, particulièrement les douves de chêne destinées à la confection des tonneaux. Bas lat. *merennum*, *merannum*, *marennum*, *maremium*, *materianen*, du lat. *materia*, bois. III, *passim*.

MESPRANDRE, MESPRENDRE, XVᵉ s. Désobéir, ne pas avoir égard, ne pas se conformer à, offenser, se tromper. *Mes*, dans un sens privatif et *prendre*. II, 42 ; III, 177.

MESPRENDRE, v. mesprandre.

MESTIER, XVᵉ s. « Si mestier est. » S'il y a lieu, occasion, nécessité. II, 6, 7 ; III, 152.

MÉTAILLE, v. mitaille.

MÈTES, v. mettes.

MÉTIER DE SAULNERIE, XVIᵉ s. Manipulation des sels : « pour les métiers de saulnerie : du sel qui est chargé de l'un vaisseau en l'autre, xj d. ob. (droit levé à Nantes). » III, 312.

METTES, MÈTES, XVIᵉ s. Bornes, limites. Lat. *meta*. II, 457. V. fins.

MEUAIGE, MÉAIGE, MÉAGE, XVᵉ s. Passage : « pour meuaige de chalan, v d. t. » Droit de —, tribut levé sur le passage des bateaux : « touchant le méage d'Ancenys, appartenant à la dame de Rieux. » Du lat. *meatus*, de *meare*. II, 55 ; III, 168, 309, 326.

MILCARESME, XVIᵉ s. Mi-carême, milieu du carême. II, 437.

MINAGE, MINAIGE, XVIᵉ s. 1. Mesurage à la mine, mesurage des denrées qui se vendaient ou s'évaluaient à la mine, au muid :

« pour chacun muy de noix et de toutes autres marchandises qui se mesurent par minage. » 2. Droit de —, tribut levé sur le mesurage des denrées se mesurant à la mine. 3. Denrées se mesurant à la mine : « pour chacun muy de sel, vin, bled, comme formens, seigles, avoines, poix, febves, farines et tous autres manières de minaiges, pour chacun muy nantais, vij d. » Bas lat. *minagium*, de *mina*, mine, moitié du setier, abrév. de *hemina*, ήμίνα, qui était la moitié de l'έxτεύς. II, 90 ; III, 241, 305.

MINAIGE, v. minage.

MIRABOLANS, xviie s. « Mirabolans, mirabolans confits. » Peut-être la mirabelle confite qui était estimée et tenait une place importante parmi les marchandises d'épicerie ? Cf. Trévoux. II, 249.

MISDRENT, xve s. Mirent, parfait de l'indicatif du verbe *mettre*. Du lat. *mittere*, *miserunt*. III, 261.

MITAILLE, métaille, mitailles, mitraille, xve s. Débris de cuivre, de fer, ferraille. De *mite*, *mitte*, petite monnaie de cuivre (moitié de l'obole). Bas lat. *mita*, flam. *mijte*, angl. *mite*. II, 214, 218 ; III, 80, 103, 138.

MITAILLES, v. mitaille.

MITRAILLE, v. mitaille.

MODÉRATIONS, xve s. Diminutions, réductions, tempéraments : « et ay fait plusieurs appointemens, modérations et exécutions. » Lat. *moderationes*, de *moderari*. III, 9.

MOISON, xive s. Contenance, forme, dimensions réglées; jauge, mesure, mesure pleine, chargement complet : « quatre cens de fons (de tonneau) de moison; — pour chacun tonneau, de moison, iiij d. p. ; — le millier de douelles de quatre pieds de long, fait cinq charretées de moison; — et si le chalan chargé tient moison, doit une jalaye de vin, et si ne tient pas moison, il ne doit pas la ja-

laye. » Dans la vallée de la Saône, *moison* et *moisson* : « aix qui passe moisson, la pièce doit ij d. p. » (P. S. 62.) Bas lat. *moiso*, du lat. *mensura*. III, 39, 236, 249.

MOLEAU, xve s. Meule de moulin. Du lat. *mola*. III, 297.

MOLESTES, xve s. Molestations. Lat. *molestiæ*, de *molestare*. III, 273.

MOLIN, xve s. Moulin. Du lat. *molendinum*. II, 544.

MOLLE, xviie s. « Millier de bois à barrer pipes, cercles de molle, iiij d. t. » *Cercles de molle* devait s'entendre de cercles en paquet, *molle* étant ici pour *mole*, bas lat. *mola*, qui signifiait à la fois : botte, faisceau, meule, monceau, du lat. *metula*, *meta*, cône, pyramide, et meule de moulin, lat. *mola*, dont le paquet de cercles a la forme. II, 246.

MOLLUE, moulue, xvie s. Morue. *Molue*, bas lat. *molua*, ital. *mollua*, wallon, *molowe*, angl. *melwel*, merluche. III, 72, 189.

MONCAYARD, xviie s. Étoffe, sorte de serge. II, 252.

MONT (à), xve s. A la montagne, vers le haut de la vallée, du côté de la source d'une rivière, contre son courant, par opposition à *à val*. De *à* et *mont*, lat. *mons*, *montis*. II, 213. V. val (à), amont, abas.

MORICET, xve s. Pieu aiguisé et armé de fer à son extrémité inférieure, dont se servaient, dont se servent encore les mariniers de la Loire au-dessous des ponts de Cé, pour diriger leurs bateaux, plus long que le pieu dit bâton, employé au même usage, en amont des ponts de Cé : « cent de bastons et moricets neufs, autres que la garniture du batteau, xij d. t. » II, 271, 247. V. linguans.

MORIENNE, xve s. Moresque. II, 545.

MORINE, MORYE. xvi⁰ s. Moraine, laine levée sur des animaux morts de maladie. *Morie, murie, morine,* bas lat. *morina,* maladie, mortalité de bestiaux, mortalité, chair des animaux morts de maladie. Du lat. *mori.* III, 120, 227.

MORTIER, xvi⁰ s. Vase creux, où l'on écrasait, mélangeait et délayait des substances avec un pilon; bassin où l'on entassait et pressait le linge sale pour le lessiver, cuvier à lessive : « mortier à saulce, mortier à buée, j d. t. (de péage). » Du lat. *mortarium.* III, 72.

MORYE, v. morine.

MOUCLE, xvi⁰ s. Moule. Bas lat. *muscula,* du lat. *musculus.* III, 278.

MOULAIGE (PIERRE DE). xvi⁰ s. Meule. III, 306. V. moullaige.

MOULIN A BAC, xvii⁰ s. Moulin sur bateau. II, 489.

MOULLAIGE, xvᵉ s. Moulage, mécanisme qui fait tourner la meule d'un moulin. Du lat. *molere.* III, 242, 284.

MOULLARDEAU, xvi⁰ s. Petite meule. III, 124.

MOULLIES, xvi⁰ s. Cordes employées par les baliseurs; d'un prix élevé (8 s. la livre, tandis que les câbles valaient au maximum 5 s. 6 d.) et d'un faible poids, moins chères cependant que la fillandre (qui valait 12 s.), d'où l'on doit conclure que c'était une corde de grosseur intermédiaire, souple, molle relativement aux câbles. Dans le langage des mariniers de la Saône *mouler la corde,* veut dire laisser filer, lâcher du bord la corde sur laquelle sont attelés les chevaux de halage, ou encore la corde par laquelle le bateau est tenu à l'ancre ou amarré, ce qui

renferme l'idée de diminution de tension, d'amollissement. Du lat. *mollire, mollis.* II, 496.

MOULUE, v. mollue.

MOUST, xvi⁰ s. Vin sortant de la cuve. Du lat. *mustum.* II, 301 ; III, 139.

MOUTON, xiv⁰ s. Mâle de la brebis, bélier. III, 205. V. chastriz.

MOYE, xvᵉ s. Marchandise estimée au collier, c'est-à-dire à la charge d'un cheval de trait et tarifée à une pièce par collier : « moyes et roupes, chacun collier, de péage et commandise, une. » La place donnée à cet artile dans la pancarte du péage de Tours, entre l'article pots et pichets de terre, et l'article verres, porte à supposer que la *moye* et la *roupe* étaient des pièces de poterie commune. III, 206.

MOYE, xiv⁰ s. Mienne : « par la forme et manière que dessus est dit en ceste présente moye relacion. » *Moie, meie,* du lat. *mei.* II, 195 ; III, 177.

MOYSE, xvᵉ s. Moise, lien qui relie les pièces d'une charpente, la charpente elle-même et le plancher ou le toit qu'elle soutient : « chalans couvers de moyses, esquelx estoient les musiciens et joueurs d'instrumens. » II, 544.

MUSNYMENT, xvi⁰ s. Acte, document, titre, pièce justificative, probante. *Muniment,* lat. *munimentum,* de *munire,* fortifier. II, 65.

MUSSIER. xvi⁰ s. Cacher : « ung bois mussié en l'eau. » II, 448.

MUYAGE, xiv⁰ s. Mesurage des grains, mesurage par muid. Droit de —, droit de péage sur les grains, évalué au muid; droit sur le mesurage des grains. De *muy,* muid, lat. *modius.* III, 303.

N

NAGIER, xiv° s. Naviguer : « pour obvier aux périlz de la rivière qui est bien souvent en lad. route si plate que souvent on n'y puet pas nagier. » Du lat. *navigare.* III, supp. n° 997, xviii.

NASCRE, xiv° s. Naître : « et ou cas que débat nascra. » Du lat. *nasci, nascor.* II, 194.

NASSERIE, nassière, xvi° s. Ensemble de nasses posées dans le lit d'une rivière, sur un même point : « pêcheries et nasseries. » Du lat. *nassa.* II, 82, 472.

NASSIÈRE, v. nasserie.

NAUTONNIER, notonnier, notton-nier, notonier, xv° s. Batelier. Du lat. *nauta.* II, *passim.*

NAVEAU, xvi° s. Navet. *Naviau,* bas lat. *nabinus, navellus,* du lat. *napus.* III, 306.

NAVIGAGE, xvi° s. Navigation. Du lat. *navigare.* II, 452; III, 170.

NAVRER, xv° s. Blesser, mutiler, endommager : « lui copèrent et navrèrent ung bras ; — ce non obstant, plusieurs seigneurs en prennent (des denrées transportées) à leur volonté et quant aucun marchant contredit de paier (péage), les bateaux navrent et mutilent. » *Nafrer, prov. nafrar,* anc. all. *nabagêr.* III, 261, 265.

NAVREURE, xvi° s. Blessure, plaie, dégradation, dommage. De *navrer.* II, 459.

NE, xvi° s. Ni : « n'y doit estre, ne assister. » Lat. *ne.* II, 47.

NÉANT MOINS, xvi° s. Néanmoins. II, 453.

NÉE, xiv° s. Vaisseau : « aucune coulpe ne puet estre inputée aux marchans ou aux pastrons des nées. » De *néer,* naviguer, du lat. *natare.* III, supp. n° 997, xxxiv.

NEF, xv° s. Bateau. Du lat. *navis.* III, 283.

NÉGOCIATION (la), xvii° s. Le négoce, le commerce : « ce remède augmenteroit beaucoup la négociation ; — et seroit audit fleuve la négociation entièrement libre. » Du lat. *negotiationem,* de *negotiari.* III, 33, 34.

NEUFVAGE, neuvage, nouage, xv° s. Péage, tribut levé sur bateaux neufs, sur bateaux passant pour la première fois, dû par le marchand à son premier voyage. Du lat. *novus.* III, 62, 63, 103, 145.

NEUVAGE, v. neufvage.

NICHIL, xv° s. Rien. Lat. *nihil.* II, 281.

NOTONIER, v. nautonnier.

NOTONNIER, v. nautonnier.

NOTTONNIER, v. nautonnier.

NOUAGE, v. neufvage.

NOUVELLETÉ, novalité, xiv° s. Nouveauté, innovation dans l'exercice d'un droit, trouble à la possession, impôt, péage nouveau : « et li fis commandement, et à un appellé Thomas, qu'ilz ostassent la nouvelleté ; — nouvelleté mise sus pour le pont de Meung; — aides, péages, truages, impôts et novalités. » Bas lat. *novalitas,* du lat. *novus.* II, 195; III, 119, 301.

NOVALITÉ, v. nouvelleté.

NUEMENT, xiv° s. Immédiatement, directement, sans intermédiaire : « lesquelles noblesses (du comté de Blois) le Roy et son procureur doivent garder et défendre comme le fié et domaine du Roy, par le moien de mondit seigneur (le comte de Blois) nuement tenu de

luy. » *Nue* et *ment.* III, supp.
n° 997, III.

NUISANCE, XVIII° s, Etat nuisible,
préjudiciable. *Noisance*, du lat.
nocentia. II. 530. V. haléc.

NY, XIV° s. Non, dénégation : « respont par ny et par fait contraire. »
*Mettre en ny, ponere in nega-
tum,* DU CANGE. III, supp. n° 997,
XXXIX.

O

Ô, XV° s. Avec : « pour ung cent de
cuirs ô poil. » II, 26, 279 ; III,
378.

OBSTANT, XV° s. Étant contre, opposé, faisant obstacle, par ce que.
Du lat. *obstantem, obstans.* III,
297. V. navrer.

OBSTENCION, OSTENCION, XV° s.
Action de montrer, montre, exhibition, production, présentation,
notification : « me transportay en
la ville de Sablé, par-devant Pierre
Hasses, chastellain dud. Sablé,
auquel fis obstencion desd. lettres ;
— ausquelx et à chacun d'eulx
jay fait ostencion et lecture desd.
lettres royaulx. » Du lat. *ostensio,*
d'*ostendere, ostensum.* II, 367 ;
III, 301.

OBSTER, OSTER, XV° s. Oter, enlever, détruire, supprimer : « requérir estre obstez et abatuz et
faire oster et abatre, duiz, combres, bois pierres et autres choses
empêchanz le cours desdiz fluve
et rivières. » II, 7.

OCCISION, XVI° s. Meurtre, homi-
cide : « la mort et occision com-
mise en la personne d'un nommé
Fiacre Renart. » Du lat. *occisio,
occidere, occisum.* II, 458.

OMME, XV° s. Homme. II, 547.

ONZAINE, UNZAINE, XVII° s. Nom
donné à Nantes à certains chargements de sels transportés par
eau. La grande onzaine était de
quatre à six muids (96 mines = 8
douzaines de mines, à 143 mines
= 11 douzaines 11 mines), la petite onzaine, de deux à quatre
muids (48 à 96 mines). III, 318.

ORGEAUL. XV° s. Organeau, arga-
neau, anneau de fer, encastré
dans la maçonnerie des quais et
des piles de ponts pour recevoir
les amarres des bateaux : « hurt
(d'un chalan) à l'un des orgeaulx
du pont de Blois. » II, 439.

OSTADE. Etoffe de laine fine, DU
CANGE et TRÉVOUX, mêlée de soie,
HÉCART cité par LALANNE. Bas lat.
ostada, du nom, dit-on, de l'in-
venteur ou fabricant de ce tissu,
Van Ostade d'Anvers. II, 251.

OSTENCION, v. obstencion.

OSTER, v. obster.

OSTOUSSE, XV° s. « En l'hostel de
l'Ostousse où plusieurs desd. marchans estoient logiez. » Altération d'*ostesse,* hôtellière, ou d'*os-
teus,* logis. Du lat. *hospes.* II,
313.

OU, XV° s. Au. III, 220. V. leiger.

OULLE, XIV° s. Ouaille, brebis.
Dans le Berri, *oueille,* JAUBERT.
Du lat. *ovis, ovicula. Oulle,* fourrure, DU CANGE, sous *olla,* qui
devait s'entendre ou avait du s'entendre à l'origine, de la toison
des bêtes à laine. III, 205. V.
chastriz.

OULTRAGEUX, XV° s. Outrageant,
excessif : « usent iceulx péaigeurs,
de langaiges et paroles oultrageuses. » d'*outrage, oltrage,*
bas lat. *ultragium,* d'*oltre,* plus,
au-delà, du lat. *ultra.* III, 12.

OUZÉE DE VENT. XV° s. Coup de

vent bourrasque, pluie fouettée
par le vent : « ligement qui effondra en l'eaue par un estourbillon ou ouzée de vent. » *Hous-
sée*, de *housser*, battre, maltraiter, frapper, fouetter avec une
houssine, une baguette de *houx*.
V. JAUBERT, v° *housser* et ROQUE-
FORT. II, 436.

OY, xv° s. Oui : « enquis à il qui
deppose si...., dit que oy. » *Oyl*,
oïl, du lat. *hoc illud*. III, 297.

OY, xv° s. Ouï, entendu : « jusques
à ce que l'on les ayt sur ce oys ;
— a oy dire. » d'*ouïr*, du lat. *audire*. II, 30, 56, 194.

P

PAAGE, xvi° s. Péage. Bas lat. *pedagium*. III, 279.

PACQUÉ, PACQUET, xvi° s. Paquet,
ballot. Bas lat. *paccus*, angl. *pac-
ket*, all. *pack*, bas bret. *pak*. II,
70, 281.

PACQUET, v. pacqué.

PAIAGER, PÉAIGER, PÉDAGIER, PEI-
AGEUR, PÉAIGEUR, xvi° s. Péager.
De péage. II, *passim*. V. paage.

PALLÂTRES, xvi° s. Petites pièces
de bois, planchettes, appliquées,
chevillées à l'intérieur d'un bateau pour masquer et boucher
les fissures qui pourraient se produire entre les planches du fond
ou du bordage, les fentes du bois,
les trous de nœuds et empêcher
l'eau de pénétrer : « de challan
neuf, à savoir, les pallâtres qui
sont cousues au-dedans du chalan
où la doulouère a couru, pour les
pallâtres, xj d. » De *palle*, pelle.
III, 279. V. palle.

PALLE, xvi° s. Pelle. Du lat. *pala*.
III, 72.

PALLÉE, xviii° s. Barrage de pieux.
pilotis ou piquets établi dans le
lit d'une rivière, pour l'exercice
de la pêche ; droit de —, droit
d'établir barrages de cette sorte :
« avec les droits de pêche, fonds
et pallée. » De *pal*, pieu, lat.
palus, III, 122.

PANERÉE, xvi° s. La contenance
d'un panier : « pour batteau char-

gé d'orenges, une panerée pleine,
des paniers en quoy elles sont
apportées d'Espagne, Portugal ou
autres lieux. » De *panier*, qui
vient lui-même du lat. *panorium*,
corbeille à pain. III, 242.

PARAIGER, xvi° s Préparer, mettre
en état, nettoyer, débarrasser des
encombrements : « ung croic de
fer à paraiger. » Cet instrument,
mentionné dans un inventaire
d'outils servant au balisage, doit
s'entendre d'un crochet ou grapin
à l'aide duquel les baliseurs cher-
chaient et saisissaient sous l'eau,
retiraient ou détournaient les objets divers, pierres, ancres, bois,
pieux , troncs , racines qui obs-
truaient la voie navigable. Du lat.
parare. II, 455. V. parerie.

PARAVANT, xvi° s. Auparavant,
avant. *Par* et *avant*. II, 54.

PARERIE , PÉRERIE, xv° s. 1. Eta-
lage, boutique où l'on exposait la
marchandise, lieu où l'on vendait
et achetait , marché, marché au
poisson : « devant les halles et
granges de la parerie des forsbourgs dudit Chinon.» 2. Denrées
mises en vente, destinées à la
vente, disposées, préparées pour
la vente, conduites au marché,
la marée : « pour chacun millier
de poisson de parerie, trois queues
valant chacune queue deux pièces
dudit poisson. » 3. Chargement,
lot de denrées ou marchandises

préparées pour la vente, de poisson notamment : « de toute pérerie de poisson, le cinquantiesme. » Bas lat. *pararia*, *parata*, du lat. *parare*, préparer, disposer. *Parée*, marée, Du Cange. II, 422; III, 241.

PAR-CY-D'AVANT, xvie s. Ci-devant. II, 18.

PARDAVANT, PAR DAVANT, xvie s. Devant, en présence de. II, 24, 198.

PAR DAVANT, v. pardavant.

PARTEMENT, xve s. Départ. Du lat. *partiri*. II, 548.

PARTIR, xive s. Partager : « les coustumes des chalans (droits de péage levés sur les chalans) sont parties en la manière qui s'ensuyt. » Du lat. *partiri*. III, 244.

PASTE DE NOIX, xvie s. Pâte de noix : « paste de noix, ij d. » Peut-être, les pains formés du résidu des noix qui ont passé sous la meule du moulin à huile? III, 73.

PASTONNADE, xvie s. Pastenade, panais : « millier pesant d'amendes, figues, raisins, reis, caspes pastonnades, olives, confitures, iij s. iiij d. t. » Dans la vallée inférieure de la Saône, *pastonade*, carotte ; en Berri, *pastinade*, espèce de panais, du lat. *pastinaca*. L'article de pancarte de péage ici rapporté ne s'appliquant qu'à des fruits et denrées appartenant au commerce d'épicerie, il semble que le mot *pastonnade*, qui s'y rencontre, devait indiquer un fruit ou une racine confit ou à confire, probablement des carottes ou autres racines découpées en rondelles ou hachées en menus morceaux et desséchées au four. II, 232.

PAU, xvie s. Pal, pieu : « doivent par chacun an pour l'atache d'un pau qui est au dessoubz des moulins, pour servir ausd. marchands

(bateliers), lxj s. t. » Du lat. *palus*. II, 446.

PAY, PÉ, PEL, xve s. Pal, pieu, piquet : « le millier de pe et de perches iiij d. » Du lat. *palus*. III, 124. V. archelet et pesseau.

PÉ, v. pay.

PÉAGERIE, xvie s. Territoire dans les limites duquel se lève un péage : « denrées et marchandises qui passent par le destroit de la péagerie dudit Chinon ; — et chacune pipe chargée pour transporter hors de lad. péagerie. » De *péage*. II, 56 ; III, 206, 346.

PÉAIGER, v. paiagier.

PÉAIGEUR, v. paiagier.

PEAULTRE, v. peautre.

PEAUTRE, PEAULTRE, xive s. 1. Nom donné au gouvernail des bateaux de Loire. Ce gouvernail d'une forme et d'un agencement particuliers ne se rencontre sur aucune autre rivière de France, il présente une analogie frappante, pour ne pas dire une similitude complète, avec les gouvernails des bateaux du Nil représentés dans les peintures antiques qui avaient été reproduites sur les murs du temple égyptien de l'exposition de 1867. 2. Péage levé sur les bateaux munis de *peautre*. *Piaute*, *pioute*. *Passim*. V. quarter.

PECAX, v. peiax.

PÉDAGIER, v. paiagier.

PÉGÉAS, v. peiax.

PEIAGEUR, v. paiagier.

PEIAX, PECAX, PESAZ, PESAT, PÉGÉAS, PIJAT, PIGIN, PIGNAT, PIGNIS. Pain, tourteau de poix, de résine, quelquefois d'un poids déterminé, servant alors de mesure pour l'assiette des droits de péage : « pour un peiax de poix, j d. p. » *Pége*, *pèghe*, *pègue*, poix, bas lat. *pega*, bas bret. *pék*, *pég*. lat. *pix*. III, 68 et *passim*.

PEL, v. pay.

PELLEUX, xvᵉ s. Pelu, velu, poilu :
« pièce de cuir pelleux. » Du lat.
pilosus. III, 72.

PERDITION, xvıᵉ s. Perte d'une
chose : « et de perdition dudit
péage. » Du lat. *perdere, perdi-
tum.* III, 269.

PERFAIT, xvıᵉ s. Parfait, achevé :
« une meule de moulin perfaite,
un caillou de moulin perfait. »
S'entendait de la meule, du caillou
percés, par opposition à ceux qui
ne l'étaient pas encore, du lat.
perfectus. Dans la vallée de la
Saône meule *foranche, forenche,*
forée (P. S. 58, 106, 163), du
lat. *forare.* III, 69.

PÉRI, PÉRY, xvıᵉ s. Qui a péri, détruit : « perte d'un chalan péri et
submergé ; — toute la marchandise estant dedans yceulx (bateaux naufragés), périe, perdue
et gastée ; — de sorte que plusieurs bateaux ont esté submer-
gez et péris ; — en la présente
année sont péris cinq ou six bateaux. » Partic. passé de *périr,*
tuer, détruire, périr, mourir. Du
lat. *perire.* Cf. blas. *péri,* tombé
en abîme. II, 224, 463, 474.

PÉRICLITATIONS, xivᵉ s. Sinistres
de mer ou de rivières, naufrages :
« périclitations faites en mer.... .
mais en fleuves petiz, telx comme
la rivière de Loire, les périclitations qui adviennent... » De *pé-
ricliter,* faire naufrage. III, 393.
V. périclité.

PÉRICLITÉ (être), xivᵉ s. Etre nau-
fragé : « s'il advenoit que aucun
chalan alant par la rivière de
Loire pérille, au dedans des fins
de lad. conté (de Blois), il (le
comte) puet prandre en sa main
toutes les denrées et appareilz
contenuz et estans périclitez, avec
le chalan périclité. » Du lat. *pe-
riclitari,* être en danger. III,
393.

PÉRILLER, xivᵉ s. Faire naufrage,
de *péril.* III, 393. V. périclité.

PERRIER, xvıᵉ s. Ouvrier employé
à l'extraction de la pierre, à la
tirer de la carrière et à la couper,
carrier. *Perreur,* de *pere, piere,
pierre,* du lat. *petra.* II, 392.

PERSE (toile), xvᵉ s. Toile peinte
venant de la Perse ou imitée des
toiles peintes de Perse. II, 545.

PERTUISE, xvᵉ s. Trou, ouverture,
porte. De *pertuiser.* III, 59.

PERTUISER, xvᵉ s. Percer, ouvrir.
Du lat. *pertundere, pertusum.*
III, 59.

PÉRY, v. péri.

PESAT, v. peiax.

PESSEAU, xvıᵉ s. Échalas. *Pessiau,
paissiau, peyssel,* bas lat. *peis-
sellus,* du lat. *paxillus.* II, 98.

PEZAS, v. peiax.

PICHIER, xivᵉ s. Pichet, vase à
boire, de terre, d'étain, pot muni
d'une anse, servant de mesure
pour les liquides. *Pichel, bichier,*
bas lat. *picherium, picarium, bi-
carium,* du grec θίχος, θιχίον,
vase, v. DU CANGE. III, 206.

PICOIZ, xvıᵉ s. Pic, pioche. All.
picke, du lat. *picus,* pivert, suiv.
BURGUY. II, 455.

PICOUARER, xvıᵉ s. Piquer, clouer,
attacher : « et picouaré une douzaine de rondelles et goupilles. »
De *pic.* II, 496. V. picoiz.

PIGIN, v. peiax.

PIGNAT, v. peiax.

PIGNIS, v. peiax.

PIJAT, v. peiax.

PIJIN, v. peiax.

PILLORY, xvıᵉ s. Pilori, pilier, poteau servant à attacher les bateaux, point d'appui pour les tirer
en amont, les faire monter,
cabestan : « quail de pierre de
taille, garny de boucles et pillory, sur le port de Nantes, pour
servir à monter les bateaux, très-
nécessaire pour la seureté, repoux

et dilligence des marchands. »
Bas lat. *pilorium.* II, 54.

PINOT, xv⁵ s. Vaisseau, baril à
mettre poissons salés : « item
sur chascun millier de seiches,
v s. t., item sur chascun pinot de
hadot, xij d. t. » De ce que le
pinot contenant hadots payait, de
péage, cinq fois moins que le millier de sèches, on doit conclure
que c'était un vaisseau pouvant
contenir deux cents sèches environ. III, 80.

PINPENEAU, xv⁵ s. Pimperneau,
petit poisson. Bas lat. *pipernella,*
pipella. II, 214; III, 80.

PINTIER, xvı⁵ s. Fabricant, marchand de pintes, de pots, potier,
potier d'étain. De *pinte,* bas lat.
pinta. II, 340.

PITEUX, xvı⁵ s. Pieux, charitable :
« à convertir (somme d'argent)
et employer en euvres piteuses. »
Du lat. *pietas.* II, 323.

PLAIN (A), xv⁵ s. A plein, pleine-
ment, entièrement, complètement : « selon que le tout est
plus à plain porté et déclaré esd.
arrestz. » *Plein,* du lat. *plenus.*
II, 77, 225; III, 149, 261. V.
suffisance.

PLAIN (DE), xv⁵ s. Sans monter ni
rencontrer obstacle, comme il arrive en plaine ; de soi, tout droit;
exécutoirement, sans retard, con-
testation, ni recours : « que ladite ordonnance ils fassent accomplir sommairement et de
plain, sans long procès ou figure
de jugement, en punissant, par les
gens de la cour, tous les transgresseurs. » Lat. *de plano,* de l'endroit où se tenait l'auditoire,
nommé *planum,* par opposition à
l'estrade élevée sur laquelle était
le siège du juge. III, 2.

PLANTATZ, xvı⁵ s. Plans, branches
de saule, d'aulne, propres à plan-
ter. Bas lat. *plantata,* du lat.
plantare. II, 60. V. poincteau.

PLAT, xıv⁵ s. Qui est large et
manque de profondeur, appliqué
au lit d'une rivière, de la Loire :
« la rivière qui est bien souvent
en lad. conté (de Blois) si plate,
que souvent on n'y puet pas nagier. » All. *plat.,* angl. *flat,* du
grec πλατύς. III. 395.

PLISSON, xvı⁵ s. Peluche, pelisse,
vêtement de peau fourrée. Du lat.
pellis. III, 198.

PLOC, xvıı⁵ s. Fil de poils de vache,
de chèvre. II, 252.

PLUPART (LA), xvı⁵ s. Le plus grand
nombre des objets composant un
tout : « son challan et la plupart
du harnois d'icellui. » *La plupart*
du harnois, pour, la plupart des
pièces composant le harnois. II,
449.

POCHE, POUCHE, xvı⁵ s. Sac à blé.
Pouchet, poque, pouque, Bas lat.
pochia, poucha, punga, pochette,
angl. *pocket,* néerl. *punge.* III,
124, 194.

POCHÉE, xvı⁵ s. La contenance
d'une poche, d'un sac à blé. *Pou-*
chée, pouchiée, ponchié, ponchiée.
De *poche.* III, 194.

POGE, xvıı⁵ s. Petite monnaie de
cuivre, moitié de l'obole, quart
du denier, la même que la pite et
la poitevine : « luy est deu par
chaincune sentine chargée de sel,
v soulz, ix deniers, obolle, poge
tiers de deniers.» Il convient, pour
l'intelligence de cet article d'un
aveu fait à la Chambre des comptes de Bretagne, de le compléter
comme suit : *luy est deu..... v*
soubz, ix deniers, obolle (tour-
nois), poge (parisis, valant) tiers
de denier (tournois). En effet le
rapport de la monnaie parisis à
la monnaie tournois étant de 5 à
4, la poge parisis, quart du denier parisis, représentait à peu de
chose près, 8 centièmes, le tiers
du denier tournois, 4 : 3 (1,33) —
5 : 4 (1,25) = 0,08. Cf. TRÉVOUX,
où la poge est évaluée au tiers

du denier, et un texte rapporté par Du Cange, sous *pogesa*, où elle est évaluée à la moitié du denier tournois, évaluations approximatives qui doivent s'appliquer l'une et l'autre à la poge parisis. *Pogias, pogeoise, pougeoise*, bas lat. *pogesa, pogesia, pogesus, pogesius*. III, 318.

POICTONNAGE, xvi⁰ s. Droit levé, à Nantes, sur les sels venant du Poitou : « si le sel est de Poitou, il (le vaisseau) doit pour le poictonnage, x s. vj d. » III, 312.

POINÇON, poinsson, xv⁰ s. Fût employé particulièrement à la conservation et au transport des liquides, moitié de la pipe ou tonneau, quart du tonneau de deux pipes, de la même contenance que le traversin : « cinq soubz le vin d'Orléans dont la pipe ou les deux poinssons tient deux cent trente deux pots. » III, 169. V. tonneau et traversin.

POINCTEAU, appoincteau, xvi⁰ s. Construction de pieux et pilotis en rivière, pour faciliter la navigation : « poincteau autrement batciz, au-dessus des ponts de Chinon, pour servir et ayder aux bateaux montans et descendans ; — et aussi ajusté ledit appoincteau de quinze toises de long et fortifié, par derrière et devant, de sept à huit cent plantatz de saulle et quétiers. » II, 60. V. quétier.

POINSSON, v. poinçon.

POIRÉE, v. porée.

POIS, xvi⁰ s. Haricot. Du lat. *pisum*. *Pois* était le nom de la graine légumineuse qu'on appelle aujourd'hui haricot, *chiche* ou *cerre*, le nom de celle qu'on appelle pois. V. Du Cange sous *pisum*, notre mém. sur la valeur des denrées à Orléans, tab. viii et ci-dessous le mot *serre. Passim*.

POISER, xvi⁰ s. Peser. De *pois*,

poix, poids, bas lat. *pensus*, du lat. *pensare*. III, 90. V. avoir.

POMMELLE de lin, xvi⁰ s. Paquet, botte, faisceau de lin. de forme arrondie. De *pomme*. III, 118.

POMPON, xvi⁰ s. Plante potagère de la famille des concombres : « de chacun chalan où il y aura cocombres ou pompons. est deue, de chacune desdites sortes, quatre. » III, 185.

PONER, xv⁰ s. Monter, remonter des bateaux, des marchandises sur une rivière, les conduire en amont : « bastis nécessaire aux marchans, par ce qu'ilz y estuchent (attachent), tant en ponant que en beessant, leurs basteaux et chaslans ; — de sorte que les bateliers ne peuvent avoir leurs chemins et hausserées, en la largeur de xviij pieds, qui leur sont nécessaires pour aller (haler) et poner à col, contremont, lesd. bateaux et marchandises. » Dans la vallée de la Saône *poyer* : « pour charge de cuivre, de poyé iiij d. et de baissé viij d. t. » (P. S. 169 et suiv.) dont *poner* a pu être une altération, de l'ital. *poggiare*, monter, appuyer, par ce qu'en effet, pour monter, il faut prendre appui, pour vaincre notamment la résistance d'un courant il faut appuyer, sur le vent en hissant la voile, ou sur la rame, la pique ou la corde de halage. Lorsqu'ils veulent exprimer que le courant est fort, les mariniers de la Saône disent : « l'eau pèse. » II, 440, 478. V. reponer et baisser.

PONT PASSANT, xv⁰ s. Pont sous lequel on passe, à arches assez grandes pour donner passage aux bateaux. III, 153.

PORÉE, poirée, xvi⁰ s. Poireau : « le cent de porées ou d'oignons. » Du lat. *porrus*. III, 118, 120.

POT, xvi⁰ s. Mesure pour les liquides, les vins, deux cent

trente deuxième partie de la pipe d'Orléans et d'Anjou, cent seizième partie du poinçon. III, 169. V. billot, poinçon et potaige.

POTAIGE, xvi⁰ s. Potage, grains provenant de plantes légumineuses, pois, fèves, etc. : « chacun muid de blé, de potaige, d'avène, de noix, doit viij d. » De *pot*, vase à boire, puis à faire cuire, bas lat. *potus, pottus*, du lat. *potare*, boire, *potus*, boisson : gr. πότος, cf. ποτήρ, ποτήριον, coupe, III, 279.

POUCHE, v. poche.

POUETTEAU, xvi⁰ s. Poteau. *Posteaul, postel*, bas lat. *postellum*, du lat. *postis*, jambage de porte. III, 231. V. membreure.

POURCHACER, xv⁰ s. Pourchasser, suivre, poursuivre une affaire. *Porchacier, porchacer*, pourchasser, *chacier, cacier*, chasser, bas lat. *chaciare, caciare*, ital. *cacciare*, du lat. *captare*. III, 151, 152. V. pourchas.

POURCHAS, xv⁰ s. Poursuite en justice, quête, démarche : « et faire tels poursuite et pourchas pour les (obstacles dans le lit des rivières) faire abattre. » II, 7.

POURFORCEMENT, PARFORCEMENT, xiv⁰ s. Action de forcer, violence, pression. De *forcer, force*, bas lat. *fortia*, du lat. *fortis*. III, 280, 350.

POURSIGNES, xiv⁰ s. « Il (le procureur des M. F. dans un procès soutenu contre le comte de Blois) le croit bien, que des choses qui li (au comte de Blois) sont aquises et qui ne sont pas poursignes, il en peut faire ce qui li plaist. » *Poursigne* paraît avoir ici le sens de contesté, réclamé, poursuivi. Cf. une ordonnance de 1369, dans laquelle on lit : « nous mettons du tout au néant, par ces présentes, se délessent du tout en tout, tantost ces lettres veuez, sans les en jamais poursigrer ou molester en aucune manière. » (Rec. des ordonnances, V, 218). III, 394.

POURSUIR, xv⁰ s. Poursuivre. Du lat. *prosequi*. III, 82.

POVOIR, xvi⁰ s. Pouvoir, procuration. *Pooir*, verbe *povoir, pooir*, pouvoir, employé substantiv., bas lat. *posse*, du lat. *posse, possum*. II, 11.

PREFFONS, xiv⁰ s. Profonds. III, 395.

PRÉFIXER, xvi⁰ s. Fixer, indiquer à l'avance. De *pré* et *fixe*, lat. *præ*, devant, et *fixus*, de *figere*, ficher, attacher. II, 367.

PREIGNE, xv⁰ s. Prenne : « que doresnavant il ne preigne que demy péaige. » III, 177.

PRINS, xiv⁰ s. Prends. II, 194.

PUET (il), xvi⁰ s. Il peut. III, 393.

PUYS, xvi⁰ s. Depuis : « chalan péry et perdu au port de Chasteauneuf puys trois sepmaines. » ital. *poi*, après, du lat. *post*. II, 462.

Q

QUARRIER, xv⁰ s. Carrier, tailleur de pierres. Du lat. *quadratarius* et *quadrare*. II, 541.

QUART, xvi⁰ s. Quatrième. Lat. *quartus*. II, 9.

QUARTE, xvi⁰ s. Carte, feuille de papier, ou peut-être quart de feuille de papier, feuille de papier coupée ou pliée en quatre : « millier poisant de quartes de papier. » Cette orthographe, si elle est bonne, indiquerait en effet pour étymologie, *quarta*, quatrième partie, de préférence à *charta*, cf. Du Cange, *carta lusoria* et *quarta*, 9, 10. II, 232.

QUARTEAU, xvi⁰ s. Quart d'une mesure, du tonneau, du muid : « quarteaux de tous bledz, j d. t., tonneau de charbon de pierre, ij d. t., quarteau de chau, j d. t. » De *quart*, lat. *quartus*. III, 72.

QUARTER, xiv⁰ s. Se disait d'une quantité, d'une mesure, qui correspondait à la moitié, au quart, au huitième, au double, au quadruple d'une autre quantité ou mesure, c'est-à-dire à l'un de ses diviseurs ou de ses multiples par 2 ou 4 : « les trois muys de Nantes vault quatre muys à Saulmeur, et s'il y a deux muids qui ne puissent quarter à l'autre nombre, ilz vaudront assemblez à la peautre (le péage de deux muids augmenté du droit de peautre vaudra) trois muys et demy. » De *quart*, bas lat. *quartare*, partager en quatre, du lat. *quartus*. III, 244.

QUARTIER (charniers, échalas, perches, pesseaux de), xv⁰ s. Charniers de bois fendu, fendu en quartiers, par opposition aux charniers ronds : « sur chacune douzaine de javelles de charniers ou achalaz de quartier, iiij d. p.; — sur chacune douzaine de (javelles de) charniers rons, ij d. p. » Bas lat. *quartarius*, de *quartare*, partager en quatre, du lat. *quartus*. III, 72, 148.

QUARTREAU, xiv⁰ s. Quatre pièces d'une même denrée ou marchandise : « baleine, chacune chartée, un quartreau; la somme, une pièce. « De *quatre*, du lat. *quater*, *quatuor*. III, 205.

QUERNIL, xvᵉ s. : « Pour millier de serche, viij d., pour charretée, demy quernil et pour chacune chalandée trois quernilz. » Faut-il voir dans ce mot un dérivé, par contraction du lat. *quaterni*, objets au nombre de quatre, et

en conclure que le *quernil* était ici un lot de 4 rouelles de cercles, ce qui donnerait pour le *demi-quernil*, péage de la charretée, 2 rouelles, pour les trois *quernils*, péage de la chalandée, 12 rouelles? Cf. *Querne*, dans une dissertation de M. Morel-Fatio, Lausanne, 1866. Ou bien *quernil* serait-il un synonyme de quarteron, quart du cent, indiquant un lot de 25 rouelles de cercles? V. Du Cange, sous *quarnellus*. A Orléans, à la fin du xivᵉ s., le millier de cercles valait 2 livres parisis, la rouelle, 1 sol. III, 220.

QUESTE, xvi⁰ s. Cueillette d'un péage par le préposé à sa perception : « certains deniers dont la queste, recepte et levée a esté de tout temps établie ès-villes de Nantes, Saumur et la Charité. » Du lat. *quœrere*, *quœsitum*. II, 227

QUÉE, xvᵉ s. Queue, tonneau. Bas lat. *cauda*, *quauda*. II, 210.

QUESTIER, quêtier, xviᵉ s. Têtier, têtard, arbre que l'on étête chaque année, tels sont les saules poussant dans les îlots et sur les bords des rivières. II, 60, 531. V. poincteau et gravange.

QUEUE, xvi⁰ s. Compte, nombre déterminé de certains objets, de poissons, deux poissons : « trois queues, vallant chacune queue deux pièces dudit poisson » Le même mot, bas lat. *quauda*, *cauda*, était le nom d'une mesure de contenance, des liquides et des grains. III, 241. V. quée.

QUINTAINE, xvᵉ s Figure ou bouclier mobile appliqué à un poteau ou à un ensemble de poteaux que des jouteurs (ici des équipes de bateliers) devaient frapper de leurs lances : « à Jehan Foucher qui a eu et prins la charge de faire faire la quintaine et battre (dans le lit de la Loire) les pez où elle a esté affichée » Bas lat. *quitaine*, ital. *quintana*. II, 546. V. I, 340.

QUINTE, xv⁰ s. Ressort, banlieue composée de cinq villages ou d'un rayon de cinq mille, cinq lieues. Bas lat. *quinta.* du lat. *quinque.* II, 1 ; III, 344, 377.

QUIPAIGE, xvi⁰ s. Équipage. II, 36. V. équipe.

QUIS (ont), xv⁰ s. Ont cherché. Parf. indic. du verbe *quérir*, lat. *quærere.* III, 153.

QUITTEMENT, xv⁰ s. Adv. indiquant, exprimant qu'on n'est sou-

mis à aucun tribut : « disant que ja soit qu'ils aient d'ancienneté acoustumé de mener leurs denrées par lesdites rivières franchement et quittement. » De *quitter*. III, 260.

QUITTER, xv⁰ s. Laisser, abandonner une prétention, un droit, y renoncer, s'en désister, libérer d'une dette, donner quittance. *Quiéter*, lat. *quietari*, *quietum facere,* donner le repos. II, 282; III, 84.

R

RABETTE, xvi⁰ s. Navette. *Rabe, rabbe,* bas lat. *raba, rabca,* du lat. *rapa.* III, 139.

RAPASSER, xiv⁰ s. Passer de nouveau, repasser. *Ra,* lat. *rursum* et *passer,* du lat. *passus.* II, 192.

RÉAUMENT, xv⁰ s. Réellement. Lat. *realiter.* III, 13.

RECABLAGE, xvii⁰ s. Action de retordre un cable en le doublant ou de le raccommoder : « pour la vente d'un câble et le recablage d'icellui. » *Re* et *câblage,* de *câbler, cable, chable,* du lat. *caplum.* II, 496.

REDDIFIER, xv⁰ s. Réédifier. Contract., du lat. *rursum ædificare.* II, 417.

REDEVOIR, xv⁰ s. Redevance, devoir, somme due, le montant du péage que doit une marchandise. *Re* et *devoir, dever, deveir,* du lat. *debere, debitum.* II, 216.

RÉDIFIEMENT, xv⁰ s. Reconstruction. De *rédifier.* II, 416.

RÉFECTION, xv⁰ s. Reconstruction, rétablissement, entretien : « aides et subsides pour les réfections et réparations des villes. » Du lat. *refectionem.* III, 2.

REIS, xvi⁰ s. Riz. Du lat. *oriza.* II, 232.

RELAT, xv⁰ s. Relation, rapport : « au relat dud. notaire. » Du lat. *relatum.* II, 7.

REMAIS, REMEZ, RÊME, xv⁰ s. Saindoux, graisse. Bas lat. *rema.* III, 95 et *passim.*

RÊME, v. remais.

REMENANT (le), xiv⁰ s. Le restant, le surplus. De *remanoir,* demeurer, lat. *remanere.* III, 244.

REMEZ, v. remais.

RENDE, xv⁰ s. Déclaration. réponse: « lequel me fist pareille rende que cy-dessus est déclaré. » De *rendre,* déclarer, répondre , du lat. *reddere.* III, 302. V. au supplément.

RENS, xv⁰ s. Rien. *Ren, riens,* du lat. *res, rem.* III, 297.

RENVEQUER, xvi⁰ s. Révoquer. Du lat. *revocare.* II, 30.

REPAIN, v. tépin.

REPÉRER, xiv⁰ s. Avoir en un lieu son point de départ et de retour, son établissement, sa demeure, le gîte où l'on revient. *Repairer, repairier,* bas lat. *reparare,* du lat. *repatriare,* suiv. LE DUCHAT cité par BURGUY. III, 280. V. converser.

REPONER, xv⁰ s. Remonter un bateau , le conduire , le tirer en amont, contre le courant : « c'est tout leur passage à reponer et beesser leurs challans. » II, 440. V. poner.

RET, xvi* s. Rais, rayon, bâton : « chacun eschegeau (radeau) fait tout de ret ; — rets de bois à faire charretes. » *Raiz*, bas lat. *radiola*, du lat. *radius*. III, 342, 347.

RETARDATION, xvie s. Action de retarder, retard apporté à une chose : « à ce qu'il n'y eust aucune retardation du bien public. » Du lat. *tardare*. II, 74.

RETEAU, xvie s. Rateau. Du lat. *rastellus*. III, 134.

REVESTIR, xve s. Revêtir, investir, conférer un droit, vêtir de nouveau. *Raviestir*, bas lat. *revestire*, du lat. *re, rursum*, et *vestire*. III, 47. V. dévestir.

REZ, xvi* s. Ras : « huict boisseaux (de sel) rez. » Du lat. *radere*, *rasus*, raser, balayer. III.

RIBON RIBANNE, xve s. Ribon-ribaine, de bon vouloir ou non, bon gré mal gré : « à quoy fut répondu que ribon ribanne ilz paieroient. » III, 66.

RIELLE, xve s. Ridelle. *Rizelle, rudelle*, bas lat. *redellus, reddele*, du lat. *ridica*. III, 124. V. sentine à corbe.

RIFFLART, xve s. Rifflard, longue laine sans apprêt : « ung pacquet de rifflart, x d. » Cf. Trévoux, II, 281.

RIVAGE, xvie s. Possession, usage d'un rivage, d'une rive, par des bateliers, droit d'aborder, de débarquer, d'amarrer sur un terrain bordant la rivière où ils naviguent : « luy doivent (au prieur de Saint-Nicolas d'Offart) pour chacun an, pour les paux et rivages que lesd. marchans (fréq. la Loire) ont ou fief dudit prieur, lxxv s. t. » II, 446.

RIVERAGE, xviiie s. Droit sur les marchandises arrivant par eau, abordant à la rive. De rive, bas lat. *ripaticum*, du lat. *ripa*. II, 259.

RIVOY, xve s. Bras secondaire d'une rivière navigable : « auxerées du rivoy de Thoaray, près lad. ville de Nantes. » Du lat. *rivus*. V. ci-dessous *ruau*. II, 433.

ROCOU, xviie s. Roucou, pâte faite de semences du roucouyer, employée en pharmacie et pour la teinture. II, 252.

ROECTE, xvi* s. Rouet, roue, treuil, cylindre. Du lat. *rota*. II, 456.

ROMPRE, xve s. Retirer, enlever, interrompre : « toutes voies, se durant ladicte année ce présent octroy leur estoit rompu, nous voulons qu'ils.. » Lat. *rumpere*. III, 82.

ROMPTEUR, rompture, xve s. Interruption, cessation, rupture : « rompteur et discontinuacion de la marchandise (du commerce). » Du lat. *rumpere, ruptum*. III, 13, 81.

ROMPTURE, v. rompteur.

RONDELLE, xve s. Baril, petit tonneau employé notamment au transport des harengs. Bas lat. *rondella*, du lat. *rotundus*. III, 242.

ROTÉE, rotrée, xve s. Branche pliante et assez souple pour pouvoir être tordue, propre aux œuvres de vannerie, osier : « millier de merrien à vin, de bois, tant merrien de chantille, rotée, comme de triquet. » II, 213, 379. V. rotte, rottée et chestivelle.

ROTEREAU, xviie s. Engin de pêche en osier ou branches de bois flexible, barrages fixes formés de piquets, de clayonnages, de pieux, qu'on plaçait ou qu'on disposait dans le lit des rivières, particulièrement au débouché des arches des ponts : « pècheries et rotereaux qui touchent aux arches du pont de Piremil. » De *rotte*. III, 34. V. rotte.

ROTTE, xvi⁰ s. 1. Lien formé d'une branche souple et pliante, tordue sur elle-même, toute branche ou baguette assez flexible pour se prêter à cette torsion et être employée soit à former des liens, soit à œuvre de vannerie, osier. 2. Le paquet ou faisceau, lié par une *rotte* : « douze rottes de tan ij d. (de péage). » *Riotte. raorte, réorte, roete*, bas lat. *raorta, rearta*, du lat. *retortus.* III, 199. V. rotée.

ROTTÉE, xvi⁰ s. Chargement, charretée, charretée d'écorces : « pour la rottée de tan ou charretée j d. t. (de péage); — pour chalan ou bateau de rottée de tan, j d. t. » De *rotte*, les écorces étant transportées en paquets ou faisceaux (rottes), v. ce mot. III, 194.

ROUAGE, xviii⁰ s. Droit levé sur les voitures passant par les grands chemins. De *roue*, bas lat. *rotaticum*, du lat. *rota.* II, 259.

ROULIS, roullis, xvii⁰ s. Construction en maçonnerie ou pieux dans le lit d'une rivière pour rejeter le courant ou le diriger vers le chenal navigable, sous la roue d'un moulin flottant, etc. II, 510, 523, 529.

ROULLIS, v. roulis.

ROUPE, v. moye.

ROUZETTE, xvi⁰ s. Rosette, cuivre sortant de la mine : « millier poisant de rouzette de cuivre galle, iij s. » De *rose.* II, 292.

ROUZINE, raisine, rauzine, xvi⁰ s. Résine. Du lat. *resina.* III, 245, 248, 250.

RUAU, xvii⁰ s. Bras secondaire se formant dans le lit d'une rivière soit entre une rive et une île, soit entre deux îles. *Rieu, ru*, bas lat. *riale.* du lat. *rivulus.* II, 239, 510, 529.

RUSTIQUE, xvi⁰ s. Subst. habitant des champs, paysan : « les rustiques. » Lat. *rusticus*, de *rus.* III, 196.

S

SACHÉE, xvi⁰ s. La contenance d'un sac. De *sac*, lat. *saccus.* III, 193.

SAFFLE, xvii⁰ s. Saflre, couleur bleue tirée du cobalt. II, 252.

SAINGT, xv⁰ s. Ceinture : « saingt de perles dont a esté parée l'une desd. filles. » De *chaindre, çaindre, ceindre*, du lat. *cingere, cinctus.* II, 545.

SAISISSEMENT, xvi⁰ s. Saisie : « saisissement des deniers d'icelle boeste. » De *saisir, seisir*, bas lat. *saisire, sacire*; all. *setzen*, mettre, placer. II, 48.

SALLAGE, sallaige, xiv⁰ s. Droit levé sur les bateaux chargés de sel. Bas lat. *salasium, salaticum*, du lat. *sal.* III, *passim.*

SALLAIGE, v. sallage.

SANC, xiv⁰ s. Sang. III, 393.

SANGLE, xvi⁰ s. Sanglé, entouré d'un lien : « charretées (de bois) sangles. » *Charretées sangles*, pour *sanglées*, devait s'entendre ici de chargements retenus, serrés par des liens, parce qu'ils dépassaient en hauteur les ridelles de la charette. Partic. de *sangler, cengler*, ceindre, de *sangle, cengle*, bas lat. *cingula*, du lat *cingulum*, ceinture, de *cingere.* III, 404. V. espeur.

SANTINE, v. sentine.

SANTINEAU, xvi⁰ s. Sentine, partie la plus déprimée du fond d'un bateau, le point ou s'accumulent

les eaux de pluie ou d'infiltration :
« lequel (arbre étant en l'eau)
perça led. chalan en dessoubz,
près du santineau. » *Sente*, fond
de cale, *santine*, bateau, v. ce
mot. II, 441.

SANURE, SAUNURE, xvie s. Menu
grain placé dans la pancarte du
péage de Blois entre le mil et la
vesce, peut-être le sénevé, bas
bret. *séon, senu*. III, 184.

SARCILLE, v. sardille.

SARDILLE, SARCILLE, xvie s. Pour
sardine. Lat. *sardina, sarda*. III,
220, 272. V. truetz.

SARGERIE, xvie s. Tissus de façon
de serge : « pour charge de sargerie sur fil (croisée laine et fil),
xve s. » De *sarge*, serge, bas lat.
sargia, sargium. III, 316.

SAULNERIE, xvie s. Tout se qui se
rattachait aux opérations de fabrication et de manipulation des
sels. Du lat. *salinarius, salinaria*.
III, 312.

SAUNURE, v. sanure.

SAUMACE, xve s. Salaison : « pour
somme de saumace, ij d. » Par
extension de *saumace, saumache*,
eau saumâtre, salée, de mer; du
lat. *salmacidus (sal acidus)*, saumâtre. III, 379.

SAUVAGINE, xvie s. Bête sauvage,
toute fourrure de bête sauvage :
« pour la charge de peaux de
sauvagine, viij d. t.; — pour
fardeau de pelleterie, s'il y a
sauvagine, xij d. » De *sauvagin,
sauvage, salvage*, du lat. *silvati-
cus, silva*. III, 194, 241.

SAUVAZINE. Bas lat. *salvasina*. La
même chose que sauvagine.

SAUVETÉ, xviie s. Sûreté. — Droit
de —, péage levé sur les navires
ou bateaux naviguant en aval de
Nantes, pour prix de la sûreté
garantie par le seigneur péager.
Salveté, bas lat. *salvitas*, du lat.
salvus. III, 313. V. Briculx.

SAYETTE (fil de), xviie s. Laine
filée, servant à la fabrication de
la *sayette* qui était une étoffe
grossière de la nature de la serge,
de la bure. *Saie*, bas lat. *saia,
saium, sagia, saga*, esp. *sayal*,
ital. *saia, saietta*, du lat. *sagum*,
saie, sayon ; ayant tiré son nom
de celui du vêtement à la confection duquel on l'employait particulièrement. II, 251.

SCEAULNE, v. asseaulne.

SCET, xve s. Sait : « et plus n'en
scet. » Lat. *scit*. III, 57.

SE, xve s. Si. II, 82. V. rompre.

SEICHE, xvie s. Sèche, poisson de
mer, espèce de morue : « pour
millier de morue verte, v l., pour
millier de morue seiche, L s.,
pour millier de margade ou
seiche, xv s. Lat. *sepia*. III, 245.

SÉJOUR, xve s. Interruption. III,
347. V. équippe.

SENTINE, SANTINE, SENTINNE, xive s.
Nom qui, sur la Loire, était
donné à des bateaux de dimensions diverses, employés au transport des denrées et marchandises
de toute nature, des sels particulièrement. La sentine était dans
de nombreuses pancartes de
péage assimilée au chaland, la sentine *vergée* (mâtée) notamment.
Ce nom très-usité aux xve et xvie
siècles, n'est donné aujourd'hui
à aucun des bateaux qui naviguent sur la Loire. *Sentaine,
sentène, centine*, bas lat. *santina,
sentina, centina*. II, III, *passim*.
V. santineau et avoir.

SENTINE A CORBE, A CORBÉES,
CORBÉE, xve s. Sentine à courbes,
vraisemblablement la santine
dont la membrure était courbée,
par opposition à celle dont les
flancs étaient cousus sur membrure verticale : « pour neufvage
de chalan, sentine ou fustereau
à corbe, ou sans corbe, chargé
ou non chargé, ij s. vi d. ; — une
sentine à corbées et celle qui

n'est pas à corbèes et est à rielles, ij d. » III, 59, 90, 124. V. corbe, rielle et sentine.

SENTINE A CORBÉES, v. sentine à corbe

SENTINE A MOULIN, xvie s. Sentine disposée pour recevoir et porter un moulin. III, 117.

SENTINE A RIELLES, v. sentine à corbe et rielle.

SENTINE CORBÉE, v. sentine à corbe.

SENTINE MÈRE, xvie s. Grande sentine suivie d'une ou de plusieurs allèges. III, 22. V. mère.

SENTINE VERGÉE, xve s. Sentine munie de vergues, mâtée. De *verge*, vergue. III, 120.

SENTINÉE. Charge, contenance d'une sentine, mesure pour l'assiette des péages. De *sentine*. III, 124.

SENTINNE, v. sentine.

SEPTEMBRESCHE (la), xve s. La fête de la Nativité de la Sainte-Vierge, qu'on célèbre le 8 septembre. III, 220.

SÉPULTURE, xvie s. Cercueil de pierre. III, 117. V. tombe.

SERNOYN, xve s. Espèce de pomme : « pommes partie capendu, partie sernoyn. » Pourrait venir de *cerne*, cercle, rond, bas lat. *cernea*, du lat. *circinus?* II, 548.

SERRE, xvie s. Pois chiche : « pour muy d'avoine, orge, poix ou serre. » *Cerre*, du lat. *cicer*. III, 180. V. pois.

SIAGE, xvie s. Bois scié, planches : « pour cent de siage, xij d. » De *scier*, bas lat. *seccare*, du lat. *secare*. III, 91.

SIGNET, xve s. Seing, sceau, cachet. Du lat. *signum*. III, 263.

SIVIÈRE, xvie s. Pièce d'étoffe taillée vraisemblablement pour usages domestiques, et d'un emploi assez général, car on la vendait à la douzaine : « pièce de futaine, de drap, grande ou petite, de drap de soye, comme de velours et autre soye, douzaine de sivières, iiij d. t. (de péage). » III, 72.

SOMME, SOMMIER, xvie s. Charge, charge de cheval, âne ou mulet, quantité d'une denrée, d'une marchandise ou de marchandises diverses atteignant à un poids dé-.terminé : « somme de miel, et y en a à la pipe trois sommes, de fer, d'acier, de graisse, de suif, par somme ix d., et est la somme par eau de six cens pesants; — somme d'huile, de miel est par eau de quatre coterets, iiij d.; — verres chacun sommier, de péage deux verres. » Dans la vallée de la Saône *sommée* (P. S. 152). Bas lat. *summa, salma*, par corruption du lat. *sagma*, σάγμα, bât. III, 271, 279. V. fardeau.

SONNACE, xvie s. Salaison, poissons salés de petite espèce. Du lat. *sal*, dont les dérivés sont dans la basse latinité, *salinnia, sannaria, salinarius, sannarius*. III, 210. V. truetz.

SOUBZ-MÈRE, xvie s. Sous-mère, bateau attaché dans un train de remonte, au bateau mère, le second bateau du train. III, 95. V. mère.

SOUCHET, xve s. Oiseau : « un autour, un faulcon, un émérillon, j d.; *item* la douzaine de perdrix, ij d.; *item* un souchet, chacun maille, ob.; *item* si l'esprevier y est, il affranchit tout. » Oiseau de proie autre, vraisemblablement, que l'épervier, l'autour, le faucon, l'émérillon, qui de plus était de moindre importance ou valeur, à en juger par le denier de péage très-inférieur auquel il était assujetti, *Souchet* paraît être une altération de *mouchet*, espèce d'épervier ou tiercelet, bas lat. *muschetus, muscetus*, du lat. *musca*, à cause de sa petitesse, ou des mouchetures de son plumage. V. ~~Burguy~~ et Littré. III, 125.

SOULOIR, xve s. Avoir l'habitude de faire une chose. *Soloir*, lat. *solere.* III, 274. V. doubte.

SOULOIR (se), xvie s. Forme du verbe *soloir, avoir coutume*, se combinant avec un autre verbe dans une acception passive : péages « qui se souloient lever, » c'est-à-dire qui avaient l'habitude d'être levés, pour : qu'on avait l'habitude de lever. Lat. *solere.* III, 27.

SOURDRE (se), xve s. S'élever, se produire, naître : « procès qui se sourdront et mouveront. » Du lat. *surgere.* II, 2.

SOUS-TIROT, xvie s. Le bateau qui dans un train de remonte, sur la Loire, est accroché au *tirot.* II, 196. V. tirot.

SOUTER, xvie s. Enlever, retirer de bas en haut, soulever : « avoir fait souter plusieurs boys et pierres de la rivière de Oudon. » Du lat. *sustollere.* II, 486.

SPIRITUALITÉ, xvie s. Ce qui dépend de la juridiction spirituelle : « Orléans cappitalle et principale ville de tout le bailliage et évesché tant en spiritualité que en temporalité. » Lat. *spiritalitas*, de *spiritus.* III, 179.

SUBCOMBÉ (être), xve s. Avoir succombé : « certain procès auquel lad. dame est subcombée. » Du lat. *succumbere.* II, 313.

SUBROGUER, xvie s. Subroger. Lat. *subrogare.* II, 74.

SUBMISSION, xve s. Soumission. Lat. *submissio.* III, 33.

SUFFISANCE, xvie s. Capacité suffisante pour remplir un emploi, accomplir un mandat, aptitude : « nous confians à plain de vos sens, suffisances, loyauctez. » Du lat. *sufficere.* II, 367.

SUIR, v. ensuir.

SUMPTUEUX, xive s. Coûteux, cher : « et que dure chose et somptueuse seroit auxdiz compaignons de plaider... » Lat. *sumptuosus.* II, 194.

SUPERCEDDER, xvie s. Différer, ajourner : « ont été d'avis que lad. assemblée feust superceddée jusques au premier jour de l'an prochain. » Du lat. *super*, sur, au delà, et *cedere*, céder, abandonner. II, 75.

SURER, xve s. Assurer, rendre sûr, certain : « il payera salage s'il ne sure qu'il y eust moins de cinq muys. » De *seur, segur*, sur, assuré, du lat. *securus.* II, 220.

SURVENDRE, xviie s. Vendre un objet au-dessus de sa valeur : « au dommage notable du public auquel les marchandises sont survendues de beaucoup par (l'effet de), la levée desdictz droitz. » De *sur* et *vendre*, lat. *super*, au delà, et *vendere.* III, 114.

T

TABOUR, xvie s. Tambour. *Tabur, tabor.* III. 141.

TAC, xvie s. Talc : « savon et tac en baril, ij s. vj d. t. (de péage). » Bas lat. *talcus*, ital. esp. *talco*, angl. all. *talk.* III, 139, 185.

TACRE, TRAQUE, xvie s. Paquet, compte, nombre déterminé de cuirs. dix cuirs : « tacre de cuir, contenant dix cuirs. » Bas lat. *tacra, tachia ;* ailleurs, *torcha, torchia*, Du Cange, par extension de *torcha*, torche, faisceau. III, 198. V. torche.

TAILLOIR, XVIᵉ s. Assiette, plat de bois, sur lequel on taillait, on coupait les viandes. Bas lat. *talliatorium*, de *talliare*, du lat. *talea*, θαλία, bouture, branche, v. Du Cange sous *talea*. III, 117. V. tranchoir.

TEMPORALITÉ, XVᵉ s. Tout ce qui tient aux biens temporels, à ceux de l'Eglise notamment. Bas lat. *temporalitas*. III, 179. V. spiritualité.

TEPIN, XVIᵉ s. Pot de terre : « pour sentine chargée de tepins, *aliàs* repains, iiij d. t. » *Tupin, tuppin*, bas lat. *tupina*, all. *topf*, du lat. *tofus*, tuf, v. Du Cange. III, 72.

TERRAGE pour **TESAGE**, XVIᵉ s, Mesurage à la toise, mesure : « le millier de cercle, iiij d. ; — le fesseau de sercle de grant terrages. ob. » Ce passage extrait d'un exemplaire de la pancarte du péage de Châteauneuf-sur-Loire. imprimé à la fin du XVIᵉ s., offre une altération évidente : il faut lire non pas *terrage* mais *tésage* ou *tésaige*. Les comptes de de l'Hôtel-Dieu d'Orléans des XIVᵉ et XVᵉ siècles, mentionnent chaque année des achats de cercles qui sont appelés jusqu'en 1390, *circuli magni et parvi tesagii*, à partir de 1390 où l'on commença à rédiger ces comptes en français, *cercles de grand et de petit tésaige*. De *teise, toise*, bas lat. *tesia*, du lat. *tensus*. III, 124.

TEXIER, XVᵉ s. Tissier, tisseur, tisserand : « Jehan Pilleboe, texier en toiles. » *Texeur*, bas lat. *textator*, du lat. *textor, texere, textum*. II, 547.

THOIL, TOIL, THOUEIL, TOEIL, TONEIL, XVᵉ s. Poisson de mer, tarifé au cent dans les pancartes de péages. II, 215, 231 ; III; 299.

THOUEIL, v. thoil.

TIENG, XIVᵉ s. Tiens, impér. de tenir. II, 194.

TIEULLE, v. atieulle.

TIRER, XVIᵉ s. Ramer : « pour faire siéges aux compaignons desdicts tirotz, xxxs. iiij d. t. ; — commandement auxd. compaignons de venir servir ledit seigneur à tirer les tirotz. » Les *tirotz*, dont il s'agissait, étaient-ils des bateaux remorqueurs descendant la Loire et conduits à la rame (v. tirot, 2.) ? Dans ce cas, les compagnons qui les conduisaient, les *tiraient*, ne pouvaient être que des rameurs, d'où suivrait que *tirer* était ici synonyme de *ramer*, cf. Du Cange vᵒ *tirator*. Bas lat. *tirare*, angl. *tear*, all. *zerren*, tirer, arracher. II, 550. V. tiroter.

TIRER A TOUE, XVᵉ s. Remorquer : « a Jehan de Lève, voiturier par eau, pour avoir esté, par luy et plusieurs autres compaignons, jusques à Combleux et d'ilec avoir tiré à toue la galiote de mondit seigneur le Duc. II, 344.

TIRER (SE), XVIᵉ s. Se retirer, se rendre, aller dans un lieu, près de quelqu'un, au figuré s'adresser, avoir recours à quelqu'un : « pourquoy lesd. manans s'estoient tirez devers le Roy nostre Sire. » III, 135. V. traire (se).

TIROT, XVIᵉ s. Qui sert à tirer. — 1. Le bateau qui dans un train de remonte est accroché au bateau mère et traîne à sa suite les autres bateaux : droit prétendu par le fermier du péage de Chaumont « non-seulement sur les sentines mères, mais encore sur les tirots, sous-tirots et autres alléges. » — 2. Bateau de rameurs qui donnait la remorque à un autre, particulièrement employé pour la remorque des galiotes ou bateaux frétés par les voyageurs de distinction descendant la Loire : « iiij ˣˣ xviij l. t. pour quatre vingt dix huit compaignons mariniers, qui ont vacqué chacun quatre journées aux tirotz à conduire le Roy nostre Sire, la Royne ma Dame, avec leur bande, de ceste ville d'Orléans jusques à Bloys ;—lij s. vj d. t. pour cinquante deux livres de funains qui ont esté pris par l'ordonnance des eschevins pour servir ausd. ti-rotz. » Tirot était aussi le nom du palonnier de la charrue, Du CANGE. De *tirer.* II, 550, 552 ; III, 196. V. tiroter, tirer, funains.

TIROT, XVIᵉ s. Bateau tiré par un autre, allége à la remonte : « deux grands batteaux mâtés et deux tirots chargés de sel. » De *tiroter.* II, 88. V. ci-dessus tirot et tiroter.

TIROTER, XVIᵉ s. Traîner, remorquer un bateau au tirot, à la toue : « pour les faire mener (deux bateaux) et tiroter par la Loire. » De *tirot.* II, 554. V. tirot, sous-tirot, toue.

TIROTS, XVIIᵉ s. Deux longues poutres posées parallèlement à terre et formant chantier sur lequel on faisait glisser des pièces de vin : « pour l'entretènement de deux grandes pièces de boys de la longueur de quarante à cinquante pieds que le debtenteur dud. moulin fournissoit et entretenoit, pour passer par-dessus la chaussée desd. moulins les vins qui dessendoient audict Boron, lesdictes deux pièces s'appeloient les tirots dud. Boron. » De *tiroter*, tirer, vraisemblablement par ce qu'on faisait rouler ou glisser les futailles sur ces pièces de bois en les tirant avec des cordes. II, 83. V. tiroter.

TOEIL, v. thoil.

TOILLE, XVIᵉ s. Toile, voile de bateau : « la corde de la toille. » Du lat. *tela.* II, 455.

TOILLE, XVIᵉ s. Laize de toile employée à la confection d'une voile d'où : « bateau de neuf à dix toilles, » pour bateau dont la voile a neuf ou dix laizes en largeur; manière de désigner l'importance du bateau. II, 463.

TOLLE, TOLLY, XVIᵉ s. Tribut, droit, péage, levé sur les marchandises passant par eau : « droict appellé la mine à sel ou sallage, auquel l'évesque d'Orléans prétend avoir la tierce partie au moyen d'un droict appellé la tolle ; — c'est le droict du péage que le Roy, comme comte de Bloys, prend sur toutes marchandises montans et baissans par la rivière de Loyre, à cause de son grand port de Bloys, droict de vicomté et tolly. » *Tolieu, tonlieu,* bas lat. *tol, toll, toill, tolletum, tello, telloneus, telon,* angl. *toll,* du lat. *teloneum, telonium,* du grec τελώνιον, τέλος. III, 140, 184.

TOLLIR, XVIᵉ s. Enlever, arracher, tirer des mains : « en s'efforçant de fait et de force me tollir lesdictes lettres. » Lat. *tollere.* II, 453.

TOLLY, v. tolle.

TOMBE, XVIᵉ s. Cercueil de pierre : « meulles à moulins et tombes, chacune, xj d. » Il s'agit ici des tombes ou cercueils de pierre, en forme d'auge qu'on retrouve tous les jours dans les anciens cimetières, ces tombes venaient en grande partie des carrières de l'Auvergne et du Bourbonnais d'où on les expédiait et dirigeait par eau sur les divers points du bassin de la Loire. Lat. *tumba.* III, 279.

TONEIL, v. thoil.

TONNEAU, XVᵉ s. 1. Vaisseau de bois cerclé employé particulièrement à la conservation et au transport des vins et liquides, de contenances diverses, équivalant à la pipe : « pour chacun tonneau ou pippe de vin vj d. t.; » double de la pipe : « pour chacun tonneau de vin contenant deux pippes, et chacune pippe contenant deux poinçons, de commandise xv d. de péage v d. » 2. Poids d'un tonneau de vin : « tonneau poisant, de plastre, iiij d. t. ; — pierres poisant la pesanteur d'un tonneau de vin iiij d. t. ; — pour tonneau d'huile, autre que d'olive, poisant un millier, iij s. iiij d. t. » *Tonne, tone, tine*, vaisseau de bois à mettre vin. Du lat. *tina?* BURGUY. III, 72, 98, 180, 210.

TONNELAGE, xviiie s. Droit levé sur les tonneaux, les vins enfûtés. De *tonne*, bas lat. *tuna*, du lat. *tina*. II, 259. V. tonneau.

TORCHE, xvie s. Faisceau, paquet, botte : « de chacun cent de torches d'ouzier, quatre torches. » Par extension, de *torche, torchon* (de paille), tresse, lien à l'aide duquel le faisceau était maintenu. De *torser*, tordre, ital. *torcere*, du lat. *torquere, torsus*. Cf. *Torcha, torchia, certus coriorum numerus, idem quod tacra*, DU CANGE. III, 141. V. tacre.

TORÇONNIÈRE, xve s. Tortionnaire. Du lat. *torquere*. III, 273.

TOUAGE, xvie s. Droit levé sur les bateaux : « défense à tous fermiers des péages et autres touages. » De *toue*, v. ce mot. II, 49.

TOUAILLE, xvie s. Étoffe de soie, nappes et ornements d'autel en soie : « touailles ou fil d'inde, le fardeau, xii d. » Cf. DU CANGE sous *toacula*. III, 199. V. touelle et fil d'inde.

TOUASE, xvie s. Toise, longueur des bras étendus. De *toiser, teiser, teser*, tendre, étendre, du lat. *tensus*. III, 306.

TOUE, THOUE, xve s. Bateau étroit, disposé de la même façon à chaque bout, de dimensions diverses ; employé pour la remorque, le balisage, la pêche, le passage d'une rive à l'autre, affecté au service de canot des trains, chalands et grands bateaux en marche. De *touée, thoue*, bas lat. *thouma*, all. *tau*, holl. *touw*, angl. *tow*, câble,

corde, remorque, amarre, qui a donné *touer*, haler, remorquer, amener à soi. Le batelet, faisant sur la Loire office de canot, qui a reçu le nom de *toue*, était en effet, est encore particulièrement employé à touer, c'est-à-dire : à tirer sur la *touée* pour la remorque du chaland, à porter la *touée*, à la rive pour le halage, aux boucles d'amarre des piles de ponts, sur tous les autres points où le demandent les manœuvres. Cf. DU CANGE sous *thauma*. II, *passim*. V. tiroter.

TOUELLE, TOILLE, xvie s. Nappes, serviettes, linge : « toille, le fardeau cordé, xij d. ; — pour chacun paquet de toille xvj d. t., pour pacquet de touelle, iiij d. t. » Ces articles, tirés des pancartes des péages d'Amboise et de Champtoceaux, semblent indiquer que les mots *toille* et *touelle* ou *touaille* n'étaient point synonymes mais s'appliquaient, l'un à la toile en pièce, l'autre à la toile convertie en linge à usages domestiques. *Touaille, toaille, touaillon*, bas lat. *toalia, toacula, toagula, toalhola*, du lat. *tela*, toile. III, 199, 306.

TOUINE, xviie s. Poisson de mer, tarifé au poinçon dans les pancartes de péage, le même probablement que le *toil*. II, 247.

TOURSTERRIER, TOURTERRIER, xve s. Engin avec treuil, servant au balisage : « faire arracher les boys au tourterrier. » De *tourte*, arbre de roue, cylindre, bas lat. *torta*, cf. *tornum*, cabestan, du lat. *tornus*, tour. III, 427. V. trousse.

TOURTERIER, v. toursterrier.

TOUS JOURZ MAIS (A), xve s. A toujours-jamais, pour toujours, à jamais. II, 7.

TOUTEVOIES, xive s. Toutefois. Ital. *tuttavia*. II, 72 ; III, 279.

TRAFIQUER LA LOIRE, xve s. Trafiquer, faire le commerce sur la Loire : « les marchands trafiquants ladicte rivière. » Bas lat. *trafficare*, ital. *trafficare*, du lat. *trans* et *facere*. III, 234.

TRAICT, TRAITE, xv⁵ s. Trait, charge d'un cheval attelé, poids, quantité déterminée d'objets de ferronnerie, de chaudronnerie, de batterie de cuivre ou de fer, d'ustensiles de cuisine et grosse quincaillerie, le millier pesant de ces objets : « pour traict de batterie, et doit avoir audit traict un millier, » ailleurs, « six cens poisant. » De *traict*, corde ou courroie au moyen de laquelle le cheval de voiture tire sur le palonnier. Le trait était un mode d'emballage, de mesurage, particulièrement affecté à la marchandise dite *batterie*. Bas lat. *tractus*, du lat. *trahere*, *tractum*. III, 198, 242, 279. V. cotte.

TRAICTE, TRAITE, xvi⁵ s. Tribut, péage levé sur les denrées et marchandises transportées d'une province dans une autre, importées (traite foraine), exportées (traite domaniale). De *traicte*, transport, exportation de marchandises, d'argent, bas lat. *tracta*, par syncope du lat. *trajecta*. III, 245, 246, 315.

TRAIRE (SE), xv⁵ s. Se retirer près de quelqu'un, se présenter devant le juge, le roi, recourir à lui : « lequel Guiet s'est trait devers vous ou votre lieutenant et s'est opposé... » Du lat. *se* et *trahere*. III, 151. V. tirer (se).

TRAITE, v. traict et traicte.

TRANCE, xvi⁵ s. Tronc, pied d'arbre. *Tronce*, *tronche*, du lat. *truncus*. II, 451.

TRANCHOUER, TRANCHOIR, xvi⁵ s. Plat de bois, d'étain, sur lequel on coupait, on tranchait les viandes, assiette. Le tranchoir de bois était tarifé au millier et à très-bas prix dans les pancartes de péages, ce qui montre combien son usage était répandu. C'était l'assiette commune tandis que le tranchoir d'étain était de luxe : « pour chacun millier de tranchouers ou escuelles de bois, ij d. t. » De *trancher*, *trencher*, bas lat. *trencare*, qu'il est difficile de ne pas faire dériver du lat. *truncare*. V. BURGUY. III, 72. V. tailloir.

TRAPASSER, v. trespasser.

TRAQUE, v. tacre.

TRAULTE, xvi⁵ s. Pièce de bois équarrie, chevron, petite poutre employée comme traverse, peut-être comme pied, poteau : « tables garnyes de traultes et bancselles. » *Travete*, *trabatel*, bas lat. *trabetus*, du lat. *trabecula*, *trabs*, petite poutre, poutre. II, 552.

TRAVELLER, xv⁵ s. Travailler, traverser, tourmenter, chicaner : « pour plus traveller lesd. marchans. » III, 67.

TRAVERS, xv⁵ s. 1. L'action d'aller d'un point à un autre en coupant ou franchissant un espace déterminé, une ligne séparative ; la distance, le trajet d'un bord à l'autre d'une rivière : « la charrière du travers de Loire. » 2. Tribut péager levé sur voyageurs ou marchandises traversant une ville, passant devant un port, une île, un château, sous un pont : « les seigneurs qui se disent avoir péage, travers et autres devoirs. » Du lat. *transversus*. III, 2, 9, 117.

TRAVERSAIN, TRAVERSIN, TRAVERSIER, xv⁵ s. 1. Merrain destiné à la confection des vaisseaux cerclés, à la confection des poinçons particulièrement : « pour chacun millier de mesrean de grand boys fourny, qui est dix cens doilles et cinq cens de fonds, xv d. t., et pour chacun millier de traversain à faire poinssons, fourny de treize cens doilles et de six cens et demy de fond, vij d. ob. t. ; — sur millier de traversin à faire poinsson, vij d. t. » — 2. Fût à mettre liquides, le fût fait avec des traversins, poinçon : « pour tonneau vj d. t., traversin, poinçons, fillette à l'équipolent ; — les cendres de fouyer, le tonneau ij s., le traversin xij d. » Cf. *traversin* en notre mém. s. la valeur des denrées à Orléans, tabl. xxxvi. Bas lat. *traversenum*, du lat. *transversarium*. Nom qui a dû être donné d'abord au merrain de douves et fonds à faire poinçons, qui sont en effet des pièces posées transversalement, et plus tard au fût lui-même. II, 73, 231, 539 ; III, 63, 121, 125, 180.

TRAVERSAINE (coutume), xviᵉ s. Droit de *travers*, de péage sur les marchandises traversant, passant devant le bureau du péage, franchissant la barrière réelle ou fictive qui était le signe et la manifestation du droit du péager. III, 288. V. travers.

TRAVERSÉ, xvᵉ s. Objet qui a été transporté d'un point à un autre, qu'on transporte d'un point à un autre : « aides touchant lesd. denrées menées, passées ou traversées, par lad. rivière de Loire » De *traverser*, transporter. III, 154. V. travers et traversaine.

TRAVERSIEN, TRAVERSIER, xviᵉ s. Traversin de lit. III, 342, 346. V. traversain.

TRAVERSIER, v. traversien et traversain.

TRAVERSIN, v. traversain.

TRAYNE, xviᵉ s. Pièce de bois équarri, poutre. *Traine*, bas lat. *traina*, du lat. *trabes*. III, 342.

TRÉBUCHEMENT, xvᵉ s. Chute. De *trébucher*. III, 150. V. cheoite.

TRÉBUCHER, xvᵉ s. Renverser, jeter à terre : « trébuché (le pont d'Orléans), par les glaces. » *Trabucher*, bas lat. *trebucare*, *trabucare*. II, 78, 149.

TREDON, xviiᵉ s. Le treuil des grues à arracher les pieux fichés dans le lit des rivières : « pour la vente d'un câble de dix toises et deux marderolles (cordes) du tredon, pour servir au grand angin mené pour arracher les paulx du duict de Sully. II, 496.

TREHU, TREU, xivᵉ s. Tribut, impôt. *Treheu*, *treud*, contract. du lat. *tributum*. III, 236, 265. V. truage et voiaulté.

TRENTIN, xviᵉ s. Durée de trente jours consécutifs : « et aussy du droit de doublage à prendre sur chacun desdits batteaux, durant le trentin de saint Charlemagne, à icelui commencer le lendemain de saint Julien du Mans, trente jours durant. » De *trente*. III, 286.

TRÉPASSER, v. trespasser.

TRESPAS, xvᵉ s. 1. Passage par eau ou voie de terre, devant un point déterminé. 2. Péage levé en raison de ce passage. 3. Point, lieu de passage : « chacune pipe amenée d'aval par le trespas de Saint-Nazaire, doit viij s. i d. ob. » Bas lat. *trepassus*, de *trespasser*. III, 235. 313. V. ci-dessous, trespas de Loire.

TRESPAS DE LOIRE, xvᵉ s. 1. Passage des bateaux par la Loire, dans les limites du duché d'Anjou. 2. Péage levé sur les bateaux et marchandises passant par la Loire, dans lesdites limites. III, 237. V. trespas.

TRESPASSER, TRÉPASSER, TRAPASSER, xviᵉ s. Aller au-delà, passer, passer outre, dépasser, notamment passer par eau devant un point déterminé du rivage. *Très*, *tra* et *pas*, lat. *trans* et *passus*. III, 89, 199.

TREU, v. trehu.

TRICQUET, v. tricquot.

TRICQUOT, TRICQUET, xvᵉ s. Tricot, triquet, trique, section d'une branche d'arbre, d'une tige de jeune arbre, morceau de bois, bâton, échalas, piquet : « pour des tricquots qui ont esté mis pour trois aultres chevallets ; — merrien de tricquet. » Ancien all. *streicken*, frapper, angl. *strike*. II, 426.

TRINIÈRE (LA), xvi⁰ s. La Trinité, ville ou bourg de Bretagne où se fabriquaient des draps, la Trinité de la Lande-Luzac, près Ploërmel, la Trinité de Clisson, près Clisson ou la Trinité de Machecoul, au duché de Retz : « pour pièce de drap de Jousselin, ij s., pour pièce de drap de la Trinière, xij d. » Cf. *trin*, trinité : « mon Dieu trin en éternité, » ROQUEFORT. Du lat. *trini, trinitas*. III, 315.

TROUAIGE, v. truage.

TROUSSE, xv⁰ s. 1. Carquois : « pour artillerie de guerre, comme lances, ars (arcs), trousse. » De l'ensemble des traits, des flèches contenus dans le carquois et formant *trousse*, faisceau. 2. Lot équivalent à une charretée de billes de bois d'ébénisterie : « millier de bois de moule, trousse ou chertée de bois de noyer, cormier, poirier et autres, v d. t. » 3. Faisceau, botte : « la douzaine de trousses de foin, iij d. » 4. Paquet, ballot : « tous draps de laine, la pièce, ij d., la trousse, iiij d. » Bas lat. *trossa*, par extension de *tros, trus, trox, trou*, morceau, tronçon ; en Poitou, *troi*, bâton, ital. *torso*, du lat. *thyrsus*. II, 230, 246 ; III, 57, 124, 198.

TROUSSE, xv⁰ s. Corde de grue, d'engin à arracher les pieux fichés dans le lit des rivières : « trousse avec toursterriers à lever les boys ; — neuf poulyes de métail de cuyvre et deux trousses avec quantité de cassées. » *Trousse*, la corde passée sur une poulie de lucarne de grenier à l'aide de laquelle on enlève des bottes de foin, RICHELET, par extension, de *trousse*, botte de foin, plusieurs bottes de foin liées ensemble. II, 427, 455. V. ci-dessus trousse.

TRUAGE, TROUAIGE, xv⁰ s. Tribut, impôt. Syncope de *tributage*, bas lat. *truagium*. Cf. ci-dessus, *trehu*. II, 13, 365 ; III, 2. V. nouvelleté.

TRUETZ, xv⁰ s. : « Truetz, foupes, chardon, sonnace, seing de harenc, convers, chevennes et sardille, dépry. » Des huit espèces de denrées ou marchandises mentionnées dans cet article de pancarte de péage, les cinq dernières appartiennent à la classe des salaisons et menus poissons, ce qui porte à penser que les trois premières lui appartiennent également. Cette supposition devient particulièrement admissible en ce qui est de la marchandise de *chardon*, le mot *chardon* étant, à la fois, le nom d'un poisson et celui de la plante qui sert à carder les draps ; mais il n'en est pas de même à l'égard des mots *foupe* et *truetz* qui ne se rapportent à aucun nom connu de poisson. *Foupe*, pourrait être un dérivé de *fourpir, foupir*, délustrer, chiffonner et vouloir dire chiffons, gnenilles, fripes, *truetz* se rapproche de *truau*, filet, et pourrait vouloir dire vieux filets, deux sortes de marchandises qui ont de l'analogie et qui n'avaient comme le chardon (plante) lui-même, qu'une faible valeur, par où s'expliquerait leur présence dans un article qui affranchit du péage? La présomption néanmoins paraît être que *truetz, foupe, chardon*, sont ici des noms de poissons. III, 220. V. foupe, au suppl.

TURCIE, xvi⁰ s. Digue, chaussée en rivière, ou sur le bord d'une rivière, terre entremêlée de *gaulles* avec revêtement de pilotis assemblés par des traverses en planches. II, 486. V. turcyes.

TURCYES, xvᵉ s. Levées de la Loire. De *turgeault*, *tureau*, *tu-reault*, *turée*, *turet*, bas lat. *turella*, élévation de terrain, du lat. *turris*. II, 467.

U

UNIVERSAL, xvᵉ s. Universel. Lat. *universalis*. III, 154.

UNZAINE, v. onzaine.

USTIL, xviiᵉ s. Outil. *Util*, *ostil*, bas lat. *ostilarium*. Cf. Du Cange, vᵒ *usibilia*, ustensiles. III, 503.

USU, xvᵉ s. Usé, partic. du verbe user : « nos maîtres en ont ainsi usu tout le temps passé. » Du lat. *uti*, *usus*. III, 65.

V

VAISSEL, vessel, xvᵉ s. Vaisseau, bateau. Lat. *vascellum*, *vasculum*, dimin. de *vas*. III, 66, 276.

VAIVAIN, xviᵉ s. Vavain, gros câble de rivière. II. 485.

VAL (A), xvᵉ s. En bas, vers le bas du val, de la vallée, à l'opposé de la montagne, du côté du confluent d'une rivière ou de l'embouchure d'un fleuve, dans la direction d'un cours d'eau : « muy de bled mené à mont, et à val jusques à Amboise. » Id. dans la vallée de la Saône : « pour aller d'amont à val ou d'aval à mont, » (P. S. 124). De *à* et *val*, lat. *ad* et *vallem*. II, 213. V. avaler.

VÉAIGE, xviᵉ s. Voyage. *Véage*. bas lat. *veagium*, *viagium*, du lat. *viare*, faire route. II, 315.

VER, xviᵉ s. Vair, varié, de plusieurs couleurs, sorte de fourrure. Du lat. *varius*. III, 126.

VERDON, xviᵉ s. 1. Cordes minces et courtes servant à attacher les voiles aux vergues. 2. Corde légère, cordeau, servant au halage à col ; aujourd'hui encore c'est le nom donné à la corde de halage sur certains canaux, sur la Loire on l'appelle *sincenelle*. II, 427.

VERGE, xviᵉ s. Mesure de longueur, appliquée à l'aunage des toiles écrues qu'on tissait en Bretagne, la même mesure que l'aune, Richelet. Du lat. *virga*. C'était aussi le nom de la baguette dont on se servait pour mesurer les liquides en fût, d'où *vergier*, jauger, *vergeur*, jaugeur. III, 316. V. crée.

VERNAU, xviᵉ s. Gaîne, formée de madriers fixés verticalement, dans laquelle s'emboîte le mât des bateaux de la Loire. III, 102.

VERNELLE, xviᵉ s. Venelle, petite voie, sentier, chemin étroit, bordé de haies, de maison, ruelle. Bas lat. *venella*, *venela*, dimin. de *vée*, chemin, du lat. *via*. II, 461. V. devée.

VESSEL, v. vaissel.

VEUE, xvᵉ s. Vue, examen, enquête, expertise dans un procès, sentence préparatoire. Bas lat *veuta*, *visus*, du lat. *videre*, *visum*. II, 6. V. induce.

VILENER, xvᵉ s. Vilainer, faire des vilenies, maltraiter : « ledit de Craon menace de les injurier, vilener et dommagier. » *Vilaner*, bas lat. *vileniare*, de *vilain*, *vil-*

lanus, habitant des champs, mot qui avait pris la signification de grossier, brutal, du lat. *villa*. III, 274.

VINAGE, xviiⁱ⁰ s. Droit sur les vins pressurés au pressoir banal, sur les vins transportés, passant par terre ou par eau. Bas lat. *vinagium*, du lat. *vinum*. II, 259.

VINDRENT, xvⁱ⁰ s. Vinrent, parf. de l'indic. du verbe *venir*. II, 540.

VIRON, xvⁱ⁰ s. Environ, à peu près : « en la ville d'Orléans, comme étant la plus commode et assise viron le milieu de la navigation desdites rivières. » De *vironner*, tourner autour, s'approcher, et *virer*, bas lat. *virare*. II, 227.

VISITACION, xvⁱ⁰ s. Visite : « visitacions des rivières, » par les délégués des M. F. chargés de pourvoir au balisage. Lat. *visitatio*. II, 40, 41, 53.

VITAILLE, xviiⁱ⁰ s. Victuaille. Droit de — péage levé, en aval de Nantes, sur les vivres embarqués pour la nourriture de l'équipage. Bas lat. *vitalia, victualia*, du lat. *victus*. III, 313. V. brieulx.

VOIAULTÉ, xvⁱ⁰ s. Droit de péage, tribut levé sur les marchandises transportées, les personnes faisant route par terre ou par eau : « ung treu ou autre exaction que on dit estre nommé voiaulté. » Du lat. *viare, viatum*. III, 265. V. véaige.

VOICTUREUR, xviⁱ⁰ s. Voiturier, voiturier par eau. *Voituron*, de *voicturer*, du lat. *vectare, vectorem, vectura*. II, 228.

VOIDE, v. gousde.

VOILLAGE (droit de), xviⁱ⁰ s. Péage levé sur les bateaux à voiles. De *voille*, voile, lat. *velum*. III, 279.

VOITURAGE, xviⁱ⁰ s. Transport de marchandises par voiture. De *voiture*, bas lat. *voictura*, du lat. *vectura, vectio*. III, 187.

VOLET, xviⁱ⁰ s. Objet assimilé au *tranchoir* dans un article de la pancarte du péage Sully qui est ainsi conçu : « le millier de volets ou tranchouers, iiij d. p. » Vraisemblablement une sorte d'assiette, peut-être d'assiette creuse, d'écuelle. Cf. *vole, veule*, creux de la main, du lat. *vola* et encore *volet*, nom donné en Berri (JAUBERT) au nénuphar dont la feuille circulaire et étalée a l'apparence d'une assiette ou d'un plat. *Voleti*, dans les comptes de l'Hôtel-Dieu d'Orléans (xivⁱ⁰ s.), objets achetés pour l'usage de la maison et qui ne sont pas des *voleti, volets*, petits voiles, de *velum* (DU CANGE), car ils figurent dans la dépense commune, *expensa communis*, et non au chap. des dép. de vêtements ou d'étoffes. III, 120. V. tranchouer.

VOUEZ, xivⁱ⁰ s. Voix, rumeurs, renommée : « et en est vouez et commune renommée.» *Vois, vuiz, voiz*, du lat. *vox*. III, 400.

Y Z

YSSIR, v. issir.

YSSOT, v. huisset.

YSTRE, xvⁱ⁰ s. Sortir, provenir de : « pour des deniers qui ystroient d'icelui (péage), faire édifier une tour audit lieu de Cépoy. » *Yssir*, *issir, eissir*, du lat. *exire*. III, 134. V. issir.

ZÉDOUART, CITOUART, xviⁱ⁰ s. Zédoaire, plante aromatique : « citoüart ou zédouart. » *Citoual*, bas lat. *zedoaria*. II, 248.

ARTICLES OMIS.

ATENU (être), xiv⁰ s. Etre tenu à. III, 395.

AUCENCION, xiv⁰ s, Assentiment, adhésion, aveu : « en telle manière qui doit valloir et suffire quant à avoir l'aucencion du procureur dudit Mons' (le comte de Blois). » *Acence*, bas lat. *assentia*, du lat. *assentio, assentatio.* III, 400.

CHERTÉE, xv⁰ s. Charrettée. Du lat. *carrus*, chariot. II, 246. V. trousse.

ESPEUR, xvi⁰ s. Le millier d'espeurs de six piedz font cinq charretées sangles, et le millier de quatre piedz, trois charrettées. » L'article de la pancarte du péage d'Amboise, d'où ce passage est extrait, s'applique au transport du *marrain où coignée a couru,* le millier de *douelles*, de *fons*, d'*espeur*, y sont successivement tarifés. D'où il faut conclure que l'*espeur* était un ais dégrossi, moins large que la *douelle* car le millier de *douelles* de quatre pieds représentait cinq charrettées, tandis que le millier d'*espeur* de même longueur ne représentait que trois charretées. III, 198, 404.

FOUPE, xv⁰ s. Pourrait vouloir dire fripe, chiffons, de *foupir*, délustrer, faner, chiffonner une étoffe, si la place de ce mot dans un article de pancarte de péage qui paraît spécial aux menus poissons, ne faisait supposer qu'il est le nom d'un de ces poissons. Peut-être faut-il lire *poulpe, pourpe*, petit poisson de mer dont on se nourrit, bas lat. *polypus.* III, 220. V. chevenne et truetz.

IMPUGNER, xvii⁰ s. Attaquer, contester, contredire un écrit. Du lat. *impugnare.* III, 381.

MARCHECOUL, xvi⁰ s. « Et s'il y a plus de six muys de sel, en ung chalan, est deu pour le marchecoul, iij s. vi d. » Peut-être la planche appelée aujourd'hui *marchepied*, jetée de l'arrière du bateau-mère d'un train de remonte, à l'avant du tirot ou de l'allége qui le suit, pour servir au passage d'un bateau dans l'autre. III, 278. V. mère et tirot.

MARRAIN, xvi⁰ s. Merrain. III, 178, 404. V. espeur et merrien.

MESREAN, xv⁰ s. merrain. V. traversin et merrien.

RENDRE, xv⁰ s. Répondre, déclarer : « lequel Guillaume de Nyeul me rendit qu'il estoit commissaire de par le Roy. » Du lat. *reddere*, répondre. III, 302.

NOTA. — L'indication du siècle placée en tête de chaque article du *Glossaire*, donne la date du document auquel a été emprunté le mot faisant l'objet de l'article; mais ce document est souvent un imprimé d'ancienne pancarte de péage pouvant reproduire des mots déjà tombés en désuétude, V. par exemple, le mot *charnas*.

TABLE CHRONOLOGIQUE

DES DOCUMENTS

76

TABLE DES MATIÈRES.

TOME TROISIÈME.

DOCUMENTS SUR LES PÉAGES.

GLOSSAIRE ET TABLE.

www.ingramcontent.com/pod-product-compliance
Lightning Source LLC
Chambersburg PA
CBHW051520050726
47503CB00014B/238